Hans Brox/Wolf-Dietrich Walker

Erbrecht

22. Auflage

Carl Heymanns Verlag

ACADEMIA IURIS

LEHRBÜCHER DER RECHTSWISSENSCHAFT

Carl Heymanns Verlag

Erbrecht

Von

Dr. Hans Brox
Bundesverfassungsrichter a.D.
em. o. Professor der Rechte an der Universität Münster (Westfalen)

und

Dr. Wolf-Dietrich Walker
Universitätsprofessor
an der Justus-Liebig-Universität Gießen

22., vollständig neu bearbeitete Auflage

Carl Heymanns Verlag

Bibliografische Information der Deutschen Bibliothek

Die Deutsche Bibliothek verzeichnet diese Publikation in der Deutschen Nationalbibliografie; detaillierte bibliografische Daten sind im Internet über http://dnb.ddb.de abrufbar.

ISBN 978-3-452-25999-8

Satz: John + John, Köln
Druck und buchbinderische Verarbeitung: Druck- und Verlagshaus Thiele & Schwarz GmbH, Kassel
Gedruckt auf säurefreiem und alterungsbeständigem Papier

Das Gesamtverzeichnis des Carl Heymanns Verlages erhalten Sie in Ihrer Buchhandlung oder direkt vom Carl Heymanns Verlag.

Carl Heymanns Verlag GmbH, 50926 Köln
E-Mail info@wolterskluwer.de Internet www.heymanns.com

Aus dem Vorwort zur 1. Auflage (1966)

Dieses Buch ist für Lernende geschrieben. Es will den Studenten, der die ersten drei Bücher des BGB durchgearbeitet hat, an die rechtlich oft schwierigen und praktisch bedeutsamen Fragen des Erbrechts heranführen.

Die Darstellung will Lehrbuch, nicht Handbuch sein. Deshalb sind Schwerpunkte gebildet worden, wo das aus pädagogischen Gründen geraten erschien. Ziel der vertieften Darstellung einzelner Problemkreise ist es, den Lernenden mit den spezifisch erbrechtlichen Interessenwertungen vertraut zu machen. Dem dienen auch die jeweils vorangestellten kleinen Fälle, die das Verständnis erleichtern sollen. Das setzt voraus, dass der Leser sich die Zeit nimmt, die Fälle selbständig zu lösen und die zitierten Gesetzesstellen nachzulesen. Nur so kann das Durcharbeiten des Buches zu einem Dialog zwischen Autor und Leser werden.

Entsprechend dem pädagogischen Zweck wird nur diejenige Literatur und Rechtsprechung zitiert, die für den Lernenden eine Hilfe bedeutet.

Auf die Vollständigkeit der Angaben wurde bewusst verzichtet, um den Anfänger nicht zu verwirren. Er kann das Fehlende leicht in der Kommentar-Literatur finden.

Vorwort zur 22. Auflage

Das Buch wurde für diese Neuauflage vollständig überarbeitet. Zur Veranschaulichung, zur Lernkontrolle und zum schnellen Nachschlagen sind nunmehr an allen maßgeblichen Stellen Schaubilder und Prüfungsschemata eingefügt. Neuere Entwicklungen wie zum Beispiel der geplante Europäische Erbschein, die gesetzlichen Änderungen im Erbrecht des Lebenspartners sowie die erbrechtliche Bedeutung des OLG-Vertretungsänderungsgesetzes und des Allgemeinen Gleichbehandlungsgesetzes sind berücksichtigt. Die Ausführungen zum Erbrecht des Lebenspartners, zum Erbschaftsteuerrecht und zum internationalen Erbrecht wurden erweitert. Zahlreiche Meinungsstreitigkeiten wurden auf ihre fortdauernde Relevanz überprüft; ihre Darstellung und unsere eigene Stellungnahme wurden den aktuellen Entwicklungen angepasst. Wichtige Entscheidungen insbesondere des Bundesgerichtshofs sowie das aktuelle Schrifttum sind bis Anfang 2007 in dem Umfang eingearbeitet oder jedenfalls nachgewiesen, wie es dem Konzept des Buches entspricht. Die einzelnen Literaturübersichten wurden um älteres Schrifttum bereinigt, soweit dieses heute keine grundlegende Bedeutung mehr hat.

Die Änderungen und Ergänzungen beruhen auf gemeinsamen Beratungen. Dabei wurden wir unterstützt von der wissenschaftlichen Mitarbeiterin Frau Assessorin *Britta Börner,* von den Herren wissenschaftlichen Mitarbeitern Assessor *Ben Findeisen* und Assessor *Christian Vohla* sowie von Frau *Anke Hunger.* Ihnen danken wir vielmals für Ihre wertvolle Mitarbeit.

Münster/Gießen, im Januar 2007

Hans Brox
Wolf-Dietrich Walker

Inhaltsübersicht

Inhalt

Abkürzungen

a. A.	anderer Ansicht
a.a.O.	am angegebenen Ort
abl.	ablehnend(er)
Abs.	Absatz
Abtlg.	Abteilung
AcP	Archiv für die civilistische Praxis (Zeitschrift)
a. F.	alte Fassung
AGB	Allgemeine Geschäftsbedingungen
AGBGB	Ausführungsgesetz zum Bürgerlichen Gesetzbuch
AktG	Aktiengesetz
Alt.	Alternative
a. M.	anderer Meinung
AnfG	Anfechtungsgesetz
Anh.	Anhang
Anl.	Anlage
Anm.	Anmerkung
ArbR	Brox/Rüthers/Henssler, Arbeitsrecht, 16. Aufl., 2004
ArchBürgR	Archiv für bürgerliches Recht
arg.	Argument
Art.	Artikel
AS	Brox/Walker, Allgemeines Schuldrecht, 31. Aufl., 2006
AT	Brox/Walker, Allgemeiner Teil des BGB, 30. Aufl., 2006
Aufl.	Auflage
AVO	Ausführungsverordnung
BayObLG	Bayerisches Oberstes Landesgericht
BayObLGZ	Entscheidungen des Bayerisches Obersten Landesgerichts in Zivilsachen
BayZ	Zeitschrift für Rechtspflege in Bayern
BB	Der Betriebs-Berater (Zeitschrift)
Bd.	Band
bearb.	bearbeitet
BFH	Bundesfinanzhof
begr.	begründet
Beil.	Beilage
BeurkG	Beurkundungsgesetz
BewG	Bewertungsgesetz
BGB	Bürgerliches Gesetzbuch
BGBl.	Bundesgesetzblatt
BGH	Bundesgerichtshof
BGHZ	Entscheidungen des Bundesgerichtshofs in Zivilsachen
BNotO	Bundesnotarordnung

BR-Drucks.	Bunderats-Drucksache
BS	Brox/Walker, Besonderes Schuldrecht, 31. Aufl., 2006
BSHG	Bundessozialhilfegesetz
BT-Drucks.	Bundestags-Drucksache
BtG	Betreuungsgesetz
BVerfG	Bundesverfassungsgericht
BVerfGE	Entscheidungen des Bundesverfassungsgerichts
BVerwGE	Entscheidungen des Bundesverwaltungsgerichts
BWNotZ	Zeitschrift für das Notariat in Baden-Württemberg
bzw.	beziehungsweise
DB	Der Betrieb (Zeitschrift)
DDR	(ehemalige) Deutsche Demokratische Republik
Denkschrift 1.–5.	Denkschriften des Erbrechtsausschusses der Akademie für Deutsches Recht
DepotG	Gesetz über die Verwahrung und Anschaffung von Wertpapieren
ders.	derselbe
DFG	Deutsche Freiwillige Gerichtsbarkeit
DGWR	Deutsches Gemein- und Wirtschaftsrecht
d. h.	das heißt
DJ	Deutsche Justiz
DJT	Deutscher Juristentag
DNotZ	Deutsche Notar-Zeitschrift
DR	Deutsches Recht
DRiZ	Deutsche Richterzeitung
Drucks.	Drucksache
DRW	Deutsche Rechtswissenschaft
DtZ	Deutsch-Deutsche Rechts-Zeitschrift
DVO	Durchführungsverordnung
EG	Einführungsgesetz
EheschlRG	Eheschließungsrechtsgesetz
Einl.	Einleitung
entspr.	entsprechend
ErbbRVO	Verordnung über das Erbbaurecht
ErbGleichG	Erbrechtsgleichstellungsgesetz
ErbStG	Erbschaftsteuer- und Schenkungsteuergesetz
EuGH	Europäischer Gerichtshof
f.	folgende, für
FamRZ	Zeitschrift für das gesamte Familienrecht
FeuerbestG	Feuerbestattungsgesetz
ff.	fortfolgende
FG	Freiwillige Gerichtsbarkeit
FGG	Gesetz über die Angelegenheiten der freiwilligen Gerichtsbarkeit
FN	Fußnote

GBO	Grundbuchordnung
GbR	Gesellschaft bürgerlichen Rechts
GebrMG	Gebrauchsmustergesetz
gem.	gemäß
GeschmMG	Geschmacksmustergesetz
GG	Grundgesetz
GmbH	Gesellschaft mit beschränkter Haftung
GmbHG	Gesetz betr. die Gesellschaften mit beschränkter Haftung
GoA	Geschäftsführung ohne Auftrag
Gruchot	Beiträge zur Erläuterung des Deutschen Rechts, begr. v. Gruchot
GrünhutsZ	Zeitschrift für das Privat- und öffentliche Recht der Gegenwart, begr. v. Grünhut
GVG	Gerichtsverfassungsgesetz
h. A.	herrschende Ansicht
Halbs.	Halbsatz
HGB	Handelsgesetzbuch
h. L.	herrschende Lehre
h. M.	herrschende Meinung
HöfeO	Höfeordnung
HR	Brox, Handels- und Wertpapierrecht, 18. Aufl., 2005
HRR	Höchstrichterliche Rechtsprechung (Zeitschrift)
hrsgg.	Herausgegeben
i.d.F.	in der Fassung vom
InsO	Insolvenzordnung
IPRax	Praxis des Internationalen Privat- und Verfahrensrechts (Zeitschrift)
i.S.d.	im Sinne des
i.S.v.	im Sinne von
i.V.m.	in Verbindung mit
JA	Juristische Arbeitsblätter (Zeitschrift)
JFG	Jahrbuch für die Entscheidungen in Angelegenheiten der freiwilligen Gerichtsbarkeit und des Grundbuchrechts
JherJB	Jherings Jahrbücher für die Dogmatik des bürgerlichen Rechts
JMBl.	Justizministerialblatt
JR	Juristische Rundschau (Zeitschrift)
JurA	Juristische Analysen
Jura	Juristische Ausbildung (Zeitschrift)
JuS	Juristische Schulung (Zeitschrift)
JW	Juristische Wochenschrift (Zeitschrift)
JZ	Juristenzeitung (Zeitschrift)
KG	Kammergericht
KG	Kommanditgesellschaft

KGJ	Jahrbuch für Entscheidungen des Kammergerichts in Sachen der freiwilligen Gerichtsbarkeit, in Kosten-, Stempel- und Strafsachen
KindRG	Kindschaftsrechtsreformgesetz
KostO	Kostenordnung
KunstUrhG	Kunsturhebergesetz
LPartG	Lebenspartnerschaftsgesetz
LFGG	Landesgesetz über die freiwillige Gerichtsbarkeit (Baden-Württemberg) v. 12. 2. 1975
LG	Landgericht
LM	Nachschlagewerk des Bundesgerichtshofs, hrsgg. v. Lindenmaier, Möhring u. a.
LMK	Lindenmaier-Möhring – Kommentierte BGH-Rechtsprechung
LZ	Leipziger Zeitschrift für Deutsches Recht
m.	mit
MarkenG	Markengesetz
MDR	Monatsschrift für Deutsches Recht (Zeitschrift)
m. E.	meines Erachtens
m. N.	mit Nachweisen
Mot.	Motive
m.w.N.	mit weiteren Nachweisen
NdsRpfl.	Niedersächsische Rechtspflege
ne.	nichtehelich (e, en)
NeG	Gesetz über die rechtliche Stellung der nichtehelichen Kinder
N. F.	Neue Folge
NJW	Neue Juristische Wochenschrift (Zeitschrift)
NJW-RR	Neue Juristische Wochenschrift – Rechtsprechungs-Report (Zeitschrift)
NotBZ	Zeitschrift für die notarielle Beurkundungspraxis
Nr.	Nummer
OGH	Oberster Gerichtshof für die brit. Zone
OGHZ	Entscheidungen des Obersten Gerichtshofes für die brit. Zone in Zivilsachen
OHG	Offene Handelsgesellschaft
OLG	Oberlandesgericht
OLGRspr.	Die Rechtsprechung der Oberlandesgerichte auf dem Gebiete des Zivilrechts, hrsgg. v. Mugdan und Falkmann
OLGZ	Entscheidungen der Oberlandesgerichte in Zivilsachen
PatG	Patentgesetz
Prot.	Protokolle
PStG	Personenstandsgesetz

RabelsZ	Zeitschrift für ausländisches und internationales Privatrecht, begr. v. Rabel
RdA	Recht der Arbeit
Rdnr.	Randnummer
Recht	Das Recht
RG	Reichsgericht
RGBl.	Reichsgesetzblatt
RGSt.	Entscheidungen des Reichsgerichts in Strafsachen
RGWarn.	Rechtsprechung des Reichsgerichts, soweit sie nicht in der amtlichen Sammlung der Entscheidungen des RG abgedruckt sind, hrsgg. v. Warneyer
RGZ	Entscheidungen des Reichsgerichts in Zivilsachen
RNotZ	Rheinische Notar-Zeitschrift
Rpfleger	Der Deutsche Rechtspfleger (Zeitschrift)
RPflG	Rechtspflegergesetz
Rspr.	Rechtsprechung
RuStAG	Reichs- und Staatsangehörigkeitsgesetz
RvglHWB	Rechtsvergleichendes Handwörterbuch für Zivil- und Handelsrecht, hrsgg. v. Schlegelberger
RVO	Reichsversicherungsordnung
S.	Seite
SchlHA	Schleswig-Holsteinische Anzeigen
SchlHOLG	Schleswig-Holsteinisches Oberlandesgericht
SeuffArch	Seufferts Archiv für Entscheidungen der obersten Gerichte in den deutschen Staaten
SeuffBl.	Seufferts Blätter für Rechtsanwendung
SGB	Sozialgesetzbuch
SJZ	Süddeutsche Juristenzeitung
sog.	sogenannt (e, en, er, es)
StAZ	Zeitschrift für Standesamtswesen (seit 1948: Das Standesamt)
SteuerStud	Steuer und Studium (Zeitschrift)
StGB	Strafgesetzbuch
st. Rspr.	ständige Rechtsprechung
str.	streitig
TPG	Transplantationsgesetz
u. a.	unter anderem
UrhG	Urheberrechtsgesetz
usw.	und so weiter
u. U.	unter Umständen
v.	vom
Verh.	Verhandlung(en)
VerlG	Gesetz über das Verlagsrecht
VerschG	Verschollenheitsgesetz
VersR	Versicherungsrecht

vgl.	vergleiche
VO	Verordnung
VOBl.	Verordnungsblatt
Vorbem.	Vorbemerkungen
VVG	Gesetz über den Versicherungsvertrag
Warn	Rechtsprechung des Reichsgerichts, hrsgg. v. Warneyer
WM	Wertpapier-Mitteilungen (Zeitschrift)
WP	Wahlperiode
WRV	Verfassung des Deutschen Reichs (Weimarer Reichsverfassung)
ZAkDR	Zeitschrift der Akademie für Deutsches Recht
z. B.	zum Beispiel
ZErb	Zeitschrift für die Steuer- und Erbrechtspraxis
ZEuP	Zeitschrift für Europäisches Privatrecht
ZEV	Zeitschrift für Erbrecht und Vermögensnachfolge
ZfJ	Zentralblatt für Jugendrecht
ZGB	Zivilgesetzbuch der (ehemaligen) Deutschen Demokratischen Republik
ZGR	Zeitschrift für Unternehmens- und Gesellschaftsrecht
ZHR	Zeitschrift für das gesamte Handelsrecht und Wirtschaftsrecht
ZIP	Zeitschrift für Wirtschaftsrecht und Insolvenzpraxis
ZNotP	Zeitschrift für die NotarPraxis
ZPO	Zivilprozessordnung
zust.	zustimmend
ZVG	Gesetz über die Zwangsversteigerung und die Zwangsverwaltung
ZVR	Brox/Walker, Zwangsvollstreckungsrecht, 7. Aufl., 2003
ZZP	Zeitschrift für Zivilprozeß

Paragraphen ohne Gesetzesangaben sind solche des BGB.

Schrifttum

1. Lehrbücher und Grundrisse

Ebenroth, Erbrecht, 1992
Ferid/Firsching/Lichtenberger, Internationales Erbrecht, 4. Aufl., 1999 (Loseblattausgabe)
Firsching/Graf, Nachlassrecht, 8. Aufl., 2000
Frank, Erbrecht, 3. Aufl., 2005
Gursky, Erbrecht, 4. Aufl., 2004
Harder/Kroppenberg, Grundzüge des Erbrechts, 5. Aufl., 2002
Heldrich/Eidenmüller, Erbrecht, 4. Aufl., 2001
Holzhauer, Familien- und Erbrecht, Freiwillige Gerichtsbarkeit, 2. Aufl., 1988
Kipp/Coing, Erbrecht, Ein Lehrbuch, 14. Bearb., 1990
Lange/Kuchinke, Erbrecht, 5. Aufl., 2001
Leipold, Erbrecht, 16. Aufl., 2006
Lipp, Examens-Repetitorium Erbrecht, 2006
v. Lübtow, Erbrecht, Eine systematische Darstellung, 1. u. 2. Halbband, 1971
Michalski, BGB-Erbrecht, 3. Aufl., 2006
Olzen, Erbrecht, 2. Aufl., 2005
Otte, Erbrecht, 1974
Roth, Familien- und Erbrecht in ausgewählten Verfahrensfragen, 3. Aufl., 2003
Schellhammer, Erbrecht nach Anspruchsgrundlagen, 2. Aufl., 2006
Schlüter, Erbrecht, 15. Aufl., 2004
Weirich, Erben und Vererben, 5. Aufl., 2004
Zimmermann, Erbrecht, 2006

2. Kommentare

Achilles/Greiff, Bürgerliches Gesetzbuch, 21. Aufl., 1958 (Erbrecht bearb. von *Johannsen* und *Kregel*)

Alternativkommentar: Kommentar zum Bürgerlichen Gesetzbuch, Bd. 6; Erbrecht 1990 (bearb. von *Buchholz, Däubler, Derleder, Dubischar, Finger, Pardey, Schaper, Teubner, Wendt*)

Anwaltkommentar-BGB, Bd. 6: Erbrecht, 2004 (bearb. von *Ann, Beck, Bock, Eberl-Borges, Fleindl, Frank, Galanulis, Gierl, Hartl, Herzog, Ivo, Kesen, Kick, Kornexl, Krafka, Kroiß, Krug, Ludwig, Mayer, Odersky, Olsen-Ring, Pohl, Radlmayr, Reckhorn-Hengermühle, Ring, Seif, Seiler, Süß, Ullrich, Weidlich*)

Bamberger/Roth, Kommentar zum Bürgerlichen Gesetzbuch, Bd. 3, §§ 1297–2385, EGBGB, CISG, 2003 (Erbrecht bearb. von Litzenburger, Lohmann, Mayer, Müller-Christmann, Seidl)

Damrau, Deutsche Gesellschaft für Erbrechtskunde, Deutscher Erbrechtskommentar, 2003

Erman, Handkommentar Bürgerliches Gesetzbuch, 11. Aufl., 2. Bd., 2004 (bearb. von *Schlüter* und *Schmidt*)

Frieser, Erbrecht, 2. Aufl., 2007 (BGB-Vorschriften bearb. von *Assenmacher, Deppenkemper, Dingerdissen, Finger, Juchem, Kummer, Lenzen, Lindner, Löhnig, Onderka, Rausch, Rott, Schiemann, Schiffer/v. Schubert, Tschichoflos, Zimmer*)
Handkommentar BGB, 5. Aufl., 2006 (Erbrecht bearb. von *Hoeren*)
Jauernig, Bürgerliches Gesetzbuch, 11. Aufl., 2004 (Erbrecht bearb. von *Stürner*)
Kropholler, Studienkommentar BGB, 10. Aufl., 2007
Münchener Kommentar zum Bürgerlichen Gesetzbuch, Bd. 9, Erbrecht, 4. Aufl., 2004 (bearb. von *Grunsky, Hagena, Heldrich, Helms, Lange, Leipold, Mayer, Musielak, Schlichting, Siegmann, Strobel, Zimmermann*)
Palandt, Bürgerliches Gesetzbuch, 65. Aufl., 2006 (Erbrecht bearb. von *Edenhofer*)
Planck, Kommentar zum Bürgerlichen Gesetzbuch nebst Einführungsgesetz, V. Bd., Erbrecht (bearb. v. *Flad, Ebbecke, Strecker, Greiff*), 4. Aufl., 1930
Prütting/Wegen/Weinreich, BGB Kommentar, 2006 (Erbrecht bearb. v. *Avenarius, Deppenkemper, Kummer, Löhnig, Rausch, Schiemann, Tschichoflos*)
RGRK, Das Bürgerliche Gesetzbuch mit besonderer Berücksichtigung der Rechtsprechung des Reichsgerichts und des Bundesgerichtshofes, Kommentar, herausgegeben von Reichsgerichtsräten und Bundesrichtern, 12. Aufl., V. Bd., bearb. v. *Johannsen* u. *Kregel*, 1. Teil (§§ 1922–2146), 1974, 2. Teil (§§ 2147–2385), 1975
Soergel, Bürgerliches Gesetzbuch, Bd. 21–23, Erbrecht (bearb. v. *Damrau, Dieckmann, Loritz, Mayer, Müller, Stein, Wegmann, Wolf, Zimmermann*), 13. Aufl., 2002 f.
v. Staudinger, Kommentar zum Bürgerlichen Gesetzbuch, Fünftes Buch, Erbrecht, 13. Bearbeitung, ab 1993, zum Teil Neubearbeitung ab 2002 (bearb. v. *Behrends, Cieslar, Ferid, Firsching, Grunsky, Kanzleiter, Marotzke, Olshausen, Otte, Reimann, Schilken, Schotten, Werner*)

3. Fallsammlungen

Brenner, Klausurenkurs im Familien- und Erbrecht, 2005
Heldrich/Eidenmüller, Erbrecht, Fälle und Lösungen nach höchstrichterlichen Entscheidungen, 4. Aufl., 2001
Lüderitz, ESJ Familien- und Erbrecht, 1971
A. Roth, Familien- und Erbrecht mit ausgewählten Verfahrensfragen, Ein fallbezogenes Examinatorium, 3. Aufl., 2003
Schlüter, BGB Erbrecht (Prüfe dein Wissen), 9. Aufl., 2003
Simon/Werner, 22 Probleme aus dem Familien- und Erbrecht, 3. Aufl., 2002
Werner, Fälle zum Erbrecht, 2. Aufl., 1995

I. Abschnitt Einführung in das Erbrecht

§ 1 Grundbegriffe des Erbrechts 1

Fälle:

a) Nach dem Tode des E streiten sich seine zweite Frau F und sein Sohn S aus erster Ehe, ob die Leiche erd- oder feuerbestattet werden soll. **(Rdnr. 2, 12)**

b) Hat S zu Lebzeiten des E hinsichtlich dessen Vermögen ein Erbrecht? **(Rdnr. 3)**

c) Wer erbt, wenn E in seinem Testament seine Heimatstadt (seinen Kegelklub, seinen Hund) zum Erben eingesetzt hat? **(Rdnr. 7)**

d) E, der seinen Freund F testamentarisch zu seinem Erben eingesetzt hat, verunglückt mit diesem bei einem Verkehrsunfall tödlich. Wird F Erbe, wenn er 5 Minuten vor E stirbt? Wie ist die Rechtslage, wenn F den E um 5 Minuten überlebt? Wie, wenn nicht mehr festzustellen ist, wer zuerst gestorben ist? **(Rdnr. 8)**

e) Der Sohn und Alleinerbe S des E will dessen Leiche an die Anatomie verkaufen und den X, der fortwährend ehrenrührige Artikel über E schreibt, auf Unterlassung verklagen. Mit Recht? **(Rdnr. 12, 16)**

I. Begriff des Erbrechts

Der Begriff »Recht« wird im objektiven und subjektiven Sinne verwandt. Im objektiven Sinne versteht man darunter die Summe der Rechtsnormen, im subjektiven die dem Einzelnen von der Rechtsordnung verliehene Macht oder Befugnis. Dementsprechend wird auch der Begriff »Erbrecht« in verschiedener Bedeutung gebraucht.

1. Erbrecht im objektiven Sinne 2

»Erbrecht« im objektiven Sinne bezeichnet die Summe der Rechtsnormen, welche die privatrechtlichen, vermögensrechtlichen Folgen des Todes eines Menschen regeln. In dieser Bedeutung ist die Ankündigung einer Vorlesung über »Erbrecht« und auch der Titel dieses Buches zu verstehen.

a) Mit dem *Tod eines Menschen* endet dessen Rechtsfähigkeit (die Fähigkeit, Träger von Rechten und Pflichten zu sein[1]). Dann tritt nach unserer Rechtsordnung ein anderes Rechtssubjekt an die Stelle des Verstorbenen und wird Träger der mit dem Tode nicht erlöschenden Rechte und Pflichten (vgl. § 1922 I).

1 AT Rdnr. 702 ff.

b) Als *Teil des Privatrechts* regelt das Erbrecht nicht alle mit dem Tode eines Menschen zusammenhängenden Rechtsfragen. Soweit sie die öffentlich-rechtliche Stellung des Einzelnen betreffen (z. B. Erbschaftsteuerrecht), gehören sie nicht zum Erbrecht im hier verstandenen Sinne.

Allerdings ist die Trennung zwischen privatem und öffentlichem Recht im BGB nicht streng durchgeführt. So enthält dessen 5. Buch auch öffentlich-rechtliche Vorschriften (z. B. über die Funktionen des Nachlassgerichts), wobei es letztlich aber immer um die Ordnung der privatrechtlichen Nachfolge in Rechte und Pflichten eines Verstorbenen geht.

c) Nur die *vermögensrechtlichen Folgen* des Todes eines Menschen werden im Erbrecht behandelt (vgl. § 1922 I), nicht dagegen die Fragen, die mit der Beisetzung des Verstorbenen (Beisetzungspflicht, Art und Ort der Beisetzung, Errichtung eines Grabmals, Umbettung usw.) zusammenhängen. Lediglich § 1968 bestimmt, dass der Erbe die Kosten der standesgemäßen Beerdigung des Erblassers trägt; es wird also nur die mit der Beisetzung zusammenhängende vermögensrechtliche Frage geregelt.

Die Pflicht zur Bestattung[2] ist ein Teil des öffentlichen Rechts[3]. Das Bestattungswesen gehört zur ausschließlichen Gesetzgebungskompetenz der Länder (Art. 70 GG). Das Gesetz über die Feuerbestattung vom 15. 5. 1934[4] gilt als Landesrecht weiter, sofern das betreffende Bundesland inzwischen nicht eigene Rechtsvorschriften erlassen hat. Im **Fall a** geht nach § 2 III FeuerbestG der Wille der F dem des S vor (vgl. Rdnr. 12).

3 *2. Erbrecht im subjektiven Sinne*

Unter »Erbrecht« im subjektiven Sinne versteht man die Rechtsmacht des Erben.

a) Ein solches Erbrecht entsteht frühestens mit dem Tode desjenigen, der beerbt wird (= Erblasser). In diesem Zeitpunkt geht sein Vermögen auf den Erben über, ohne dass dieser die Erbschaft anzunehmen braucht (Grundsatz des Vonselbsterwerbs; vgl. § 1942 I). Erbrecht im subjektiven Sinne bedeutet also die Herrschaft des Erben über die Erbschaft.

In diesem Sinne gebraucht das Gesetz den Begriff z. B. in § 2353. Wenn es dort heißt, dass das Nachlassgericht dem Erben ein Zeugnis über sein Erbrecht zu erteilen hat, so ist damit ein Zeugnis über die Rechtsmacht des Einzelnen gemeint.

2 **Schrifttum:** *Gaedke*, Handbuch des Friedhofs- und Bestattungsrechts, 9. Aufl., 2004; *Widmann*, Testamentserklärungen und Bestattungsanordnungen in Bestattungsvorsorgeverträgen, FamRZ 2001, 74; *W. Zimmermann*, Rechtsfragen zum Thema »Friedhof und Bestattung«, ZEV 1997, 440.

3 Vgl. BVerwGE 11, 68; 17, 119.

4 RGBl. I, 380.

Das Erbrecht im subjektiven Sinne ist nach heute allgemeiner Ansicht kein einheitliches Herrschaftsrecht über die Erbschaft als Ganzes, sondern eine Sammelbezeichnung für eine Reihe von Einzelbefugnissen und Pflichten[5]. Das zeigt sich etwa darin, dass der Nachlass nicht durch einheitliches Rechtsgeschäft als Ganzes übertragen werden kann[6].

b) Vor dem Tode des Erblassers besteht kein Erbrecht (**Fall b**). Selbst die nächsten Angehörigen (z. B. die Ehefrau) haben lediglich eine Aussicht, Erbe zu werden; denn es besteht die Möglichkeit, dass der Erblasser kurz vor seinem Tode ein Testament errichtet, in dem er z. B. seinen Freund zum Alleinerben einsetzt. Sogar dieser hat damit noch kein Erbrecht, da der Erblasser das Testament jederzeit widerrufen kann (§§ 2253 ff.). Wenn man also von einem »Erbrecht« hinsichtlich des Vermögens einer noch lebenden Person spricht, dann ist damit nur eine Chance, Erbe zu werden, also eine Erbaussicht, gemeint. Diese ist auch nicht als Anwartschaft anzusehen; denn von einer genügend gesicherten Rechtsstellung des Erben zu Lebzeiten des Erblassers kann keine Rede sein. Eine Erbaussicht ist nicht wie die Anwartschaft übertragbar und nicht vererblich.

Den Ausdruck »Erbrecht« im Sinne von Erbaussicht gebraucht das Gesetz beim Erbverzicht. Wenn z. B. § 2346 I 1 bestimmt, dass Verwandte sowie der Ehegatte des Erblassers durch Vertrag mit dem Erblasser auf ihr gesetzliches Erbrecht verzichten können, dann ist damit der Verzicht auf die bestehende Erbaussicht gemeint; aus dieser soll beim Tode des Erblassers kein Erbrecht werden.

II. Erbfall 4

§ 1922 I lautet: »Mit dem Tode einer Person (Erbfall) geht deren Vermögen (Erbschaft) als Ganzes auf eine oder mehrere Personen (Erben) über.« Der *Tod einer natürlichen Person* (eines Menschen) wird als Erbfall bezeichnet.

Als Todeszeitpunkt ist nach medizinischer Erkenntnis der Eintritt des Gehirntodes zu verstehen; das ist der Zeitpunkt des irreversiblen Funktionsverlustes des Gehirns, so dass dauerhaft keine Gehirnkurven mehr mitgeschrieben werden können und eine Reanimation ausgeschlossen ist[7].

Der Nachweis des Erbfalls kann durch eine vom Standesbeamten ausgestellte Sterbeurkunde (§§ 61a, 64, 66, 60 PStG) geführt werden. – Bei Verschollenheit des Menschen begründet die Todeserklärung die (widerlegbare) Vermutung, dass der Verschollene zu dem im Beschluss festgestellten Zeitpunkt gestorben ist (§ 9 I 1 VerschG[8]). Entsprechendes

5 Siehe nur *Erman/Schlüter*, Einl. § 1922 Rdnr. 10; MünchKomm/*Leipold*, Einleitung vor § 1922 Rdnr. 3.
6 BGH NJW 1954, 1647.
7 OLG Köln NJW-RR 1992, 1480; *Palandt/Heinrichs*, § 1, 3; anders MünchKomm/*Leipold*, § 1922, 12: endgültiger Stillstand von Atmung und Kreislauf.
8 AT Rdnr. 709 ff.

gilt, wenn eine Todeserklärung unzulässig und der Zeitpunkt des Todes gerichtlich festgestellt ist (§ 44 VerschG).

5 III. Erblasser

Die *Person, deren Vermögen mit dem Tode auf eine oder mehrere Personen übergeht*, wird als Erblasser bezeichnet. Demnach ist der Verstorbene, und zwar *jeder* Verstorbene, Erblasser.

Eine juristische Person stirbt nicht. Endet sie durch Auflösung, kann sie selbst zwar nicht mehr Träger von Rechten und Pflichten sein; aber sie wird nicht beerbt, sondern liquidiert (vgl. §§ 45 ff. für den rechtsfähigen Verein).

Das Gesetz nennt auch den lebenden Menschen dann Erblasser, wenn er eine Verfügung von Todes wegen errichtet oder aufhebt (§§ 2229 ff.) oder einen Erbverzichtsvertrag mit einem Verwandten oder seinem Ehegatten hinsichtlich seines Vermögens schließt (§§ 2346 ff.).

6 IV. Erbe

Die *Personen, auf die mit dem Tode eines Menschen dessen Vermögen als Ganzes übergeht*, werden Erben genannt (vgl. § 1922 I).

1. Bestimmung des Erben

Erbe ist in erster Linie derjenige, den der Erblasser dazu in einer besonderen Willenserklärung (Testament, Erbvertrag) bestimmt hat (gewillkürter Erbe; §§ 1937, 1941). Fehlt eine solche gewillkürte Erbfolge, ergibt sich aus dem Gesetz, wer erbt (gesetzlicher Erbe; §§ 1924 ff.).

7 *2. Erbfähigkeit*

Erbfähigkeit ist die Fähigkeit, Erbe zu sein. Sie ist ein Ausschnitt der Rechtsfähigkeit. Da im Zeitpunkt des Todes des Erblassers dessen (mit dem Tod nicht erlöschende) Rechte und Pflichten auf den Erben übergehen sollen, muss dieser im genannten Zeitpunkt rechtsfähig sein.

a) Rechtsfähig und damit erbfähig ist *jede natürliche und juristische Person.* Tiere (§ 90 a) können also nicht Erben sein.

Im **Fall c** ist die Erbeinsetzung des Hundes nichtig. Es tritt gesetzliche Erbfolge ein. Die letztwillige Verfügung ist aber als Auflage (§ 1940; Rdnr. 459) aufrechtzuerhalten (§ 2084; Rdnr. 205), nach der die Erben verpflichtet sind, für eine gute Pflege des Hundes zu sorgen. Dagegen ist die Stadt (als juristische Person) erbfähig. Das gilt auch für den

Kegelklub, wenn er als eingetragener Verein rechtsfähig ist (§ 21). Aber selbst der nicht im Vereinsregister eingetragene Verein wird inzwischen entgegen § 54 ebenso wie die GbR[9] als rechtsfähig angesehen, soweit er nach außen am Rechtsverkehr teilnimmt[10]. Auch er ist deshalb vermögensfähig und damit erbfähig[11]. Wenn die Mitglieder eines nicht eingetragenen Vereins als Erben bedacht werden, ist durch Auslegung zu ermitteln, ob der Verein als solcher erbt oder ob die Mitglieder persönlich erben und zur Übertragung an den Verein verpflichtet sind[12].

b) Die Rechtsfähigkeit muss im *Zeitpunkt des Erbfalls* gegeben sein (vgl. § 1923 I); denn in diesem Augenblick geht das Vermögen des Erblassers auf einen anderen Rechtsträger (den Erben) über (§ 1922 I). Der Erbe muss also den Erblasser – wenn auch nur um den Bruchteil einer Sekunde – überleben[13]. 8

Im **Fall d** ist F nicht Erbe des E geworden, wenn er vor E gestorben ist. Hat er dagegen den E – wenn auch nur um fünf Minuten – überlebt, ging im Zeitpunkt des Todes des E dessen Vermögen auf den in diesem Augenblick noch rechtsfähigen F über. Kann nicht festgestellt werden, wer wen überlebt hat, besteht die Vermutung gleichzeitigen Todes (§ 11 VerschG); dann ist F nicht Erbe geworden. Ob F den E überlebt hat, ist von großer Bedeutung für die Erben des F; wenn nämlich F den E überlebt, geht das Vermögen des E auf F und von diesem auf dessen Erben über.

Eine *Vorverlegung der Rechtsfähigkeit* bestimmt § 1923 II: Der bereits erzeugte, aber noch nicht geborene Mensch (nasciturus) gilt als vor dem Erbfall geboren. 9

Der Grund für diese Fiktion zeigt sich an folgendem Beispiel: Hinterlässt E seine Frau und ein Kind von drei Monaten, wird er gesetzlich von beiden beerbt (§§ 1924 I, 1931). Wird das Kind aber erst zwei Monate nach dem Tod des E geboren, dann könnte es ohne § 1923 II nicht Erbe seines Vaters sein, da es zur Zeit des Erbfalls noch nicht rechtsfähig war (§§ 1, 1923 I). Demnach würden die Witwe des E und dessen Eltern erben (§§ 1925, 1931). Es ist nicht einzusehen, warum ein kurz vor dem Tode des E geborenes Kind erben und ein kurz nachher geborenes Kind leer ausgehen soll. Hier hilft § 1923 II.

§ 1923 II setzt voraus, dass das noch nicht geborene Kind einmal die Rechtsfähigkeit erlangt, also lebend zur Welt kommt. § 1923 II greift auch dann ein, wenn das Kind nur ein paar Minuten gelebt hat. Wird es tot geboren, ist es nie rechtsfähig gewesen und kommt als Erbe nicht in Betracht.

Im Beispielsfall erben bei einer Totgeburt des Kindes die Witwe und die Eltern des Erblassers. Hat das Kind aber gelebt, erben die Witwe und das (einzige) Kind des E; stirbt dann das Kind, wird es von seiner Mutter beerbt, so dass das Vermögen des E letztlich ganz an dessen Witwe fällt.

9 BGH NJW 2001, 1056; zur GbR als Erbin *Scherer/Feick*, ZEV 2003, 341.

10 AT Rdnr. 770 m.w.N.

11 *Erman/Schlüter*, § 1923 Rdnr. 1; MünchKomm/*Leipold*, § 1923 Rdnr. 32; *Staudinger/Weick*, § 54 Rdnr. 77.

12 *Staudinger/Weick*, § 54 Rdnr. 77.

13 Dazu OLG Hamm NJW-RR 1996, 70.

Umstritten ist, ob § 1923 II entsprechend anwendbar ist, wenn das Kind dadurch entsteht, dass der Samen seines Vaters nach dessen Tod der Mutter eingespritzt wird (sog. homologe Insemination) oder dass Samen und Ei der Eltern in der Retorte verschmolzen werden und der Embryo nach dem Tod des Vaters in den Uterus der Mutter eingesetzt wird (sog. homologe In-vitro-Fertilisation)[14].

Diese Methoden, die erst durch die Fortschritte in der Fortpflanzungsmedizin möglich wurden, gab es zur Zeit der Entstehung des BGB noch nicht, und sie konnten auch noch nicht vorausgesehen werden. Der Gesetzgeber ging davon aus, dass es nach dem Tod des Vaters zu einer Zeugung durch diesen nicht mehr kommen könne.

Bei der Ausfüllung dieser Gesetzeslücke ist aus dem Gleichheitsgrundsatz und dem Gebot der Gerechtigkeit herzuleiten, dass das nach dem Tod des Erblassers gezeugte Kind erbrechtlich ebenso wie alle anderen Kinder des Erblassers behandelt wird. Die erbrechtliche Berücksichtigung des Kindeswohls hat den Gesetzgeber schon veranlasst, trotz des Grundsatzes, dass erbfähig nur der Rechtsfähige ist, einen Weg zu finden, um den erbrechtlichen Schutz auch dem im Zeitpunkt des Erbfalls gezeugten Kind zu gewähren. Dann liegt es nahe, auch das postmortal gezeugte Kind des Erblassers bei der Erbfolge wie die anderen Kinder zu stellen. Dafür spricht auch der hypothetische Wille des Gesetzgebers: In Fällen, in denen er sich vorstellen konnte, dass eine nicht erzeugte Person als Erbe in Betracht kommt, nämlich bei der Erbeinsetzung einer solchen Person, hat er (in § 2103 I; Rdnr. 349) eine Konstruktion (Nacherbfolge) gefunden, um den zur Zeit des Erbfalls noch nicht Erzeugten in den Genuss der Erbschaft kommen zu lassen. Das lässt den Schluss zu, dass der Gesetzgeber auch im nicht voraussehbaren Fall der postmortalen künstlichen Zeugung einen Weg beschritten hätte, um das daraus entstehende Kind an dem Nachlass des Vaters teilhaben zu lassen. Das kann durch eine Ausdehnung der Fiktion des § 1923 II auf den genannten Fall geschehen[15]. Von der Gegenansicht wird eine entsprechende Anwendung des § 1923 II vor allem aus Gründen der Rechtssicherheit abgelehnt, weil sonst möglicherweise lange Ungewissheit über die erbrechtliche Lage bestehe[16].

Eine weitere Vorverlegung der Rechtsfähigkeit im Hinblick auf die Erbfähigkeit enthält § 84. Hier wird fingiert, dass die Stiftung, die erst nach dem Tode des Erblassers genehmigt und damit rechtsfähig wird, als schon vor dessen Tod entstanden gilt.

14 Vgl. dazu *Brox*, Festschrift f. Stree und Wessels, 1993, 965.

15 Ebenso etwa HK-BGB/*Hoeren*, § 1923 Rdnr. 3; MünchKomm/*Leipold*, § 1923 Rdnr. 17.

16 So etwa *Bamberger/Roth/Müller-Christmann*, § 1923 Rdnr. 7; *Erman/Schlüter*, § 1923 Rdnr. 3.

V. Erbschaft 10

Das *Vermögen des Erblassers, das mit dessen Tod auf den (die) Erben übergeht,* wird in § 1922 I als Erbschaft bezeichnet. Dazu gehören die Aktiven und Passiven[17].

Nach anderer Ansicht ist mit dem »Vermögen« in § 1922 I nur das Aktivvermögen gemeint[18]. Der Streit ist ohne praktische Bedeutung; denn jedenfalls ergibt sich die Haftung des Erben für die Verbindlichkeiten des Erblassers aus § 1967.

Die Erbschaft wird vom Gesetz oft auch *Nachlass* genannt. Der Ausdruck »Erbschaft« wird meist dann gebraucht, wenn es um die Beziehung des hinterlassenen Vermögens zu dem neuen Rechtsträger geht (so in §§ 1942 ff., 2018 ff.), während mit »Nachlass« mehr der Bestand des Vermögens gemeint ist (so in §§ 1960, 1967, 1975).

1. Grundsätze 11

Nach § 1922 I geht beim Erbfall das *Vermögen* des Erblassers auf den Erben über. Damit ist nicht gesagt, dass nur geldwerte Güter vererblich sind[19]. Es gibt auch nicht vermögenswerte Rechte, die vererbt werden, während wir andererseits auch Vermögensrechte kennen, die mit dem Tode des Berechtigten erlöschen (z. B. Nießbrauch, § 1061 Satz 1). Regelmäßig sind vermögensbezogene Rechte und Pflichten vererblich, persönlichkeitsbezogene dagegen nicht vererblich. Wenn Vermögens- und Persönlichkeitsrecht stark miteinander verbunden sind, ist ausschlaggebend, was im Einzelfall überwiegt.

Beispiele: Die Urheberrechte sind Rechte des Urhebers an seinem Geisteswerk, also persönlichkeitsbezogen. Da sie aber auch einen Vermögenswert darstellen, sieht das Gesetz die Vererblichkeit vor (Rdnr. 18).

Die Mitgliedschaft in einem Verein oder einer Gesellschaft ist persönlichkeitsbezogen, kann aber auch einen Vermögenswert darstellen (Handelsgesellschaften). Nach der Auffassung des Gesetzgebers überwiegt beim Verein das Persönliche. Deshalb ist im gesetzlichen Regelfall die Mitgliedschaft im Verein nicht vererblich (§ 38 Satz 1). Der Tod eines Gesellschafters einer OHG führt regelmäßig zum Ausscheiden des Gesellschafters (§ 131 III Nr. 1 HGB). Diese gesetzlichen Regeln sind aber abdingbar (vgl. § 40; § 131 III Nr. 1 HGB). Bei einer Kapitalgesellschaft tritt das Personenrechtliche zu Gunsten des Vermögenswertes zurück, weshalb das Mitgliedschaftsrecht nach dem Gesetz vererblich ist (vgl. etwa § 15 I GmbHG). Das gilt auch für die Beteiligung eines Kommanditisten (§ 177 HGB).

17 Ebenso MünchKomm/*Leipold*, § 1922 Rdnr. 16 f. m.w.N.
18 So etwa *Erman/Schlüter*, § 1922 Rdnr. 6
19 Vgl. Mot. V, 2.

Höchstpersönliche Rechte sind nicht übertragbar und nicht vererblich. Grundsätzlich spricht die Übertragbarkeit für Vererblichkeit und die Nichtübertragbarkeit für Nichtvererblichkeit (**Beispiele**: §§ 1059, 1061).

12 *2. Einzelfälle*

a) Der *Leichnam* ist dem Rechtsverkehr entzogen[20]. Dabei kann dahinstehen, ob er als Sache im Sinne des § 90 anzusehen ist; jedenfalls widerspricht es den sittlichen Anschauungen, ein Eigentumsrecht etwa der Erben an der Leiche des Erblassers anzunehmen (zu **Fall e**).

Der Leichnam, aber auch die Asche, ist Gegenstand der Totenfürsorge. Diese wahrzunehmen, ist in erster Linie das Recht dessen, den der Verstorbene damit betraut hat[21]; im Übrigen steht das Recht gewohnheitsrechtlich den nächsten Angehörigen und nicht den Erben zu[22]. Maßgebend für Art und Ort der Bestattung (**Fall a**) ist in erster Linie der Wille des Verstorbenen. Eine besondere Form der Willensäußerung (z. B. eine Verfügung von Todes wegen) ist nicht erforderlich; es reicht vielmehr aus, wenn sich eine Bestattungsanordnung den Umständen mit Sicherheit entnehmen lässt[23]. In zweiter Linie bestimmen darüber die nächsten Familienangehörigen, die dazu in einer bestimmten Rangfolge berechtigt und verpflichtet sind. Diese Regeln ergeben sich aus dem Feuerbestattungsgesetz (Rdnr. 2); sie gelten mangels entsprechender Bestimmungen auch für die Erdbestattung. Erst wenn keine Familienangehörigen vorhanden sind, kommt es auf die Bestimmung durch die Erben an, die in jedem Fall die Beerdigungskosten zu tragen haben (§ 1968).

13 b) Für die Zulässigkeit einer *Obduktion* kommt es auf eine Zustimmung des Verstorbenen an; ist ein Wille des Verstorbenen nicht feststellbar, so haben seine Familienangehörigen darüber zu bestimmen (vgl. § 2 I, II FeuerbestG).

Eine Organentnahme bei einem toten Organspender ist u. a. nur dann zulässig, wenn dieser in die Entnahme eingewilligt hatte. Liegt weder eine schriftliche Einwilligung noch ein schriftlicher Widerspruch des möglichen Organspenders vor, ist dessen nächster Angehöriger zu befragen (Einzelheiten: §§ 3 ff. des Transplantationsgesetzes vom 5. 11. 1997[24]).

14 c) *Künstliche Körperteile*, die mit dem Körper fest verbunden sind (z. B. künstliche Gelenke, Zahnplomben, Herzschrittmacher), sind – wie der Leichnam selbst – nicht vererblich. Die Erben haben ein Aneignungsrecht, das sie jedoch nur bei vorheriger Einwilligung des Verstorbenen oder – wenn es daran fehlt – mit Zustimmung der Familienangehörigen des Verstorbenen rechtswirksam ausüben können[25].

20 So schon RGSt 64, 313.
21 BGH FamRZ 1992, 657.
22 Vgl. RGZ 154, 269; BGHZ 61, 238; BGH FamRZ 1978, 15.
23 BGH NJW-RR 1992, 834.
24 BGBl. I, 2631; dazu: *Deutsch*, NJW 1998, 777; *Walter*, FamRZ 1998, 201.
25 *Erman/Schlüter*, § 1922, 37; ähnlich MünchKomm/*Leipold*, § 1922, 89.

Abnehmbare Prothesen, Hörgeräte u. dergl. fallen dagegen in den Nachlass und damit an die Erben.

d) Das *Recht auf Einsichtnahme in die Krankenpapiere*, das dem Erblasser selbst in der Regel ohne Darlegung eines besonderen Interesses bis zu seinem Tode zustand[26], kann wegen vermögensrechtlicher Belange (z. B. Klärung von Schadensersatzansprüchen) auf die Erben übergegangen sein. Aber auch nahe Angehörige dürfen das Einsichtsrecht in Anspruch nehmen, soweit es nachwirkenden Persönlichkeitsbelangen des Verstorbenen dient (z. B. Verwirklichung des Strafanspruchs gegen den für den Tod Verantwortlichen). 15

Dem Einsichtsrecht der Erben und der nahen Angehörigen kann aber die ärztliche Schweigepflicht entgegenstehen[27]. Sofern der Verstorbene den Arzt nicht von dessen Schweigepflicht entbunden hat, darf der Arzt seine Pflicht zur Verschwiegenheit nur im vermuteten Einverständnis seines Patienten brechen. Der Arzt hat gewissenhaft zu prüfen, ob Anhaltspunkte dafür bestehen, dass der Verstorbene die ganze oder teilweise Offenlegung der Krankenpapiere gegenüber seinen Erben bzw. Angehörigen mutmaßlich missbilligt haben würde. Bei der Erforschung dieses mutmaßlichen Willens des Patienten wird auch das Anliegen der die Einsicht begehrenden Personen zu berücksichtigen und zu prüfen sein, ob nicht durch den Tod ein vorher bestehendes Geheimhaltungsinteresse des Patienten entfallen ist[28].

e) Das *allgemeine Persönlichkeitsrecht*, das von Rechtsprechung und Lehre als sonstiges Recht i. S. d. § 823 I anerkannt wird[29], schützt die Individualsphäre des Einzelnen sowie die freie Entfaltung der Persönlichkeit. Es ist daher ein höchstpersönliches Nichtvermögensrecht, das nicht vererblich ist. 16

Ein Anspruch auf Beseitigung einer fortwirkenden Beeinträchtigung des Persönlichkeitsrechts, der zu Lebzeiten des Erblassers in dessen Person entstanden ist, geht ebenfalls nicht auf den Erben über. Dasselbe gilt für einen bereits dem Erblasser zustehenden Unterlassungsanspruch wegen drohender Verletzung des Persönlichkeitsrechts. Beide Ansprüche dienen dem Schutz des allgemeinen Persönlichkeitsrechts und sind deshalb wie dieses höchstpersönlicher Natur. Hatte der Verstorbene wegen der Verletzung seines Persönlichkeitsrechts ausnahmsweise einen Anspruch auf Schmerzensgeld[30], so ist dieser Anspruch vererblich.

Die Persönlichkeitswerte, die zu Lebzeiten der Person unter den Schutz des allgemeinen Persönlichkeitsrechts fallen, sind jedoch auch nach dem Tod des Rechtsträgers in gewissem Umfang vor Beeinträchtigungen zu bewahren. So muss etwa die ehrverletzende Verfälschung des Lebensbildes oder die Verun-

26 Vgl. BGHZ 85, 327 u. 339.
27 Vgl. BGH NJW 1983, 2628.
28 Vgl. BGH NJW 1983, 2629; BGHZ 91, 398.
29 BS § 41 Rdnr. 21.
30 Vgl. BS § 44 Rdnr. 15 ff.; BGHZ 35, 363; 39, 124; NJW 2005, 215.

glimpfung des Andenkens eines Verstorbenen verhindert werden können. Ein solcher *postmortaler Persönlichkeitsschutz* ist mit Rücksicht auf die Wertentscheidung des Art. 1 I GG geboten[31]. Nach dieser Verfassungsbestimmung ist die Würde des Menschen unantastbar. Die Würde, die dem einzelnen Menschen wegen seines Personseins zukommt, erlischt nicht mit dem Tod. Deshalb muss unsere Rechtsordnung einen Schutz auch für die Menschenwürde Verstorbener vorsehen. Ein solcher Schutz wird zum Teil durch die §§ 168, 189 StGB und § 22 KunstUrhG erreicht. Da diese Vorschriften jedoch nicht alle Beeinträchtigungen erfassen, muss das Zivilrecht zumindest die Möglichkeit bieten, Verletzungen solcher Persönlichkeitswerte abzuwehren, die den Tod eines Menschen überdauern. Mit Recht lässt daher die wohl h. M. in Rechtsprechung und Literatur bei einer fortwirkenden Beeinträchtigung dieser Persönlichkeitswerte die Beseitigungsklage und bei einer drohenden Verletzung die Unterlassungsklage zu[32]. Auch vermögenswerte Bestandteile des Persönlichkeitsrechts sind vererblich[33].

Eine Mindermeinung nimmt an[34], die den Tod einer Person überdauernden Persönlichkeitswerte seien selbst nicht geschützt. Ihre Beeinträchtigung sei nur dann rechtlich beachtlich, wenn dadurch zugleich das Persönlichkeitsrecht der Angehörigen verletzt werde. Diese Auffassung ist abzulehnen, weil sie der Würde des Verstorbenen selbst keinen Schutz gewährt und damit dem Gebot des Art. 1 I GG nicht gerecht wird. Nicht jede den Ruf des Verstorbenen beeinträchtigende Maßnahme stellt zugleich eine Verletzung des allgemeinen Persönlichkeitsrechts der Angehörigen dar.

Die dogmatische Einordnung des von der h. M. anerkannten postmortalen Persönlichkeitsschutzes bereitet deswegen Schwierigkeiten, weil der Verstorbene nicht mehr Inhaber eines seine Persönlichkeitswerte schützenden Beseitigungs- oder Unterlassungsanspruchs sein kann[35]. Der BGH ist der Ansicht[36], es bestehe eine allgemeine Rechtspflicht, die den Tod eines Menschen überdauernden Persönlichkeitswerte zu achten. Dieser Rechtspflicht, die in §§ 189 StGB, 22 KunstUrhG für bestimmte Einzelfälle gesetzlich geregelt sei, stehe kein entsprechendes Recht eines Rechtssubjekts gegenüber; die Angehörigen des Verstorbenen seien nur befugt, die Einhaltung dieser Pflicht durchzusetzen. Dem ist zuzustimmen. Die Anerkennung einer solchen allgemeinen Rechtspflicht ist m. E. eine durch Art. 1 I GG gebotene verfassungskonforme Rechtsfortbildung auf der Grundlage der vom BGH angeführten Einzelregelungen. Einem Verstoß gegen diese Pflicht muss in entsprechender Anwendung des § 1004 gegebenenfalls mit der Beseitigungs- bzw. Unterlassungsklage entgegengetreten werden können. Dabei ist es unerheblich, dass der Pflicht kein Recht gegenübersteht.

31 Vgl. BVerfGE 30, 173, 194; BVerfG NJW 2001, 594.

32 Vgl. BGHZ 50, 133; *Buschmann*, NJW 1970, 2081; *Heldrich*, Festschrift f. Heinr. Lange, 1970, 163; *Lipp*, Examens-Repetitorium Erbrecht, Rdnr. 39; **a. A.** *Stein*, FamRZ 1986, 7.

33 BGHZ 143, 214 – Marlene Dietrich; *Götting*, NJW 2001, 585.

34 Vgl. *H. P. Westermann*, FamRZ 1969, 561 m.w.N.

35 Vgl. *Buschmann*, NJW 1970, 2081; *Heldrich*, Festschrift f. Heinr. Lange, 1970, 163.

36 BGHZ 50, 133, 138.

Der Kreis der zur Wahrnehmung des postmortalen Persönlichkeitsschutzes befugten Personen ist – abgesehen von den angeführten Einzelfällen – gesetzlich nicht festgelegt. Es ist davon auszugehen, dass in erster Linie die Person klagebefugt ist, der nach dem Willen des Verstorbenen diese Befugnis zukommen soll[37]; dieser Wille braucht nicht in einer Verfügung von Todes wegen niedergelegt zu sein. Soweit ein bestimmter Wille des Erblassers nicht festgestellt werden kann, sind in entsprechender Anwendung der §§ 77 II, 194 II StGB, § 22 KunstUrhG die nahen Angehörigen klagebefugt.

Im **Fall e** kann S daher auf jeden Fall als Sohn des Verstorbenen Unterlassung verlangen.

Der Umfang des postmortalen Persönlichkeitsschutzes ist geringer als der des allgemeinen Persönlichkeitsrechts[38]. Dies folgt schon daraus, dass die im Rahmen des allgemeinen Persönlichkeitsrechts geschützte freie Entfaltung der Persönlichkeit bei einem Verstorbenen nicht mehr beeinträchtigt werden kann. Hinzu kommt, dass die u. a. durch persönliche Kenntnis und Wertschätzung geprägte Erinnerung der Nachwelt an den Verstorbenen mit der Zeit immer mehr verblasst und damit auch das Bedürfnis für einen rechtlichen Schutz des Persönlichkeitsbildes entfällt.

Jedoch ist der postmortale Persönlichkeitsschutz eines bekannten Malers 30 Jahre nach dessen Tod noch nicht entfallen[39].

f) Die *Familienrechte* sind, soweit sie höchstpersönlicher Natur sind, unvererblich (z. B. Recht und Pflicht zur ehelichen Lebensgemeinschaft, elterliche Sorge). Überwiegt dagegen der vermögensrechtliche Charakter, ist das Recht vererblich (z. B. Zugewinnausgleichsforderung nach § 1378 I; Vergütungsanspruch des Vormundes nach § 1836 und des Betreuers nach § 1908i I 1). 17

Unterhaltsansprüche sind zwar vermögensrechtlicher Natur; sie werden dennoch nicht vererbt, weil ihr Sinn mit dem Tod des Berechtigten weggefallen ist (§§ 1615 I, 1360a III). Ansprüche, die bereits in der Person des Erblassers entstanden sind, gehen auf den Erben über. – Beim Tode des Unterhaltsverpflichteten erlischt grundsätzlich der Unterhaltsanspruch (§§ 1615 I, 1360a III; Ausnahme: § 1586b).

g) Die *Immaterialgüterrechte und gewerblichen Schutzrechte* sind stärker vermögensbezogen; deshalb sind sie vererblich: §§ 28, 64 UrhG[40]; § 15 PatG; § 29 I GeschmMG, § 22 GebrMG; § 27 I MarkenG; vgl. auch §§ 9, 34 VerlG. 18

h) Die *dinglichen Rechte* sind als Vermögensrechte grundsätzlich vererblich (z. B. Eigentum, Erbbaurecht, Pfandrecht). Sie können ausnahmsweise aber so 19

37 BGHZ 15, 249, 259.
38 BVerfG NJW 2001, 594, 595.
39 BGHZ 107, 384 – Emil Nolde; *Schack*, JZ 1990, 40.
40 Zur Erbrechtsregelung im Urheberrecht vgl. *Lange/Kuchinke*, § 5 III 6 a.

stark an eine bestimmte Person gebunden sein, dass sie mit deren Tod erlöschen (z. B. Nießbrauch, § 1061 Satz 1; beschränkt persönliche Dienstbarkeit, § 1090 II).

20 i) *Schuldrechtliche Ansprüche und Verpflichtungen* gehen grundsätzlich auf den Erben über.

Beispiel: Der Erblasser hatte einen Kaufvertrag geschlossen, der noch nicht erfüllt ist. Der Erbe tritt in die Gläubiger- und Schuldnerstellung des Erblassers ein. Er ist also verpflichtet, die vom Erblasser verkaufte Sache an den Käufer zu übereignen und zu übergeben; er hat den Anspruch auf die Kaufpreiszahlung. Auch etwaige sekundäre Leistungspflichten (z. B. Ersatz des Verspätungsschadens wegen Schuldnerverzugs) und Gestaltungsrechte, die mit dem Schuldverhältnis zusammenhängen (z. B. Anfechtung, Rücktritt), gehen auf den Erben über. – In manchen Fällen gibt das Gesetz dem Erben ein erst in seiner Person entstehendes Recht (z. B. Recht zur vorzeitigen Kündigung des Mietverhältnisses, § 564).

Ausnahmsweise enden schuldrechtliche Rechte und Pflichten mit dem Tode des Erblassers. Das kann auf Parteivereinbarung oder Gesetz beruhen.

Beispiele: Der noch nicht fällige Unterhaltsanspruch erlischt mit dem Tod des Bedürftigen. Der Widerruf der Schenkung wegen groben Undanks ist nach dem Tod des Beschenkten nicht mehr zulässig (§ 532 Satz 2).

Unvererblichkeit ist vor allem dann gegeben, wenn das Schuldverhältnis besonders personenbezogen ist. Ob das der Fall ist, kann nur im Einzelfall entschieden werden.

Der Arbeitsvertrag z. B. erlischt beim Tod des Arbeitnehmers, denn die Arbeitsleistung ist im Zweifel in Person zu erbringen (§ 613 Satz 1). Stirbt dagegen der Arbeitgeber, kann man meistens – entgegen der Auslegungsregel des § 613 Satz 2 – davon ausgehen, dass eine Fortsetzung des Arbeitsverhältnisses im Interesse des Arbeitnehmers wie des neuen Arbeitgebers (Erben) liegt. Nur wenn die Arbeitsleistung gerade gegenüber der Person des Erblassers zu erbringen war (z. B. Pflege), endet mit dessen Tod das Arbeitsverhältnis.

21 j) Die *Anwartschaftsrechte,* mögen sie dinglicher oder schuldrechtlicher Art sein, sind wie die Vollrechte vererblich; denn sie werden als deren Vorstufe schon als subjektive Rechte behandelt.

Häufigstes **Beispiel:** Der Käufer erwirbt beim Kauf unter Eigentumsvorbehalt aufschiebend bedingtes Eigentum an der Kaufsache. Stirbt er vor Zahlung der letzten Rate, geht dieses Anwartschaftsrecht auf seinen Erben über. Wird dann die letzte Rate gezahlt, tritt die Bedingung ein, und der Erbe wird Eigentümer.

§ 2 Grundprinzipien des Erbrechts, verfassungsrechtlicher Schutz und Rechtsquellen 22

Fälle:

a) E, dessen Vermögen im Wesentlichen aus zwei ungefähr gleichwertigen Grundstücken besteht, bestimmt im Testament, dass sein Sohn A das Grundstück X, Sohn B das Grundstück Y haben soll. Ist A nach dem Tod des E sofort Eigentümer des Grundstücks X, oder was muss geschehen? **(Rdnr. 25)**

b) Die Haushälterin H des E nimmt sofort nach dessen Tod einen Ring und eine Uhr aus der Nachttischschublade. Den Ring behält sie. Die Uhr veräußert sie an den gutgläubigen K. Der Neffe N des E, der erst später vom Tode des E erfährt, verlangt als Alleinerbe die Sachen heraus. **(Rdnr. 32)**

I. Grundprinzipien

1. Privaterbrecht und Beteiligung des Staates am Erbrecht

a) Das Erbrecht des BGB ist ein Teil unserer Privatrechtsordnung, die auf der Anerkennung des Privateigentums und der Privatautonomie beruht. Der Gesetzgeber hat sich entsprechend seiner liberalen Einstellung für ein privates Erbrecht entschieden und die Nachfolge in das Vermögen eines Verstorbenen privatrechtlich geregelt: Stirbt ein Mensch, so fällt sein Vermögen nicht an den Staat; diesem steht auch kein Aneignungsrecht zu. Der Nachlass geht vielmehr auf Privatpersonen über.

Hat der Erblasser zu seinen Lebzeiten durch eine Verfügung von Todes wegen (z. B. durch Testament, § 1937) jemanden zum Erben eingesetzt, so erwirbt dieser mit dem Tode des Erblassers dessen Vermögen. Liegt eine Verfügung von Todes wegen nicht vor, tritt die gesetzliche Erbfolge ein, die eine Familien- und Verwandtenerbfolge ist. Danach sind die nächsten Angehörigen (Kinder und Ehegatte) des Erblassers dessen Erben (§§ 1924, 1931). Beim Fehlen naher Angehöriger erben die entfernteren Verwandten des Erblassers (vgl. §§ 1926 ff.). Der Staat wird – sozusagen als Lückenbüßer – erst dann gesetzlicher Erbe (§ 1936), wenn weder eine vom Erblasser durch Verfügung von Todes wegen bestimmte Person erbt noch aus der näheren oder weiteren Verwandtschaft des Erblassers jemand als gesetzlicher Erbe in Betracht kommt.

Die Regelung des BGB über die private Erbfolge ist, abgesehen von römischrechtlichen und deutschrechtlichen Einflüssen, von den Rechts- und Ordnungsvorstellungen des klassischen Liberalismus geprägt. Für den Gesetzgeber war das Privateigentum Grundlage der Unabhängigkeit und damit der Freiheit des Einzelmenschen. Aus dieser Einschätzung des Privateigentums folgt nahezu notwendig die Anerkennung des Privaterbrechts; denn es gewährleistet den Fortbestand des Privateigentums über den Tod des jeweiligen Eigentümers hinaus.

Die uneingeschränkte Privaterbfolge war schon vor dem Erlass des BGB Gegenstand der rechtspolitischen Auseinandersetzung. Zum Teil wurde im Zusammenhang mit der Kritik an der bestehenden Gesellschaftsordnung und der Forderung nach Beseitigung des

Privateigentums auch die Abschaffung des Privaterbrechts verlangt. Gemäßigtere Bestrebungen gingen dahin, die Privaterbfolge zu Gunsten des Staates zu begrenzen. Gegen die unbeschränkte Familienerbfolge wurde eingewandt, dass nach dem Zerfall der Großfamilie (Sippe) der Staat und die Gemeinden vielfach deren Aufgaben übernehmen müssten, soweit es um die soziale Sicherung des Einzelnen gehe. Das Privaterbrecht sei deshalb zu Gunsten der öffentlichen Hand auf die Verwandten zu beschränken, zwischen denen das Gesetz eine gegenseitige Unterhaltspflicht vorsehe; denn wo keine Pflichten bestünden, könne es auch keine Rechte geben. Im BGB hat sich jedoch, wie die §§ 1926 ff. zeigen, die Richtung durchgesetzt, die für ein unbeschränktes Privaterbrecht eintrat.

Zum Stand der Diskussion über die soziale Funktion des Erbrechts und eine Begrenzung der unbeschränkten Familienerbfolge vgl. *Coing*, Verh. des 49. DJT, 1972, Bd. I, A 1 ff.; *Dieckmann*, Verh. des 49. DJT, 1972, Bd. II, K 6 ff., sowie die Diskussionsbeiträge, a.a.O., K 36 ff.; *Bosch*, FamRZ 1983, 227; 1992, 996; *Jung*, Rpfleger 1984, 165; *Leipold*, AcP 180, 160; *Papantoniu*, AcP 173, 358.

b) Für eine Beteiligung des Staates am Nachlass kommen zwei Möglichkeiten in Betracht:

(1) Der Staat wird gesetzlicher Erbe, wenn kein anderer auf Grund einer Verfügung von Todes wegen oder kraft gesetzlicher Erbfolge erbt (§ 1936). In diesem Fall geht das Vermögen des Erblassers auf den Staat über, damit der Nachlass nicht herrenlos wird. Der Staat kann selbstverständlich auch – wie jede andere juristische Person – durch Verfügung von Todes wegen zum Erben eingesetzt werden.

(2) Eine finanzielle Beteiligung des Staates am Nachlass wird durch die Erbschaftsteuer erreicht (Rdnr. 43, 805 ff.). Dabei handelt es sich allerdings nicht um eine erbrechtliche Beteiligung.

23 *2. Privatautonomie im Erbrecht*

Der im ganzen Privatrecht geltende Grundsatz der Privatautonomie bedeutet, dass der Einzelne seine privaten Lebensverhältnisse im Rahmen der von der Rechtsordnung gezogenen Grenzen frei gestalten kann. Das gilt grundsätzlich auch für das Erbrecht:

a) Der Erblasser kann durch Rechtsgeschäft (Verfügung von Todes wegen) frei bestimmen, an welche Person mit dem Erbfall sein Vermögen fallen soll (*Testierfreiheit*). Das schließt nicht aus, dass die Verfügung von Todes wegen, wie jedes andere Rechtsgeschäft, im Einzelfall etwa nach § 134 oder § 138 nichtig sein kann (Rdnr. 261 ff.). Wie hoch der Gesetzgeber die Testierfreiheit schätzt, ergibt sich aus § 2302, wonach sie rechtsgeschäftlich nicht beschränkt werden kann[41]. Eine vom Erblasser freiwillig übernommene Bindung sieht das Gesetz nur beim Erbvertrag oder bei wechselbezüglichen Verfügungen in einem

41 Dazu *Battes*, AcP 178, 337.

gemeinschaftlichen Ehegattentestament vor (§§ 2289 I 2, 2271 II 1, Rdnr. 157 ff. u. 192 ff.).

Auf Grund der Testierfreiheit vermag der Erblasser durch Verfügung von Todes wegen die schematische Regelung der gesetzlichen Erbfolge auszuschließen und z. B. denjenigen seiner Angehörigen als Erben einzusetzen, der am meisten einer Unterstützung bedarf. Die Testierfreiheit gibt dem Erblasser weiterhin die Möglichkeit, auch über seinen Tod hinaus das Schicksal seines Vermögens zu bestimmen. So kann er durch Verfügung von Todes wegen eine bestimmte, zur Fortführung seines Lebenswerks (z. B. Unternehmens) geeignete Person als Erben einsetzen und dadurch etwa ungeeignete gesetzliche Erben ausschließen. Eine solche Verfügung von Todes wegen verhindert weiterhin, dass infolge Aufteilung des Vermögens unter mehreren gesetzlichen Erben eine unwirtschaftliche Zersplitterung des Nachlasses eintritt. Die Testierfreiheit ermöglicht es dem Erblasser aber auch, seine nächsten Familienangehörigen, denen er unter Umständen sogar unterhaltspflichtig ist, ohne sachlichen Grund von der Erbfolge auszuschließen. Ihnen bleibt dann nur der sog. Pflichtteil (Rdnr. 542 ff.).

b) Der Bedachte (Erbe, Vermächtnisnehmer) braucht sich nichts zuwenden zu lassen. Mit dem Erbfall wird der Erbe zwar ohne sein Zutun Rechtsnachfolger des Erblassers; er hat aber die Möglichkeit, diesen Rechtserfolg durch Rechtsgeschäft rückwirkend zu beseitigen (*Ausschlagung*, §§ 1942 ff.; Rdnr. 301 ff.). Das ist deshalb wichtig, weil der Erbe auch die Schulden des Erblassers »erbt« (§§ 1922, 1967). Ebenso kann derjenige ausschlagen, dem nur ein »Vorteil« zugewandt worden ist (z. B. Vermächtnis, vgl. § 2180); »man braucht sich nichts schenken zu lassen«.

3. Familienerbfolge 24

Nach dem Grundsatz der Familienerbfolge geht das Vermögen des Erblassers mit dessen Tod auf seine Verwandten und seinen Ehegatten über, und zwar erben die nächsten Angehörigen vor den entfernteren Verwandten. Die Familienerbfolge ist in der gesetzlichen Erbfolge des BGB konsequent durchgeführt (vgl. §§ 1924 ff.; Rdnr. 52 ff.).

Der Grundsatz der Familienerbfolge steht in einem gewissen Widerspruch zum Grundsatz der Testierfreiheit; denn diese umfasst auch die Freiheit des Erblassers, von der gesetzlichen Erbfolge abzuweichen. Der Gesetzgeber hat der Testierfreiheit den Vorrang gegenüber der Familienerbfolge eingeräumt; nach dem BGB (§§ 1937 ff.) kann der Erblasser über sein Vermögen von Todes wegen frei verfügen. Den berechtigten Interessen der nächsten Angehörigen, am Nachlass des Verstorbenen beteiligt zu werden, ist jedoch durch das Pflichtteilsrecht (Rdnr. 542 ff.) Rechnung getragen. Bestimmt der Erblasser durch Verfügung von Todes wegen andere Personen als seine nächsten Familienangehörigen zu Erben, steht diesen gegen den (die) Erben regelmäßig ein Geldanspruch zu (Pflichtteilsanspruch; Rdnr. 542 ff.). Die Privaterbfolge des BGB beruht also auf einem Kompromiss zwischen der Testierfreiheit und der Familienerbfolge.

25 *4. Gesamtnachfolge*

Schrifttum: *Muscheler*, Die erbrechtliche Universalsukzession, Jura 1999, 234, 289.

Unter Gesamtnachfolge (Universalsukzession) versteht man den Übergang des ganzen Vermögens als Einheit auf den Erwerber. Auch beim Erbfall geht das Vermögen des Erblassers, soweit es vererblich ist, als Ganzes auf den Erben über (§ 1922 I); Erwerbsakte (z. B. Übereignung einer Sache, Abtretung einer Forderung) sind nicht erforderlich.

Das Gesagte gilt auch, wenn mehrere Personen erben. Hier geht das Vermögen des Erblassers mit dem Tode auf die Miterben zur gesamten Hand über (vgl. §§ 1922, 2032 f.). Der einzelne Miterbe erwirbt nicht einzelne Nachlassgegenstände, sondern einen Anteil am Gesamtnachlass.

Im **Fall a** wird A mit dem Erbfall nicht automatisch Alleineigentümer des Grundstücks X; denn das BGB kennt keine gesonderte Erbfolge in bestimmte Nachlassgegenstände. Erben des E sind A und B als Miterben; demnach gehören ihnen die beiden Grundstücke zur gesamten Hand (Rdnr. 469 f.). Die testamentarische Bestimmung ist als (nur schuldrechtliche) Teilungsanordnung des E (§ 2048, 1; Rdnr. 523 ff.) aufzufassen. A wird dadurch Alleineigentümer des Grundstücks X, dass die Erbengemeinschaft es an A auflässt und dieser im Grundbuch als Eigentümer eingetragen wird.

Ausnahmsweise gibt es auch eine Sondernachfolge bei bestimmten Nachlassgegenständen. **Beispiele**: Hof (Rdnr. 36), Mietwohnung (Rdnr. 33).

26 *5. Haftung für Nachlassverbindlichkeiten*

Mit dem Erbschaftserwerb vereinigen sich zwei Vermögensmassen (Vermögen des Erblassers und Vermögen des Erben) zu einer einzigen Vermögensmasse. Mit dieser haftet der Erbe sowohl für Schulden des Erblassers als auch für eigene Schulden. Für die Nachlassschulden muss der Erbe also auch mit seinem Eigenvermögen einstehen (unbeschränkte Erbenhaftung).

Die Haftung für Nachlassverbindlichkeiten ist aber beschränkbar auf den Nachlass. Das regelmäßige Beschränkungsmittel ist die Trennung der beiden Vermögensmassen (durch Nachlassverwaltung, Nachlassinsolvenzverfahren). Nach der Trennung können sich die Nachlassgläubiger nur an den Nachlass halten (Rdnr. 679 ff.).

II. Verfassungsrechtlicher Schutz des Privaterbrechts 27

Das Grundgesetz gewährleistet in Art. 14 I GG neben dem Eigentum auch das Erbrecht. Geschützt ist das Privaterbrecht mit seinen tragenden Grundprinzipien der Privaterbfolge und der Testierfreiheit[42].

Die Garantie des Privaterbrechts steht, wie schon der Wortlaut des Art. 14 I GG zeigt, in einem engen Zusammenhang mit dem Schutz des Privateigentums. So wie das Privateigentum nach dem Grundgesetz einer Sozialbindung unterliegt und dadurch im Interesse der Allgemeinheit seinem Gebrauch Grenzen gesetzt sind, besteht auch für das Privaterbrecht eine Sozialbindung, die vom Gesetzgeber nach Art. 14 I 2 GG durch Gesetz geregelt werden kann.

Die Gewährleistung des Erbrechts in Art. 14 GG besagt zweierlei: Garantiert ist einmal das Privaterbrecht als objektiv-rechtliche Einrichtung (Einrichtungs- oder Institutsgarantie); zum anderen wird dem Einzelnen ein Grundrecht auf Erbrechtsfreiheit, also ein subjektiv-öffentliches Recht gegenüber dem Staat, gewährt[43].

1. Einrichtungsgarantie

Als Einrichtungsgarantie gewährleistet Art. 14 I GG das Privaterbrecht mit seinen tragenden Grundprinzipien. Garantiert ist damit einmal die Privaterbfolge, zum anderen aber auch die Testierfreiheit[44]. Der Gesetzgeber darf zwar Inhalt und Schranken des Privaterbrechts durch Gesetz bestimmen (Art. 14 I 2 GG); die Beseitigung dieser Grundprinzipien würde jedoch einen Eingriff in den Wesensgehalt der Erbrechtsgarantie darstellen.

Die Gewährleistung des Privaterbrechts bedeutet zunächst einmal, dass ein Alleinerbrecht des Staates verfassungsrechtlich ausgeschlossen ist. Demnach wäre ein Gesetz verfassungswidrig, welches das Privaterbrecht beseitigt, indem es etwa nur dem Staat ein Erbrecht gibt oder mittels einer anderen Konstruktion das Vermögen eines Verstorbenen an den Staat fallen lässt. An der Verfassungswidrigkeit eines derartigen Gesetzes würde sich auch nichts ändern, wenn (bedürftige) Familienangehörige einen Unterhaltsanspruch gegen den erbenden Staat haben sollten. Die Garantie der Privaterbfolge besagt aber nicht, dass die Regelung des BGB über die unbegrenzte Familienerbfolge verfassungsrechtlichen Schutz genießt. Ein Gesetz, das die Familienerbfolge zu Gunsten des Staates einschränken würde, wäre demnach zulässig. Jedoch sind dem Gesetzgeber hinsichtlich einer Änderung der Familienerbfolge auch durch die Wertentscheidung des Art. 6 I GG Grenzen gesetzt. Diese Norm stellt die Ehe als Lebensgemeinschaft zwischen Ehegatten und die Familie als Verbindung von Eltern und Kindern unter den besonderen Schutz der staatlichen Ordnung. Die Grundrechtsbestimmung verbietet dem Gesetzgeber, Ehe und Familie zu schädigen oder zu beeinträchtigen. Dem Gesetzgeber ist es daher nach Art. 14 I i.V.m. Art. 6 I

42 Zur Bedeutung der Grundrechte für das Erbrecht *Pabst*, JuS 2001, 1145.
43 BVerfGE 67, 340; 91, 358.
44 Vgl. Entstehungsgeschichte des GG, Jahrbuch des öffentlichen Rechts, N. F. 1, 145.

GG untersagt, die erbrechtliche Beteiligung des Ehegatten und der Kinder am Nachlass des Erblassers ganz zu beseitigen. Ein Gesetz, welches das Pflichtteilsrecht dieser nahen Angehörigen abschaffen würde, wäre verfassungswidrig.

Die Institutsgarantie des Erbrechts umfasst auch den Grundsatz der Testierfreiheit[45]; diese ist also als Ausschnitt der Privatautonomie durch Art. 14 I GG gewährleistet, während die Privatautonomie im Allgemeinen durch Art. 2 I GG geschützt wird.

Der Gestaltung des Erbrechts seitens des Gesetzgebers sind weiterhin durch den allgemeinen Gleichheitssatz (Art. 3 I GG) und seine Konkretisierungen (Art. 3 II und III GG) Grenzen gesetzt. Eine Regelung, die bestimmte Personengruppen von der gesetzlichen Erbfolge ausschließt, ist demnach nur zulässig, wenn sie von sachlichen Gründen getragen wird.

Deshalb verstieß es gegen Art. 3 II GG, wenn § 6 I der Höfeordnung für die britische Zone hinsichtlich der gesetzlichen Hoferbfolge vorsah, dass den männlichen Abkömmlingen der Vorrang vor den weiblichen zukam[46].

28 *2. Grundrecht*

Als Grundrecht garantiert Art. 14 I GG dem Erblasser das Recht auf Testierfreiheit[47] und den Erben das Recht auf Erwerb von Todes wegen. In letzterer Hinsicht schützt Art. 14 I GG zum einen das »Anrecht« der kraft gesetzlicher Erbfolge oder durch Verfügung von Todes wegen berufenen Erben auf die Gesamtrechtsnachfolge in das Vermögen des verstorbenen Erblassers, zum anderen das Recht der von der Erbfolge ausgeschlossenen nahen Angehörigen auf den Pflichtteil.

Das Grundrecht auf erbrechtlichen Erwerb gibt den Betroffenen aber keinen Anspruch darauf, dass die gesetzliche Regelung über die Erbquoten unverändert bestehen bleibt. Demnach war es verfassungsrechtlich nicht zu beanstanden, dass der Gesetzgeber in Abänderung der bestehenden Rechtslage durch den mit dem Nichtehelichengesetz 1969 eingefügten § 1931 IV für bestimmte Fälle den Erbanteil des überlebenden Ehegatten auf Kosten der Quote der Kinder erhöhte.

Das Grundrecht auf Erbrechtsfreiheit schützt nur den Anspruch auf erbrechtlichen Erwerb. Ist der Erbfall eingetreten und damit das Vermögen des Erblassers auf den oder die Erben übergegangen, so fällt diese Rechtsposition nunmehr unter den Eigentumsschutz (Art. 14 I 1 GG). Dasselbe gilt für einen mit dem Erbfall entstandenen Pflichtteilsanspruch.

45 BVerfGE 58, 398; 67, 341; 91, 358; vgl. auch Rdnr. 261 a.E.
46 Vgl. BVerfGE 15, 337.
47 BVerfGE 58, 398.

III. Rechtsquellen 29

1. Bürgerliches Gesetzbuch

a) Die meisten erbrechtlichen Vorschriften finden sich im *5. Buch* des BGB. Es besteht aus den §§ 1922–2385. Sie sind in neun Abschnitte gegliedert über
- Erbfolge (§§ 1922–1941, Rdnr. 44 ff.),
- Stellung der Erben (§§ 1942–2063, Rdnr. 301 ff.),
- Testament (§§ 2064–2273, Rdnr. 89 ff.),
- Erbvertrag (§§ 2274–2302 144 ff.),
- Pflichtteil (§§ 2303–2338, Rdnr. 542 ff.),
- Erbunwürdigkeit (§§ 2339–2345, Rdnr. 274 ff.),
- Erbverzicht (§§ 2346–2352, Rdnr. 292 ff.),
- Erbschein (§§ 2353–2370, Rdnr. 612 ff.) und
- Erbschaftskauf (§§ 2371–2385, Rdnr. 797 ff.).

Das Erbrecht im BGB wurde mehrfach geändert. Die früheren §§ 2064, 2229–2267, 2272–2277, 2300 wurden durch das Testamentsgesetz vom 31. 7. 1938 aufgehoben und ersetzt. Dabei ging es im Wesentlichen um eine Erleichterung der Formvorschriften für die Errichtung von Testamenten und Erbverträgen; man wollte die Anzahl der wegen Formmangels nichtigen letztwilligen Verfügungen verringern. Außerdem wurden die Aufhebung von Testamenten sowie die Verwahrung und Eröffnung von Testamenten und Erbverträgen neu geregelt. – § 48 II TestG, wonach eine gröblich pflichtwidrige Verfügung nichtig war, wurde bereits durch das Kontrollratsgesetz Nr. 37, die übrigen Schlussvorschriften wurden – bis auf die Übergangsvorschriften des § 51 TestG – durch das Gesetz zur Wiederherstellung der Gesetzeseinheit auf dem Gebiete des bürgerlichen Rechts vom 5. 3. 1953 aufgehoben. Dieses Gesetz fügte alle weiteren Bestimmungen des Testamentsgesetzes wieder in das BGB ein. Durch das Beurkundungsgesetz vom 28. 8. 1969 wurde die Zuständigkeit des Richters für die Errichtung eines öffentlichen Testaments sowie den Abschluss eines Erbvertrages beseitigt und die Beurkundungstätigkeit des Notars geregelt. Das Gesetz über die rechtliche Stellung der nichtehelichen Kinder vom 19. 8. 1969 verbesserte auch deren erbrechtliche Position; inzwischen ist das nichteheliche Kind erbrechtlich dem ehelichen Kind gleichgestellt (Erbrechtsgleichstellungsgesetz vom 16. 12. 1997). Das Adoptionsgesetz vom 2. 7. 1976 und das Erste Gesetz zur Reform des Ehe- und Familienrechts vom 14. 6. 1976 führten ebenfalls zur Änderung erbrechtlicher Vorschriften. Das Betreuungsgesetz vom 12. 9. 1990 beseitigte mit Wirkung vom 1. 1. 1992 die Entmündigung sowie die Vormundschaft für Volljährige und führte eine »Betreuung« ein, was die Aufhebung auch einiger erbrechtlicher Normen zur Folge hatte. Das OLG-Vertretungsänderungsgesetz vom 23. 7. 2002 änderte die Vorschriften der §§ 2232, 2233 zur Errichtung eines ordentlichen öffentlichen Testaments.

b) Mit dem *Familienrecht*, aus dem sich das Erbrecht entwickelt hat, bestehen 30
heute noch zahlreiche Berührungspunkte.

(1) Eheliches Güterrecht: Im *gesetzlichen Güterstand* wird der Zugewinn im Todesfall eines Ehegatten dadurch ausgeglichen, dass sich der gesetzliche Erbteil des überlebenden Ehegatten um ein Viertel erhöht (§ 1371 I; Rdnr. 75).

Bei *Gütergemeinschaft* gehört der Anteil des verstorbenen Ehegatten am Gesamtgut zum Nachlass (§ 1482, 1; Rdnr. 74).

Die Ehegatten können aber durch Ehevertrag vereinbaren, dass die Gütergemeinschaft nach dem Tode des Erstversterbenden zwischen dem Überlebenden und den gemeinschaftlichen Abkömmlingen, die bei der gesetzlichen Erbfolge als Erben berufen wären, fortgesetzt wird (§§ 1483 ff.). Durch eine solche fortgesetzte Gütergemeinschaft wird das Vermögen der Eheleute (Gesamtgut) eine Zeit lang zusammengehalten; insoweit ist das Erbrecht ausgeschlossen.

Erbt ein in Gütergemeinschaft lebender Ehegatte von einem Dritten, fallen die Gegenstände ins Vorbehaltsgut, wenn es der Erblasser durch letztwillige Verfügung bestimmt hat (§ 1418 II Nr. 2). Die Annahme oder Ausschlagung einer Erbschaft oder eines Vermächtnisses bedarf nicht der Zustimmung des anderen Ehegatten (§§ 1432 I, 1455 Nr. 1).

Der Güterstand der *Gütertrennung* beeinflusst das Erbrecht nur im Fall des § 1931 IV (Rdnr. 73).

31 (2) Vormundschaftsrecht: Der Vormund eines Minderjährigen kann durch letztwillige Verfügung der Eltern benannt werden (§ 1777 III; vgl. auch § 1856).

Zur Ausschlagung einer Erbschaft oder eines Vermächtnisses, zum Verzicht auf einen Pflichtteil, zu einem Erbteilungsvertrag sowie zur Verfügung über eine Erbschaft oder über einen künftigen Erbteil bedarf der Vormund der Genehmigung des Vormundschaftsgerichts (§ 1822 Nr. 1 u. 2); das gilt grundsätzlich auch für die Eltern (§ 1643). – Der Vormund hat das, was der Mündel von Todes wegen erbt, nach den in einer letztwilligen Verfügung getroffenen Anordnungen des Erblassers zu verwalten (§ 1803).

32 d) Aus dem *Sachenrecht* sind vor allem § 857 und § 1089 erbrechtlich von Bedeutung.

(1) Nach § 857 geht der Besitz auf den Erben über. Dieser erwirbt den Besitz in der Art, wie ihn der Erblasser gehabt hat, selbst wenn er nicht weiß, dass er Erbe des Erblassers geworden ist.

Im **Fall b** war E unmittelbarer Besitzer von Ring und Uhr. Mit dem Tode des E wurde der Erbe N unmittelbarer Besitzer. Indem H die Sachen an sich nahm, beging sie verbotene Eigenmacht (§ 858); N kann also von ihr Herausgabe des Ringes nach § 861 verlangen. Bei der Veräußerung der Uhr von H an K erwarb dieser auch bei Gutgläubigkeit nach § 932 nicht das Eigentum an der Uhr. Denn diese war dem Eigentümer N abhanden gekommen (§ 935), da er den unmittelbaren Besitz ohne seinen Willen verloren hatte. N kann also von K Herausgabe der Uhr nach § 985 begehren.

33 (2) Nach § 1089 finden die Regeln über den Nießbrauch an einem Vermögen auf den Nießbrauch an einer Erbschaft entsprechende Anwendung.

Hat z. B. E im Testament seine Kinder zu Erben eingesetzt und für seine Witwe den Nießbrauch an der Erbschaft als Vermächtnis (§§ 2147 ff.) bestimmt, dann sind die Kinder verpflichtet, ihrer Mutter den Nießbrauch an den einzelnen Gegenständen des Nachlasses (§ 1085) zu bestellen. Ausgenommen sind allerdings die Gegenstände, welche die Erben zur Erfüllung der Nachlassverbindlichkeiten benötigen[48].

e) Vielfach sind Normen des *Schuldrechts* anwendbar. **34**

(1) Durch das Vermächtnis (§§ 2147 ff.; Rdnr. 423 ff.) wird ein Schuldverhältnis zwischen dem Vermächtnisnehmer und dem Erben begründet.

Der Pflichtteilsanspruch (§§ 2303 ff.; Rdnr. 542 ff.) ist ein schuldrechtlicher Anspruch des Pflichtteilsberechtigten gegen den Erben auf Zahlung eines bestimmten Geldbetrages.

Für solche Schuldverhältnisse gilt das allgemeine Schuldrecht, sofern die erbrechtlichen Vorschriften nicht etwas anderes bestimmen.

(2) Schuldrechtliche Geschäfte können auch erbrechtliche Normen verdrängen. Man denke etwa an die Rechtsgeschäfte unter Lebenden mit Wirkung auf den Todesfall, vor allem an die Verträge zu Gunsten Dritter auf den Todesfall (z. B. Lebensversicherungsverträge).

(3) Nach § 311b IV sind Verträge über den Nachlass eines noch lebenden Dritten nichtig. Das gilt auch für Verträge über den Pflichtteil oder ein Vermächtnis aus dem Nachlass eines noch lebenden Dritten. Dagegen sind solche Verträge unter künftigen *gesetzlichen Erben* (§§ 1924 ff.; z. B. unter Geschwistern) gültig; nur bedürfen sie der notariellen Beurkundung (§ 311b V). Einen solchen Vertrag hat der Gesetzgeber zugelassen, weil eine vorweggenommene Erbfolge unter Familienangehörigen seit langem üblich ist[49].

(4) Bei der *Miete von Wohnraum* treten nach § 563 I, II beim Tode des Mieters dessen Ehegatte und Familienangehörigen, wenn sie zu seinem Hausstand gehört haben, in das Mietverhältnis ein. Diese Sonderrechtsnachfolge soll verhindern, dass die Familienangehörigen nach dem Tod des Mieters auf die Straße gesetzt werden können; deshalb tritt sie auch unabhängig davon ein, ob die genannten Personen Erben des Mieters sind.

f) Schließlich befassen sich auch einige Bestimmungen des *Allgemeinen Teils* **35**
des BGB mit dem Tod einer Person.

Beispiele: Stirbt derjenige, der eine empfangsbedürftige Willenserklärung abgegeben hat, vor dem Zugang der Erklärung beim Erklärungsempfänger, so ist die Erklärung dennoch wirksam (§ 130 II). Handelt es sich bei dieser Willenserklärung um ein Vertragsangebot, so hindert der Tod des Erklärenden grundsätzlich nicht die Annahmeerklärung des Erklärungsempfängers und damit das Zustandekommen des Vertrages (§ 153). – Verfügt ein Nichtberechtigter über einen Gegenstand, so wird die Verfügung wirksam, wenn er den Gegenstand erwirbt (§ 185 II 1). Aber auch dann wird die Verfügung wirksam, wenn der Nichtberechtigte stirbt, von dem Berechtigten beerbt wird und dieser für die Nachlassverbindlichkeiten unbeschränkt haftet (§ 185 II 1).

48 BGHZ 19, 309, 312.
49 Mot. II, 182 ff.

36 *2. EGBGB*

Das *EGBGB* ist für das Erbrecht unter zwei Gesichtspunkten von Bedeutung:

a) In Art. 25 EGBGB ist geregelt, ob bei einer Rechtsnachfolge von Todes wegen mit Auslandsbezug deutsches oder ausländisches Erbrecht anzuwenden ist. Art. 26 EGBGB bestimmt, welches Recht für die Gültigkeit einer Verfügung von Todes wegen gilt. Diese Regelungen des *deutschen internationalen Erbrechts* gewinnen zunehmend an Bedeutung, weil es immer mehr Menschen mit einem Ehepartner, einem Wohnsitz oder mit Vermögen im Ausland gibt. Einzelheiten: Rdnr. 817 ff.

37 b) Art. 235 EGBGB behandelt die Frage, ob und inwieweit *nach dem Wirksamwerden des Beitritts der DDR zur Bundesrepublik Deutschland* gem. Art. 23 GG am 3. 10. 1990 das Erbrecht der Bundesrepublik oder das der bisherigen DDR anzuwenden ist[50].

(1) *Grundsätzlich* ist mit dem *Beitritt* das Recht der Bundesrepublik im Gebiet der ehemaligen DDR in Kraft getreten (Art. 8 des Einigungsvertrages). Wenn der Erbfall am 3. 10. 1990 oder später eingetreten ist, greift das Erbrecht des BGB ein. Das Erbrecht der DDR bleibt maßgebend, wenn der Erblasser mit gewöhnlichem Aufenthaltsort im Gebiet der ehemaligen DDR vor dem 3. 10. 1990 gestorben ist (Art. 235 § 1 I EGBGB).

50 **Schrifttum:** *Bader*, Anwendbares Erbrecht bei Restitutionsansprüchen auf Grundbesitz in der früheren DDR, DtZ 1994, 22; *Bestelmeyer*, Erbrechtliche Fragestellungen nach dem Einigungsvertrag, Rpfleger 1992, 229; *ders.*, Weitere erbrechtliche Fragestellungen nach dem Einigungsvertrag, Rpfleger 1992, 321; *ders.*, Aktuelle erbrechtliche Fragen nach dem Einigungsvertrag, Rpfleger 1993, 381; *Böhringer*, Auswirkungen der erbrechtlichen »Teilung« Deutschlands auf den Grundstücksverkehr, DNotZ 2004, 694; *Bosch*, Familien- und Erbrecht als Themen der Rechtsangleichung nach dem Beitritt der DDR zur Bundesrepublik Deutschland, FamRZ 1992, 869, 993; *Dörner*, Interlokales Erb- und Erbscheinsrecht nach dem Einigungsvertrag, IPRax 1991, 392; *ders.*, Rechtsfragen des deutsch-deutschen Erbrechts – BGHZ 124, 270, JuS 1995, 771; *Dörner/Meyer-Sparenberg*, Rechtsanwendungsprobleme im Privatrecht des vereinten Deutschlands, DtZ 1991, 1; *Henrich*, Probleme des interlokalen und des internationalen Familien- und Erbrechts nach dem Einigungsvertrag, IPRax 1991, 14; *Kettel*, Nochmals: Erbrecht nach Erbausschlagung und Restitutionsanspruch – ein Kollisionsproblem?, DtZ 1994, 20; *Köster*, Erbrechtliche Fragestellungen nach dem Einigungsvertrag, Rpfleger 1991, 97; *von Morgen/Götting*, »Gespaltene« Testamentsvollstreckung bei gesamtdeutschen Nachlässen, DtZ 1994, 199; *Schotten/Johnen*, Erbrecht im deutsch-deutschen Verhältnis – die Rechtslage vor der Vereinigung und die Regelungen im Einigungsvertrag, DtZ 1991, 225; *Vogt/Kobold*, Erbrecht nach Erbausschlagung und Restitutionsanspruch – ein Kollisionsproblem, DtZ 1993, 226; *Wasmuth*, Zur Korrektur abgeschlossener erbrechtlicher Sachverhalte im Bereich der ehemaligen DDR, DNotZ 1992, 3.

Das Erbrecht der DDR war im Zivilgesetzbuch der Deutschen Demokratischen Republik v. 19. 6. 1975 (ZGB) enthalten. Dieses Gesetz ist am 1. 1. 1976 in Kraft getreten; bis dahin galt das BGB mit Abänderungen.

(2) Von dem Grundsatz der alleinigen Geltung des BGB seit dem 3. 10. 1990 **38**
gibt es folgende *Ausnahmen*:

Wenn ein nichteheliches Kind vor dem 3. 10. 1990 geboren ist, sind die Vorschriften des BGB über die erbrechtliche Regelung beim nichtehelichen Kind nicht anwendbar; vielmehr wird das Kind – wie nach dem Erbrecht der früheren DDR – als eheliches behandelt (Art. 235 § 1 II EGBGB).

Auch die vor dem 3. 10. 1990 erfolgte Errichtung oder Aufhebung einer Verfügung von Todes wegen wird nach dem bisherigen Recht beurteilt, selbst wenn der Erblasser erst später stirbt (Art. 235 § 2 Satz 1 EGBGB); das gilt auch für die Bindung des Erblassers bei einem gemeinschaftlichen Testament (Rdnr. 176 ff.), wenn dieses vor dem 3. 10. 1990 errichtet worden ist (Art. 235 § 2 Satz 2 EGBGB). Dadurch soll das Vertrauen in die Beständigkeit einer einmal gültig errichteten letztwilligen Verfügung geschützt werden.

3. *Lebenspartnerschaftsgesetz* **39**

Im LPartG[51] sind die Begründung, die Wirkungen und die Aufhebung der Lebenspartnerschaft sowie das Getrenntleben der Lebenspartner geregelt. Zu den Wirkungen gehört auch das Erbrecht der Lebenspartner. Dieses ist dem Erbrecht des Ehegatten nachgebildet. Insoweit verweist das LPartG aber nicht einfach auf die entsprechenden Regelungen im BGB. Vielmehr enthält § 10 LPartG eigene Vorschriften zum gesetzlichen und gewillkürten Erbrecht der Lebenspartner, zu deren Pflichtteilsanspruch und zum Erbverzicht. Einzelheiten: Rdnr. 77a ff.

4. *Handelsgesetzbuch* **40**

a) Die *Handelsfirma* (der Handelsname des Kaufmanns) ist mit dem Handelsunternehmen vererblich. Erwirbt jemand ein bestehendes Handelsunternehmen von Todes wegen, darf er das Geschäft unter der bisherigen Firma fortführen (§ 22 HGB). Das gilt auch, wenn der Erwerber (Erbe) einen anderen Namen hat (Ausnahme vom Grundsatz der Firmenwahrheit).

Zur Haftung des Erben bei Firmenfortführung vgl. §§ 27 I, 25 I HGB (Rdnr. 659); zur Fortführung eines Handelsgeschäfts durch eine Erbengemeinschaft vgl. Rdnr. 778.

b) Die *Personenhandelsgesellschaften* werden beim Tod eines persönlich haftenden Gesellschafters sowie eines Kommanditisten grundsätzlich nicht aufge-

51 Gesetz vom 16.2.2001, BGBl. I, 266.

löst (§ 131 III Nr. 1 HGB; Rdnr. 11, 779). In allen Fällen kann aber der Gesellschaftsvertrag etwas anderes vorsehen (Einzelheiten: Rdnr. 782 ff.).

41 *5. Anerbengesetze*

Es besteht ein erhebliches öffentliches Interesse daran, die Wirtschaftlichkeit der Bauernhöfe zu erhalten. Deshalb ist es das Ziel einer Reihe von Gesetzen der Länder, die Aufteilung eines Hofes unter mehreren Miterben zu verhindern[52].

Der Hof nebst Bestandteilen und Zubehör fällt im Zeitpunkt des Todes des Erblassers immer nur an *eine* Person (Anerben), selbst wenn der Erblasser hinsichtlich seines sonstigen Vermögens von mehreren Personen beerbt wird (Fall der Sondererbfolge). Der Hoferbe muss allerdings die Miterben, die nicht Miteigentümer des Hofes werden, abfinden.

42 *6. Verfahrensgesetze*

a) In der *Zivilprozessordnung* finden sich z. B. Vorschriften über den Gerichtsstand der Erbschaft, die Rechtskrafterstreckung bei Erbfolge und Testamentsvollstreckung, die Zwangsvollstreckung gegen Erben, das Aufgebot von Nachlassgläubigern.

b) Die Zwangsversteigerung eines zum Nachlass gehörenden Grundstücks zum Zwecke der Auseinandersetzung der Erbengemeinschaft ist im *Zwangsversteigerungsgesetz* (§§ 180 ff.) geregelt.

c) In der *Insolvenzordnung* sind Bestimmungen über das Nachlassinsolvenzverfahren enthalten.

d) Die meisten formellen Vorschriften, die das Erbrecht betreffen, stehen im Gesetz über die Angelegenheiten der *freiwilligen Gerichtsbarkeit*: Nachlasspflegschaft, Nachlassverwaltung, Testamentsvollstreckung, eidesstattliche Versicherung des Erben, Erbschein, Nachlassteilungsverfahren.

43 *7. Erbschaftsteuergesetz*

Jeder Erwerb von Todes wegen unterliegt ebenso wie jede Schenkung unter Lebenden der Erbschaftsteuer (Schenkungsteuer). Insofern »erbt« der Staat auch dann mit, wenn er nicht gesetzlicher Erbe (§ 1936) ist. Rechtsgrundlage ist das Erbschaftsteuer- und Schenkungsteuergesetz (ErbStG) vom 17.4.1974[53] in der Fassung der Bekanntmachung vom 27.2.1997[54]. Es wurde in der Vergangenheit

52 Überblick bei *Palandt/Edenhofer*, Art. 64 EGBGB, Rdnr. 6.
53 BGBl. I, 933.
54 BGBl. I, 378.

mehrfach geändert und ist immer wieder Gegenstand der politischen und verfassungsrechtlichen Diskussion.

Die Höhe der Erbschaftsteuer richtet sich sowohl nach dem Wert des steuerpflichtigen Erwerbs als auch nach dem für die Steuerklasse maßgeblichen persönlichen Verhältnis des Erwerbers zum Erblasser. Einzelheiten: Rdnr. 805 ff.

II. Abschnitt Die Berufung zum Erben

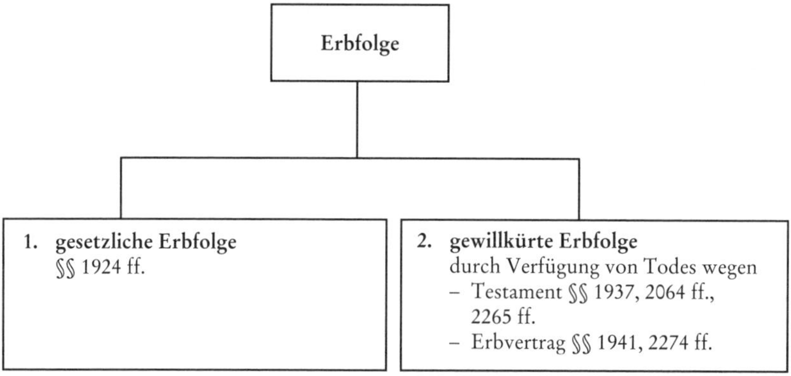

Erstes Kapitel Gesetzliche Erbfolge

§ 3 Das Verhältnis der gesetzlichen zur gewillkürten Erbfolge 44

Schrifttum: *Strätz*, Reform der gesetzlichen Erbfolge, DNotZ 01, 452.

Fälle:

a) Der verwitwete E hinterlässt bei seinem Tod seinen Sohn S und seine Tochter T. Beerben diese ihren Vater, der in einem gültigen Testament seinen Neffen N zum Alleinerben bestimmt hat? **(Rdnr. 44, 45)**

b) Wie ist die Erbfolge, wenn N im Fall a nach dem Testament nur das Unternehmen des E haben soll und dieses die Hälfte der Erbschaft ausmacht? **(Rdnr. 45)**

c) Bekommen die Kinder im Fall a nichts? **(Rdnr. 46)**

I. Rangfolge

1. Vorrang der gewillkürten Erbfolge

a) Das Gesetz behandelt die gesetzliche Erbfolge vor der gewillkürten. Daraus kann man aber nicht schließen, dass die gesetzliche vorgehen soll. Wenn der Gesetzgeber eine gewillkürte Erbfolge zugelassen hat (§§ 1937, 1941), dann folgt daraus zwingend deren Vorrang vor der gesetzlichen; denn anderenfalls wären die Bestimmungen über die Erbeinsetzung durch Rechtsgeschäft gegenstandslos.

Im **Fall a** ist N Alleinerbe (§ 1937).

b) Wenn man also zur Klärung der Erbfolge immer erst nach der Existenz einer Verfügung von Todes wegen fragen muss, ist der Aufbau des Gesetzes methodisch auf den ersten Blick zweifelhaft. Mehrere Gründe lassen diesen Aufbau jedoch verständlich erscheinen.

In der Praxis ist die gesetzliche Erbfolge der Regelfall; denn die meisten Menschen hinterlassen keine Verfügung von Todes wegen. Der Gesetzgeber zeigt in der gesetzlichen Erbfolge, welche Regelung er im Normalfall für angemessen hält. Es entspricht der Systematik des BGB, die einfachere Regelung der komplizierteren voranzustellen.

c) Nur insoweit, als keine gewillkürte Erbfolge gegeben ist, kommt die gesetzliche Erbfolge in Betracht. Zu denken ist an folgende Fälle:
(1) Es ist keine gültige Verfügung von Todes wegen vorhanden.

Beispiele: Der Erblasser hat weder durch Testament noch durch Erbvertrag verfügt. Die Verfügung ist z. B. mangels Testierfähigkeit des Erblassers (Rdnr. 89 ff.) oder wegen Formmangels nichtig.

(2) Die gültige Verfügung von Todes wegen enthält keine Erbeinsetzung.

Beispiel: Der Erblasser hat in seinem Testament keine Erbeinsetzung vorgenommen, sondern nur Vermächtnisse (§ 1939) oder Auflagen (§ 1940) bestimmt.

45 *2. Nebeneinander von gewillkürter und gesetzlicher Erbfolge*

Die gesetzliche Erbfolge kann neben der gewillkürten in Betracht kommen. Das steht nicht in Widerspruch zu dem soeben behandelten Prinzip der Subsidiarität. Es kann nämlich sein, dass der Erblasser nur über einen Bruchteil des Vermögens letztwillig verfügt hat (vgl. § 2088). Soweit er nicht verfügt hat, tritt die gesetzliche Erbfolge ein.

Erwähnt seien folgende Fälle:
a) Hat der Erblasser nur einen Erben auf einen Bruchteil der Erbschaft oder mehrere Erben auf Bruchteile eingesetzt, die das Ganze nicht erschöpfen, tritt wegen des übrigen Teils gesetzliche Erbfolge ein. – Im **Fall b** ist N zu $^{1}/_{2}$ eingesetzt. Die andere Hälfte erben

die Kinder zu gleichen Teilen (§ 1924), so dass N zu 1/2, die Kinder zu je 1/4 Erben des E sind.

b) Hat der Erblasser Vor- und Nacherbfolge (Rdnr. 343 ff.) angeordnet, jedoch nur einen Erben als Vor- bzw. Nacherben eingesetzt, ist anzunehmen, dass als Nach- bzw. Vorerben diejenigen eingesetzt sind, die gesetzliche Erben sein würden (§§ 2104 f.).

(1) Hat der Erblasser im **Fall a** seinen Neffen nur bis zu dessen Übernahme der väterlichen Fabrik als Erben eingesetzt, sind mit dem Eintritt dieses Zeitpunkts die Kinder des Erblassers Erben (§ 2104).

(2) Soll der Neffe im **Fall a** erst mit seiner Volljährigkeit Erbe werden und stirbt der Erblasser vorher, sind die Kinder des Erblassers als dessen gesetzliche Erben Vorerben bis zu dem genannten Zeitpunkt (§ 2105).

II. Wirkung der gesetzlichen innerhalb der gewillkürten Erbfolge 46

Auch bei ausschließlich gewillkürter Erbfolge kann die gesetzliche von Bedeutung sein.

Sind in einer letztwilligen Verfügung die »gesetzlichen Erben« oder »die Erben« des Erblassers bedacht und ist durch Auslegung (Anhaltspunkte können z. B. Hinweise auf Namen, verwandtschaftliche Beziehung, Wohnort sein) nicht zu ermitteln, wer gemeint ist und zu welchem Bruchteil die Erben eingesetzt sind, dann ergänzt § 2066 den Willen des Erblassers dahin, dass die Personen (als gewillkürte Erben) berufen sind, die nach der gesetzlichen Erbfolge berufen wären (Rdnr. 207).

Auch die Auslegungsregeln (»im Zweifel«) des § 2066 Satz 2 und der §§ 2067, 2069 verweisen auf die gesetzliche Erbfolge (Rdnr. 207 ff.).

Nahe Angehörige (Kinder, Eltern, Ehegatte) des Erblassers haben, wenn sie durch Verfügung von Todes wegen von der Erbfolge ausgeschlossen sind, einen Pflichtteilsanspruch (§ 2303; Rdnr. 542 ff.). Der Pflichtteil besteht in der Hälfte des gesetzlichen Erbteils (§ 2303 I 2). Somit muss zur Berechnung eines Pflichtteilsanspruchs auf die gesetzliche Erbfolge zurückgegriffen werden.

Im **Fall c** können die beiden Kinder, die gesetzliche Erben zu je 1/2 wären, die Hälfte davon (je 1/4) als Pflichtteil verlangen. Beträgt der Wert des Nachlasses z. B. 100 000,– €, hat jedes Kind gegen N einen Anspruch auf Zahlung von 25 000,– €.

III. Zusammenfassung 47

Die gewillkürte Erbfolge geht der gesetzlichen vor. Ist durch Verfügung von Todes wegen nur teilweise die Erbfolge bestimmt, dann kommt, insoweit nichts bestimmt ist, die gesetzliche Erbfolge neben der gewillkürten in Betracht. Auch bei ausschließlich gewillkürter Erbfolge kann die gesetzliche Erbfolge von Bedeutung sein; das gilt insbesondere für die Berechnung des Pflichtteilsanspruchs.

48 # § 4 Das gesetzliche Erbrecht der Verwandten

Schrifttum: *Belling*, Einführung in das Recht der gesetzlichen Erbfolge, Jura 1986, 579; *Boehmer*, Vorschläge zur Neuordnung der gesetzlichen Erbfolge (BGB §§ 1924 bis 1936), Schriften der Akademie für Deutsches Recht, Gruppe Personen-, Familien- und Erbrecht, Nr. 5, 1983; *Coing*, Empfiehlt es sich, das gesetzliche Erb- und Pflichtteilsrecht neu zu regeln?, Verh. des 49. DJT, 1972, Bd. I, A 1, und das Referat von *Dieckmann*, a.a.O., Bd. II, K 6; *Heiderhof*, Das Erbrecht des adoptierten Kindes nach der Neuregelung des internationalen Adoptionsrechts, FamRZ 2002, 1682; *Heinr. Lange*, Die Ordnung der gesetzlichen Erbfolge, 2. Denkschrift, 1938, 21; *Olzen*, Die gesetzliche Erbfolge, Jura 1998, 135; *Rauscher*, Die erbrechtliche Stellung nicht in einer Ehe geborener Kinder nach Erbrechtsgleichstellungsgesetz und Kindschaftsrechtsreformgesetz, ZEV 1998, 41; *Schlüter/Fegeler*, Die erbrechtliche Stellung der nichtehelichen Kinder und ihrer Väter nach Inkrafttreten des Erbrechtsgleichstellungsgesetzes, FamRZ 1998, 1337; *Staudinger*, Die Europäische Menschenrechtskonvention als Schranke der gewillkürten Erbfolge?, ZEV 2005, 140.

Fälle:

Wer erbt in folgenden Fällen?

a) Den verwitweten E, der keine Verfügung von Todes wegen errichtet hat, überleben eine Stieftochter, die seine verstorbene Frau mit in die Ehe gebracht und die ihn bis zu seinem Tod gepflegt hat, sowie ein Sohn seines Vetters. **(Rdnr. 48)**

b) E hinterlässt einen Sohn S aus zweiter Ehe, die durch gerichtliches Urteil aufgehoben ist (§ 1313). **(Rdnr. 51)**

c) E hinterlässt seinen Vater und sein Enkelkind. **(Rdnr. 53)**

d) Beim Tod des E leben drei Großeltern; die Großmutter väterlicherseits ist vorverstorben. **(Rdnr. 58)**

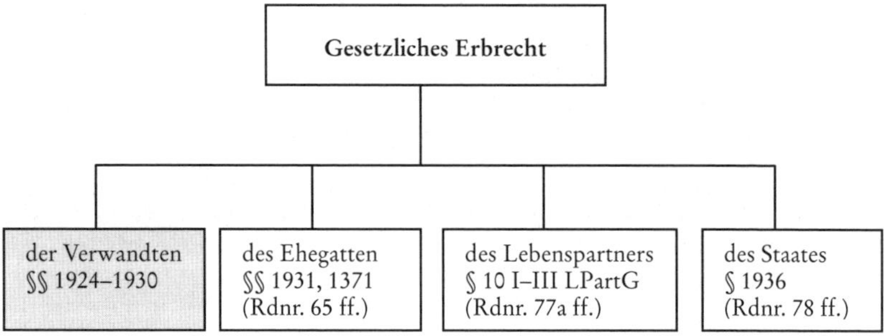

I. Verwandtschaft

1. Allgemeines

Nach §§ 1924 ff. haben die Verwandten des Erblassers ein gesetzliches Erbrecht. Für den Begriff der Verwandtschaft ist das Familienrecht heranzuziehen. Nach

§ 1589 sind Personen miteinander verwandt, wenn eine von der anderen abstammt oder wenn sie von derselben dritten Person abstammen.

Demnach kommen für das Verwandtenerbrecht *nicht* in Betracht:

a) der Ehegatte des Erblassers, es sei denn, dass er mit dem Erblasser auch verwandt ist (z. B. Vetter und Cousine haben einander geheiratet);

b) die mit dem Erblasser verschwägerten Personen, nämlich

(1) die Verwandten des Ehegatten des Erblassers (§ 1590; z. B. Eltern des Ehegatten = Schwiegereltern des Erblassers; Bruder und Schwester des Ehegatten = Schwager und Schwägerin des Erblassers);

(2) die Ehegatten der Verwandten des Erblassers (z. B. Ehefrau des Bruders).

Im **Fall a** erbt die Stieftochter des E nicht, da sie mit diesem nicht verwandt, sondern verschwägert ist; der Sohn des Vetters des Erblassers ist Alleinerbe (§ 1926).

Wie sich aus § 1589 ergibt, gehören zu den Verwandten nicht nur diejenigen, die mit dem Erblasser in gerader Linie verwandt sind (Kinder und Kindeskinder, Eltern und Voreltern), sondern auch die mit ihm in der Seitenlinie Verwandten (Geschwister, Vettern und Cousinen 1., 2., 3. usw. Grades sowie deren Abkömmlinge). Das Gesetz hat dabei keinerlei Einschränkung gemacht (vgl. § 1929), so dass jemand »lachender« Erbe des Erblassers sein kann, der nur eine Ur-Ur-Ur-Großmutter mit dem Erblasser gemeinsam hat.

2. *Blutsverwandtschaft und rechtliche Verwandtschaft* 49

Nicht die blutsmäßige, sondern die rechtliche Verwandtschaft ist für das gesetzliche Erbrecht von Bedeutung. Beide sind nicht in allen Fällen identisch.

a) Unser Recht kennt Fälle, in denen zwischen Personen zwar keine biologische, aber doch eine rechtliche Verwandtschaft besteht.

Durch die *Annahme als Kind* (Adoption; §§ 1741 ff.) entsteht, obwohl im Regelfall keine biologische Verwandtschaft besteht, eine rechtliche Verwandtschaft.

(1) *Grundsätzlich richtet sich das gesetzliche Erbrecht nach der gesetzlich bestimmten Verwandtschaft.* Diese ist durch das Adoptionsgesetz vom 2. 7. 1976 in der Fassung des KindRG v. 16. 12. 1997[1] geregelt; danach ist zwischen der Annahme Minderjähriger (§§ 1741–1766) und der Annahme Volljähriger (§§ 1767–1772) zu unterscheiden:

Der angenommene *Minderjährige* und seine Abkömmlinge werden voll in die Familie des Annehmenden aufgenommen; sie werden mit dem Annehmenden und seinen Verwandten verwandt (§ 1754), während das Verwandtschaftsverhältnis zu den leiblichen Eltern und deren Verwandten nach § 1755 I 1 erlischt (sog. *Volladoption*).

1 BGBl. I, 2942.

Der angenommene *Volljährige* und seine Abkömmlinge werden nur mit dem Annehmenden verwandt, nicht auch mit dessen Verwandten (§ 1770 I 1). Andererseits bleibt aber das durch Abstammung begründete Verwandtschaftsverhältnis bestehen (§ 1770 II).

In besonderen Fällen kann das Vormundschaftsgericht bestimmen, dass sich die Wirkungen der Adoption eines Volljährigen nach den Vorschriften über die Annahme eines Minderjährigen richten (Einzelheiten: § 1772).

(2) *Ausnahmsweise besteht trotz gesetzlich bestimmter Verwandtschaft kein gesetzliches Erbrecht* (vgl. § 1925 IV i.V.m. § 1756).

Wird der Minderjährige von einer Person als Kind angenommen, die mit ihm im zweiten oder dritten Grad (vgl. Rdnr. 54) verwandt ist (z. B. Großeltern, Geschwister, Onkel, Tante adoptieren das Kind), soll er nicht ganz aus der Familie, zu der er durch Abstammung gehört, herausgerissen werden. Deshalb erlischt hier das Verwandtschaftsverhältnis nur zu den leiblichen Eltern, nicht aber zu den übrigen Familienmitgliedern (z. B. zu den Geschwistern; § 1756 I). Trotz der (bestehen bleibenden) Verwandtschaft sind das angenommene Kind und die Abkömmlinge der leiblichen Eltern im Verhältnis zueinander nicht Erben der zweiten Ordnung (§ 1925 IV).

Entsprechendes gilt, wenn jemand das Kind seines Ehegatten annimmt, dieser die elterliche Sorge hatte und verstorben ist (§§ 1756 II, 1925 IV).

50 b) Nach früherem Recht galt das *nichteheliche Kind* trotz blutsmäßiger Verwandtschaft mit seinem Erzeuger als rechtlich nicht verwandt (§ 1589 II a. F.). Diese Bestimmung wurde durch das Gesetz über die rechtliche Stellung der nichtehelichen Kinder vom 19. 8. 1969 aufgehoben. Danach waren das nichteheliche Kind und sein Vater miteinander verwandt. Erbrechtlich waren jedoch die Besonderheiten der §§ 1934a ff. zu beachten. Diese Vorschriften sind aber inzwischen aufgehoben[2]. Erbrechtlich werden eheliche und nichteheliche Kinder also gleich behandelt.

51 3. *Verwandtschaft in den Fällen fehlerhafter Ehen*

a) Eine *Nichtehe* liegt vor, wenn zwei Deutsche in Deutschland die Ehe nicht vor einem Standesbeamten (z. B. nur kirchlich) geschlossen haben (vgl. § 1310 I 1). Sie sind nicht miteinander verheiratet. Kinder aus dieser Verbindung sind nicht ehelich.

b) Eine *aufhebbare Ehe* liegt vor, wenn die Eheschließung unter einem der schweren Mängel leidet, die in § 1314 I aufgezählt sind; dabei handelt es sich um die Nichtigkeitsgründe des früheren Rechts und um die in § 1314 II genannten Gründe, die nach früherem Recht Aufhebungsgründe waren (z. B. arglistige Täuschung, widerrechtliche Drohung). Auf Antrag kann die aufhebbare Ehe

2 Dazu *Böhm*, Die Neuregelung des Erbrechts nichtehelicher Kinder, NJW 1998, 1043.

durch gerichtliches Urteil ex nunc aufgehoben werden (§ 1313). Die in der Ehe geborenen Kinder sind und bleiben ehelich. Entsprechendes gilt, wenn eine Ehe durch gerichtliches Urteil geschieden wird (§§ 1564 ff.).

Im **Fall b** ist S gesetzlicher Erbe des E.

II. Prinzipien des Verwandtenerbrechts 52

Um aus der großen Zahl der Verwandten die gesetzlichen Erben des Erblassers zu bestimmen, kann eine Rechtsordnung von verschiedenen Prinzipien ausgehen: Parentel- und Gradualsystem, Stammes- und Liniensystem, Prinzip der Repräsentation und des Eintrittsrechts. Im BGB wird das einzelne Prinzip nicht konsequent durchgeführt; es finden sich vielmehr verschiedene Kombinationen. Zum besseren Verständnis werden die Prinzipien zunächst gesondert dargestellt.

1. Parentelsystem 53

Der Begriff »Parentel« kommt von parens (= Elternteil, d. h. Vater oder Mutter). Die Parentel stellt auf einen und denselben Ahnen ab. Demnach kann sie als die Gesamtheit derjenigen Personen bezeichnet werden, die von einer Person abstammen, einschließlich dieser Person selbst. Die Zugehörigkeit zu einer Parentel setzt also nicht voraus, dass die Personen auch derselben Generation angehören. Kinder, Enkel und Urenkel des Erblassers gehören zu verschiedenen Generationen und doch zu *einer* Parentel, weil sie alle vom Erblasser abstammen.

Das BGB spricht statt von »Parentel« von »Ordnung«. Es stuft die Verwandten des Erblassers in verschiedene Ordnungen ein, je nachdem, ob sie vom Erblasser selbst, von dessen Eltern, dessen Großeltern, dessen Urgroßeltern usw. abstammen.

Die Zugehörigkeit zu den einzelnen Ordnungen bestimmt sich wie folgt:
1. Ordnung: Abkömmlinge (Kinder, Kindeskinder) des Erblassers (§ 1924 I),
2. Ordnung: Eltern des Erblassers und deren Abkömmlinge (§ 1925 I),
3. Ordnung: Großeltern des Erblassers und deren Abkömmlinge (§ 1926 I),
4. Ordnung: Urgroßeltern des Erblassers und deren Abkömmlinge (§ 1928 I),
5. Ordnung: Ururgroßeltern des Erblassers und deren Abkömmlinge (§ 1929 I).

Als Stammbaum sieht das so aus[3]:

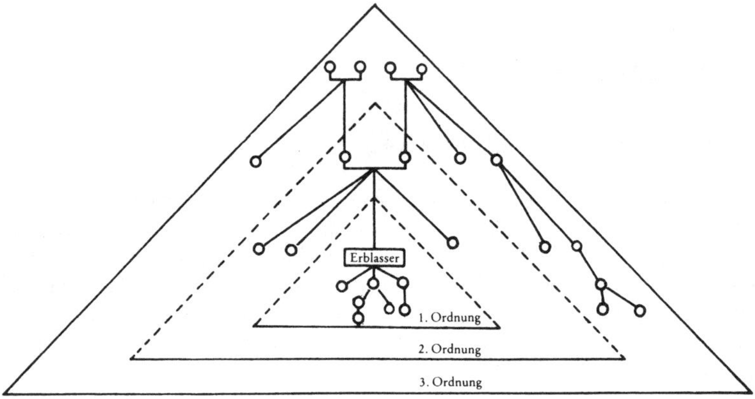

Entsprechend der Einteilung nach Ordnungen wählt das Gesetz aus den Verwandten des Erblassers dessen gesetzliche Erben aus. Nach § 1930 ist ein Verwandter nicht zur Erbfolge berufen, solange ein Verwandter einer vorhergehenden Ordnung vorhanden ist. Bei jeder gesetzlichen Erbfolge hat man also zunächst zu prüfen, ob ein zur ersten Ordnung gehörender Verwandter des Erblassers vorhanden ist. Hat den Erblasser auch nur ein Kind, Enkelkind oder Urenkel (usw.) überlebt, scheiden alle Verwandten, die zur zweiten Ordnung gehören (z. B. Eltern, Geschwister, Neffen, Nichten und deren Kinder), als gesetzliche Erben aus. Wenn also der Erblasser seinen Vater und ein Enkelkind hinterlässt, erbt nur das Enkelkind und nicht der Vater, obwohl dieser *gradmäßig* (vgl. § 1589 Satz 3) näher mit dem Erblasser verwandt war als das Enkelkind (**Fall c**; vgl. §§ 1924 I, 1925 I, 1930). Erst wenn niemand aus der ersten Ordnung den Erblasser überlebt hat, erben die Verwandten zweiter Ordnung. Verwandte der dritten Ordnung erben nur, wenn auch kein zur zweiten Ordnung gehörender Verwandter mehr vorhanden ist (usw.).

Haben die Söhne A und B sowie die Enkelkinder a (Kind des A) und b (Kind des B) den Erblasser überlebt, gehören alle vier Personen zur ersten Ordnung. Das bedeutet noch nicht, dass alle vier auch Erben sind. Aus dem Parentelsystem ist nur zu entnehmen, dass in diesem Fall die Eltern oder die Geschwister des Erblassers nicht Erben sind; denn sie gehören zur zweiten Ordnung. Man kann also sagen: Das Parentelsystem ist eine Art grobes Sieb, das unter den vielen Verwandten eine erste Auswahl der Erben trifft. Wer von den so Ausgewählten nun Erbe ist, wird vom Gesetz nach anderen Prinzipien bestimmt.

Durch das Parentelsystem kommen in erster Linie die Nachkommen des Erblassers in den Genuss der Erbschaft. Das entspricht auch in aller Regel dem

3 Siehe auch die Darstellung bei *Lipp*, Examens-Repetitorium Erbrecht, Rdnr. 78.

Willen des Erblassers, der vor allem für seine Nachkommenschaft gesorgt wissen will. Die Regelung bevorzugt die Jüngeren (Abkömmlinge) gegenüber den Älteren (Vorfahren); dadurch wird erreicht, dass das Ererbte nicht so häufig seinen »Besitzer« wechselt. – Sind keine Abkömmlinge vorhanden, kommen die Eltern des Erblassers (2. Ordnung) als Erben in Betracht. Auch das dürfte dem Erblasserwillen entsprechen, da ihm die Eltern nach seinen Abkömmlingen am nächsten stehen. Sind aber die Eltern des Erblassers schon vorverstorben, geht die Erbschaft nicht an die entfernteren Vorfahren (Großeltern) des Erblassers (3. Ordnung), sondern an die Abkömmlinge der Eltern (2. Ordnung), also an die Brüder und Schwestern des Erblassers. Damit wird wiederum die jüngere Generation der älteren vorgezogen.

2. Gradualsystem 54

Das Gradualsystem bestimmt den Erben nach dem Grad der Verwandtschaft mit dem Erblasser. Der Grad der Verwandtschaft richtet sich im BGB nach der Zahl der sie vermittelnden Geburten (§ 1589 Satz 3). Danach würde z. B. die Mutter des Erblassers (Verwandtschaft 1. Grades) vor dem Enkel des Erblassers (Verwandtschaft 2. Grades) erben.

Das BGB hat mit der Entscheidung für das Parentelsystem das Gradualsystem grundsätzlich abgelehnt; der Gesetzgeber wollte, dass das Vermögen des Erblassers in die jüngere Generation geleitet wird. Das Gradualsystem gilt jedoch in den entfernteren Ordnungen.

In der 4. Ordnung erbt derjenige Abkömmling der Urgroßeltern des Erblassers, der mit diesem dem Grade nach am nächsten verwandt ist (§ 1928 III). Entsprechendes gilt für die 5. Ordnung und für fernere Ordnungen (§ 1929 II).

Demnach erbt eine zur 4. Ordnung gehörende Person, die im 6. Grade mit dem Erblasser verwandt ist, nicht aber eine ebenfalls zu der genannten Ordnung gehörende Person, die im 7. Grade mit dem Erblasser verwandt ist.

Das Gradualsystem greift aber nur innerhalb einer Parentel ein. Gehört die im 6. Grade verwandte Person zur 5. Ordnung und die im 7. Grade verwandte zur 4. Ordnung, dann erbt allein die zur 4. Ordnung gehörende Person.

3. Repräsentationssystem 55

a) Repräsentation bedeutet, dass der Erbe die von ihm abstammenden Personen von der Erbfolge ausschließt.

Hinterlässt z. B. der Erblasser zwei Söhne, die je zwei Kinder haben, gehören alle sechs Personen zur ersten Parentel. Es erben aber nur die beiden Söhne; denn ein zur Zeit des Erbfalls lebender Abkömmling schließt die durch ihn mit dem Erblasser verwandten Abkömmlinge (hier die Enkel) von der Erbfolge aus (§ 1924 II). Entsprechendes gilt auch innerhalb der anderen Parentelen (vgl. §§ 1925 II, 1926 II, 1928 II, 1929 II).

56 b) Als Repräsentation bezeichnet man auch das Nachrücken von entfernteren Verwandten derselben Parentel, wenn der mit dem Erblasser näher Verwandte nicht Erbe wird. Besser spricht man von einem *Eintrittsrecht.*

Ist im angeführten Beispiel einer der beiden Söhne des Erblassers vorverstorben, erbt nicht allein der überlebende Sohn, sondern neben diesem erben auch noch – anstelle des vorverstorbenen Sohnes – dessen Kinder (§ 1924 III). Diese treten an die Stelle des Vorverstorbenen.

Das BGB hat das Eintrittsrecht übernommen. An die Stelle eines Erben treten aber nur dessen Abkömmlinge und nicht etwa auch deren Ehegatten. Außerdem ist das Eintrittsrecht in der 4. Ordnung (und auch in den noch entfernteren Ordnungen) eingeschränkt: Wenn auch nur noch *ein* Urgroßelternteil lebt, erbt dieser allein und schließt damit nicht nur seine eigenen Abkömmlinge, sondern auch die der anderen, vorverstorbenen Urgroßeltern aus (§ 1928 II). Erst wenn Urgroßeltern den Erblasser nicht überleben, erben deren Abkömmlinge, und zwar nach Gradnähe (§ 1928 III).

Nach § 1953 II bzw. § 2344 II werden Erbausschlagung und Erbunwürdigkeit so behandelt, wie wenn die betreffende Person zur Zeit des Erbfalls nicht gelebt hätte; es kommt also ein Eintrittsrecht der Abkömmlinge in Betracht. Der Erbverzicht erstreckt sich auch auf die Abkömmlinge, sofern nicht ein anderes bestimmt wird (§ 2349). Im Falle der Enterbung durch Testament (§ 1938) ist es Auslegungsfrage, ob der Erblasser nur den gesetzlichen Erben oder auch dessen Abkömmlinge enterben wollte; im Zweifel bezieht sich der Ausschluss nicht auch auf die Abkömmlinge[4].

57 *4. Stammes- und Liniensystem*

a) Das Stammes- und Liniensystem hängt eng mit der Repräsentation und dem Eintrittsrecht zusammen.

Wird der Erblasser von seinen beiden Söhnen und deren je zwei Kindern überlebt, erben wegen der Repräsentation nur die beiden Söhne, und zwar zu gleichen Teilen (§ 1924 IV). Ist aber ein Sohn vorverstorben, dann treten dessen beiden Kinder an seine Stelle; diese erben dann neben dem überlebenden Sohn des Erblassers. Hier taucht die Frage auf, ob die drei Erben nach Köpfen, also zu je $^1/_3$, erben, oder ob die beiden Enkelkinder an die Stelle ihres Vaters treten, der – lebte er noch – neben seinem Bruder Erbe zu $^1/_2$ wäre, so dass jedes der beiden Kinder nur $^1/_4$ und der überlebende Sohn des Erblassers $^1/_2$ erbt.

Das BGB hat sich für die Erbfolge nach Stämmen (§ 1924 III; also für die letztere Lösung im Beispielsfall) entschieden. Der Begriff »Stamm« wird hinsichtlich der Nachkommen gebraucht: Jedes Kind des Erblassers bildet einen Stamm, jedes Enkelkind einen Unterstamm.

4 BGH FamRZ 1959, 149.

Wäre eines der Kinder des vorverstorbenen Sohnes ebenfalls vorverstorben und hätten drei Kinder dieses Kindes den Erbfall erlebt, träten diese drei Urenkel des Erblassers an die Stelle des Enkels; dieser wäre – nach dem oben Gesagten – Erbe zu $^1/_4$; also erbt jeder der drei Urenkel $^1/_3$ von $^1/_4$ = $^1/_{12}$.

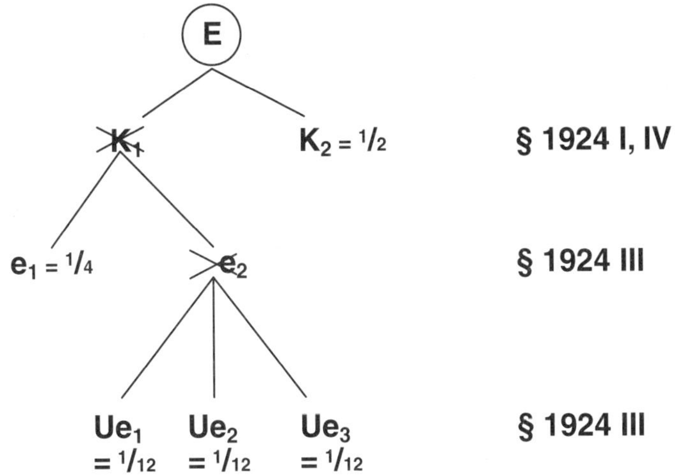

Das Stammessystem kann dazu führen, dass jemand innerhalb einer Parentel *verschiedenen* Stämmen angehört.

Wenn beispielsweise Vetter und Cousine geheiratet haben und aus der Ehe ein Kind hervorgegangen ist, kann es möglich sein, dass dieses Kind bei *einem* Erbfall sowohl im Stamm seines Vaters als auch im Stamm seiner Mutter erbt. Das Kind erhält dann den in jedem der beiden Stämme ihm zufallenden Anteil, wobei jeder als besonderer Erbteil gilt (§ 1927), was dazu führen kann, dass das Kind den einen Erbteil ausschlägt und den anderen nicht (vgl. § 1951 I).

b) Wenn Abkömmlinge des Erblassers nicht vorhanden sind, fällt der Nachlass je zur Hälfte an den Vater bzw. dessen Abkömmlinge und an die Mutter bzw. deren Abkömmlinge (§ 1925). Diese Aufteilung in eine väterliche und eine mütterliche Linie findet man auch in der dritten Parentel (§ 1926). Von »Linie« wird also gesprochen, wenn man von einer Person aufwärts zu deren Vorfahren sieht. **58**

Im **Fall d** erbt nicht jeder Großelternteil $^1/_3$. Vielmehr fällt die Hälfte des Nachlasses an die Großeltern mütterlicherseits, so dass jeder von ihnen $^1/_4$ erhält. Die andere Hälfte geht an den Großvater väterlicherseits (§ 1926 III 2).

Mit der Entscheidung für das Liniensystem hat der Gesetzgeber auch das Problem der erbrechtlichen Stellung von *Voll- und Halbgeschwistern* gelöst.

Stirbt der Erblasser, ohne Nachkommen zu hinterlassen, erben (in der 2. Ordnung) seine Eltern. Ist auch der Vater vorverstorben und sind von ihm noch zwei Söhne vorhanden, von denen der ältere aus einer früheren Ehe des Vaters und der andere aus der Ehe stammt, aus der auch der Erblasser hervorgegangen ist, dann wird der Erblasser beerbt: von seiner Mutter zu $^1/_2$, von seinem Halbbruder und seinem Bruder, die beide an die Stelle ihres Vaters getreten sind, zu je $^1/_4$ (vgl. § 1925 III). Insofern erben also Halbgeschwister zu gleichen Teilen.

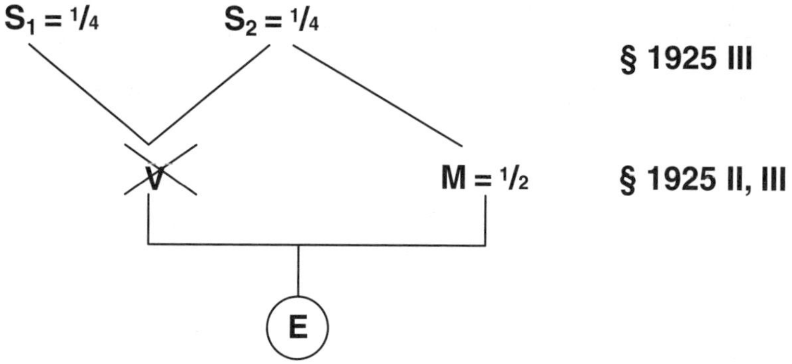

Sind im genannten Falle *beide* Eltern vorverstorben, treten – wie oben – an die Stelle des Vaters dessen beide Söhne. An die Stelle der Mutter aber tritt nur der Bruder des Erblassers und nicht dessen Halbbruder, da er nicht Abkömmling der Mutter des Erblassers ist. Infolgedessen erben der Halbbruder $^1/_4$ und der Bruder $^1/_4 + ^1/_2 = ^3/_4$.

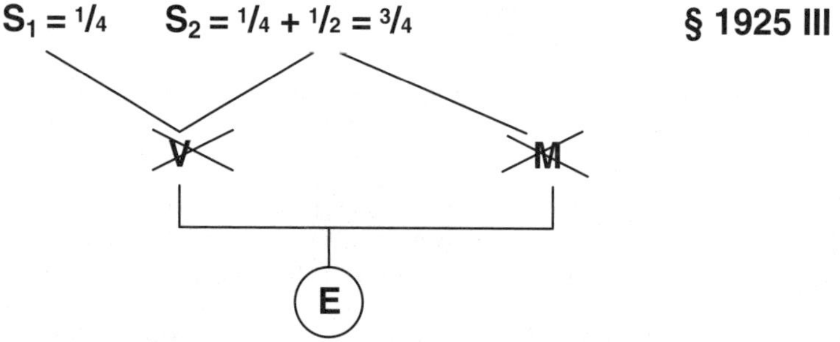

59 c) Das Stammes- und Liniensystem hat der Gesetzgeber von der 4. Ordnung an zu Gunsten des Gradualsystems aufgegeben (§ 1928).

Mehrere Urgroßeltern erben zu gleichen Teilen, ohne Unterschied, ob sie derselben Linie oder verschiedenen Linien angehören (§ 1928 II). Leben keine Urgroßeltern mehr, erben von deren Abkömmlingen diejenigen, die mit dem Erblasser gradmäßig am nächsten verwandt sind (§ 1928 III). Entsprechendes gilt für alle weiteren Ordnungen (§ 1929 II).

III. Verwandtenerbrecht innerhalb der ersten bis dritten Ordnung 60

1. Erben der ersten Ordnung (§ 1924)

Fall: Der Erblasser hinterlässt seine Mutter, sein Kind K 1, das verheiratet ist und 2 Kinder e 1 und e 2 hat, sein lediges Kind K 2 sowie seine Enkelkinder e 3 und e 4, die von dem vorverstorbenen K 3 stammen. Das Kind K 4 ist vor dem Erblasser kinderlos verstorben.

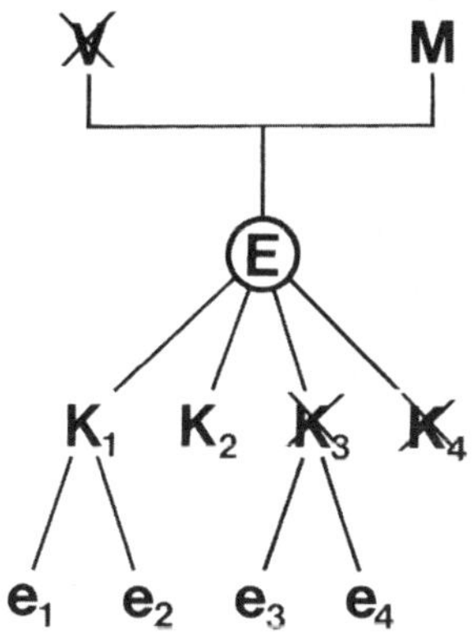

a) Zu den Erben der ersten Ordnung gehören die Abkömmlinge des Erblassers (§ 1924 I), also die Kinder und Kindeskinder. Da die Mutter des Erblassers nicht zur ersten Ordnung gehört und ein Verwandter nicht zur Erbfolge berufen ist, solange ein Verwandter einer vorhergehenden Ordnung vorhanden ist (§ 1930), erbt die Mutter nicht (Einteilung der Verwandten nach dem Parentel-Ordnungssystem).

b) Ein zur Zeit des Erbfalls lebender Abkömmling schließt die durch ihn mit dem Erblasser verwandten Abkömmlinge von der Erbfolge aus (§ 1924 II). Da K 1 noch lebt, werden durch ihn seine Kinder e 1 und e 2 ausgeschlossen; sie erben also nicht (Repräsentationssystem).

c) An die Stelle eines zur Zeit des Erbfalls nicht mehr lebenden Abkömmlings treten die durch ihn mit dem Erblasser verwandten Abkömmlinge (§ 1924 III). Das trifft für e 3 und e 4 zu, da ihr Vater K 3 vorverstorben ist (Repräsentationssystem im Sinne eines Eintritts).

d) Die Kinder e 3 und e 4 erben nach Stämmen (§ 1924 III), d. h. sie erben zusammen das, was der Abkömmling (K 3) erben würde, wenn er den Erbfall erlebt hätte (Stammessystem).

e) Kinder erben zu gleichen Teilen (§ 1924 IV; »Gleiche Brüder, gleiche Kappen«). Lebten alle vier Kinder des Erblassers, würde also jedes Kind zu $^1/_4$ erben. Wäre nur K 4 vor dem Erblasser durch Tod weggefallen, so würden die Kinder K 1, K 2 und K 3 zu je $^1/_3$ erben (vgl. § 1935). Nun ist zwar auch K 3 vor dem Erbfall durch Tod weggefallen; aber insoweit erhöht sich der Erbteil der überlebenden Kinder nicht, weil die Abkömmlinge des K 3 kraft ihres Eintrittsrechts (§ 1924 III) an die Stelle des K 3 treten.

Ergebnis: K 1 und K 2 werden Erben zu je 1/3; das letzte Drittel geht zu gleichen Teilen an die Kinder des K 3, so dass e 3 und e 4 je 1/6 erben.

61 *2. Erben der zweiten Ordnung (§ 1925)*

Fall: Von den Eltern des kinderlos verstorbenen Erblassers lebt nur noch die Mutter. Aus der Ehe seiner Eltern sind außer dem Erblasser seine Brüder B 1 und der vorverstorbene B 2 hervorgegangen; B 2 hat 3 Kinder (Neffen und Nichten des Erblassers) N 1, N 2 und N 3 hinterlassen, die den Erblasser überleben. Schließlich lebt noch ein Halbbruder H des Erblassers, der aus der geschiedenen Ehe des Vaters des Erblassers mit F stammt.

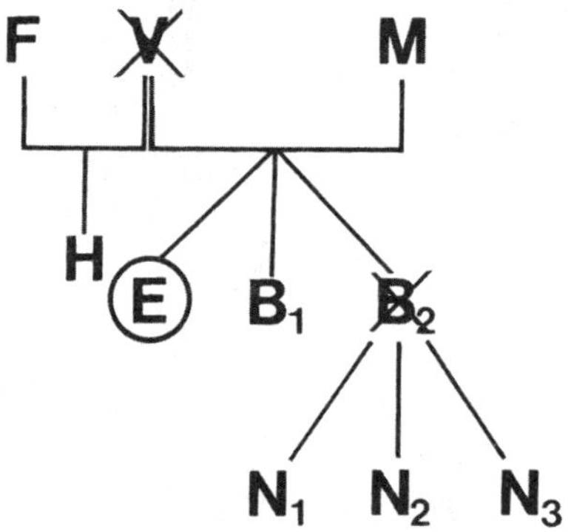

a) Da kein Erbe erster Ordnung vorhanden ist, erben die Erben der zweiten Ordnung. Dazu gehören die Eltern des Erblassers und deren Abkömmlinge (§ 1925 I). Da solche Personen vorhanden sind, scheiden etwa noch lebende Großeltern des Erblassers und deren Abkömmlinge als gesetzliche Erben aus; denn sie gehören nicht zur zweiten, sondern erst zur dritten Ordnung (§§ 1926 I, 1930; Parentelsystem).

b) Die Eltern des Erblassers erben nach Linien; die eine Hälfte des Nachlasses fällt an die Linie der Mutter, die andere an die väterliche Linie (Liniensystem). Die Eltern schließen dabei zu ihren Lebzeiten ihre Abkömmlinge von der Erbfolge aus (Repräsentationssystem).

M erbt also den an die mütterliche Linie fallenden Erbteil; sie wird Erbin zu 1/2.

c) Da der Vater des Erblassers nicht mehr lebt, treten an seine Stelle seine Abkömmlinge (§ 1925 III 1; Repräsentationssystem im Sinne eines Eintritts). Abkömmlinge des Vaters sind nicht nur die vollbürtigen Brüder B 1 und B 2 des Erblassers, sondern auch dessen Halbbruder H; denn auch er stammt vom Vater des Erblassers ab.

d) Die Abkömmlinge erben nach den für die Beerbung in der ersten Ordnung geltenden Vorschriften (§ 1925 III 1). Entsprechend anwendbar ist also § 1924 II–IV. Die drei Kinder des Vaters erben also anstelle des Vaters dessen 1/2 zu gleichen Anteilen; also erben H und B 1 zu je 1/6 und anstelle des ebenfalls vorverstorbenen B 2 erben dessen 1/6 seine Abkömmlinge N 1, N 2 und N 3 zu je 1/18.

3. Erben der dritten Ordnung (§ 1926) 62

Fall: Der Erblasser hinterlässt seine Großeltern väterlicherseits GV 1 und GM 1 sowie deren Sohn (Onkel des Erblassers) O 1. Die Großeltern mütterlicherseits GV 2 und GM 2 sind vorverstorben. Aus ihrer Ehe sind außer der vorverstorbenen Mutter des Erblassers zwei Kinder O 2 und O 3 hervorgegangen. Während O 2 noch lebt, ist O 3 vorverstorben; von diesem leben noch zwei Töchter (Cousinen des Erblassers) C 1 und C 2. Außerdem lebt noch ein Sohn O 4 der Großmutter mütterlicherseits aus deren Ehe mit X.

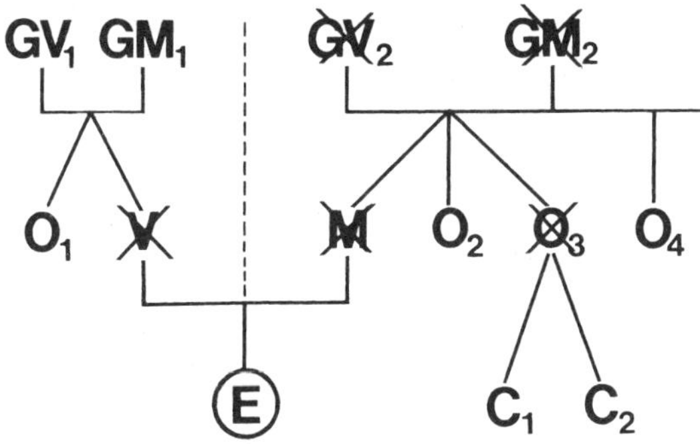

a) Da der Erblasser keine Abkömmlinge hat und außerdem seine Eltern ohne Hinterlassung von weiteren Abkömmlingen vorverstorben sind, kommen die zur dritten Ordnung gehörenden Personen als Erben in Betracht; das sind die Großeltern des Erblassers und deren Abkömmlinge (§ 1926 I).

b) Leben alle Großeltern, erben sie allein (§ 1926 II). Sie schließen also ihre Abkömmlinge von der Erbfolge aus. Im Ausgangsfall erbt der Onkel O 1 nicht, da seine Eltern noch leben. O 1 tritt auch nicht an die Stelle der vorverstorbenen Großeltern mütterlicherseits GV 2 und GM 2, da er zu den väterlichen Verwandten des Erblassers gehört (vgl. § 1926 III).

c) Die Großeltern würden zu gleichen Teilen, also zu je $^{1}/_{4}$ erben (§ 1926 II). Da der Großvater GV 2 nicht mehr lebt, treten an seine Stelle seine Abkömmlinge O 2 und O 3 (§ 1926 III 1). Demnach geht das dem Großvater zustehende Viertel in gleichen Teilen an O 2 und den Stamm des O 3 (je $^{1}/_{8}$).

An die Stelle der ebenfalls vorverstorbenen Großmutter GM 2 treten ihre Abkömmlinge, nämlich O 2, O 3 und O 4. Das Viertel, das der Großmutter zustehen würde, geht also in drei gleiche Teile, so dass auf jeden Abkömmling $^{1}/_{12}$ entfällt. Demnach erbt O 2 $^{1}/_{8}$ (anstelle seines Vaters) + $^{1}/_{12}$ (anstelle seiner Mutter) = $^{5}/_{24}$, während O 4 (anstelle seiner Mutter) $^{1}/_{12}$ erbt.

d) An die Stelle des vorverstorbenen O 3, der (wie O 2) $^{5}/_{24}$ erben würde, treten entsprechend der für die Beerbung in der ersten Ordnung geltenden Vorschriften (§ 1926 V) seine Abkömmlinge (§ 1924 III), so dass C 1 und C 2 je $^{1}/_{2}$ von $^{5}/_{24}$, also $^{5}/_{48}$ erben.

e) Ist – in Abänderung unseres Falles – aus der Ehe der Großeltern mütterlicherseits nur die Mutter des Erblassers hervorgegangen, fiele der Anteil des Großvaters an die Großmutter mütterlicherseits, wenn sie noch lebte (§ 1926 III 2); sie bekäme also zu ihrem Viertel noch das Viertel, das dem Großvater zustünde.

Da aber auch die Großmutter vorverstorben ist, erbt an ihrer Stelle ihr Abkömmling O 4 (§ 1926 III 2). Dieses Beispiel zeigt deutlich, wie weit innerhalb des Parentelsystems das Liniensystem durchgeführt ist. Wenn es nur eben möglich ist, bleibt der Erbanteil eines vorverstorbenen Großelternteils in der entsprechenden (hier: mütterlichen) Linie. Er geht nicht nur auf den anderen Großelternteil derselben Linie über, sondern fällt bei Vorversterben des anderen Großelternteils sogar an dessen Abkömmlinge (hier: an das Kind der Großmutter aus der Ehe mit X). Der Wegfall der Großeltern einer Linie (GV 2 und GM 2) kommt also nicht den Großeltern der anderen Linie (GV 1 und GM 1) zugute, solange noch ein Abkömmling (O 4) eines Teiles der weggefallenen Großeltern vorhanden ist.

f) Erst dann, wenn ein Großelternpaar weggefallen und kein Abkömmling auch nur eines Teiles des Großelternpaares mehr vorhanden ist, geht der Teil der Erbschaft, der dieser Linie zukäme, in die andere Linie (§ 1926 IV). Hier wird das Liniensystem aufgegeben, weil innerhalb dieser Parentel niemand mehr lebt.

Gesetzliche Erben der ersten bis vierten Ordnung (Parentelsystem)
Ein Verwandter einer vorhergehenden Ordnung schließt alle Verwandten der nachfolgenden Ordnungen von der Erbfolge aus, § 1930

I. Erben der ersten Ordnung

§ 1924 I: Abkömmlinge des Erblassers (Kinder und Kindeskinder)

1. Ein lebender Abkömmling (Kind) schließt seine Abkömmlinge (Kindeskinder) von der Erbfolge aus (*Repräsentationssystem*, § 1924 II).
2. An die Stelle eines nicht mehr lebenden Abkömmlings treten seine Abkömmlinge (*Eintrittsrecht* nach dem *Stammessystem*, § 1924 III).

II. Erben der zweiten Ordnung

§ 1925 I: Eltern des Erblassers und deren Abkömmlinge (= Geschwister des Erblassers)

1. Lebende Eltern erben zu gleichen Teilen und schließen ihre Abkömmlinge von der Erbfolge aus (*Repräsentationssystem*, § 1925 II).
2. An die Stelle eines nicht mehr lebenden Elternteils treten dessen Abkömmlinge (*Eintrittsrecht* nach dem *Liniensystem*, § 1925 III 1). Sind keine Abkömmlinge vorhanden, erbt der überlebende Elternteil allein (§ 1925 III 2).

III. Erben der dritten Ordnung

§ 1926 I: Großeltern des Erblassers und deren Abkömmlinge

1. Lebende Großeltern (nach Mutter und Vater) erben zu gleichen Teilen und schließen ihre Abkömmlinge von der Erbfolge aus (*Repräsentationssystem*, § 1926 II).

2. An die Stelle eines nicht mehr lebenden Großelternteils treten dessen Abkömmlinge (*Eintrittsrecht* nach dem *Liniensystem*, § 1926 III 1). Sind keine Abkömmlinge vorhanden, fällt der Anteil des Verstorbenen dem anderen Teil des Großelternpaares oder – wenn auch dieser verstorben ist – dessen Abkömmlingen zu (§ 1926 III 2).
3. Der Anteil eines verstorbenen Großelternpaares, von dem auch keine Abkömmlinge vorhanden sind, fällt dem anderen Großelternpaar oder deren Abkömmlingen zu (§ 1926 IV).

IV. Erben der vierten Ordnung

§ 1928 I: Urgroßeltern des Erblassers und deren Abkömmlinge

1. Lebende Urgroßeltern erben zu gleichen Teilen und schließen ihre Abkömmlinge von der Erbfolge aus (*Repräsentationssystem*, § 1928 II, 1. Halbs.).
2. An die Stelle eines verstorbenen Urgroßelternteils tritt derjenige seiner Abkömmlinge (*Eintrittsrecht*), der mit dem Erblasser dem Grad nach (Anzahl der vermittelnden Geburten) am nächsten verwandt ist (§ 1928 III, 1. Halbs., *Gradualsystem*).

IV. Erhöhung des Erbteils (§ 1935) 63

Unter einer Erhöhung des Erbteils versteht § 1935 nicht die Fälle, in denen eine mehrfache Verwandtschaft ein mehrfaches Erbrecht begründet (vgl. Rdnr. 57 a.E.).

§ 1935 behandelt vielmehr die Erhöhung des Erbteils, die deshalb eintritt, weil ein anderer gesetzlicher Erbe, der neben dem Erben geerbt hätte, z. B. infolge Vorversterbens vor dem Erblasser oder wegen Erbausschlagung nicht Erbe wird.

Beispiel: Den Erblasser würden seine beiden Kinder K 1 und K 2 zu je $^1/_2$ beerben. Da K 2 aber vorverstorben ist und auch keine Abkömmlinge hat, die statt seiner erben würden, erbt K 1 auch die Hälfte, die K 2 erben würde. K 1 erbt hier nicht zwei getrennt zu behandelnde Anteile; vielmehr kann der gesamte Erbteil vom Erben K 1 nur einheitlich angenommen oder ausgeschlagen werden (§ 1951 II).

Diese Regelung kann für den Erben zu misslichen Konsequenzen führen. Würde in unserem Beispiel der Nachlass 100 000,– € betragen, stünden dem K 1 ohne Wegfall des K 2 50 000,– € zu. Es ist aber denkbar, dass der Anteil des K 2 (ebenfalls 50 000,– €) mit Vermächtnissen, Auflagen oder einer Ausgleichungspflicht von insgesamt 60 000,– € beschwert ist. Schlägt nun K 2 – wegen dieser Beschwerung – die Erbschaft aus, dann fällt dem K 1 die ganze Erbschaft von 100 000,– € zu, aber es blieben ihm wegen der Beschwerung in Höhe von 60 000,– € letztlich nur 40 000,– €. Demnach steht K 1 infolge der »Erhöhung« schlechter, als er ohne diese stünde. Um das zu verhindern, bestimmt § 1935, dass der Teil, um den sich der Anteil des K 1 erhöht, hinsichtlich der Vermächtnisse, Auflagen und der Ausgleichungspflicht als besonderer Erbteil gilt. Das bedeutet, dass K 1 hinsichtlich des Erbteils des K 2 zwar nicht ausschlagen kann, aber dass er Vermächtnisse usw. nur insoweit zu erfüllen hat, als K 2 – wäre er Erbe geworden – zur Erfüllung verpflichtet gewesen wäre (vgl. § 1991 IV); d. h. K 1 braucht nur in Höhe von 50 000,– € (so viel hätte K 2 geerbt) zu erfüllen. K 1 soll also durch die »Erhöhung« im Ergebnis nicht schlechter gestellt werden, als er ohne sie stünde.

Verfehlt ist die Formulierung des § 1935.

Vor dem Erbfall kann gar kein gesetzlicher Erbe wegfallen; denn erst mit dem Erbfall wird jemand Erbe. Das Gesetz meint damit die Person, die kraft Gesetzes Erbe geworden wäre, wenn sie nicht vor dem Erblasser gestorben (§ 1923 I), nicht enterbt worden wäre (§ 1938) oder nicht durch Vertrag mit dem Erblasser auf ihr gesetzliches Erbrecht verzichtet hätte (§ 2346 I; über den Fall des Ausschlusses des Ehegattenerbrechts nach § 1933 siehe Rdnr. 66).

Nach dem Erbfall fällt ein gesetzlicher Erbe dann weg, wenn er ausschlägt (§ 1953 I) oder für erbunwürdig erklärt wird (§ 2344 I).

In beiden Fällen wird die Erbenstellung rückwirkend beseitigt; die Rechtslage hinsichtlich der Erbfolge ist ebenso, wie wenn der Erbe vor dem Erbfall gestorben wäre. Stirbt dagegen der Erbe erst nach dem Erbfall, so ist das kein »Wegfall« i.S.d. § 1935; denn dann ist die betreffende Person mit dem Erbfall Erbe geworden, während § 1935 die Fälle meint, in denen die weggefallene Person rechtlich nie gesetzlicher Erbe gewesen ist.

Das menschliche Wesen, das zur Zeit des Erbfalls als Leibesfrucht existiert (vgl. § 1923 II), später aber nicht lebend zur Welt kommt, ist nie gesetzlicher Erbe gewesen, so dass § 1935 nicht anwendbar ist.

Die Bezeichnung »Erhöhung« ist zumindest irreführend. Wenn nämlich ein gesetzlicher Erbe wegfällt (i.S.d. § 1935), dann »erhöht« sich nicht der zunächst geringere Anteil des Erben; vielmehr ist der Anteil des Erben von Anfang an (mit Eintritt des Erbfalls) höher.

§ 1935 ist nur von Bedeutung, sofern an die Stelle des Weggefallenen nicht seine Abkömmlinge treten. Ein solcher Eintritt scheidet aus, wenn keine Nachkommen des Weggefallenen als Erben in Betracht kommen.

Dem § 1935 entspricht § 2095 bei der gewillkürten Erbfolge (Rdnr. 333).

64 V. Zusammenfassung

Das Verwandtenerbrecht stellt auf die Verwandtschaft im Sinne des Familienrechts ab; diese ist meistens, aber nicht immer identisch mit der Verwandtschaft im biologischen Sinne.

Die Verwandten werden in verschiedene Ordnungen eingeteilt: 1. Ordnung: Abkömmlinge des Erblassers, 2. Ordnung: Eltern des Erblassers und deren Abkömmlinge, 3. Ordnung: Großeltern des Erblassers und deren Abkömmlinge usw. Solange auch nur *eine* Person einer vorhergehenden Ordnung vorhanden ist, kommt eine zur nachfolgenden Ordnung gehörende Person als gesetzlicher Erbe nicht in Betracht (Parentelsystem).

Innerhalb der ersten drei Ordnungen gilt das Repräsentations-, Stammes- und Liniensystem. Ein Kind bzw. ein Eltern- oder Vorelternteil des Erblassers schließt seine Abkömmlinge von der Erbfolge aus (Repräsentation). Ist ein an sich Erbberechtigter als Erbe weggefallen, so treten seine Abkömmlinge an seine Stelle (Eintrittsrecht). Die Abkömmlinge erben nicht nach Köpfen, sondern nach Stämmen. Die Vorfahren des Erblassers und ihre Abkömmlinge erben nach Linien (Vaterseite – Mutterseite). Mehrfache Verwandtschaft kann ein mehrfaches Erbrecht begründen.

Von der vierten Ordnung an gilt innerhalb jeder Ordnung das Gradualsystem; es erbt derjenige, der mit dem Erblasser dem Grade nach am nächsten verwandt ist.

§ 5 Das gesetzliche Erbrecht des Ehegatten 65

Schrifttum: *Battes*, Die Änderung erbrechtlicher Vorschriften im Zusammenhang mit der Reform des Scheidungsrechts, FamRZ 1977, 433; *Boehmer*, Vorschläge zur Neuordnung der gesetzlichen Erbfolge (BGB §§ 1924–1936), Schriften der Akademie für Deutsches Recht, 1938, 93–146; *ders.*, Die Vermögensverfassung des deutschen Hauses, 1943; *Bosch*, Familienrechtsreform, 1952, 115 f.; *ders.*, Ist das geltende Ehegatten-Erbrecht bei kinderloser Ehe reformbedürftig?, FamRZ 1983, 227; *Braga*, Das Ehegattenerbrecht nach § 1931 Abs. IV BGB, FamRZ 1972, 105; *Ferid*, Zwei Gesichtspunkte zur »erbrechtlichen Lösung« des Zugewinnausgleiches bei Auflösung der Ehe durch den Tod eines Ehegatten, FamRZ 1957, 70; *Hohloch*, Erbfolge bei Tod eines Ehegatten während des Scheidungsverfahrens, JuS 2001, 398; *ders.*, Kein Ausschluss des Ehegattenerbrechts bei bloßer Anhängigkeit des Scheidungsantrags, JuS 2001, 78; *Krug/Zwißler*, Familienrecht und Erbrecht, 2002, Rdnr. 165 ff.; *Heinr. Lange*, Die Ordnung der gesetzlichen Erbfolge, 2. Denkschrift, 1938, 111; *Löhnig*, Das gesetzliche Erbrecht des Ehegatten, JA 2001, 937; *Odersky*, Die Erbquote des Ehegatten und der Kinder in den Fällen des § 1931 IV BGB, Rpfleger 1973, 239; *v. Olshausen*, Gesetzliches Ehegattenerbrecht neben Großeltern und deren Abkömmlingen im Güterstand der Zugewinngemeinschaft, FamRZ 1981, 633; *Rauscher*, Reformfragen des gesetzlichen Erb- und Pflichtteilsrecht, 1993; *Stöcker*, Der Ausbau des Ehegattenerbrechts, FamRZ 1970, 444; *ders.*, § 1931 IV BGB wegen objektiver Zweckuntauglichkeit unanwendbar?, FamRZ 1972, 429.

Fälle:

a) Die Frau des Erblassers, der einen Sohn hinterlässt, hatte die Scheidung beantragt. Wer erbt, wenn der Erblasser, der an der Ehe festhalten wollte, während des Scheidungsprozesses stirbt? **(Rdnr. 66)**

b) Der Erblasser hatte beim Familiengericht Aufhebung der Ehe wegen Irrtums über schwere, vor der Ehe begangene Straftaten seiner Frau beantragt. Vor Rechtskraft des

Aufhebungsurteils stirbt der Erblasser. Dessen einziger Sohn meint, er sei gesetzlicher Alleinerbe seines Vaters. Die Ehefrau des Erblassers hält das Urteil für falsch und bestreitet die Straftaten. **(Rdnr. 66)**

c) Der Erblasser hinterlässt seine Ehefrau und drei Kinder. Wer erbt? Wieviel? Spielt es eine Rolle, dass die Eheleute im gesetzlichen Güterstand lebten? **(Rdnr. 75)**

Nach § 1931 steht neben den Verwandten des Erblassers auch dessen überlebendem Ehegatten ein gesetzliches Erbrecht zu.

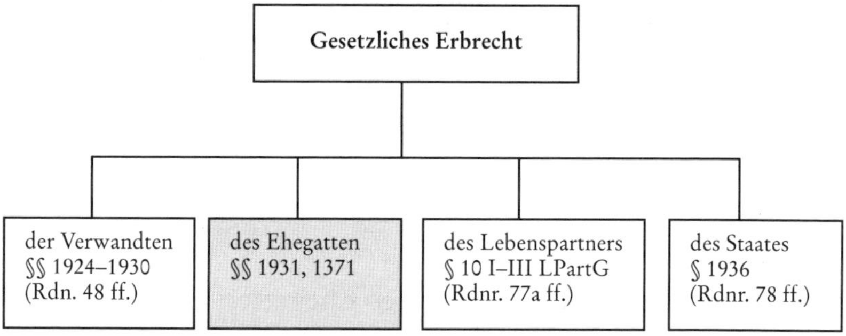

I. Voraussetzungen des Ehegattenerbrechts

1. Bestehen der Ehe

Im Zeitpunkt des Todes des Erblassers muss die Ehe bestanden haben. Folgende Fälle sind zu unterscheiden:

a) Bei einer *Nichtehe* (Rdnr. 51) ist der Überlebende nicht Ehegatte des Erblassers gewesen und deshalb auch nicht dessen gesetzlicher Erbe.

b) Bei einer *aufhebbaren Ehe* (Rdnr. 51) scheidet ein gesetzliches Ehegattenerbrecht aus, wenn die Ehe durch rechtskräftiges Aufhebungsurteil (§ 1313) aufgelöst worden ist. Denn dann besteht im Zeitpunkt des Todes keine Ehe mehr; also entfällt ein Ehegattenerbrecht.

c) Sofern die Ehe vor dem Tode eines Ehegatten *rechtskräftig geschieden worden ist* (§ 1564), besteht – wie bei der Eheaufhebung – beim Tode keine Ehe und damit kein Ehegattenerbrecht.

Als Folge der Ehescheidung sehen §§ 1587 ff. einen Versorgungsausgleich vor. Danach sollen die während der Ehe einem Gatten zugewachsenen Versorgungsanwartschaften (z. B. aus der gesetzlichen oder privaten Rentenversicherung) unter den geschiedenen Eheleuten ausgeglichen werden, damit der Ehegatte, der etwa wegen der Haushaltsführung oder der Kindererziehung keine oder nur eine geringfügige Vorsorge für seine Sicherung im Alter oder bei Berufs- bzw. Erwerbsunfähigkeit treffen konnte, durch die Scheidung nicht schlechter gestellt wird als sein berufstätig gewesener Ehepartner. Stirbt der

Ausgleichsberechtigte, erlischt entsprechend dem Zweck des Versorgungsausgleichs der Ausgleichsanspruch (§ 1587e II). Stirbt der Ausgleichsverpflichtete, ist der Ausgleichsanspruch gegen die Erben geltend zu machen (§ 1587e IV).

Kann oder soll ein versicherungsrechtlicher Versorgungsausgleich nicht stattfinden, erfolgt ein schuldrechtlicher Versorgungsausgleich (§ 1587f): Der eine Ehegatte hat gegen den anderen einen Anspruch auf Zahlung einer Ausgleichsrente (§ 1587g I). Dieser Anspruch erlischt mit dem Tod des Berechtigten (§ 1587k II). Für den Fall, dass der Ausgleichspflichtige stirbt, trifft das Gesetz keine Regelung. Da der Ausgleich aus der Versorgung des Verpflichteten geleistet werden soll, diese aber mit dessen Tod entfällt, erlischt der Anspruch des Ausgleichsberechtigten. Jedoch greift bei Bedürftigkeit des Berechtigten ein dem Grunde nach bestehender Unterhaltsanspruch gem. § 1586b ein; dieser Anspruch richtet sich gegen die Erben.

d) Wenn ein Ehegatte, obwohl er noch lebt, *für tot erklärt worden* ist, so ist damit seine Ehe noch nicht aufgelöst. Stirbt also der andere Ehegatte, so wird er von seinem fälschlicherweise für tot erklärten Gatten kraft Gesetzes beerbt.

Ist aber der Ehegatte des für tot Erklärten eine neue Ehe eingegangen, so wird gem. § 1319 II mit der Schließung der neuen Ehe die frühere Ehe aufgelöst. Daran ändert sich nichts, wenn später die Todeserklärung aufgehoben wird. Mit Auflösung der früheren Ehe entfällt auch ein Ehegattenerbrecht des früheren Gatten. Die Ehe wird aber ausnahmsweise nicht durch eine neue Eheschließung aufgelöst, wenn beide Ehegatten der neuen Ehe wissen, dass der für tot Erklärte den Zeitpunkt der Todeserklärung überlebt hat (§ 1319 I). In diesem Fall ist die neue Ehe als Doppelehe (§ 1306) nichtig. Stirbt hier der Ehegatte beider Ehen und ist die zweite Ehe noch nicht durch Urteil für nichtig erklärt worden, so sind zwei Personen vorhanden, deren Ehe mit dem Erblasser bis zu dessen Tode bestanden hat und die infolgedessen *beide* ein Ehegattenerbrecht haben.

2. *Ausschluss des Erbrechts trotz Bestehens der Ehe* 66

a) Ist der Erblasser *während des Scheidungsrechtsstreites gestorben*, dann bestand die Ehe bei seinem Tode noch, so dass der überlebende Ehegatte nach dem bisher Gesagten kraft Gesetzes erbt. Dieses Ergebnis entspräche nicht dem mutmaßlichen Willen des Erblassers, wenn die Ehe gescheitert ist und deshalb geschieden worden wäre, sofern nicht der Erblasser vorher gestorben wäre. Hier greift § 1933 Satz 1 ein, der das Ehegattenerbrecht ausschließt.

b) § 1933 setzt zunächst voraus, dass der Erblasser die *Scheidung beantragt* oder – falls der Ehegatte den Scheidungsantrag gestellt hatte – der *Scheidung zugestimmt* hatte.

Ohne diese Voraussetzung wären die erbenden Verwandten leicht zur Nachforschung geneigt, ob die Ehe des Erblassers gescheitert sei. Das läge vielfach nicht im Sinne des Erblassers. Deshalb verlangt das Gesetz, dass der Erblasser seinen Willen, sich aus der Ehe zu lösen, durch einen Antrag auf Scheidung oder durch Zustimmung zur Scheidung geäußert hat. Hatte nur der überlebende Ehegatte die Scheidung beantragt und hat der Erblasser dieser nicht zugestimmt, bleibt das gesetzliche Erbrecht des Überlebenden erhalten. Im **Fall a** erben also Sohn und Ehefrau des Erblassers.

Fraglich ist, ob es für den Ausschluss des Ehegattenerbrechts ausreicht, dass das Scheidungsbegehren zur Zeit des Todes des Erblassers bei Gericht eingegangen ist oder ob der Scheidungsantrag rechtshängig, also dem anderen Ehegatten zugestellt sein muss. Der Wortlaut des § 1933 ist nicht eindeutig; er verlangt nur einen Scheidungsantrag. Der Umstand, dass der Erblasser auf die gerichtliche Zustellung ohnehin keinen Einfluss hat, sowie der Rechtsgedanke des § 167 ZPO, der für (hier allerdings nicht vorliegende) fristwahrende Zustellungen eine Rückwirkung auf den Zeitpunkt des Eingangs bei Gericht vorsieht, sprechen zwar dafür, dass der rechtzeitige Eingang des Antrags bei Gericht ausreichen muss. Die ganz h.M.[5] verlangt jedoch Rechtshängigkeit des Scheidungsantrags. Das wird vor allem mit der früheren Fassung des § 1933, dessen Inhalt durch die jetzige Formulierung nicht habe geändert werden sollen, sowie damit begründet, dass § 167 ZPO auch nicht analog anwendbar sei. An dieser h.M. muss sich die Beratungspraxis orientieren.

Außerdem verlangt § 1933, dass zur Zeit des Todes des Erblassers die Voraussetzungen für die Ehescheidung gegeben waren. Diese sind in §§ 1565 bis 1568 aufgeführt.

Hat der Erblasser im Scheidungsprozess einen Sachverhalt vorgetragen, aus dem sich das Scheitern der Ehe ergibt, und stirbt er vor Erlass eines Urteils, so wird der Scheidungsprozess nicht fortgeführt; denn das Verfahren ist infolge des Todes in der Hauptsache als erledigt anzusehen (§ 619 ZPO). – Ist bereits ein Scheidungsurteil ergangen, so hat es keine Bedeutung, weil es infolge des Todes des Erblassers nicht mehr rechtskräftig werden kann. – Ist das Urteil beim Tod schon rechtskräftig, ist § 1933 nicht anwendbar, weil zur Zeit des Todes keine Ehe mit dem Überlebenden mehr besteht.

c) Das bisher zu § 1933 Erörterte gilt auch für den *Eheaufhebungsantrag*.

Im **Fall b** ist zwischen Sohn und Ehefrau des Erblassers streitig, ob diese vor der Ehe die Straftaten begangen hat. Das kann in einem *gewöhnlichen Zivilprozess* (also nicht vor dem Familiengericht) geklärt werden. Die Beweislast für die Straftaten der Frau und den Irrtum des Erblassers (§ 1314 II Nr. 3) hat der Sohn. Gelingt ihm der Beweis, ist das Erbrecht der Frau nach § 1933 Satz 2 ausgeschlossen. Abgesehen davon kann die Frage, ob die Voraussetzungen für eine Eheaufhebung vorlagen, auch für die Erteilung eines Erbscheins von Bedeutung sein und ist dann vom Nachlassgericht im Erbscheinsverfahren zu klären.

67 II. Umfang des Ehegattenerbrechts

Die Erbquote des überlebenden Ehegatten bestimmt sich einmal danach, zu welcher Ordnung die erbenden Verwandten des Erblassers gehören, neben denen der Ehegatte erbt (Rdnr. 68 ff.). Zum anderen ist es von Bedeutung, in wel-

5 BGHZ 111, 329 m. w. N. sowie nahezu die gesamte Kommentarliteratur.

chem Güterstand die Ehegatten lebten (Rdnr. 73 ff.). Dieser letzte Gesichtspunkt soll hier zunächst unberücksichtigt bleiben.

1. *Ehegatte neben Verwandten der ersten Ordnung* 68

Neben Abkömmlingen des Erblassers ist dessen überlebender Ehegatte zu $^{1}/_{4}$ gesetzlicher Erbe (§ 1931 I 1). $^{3}/_{4}$ des Nachlasses gehen also an die jüngere Generation, wobei die Aufteilung gem. § 1924 erfolgt. Das Erbrecht des überlebenden Ehegatten ist unabhängig davon, ob nur *ein* Kind (oder Enkelkind) den Erblasser überlebt oder ob *viele* Abkömmlinge den Erblasser beerben. Bei Gütertrennung ist § 1931 IV zu beachten (Rdnr. 73).

Überlebt im Fall Rdnr. 60 auch die Ehefrau F den Erblasser, dann erben F: $^{1}/_{4}$, K 1: $^{1}/_{4}$, K 2: $^{1}/_{4}$, e 3: $^{1}/_{8}$ und e 4: $^{1}/_{8}$ des Nachlasses.

2. *Ehegatte neben Verwandten der zweiten Ordnung* 69

Kommt kein Abkömmling des Erblassers als Erbe in Betracht, erhöht sich der Erbteil des überlebenden Gatten. Neben Verwandten der zweiten Ordnung (Eltern des Erblassers und deren Abkömmlinge) erbt der Gatte $^{1}/_{2}$ (§ 1931 I 1). Die Hälfte, die den Verwandten zusteht, wird gem. § 1925 aufgeteilt.

Überlebt im Fall Rdnr. 61 auch die Ehefrau F den Erblasser, dann erben F: $^{1}/_{2}$, M: $^{1}/_{4}$, H: $^{1}/_{12}$, B 1: $^{1}/_{12}$, N 1: $^{1}/_{36}$, N 2: $^{1}/_{36}$ und N 3: $^{1}/_{36}$ des Nachlasses.

3. *Ehegatte neben Verwandten der dritten Ordnung* 70

Zur dritten Ordnung gehören die Großeltern des Erblassers und deren Abkömmlinge (§ 1926). Neben dem Ehegatten, der Erbe zu $^{1}/_{2}$ wird, erben aber nur die Großeltern, niemals auch deren Abkömmlinge (§ 1931 I 2). Würde gem. § 1926 ein Abkömmling oder würden mehrere Abkömmlinge von Großeltern erben, so erhielte der Ehegatte zu seinem Anteil von $^{1}/_{2}$ noch den Anteil, der dem Abkömmling bzw. den Abkömmlingen zufiele.

Beispiel: Überlebt im Fall Rdnr. 62 auch die Ehefrau den Erblasser, erbt sie neben den Großeltern zu $^{1}/_{2}$. Die andere Hälfte fiele nach § 1926 je zur Hälfte an die Großeltern väterlicher- und mütterlicherseits. Demnach erben die Großeltern väterlicherseits zusammen $^{1}/_{4}$, Großvater und Großmutter also je $^{1}/_{8}$. Das andere Viertel für die mütterliche Linie ginge gem. § 1926 an die Abkömmlinge der vorverstorbenen Großeltern mütterlicherseits. Da aber die Abkömmlinge der Großeltern nicht neben der Ehefrau des Erblassers erben (§ 1931 I 2), geht ihr Anteil nach dieser Bestimmung an die Ehefrau, so dass diese $^{1}/_{2}$ + $^{1}/_{4}$ = $^{3}/_{4}$ erbt.

71 *4. Ehegatte neben Verwandten der vierten oder einer ferneren Ordnung*

Leben außer dem Ehegatten nur Verwandte der vierten oder einer ferneren Ordnung, erbt der überlebende Ehegatte allein (§ 1931 II).

72 *5. Ehegatte als Verwandter des Erblassers*

Gehört der überlebende Ehegatte auch zu den erbberechtigten Verwandten, erbt er zugleich als Verwandter (§ 1934 Satz 1). Es handelt sich um zwei verschiedene Erbteile (§ 1934 Satz 2), so dass der Ehegatte z. B. den Verwandtenerbteil ausschlagen kann, ohne damit auch den Erbteil als Ehegatte ausschlagen zu müssen.

Beispiel: Beim Tod des E leben seine Ehefrau, die seine Nichte ist, und sein Vater. Die Ehefrau erbt neben Angehörigen der 2. Ordnung zu $^1/_2$. Von der anderen Hälfte erbt der Vater $^1/_2$, also $^1/_4$. Das restliche Viertel geht an die Ehefrau als Nichte des Erblassers (§ 1925 III), die damit insgesamt $^3/_4$ erhält. – Hat der Erblasser seine Cousine geheiratet, erbt diese nur als Ehefrau; ein Verwandtenerbrecht scheidet wegen § 1931 I 2 aus.

73 III. Einfluss des Güterrechts auf das Ehegattenerbrecht

Erbrechtlich von Bedeutung ist, ob der Erblasser und sein Ehegatte in einem der beiden Wahlgüterstände (Gütertrennung, Gütergemeinschaft) lebten oder ob für sie der gesetzliche Güterstand der Zugewinngemeinschaft galt.

1. Gütertrennung

Im Fall der Gütertrennung (§ 1414) gilt grundsätzlich das bisher Gesagte. Je nachdem, zu welcher Ordnung die Verwandten des Erblassers gehören, erbt der überlebende Ehegatte zu $^1/_4$, zu $^1/_2$ oder ganz (§ 1931 I, II).

Nach § 1931 IV erben jedoch, wenn der Erblasser neben seinem Ehegatten ein oder zwei Kinder als gesetzliche Erben hinterlässt, der Ehegatte und jedes Kind zu gleichen Teilen.

Beispiel: E wird von seiner Frau F und seinem Kind K beerbt. Jeder von ihnen wird Erbe zu $^1/_2$. – Bei zwei Kindern erben jedes Kind und die Frau zu je $^1/_3$. Diese Regelung greift auch dann ein, wenn lediglich Abkömmlinge des Kindes oder der beiden Kinder vorhanden sind (§ 1931 IV i.V.m. § 1924 III).

Sinn des § 1931 IV ist es, die Stellung des überlebenden Ehegatten zu verbessern. Er soll nicht schlechter stehen als ein Abkömmling des Erblassers. Hinterlässt dieser drei oder mehr Kinder, bleibt es dabei, dass der überlebende Ehegatte zu $^1/_4$ gesetzlicher Erbe ist (§ 1931 I 1).

2. *Gütergemeinschaft* 74

Im Fall der Gütergemeinschaft (§§ 1415 ff.) ist nach den einzelnen Vermögensmassen zu unterscheiden:

a) Der *Anteil am Gesamtgut*, das grundsätzlich das gesamte Vermögen beider Ehegatten umfasst (§ 1416), gehört zum Nachlass des Verstorbenen, der nach den allgemeinen Vorschriften beerbt wird (§ 1482).

Haben die Ehegatten durch Ehevertrag *fortgesetzte Gütergemeinschaft* (§§ 1483 ff.) vereinbart, wird der Anteil des verstorbenen Ehegatten am Gesamtgut nicht vererbt; vielmehr besteht die Gesamthand zwischen dem überlebenden Ehegatten und den gemeinschaftlichen erbberechtigten Abkömmlingen fort (§ 1483 I).

Hinterlässt der verstorbene Ehegatte noch Abkömmlinge, die nicht gemeinschaftliche Abkömmlinge sind (z. B. Kinder aus einer früheren Ehe), bestimmen sich deren Erbteile so, wie wenn die fortgesetzte Gütergemeinschaft nicht eingetreten wäre (§ 1483 II). Es muss also zwischen diesen (nicht gemeinschaftlichen) Abkömmlingen auf der einen Seite und dem überlebenden Ehegatten und den gemeinschaftlichen Abkömmlingen auf der anderen Seite eine Auseinandersetzung auch hinsichtlich des Gesamtguts erfolgen.

Die fortgesetzte Gütergemeinschaft kann durch letztwillige Verfügung des vorverstorbenen Ehegatten ausgeschlossen werden, wenn dieser berechtigt ist, dem anderen Ehegatten den Pflichtteil zu entziehen oder auf Aufhebung der Gütergemeinschaft zu klagen (§ 1509 Satz 1). Das Gleiche gilt, wenn der Ehegatte die Aufhebung der Ehe zu beantragen berechtigt ist und den Antrag gestellt hat (§ 1509 Satz 2). Der überlebende Ehegatte kann die Fortsetzung der Gütergemeinschaft (nach den für die Ausschlagung geltenden Vorschriften) ablehnen (§ 1484).

b) Für das *Sondergut*, zu dem die Gegenstände gehören, die nicht durch Rechtsgeschäfte übertragen werden können (§ 1417), und für das *Vorbehaltsgut*, zu dem vor allem die Gegenstände gehören, die durch Ehevertrag dazu bestimmt sind (Näheres: § 1418), gelten erbrechtlich keine Besonderheiten. Hinsichtlich dieser Vermögensmassen wird der verstorbene Ehegatte nach den erbrechtlichen Vorschriften beerbt. Das gilt auch im Fall der fortgesetzten Gütergemeinschaft (§ 1483 I 3, letzter Halbs.).

3. *Zugewinngemeinschaft* 75

Im Fall der Zugewinngemeinschaft erhöht sich der gesetzliche Erbteil des überlebenden Ehegatten um ein Viertel der Erbschaft (§§ 1931 III, 1371 I). Demnach erbt der Ehegatte neben Abkömmlingen des Erblassers 1&etief;/4 + &hoch;1/4 = 1/2, neben Verwandten der zweiten Ordnung oder neben sämtlichen Großeltern 1/2 + 1/4 = 3/4. Erbt aber der überlebende Ehegatte gem. § 1931 I 2 ohnehin schon 3/4 (Rdnr. 70), dann wird er im Fall der Zugewinngemeinschaft Alleinerbe[6].

6 Str.; wie hier *Erman/Schlüter*, § 1931 Rdnr. 25; **a.M.** MünchKomm/*Leipold*, § 1931 Rdnr. 24; *v. Olshausen*, FamRZ 1981, 633.

Die Regelung beruht auf dem Gleichberechtigungsgesetz vom 18. 6. 1957. Dieses Gesetz bezweckt u. a., die Ehegatten auch im gesetzlichen Güterstand gleichzustellen. Das Vermögen eines Ehegatten bleibt allein dessen Vermögen, gleichgültig, ob es vor oder während der Ehe erworben wurde. Wird der gesetzliche Güterstand (z. B. durch Ehescheidung) beendet, ist der Zugewinn festzustellen. Zugewinn ist der Betrag, um den das Endvermögen jedes Ehegatten dessen Anfangsvermögen übersteigt (§ 1373). Die Differenz der beiden Zugewinne ist auszugleichen (§ 1378). Beträgt z. B. der Zugewinn des Ehemannes 20 000,– € und der der Ehefrau 4000,– €, übersteigt der Zugewinn des Mannes den der Ehefrau um 16 000,– €. Nach § 1378 I steht dann der Frau bei Beendigung des Güterstandes die Hälfte des Überschusses, also 8000,– €, als Ausgleichsforderung zu.

Eine solche Abwicklung würde bei der Beendigung des gesetzlichen Güterstandes durch Tod eines Ehegatten vielfach zu erheblichen Schwierigkeiten führen. Deshalb hat der Gesetzgeber für diesen Fall bestimmt, dass sich der gesetzliche Erbteil des überlebenden Ehegatten um ein Viertel erhöht. Diese pauschale Erhöhung des Erbteils ist als Ersatz für die Ausgleichsforderung gedacht (erbrechtliche Lösung).

§ 1371 I setzt voraus, dass die Zugewinngemeinschaft durch den Tod eines Gatten aufgelöst worden und der überlebende Ehegatte gesetzlicher Erbe (§ 1931) geworden ist. Für die Erhöhung des Erbteils ist es unerheblich, ob die Ehegatten im einzelnen Fall einen Zugewinn erzielt haben.

Im **Fall c** würden ohne Zugewinngemeinschaft die Kinder zusammen $^3/_4$ und die Frau $^1/_4$ erben (§§ 1924, 1931 I 1). Bei der Zugewinngemeinschaft erhöht sich der Erbteil der Frau um $^1/_4$ (§§ 1931 III, 1371 I). Demnach erben: die Frau $^1/_2$ und die drei Kinder je $^1/_6$.

Die Erhöhung des Erbteils des überlebenden Ehegatten führt zwangsläufig zu einer Verkleinerung der Erbteile der Verwandten des Erblassers. Um die Abkömmlinge des Erblassers, die nicht aus der durch den Tod des Erblassers aufgelösten Ehe stammen, zu schützen, wurde der Absatz IV des § 1371 geschaffen. Danach hat der überlebende Ehegatte den genannten Abkömmlingen des Erblassers aus dem zusätzlich gewährten Viertel die Mittel zu einer angemessenen Ausbildung zu gewähren, wenn und soweit sie deren bedürfen.

Die erbrechtliche Lösung kann sowohl durch den Erblasser als auch durch den überlebenden Ehegatten verhindert werden: Der Erblasser ist in der Lage, durch eine Verfügung von Todes wegen das gesetzliche Erbrecht des Ehegatten auszuschließen. Der überlebende Ehegatte kann die Erbschaft ausschlagen.

Die Streitfrage, ob der ausschlagende Ehegatte nur den Zugewinnausgleich und den nach dem nicht erhöhten Erbteil berechneten Pflichtteil fordern kann oder ob er statt beider Ansprüche auch den Pflichtteilsanspruch, der sich nach dem erhöhten Erbteil ergibt, wählen kann, gehört ins Pflichtteilsrecht (Rdnr. 550 ff.).

Das gesetzliche Erbrecht des überlebenden Ehegatten

I. Erbteil nach § 1931
1. Neben Verwandten erster Ordnung (§ 1924): Ehegatte ist zu 1/4 gesetzlicher Erbe (§ 1931 I 1).
2. Neben Verwandten zweiter Ordnung (§ 1925): Ehegatte ist zu 1/2 gesetzlicher Erbe (§ 1931 I 1).
3. Neben Verwandten dritter Ordnung (§ 1926): Ehegatte ist zu 1/2 gesetzlicher Erbe und erhält zusätzlich den fiktiven Anteil von Abkömmlingen verstorbener Großelternteile (§ 1931 I 1, 2).
4. Neben Verwandten ab vierter Ordnung: Ehegatte ist alleiniger Erbe (§ 1931 II).

II. Erbrechtliche Auswirkungen des Güterstandes
1. Zugewinngemeinschaft (§§ 1363 ff.): Der gesetzliche Erbteil des Ehegatten erhöht sich um 1/4 (§§ 1931 III, 1371 I).
2. Gütertrennung (§ 1414): Erben neben dem Ehegatten ein oder zwei Kinder des Erblassers, erben alle zu gleichen Teilen (§ 1931 IV).
3. Gütergemeinschaft (§§ 1415 ff.): Der Anteil des Erblassers am Gesamtgut (§ 1416) gehört zu seinem Nachlass, § 1482 (Ausnahme: fortgesetzte Gütergemeinschaft, §§ 1483 ff.); für Sondergut und Vorbehaltsgut des Erblassers gelten keine Besonderheiten.

IV. Anhang: Voraus, Dreißigster, Unterhaltsanspruch der werdenden Mutter 76

Der überlebende Ehegatte als gesetzlicher Erbe hat einen Anspruch auf den *Voraus* (Einzelheiten: § 1932). Das sind die zum ehelichen Haushalt gehörenden Gegenstände, soweit sie nicht Grundstückszubehör sind, und die Hochzeitsgeschenke. Es handelt sich um ein gesetzliches Vermächtnis (§ 1932 II). Der überlebende Gatte hat also einen schuldrechtlichen Anspruch auf Übereignung der genannten Gegenstände.

Ein gesetzliches Vermächtnis ist auch der *Dreißigste*. Gem. § 1969 haben die Familienangehörigen des Erblassers, die bei seinem Tod zu seinem Hausstand gehörten und von ihm Unterhalt bezogen, einen Anspruch auf Unterhalt sowie auf Benutzung der Wohnung und der Haushaltsgegenstände für 30 Tage nach dem Erbfall gegen den Erben.

Der *Unterhaltsanspruch der werdenden Mutter*, welche die Geburt eines Erben erwartet (§ 1963), hat mit dem gesetzlichen Erbrecht nichts zu tun; es handelt sich um eine Nachlassschuld.

77 **V. Zusammenfassung**

Der Ehegatte des Erblassers erbt neben Abkömmlingen des Erblassers ein Viertel, neben Verwandten der zweiten Ordnung die Hälfte. Von den Verwandten der dritten Ordnung erben neben dem Ehegatten nur die Großeltern, nicht aber auch deren Abkömmlinge. Die Großeltern erben zusammen die Hälfte. Wenn aber schon ein Großelternteil vorverstorben oder aus einem anderen Grunde nicht Erbe ist und wenn statt seiner – ohne Berücksichtigung des Ehegattenerbrechts – seine Abkömmlinge Erben würden, so erhält der Ehegatte zu der ihm zufallenden Hälfte auch noch die Anteile, die die Abkömmlinge bekommen würden. Sind keine Großeltern mehr vorhanden oder leben nur Verwandte der vierten oder einer ferneren Ordnung, so erbt der Ehegatte allein.

Erbt der Ehegatte auch als Verwandter des Erblassers, erbt er in zweifacher Eigenschaft als Ehegatte und als Verwandter zwei verschiedene, selbstständige Erbteile. Lebten die Ehegatten bis zum Tode des Erblassers in Zugewinngemeinschaft, dann erhöht sich grundsätzlich der gesetzliche Erbteil des überlebenden Gatten um ein Viertel.

Voraussetzung für das Ehegattenerbrecht ist aber immer, dass die Ehe bis zum Zeitpunkt des Todes des Erblassers bestand. Selbst wenn das der Fall war, ist das Erbrecht des überlebenden Ehegatten auch dann ausgeschlossen, wenn der Erblasser die Scheidung beantragt oder ihr zugestimmt hatte, sofern im Zeitpunkt des Todes des Erblassers die Voraussetzungen für die Scheidung gegeben waren.

77a

§ 6 Das gesetzliche Erbrecht des Lebenspartners

Schrifttum: *Bonefeld*, Kurzüberblick – »Eingetragene Lebenspartnerschaft« und Erbrecht, ZErb 2001, 1; *Eue*, Erbrechtliche Zweifelsfragen des Gesetzes zur Beendigung der Diskriminierung gleichgeschlechtlicher Gemeinschaften, FamRZ 2001, 1196; *von Dickhuth-Harrach*, Erbrecht und Erbrechtsgestaltung eingetragener Lebenspartner, FamRZ 2001, 1660; *ders.*, Neuerungen im Erbrecht eingetragener Lebenspartner, FamRZ 2005, 1139; *Grziwotz*, Erbrechtliche Gestaltungen bei gleichgeschlechtlichen Paaren, ZEV 2002, 55; *Krüger*, Eingetragene Lebenspartnerschaft und gesetzliches Erbrecht, Rpfleger 2004, 138.

Nach dem am 1. August 2001 in Kraft getretenen Gesetz über die eingetragene Lebenspartnerschaft – LPartG[7] haben gleichgeschlechtliche Paare die Möglichkeit, eine Lebenspartnerschaft zu begründen[8]. Das geschieht durch übereinstimmende Willenserklärungen bei gleichzeitiger Anwesenheit vor der zuständigen Behörde (§ 1 I LPartG). In den meisten Bundesländern ist dies – wie bei der Eheschließung – der Standesbeamte (§ 1 I LPartG).

7 BGBl. I 266.
8 Zur Verfassungsmäßigkeit des LPartG BVerfG NJW 2002, 2543.

Diese Lebenspartnerschaft hat Wirkungen, die denen der Ehe weitgehend angenähert sind. Nach § 10 I–III LPartG steht neben den Verwandten des Erblasser auch dessen überlebendem Lebenspartner ein gesetzliches Erbrecht zu. Es entspricht dem gesetzlichen Erbrecht des Ehegatten.

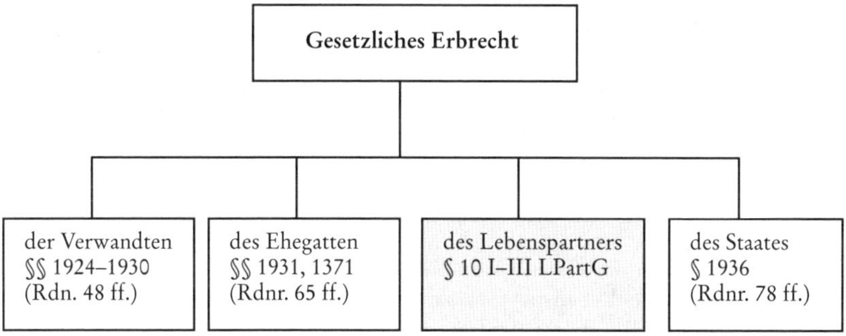

I. Voraussetzungen des Lebenspartnererbrechts 77b

1. Voraussetzungen des § 10 I, III LPartG

Im Zeitpunkt des Todes des Erblassers muss eine gültige Lebenspartnerschaft im Sinne des LPartG bestanden haben (arg. § 10 I LPartG). Selbst in diesem Fall ist das gesetzliche Erbrecht des überlebenden Lebenspartners gem. § 10 III LPartG in zwei Fällen ausgeschlossen, nämlich dann,

- wenn zur Zeit des Todes des Erblassers die Voraussetzungen für die Aufhebung der Lebensgemeinschaft (entspricht der Scheidung der Ehe) nach § 15 II Nr. 1 LPartG (ein Jahr Getrenntleben und beiderseitiger Aufhebungsantrag oder Wiederherstellen der partnerschaftlichen Lebensgemeinschaft nicht zu erwarten) oder Nr. 2 LPartG (drei Jahre Getrenntleben) gegeben waren und der Erblasser die Aufhebung bei Gericht beantragt oder ihr zugestimmt hatte oder
- wenn der Erblasser einen Aufhebungsantrag nach § 15 II Nr. 3 LPartG (unzumutbare Härte) gestellt hatte und dieser Antrag begründet war.

Diese Ausschlussregelung ähnelt derjenigen des § 1933 für das gesetzliche Erbrecht des überlebenden Ehegatten (Rn. 66).

2. Kein Ausschluss nach allgemeinen Regeln 77c

Ferner darf das gesetzliche Erbrecht des Lebenspartners nicht aus solchen Gründen ausgeschlossen sein, die für alle gesetzlichen Erben gelten. Dabei geht es um die Enterbung (§ 1938; Rdnr. 270 ff.), um die Erbunwürdigkeit

(§§ 2339 ff.; Rdnr. 274 ff.) sowie um den Erbverzicht (§ 10 VII LPartG i.V.m. §§ 2346 ff.; Rdnr. 292 ff.).

77d II. Umfang des Lebenspartnererbrechts

Die Erbquote des überlebenden Lebenspartners bestimmt sich wie beim Ehegattenerbrecht erstens danach, zu welcher Ordnung die neben dem Lebenspartner erbenden Verwandten des Erblassers gehören. Zweitens wirkt sich der Güterstand der Lebenspartner aus.

1. Erbquote neben Verwandten des Erblassers

Neben Verwandten der ersten Ordnung (Abkömmlinge des Erblassers, § 1924) ist der überlebende Lebenspartner zu einem Viertel, neben Verwandten der zweiten Ordnung (Eltern des Erblassers und deren Abkömmlinge, § 1925) oder neben Großeltern des Erblassers zur Hälfte gesetzlicher Erbe (§ 10 I 1 LPartG). Treffen beim Vorversterben von Großelternteilen deren Abkömmlinge mit überlebenden Großelternteilen zusammen, erhält der überlebende Lebenspartner auch den auf die Abkömmlinge entfallenden Anteil (§ 10 I 2 LPartG). Diese nachträglich eingefügte Regelung entspricht dem für das Ehegattenerbrecht geltenden § 1931 I 2.

Verwandte höherer Ordnungen werden neben dem überlebenden Lebenspartner nicht berücksichtigt (§ 10 II 1 LPartG). Sind weder Verwandte der ersten noch der zweiten Ordnung vorhanden, erhält der überlebende Lebenspartner die ganze Erbschaft.

Ist der überlebende Lebenspartner gleichzeitig ein nicht gem. § 1 II Nr. 2, 3 LPartG ausgeschlossener Verwandter des Erblassers (z. B. Lebenspartnerschaft unter Nichten oder Neffen), erbt er – wie nach § 1934 der Ehegatte – zugleich als Verwandter; er erhält zwei getrennte Erbteile (§ 10 I Nr. 6, 7 LPartG).

77e *2. Einfluss des Güterstandes auf die Erbquote*

Wie beim Ehegattenerbrecht (Rn. 73 ff.) ist es für das Erbrecht des überlebenden Lebenspartners von Bedeutung, in welchem Güterstand die Lebenspartner gelebt haben.

a) Nach § 6 S. 1 LPartG leben die Lebenspartner im Güterstand der *Zugewinngemeinschaft*, sofern sie nicht durch Lebenspartnerschaftsvertrag (§ 7 LPartG), der dem Ehevertrag nach § 1408 entspricht, etwas anderes vereinbaren. Gem. § 6 S. 2 LPartG findet unter anderem § 1371 über die Zugewinngemeinschaft im Todesfall entsprechende Anwendung. Danach erhöht sich der gesetzliche Erbteil des überlebenden Lebenspartners um ein Viertel (§ 1371 I; Einzelheiten Rn. 75).

b) Wenn die Lebenspartner durch Lebenspartnerschaftsvertrag *Gütertrennung* (§ 7 S. 2 LPartG i.V.m. § 1414) vereinbart haben, bleibt es bei der nicht erhöhten gesetzlichen Erbquote nach § 10 I LPartG. Für den Fall, dass der Erblasser neben seinem Lebenspartner ein oder zwei Kinder hinterlässt, trifft § 10 II 2 LPartG die gleiche Regelung wie § 1931 IV für das Ehegattenerbrecht. Der überlebende Lebenspartner und das oder die beiden Kinder erben zu gleichen Teilen. Der Lebenspartner soll wie der Ehegatte nicht schlechter stehen als ein Abkömmling des Erblassers. **77f**

c) Bei vereinbarter *Gütergemeinschaft* (§ 7 S. 2 LPartG i.V.m. §§ 1415 ff.) wird der Verstorbene nach den allgemeinen Vorschriften beerbt (§ 1482 S. 2). Es bleibt also bei der Erbquote nach § 10 I LPartG. Neben dem Sonder- und Vorbehaltsgut des Verstorbenen (§§ 1417 f.) gehört auch dessen Anteil am Gesamtgut zum Nachlass (§ 1482 S. 1). **77g**

III. Anhang: Voraus des Lebenspartners **77h**

Dem überlebenden Lebenspartner stehen zusätzlich zu seinem gesetzlichen Erbteil die zum lebenspartnerschaftlichen Haushalt gehörenden Gegenstände, soweit sie nicht Grundstückszubehör (§§ 97 f.) sind, sowie die Geschenke zur Begründung der Lebenspartnerschaft als Voraus zu (§ 10 III 3 LPartG). Erbt der überlebende Lebenspartner neben Verwandten der ersten Ordnung (Abkömmlinge, § 1924), steht ihm der Voraus nur zu, soweit er ihn zur Führung eines angemessenen Haushalts benötigt (§ 10 I 4 LPartG). Die Regelung über den Voraus entspricht dem für das Ehegattenerbrecht geltenden § 1932. Auf den Voraus sind die für Vermächtnisse geltenden Vorschriften anzuwenden (§ 10 I 5 LPartG).

§ 7 Das gesetzliche Erbrecht des Staates **78**

Schrifttum: *Firsching*, Das Anfallsrecht des Fiskus bei erblosem Nachlass, IPRax 1986, 25; *Frohn*, Feststellung des Fiskalerbrechts und »Erbenaufgebot«, Rpfleger 1986, 37; *Heinr. Lange*, Die Ordnung der gesetzlichen Erbfolge, 2. Denkschrift, 1938, 55 *Lorenz*, Staatserbrecht bei deutsch-österreichischen Erbfällen, Rpfleger 1993, 433.

Fälle:

a) Wer erbt, wenn der Erblasser, der in Köln gelebt und keine letztwillige Verfügung errichtet hat, nur seine von ihm geschiedene Ehefrau hinterlässt? **(Rdnr. 79)**

b) Kann der Staat als gewillkürter oder als gesetzlicher Erbe die Erbschaft ausschlagen? **(Rdnr. 79)**

c) Wer kann gegen den Staat die Erbunwürdigkeitsklage mit Erfolg erheben? **(Rdnr. 81)**

Nach § 1936 erbt der Staat als gesetzlicher Erbe, wenn bei gesetzlicher Erbfolge das Verwandten- und das Ehegattenerbrecht ausscheiden.

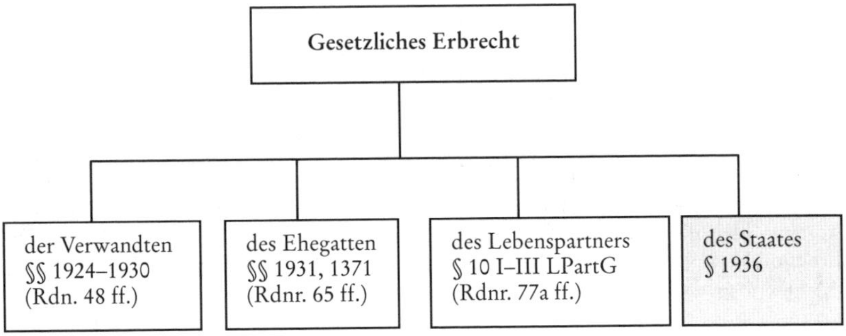

I. Grund der Regelung

Das BGB hat sich entsprechend seiner liberalen Grundeinstellung für ein privates Erbrecht des Staates entschieden. Damit sollte auch erreicht werden, dass der Staat besser an die im Ausland befindlichen Nachlassgegenstände herankommt[9].

Der Staat wird in der Praxis meist dann gesetzlicher Erbe, wenn die Erben die Erbschaft ausgeschlagen haben. Das geschieht vor allem bei überschuldetem Nachlass. Hauptgrund für das in § 1936 bestimmte Erbrecht des Staates ist es, erbenlose Nachlässe insbesondere im Interesse der Nachlassgläubiger ordnungsgemäß abzuwickeln.

79 **II. Voraussetzungen**

1. Materielles Recht

a) Der Staat wird nur dann gesetzlicher Erbe, wenn »weder ein Verwandter noch ein Ehegatte des Erblassers vorhanden« ist (§ 1936 I 1).

Der Wortlaut des § 1936 könnte missverstanden werden. Hat ein Verwandter oder Ehegatte den Erblasser überlebt und hat die genannte Person auf ihr Erbrecht verzichtet (§ 2346 I 1), ist sie zwar tatsächlich, nicht aber im Sinne von § 1936 vorhanden; denn der Verzichtende ist von der Erbfolge ausgeschlossen, »wie wenn er zur Zeit des Erbfalles nicht mehr lebte« (§ 2346 I 2). Entsprechendes gilt für den Fall der Ausschlagung (§ 1953 I) und der Erbunwürdigkeit (§ 2344 I). »Vorhanden« i.S.d. § 1936 I 1 bedeutet also »als Erbe vorhanden«.

b) Träger des gesetzlichen Staatserbrechts ist der Fiskus des Bundesstaates, dem der Erblasser zur Zeit seines Todes angehört hat.

Träger des Staatserbrechts ist das Land der Bundesrepublik, in dem der Erblasser seine Niederlassung hatte (im **Fall a** das Land Nordrhein-Westfalen). Der Begriff »Niederlassung«, der aus dem RuStAG von 1913 stammt, ist weiter als der des »Wohnsitzes«, der ein willentliches ständiges Niederlassen voraussetzt

9 Einzelheiten: Mot. V, 378 ff.

(§§ 7 ff. BGB). Eine »Niederlassung« ist schon dann gegeben, wenn der Erblasser an einem Ort Obdach und Unterkommen irgendwelcher Art hatte und es sich dabei nicht nur um ein bloß vorübergehendes Verweilen handelte.

Nach dem Gesagten ist es möglich, dass ein Erblasser mehrere Niederlassungen hatte. Gehören die betreffenden Orte zu mehreren Ländern, erben diese entsprechend § 1936 I 2 zu gleichen Anteilen; die Länder sind dann Miterben in einer Erbengemeinschaft (§§ 2032 ff.).

War der Erblasser ein Deutscher, der keinem Bundesland angehörte, erbt nach § 1936 II der Bundesfiskus.

Ausnahmsweise kann auch anstelle des Landes eine andere juristische Person Träger des Staatserbrechts sein. Art. 138 f. EGBGB lassen bestimmte landesgesetzliche Vorschriften unberührt.

2. *Verfahrensrecht* 80

a) Das Nachlassgericht hat den Erben zu ermitteln. Es hat zur Anmeldung der Erbrechte grundsätzlich unter Bestimmung einer Anmeldefrist öffentlich aufzufordern (§ 1965 I; §§ 948 ff. ZPO). Das Verfahren, das der Ermittlung und nicht der Ausschließung von Erben dient, richtet sich nach dem FGG; das Nachlassgericht muss also von Amts wegen ermitteln.

Ist in einem Rechtsstreit zwischen einem Erbprätendenten und dem Fiskus ein Urteil ergangen, wonach zwischen den Prozessparteien rechtskräftig festgestellt wird, dass eine Partei Erbe bzw. Nichterbe des Erblassers ist, dann ist, soweit die Rechtskraftwirkung des Urteils geht, auch der Nachlassrichter daran gebunden[10].

b) Nach fruchtlosem Ablauf der Anmeldefrist ergeht ein Feststellungsbeschluss des Inhalts, dass ein anderer Erbe als der Fiskus nicht vorhanden ist (§ 1964 I). Demzufolge ist der Nachlass dem jeweiligen Fiskus auszuhändigen.

Der Beschluss begründet lediglich eine widerlegbare Vermutung, dass der Fiskus gesetzlicher Erbe ist (§ 1964 II[11]).

Erst *nach* Erlass des Feststellungsbeschlusses kann der Fiskus als gesetzlicher Erbe ein Recht geltend machen und kann gegen ihn als gesetzlichen Erben ein solches geltend gemacht werden (§ 1966). Diese Bestimmung dient einerseits dem Schutz des Fiskus, der bis zur Feststellung seines Erbrechts von Nachlassgläubigern nicht behelligt werden soll; andererseits soll auch der Fiskus den Nachlass vor der Feststellung nicht an sich ziehen.

III. Folgerungen 81

1. *Ausschluss von Rechten*

Da der Staat nach dem Gesetz Zwangserbe ist, stehen ihm bestimmte Rechte nicht zu.

10 Vgl. *Brox*, ZZP 73, 46 ff.
11 Vgl. Mot. V, 556.

a) Während sonst jeder Erbe das Recht hat, die Erbschaft auszuschlagen, hat der Staat als gesetzlicher Erbe dieses Recht nicht (§ 1942 II).

Als gewillkürter Erbe kann der Staat ausschlagen. Schlagen auch Verwandte und der Ehegatte des Erblassers aus oder existieren solche Personen nicht, ist der Staat Erbe kraft Gesetzes. Als solcher kann er nicht ausschlagen; an ihm bleibt die Erbschaft letztlich hängen (zu **Fall b**).

b) Der Staat kann auch nicht auf sein gesetzliches Erbrecht verzichten. In § 2346 I 1 ist nur von dem Verzicht der Verwandten und des Ehegatten des Erblassers auf ihr gesetzliches Erbrecht die Rede.

2. Keine Erbunwürdigkeit

Aus dem Sinn der Regelung, dass letztlich immer der Staat als Zwangserbe übrig bleiben muss, ist zu folgern, dass der Staat als gesetzlicher Erbe auch nicht infolge Erbunwürdigkeit (§ 2344 I; Rdnr. 274 ff.) wegfällt (zu **Fall c**).

3. Kein Ausschluss des gesetzlichen Erbrechts

Der Erblasser kann nicht verhindern, dass der Staat letzter gesetzlicher Erbe wird. Nach § 1938 ist nur der Ausschluss der Verwandten und des Ehegatten von der gesetzlichen Erbfolge durch Testament zulässig. Ein Testament, welches das gesetzliche Erbrecht des Staates ausschließt, ist insoweit wegen Verstoßes gegen ein gesetzliches Verbot nach § 134 nichtig.

4. Keine unbeschränkte Erbenhaftung

Weil der Staat nicht verhindern kann, dass er gesetzlicher Erbe wird, ist es gerechtfertigt, ihn im Gegensatz zu allen anderen Erben, die das Recht der Erbausschlagung haben, mit Rücksicht auf seine Zwangssituation besser zu stellen (beschränkte Erbenhaftung; Rdnr. 648 ff.).

82 IV. Zusammenfassung

Der Staat ist der letzte gesetzliche Erbe. Um erbenlose Nachlässe zu vermeiden, kann nicht verhindert werden, dass er Erbe wird. Insbesondere kann der Staat nicht ausschlagen. Deshalb haftet er für die Nachlassschulden nur beschränkt mit dem Nachlass.

Zweites Kapitel Gewillkürte Erbfolge

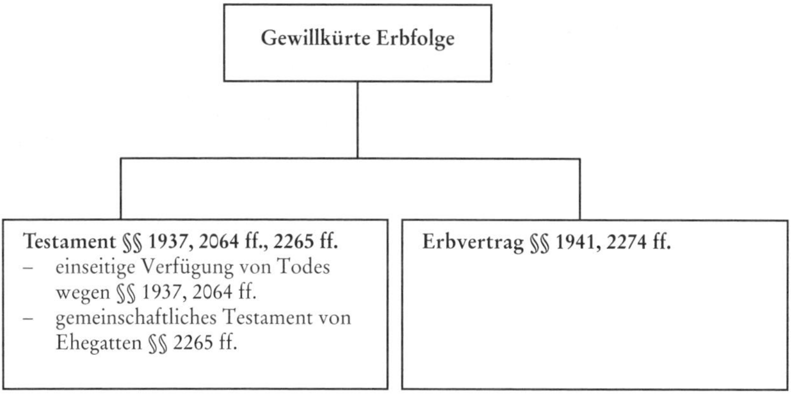

§ 8 Überblick über die Verfügungen von Todes wegen 83

Fälle:

a) A klagt gegen B auf Feststellung, dass das Testament des noch lebenden Erblassers gültig sei. Wie entscheidet das Gericht? **(Rdnr. 83)**

b) Erbt der im Testament genannte Alleinerbe, obwohl das Testament durch einen Brand oder durch Kriegseinwirkung vernichtet worden ist? **(Rdnr. 85)**

c) Der Erblasser widerruft eine Schenkung an X wegen groben Undanks dadurch, dass er die Widerrufserklärung in sein Testament aufnimmt. X meint, ein solcher Widerruf sei unwirksam. **(Rdnr. 87)**

I. Begriff

»Verfügung von Todes wegen« ist die Sammelbezeichnung für Testamente und Erbverträge. Das Testament ist die einseitige Verfügung von Todes wegen und wird auch letztwillige Verfügung genannt (§ 1937). Der Erbvertrag (§§ 1941, 2274 ff.) ist ein Vertrag von Todes wegen, also ein zweiseitiges Rechtsgeschäft, in dem wenigstens eine Vertragspartei von Todes wegen verfügt. Da Testamente und Erbverträge Rechtsgeschäfte sind, kann man die Verfügungen von Todes wegen als Rechtsgeschäfte bezeichnen, durch die jemand Anordnungen für den Fall seines Todes trifft.

Das sog. *Patiententestament* ist kein Testament im erbrechtlichen Sinne, da es keine Verfügung von Todes wegen darstellt. Vielmehr will der Erklärende in einem solchen »Testament« verbindlich zum Ausdruck bringen, dass er etwa für den Fall seiner späteren Geschäftsunfähigkeit mit bestimmten medizinischen Behandlungen einverstanden bzw. nicht einverstanden ist.

Der Begriff »Verfügung« ist missverständlich. Unter einer Verfügung versteht man allgemein das Rechtsgeschäft, durch das *unmittelbar* auf den Bestand eines Rechts im Sinne einer Rechtsminderung oder eines völligen Rechtsverlustes eingewirkt wird (z. B. Übereignung einer Sache, Bestellung eines Pfandrechts, Abtretung einer Forderung[1]). Eine solche Wirkung hat die Verfügung von Todes wegen nicht, da deren Rechtswirkung erst mit dem Tode des Erblassers (Erbfall) eintritt. Die als Erbe eingesetzte Person erwirbt zu Lebzeiten des Erblassers nicht einmal eine rechtlich gesicherte Anwartschaft, sondern lediglich eine tatsächliche Aussicht[2].

Im **Fall a** ist die Klage auf Feststellung der Gültigkeit des Testaments eines noch Lebenden als unzulässig abzuweisen (§ 256 ZPO); denn es geht nicht um die Feststellung eines bestehenden, sondern um die eines erhofften Rechtsverhältnisses[3].

84 In der Umgangssprache werden mit den Begriffen »Verfügung von Todes wegen«, »Testament« und »Erbvertrag« auch die Urkunden bezeichnet, in denen die genannten Rechtsgeschäfte enthalten sind. Das Gesetz unterscheidet zwischen dem Rechtsgeschäft und der Urkunde (z. B. in §§ 2255, 2256, 2277).

85 Das Schicksal des Rechtsgeschäfts ist keineswegs immer von dem Schicksal der Urkunde abhängig. Wird z. B. die Urkunde durch einen Brand oder durch Kriegseinwirkung vernichtet, so berührt das nicht das Fortbestehen der Verfügung von Todes wegen (**Fall b**; Rdnr. 140). Auf der anderen Seite kann die Urkunde beim Tode des Erblassers noch unversehrt vorhanden sein und die darin enthaltene Verfügung dennoch keine Wirkung mehr entfalten, weil der Erblasser die Verfügung durch eine spätere Verfügung aufgehoben hatte.

86 Die Verfügung von Todes wegen enthält in der Regel eine Reihe von Einzelbestimmungen des Erblassers (»A wird Alleinerbe, B bekommt 1000,– €, C meine goldene Uhr, D soll Testamentsvollstrecker sein«). Das Gesetz bezeichnet nicht nur das Rechtsgeschäft als Ganzes, sondern auch die in diesem enthaltenen einzelnen Anordnungen als Verfügungen (z. B. §§ 2085, 2253).

1 AT Rdnr. 104 ff.
2 Vgl. BGHZ 12, 115, 118.
3 Vgl. BGHZ 37, 137.

II. Inhalt und Arten 87

1. Inhalt

Der Erblasser kann in einer Verfügung von Todes wegen eine Reihe von verschiedenartigen Anordnungen treffen, von denen allerdings die meisten vermögensrechtlicher Art sind. Die wichtigsten befassen sich mit der uns hier interessierenden Erbeinsetzung. Im Einzelnen kommen in Betracht:

a) *Bestimmungen über die Abweichungen von der gesetzlichen Erbfolge*: Erbeinsetzung (§ 1937), Enterbung (§ 1938), Anordnung einer Vor- und Nacherbfolge (§§ 2100 ff.) oder einer Ersatzerbfolge (§§ 2096 ff.).

b) *Bestimmungen über Einzelzuwendungen*: Vermächtnisse (§§ 1939, 2147 ff.), Auflagen (§§ 1940, 2192 ff.), Abweichungen von der gesetzlichen Regelung des Dreißigsten (§ 1969 I 2).

c) *Bestimmungen über die Auseinandersetzung unter mehreren Erben*: Ausschließung der Auseinandersetzung (§ 2044), Teilungsanordnungen (§§ 2048 f.), Ausgleichspflicht (§ 2050).

d) *Bestimmungen über den Pflichtteil*: Beschränkung des Pflichtteils (§§ 2336, 2338).

e) *Bestimmungen über die vollständige oder teilweise Aufhebung einer Verfügung von Todes wegen*: Testamentswiderruf durch Testament (§§ 2254, 2258), Widerruf wechselbezüglicher Verfügungen im gemeinschaftlichen Testament durch ein neues gemeinschaftliches Testament, Aufhebung des Erbvertrages durch einen neuen Erbvertrag, Ausübung des Rücktrittsrechts beim Erbvertrag – nach dem Tode des Vertragspartners – durch Testament (§§ 2297 f.).

f) *Bestimmungen über die Zuständigkeiten eines Dritten*: Ernennung eines Testamentsvollstreckers (§§ 2197 ff.), Anordnung, dass die Auseinandersetzung unter Miterben nach dem billigen Ermessen eines Dritten erfolgen soll (§ 2048 Satz 2), Benennung eines Dritten, der den Vermächtnisnehmer (§ 2151), den Vermächtnisgegenstand (§ 2154) bestimmt, Anordnung eines Schiedsgerichts (§ 1066 ZPO).

g) *Bestimmungen familienrechtlichen Inhalts*:

(1) *eheliches Güterrecht*: Anordnung, dass die Gegenstände des Erblassers, die ein in Gütergemeinschaft lebender Ehegatte von Todes wegen erwirbt, Vorbehaltsgut sein sollen (§§ 1418 II Nr. 2, 1486 I); Ausschließung der fortgesetzten Gütergemeinschaft (§ 1509); zu weiteren Verfügungen vgl. §§ 1511 ff.

(2) *Kindschaftsrecht*: Ausschluss oder Beschränkung der Vermögenssorge durch die Eltern hinsichtlich des Vermögens des Erblassers, welches das Kind von Todes wegen erwirbt (§§ 1638 f.).

(3) *Vormundschaftsrecht*: Benennung des Vormunds für das minderjährige Kind (§ 1777 III); Ausschluss einer Person von der Vormundschaft (§ 1782); Anordnungen über die Führung der Vormundschaft (§§ 1797 III, 1852 ff.); Verwaltungsanordnungen für den Vormund hinsichtlich des Vermögens des Erblassers, das das Mündel von Todes wegen erwirbt (§ 1803).

h) *Bestimmungen, die Rechtsgeschäfte unter Lebenden betreffen*: So kann z. B. der Widerruf einer Schenkung (§ 531 I) im Testament erfolgen[4]. Der Widerruf wird wirksam, wenn das Testament nach der Eröffnung dem Beschenkten bekannt gemacht wird (zu **Fall c**).

4 RGZ 170, 380.

88 2. *Arten*

a) Nach der *Bindungswirkung* für den Erblasser können folgende Verfügungen von Todes wegen unterschieden werden:

(1) Testament = letztwillige Verfügung = einseitige Verfügung von Todes wegen (§ 1937): Der Widerruf durch den Erblasser ist uneingeschränkt zulässig (Rdnr. 138). Es besteht also insoweit keinerlei Bindungswirkung.

(2) Gemeinschaftliches Testament = letztwillige Verfügung von Ehegatten (§§ 2265 ff.): Soweit hinsichtlich Erbeinsetzungen, Vermächtnissen und Auflagen eine Wechselbezüglichkeit der beiden Verfügungen besteht (§ 2270; Rdnr. 192 ff.), ist der Widerruf durch einen Ehegatten zu Lebzeiten des anderen zulässig, aber an eine besondere Form gebunden (§ 2271 I). Das Widerrufsrecht erlischt mit dem Tode des anderen Ehegatten (§ 2271 II).

(3) Erbvertrag = vertragliche Verfügung von Todes wegen über die Erbeinsetzung sowie die Anordnung von Vermächtnissen und Auflagen (§ 1941; Rdnr. 149 ff.). Soweit der Erblasser sich erbvertraglich gebunden hat, ist sein Widerruf unzulässig (§ 2289 I 2).

b) *Testamente* können nach der *Art und Weise der Errichtung* unterschieden werden:

(1) *Ordentliche Testamente*

Öffentliche Testamente vor einem Notar oder einem Berufskonsul (Rdnr. 100 ff.); private Testamente (vom Erblasser eigenhändig geschriebene und unterschriebene Testamente; Rdnr. 119 ff.).

(2) *Außerordentliche Testamente*

Nottestamente vor dem Bürgermeister (Rdnr. 130 ff.); Dreizeugentestamente (Rdnr. 133 ff.); Seetestamente (Rdnr. 136); Verfolgtentestamente; Militärtestamente.

89

§ 9 Testierfähigkeit des Erblassers und persönliche Errichtung der Verfügung von Todes wegen

Schrifttum: *Bartsch*, Die postmortale Schweigepflicht des Arztes beim Streit um die Testierfähigkeit des Patienten, NJW 2001, 861; *Belling*, Einführung in das Recht der gewillkürten Erbfolge, Jura 1986, 625; *Brox*, Die Bestimmung des Nacherben oder des Gegenstandes der Zuwendung durch den Vorerben, Festschrift f. Bartholomeyczik, 1973, 41; *ders.*, Zweckmäßige Gestaltung der Erbfolge im Unternehmen, JA 1980, 561; *Damrau*, Der Minderjährige im Erbrecht, 2002; *Goebel*, Drittbestimmung des Unternehmensnachfolger-Erben? – Eine Rückbesinnung auf die reichsgerichtliche Rechtsprechung zur materiellen Höchstpersönlichkeit des Testaments, DNotZ 2004, 101; *Hülsmann/Baldamus*,

Ärztliche Schweigepflicht vs. Informationsinteresse der Erben, ZEV 1999, 91; *Keim*, Das Gebot der höchstpersönlichen Erbenbestimmung bei der Testamenstgestaltung, FamRZ 2003, 137; *Klunzinger*, Die erbrechtliche Ermächtigung zur Auswahl des Betriebsnachfolgers durch Dritte, BB 1970, 1197; *Kruse*, Zur Feststellung der Testierfähigkeit durch den Notar, NotBZ, 2001, 405, 448; *Müller*, Die Feststellung der Testierfähigkeit beim alten Menschen durch den Notar – ein interdisziplinärer Vorschlag, DNotZ 2006, 325; *Schlüter*, Grenzen der Testierfreiheit – Grenzen einer »Herrschaft aus dem Grabe«, Festgabe Zivilrechtslehrer 1934/1935, 1999, 575; *K. Schreiber*, Verfügungen von Todes wegen (Teil 1: Begriff, Inhalt, Testament), Jura 1996, 360; *Spanke*, Rechtsprobleme alternativer Erbeinsetzung, NJW 2005, 2947; *Wagner*, Erbeinsetzung unter einer Potestativbedingung und § 2065 BGB, ZEV 1998, 255; *H. Westermann*, Die Auswahl des Nachfolgers im frühzeitigen Unternehmertestament, Festschrift f. Möhring, 1965, 183.

Fälle:

a) Der 17-jährige E errichtet ein Testament
1. durch mündliche Erklärung vor dem Notar,
2. durch Übergabe einer verschlossenen Schrift an den Notar,
3. in naher Todesgefahr vor drei Zeugen.

Gültig? **(Rdnr. 90)**

b) Der geisteskranke E will seinen Freund zum Erben einsetzen. Er bittet seinen Betreuer B, in seinem Namen ein solches Testament zu errichten, was B auch tut. Gültig? **(Rdnr. 94)**

c) E setzt seinen Sohn als Erben unter der Bedingung ein, dass dieser seinen bisherigen Beruf aufgibt und die Leitung der väterlichen Fabrik übernimmt. Gültig? **(Rdnr. 96)**

d) E bestimmt im Testament, dass sein Geschäftsfreund T Testamentsvollstrecker sein und nach freiem Ermessen dasjenige Kind des E aussuchen soll, das die Fabrik, den wesentlichen Bestandteil des Nachlasses, erbt. **(Rdnr. 97)**

e) Im **Fall d** soll T denjenigen der Söhne des E zum Erben der Fabrik bestimmen, der nach seiner Ausbildung am besten geeignet ist, die Fabrik fortzuführen. **(Rdnr. 97)**

Die Gültigkeit einer Verfügung von Todes wegen setzt voraus, dass der Erblasser testierfähig ist und die Verfügung persönlich errichtet.

I. Testierfähigkeit

1. Testierfähigkeit bei der Testamentserrichtung

Das Testament ist ein einseitiges Rechtsgeschäft. Die Fähigkeit, ein Testament zu errichten, wird Testierfähigkeit genannt. Sie ist eine besondere Art der Geschäftsfähigkeit[5]. Bei dieser unterscheidet das Gesetz zwischen Geschäftsunfähigkeit (§§ 104 f.), beschränkter Geschäftsfähigkeit (§ 106) und voller Geschäftsfähigkeit. Die Testierfähigkeit deckt sich insofern mit der Geschäftsfähigkeit, als jeder Geschäftsfähige auch testierfähig ist, während dem Geschäftsunfähigen diese Fähigkeit fehlt (vgl. § 2229). Eine beschränkte Geschäfts-

5 AT Rdnr. 261.

fähigkeit besteht nur noch bei Minderjährigen, dagegen bei Volljährigen (seit dem In-Kraft-Treten des Betreuungsgesetzes am 1. 1. 1992) nicht mehr.

90 a) Ein *Minderjähriger*, der das 16. Lebensjahr vollendet hat, ist testierfähig (§ 2229 I). Einer Zustimmung des gesetzlichen Vertreters bedarf es nicht (§ 2229 II).

Wenn das Gesetz hier im Gegensatz zu anderen Rechtsgeschäften ein geringeres Alter des Erklärenden genügen lässt, so kann das damit begründet werden, dass die Wirkungen des Testaments erst mit dem Tode des Erblassers eintreten und diesen nicht mehr treffen; der Erklärende ist also beim Testament nicht so schutzbedürftig wie bei Rechtsgeschäften unter Lebenden.

Der testierfähige Minderjährige kann jedoch ein Testament nur in den Formen errichten, bei denen ihm eine Amtsperson beratend zur Seite steht. Da eine solche Person beim eigenhändigen Testament fehlt, kann ein Minderjähriger ein solches Testament nicht errichten (§ 2247 IV). Eine Beratung scheidet auch beim öffentlichen Testament dann aus, wenn der Erblasser dem Notar eine verschlossene Schrift übergibt; deshalb kann der Minderjährige das Testament nur durch Erklärung oder durch Übergabe einer offenen Schrift errichten (§§ 2232, 2233 I).

Entsprechendes gilt für das Nottestament vor dem Bürgermeister (§ 2249 I 4 i.V.m. § 2233 I). Dagegen scheidet ein Dreizeugentestament aus, da hier eine beratende Person fehlt. – Im **Fall a** ist also nur bei der ersten Variante das Testament gültig.

Hat der Minderjährige ein (wegen § 2247 IV) ungültiges eigenhändiges Testament errichtet, wird es nicht dadurch gültig, dass er es als Volljähriger formlos bestätigt (§ 141); denn die Bestätigung eines formbedürftigen Rechtsgeschäfts muss als Neuvornahme formgerecht erfolgen. Erforderlich ist also die Errichtung eines neuen Testaments.

91 b) Ein *Volljähriger*, der wegen krankhafter Störung der Geistestätigkeit, wegen Geistesschwäche oder Bewusstseinsstörung nicht in der Lage ist, die Bedeutung einer von ihm abgegebenen Willenserklärung einzusehen und nach dieser Einsicht zu handeln (vgl. §§ 104 Nr. 2, 105 II[6]), ist testierunfähig (§ 2229 IV); entscheidend ist dabei der Zeitpunkt der Testamentserrichtung. Dagegen ist die betreffende Person in einem lichten Augenblick testierfähig.

Grenzfall: Schlaganfall mit Bewusstseinstrübung des Erblassers, nachdem dieser die Einzelheiten des Testaments angegeben hatte[7].

Seit dem 1. 1. 1992 gibt es keine Entmündigung mehr (zum alten Recht: 13. Aufl., Rdnr. 98). Die Bestellung eines Betreuers hat keine Auswirkungen auf

6 AT Rdnr. 265, 269.
7 BGHZ 30, 294.

die Testierfähigkeit des Betreuten. Dieser kann also wirksam ein Testament errichten, es sei denn, dass er geschäftsunfähig (vgl. §§ 104 Nr. 2, 2229 IV) ist.

Die Wirksamkeit des Testaments eines Betreuten kann auch nicht von der Einwilligung des Betreuers abhängig gemacht werden. Zwar ist vom Gericht nach § 1903 I ein Einwilligungsvorbehalt anzuordnen, wenn das zur Abwendung einer erheblichen Gefahr für die Person oder das Vermögen des Betreuten erforderlich ist[8]. Ein solcher Einwilligungsvorbehalt kann sich aber nach § 1903 II nicht auf Verfügungen von Todes wegen erstrecken.

Das von einem entmündigten Erblasser vor dem 1. 1. 1992 errichtete Testament ist und bleibt auch nach dem 1. 1. 1992 unwirksam. Denn die Fähigkeit zur Errichtung einer Verfügung von Todes wegen beurteilt sich nach dem zur Zeit der Errichtung geltenden Recht (vgl. Art. 214 I, Art. 235 § 2 EGBGB).

2. *Testierfähigkeit bei gemeinschaftlichem Testament und Erbvertrag* 92

a) Für das *gemeinschaftliche Testament* der Ehegatten (Rdnr. 176 ff.) gelten hinsichtlich der Testierfähigkeit *keine Besonderheiten*.

b) Beim *Erbvertrag* (Rdnr. 144 ff.) ist *unbeschränkte Geschäftsfähigkeit des Erblassers* erforderlich (§ 2275 I). 93

Jedoch genügt bei Eheleuten oder Verlobten beschränkte Geschäftsfähigkeit (§ 2275 II, III); diese Ausnahme wurde geschaffen, weil der Erbvertrag oft mit einem Ehevertrag verbunden wird[9]. Allerdings ist zum Schutz des beschränkt Geschäftsfähigen die Zustimmung des gesetzlichen Vertreters erforderlich; ist dieser ein Vormund, muss auch noch eine vormundschaftsgerichtliche Genehmigung hinzukommen (§ 2275 II 2). § 2275 II ist seit dem 1. 1. 1992 nur noch für minderjährige Ehegatten oder Verlobte anwendbar; denn von dem genannten Zeitpunkt an gibt es keine beschränkte Geschäftsfähigkeit von Volljährigen mehr.

Wenn beim Erbvertrag nicht beide Parteien von Todes wegen verfügen, gelten für den *Vertragspartner* des Erblassers die allgemeinen Regeln über die Geschäftsfähigkeit. Nach § 107 genügt beschränkte Geschäftsfähigkeit, wenn der Partner des Erblassers durch seine Erklärung lediglich einen rechtlichen Vorteil erlangt; das ist dann der Fall, wenn er nur die Erklärung des Erblassers annimmt, ohne sich seinerseits zu einer Leistung zu verpflichten. Übernimmt der beschränkt Geschäftsfähige aber eine Verpflichtung (z. B. zum Unterhalt des Erblassers), ist die Zustimmung des gesetzlichen Vertreters erforderlich.

II. Persönliche Errichtung 94

Der Erblasser muss seine Verfügung von Todes wegen persönlich errichten (§ 2064 für das Testament; § 2274 für den Erbvertrag). Fehlt es an diesem Erfordernis, ist die Verfügung nichtig (**Fall b**). Das Gesetz hat diese Regelung getrof-

8 AT Rdnr. 287.
9 Prot. V, 347 ff.

fen, weil sie im Wesentlichen dem vorher geltenden Recht entsprach[10] und der Erblasser die sittliche Verantwortung für die Ausgestaltung der Erbfolge nicht von sich selbst abwälzen soll[11].

95 *1. Keine Stellvertretung*

Mit der Bestimmung über die persönliche Errichtung wird eine Stellvertretung ausgeschlossen; aber auch eine Vertretung in der Erklärung (z. B. durch Boten) soll ausgeschlossen sein[12]. Dagegen ist eine Hilfe, insbesondere eine Beratung durch eine andere Person, zulässig. Die Verfügung selbst muss jedoch durch den Erblasser persönlich erfolgen.

Das öffentliche Testament kann durch Übergabe einer Schrift an den Notar erfolgen (§ 2232). Diese Schrift kann auch von einer anderen Person hergestellt worden sein; denn das ist nicht der Errichtungsakt. Entscheidend ist, dass der Erblasser persönlich die Schrift der Urkundsperson übergibt und dabei erklärt, die Schrift enthalte seinen letzten Willen.

96 *2. Keine Bestimmung durch Dritte*

a) Wenn der Erblasser seine Verfügung von Todes wegen selbst errichtet, in ihr aber anordnet, dass ein anderer über deren Geltung oder Nichtgeltung bestimmen soll, ist zwar das Erfordernis der persönlichen Errichtung (§ 2064) erfüllt. Der Erblasser hat allerdings die Wirksamkeit der Verfügung von der Willensentscheidung eines Dritten, also von einer Wollensbedingung, abhängig gemacht. Wie aus den §§ 2074 ff. hervorgeht, darf der Erblasser auch unter einer Bedingung von Todes wegen verfügen (vgl. Rdnr. 215 ff.). Eine Verfügung, deren Geltung von der Willensentscheidung eines Dritten abhängt, verstößt aber möglicherweise gegen das Verbot der Stellvertretung. In der Heranziehung eines Dritten, welcher der Verfügung erst ihre Kraft verleihen soll, liegt nämlich tatsächlich immer eine Art von Übertragung der Testamentserrichtung[13]. Das zu verhindern, ist der Sinn des *§ 2065 I*. Das Gesetz will erreichen, dass der Erblasser über das Schicksal seines Vermögens selbst entscheidet; er soll die Entscheidung nicht aus Unentschlossenheit oder Verantwortungsscheu einem Dritten überlassen. Aus dem Zweck dieser Bestimmung folgt:

(1) § 2065 I greift ein, wenn der Erblasser es in die Hand eines *Dritten* gelegt hat, ob eine Verfügung, in der ein anderer bedacht ist, gültig sein soll. Dritter ist

10 Mot. V, 246 f.
11 Prot. V, 16.
12 Mot. V, 247.
13 Mot. V, 30.

auch der Bedachte selbst, wenn er über die Gültigkeit der Verfügung entscheiden soll[14].

Ordnet der Erblasser an, dass der Bedachte nur dann von Todes wegen erwerben soll, sofern er eine bestimmte Handlung vornimmt oder unterlässt (**Fall c**), hängt die Gültigkeit der Verfügung zwar auch von einer Wollensbedingung ab. Aus § 2075 folgt jedoch, dass eine Bedingung, deren Eintritt vom Willen des Bedachten abhängt, zulässig ist. Gegen die Zulässigkeit einer derartigen Bedingung bestehen im Hinblick auf § 2065 I auch deshalb keine Bedenken, weil das Gesetz es stets in die Hand des Bedachten legt, ob er das Recht erwerben will oder nicht (vgl. §§ 1942, 2180). Eine solche Wollensbedingung läuft nicht auf eine Vertretung des Erblassers im Willen hinaus; denn der Erblasser hat hinsichtlich der Gültigkeit der Verfügung eine klare Entscheidung getroffen.

Setzen Ehegatten in einem gemeinschaftlichen Testament sich gegenseitig und nach dem Tode des Überlebenden die Kinder zu Erben ein (vgl. § 2269; Rdnr. 187 ff.), wird häufig dem überlebenden Ehegatten das Recht eingeräumt, die für den Fall seines Todes im Testament getroffenen Verfügungen (Erbeinsetzung der Kinder) zu widerrufen und über den Nachlass anderweitig zu verfügen. Diese Bestimmung, bei der zwei verschiedene Auslegungen möglich sind, wird allgemein als zulässig angesehen[15]. Dem ist zuzustimmen; denn bei beiden Auslegungsmöglichkeiten scheidet ein Verstoß gegen § 2065 I aus:

Erste Auslegungsmöglichkeit: Die Ehegatten haben gewollt, dass der Überlebende Vorerbe des Erstversterbenden werden und die Kinder beide Nachlässe ihrer Eltern getrennt (den Nachlass des Erstversterbenden als Nacherben) erhalten sollen. In diesem Fall stellt die Bestimmung, dass der überlebende Ehegatte die in dem gemeinschaftlichen Testament zu Gunsten der Kinder getroffenen Verfügungen widerrufen und über den Nachlass anderweitig verfügen darf, keine nach § 2065 I unzulässige Wollensbedingung dar[16]. Denn sie ist dahin auszulegen, dass der Überlebende nicht schlechthin Vorerbe sein soll, sondern dass ihm auch das Recht eingeräumt wird, Vollerbe nach dem Erstversterbenden zu werden, wenn er dies will; Vollerbe soll er in der Regel dann sein, wenn bei seinem Tod eine von ihm errichtete gültige anderweitige letztwillige Verfügung vorliegt[17]. Der überlebende Ehegatte entscheidet damit als Bedachter unmittelbar nur über sein Erbrecht. Die Entscheidung wirkt sich lediglich mittelbar auf die Rechtsstellung der Kinder als Nacherben aus.

Zweite Auslegungsmöglichkeit: Die Ehegatten wollten, dass die Kinder lediglich Erben des Letztversterbenden werden, beide Nachlässe also als Einheit auf die Kinder übergehen sollen. Wenn dann der Überlebende anderweitig verfügt, so trifft er nur eine Verfügung über seinen eigenen Nachlass und keinen über den des Erstverstorbenen. Es liegt demnach überhaupt kein Fall des § 2065 I vor.

14 *Erman/Schmidt*, § 2065 Rdnr. 5; MünchKomm/*Leipold*, § 2065 Rdnr. 15; *Palandt/Edenhofer*, § 2065 Rdnr. 4; **a.A.** noch *Raape*, AcP 140, 233 f.; 21. Aufl.

15 Vgl. BGHZ 2, 35.

16 *Herrmann*, AcP 155, 434 vgl. auch §§ 2108 II 2, 2075; *Brox*, Festschrift f. Bartholomeyczik, 1973, S. 41, 43 ff.; *Palandt/Edenhofer*, § 2065 Rdnr. 8.

17 Siehe *Brox*, Festschrift f. Bartholomeyczik, 1973, S. 41, 44.

(2) Eine Verfügung ist wegen Verstoßes gegen § 2065 I nichtig, wenn die Wollensbedingung auf eine *Vertretung des unentschlossenen Erblassers im Willen* hinausläuft.

Beispiel: E setzt S zum Erben unter der Bedingung ein, dass sein Freund nach Eintritt des Erbfalls zustimmt.

Nicht alle Verfügungen, deren Gültigkeit vom Willen eines Dritten abhängen, sind nach § 2065 I unwirksam. Hat der Erblasser bezüglich der Geltung der Verfügung einen bestimmten Willen gehabt, so verstößt es nicht gegen § 2065 I, wenn er die Gültigkeit von dem Tun oder Unterlassen eines Dritten abhängig macht. Eine solche Wollensbedingung ist insbesondere dann zulässig, wenn der Erblasser an dem Verhalten des Dritten ein selbstständiges Interesse hat oder wenn er den Inhalt seiner letztwilligen Verfügung auf die Sachlage abstellen will, die durch das als Bedingung gesetzte Tun oder Unterlassen verwirklicht wird[18].

Beispiel: E setzt seinen Neffen als Erben ein unter der Bedingung, dass dessen Ehefrau den E im Alter pflegt. Diese Verfügung ist wirksam, obwohl ihre Geltung von dem Willen der Ehefrau abhängt.

97 b) Nach *§ 2065 II* kann der Erblasser die Bestimmung der Person, die eine Zuwendung erhalten soll, sowie die Bestimmung des Gegenstandes der Zuwendung nicht einem anderen überlassen. Auch diese Vorschrift will eine Vertretung des Erblassers im Willen verhindern.

Eine nach § 2065 II unzulässige Vertretung des Erblassers im Willen ist gegeben, wenn der als Vorerbe eingesetzte Ehegatte befugt sein soll, durch Verfügung von Todes wegen nach seinem Gutdünken den oder die Nacherben aus einem vom Erblasser benannten Personenkreis zu bestimmen oder die Erbquoten der vom Erblasser zu gleichen Teilen als Nacherben eingesetzten Kinder zu ändern[19].

Von einer unzulässigen Vertretung im Willen kann jedoch keine Rede sein, falls der Erblasser objektive Kriterien aufstellt, nach denen der Dritte die Bestimmung des Erben oder der Erbquote vornehmen kann. Der Dritte »bestimmt« nicht auf Grund seines subjektiven Ermessens den Erben; er »bezeichnet« ihn nur entsprechend den objektiven Voraussetzungen, die aus dem Testament zu entnehmen sind[20].

Beispiel: Der Goldschmied bestimmt in seinem Testament: »Derjenige meiner Söhne soll mein Erbe sein, der Goldschmiedemeister wird. Sollte das bei mehreren Söhnen der Fall sein, wird der älteste von ihnen Erbe. Die Feststellung, wer danach Erbe ist, soll mein

18 Vgl. BGHZ 15, 199, 202 f.

19 Siehe *Brox*, Festschrift f. Bartholomeyczik, 1973, S. 41, 48 ff.; MünchKomm/*Leipold*, § 2065 Rdnr. 18; *Soergel/Loritz*, § 2065 Rdnr. 20; **a. M.** OLG Hamm MDR 1972, 1036; BGHZ 59, 220 = LM Nr. 7 zu § 2065 BGB m. Anm. *v. Mattern.*

20 Vgl. BGHZ 15, 199, 202 f.

Freund Fritz treffen.« Hier hat der Dritte kein Auswahlermessen. Seine Feststellung ist an sich entbehrlich; denn der Erblasser hat seinen Erben zwar nicht namentlich genannt, aber doch so beschrieben, dass jeder ermitteln kann, wer Erbe ist.

Gegen den Sinn des § 2065 II verstößt es jedoch, wenn der Dritte nach seinem freien Ermessen (willkürlich) den Erben oder die Erbquote bestimmen soll; denn hier entscheidet der Dritte anstelle des Erblassers.

Im **Fall d** ist die Ermächtigung des T unzulässig. Zwar hat E bestimmt, dass nur eines seiner drei Kinder sein Erbe wird. Innerhalb dieses Rahmens kann T jedoch völlig frei entscheiden, wer von den Kindern Erbe sein soll.

Streitig ist, ob dem Dritten im Rahmen objektiver, vom Erblasser bestimmter Kriterien auch ein gewisser Beurteilungsspielraum eingeräumt werden kann. Das Reichsgericht[21] ließ das im Gegensatz zum BGH[22] zu, wenn der Erblasser einen begrenzten Kreis von Personen bezeichnet, aus dem der Dritte nach bestimmten sachlichen Gesichtspunkten, z. B. der Eignung für eine bestimmte Aufgabe, den Erben auswählen soll; allerdings gelte das nur, sofern der Personenkreis so eng begrenzt sei und die Auswahlgesichtspunkte so genau festgelegt seien, dass für eine Willkür des Dritten kein Raum bleibe. Dem ist m. E. zuzustimmen. Dafür besteht ein beachtliches praktisches Bedürfnis, vor allem beim Testament eines Unternehmers, dessen Kinder noch so klein sind, dass der Erblasser seinen Nachfolger im Unternehmen noch nicht bestimmen kann. Gegen den BGH spricht schon, dass unter den von ihm aufgestellten Voraussetzungen die Einschaltung eines Dritten entbehrlich ist, da der Erbe durch die vom Erblasser genannten objektiven Kriterien bereits hinreichend bestimmt ist. Der hier vertretenen Ansicht steht auch nicht der Sinn des § 2065 II entgegen; denn der Erblasser scheut sich nicht vor einer eigenen Entscheidung. Er trifft seine Bestimmung so genau, wie es ihm bei der Testamentserrichtung nur möglich ist[23].

Im **Fall e** hat E seinen Willen bestimmt kundgetan. T kann auf Grund der vom Erblasser im Testament angegebenen Kriterien (Kind des Erblassers; durch Ausbildung zur Fortführung der Fabrik am besten geeignet) den Erben bestimmen. Dabei kann es zu einer Ermessensentscheidung des T kommen, wenn z. B. zwei Kinder gleich geeignet sind. Nach dem zuvor Gesagten ist die Verfügung gültig.

Im Höferecht (§ 14 III Höfeordnung brit. Zone) und bei einer Reihe weniger wichtiger Verfügungen lässt das Gesetz Ausnahmen vom Grundsatz des § 2065 II zu.

21 RGZ 159, 296.
22 BGHZ 15, 199, 202 f.
23 Ähnlich *Erman/Schmidt*, § 2065 Rdnr. 7 ff.; *Großfeld*, JZ 1968, 113; MünchKomm/*Leipold*, § 2065 Rdnr. 18; *Soergel/Loritz*, § 2065 Rdnr. 30; *H. Westermann*, Festschrift f. Möhring, 1965, 183.

Beispiel: Vermächtnis (§ 2151; Rdnr. 432 ff.), Auflage (§ 2193; Rdnr. 461), Auswahl des Testamentsvollstreckers (§§ 2198 ff.; Rdnr. 388), Auseinandersetzung unter Miterben (§ 2048, 2; Rdnr. 523).

98 **III. Errichtung einer Verfügung von Todes wegen nach dem ZGB**

Für die Errichtung einer Verfügung von Todes wegen gilt das Recht, das zur Zeit der Errichtung maßgebend war, selbst wenn der Erblasser am 3. 10. 1990 oder erst später gestorben ist (Art. 235 § 2, 1 EGBGB). Gem. § 370 I 2 ZGB musste der Erblasser volljährig und handlungsfähig sein. Er konnte ein Testament nur persönlich errichten (§ 370 II ZGB). Eine Testierfähigkeit von der Vollendung des 16. Lebensjahres an (vgl. § 2229 I; Rdnr. 89) kannte das ZGB nicht.

Deshalb ist ein Testament, das ein 17-jähriger Erblasser in der ehemaligen DDR vor dem 3. 10. 1990 errichtet hat, ungültig, und es ist auch am 3. 10. 1990 nicht wirksam geworden.

99 **IV. Zusammenfassung**

Die Fähigkeit, ein Testament zu errichten, besitzt jede geschäftsfähige Person sowie jeder, der das 16. Lebensjahr vollendet hat. Die letztgenannten Personen können Testamente allerdings nur in den Formen errichten, bei denen eine Amtsperson beratend zur Seite steht; deshalb kann ein 16- oder 17-jähriger Minderjähriger kein eigenhändiges Testament und ein notarielles Testament nicht durch Übergabe einer verschlossenen Schrift errichten.

Eine Verfügung von Todes wegen kann nicht durch einen Vertreter des Erblassers errichtet werden. Der Erblasser soll allein die Verantwortung für seine Verfügung tragen. Deshalb kann er auch nicht die Geltung der Verfügung vom Willen eines anderen abhängig machen oder etwa die Bestimmung des Erben und des Erbteils einem anderen überlassen. – Zulässig ist dagegen die Ermächtigung eines anderen zur Ermittlung des bestimmten Erblasserwillens.

100

§ 10 Das ordentliche öffentliche Testament

Schrifttum: Amtl. Begründung zum Gesetz über die Errichtung von Testamenten und Erbverträgen v. 31. 7. 1938, DJ 1938, 1254 (1255–1257); *Appell*, Auswirkungen des Beurkundungsgesetzes auf das Familien- und Erbrecht, FamRZ 1970, 520; *Boeckler*, Das notarielle Testament, 2. Aufl., 1973; von *Dickhut/Harrach*, Testament durch Wimpernschlag, FamRZ 2003, 493; *Imgrund/Reese*, Grundfälle zur gewillkürten Erbfolge, Jura 2006, 565; *Heinr. Lange*, Das Recht des Testaments, 1. Denkschrift, 1937, 61; *Nieder*, Testamentserrichtung äußerungsbehinderter Erblasser, ZNotP 2001, 335; *Reimann*, Die Änderungen des Erbrechts durch das OLG-Vertretungsänderungsgesetz, FamRZ 2002, 1383; *Rossak*, Neue Vorschriften zum materiellen Recht der Testamentserrichtung und zum Beurkundungsrecht bei Beteiligung von behinderten Erblassern, ZEV 2002, 435; *Schulte*, Testamentsgestaltung, 2006. Siehe ferner die Kommentare zum Beurkundungsgesetz.

Fälle:

Handelt es sich im Folgenden um gültige Testamente?

a) Der Notar liest ein von ihm aufgesetztes Testament dem Erblasser E abschnittweise vor und fragt ihn, ob das so richtig sei, was E mit »Ja« beantwortet. **(Rdnr. 102)**

b) E diktiert seiner Sekretärin S sein Testament, das diese in ihren PC eingibt und anschließend ausdruckt. Dieses Schriftstück übergibt E ungelesen dem Notar. **(Rdnr. 103)**

c) Da E angibt, er könne wegen eines Augenleidens nur noch Umrisse erkennen, Geschriebenes aber nicht mehr lesen, stellt der Notar fest, dass E nicht zu sehen und nicht zu unterschreiben vermag. Der Notar zieht deshalb einen Zeugen zu, lässt aber weder diesen noch den E die Niederschrift unterschreiben. **(Rdnr. 115)**

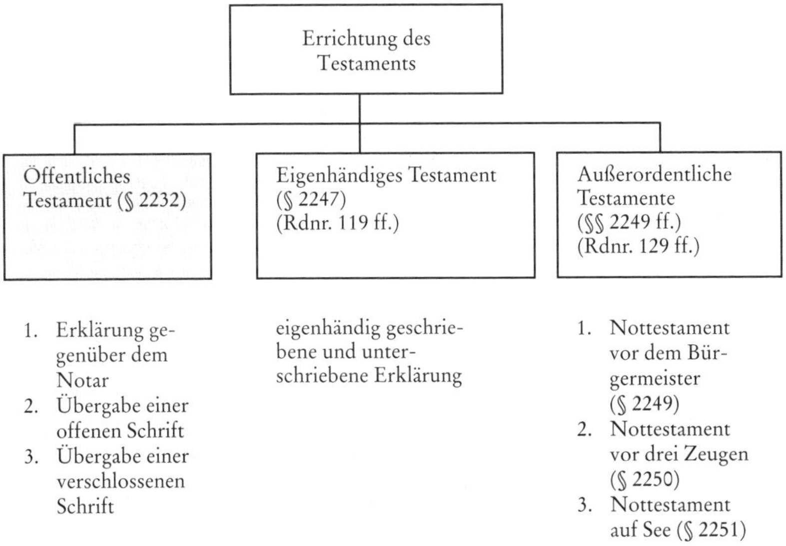

Das ordentliche öffentliche Testament wird zur Niederschrift eines Notars errichtet (§ 2231 Nr. 1).

I. Vorzüge des öffentlichen Testaments

Bei einem notariellen Testament können kaum Zweifel an der Echtheit entstehen. Dagegen sind bei einem eigenhändigen Testament (§§ 2231 Nr. 2, 2247), das in der Praxis nicht selten in einem Brief mit Durchstreichungen und Berichtigungen enthalten ist, Fälschungen und Verfälschungen eher möglich. Da das öffentliche Testament unverzüglich in besondere amtliche Verwahrung beim Amtsgericht gebracht werden soll (§§ 2258a und b; § 34 BeurkG), ist die Gefahr späterer Fälschungen weitgehend gebannt. Außerdem wird sichergestellt, dass das Testament nach dem Tod des Erblassers eröffnet wird. Dagegen besteht beim eigenhändigen Testament, das nicht in amtliche Verwahrung gebracht zu werden braucht, die Möglichkeit, dass es nach dem Erbfall nicht aufgefunden oder von interessierter Seite beiseite geschafft wird. Die Mitwirkung des Notars beim öffentlichen Testament erhöht die Wahrscheinlichkeit, dass keine Formfehler bei der Errichtung unterlaufen. Schließlich kommen die Beratungspflichten des Notars (§§ 17, 30 BeurkG) dem Erblasser zugute.

Der Erblasser hat für die Beurkundung eines Testaments eine volle Gebühr zu zahlen (§§ 46, 140 KostO), die sich nach dem Wert des Nachlasses richtet (§§ 18, 46 V, 32 KostO). Dadurch erspart der Erblasser aber u. U. dem Erben die Kosten für einen Erbschein (§ 107 KostO); denn vielfach genügt zum Nachweis des Erbrechts ein öffentliches Testament. So reicht es zu einem solchen Nachweis gegenüber dem Grundbuchamt aus, wenn eine Verfügung von Todes wegen, die in einer öffentlichen Urkunde enthalten ist, und die Niederschrift über die Eröffnung der Verfügung vorgelegt werden (§ 35 I 2 GBO).

101 II. Gesetzliche Regelung

Das Testamentsrecht war früher geschlossen im BGB (§§ 2229 ff.) geregelt. Später hat das Beurkundungsgesetz vom 28. 8. 1969 die Vorschriften über das Beurkundungsverfahren zusammengefasst. Dieses Gesetz hat die Beurkundungszuständigkeit des Richters beseitigt. Die früheren Muss-Vorschriften, bei deren Verletzung das Testament nichtig war, sind heute weitgehend bloße Sollvorschriften. Ihre Nichtbeachtung berührt also die Gültigkeit des Testaments nicht.

Das Beurkundungsgesetz ist am 1. 1. 1970 in Kraft getreten. Ist das Testament vor diesem Zeitpunkt errichtet, bestimmt sich seine Gültigkeit nach altem Recht (dazu: 1. Auflage, Rdnr. 290 ff.), selbst wenn der Erbfall erst nach dem 1. 1. 1970 eingetreten ist. Die folgende Darstellung bezieht sich auf das heute geltende Recht.

102 III. Arten des öffentlichen Testaments

Abgesehen von bestimmten Sonderfällen (Rdnr. 112 ff.) kann der Erblasser zwischen drei Formen wählen (§ 2232):

1. Erklärung gegenüber dem Notar

Das Gesetz verlangte ursprünglich aus Sorge um eine eindeutige Übermittlung des Willens an die Urkundsperson[24], dass der Erblasser seinen letzten Willen »mündlich erklärt«. Das konnte nur mit Mitteln der Lautsprache, durch das verständlich gesprochene Wort und nicht durch Kopfnicken, Gebärden oder sonstige Zeichen erfolgen[25]. Seit der Neufassung des § 2232 durch das OLG-Vertretungsänderungsgesetz vom 23.7.2002[26] kommt auch jede andere Form der Erklärung in Betracht, sofern sie eine hinreichend sichere Feststellung des Inhalts des letzten Willens ermöglicht. Dieser kann also auch schriftlich, durch Mimik oder Gesten erklärt werden.

Es ist auch nicht erforderlich, dass der Erblasser seine Erklärung im Zusammenhang vorbringt. Es genügt, dass die Erklärung in der Unterhaltung mit der Urkundsperson, die den Erblasser beraten soll (vgl. § 17 BeurkG), nach und nach zum Ausdruck kommt. Es reicht sogar aus, wenn die Urkundsperson dem Erblasser den zuvor niedergeschriebenen Testamentsentwurf abschnittweise vorliest und der Erblasser jeweils auf Befragen, ob dies so richtig sei, mit »Ja« antwortet (**Fall a**)[27] oder auf andere Weise wie etwa durch Kopfnicken seine Zustimmung zum Ausdruck bringt. Das mag zwar bis an die Grenze dessen gehen, was im Interesse einer zuverlässigen Erfassung des Erblasserwillens vertretbar ist. Es entspricht aber angesichts der körperlichen Beeinträchtigungen vieler Testierwilliger einem unabweisbaren Bedürfnis.

2. Übergabe einer offenen Schrift 103

Die Schrift braucht im Gegensatz zum eigenhändigen Testament (§ 2247 I) weder eigenhändig geschrieben noch unterschrieben zu werden. Nach § 2232 Satz 2 kann sie vom Erblasser oder von einer anderen Person geschrieben sein. Demnach reicht z. B. ein vom Erblasser oder einem anderen als PC-Ausdruck oder in Kurzschrift angefertigtes Schriftstück aus.

Nach den Motiven[28] und einer z.T. vertretenen Ansicht[29] muss der Erblasser wenigstens in der Lage sein, die in dem Schriftstück gebrauchte Schrift zu entziffern oder die fremde Sprache zu verstehen. Es sei nicht erforderlich, dass der Erblasser im konkreten Fall den Inhalt der Schrift kenne; es genüge die bloße Möglichkeit, sich vom Inhalt Kenntnis zu verschaffen. Diese Ansicht widerspricht den sonstigen Wertungen des Gesetzes, wonach den Erblasser die sittliche Verantwortung für die Ausgestaltung der Erbfolge

24 *Heinr. Lange*, ZAkDR 1938, 579.
25 BGHZ 2, 172.
26 BGBl. I, 2850.
27 BGHZ 37, 79 f.
28 V, 277.
29 RGZ 76, 94 f.; *Soergel/Mayer*, § 2232 Rdnr. 17.

trifft[30] (siehe etwa § 2065). Daher muss der Erblasser den Inhalt der Schrift kennen[31]. Zwar wird man im Regelfall von der Kenntnis des Erblassers ausgehen können; steht aber das Gegenteil fest, ist das Testament ungültig (**Fall b**). – Demgegenüber braucht der Notar die Schriftzeichen oder die Sprache, in der das Schriftstück abgefasst ist, nicht zu verstehen. Immer aber müssen die in der Schrift enthaltenen Erklärungen für irgendeinen verständlich sein; sonst wäre der letzte Wille des Erblassers später nicht zu ermitteln.

Wenn das Gesetz auch vom *»Übergeben«* der Schrift spricht, so muss die Übergabe doch nicht von Hand zu Hand geschehen. Es soll vielmehr nur sichergestellt werden, dass die Schrift mit Willen des Erblassers in die Hand des Notars gelangt und dass dieser Vorgang erkennbar ist[32].

Erforderlich ist die *Erklärung* des Erblassers, die Schrift enthalte seinen letzten Willen (§ 2232 Satz 1), wobei es weder auf den gewählten Wortlaut noch auf die Form der Erklärung (auch nonverbal) ankommt.

Es genügt z. B., dass der Erblasser die Worte: »Das ist mein Testament« nachspricht[33] oder die Frage der Urkundsperson, ob das Schriftstück den letzten Willen des Erblassers enthalte, mit »Ja« oder mit einer zustimmenden Geste beantwortet[34].

104 *3. Übergabe einer verschlossenen Schrift*

Diese Art der Testamentserrichtung kommt dem Bedürfnis des Erblassers nach Geheimhaltung auch vor dem Notar entgegen. Während dieser von dem Inhalt einer offenen Schrift Kenntnis nehmen soll (§ 30 Satz 4 BeurkG), darf er vom Inhalt einer verschlossen übergebenen Schrift ohne Willen des Erblassers keine Kenntnis nehmen. Im Übrigen erfolgt die Testamentserrichtung entsprechend der Übergabe einer offenen Schrift.

105 *4. Kombination mehrerer Errichtungsarten*

Es ist denkbar, dass der Erblasser einen Teil der letztwilligen Verfügung geheim halten, im Übrigen aber sich von der Urkundsperson belehren lassen will. Er kann zulässigerweise eine offene und eine verschlossene Schrift der Urkundsperson mit der Erklärung übergeben, dass in beiden Schriften sein letzter Wille enthalten sei. Erklärt der Erblasser noch eine Verfügung mündlich, ist ein Testament durch Kombination aller drei Arten errichtet worden.

30 Vgl. Prot. V, 660.

31 Ebenso: *Erman/Schmidt*, § 2232 Rdnr. 4, 5; MünchKomm/*Hagena*, § 2232 Rdnr. 30; *Palandt/Edenhofer*, § 2232 Rdnr. 3; str.

32 Vgl. RGZ 150, 189; dazu *Kipp/Coing*, § 27 IV 2 FN 15; *Staudinger/Baumann*, § 2232 Rdnr. 35.

33 RG JW 1925, 357 ff.

34 *Erman/Schmidt*, § 2032 Rdnr. 3; MünchKomm/*Hagena*, § 2232 Rdnr. 21 ff.

IV. Errichtung des öffentlichen Testaments 106

Das Gesetz enthält Muss- und Sollvorschriften über die Errichtung des öffentlichen Testaments. Die Verletzung einer Muss-Vorschrift berührt die Gültigkeit des Testaments. Der Verstoß gegen Sollvorschriften hat auf die Gültigkeit keinen Einfluss. In beiden Fällen kommen Maßnahmen der Dienstaufsicht gegen die Urkundsperson und Schadensersatzansprüche (§ 19 BNotO) in Betracht.

1. Urkundsperson 107

Ein ordentliches öffentliches Testament nach § 2231 Nr. 1 kann nur vor einem Notar, ausnahmsweise nach §§ 10 f. Konsulargesetz vor einem Berufskonsul, errichtet werden. Weitere Personen (z. B. Zeugen) brauchen im Regelfall nicht mitzuwirken. Nach § 29 BeurkG soll der Notar auf Verlangen des Erblassers bis zu zwei Zeugen oder einen zweiten Notar zuziehen.

a) *Örtlich zuständig* ist der Notar in dem Oberlandesgerichtsbezirk, in dem er seinen Amtssitz hat (§ 11 I BNotO). Ausnahmsweise darf er Amtshandlungen außerhalb seines Amtsbezirks vornehmen, wenn Gefahr im Verzug ist oder die Aufsichtsbehörde es genehmigt (§ 11 II BNotO). Selbst wenn der Notar die Amtshandlung pflichtwidrig außerhalb des Landes vornimmt, in dem er zum Notar bestellt ist, ist sie gültig (§ 11 III BNotO).

b) Ein Notar ist als Urkundsperson *ausgeschlossen*, wenn er selbst, sein Ehegatte, sein Lebenspartner oder ein mit ihm in gerader Linie Verwandter ein Testament errichtet (vgl. § 6 I BeurkG). Bei einem Verstoß ist das ganze Testament unwirksam. Zu prüfen bleibt, ob das Testament als eigenhändiges nach § 140 gültig ist; das könnte bei Übergabe einer offenen oder verschlossenen Schrift in Betracht kommen.

Der Notar ist ferner ausgeschlossen, wenn er selbst, sein (jetziger oder früherer) Ehegatte, sein Lebenspartner, ein mit ihm in gerader Linie Verwandter oder Verschwägerter sowie ein in der Seitenlinie bis zum dritten Grad Verwandter oder ein bis zum zweiten Grad Verschwägerter bedacht oder zum Testamentsvollstrecker ernannt wird (§§ 7, 27 BeurkG). Ein Verstoß führt jedoch nicht zur Nichtigkeit des *ganzen* Testaments; vielmehr ist nur die Zuwendung an den Bedachten bzw. die Ernennung zum Testamentsvollstrecker unwirksam (§ 7 BeurkG: »insoweit«).

Dagegen ist die notarielle Beurkundung einer testamentarischen Ernennung zum Testamentsvollstrecker nicht deshalb unwirksam, weil ein Sozius des Notars Testamentsvollstrecker und der Notar an dessen Vergütung beteiligt ist[35].

2. Feststellung der Person und der Testierfähigkeit des Erblassers 108

Der Notar soll in der Niederschrift feststellen, ob er den Erblasser kennt bzw. wie er sich Gewissheit über dessen Person verschafft hat. Bedenken sollen aufgenommen werden (§ 10 BeurkG). Entsprechendes gilt für die Testierfähigkeit (vgl. §§ 11, 28 BeurkG).

35 BGH NJW 1997, 946, gegen OLG Oldenburg DNotZ 1990, 431.

109 *3. Prüfungs- und Belehrungspflichten des Notars*

Der Notar soll den Willen des Erblassers erforschen, den Sachverhalt klären, den Erblasser über die rechtliche Tragweite der Verfügung belehren und die Erklärungen des Erblassers klar und unzweideutig in der Niederschrift wiedergeben (vgl. § 17 BeurkG).

Der Notar soll vom Inhalt der offen übergebenen Schrift Kenntnis nehmen und auf etwaige Bedenken aufmerksam machen (§ 30 Satz 4 BeurkG). Auch bei Übergabe einer verschlossenen Schrift soll der Notar belehren; er darf sich aber vom Inhalt nicht ohne Willen des Erblassers Kenntnis verschaffen. Der Umfang der Belehrungspflicht (z. B. über steuerliche Folgen) kann im Einzelfall zweifelhaft sein. Die Frage spielt oft in Schadensersatzprozessen eine entscheidende Rolle.

Bei Zweifeln an der Gültigkeit soll der Notar die Bedenken mit dem Erblasser erörtern. Besteht der Erblasser auf der Beurkundung, soll der Notar die Belehrung und die dazu abgegebenen Erklärungen des Erblassers in der Niederschrift vermerken (vgl. § 17 II BeurkG).

110 *4. Niederschrift*

a) Über die Errichtung des Testaments *muss* der Notar eine *Niederschrift* aufnehmen (§ 8 BeurkG). Diese *muss* die Bezeichnung des Notars und des Erblassers sowie die Erklärung des letzten Willens enthalten (§ 9 I BeurkG). Wird das Testament durch Übergabe einer Schrift errichtet, so *muss* die Niederschrift auch die Feststellung enthalten, dass die Schrift übergeben worden ist (§ 30 Satz 1 BeurkG). Die Verletzung einer dieser zwingenden Vorschriften führt zur Nichtigkeit des Testaments.

Sollvorschriften enthalten z. B. §§ 9 II, 10, 11, 28 und 30 Satz 2 BeurkG.

b) Die Niederschrift *muss* in Gegenwart des Notars dem Erblasser *vorgelesen*, von diesem *genehmigt* und eigenhändig *unterschrieben* werden; auch der Notar *muss* die Niederschrift eigenhändig unterschreiben (Einzelheiten: § 13 BeurkG).

Das Gesetz bestimmt nicht, wer verlesen muss. Die Niederschrift soll dem Erblasser auf Verlangen vor der Genehmigung auch zur Durchsicht vorgelegt werden (§ 13 I 4 BeurkG); das ersetzt aber nicht die zwingend vorgeschriebene Verlesung. Eine vom Erblasser übergebene Schrift braucht nicht verlesen zu werden (§ 30 Satz 5 BeurkG). – Die Genehmigung bezieht sich auf die ganze in der Niederschrift enthaltene Willenserklärung des Erblassers. Sie kann auch durch eine Gebärde (Kopfnicken) erfolgen. – Die Niederschrift muss vom Erblasser eigenhändig unterschrieben sein; bloße Handzeichen (drei Kreuze) genügen nicht. Die Unterschrift des Erblassers ersetzt dessen Genehmigung nicht. Jedoch begründet sie die Vermutung, dass die Niederschrift in Gegenwart des Notars vorgelesen und vom Erblasser genehmigt ist (§ 13 I 2 BeurkG). – Fehlt die Unterschrift des Notars unter der Niederschrift, so ist die Beurkundung aus diesem Grund nicht unwirksam, wenn der Notar die Aufschrift auf dem verschlossenen Umschlag unterschrieben hat (§ 35 BeurkG).

5. *Verschließung und Verwahrung der Niederschrift* 111

a) Der Notar soll die Niederschrift in einen Umschlag nehmen, diesen mit dem Prägesiegel verschließen, auf dem Umschlag das Testament näher bezeichnen und diese Aufschrift unterschreiben (§ 34 I BeurkG).

b) Der Notar soll veranlassen, dass das Testament unverzüglich in besondere amtliche Verwahrung gebracht wird (§ 34 I 4 BeurkG).

Verwahrungsstelle ist regelmäßig das Amtsgericht. Die örtliche Zuständigkeit regelt § 2258a, das Verfahren § 2258b. Funktionell zuständig ist der Rechtspfleger (§ 3 Nr. 2 c RPflG). Dem Erblasser soll ein Hinterlegungsschein erteilt werden (§ 2258b III).

Durch besondere (landesrechtliche) Vorschriften wird bestimmt, dass das Standesamt am Geburtsort des Erblassers von der Verwahrung benachrichtigt werden soll. Das Standesamt soll dem Gericht den Tod des Erblassers anzeigen. Dadurch wird das Auffinden der Testamente erleichtert.

Die Rücknahme des Testaments aus der amtlichen Verwahrung gilt als Widerruf des Testaments (§ 2256; Rdnr. 141).

V. Sonderfälle 112

Der *testierfähige Minderjährige* kann das Testament nicht durch Übergabe einer verschlossenen Schrift, sondern nur durch Übergabe einer offenen Schrift oder durch Erklärung gegenüber dem Notar errichten (§ 2233 I).

Der nach seinen Angaben oder nach der Überzeugung des Notars *Lesensunkundige* hat seinen letzten Willen gegenüber dem Notar zu erklären (§ 2233 II). 113

Vermag der Erblasser nach seinen Angaben oder nach der Überzeugung des Notars *nicht hinreichend zu hören, zu sprechen oder zu sehen*, soll zur Beurkundung ein Zeuge oder ein zweiter Notar zugezogen werden, es sei denn, dass alle Beteiligten darauf verzichten (§ 22 I 1 BeurkG; zur Ausschließung: §§ 26 f. BeurkG). Wenn ein hör- oder sprachbehinderter Beteiligter es verlangt, soll der Notar einen Gebärdensprachdolmetscher hinzuziehen (§ 22 I 2 BeurkG). 114

Außerdem sind bei den genannten Personengruppen noch folgende Besonderheiten zu beachten:

Dem Erblasser, der nicht hören kann, *muss* die Niederschrift anstelle des Vorlesens zur Durchsicht vorgelegt werden (vgl. § 23 BeurkG).

Ist mit dem Erblasser, der nicht hören oder nicht sprechen kann, auch eine schriftliche Verständigung nicht möglich, *muss* zur Beurkundung eine Person zugezogen werden, die sich mit dem Erblasser zu verständigen vermag (vgl. § 24 I 2 BeurkG) und mit deren Zuziehung er nach Überzeugung des Notars einverstanden ist. Diese Person (z. B. Taubstummendolmetscher), die nicht einen Zeugen oder zweiten Notar ersetzt (§ 24 III

BeurkG), muss während des ganzen Beurkundungsvorgangs anwesend sein[36]. Soweit sie im Testament bedacht wird, ist die Beurkundung unwirksam (§ 24 II BeurkG).

(Zur Testamentserrichtung durch einen Mehrfachbehinderten: *Rossak*, ZEV 1995, 238; siehe auch OLG Hamm, DNotZ 2000, 706)

Ist der Erblasser (infolge eines Schlaganfalls) schreib- und sprechunfähig, so darf er deshalb nach dem Beschluss des Bundesverfassungsgerichts v. 19. 1. 1999[37] nicht generell von der Möglichkeit der Errichtung eines öffentlichen Testaments ausgeschlossen werden.

115 Vermag der Erblasser nach seinen Angaben oder nach der Überzeugung des Notars *seinen Namen nicht zu schreiben, muss* beim Vorlesen und bei der Genehmigung ein Zeuge oder ein zweiter Notar zugezogen werden; diese Person *muss* die Niederschrift unterschreiben (vgl. § 25 BeurkG).

Die Feststellung des Notars, dass nach seiner Überzeugung der Erblasser nicht sehen kann, rechtfertigt nicht die Überzeugung, der Erblasser könne nicht unterschreiben. Aus der Blindheit würde nur dann die Schreibunfähigkeit folgen, wenn der Erblasser durch die Unterschrift billigen soll, was in der Niederschrift steht. Sinn des Erfordernisses der Unterschrift des Erblassers ist aber die Sicherstellung der Identität von Erklärendem und Erblasser. Deshalb kann auch ein schreibfähiger Blinder unterschreiben[38].

Im **Fall c** ist das Testament ungültig. Denn entweder hätte der blinde Erblasser (§ 13 BeurkG) oder der hinzugezogene Zeuge (§ 25 BeurkG) unterschreiben müssen. Die im Testament Bedachten können ihren Schaden wegen Amtspflichtverletzung des Notars von diesem ersetzt verlangen (§ 19 BNotO). Eine Haftung des Staates kommt dort in Betracht, wo die Gebühren der Staatskasse zufließen (vgl. §§ 114 f. BNotO).

116 Ist der Erblasser nach seinen Angaben oder nach der Überzeugung des Notars *der Sprache, in der die Niederschrift aufgenommen wird, nicht hinreichend kundig, muss* ihm die Niederschrift übersetzt werden. Das kann durch den Notar geschehen. Andernfalls *muss* ein Dolmetscher zugezogen werden (Einzelheiten: § 16 BeurkG; beachte auch §§ 5–7, 27 BeurkG). Erklärt der sprachunkundige Erblasser seinen letzten Willen mündlich, *muss* eine schriftliche Übersetzung der Niederschrift angefertigt werden (Näheres: § 32 BeurkG).

Auch Schwerstbehinderten muss eine Testierfähigkeit eingeräumt werden; sonst könnte ein Verstoß gegen Art. 14 I GG vorliegen. Jedenfalls darf ein Mehrfachbehinderter nicht wegen der Kombination von Behinderungen durch Formvorschriften vom Testieren ausgeschlossen werden. Nur dann ist das Testieren ausgeschlossen, wenn sich der betreffende Mensch überhaupt nicht verständigen kann.

(Zum Verfahren bei Hör-, Seh- und Sprachbehinderten: §§ 22–26 BeurkG; *Palandt/Edenhofer*, § 2232 Rdnr. 2)

36 Siehe auch BGHZ 54, 89.
37 BVerfG NJW 1999, 1853.
38 Vgl. BGHZ 28, 188, 190; 31, 136.

VI. Notarielles Testament nach dem ZGB 117

Nach dem gem. Art. 235 § 2 Satz 1 EGBGB für die vor dem 3. 10. 1990 errichteten Testamente weiterhin geltenden § 384 ZGB der ehemaligen Deutschen Demokratischen Republik wurde das notarielle Testament dadurch errichtet, dass der Erblasser dem Notar seinen letzten Willen mündlich oder schriftlich erklärte. Darüber war eine Niederschrift anzufertigen, und das Testament musste vom Staatlichen Notariat in Verwahrung genommen werden.

VII. Zusammenfassung 118

Das öffentliche Testament wird vor dem Notar durch Erklärung, Übergabe einer offenen oder Übergabe einer verschlossenen Schrift errichtet. Darüber muss der Notar eine Niederschrift aufnehmen. Diese muss in Gegenwart des Notars dem Erblasser vorgelesen, von diesem genehmigt und eigenhändig unterschrieben werden. Auch der Notar hat die Niederschrift eigenhändig zu unterschreiben. Das Testament soll in besondere amtliche Verwahrung des Amtsgerichts gegeben werden.

§ 11 Das eigenhändige Testament 119

Schrifttum: Amtl. Begründung zum Gesetz über die Errichtung von Testamenten und Erbverträgen v. 31. 7. 1938, DJ 1938, 1254 (1257); *Burkart*, Das eigenhändige Testament nach § 2247 BGB – Seine Problematik und seine Zukunft, Festschrift f. v. Lübtow, 1991, 253; *Grundmann*, Favor Testamenti – Zu Formfreiheit und Formzwang bei privatschriftlichen Testamenten, AcP 187, 429; *Hohloch*, Formwirksamkeit eines eigenhändigen Testaments, JuS 2003, 614; *Peters*, Unterschrift auf dem Umschlag als Testamentsunterschrift, Festschrift f. Zöllner, 1998, 167; *Schmidt-Kessel*, Erbrecht in der Rechtsprechung des Bundesgerichtshofes 1985 bis 1987, WM 1988, Sonderbeil. 8, 7; *C. Stumpf*, Postscripta im eigenhändigen Testament, FamRZ 1992, 1131; *Tzschaschel*, Das private Einzeltestament, 13. Aufl., 2004; *Werner*, Zur Eigenhändigkeit letztwilliger Verfügungen, DNotZ 1972, 6.

Fälle:

Handelt es sich im Folgenden um gültige Testamente?

a) Der kranke Wilhelm Meier bittet seine Frau Hedwig, folgenden Text auf ein Blatt Papier zu schreiben: »Ich setze hiermit meine Frau Hedwig Meier zur Alleinerbin ein. Köln, den 1. 3. 2003.« Das unterschreibt Meier eigenhändig mit »Wilhelm Meier«. Darunter setzt seine Frau ihre Unterschrift »Hedwig Meier«. **(Rdnr. 121)**

b) Der blinde E schreibt ein Testament in Blindenschrift. **(Rdnr. 121)**

c) Der lebensmüde Emil nimmt eine Überdosis Schlaftabletten und schreibt einen Abschiedsbrief, in dem es heißt: »Ich, Emil Schulte, habe keine Lust mehr am Leben. Deshalb will ich es beenden. Lisbeth Funke allein hat mich verstanden, weshalb sie alle meine

Sachen haben soll. Und nun bin ich sehr müde; deshalb ...« Es folgen ein paar unverständliche Zeichen. **(Rdnr. 124)**

d) E schickt seinen drei Neffen einen handgeschriebenen Brief, in dem es unter anderem heißt: »Da Ihr meine einzigen Angehörigen seid, sollt Ihr zu gleichen Teilen meine Erben sein. Gruß Euer Onkel.« Bevor er den Brief absendet, fügt er vor seiner Unterschrift noch folgenden, mit der Schreibmaschine geschriebenen Satz ein: »Mein Freund Fritz soll aber auch ein Viertel haben.« **(Rdnr. 121, 123)**

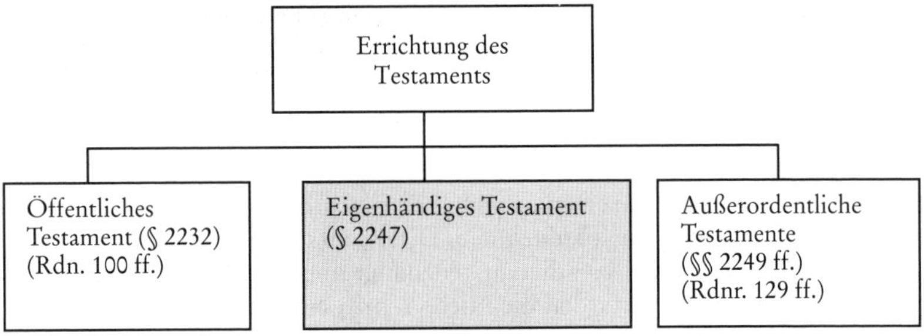

1. Erklärung gegenüber dem Notar
2. Übergabe einer offenen Schrift
3. Übergabe einer verschlossenen Schrift

eigenhändig geschriebene und unterschriebene Erklärung

1. Nottestament vor dem Bürgermeister (§ 2249)
2. Nottestament vor drei Zeugen (§ 2250)
3. Nottestament auf See (§ 2251)

Der Erblasser kann ein Testament durch eine eigenhändig geschriebene und unterschriebene Erklärung errichten (§ 2247 I).

I. Vorzüge des eigenhändigen Testaments

Ein eigenhändiges Testament (Beispiel: Rdnr. 805) kann der Erblasser ohne Hilfe anderer Personen, also schnell und an jedem Ort errichten. Kosten entstehen ihm dadurch nicht, zumal eine amtliche Verwahrung des eigenhändigen Testaments nicht vorgeschrieben ist. Auch der juristisch nicht geschulte Laie braucht heute nicht mehr die Sorge zu haben, sein eigenhändiges Testament könne formungültig sein; denn das Gesetz verlangt nur eine eigenhändig geschriebene und unterschriebene Erklärung. Diese kann selbst in einem Brief oder auf einer Postkarte enthalten sein, sofern der Verfasser damit seine letztwillige Verfügung treffen und nicht nur auf eine Erbaussicht hinweisen will.

II. Fähigkeit zur Errichtung eines eigenhändigen Testaments 120

Grundsätzlich kann jeder ein eigenhändiges Testament errichten. Eine Ausnahme gilt jedoch für die folgenden Personen:
- wer nicht zu schreiben vermag, da er das Erfordernis der Eigenhändigkeit nicht erfüllen kann;
- testierfähige Minderjährige (§ 2247 IV; Rdnr. 90), weil eine Beratung nicht gewährleistet ist;
- alle, die Geschriebenes nicht zu lesen vermögen (§ 2247 IV), weil die Gefahr besteht, dass sie einen Text schreiben, den sie nicht wollen.

Wenn also ein des Lesens Unkundiger sich von einem anderen ein Testament vorschreiben lässt und er dann auf einem anderen Stück Papier das Geschriebene »abmalt«, so ist das Testament gem. § 2247 IV nichtig, weil der Erblasser nicht verstehen kann, was sein »Gemälde« bedeutet.

Unter die Bestimmung fällt auch der Blinde, weil er Geschriebenes nicht lesen kann. Benutzt er die von ihm beherrschte Blindenschrift, kann er zwar das Geschriebene lesen. Es fragt sich aber, ob diese Schrift dem Sinn des zwingenden Erfordernisses der eigenhändigen Niederschrift entspricht (Rdnr. 121).

III. Form des eigenhändigen Testaments 121

1. Eigenhändige Niederschrift

a) Für die Gültigkeit eines privaten Testaments ist eine *eigenhändig geschriebene und unterschriebene Erklärung* nach § 2247 I zwingend vorgeschrieben. Das Gesetz verlangt hier also mehr als mit der Schriftform des § 126 I. Dort reicht es aus, dass die Urkunde vom Aussteller eigenhändig unterzeichnet wird; es ist gleichgültig, wie und von wem der Text erstellt worden ist. Nach § 2247 I dagegen muss der Erblasser den ganzen Text der Urkunde selbst mit der Hand schreiben und unterschreiben. Damit soll nicht nur erreicht werden, dass der Erblasser seine Erklärung zur Kenntnis nimmt. Vielmehr geht es vor allem darum, durch das Erfordernis der Eigenhändigkeit ein Sicherungsmittel für die Echtheit des Testaments zu schaffen und die Gefahren einer Fälschung oder Verfälschung zu verringern. Wenn man überhaupt ein privates Testament zulässt, dann ist es aus Sicherheitsgründen geboten, eine eigenhändige Niederschrift zwingend vorzuschreiben. Nur so ist auf Grund der individuellen Schriftzüge die Identität des Verfassers mit dem Erblasser festzustellen. Deshalb hat das TestG von 1938, auf dem § 2247 beruht, trotz aller Erleichterungen (insbesondere hinsichtlich der Zeit- und Ortsangabe) mit gutem Grund an dem Erfordernis der Eigenhändigkeit festgehalten.

Aus dem Zweck des Erfordernisses der Eigenhändigkeit folgt:

(1) Der Erblasser muss das Testament persönlich abgefasst und in der ihm eigenen Schrift geschrieben haben[39].

(a) Eigenhändige Niederschrift ist somit nicht gegeben, wenn eine andere Person als der Erblasser den Text schreibt.

Im **Fall a** ist das Testament des Ehemannes nichtig, da seine Frau seinen letzten Willen niedergeschrieben hat. Demgegenüber kann nicht auf die Formerleichterung des § 2267 hingewiesen werden, wonach es zur Errichtung eines eigenhändigen gemeinschaftlichen Testaments genügt, wenn einer der Ehegatten das Testament formgerecht errichtet und der andere Ehegatte die gemeinschaftliche Erklärung eigenhändig mitunterzeichnet. Ein gemeinschaftliches Testament (Rdnr. 176 ff.) liegt nämlich deshalb nicht vor, weil nur der Ehemann (und nicht auch die Ehefrau) den letzten Willen erklärt.

Nach dem Zweck der Eigenhändigkeit bestimmt sich auch, inwieweit das Schreiben des Erblassers mit fremder Hilfe den Formerfordernissen entspricht. Ein bloßes Halten der Schreibunterlage oder lediglich ein Stützen der Hand ist zulässig. Dagegen ist ein Führen der Hand des Erblassers nur dann erlaubt, wenn die Schriftzüge noch als die des Erblassers angesehen werden können[40].

(b) An der Eigenhändigkeit fehlt es auch, wenn der Text vom Erblasser in mechanischer Schrift (Maschinenschrift, Druck) hergestellt wird, weil diese Schrift nicht die erforderlichen individuellen Züge aufweist.

Die Blindenschrift entspricht der Formvorschrift sicherlich dann nicht, wenn sie mit einer Blindentastatur, also auf mechanischem Wege, hergestellt wurde. Aber auch die mit der Hand gefertigte Punktschrift des Blinden weist nicht wie die normale Schrift die individuellen Züge auf, die für den Beweis der Echtheit entscheidend sind. [41] Zwar zeigen Blindenschriften unverkennbare Unterschiede; diese beruhen jedoch zum allergrößten Teil auf der Stärke und Qualität des Papiers sowie auf der Beschaffenheit des benutzten Schreibstiftes und lassen kaum einen nur einigermaßen sicheren Rückschluss auf die Person des Schreibers zulassen (**Fall b**)[42].

Eine vom Erblasser mittels Durchschreibebogen (Blaupause) errichtete letztwillige Verfügung kann dagegen ein formgültiges Testament sein (z. B. das Original oder die zweite Urschrift). Hier werden nämlich die durchgepausten Schriftzüge vom Erblasser ebenso selbst geformt wie bei einem etwa mit Kugelschreiber erstellten Schriftstück[43]. Die individuellen Merkmale der Handschrift treten hinreichend hervor, so dass ein sicherer Rückschluss auf die Person des Schreibers möglich ist. Bei einem solchen Schriftstück ist jedoch stets zu prüfen, ob es sich nach dem Willen des Testators nicht lediglich um eine Testamentsabschrift handeln sollte, die nicht als Testament anerkannt werden kann.

(2) Die *ganze* Erklärung muss eigenhändig geschrieben sein; denn andernfalls ist der Nachweis der Echtheit hinsichtlich nicht handschriftlicher Teile nicht zu

39 BGHZ 47, 68, 70.

40 Vgl. BGHZ 47, 68, 71; BGH NJW 1981, 1900, 1901.

41 *Schulze*, DNotZ 1955, 629.

42 MünchKomm/*Hagena*, § 2247 Rdnr. 51; *Palandt/Edenhofer*, § 2247 Rdnr. 7; *Staudinger/Baumann*, § 2247 Rdnr. 31 m. N.; **a.M.** RGRK/*Kregel*, § 2247 Rdnr. 30.

43 BGHZ 47, 68; vgl. auch *Werner*, JuS 1973, 434.

führen, da es sich insoweit um Verfälschungen handeln kann. Ob diese teilweise Formwidrigkeit sich auf die Gültigkeit der formgerechten Verfügungen auswirkt, ist eine Frage der Auslegung (§ 2085; Rdnr. 264).

Im **Fall d** stellt der Brief ein Testament dar; jedoch ist der maschinenschriftliche Zusatz formungültig und die Einsetzung des Freundes nichtig. Erben werden allein die Neffen.

Wird in einem formgerechten privaten Testament auf eine andere nicht eigenhändig geschriebene Verfügung Bezug genommen, so wird diese dadurch nicht wirksam, weil insoweit der Zweck der Eigenhändigkeit nicht erfüllt ist.

b) Mehr als eine eigenhändige Niederschrift (und die noch zu behandelnde Unterschrift) verlangt das Gesetz nicht. Infolgedessen ist für die Gültigkeit des privaten Testaments *unerheblich*: 122

- *die Art des Schreibmaterials*
  Bei Verwendung ausgefallenen Materials ist allerdings zu prüfen, ob die Erklärung ernstlich gemeint war oder ob es sich um einen Scherz (Bierdeckel) oder um einen bloßen Entwurf (Kalenderblatt) handelt.
- *der zum Schreiben benutzte Körperteil*
  »Eigenhändig« ist nicht wörtlich zu nehmen. Da die Eigenhändigkeit den Identitätsnachweis sicherstellen soll (Schriftvergleichung), ist auch ein Schreiben mit dem Mund, Fuß oder einer Prothese zulässig.
- *die Art der Schriftzeichen*
  Zugelassen ist nicht nur die normale Schreibschrift (in deutschen oder lateinischen Buchstaben), sondern auch – obwohl hier die individuellen Züge der Schrift weniger stark zum Ausdruck kommen – jede Art von geschriebenen Druckbuchstaben und jede Stenografie.
  Wäre man hier zu kleinlich und ließe etwa nur die normale Schreibschrift zu, dann müsste ein Erblasser, der normalerweise nur in Rundschrift oder in Stenografie schreibt, sich einer ihm ungewohnten Schrift bedienen, was später die Identitätsprüfung unnötig erschweren würde.
- *die benutzte Sprache*
  Der Erblasser kann jede ihm geläufige Sprache verwenden. Es kann eine ausgefallene, auch tote Sprache sein. Entscheidend ist nur, dass der Erblasser den Sinn des Geschriebenen versteht und dass der Sinn später – notfalls durch einen Sachverständigen – ermittelt werden kann.

2. *Unterschrift* 123

Die eigenhändige Unterschrift des Erblassers wird aus zwei Gründen verlangt. Einmal soll eine einwandfreie Feststellung der Urheberschaft des Erblassers ermöglicht werden (*Identitätsfrage*); zum anderen soll durch die Unterschrift klargestellt werden, dass es sich um eine abgeschlossene Erklärung handelt (*Abschlussfrage*).

a) Identitätsfrage

Die Identitätsfrage ist einfach zu beantworten, wenn der Erblasser mit seinem Vor- und Zunamen unterschreibt. Früher war streitig, ob eine Unterschrift mit vollem Namen erforderlich sei. Das TestG von 1938 klärte diese Frage durch eine Vorschrift, wonach die Unterschrift den Vor- und Familiennamen des Erblassers enthalten *soll* (jetzt § 2247 III).

Wird also mit dem Vornamen, unter Andeutung des Verwandtschaftsgrades (**Fall d**), mit einem Künstlernamen oder mit einem Pseudonym unterzeichnet, scheitert daran die Gültigkeit des Testaments nicht, wenn nur – auch unter Berücksichtigung von Tatsachen außerhalb der Urkunde – die Person des Erblassers zu ermitteln ist (§ 2247 III 2).

Allerdings kann die Art der Unterschrift u. U. Zweifel an der Ernstlichkeit der Erklärung begründen.

Wenn sich die Identität des Unterschreibenden aus dem Schriftzug ermitteln lässt, ist die Lesbarkeit der Unterschrift für die Gültigkeit des Testaments nicht erforderlich.

Unter demselben Gesichtspunkt ist auch die Streitfrage zu beantworten, ob eine Unterschrift mit den Anfangsbuchstaben des Vor- und Zunamens genügt. Das kann jedenfalls nicht von vornherein verneint werden. Wenn nämlich der Vater das in einem Brief an seine Kinder enthaltene Testament mit »Papa« oder gar nur mit »Pa« unterzeichnen kann, ohne dass dadurch die Nichtigkeit des Testaments herbeigeführt wird, dann ist nicht recht einzusehen, warum die Unterschrift »E. M.« nicht ausreichen soll, wenn dadurch keine Zweifel an der Identität des Erblassers aufkommen[44].

124 *b) Abschlussfrage*

Da die Unterschrift auch dartun soll, dass die Erklärung des Erblassers abgeschlossen ist, muss sie am Schluss der letztwilligen Verfügung stehen. Enthält das Testament am Anfang den Namen des Erblassers, fehlt aber eine *Unterschrift*, ist es formungültig; Oberschrift ist in aller Regel[45] keine Unterschrift [46] (**Fall c**).

Normalerweise wird die Unterschrift unter der letzten Zeile des Textes stehen. Findet sie sich aber in Höhe der untersten Zeile oder – weil das Blatt bis zum unteren Rand beschrieben ist – etwa quer am Rande des Blattes, so scheitert daran die Gültigkeit des Testaments nicht. Denn entscheidend ist eine derartige räumliche Beziehung der Unterschrift zu der Verfügung, dass sie diese

44 So OLG Celle NJW 1977, 1690; *Palandt/Edenhofer*, § 2247 Rdnr. 12; **a. A.** BGH NJW 1967, 2310 und die h. L., für die wohl eine entsprechende Bemerkung in der Amtl. Begr. DJ 1938, 1254, 1257, maßgebend ist; vgl. *Staudinger/Baumann*, § 2247 Rdnr. 107 m. N.

45 Siehe aber OLG Hamm NJW 1996, 2938 für den Fall, dass unter und neben dem Text kein Platz für die Unterschrift ist.

46 BGHZ 113, 48; BGH NJW 1992, 829; **a. M.** *Lange/Kuchinke*, § 20 IV 3 b.

der äußeren Erscheinung nach deckt, räumlich abschließt und gegen spätere Zusätze schützt[47].

Danach sind auch die anderen Zweifelsfälle zu beurteilen: Besteht das Testament aus mehreren losen Blättern, wird man nicht verlangen dürfen, dass der Erblasser jedes einzelne Blatt unterschreibt[48]. Würde man das fordern, wären viele private Testamente unwirksam. Allerdings ist zur Vermeidung späterer Zusätze zu verlangen, dass die Zusammengehörigkeit der Blätter festgestellt werden kann (z. B. aus einer Nummerierung, dem fortlaufenden Text, der Art des Papiers, der Tinte[49]).

Enthält der Text der Verfügung keine Unterschrift, steckt er aber in einem verschlossenen Umschlag, auf den der Erblasser handschriftlich seinen Namen geschrieben hat, so kommt es für die Gültigkeit darauf an, ob die Namensschrift nach der äußeren Erscheinung als Fortsetzung des Testamentstextes aufgefasst werden kann, was im Zweifel anzunehmen sein dürfte[50]. Die Unterschrift auf einem unverschlossenen Umschlag reicht dagegen in aller Regel nicht, da in diesem Fall kein Schutz gegen die Vertauschung des Inhalts besteht[51].

Zweifelhaft ist, ob nachträgliche Änderungen besonders unterschrieben werden müssen[52]. Das ist nicht nötig bei bloßen Streichungen oder Radierungen, da es sich um einen Widerruf der betreffenden Verfügung handelt. Wenn das ganze Testament durch schlüssige Handlung widerrufen werden kann (§ 2255), muss das auch hinsichtlich eines Teiles des Testaments möglich sein. Wird dagegen später eine neue Verfügung hinzugesetzt (z. B. die der Unterschrift nachfolgende Einsetzung eines Testamentsvollstreckers)[53], dann ist im Interesse der Rechtssicherheit eine besondere Unterschrift zu verlangen. Sie ist entbehrlich, wenn das Hinzugefügte lediglich eine bereits getroffene Verfügung erläutert.

IV. Zeit- und Ortsangabe 125

Nach § 2247 II soll das eigenhändige Testament Zeit und Ort der Errichtung angeben. Es handelt sich nur um eine Sollvorschrift, deren Nichtbeachtung die Gültigkeit des Testaments nicht beeinflusst.

Ausnahmsweise ist die Angabe von Zeit und Ort für die Gültigkeit des Testaments von Bedeutung (§ 2247 V). Fehlt z. B. die Zeitangabe und war der Erblasser zeitweilig geschäftsunfähig, so dass er kein wirksames Testament errichten konnte, muss versucht werden, durch alle zulässigen Beweismittel die Zeit der Errichtung zu ermitteln. Gelingt das nicht, ist das Testament nichtig. Entsprechendes gilt, wenn mehrere sich widersprechende Testamente vorliegen (§ 2254; Rdnr. 139) und mangels Zeitangabe nicht festgestellt werden kann, welches das letzte ist. Fehlt die Ortsangabe, so ist das Testament ebenfalls

47 RGZ 110, 166, 168; *Erman/Schmidt*, § 2247 Rdnr. 7; MünchKomm/*Hagena*, § 2247 Rdnr. 25; *Staudinger/Baumann*, § 2247 Rdnr. 90.
48 *Staudinger/Baumann*, § 2247 Rdnr. 53 m. N.
49 Vgl. KGJ 29 A 65; *Staudinger/Baumann*, § 2247 Rdnr. 99.
50 Vgl. BayObLG FamRZ 1988, 1211 m. N.
51 OLG Hamm OLGZ 1986, 292; **a. A.** *Staudinger/Baumann*, § 2247 Rdnr. 101 m. N.
52 Dazu BGH NJW 1974, 1083.
53 OLG Köln NJW-RR 1994, 74.

nichtig (§ 2247 V 2), wenn es für die Gültigkeit auf den Ort der Errichtung ankommt und dieser nicht ermittelt werden kann.

126 V. Verwahrung

Auch das eigenhändige Testament kann in amtliche Verwahrung gegeben werden. Verlangt der Erblasser – z. B. weil er Verfälschungen verhindert wissen möchte – eine solche Verwahrung, so ist dem zu entsprechen (§ 2248). Das Testament wird dadurch nicht zu einem öffentlichen, sondern bleibt ein privates.

Der Erblasser kann jederzeit die Rückgabe des Testaments verlangen (§ 2256 II). Anders als beim öffentlichen Testament (§ 2256 I 1) gilt das private Testament nicht als widerrufen, wenn es dem Erblasser aus der amtlichen Verwahrung zurückgegeben wird (§ 2256 III).

127 VI. Eigenhändiges Testament nach dem ZGB

Sofern die Errichtung eines eigenhändigen Testaments nach dem früheren Recht der DDR zu beurteilen ist (Art. 235 § 2 Satz 1 EGBGB), musste das Testament vom Erblasser handschriftlich geschrieben und unterschrieben sein; es sollte Ort und Datum der Errichtung enthalten und konnte dem Staatlichen Notariat in Verwahrung gegeben werden (§ 385 ZGB).

128 VII. Zusammenfassung

Das eigenhändige Testament muss vom Erblasser eigenhändig geschrieben und unterschrieben werden. Zeit- und Ortsangabe sind nicht mehr zwingend vorgeschrieben, aber ratsam. Letzteres gilt auch für die amtliche Verwahrung des eigenhändigen Testaments.

129 § 12 Die außerordentlichen Testamente

Schrifttum: Amtl. Begründung zum Gesetz über die Errichtung von Testamenten und Erbverträgen v. 31. 7. 1938, DJ 1938, 1254 (1258); *von der Beck*, Norminhalt und Formenstrenge im Recht der Nottestamente, 1995; *Haegele*, Beurkundung eines Nottestaments durch den Bürgermeister, 2. Aufl., 1969; *Kappeßer*, Die Nottestamente des BGB, 1995; *Heinr. Lange*, Das Recht des Testaments, 1. Denkschrift, 1937, 86; *Mayer*, Zur wirksamen Errichtung eines Nottestaments, ZEV 2002, 140; *Schmidt/Schmidt*, Die Nottestamente: Bürgermeister-Testament und Drei-Zeugen-Testament, JuS 1996, 598.

Fälle:

a) In der Gemeinde X des Kreises Y des Landes Nordrhein-Westfalen wird E bei einem Verkehrsunfall schwer verletzt. Da ein Notar nicht zu erreichen ist, errichtet E ein Testament vor dem Landrat und zwei Zeugen. Gültig nach § 2249? **(Rdnr. 131)**

b) Im **Fall a** fungiert anstelle des Landrats der Gemeindedirektor der Nachbargemeinde. **(Rdnr. 131)**

c) Sind die Voraussetzungen für ein Nottestament gegeben, wenn der einzige Notar der Gemeinde zwar erreichbar ist, sich aber bei seinem Skatabend nicht stören lässt? **(Rdnr. 130)**

d) Können die in einem Stollen eingeschlossenen Bergleute ein Dreizeugentestament errichten, obwohl sie mit der Rettungsmannschaft eine Sprechverbindung haben und ein Notar über Tage sich mit den Eingeschlossenen verständigen könnte? **(Rdnr. 133)**

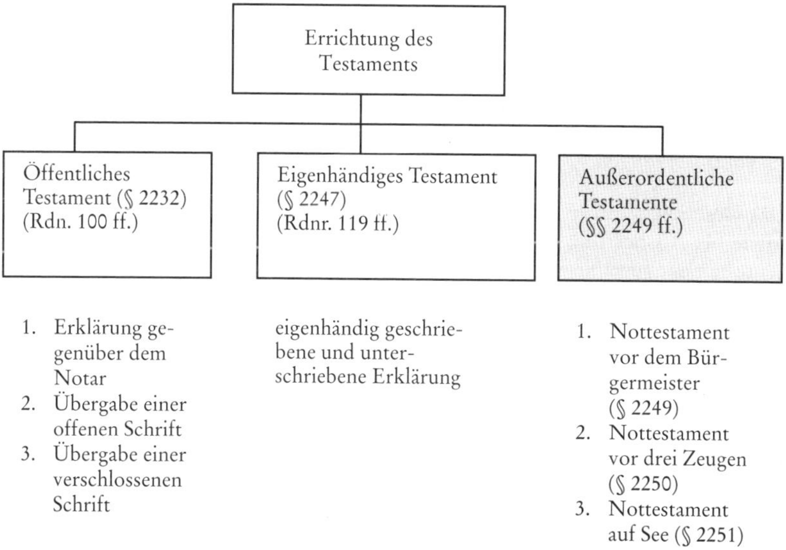

I. Begriff, Bedeutung und Geltungsdauer

Das geltende Recht kennt neben den bisher behandelten ordentlichen Testamentsformen auch drei außerordentliche Testamentsarten, nämlich das Testament vor dem Bürgermeister und zwei Zeugen (§ 2249), das Testament vor drei Zeugen (§ 2250) und das Seetestament (§ 2251).

Die beiden erstgenannten Arten sind nur zulässig, wenn eine im Gesetz näher beschriebene Notlage gegeben ist, weshalb sie auch unter dem Begriff der *Nottestamente* zusammengefasst werden. Dagegen ist das Seetestament zwar als außerordentliches, aber nicht als Nottestament zu bezeichnen; denn eine konkrete Notlage wird nicht vorausgesetzt.

Da unser Recht das eigenhändige Testament zulässt, kann der Erblasser in Ausnahmesituationen durch Errichtung eines eigenhändigen Testaments letztwillig verfügen. Demnach besteht ein praktisches Bedürfnis für ein außerordentliches Testament nur, wenn der Erblasser in einer der geschilderten Lagen kein eigenhändiges Testament errichten kann, z. B. weil er infolge eines Unfalls nicht zu schreiben vermag.

Das BGB hat die Geltungsdauer der außerordentlichen Testamente eingeschränkt, um damit der Gefahr eines Missbrauchs vorzubeugen (Mot. V, 281). Wenn seit der Errichtung des außerordentlichen Testaments drei Monate verstrichen sind und der Erblasser noch lebt, so wird das Testament grundsätzlich wirkungslos; allerdings sind Beginn und Lauf dieser Frist gehemmt, solange der Erblasser (z. B. weil er im Koma liegt) außerstande ist, ein notarielles Testament zu errichten (Einzelheiten: § 2252).

130 II. Nottestament vor dem Bürgermeister

1. Voraussetzungen

Das Gesetz lässt diese Art der Testamentserrichtung bei Todesgefahr (§ 2249 I) sowie bei Absperrung (§ 2250 I) zu; im letzteren Fall kann auch das Dreizeugentestament gewählt werden.

a) Todesgefahr

§ 2249 I setzt die Besorgnis voraus, dass der Erblasser früher sterben werde, als die Errichtung eines Testaments vor einem Notar möglich ist.

Das Gesetz stellt auf die *Besorgnis* des vorzeitigen Ablebens ab; gemeint ist die Besorgnis der Urkundsperson, die diese Besorgnis auch in der Niederschrift feststellen soll (§ 2249 II). Die Todesgefahr braucht also nicht objektiv vorzuliegen. Allerdings muss die Urkundsperson nach pflichtgemäßer Prüfung zu dieser Besorgnis gelangen; andernfalls ist das Testament nichtig.

Zu weit geht die Ansicht des BGH[54] und der h. M., schon die Besorgnis des nahen Eintritts der Testierunfähigkeit reiche aus, wenn zu befürchten sei, dass diese bis zum Tode des Erblassers ununterbrochen oder doch nur mit kurzen, die Möglichkeit einer Testamentserrichtung nicht gewährleistenden Unterbrechungen fortdauern werde. Dem steht der enge Wortlaut des § 2249 I 1 entgegen, der nur von der Besorgnis spricht, dass der Erblasser früher sterben werde. Eine entsprechende Anwendung ist nicht zulässig, weil der Gesetzgeber das Problem gesehen und anders geregelt hat (Mot. V, 282).

Vielfach wird in der Literatur auf die *Nichterreichbarkeit* des Notars abgestellt. Das ist zu eng. Ist z. B. der einzige Notar zwar erreichbar, kann oder will dieser aber nicht als Urkundsperson fungieren (**Fall c**), ist die Errichtung eines Testaments vor einem Notar *nicht möglich* (vgl. Wortlaut des § 2249 I 1).

54 BGHZ 3, 372, 377.

b) Absperrung

§ 2250 I setzt voraus, dass der Erblasser sich an einem Ort aufhält, der infolge außerordentlicher Umstände so abgesperrt ist, dass die Testamentserrichtung vor einem Notar nicht möglich oder erheblich erschwert ist.

Auch hier genügt es, dass die Urkundsperson auf Grund pflichtgemäßer Prüfung zu der Überzeugung gelangt ist, die Voraussetzungen der Absperrung gem. § 2250 I lägen vor. Diese Bestimmung spricht zwar nicht von der »Besorgnis« oder der »Überzeugung« der Urkundsperson. Dennoch ist der weiteren Auslegung der Vorzug zu geben; denn hier ist der Wille des Gesetzgebers unklar zum Ausdruck gekommen. Es ist kein vernünftiger Grund ersichtlich, weshalb in § 2250 nur auf die objektive Lage und in § 2249 auf die subjektive Auffassung abgestellt sein sollte. Deshalb ist in § 2250 I auch die Überzeugung der Urkundsperson entscheidend.

2. Mitwirkende Personen 131

a) Der *Bürgermeister* der Gemeinde, in der sich der Erblasser (wenn auch nur vorübergehend) aufhält, ist anstelle des Notars die Urkundsperson. Wird ein örtlich nicht zuständiger Bürgermeister tätig, so beeinträchtigt das die Gültigkeit des Testaments nicht (§ 2249 I 4; **Fall b**).

Wer Urkundsperson ist, richtet sich nach den Gemeindeordnungen der Länder. Für die Länder der früheren britischen Zone ist noch die VO zur Durchführung des § 23 des Gesetzes über die Errichtung von Testamenten und Erbverträgen v. 12. 12. 1946 (VOBl 1947, 9) zu beachten (vgl. WiederherstellungsG v. 5. 3. 1953, Zweiter Teil, Art. 4 Nr. 6). Danach ist auch der Hauptgemeindebeamte (Bürgermeister usw.) oder sein Vertreter zuständig. Im

Fall a ist also der Landrat nicht die zuständige Urkundsperson. Deshalb ist das Testament als Bürgermeistertestament nichtig; es kann allerdings als Dreizeugentestament gültig sein (§ 2250 II).

b) *Zwei Zeugen* müssen vom Bürgermeister zugezogen werden (§ 2249 I 2) und während der ganzen Zeit der Errichtung anwesend sein[55]; sonst ist das Testament nichtig.

3. Errichtung 132

Das Bürgermeistertestament ist in derselben Weise zu errichten wie das notarielle Testament (§ 2249 I 4).

a) § 2249 und die Normen, auf die diese Bestimmung verweist, enthalten zahlreiche *Soll*-Vorschriften. Verstöße gegen sie berühren die Gültigkeit des Testaments nicht.

b) Außerdem ist eine Reihe von *Muss*-Vorschriften zu beachten. Bei Verletzung einer solchen Vorschrift ist das Nottestament grundsätzlich nichtig. Jedoch stehen nach § 2249 VI Formverstöße bei der Abfassung der Niederschrift der Gültigkeit des Testaments nicht

55 Vgl. BGHZ 54, 89.

entgegen, wenn mit Sicherheit anzunehmen ist, dass die Erklärung des Erblassers in der Testamentsurkunde richtig wiedergegeben ist[56].

133 III. Dreizeugentestament

1. Voraussetzungen

a) Absperrung

§ 2250 I gibt im Fall der Absperrung eine Wahlmöglichkeit zwischen dem Bürgermeister- und dem Dreizeugentestament. Die Voraussetzungen dieser Bestimmungen sind schon oben beim Bürgermeistertestament erörtert worden (Rdnr. 130).

Sind Bergleute in einem Stollen eingeschlossen, so ist trotz Bestehens einer Sprechverbindung (**Fall d**) ein Dreizeugentestament zulässig, da zumindest die Testamentserrichtung vor einem Notar erheblich erschwert ist (§ 2250 I). Selbst wenn diese Voraussetzung objektiv nicht gegeben sein sollte, so genügt auch hier die Überzeugung der drei Zeugen vom Vorliegen dieses Sachverhalts.

b) Nahe Todesgefahr

Gem. § 2250 II kann ein Dreizeugentestament errichtet werden, wenn der Erblasser sich in so naher Todesgefahr befindet, dass voraussichtlich auch die Errichtung eines Bürgermeistertestaments nicht mehr möglich ist. Es genügt hier – trotz der anders lautenden Formulierung in § 2250 II – die subjektive Besorgnis der drei Zeugen (§§ 2250 III 2; 2249 II 2)[57].

134 *2. Mitwirkende Personen*

Drei Zeugen müssen während der Errichtung anwesend sein. Es genügt nicht, dass der Erblasser seine Erklärung nacheinander vor je einem Zeugen abgibt; denn § 2250 II verlangt die »Erklärung vor drei Zeugen«[58]. Die mitwirkenden Personen müssen, damit sie als Zeugen i.S.d. § 2250 in Betracht kommen, zudem die Absicht und das Bewusstsein haben, gemeinsam bei der Errichtung des Testaments mitzuwirken. Es reicht nicht aus, dass sie als gerade Anwesende die letztwillige Erklärung des Erblassers lediglich hören und richtig wiedergeben können[59].

56 Vgl. dazu auch BGH LM Nr. 1 zu § 416 ZPO; BGHZ 37, 79 f.
57 BGHZ 3, 372, 376.
58 BGHZ 54, 89.
59 Vgl. BGH MDR 1971, 281; 1972, 309.

3. *Errichtung* 135

Die Testamentserrichtung ist nur durch mündliche Erklärung und nicht durch Übergabe einer Schrift möglich (§ 2250 II, III 1).

Die Erklärung und die Niederschrift in einer fremden Sprache sind zulässig; der Erblasser und alle drei Zeugen müssen aber der Sprache kundig sein (§ 2250 III 3 und 4).

Für die Gültigkeit des Dreizeugentestaments ist die Aufnahme einer Niederschrift zwingend vorgeschrieben (§ 2250 III 1). Diese muss dem Erblasser vorgelesen, von ihm genehmigt sowie von ihm und den Zeugen unterschrieben werden (§ 2250 III 2 i.V.m. § 13 I, III 1 BeurkG)[60].

Der Gesetzgeber verlangt von den drei Zeugen grundsätzlich dieselben Rechtskenntnisse wie vom Bürgermeister; damit sind die Zeugen sicherlich überfordert. So sind denn auch die meisten Dreizeugentestamente nichtig.

IV. Seetestament 136

§ 2251 setzt voraus, dass sich der Erblasser während einer Seereise an Bord eines deutschen Schiffes außerhalb eines inländischen Hafens befindet. Eine besondere Notlage (Erkrankung, Seenot) braucht nicht vorzuliegen.

Mitwirken müssen auch beim Seetestament drei Zeugen; § 2251 verweist für die Formerfordernisse auf das Dreizeugentestament.

V. Zusammenfassung 137

Außerordentliche Testamente (Bürgermeister-, Dreizeugen-, Seetestament) sind bei einer besonderen Gefahrensituation (Todesgefahr, Absperrung, Seereise) zulässig. Es muss eine Niederschrift über die Testamentserrichtung abgefasst werden; dabei unterlaufende Formfehler sind weitgehend unschädlich. Die Testamente haben nur eine beschränkte Gültigkeitsdauer.

§ 13 Der Widerruf des Testaments 138

Schrifttum: *Hellfeier*, Die Neuerrichtung eines durch schlüssige Handlung nach § 2255, S. 1 BGB widerrufenen Testaments, 2003, 1; *Hohmann*, Zum Widerruf durch Einwirkung auf die Testamentsurkunde, ZEV 1996, 271; *Klunzinger*, Die Maßgeblichkeit des Erblasserwillens beim Widerruf des Widerrufs, DNotZ 1974, 278; *Heinr. Lange*, Das Recht des Testaments, 1. Denkschrift, 1937, 94; *v. Lübtow*, Zur Lehre vom Widerruf des Testaments, NJW 1968, 1849; *Merle*, Zur Rückgabe eines öffentlichen Testaments aus der amtlichen Verwahrung, AcP 171, 486.

60 Vgl. BGHZ 115, 169.

Fälle:

a) E hat ihre Nichte N im Testament zur Alleinerbin bestimmt. Unter Hinweis auf das Testament veranlasst sie N, sich um sie zu kümmern. Kurz vor ihrem Tod setzt sie jedoch – wie sie es immer vorgehabt hat – in einem neuen Testament ihre Schwester S zur Alleinerbin ein. **(Rdnr. 138)**

b) E erfährt, dass ihr Testament durch einen Brand oder durch Kriegseinwirkungen vernichtet worden ist. Sie erklärt dazu, die Vernichtung entspreche ihrem Willen. Gültiger Widerruf? **(Rdnr. 140)**

c) Im Prozess beruft sich der Kläger für sein Erbrecht auf ein Testament, das er trotz eifrigen Nachforschens nicht auffinden könne. Der Beklagte bestreitet, dass der Erblasser das Testament errichtet habe. Hilfsweise macht er geltend, bei Unauffindbarkeit der Testamentsurkunde spreche eine Vermutung dafür, dass der Erblasser sie vernichtet habe. **(Rdnr. 140)**

d) Im Prozess legt der Kläger zum Beweis seiner Behauptung, der Erblasser habe ihn zum Erben eingesetzt, ein zerrissenes Testament vor. Der Beklagte meint, das Testament sei durch Vernichtung widerrufen. Demgegenüber behauptet der Kläger, der Beklagte habe es aus Wut, weil er darin nicht bedacht worden sei, zerrissen. Hilfsweise macht der Kläger geltend, wenn der Erblasser das Testament zerrissen haben sollte, so sei das aus Versehen geschehen. **(Rdnr. 140)**

e) Der Erblasser hat in einem mit Tinte geschriebenen Testament den A zum Alleinerben eingesetzt und später in Widerrufsabsicht den ganzen Text mit Bleistift durchgestrichen. Um das Testament wiederherzustellen, radiert er die Bleistiftstriche sorgfältig wieder aus. **(Rdnr. 142)**

I. Voraussetzungen

Der Erblasser hat nicht nur die Möglichkeit, durch Verfügung von Todes wegen von der gesetzlichen Erbfolge abzuweichen, sondern kann auch durch Widerruf dieser Verfügung von der gewillkürten Erbfolge wieder abgehen. Dabei ist es gleichgültig, ob der Erblasser eine andere gewillkürte Erbfolge an die Stelle der bisherigen setzt oder nur die bisherige gewillkürte Erbfolge beseitigt, so dass die gesetzliche Erbfolge eingreift. Da das Testament erst mit dem Tode des Erblassers wirksam wird und der im Testament Bedachte bis zum Erbfall keine Rechte (insbesondere auch kein Anwartschaftsrecht) erwirbt, stehen der Beseitigung des Testaments durch den Erblasser keine schutzwürdigen Interessen des im Testament Bedachten entgegen. Wenn dieser auf das Bestehenbleiben des Testaments vertraut, so geschieht das auf eigene Gefahr.

Der Erblasser kann ohne jeden Grund sein Testament jederzeit widerrufen (§ 2253).

Im **Fall a** ist das erste Testament durch das zweite widerrufen, so dass die Nichte nicht Erbin wird. Wenn die Voraussetzungen der §§ 611, 812 oder 826 gegeben sind, hat die Nichte einen Geldanspruch; für eine solche Nachlassverbindlichkeit haftet die Erbin (§ 1967).

Der Widerruf ist eine letztwillige Verfügung. Deshalb kann nur ein Testierfähiger sein Testament widerrufen.

II. Ausübung des Widerrufs 139

Der Widerruf kann durch Testament (§§ 2254, 2258), Vernichtung oder Veränderung der Testamentsurkunde (§ 2255) und beim öffentlichen Testament auch durch Rücknahme aus der amtlichen Verwahrung (§ 2256) erfolgen.

1. Testament

Der Widerruf kann durch ein Testament erklärt werden (§ 2254). Das Widerrufstestament muss jedoch nicht in der Form errichtet werden, in der das zu widerrufende Testament errichtet wurde. Ein notarielles Testament kann also durch ein eigenhändiges und auch durch ein Nottestament widerrufen werden. Der Widerruf muss nicht ausdrücklich erklärt werden. Es genügt, wenn die Widerrufsabsicht dem Testament im Wege der Auslegung entnommen werden kann[61].

a) Das Testament ist ein reines Widerrufstestament, wenn es lediglich zum Ausdruck bringt, das frühere Testament solle nicht mehr gelten. Wird auch später keine neue Erbeinsetzung vom Erblasser vorgenommen, tritt bei dessen Tode die gesetzliche Erbfolge ein.

Diese Art des Widerrufs ist praktisch selten. Eine bloße Beseitigung der gewillkürten Erbfolge wird meist durch Vernichten der Testamentsurkunde bewirkt (§ 2255).

b) Wird ohne ausdrücklichen Widerruf des früheren Testaments ein späteres errichtet, das mit dem früheren in Widerspruch steht, so ist das frühere insoweit (konkludent) widerrufen (§ 2258 I).

Das ist z. B. der Fall, wenn im ersten Testament der A und im zweiten der B als Alleinerbe eingesetzt ist. Dagegen wird man grundsätzlich keine Abänderung, sondern eine Ergänzung annehmen, wenn im ersten Testament A als Alleinerbe eingesetzt ist und im zweiten nur ein Vermächtnis für B bestimmt wird. Wird B im zweiten Testament als Erbe zu $^3/_4$ bestimmt, so ist das erste Testament, in dem A als Alleinerbe genannt wird, jedenfalls insoweit widerrufen, als es mit dem zweiten sachlich unvereinbar ist. A ist also nur zu $^1/_4$ Erbe. Möglich ist aber auch, dass mit dem zweiten das erste Testament in vollem Umfang widerrufen sein sollte und hinsichtlich des restlichen Viertels, über das im zweiten Testament nichts gesagt wird, die gesetzliche Erbfolge gelten soll. Was im Einzelfall gemeint war, ist durch Auslegung des zweiten Testaments zu ermitteln. Um Auslegungsstreitigkeiten zu vermeiden, ist dem Erblasser zu raten, in dem späteren Testament ausdrücklich zu sagen, ob und in welchem Umfang er das frühere Testament widerruft.

61 BGH NJW 1996, 201.

Steht das zweite Testament im Widerspruch zu dem ersten, so ist dieses auch dann widerrufen, wenn der Erblasser bei Errichtung des zweiten nicht mehr an die Existenz des ersten gedacht hat[62]. Ein Widerrufswille ist nicht erforderlich; die angegebene Rechtsfolge ergibt sich vielmehr aus dem Gesetz (§ 2258 I).

Ist im ersten Testament A sowie im zweiten B als Alleinerbe eingesetzt und schlägt B wirksam die Erbschaft aus, so ist nicht etwa der im ersten Testament eingesetzte A Alleinerbe des Erblassers; denn durch das zweite Testament ist das erste wirksam widerrufen. Es tritt also die gesetzliche Erbfolge ein. Hätte der Erblasser hilfsweise den A als Alleinerben haben wollen, dann hätte er ihn im zweiten Testament als Ersatzerben benennen müssen.

140 *2. Vernichtung oder Veränderung der Testamentsurkunde*

Der Aufhebungswille des Erblassers braucht nicht in der Form des Testaments erklärt zu werden. Es genügt, dass der Erblasser »die Testamentsurkunde vernichtet oder an ihr Veränderungen vornimmt, durch die der Wille, eine schriftliche Willenserklärung aufzuheben, ausgedrückt zu werden pflegt« (§ 2255 Satz 1).

In Betracht kommen Verbrennen, Zerreißen oder Zerschneiden der Testamentsurkunde, Durchstreichen oder Einklammern, aber auch Unlesbarmachen des Textes durch Schwärzen oder Ausradieren.

Wenn schon das ganze Testament auf diese Art widerrufen werden kann, ist es erst recht zulässig, nur eine einzelne darin enthaltene Verfügung etwa durch Herausschneiden oder Durchstreichen eines Satzes oder nur einzelner Wörter aufzuheben. Entscheidend ist letztlich, ob die Veränderung an der Urkunde nach der Verkehrsanschauung als Aufhebung der Erklärung angesehen werden kann.

Nach diesen Grundsätzen sind auch Entwertungsvermerke auf der Urkunde zu beurteilen. Wenn aus einem solchen Vermerk (»ungültig«, »aufgehoben«) zu erkennen ist, dass das Geschriebene als letztwillige Verfügung nicht mehr in Betracht kommen soll, so ist dies – ebenso wie etwa das Zerreißen – als Widerruf aufzufassen[63].

Wenn aber der Gesetzgeber den Widerruf eines Testaments hinsichtlich der Form so erleichtert, dann sind die noch vorhandenen Formvorschriften genau zu beachten. Insbesondere muss verlangt werden, dass der objektive Tatbestand der Veränderung an der Urkunde selbst erfüllt ist. Daher kann zwar das Werfen der Testamentsurkunde in den Papierkorb als Erklärung des Aufgabewillens gedeutet werden; es erfüllt aber nicht den Tatbestand der Veränderung an der Urkunde[64].

62 BGH NJW 1981, 2745; 1985, 969.

63 H. M.; vgl. MünchKomm/*Hagena*, § 2255 Rdnr. 7; *Palandt/Edenhofer*, § 2255 Rdnr. 6; **a. A.** *Schmidt*, MDR 1951, 324 und *Kipp/Coing*, § 31 II 2 FN 7, die den Vermerk nur dann anerkennen, wenn er als Widerrufstestament aufzufassen, also durch eine Unterschrift gedeckt ist.

64 H. M.; *Bamberger/Roth/Litzenburger*, § 2255 Rdnr. 4; *Soergel/Mayer*, § 2255 Rdnr. 5 m. N.; **a. A.** *Erman/Schmidt*, § 2255 Rdnr. 2; MünchKomm/*Hagena*, § 2255 Rdnr. 7; siehe auch BGH NJW 1959, 2113.

Die Formvorschriften haben nicht nur den Sinn, nach dem Tode des Erblassers den Beweis zu sichern; sie sollen den Erblasser auch vor Übereilung schützen. Dieser Zweck würde aber nicht erfüllt, wenn der Erblasser die Vernichtung des Testaments, etwa infolge Brand oder Kriegseinwirkung, später formlos billigen und dadurch einen wirksamen Widerruf erreichen könnte (**Fall b**)[65]. Während die Widerrufsabsicht schnell und vielleicht unüberlegt gefasst werden kann, zwingt das weiter erforderliche Tätigwerden in aller Regel zu einer reiflichen Überlegung.

Nach der h. M. soll der Erblasser einen Dritten beauftragen können, als sein Werkzeug, nicht aber als sein Stellvertreter, die Testamentsurkunde zu vernichten[66].

Die Wirksamkeit eines Testaments wird nicht dadurch berührt, dass die Urkunde in Verlust gerät oder unfreiwillig vernichtet wird[67]. Wenn also in einem Rechtsstreit der Kläger sich für sein Erbrecht auf ein verloren gegangenes Testament beruft (**Fall c**), so ist seine Klage schlüssig. Bei Bestreiten des Beklagten muss der Kläger die Errichtung und den Inhalt des nicht auffindbaren Testaments beweisen. Das kann mit allen zulässigen Beweismitteln geschehen; an den Beweis sind jedoch strenge Anforderungen zu stellen[68]. Gelingt dem Kläger der Beweis, kann der Beklagte demgegenüber nicht mit Erfolg geltend machen, bei Unauffindbarkeit der Testamentsurkunde spreche eine Vermutung dafür, dass der Erblasser sie vernichtet habe[69].

Wenn der Beklagte sich auf den Widerruf des Testaments beruft (**Fall d**), muss er behaupten und bei Bestreiten auch beweisen, dass der objektive Tatbestand des § 2255 Satz 1 (etwa das Vernichten der Testamentsurkunde durch den Erblasser) erfüllt ist. Bleibt nach der Beweisaufnahme unklar, ob der Erblasser das Testament zerrissen hat, geht das zu Lasten des Beklagten. Denn es besteht keine Vermutung dafür, dass dann, wenn das Testament zerrissen ist, dies durch den Erblasser geschehen ist. Steht dagegen fest, dass der Erblasser das Testament vernichtet hat, ist der objektive Tatbestand des § 2255 Satz 1 erfüllt. Der Beklagte hat nunmehr nicht auch noch den subjektiven Tatbestand, nämlich die Aufhebungsabsicht des Erblassers, zu behaupten und zu beweisen; wenn der Erblasser die Urkunde zerrissen hat, wird vermutet, dass er die Aufhebung des Testaments beabsichtigt hat (§ 2255 Satz 2). Bleibt also nach der Beweisaufnahme unklar, ob der Erblasser das Testament in Aufhebungsabsicht oder aus Versehen zerrissen hat, geht das zu Lasten des Klägers; dieser hat die Vermutung des § 2255 Satz 2 zu widerlegen.

65 Siehe BGH NJW 1951, 55.
66 OLG Hamm NJW-RR 2002, 222; *Erman/Schmidt*, § 2255 Rdnr. 4; *Lange/Kuchinke*, § 23 II 2c, FN 47 m. N.; MünchKomm/*Hagena*, § 2255 Rdnr. 13; *Palandt/Edenhofer*, § 2255 Rdnr. 2.
67 BGH NJW 1951, 559; BayObLG FamRZ 1986, 1044; 1990, 1163.
68 BayObLG FamRZ 1990, 1163; NJW-RR 1992, 653.
69 OLG Hamm NJW 1974, 1827; BayObLG FamRZ 1993, 117 m. N.

141 *3. Rücknahme des öffentlichen Testaments aus der amtlichen Verwahrung*

Die Rücknahme eines *öffentlichen* Testaments aus der amtlichen Verwahrung gilt nach § 2256 I 1 als Widerruf (unwiderlegbare Vermutung). Dagegen hat die Rücknahme eines *privaten* Testaments keinen Einfluss auf dessen Wirksamkeit (§ 2256 III).

Die Motive, die den Erblasser bewogen haben, sein öffentliches Testament aus der amtlichen Verwahrung zu holen, spielen für die Widerrufswirkung keine Rolle. Selbst wenn der Erblasser seinen Verwandten nur zeigen wollte, dass er sie zu Erben eingesetzt hat, liegt ein Widerruf gem. § 2256 vor. Bringt er die Urkunde nach einigen Tagen wieder in amtliche Verwahrung, wird dadurch der Widerruf nicht wieder beseitigt. Da der Erblasser die Wirkung der Rücknahme aus amtlicher Verwahrung vielleicht nicht kennt, soll die zurückgebende Stelle ihn über die Folge der Rückgabe belehren und dies auf der Urkunde vermerken sowie beides aktenkundig machen (§ 2256 I 2).

Wegen der Widerrufswirkung ist die Rücknahme eines öffentlichen Testaments aus amtlicher Verwahrung eine Verfügung von Todes wegen[70]. Deshalb ist die Testierfähigkeit des Erblassers erforderlich[71].

Befand sich der widerrufsfähige Erblasser bei der Rücknahme in einem Irrtum, kann der Erblasser nicht anfechten. Da er neu zu testieren vermag, besteht für eine Anfechtung kein Bedürfnis. Anfechtungsberechtigt kann nach dem Erbfall aber gem. § 2080 I derjenige sein, dem die Beseitigung des Widerrufs unmittelbar zustatten kommt[72]. Anfechtungsgrund kann auch der Rechtsirrtum des Erblassers über die Bedeutung der Rücknahme sein; allerdings wird dieser Irrtum regelmäßig wegen der Belehrung über die Folge der Rücknahme (§ 2256 I 2) nicht entstehen.

Der Erblasser kann die Rückgabe jederzeit verlangen (§ 2256 II 1). Das Testament darf aber nur an den Erblasser persönlich zurückgegeben werden (§ 2256 II 2). Unzulässig ist also die Aushändigung an einen bevollmächtigten Vertreter oder eine Übersendung durch die Post; erfolgt die Rückgabe doch auf eine solche Weise, tritt keine Widerrufswirkung ein.

Ist der Erblasser nicht in der Lage, bei der Verwahrungsstelle zu erscheinen, kann ein Widerruf nach § 2256 I 1 nur dadurch erreicht werden, dass sich der Verwahrungsbeamte zum Erblasser begibt und ihm dort die Urkunde aushändigt.

142 III. Widerruf des Widerrufs

Ein Widerrufstestament kann wie jedes andere Testament widerrufen werden. Dann wird – wenn sich kein anderer Wille des Erblassers feststellen lässt –

70 BGHZ 23, 207, 211.

71 *Jauernig/Stürner*, § 2256 Rdnr. 1; *Lange/Kuchinke*, § 23 II 3 a; *Merle*, AcP 171, 486.

72 H. L.; vgl. *Soergel/Mayer*, § 2256 Rdnr. 11 m. N.

grundsätzlich das frühere Testament wieder wirksam (§ 2257)[73]. Ist das erste Testament durch Vernichtung oder Veränderung der Urkunde (§ 2255) oder durch Rücknahme aus amtlicher Verwahrung (§ 2256 I) widerrufen worden, scheidet der Widerruf eines solchen Widerrufs aus (vgl. § 2257).

Demnach ist im **Fall e** das Testament durch das Durchstreichen mit sofortiger Wirkung widerrufen. Dieser Widerruf kann nicht durch Wegradieren der Bleistiftstriche wieder beseitigt werden; das widerrufene Testament lebt nicht wieder auf. Allerdings ist es möglich, dass ein neues Testament mit gleich lautendem Inhalt errichtet wird. Das wäre z. B. schon der Fall, wenn der Erblasser auf die Urkunde einen handgeschriebenen und unterschriebenen Vermerk setzt, woraus sich ergibt, dass das Testament wieder gültig sein soll. Rechtlich liegt dann aber eine Neuerrichtung eines Testaments und kein wirksamer Widerruf des früheren Widerrufs vor.

Hat der Erblasser das erste Testament (A ist Alleinerbe) durch ein zweites (B ist Alleinerbe) und dann dieses zweite durch ein drittes (C ist Alleinerbe) widerrufen, so wird C beim Tode des Erblassers dessen Erbe. Ist dagegen im dritten Testament C nur als Erbe zu $^{1}/_{2}$ eingesetzt, bleibt das zweite teilweise bestehen, sodass B und C zu je $^{1}/_{2}$ erben. Schwieriger ist die Erbfolge zu bestimmen, wenn das dritte Testament ein reines Widerrufstestament ist oder wenn der Erblasser das zweite Testament durch Vernichtung (§ 2255) oder Rücknahme aus amtlicher Verwahrung (§ 2256 I) widerrufen hat. Lebt dann das erste Testament wieder auf, so dass A Alleinerbe wird, oder bleibt es beim Widerruf des ersten Testaments, so dass gesetzliche Erbfolge eintritt? Entscheidend ist, was der Erblasser mit dem Widerruf des zweiten Testaments erreichen wollte. Lässt sich das nicht eindeutig ermitteln, dann ist im Zweifel das erste Testament wirksam, wie wenn es nicht durch das zweite widerrufen worden wäre (§§ 2257, 2258 II).

73 OLG Köln Rpfleger 2006, 322; OLG Hamm Rpfleger 1983, 401.

143 **IV. Zusammenfassung**

Der Widerruf des Testaments

I. Voraussetzung
Testierfähigkeit; im Übrigen jederzeit ohne Grund möglich (§ 2253)

II. Ausübung
1. durch Testament (§ 2254)
   - reines Widerrufstestament
   - späteres Testament, das zu dem früheren in Widerspruch steht (§ 2258)
2. durch Vernichtung oder Veränderung der Testamentsurkunde mit Aufhebungsabsicht (§ 2255)
3. durch Rücknahme des Öffentlichen Testaments aus amtlicher Verwahrung (§ 2256)

III. Widerruf des Widerrufs
nur möglich beim Widerruf durch Testament (§ 2257)

144
§ 14 Der Erbvertrag

Schrifttum: *Bartholomeyczik*, Erbeinsetzung, andere Zuwendungen und Erbschein, 5. Denkschrift, 1942, 102; *Battes*, Gemeinschaftliches Testament und Ehegattenerbvertrag als Gestaltungsmittel für die Vermögensordnung der Familie, 1974; *Buchholz*, Zur bindenden Wirkung des Erbvertrags, FamRZ 1987, 440; *Dittmann/Reimann/ Bengel*, Testament und Erbvertrag, 4. Aufl., 2005; *Draschka*, Unbenannte Zuwendungen und der erbrechtliche Schutz gegen unentgeltliche Vermögensverfügungen, DNotZ 1993, 100; *Finger*, Ende der »Aushöhlungsnichtigkeit«?, FamRZ 1975, 251; *Gebel*, Gegenleistungen bei lebzeitigen und letztwilligen Zuwendungen, ZErb 2004, 53; *Grziwotz*, Der Erbvertrag nichtehelicher Partner, ZEV 1999, 299; *Hohmann*, Die Sicherung des Vertragserben vor lebzeitigen Verfügungen des Erblassers, ZEV 1994, 133; *Hülsmeier*, Der Vorbehalt abweichender Verfügungen von Todes wegen beim Erbvertrag, NJW 1986, 3115; *Ivo*, Die Zustimmung zur erbvertraglichen lebzeitigen Verfügung, ZEV 2003, 101; *Johannsen*, Der Schutz der durch gemeinschaftliches Testament oder Erbvertrag berufenen Erben, DNotZ 1977, Sonderheft, 69; *Kapp*, Der Erbvertrag in zivilrechtlicher und erbschaftsteuerrechtlicher Sicht, BB 1980, 845; *Keim*, Der Wegfall des vertragsmäßig eingesetzten Erben und seine Auswirkungen auf beeinträchtigende Verfügungen von Todes wegen des Erblassers, ZEV 1999, 413; *ders.*, § 2287 BGB und die Beeinträchtigung eines Vertragserben durch lebzeitige Zuwendungen an den anderen, ZEV 2002, 93; *ders.*, Die Aufhebung von Erbverträgen durch Rücknahme aus amtlicher oder notarieller Verwahrung, ZEV 2003, 55; *ders.*, Der Änderungsvorbehalt beim Erbvertrag – bei richtiger Handhabung ein sicheres Gestaltungsmittel, ZEV 2005, 365; *Keller*, Aufhebung, Änderung und Ergänzung eines Erbvertrags durch die Vertragspartner, ZEV 2004, 93; *Kohler*, Erblasserfreiheit oder Vertragserbenschutz und § 826 BGB, FamRZ 1990, 464; *Kornexl*, Gibt es einen Nachtrag zum Erbvertrag?, ZEV 2003, 62; 2003, 235; *Krebber*, Die Anfechtbarkeit des Erbvertrages wegen Motivirrtums, DNotZ 2003, 20; *Kuchinke*, Beeinträchtigende Anordnungen des an seine Verfügungen gebundenen Erblassers, Festschrift f. v. Lübtow, 1991, 283; *Langenfeld*, Das Ehegattentestament. Testamente und Erbverträge von Ehegatten im privaten und unternehmerischen Bereich, 1994; *W. Lüke*, Vertragliche Störungen beim »entgeltlichen« Erbvertrag, 1990; *Mankowski*, Selbstanfechtungsrecht des Erblassers beim Erbvertrag und Schadensersatzpflicht nach § 122 BGB, ZEV 1998, 46; *J. Mayer*, Der Änderungsvorbehalt beim Erbvertrag – erbrechtliche Gestaltung zwischen Bindung und Dynamik, DNotZ 1990, 755; *Meyding*, Erbvertrag und nachträgliche Auswechslung des Testamentsvollstreckers, ZEV 1994, 98; *Muscheler*, Zur Frage der Nachlaßzugehörigkeit des Anspruchs aus § 2287 BGB, FamRZ 1994, 1361; *C. Nolting*, Inhalt, Ermittlung und Grenzen der Bindung beim Erbvertrag, 1985; *D. Nolting*, Der Erbvertrag, JA 1993, 129; *ders.*, Der Änderungsvorbehalt beim Erbvertrag, 1994; *Reimann*, Die Änderungen des Erbrechts durch das OLG-Vertretungsänderungsgesetz, FamRZ 2002, 1383; *Rohlfing*, Der Erklärungsgegner bei der Anfechtung eines Erbvertrages oder gemeinschaftlichen Testaments, ZEV 2003, 49; *Schermann*, Der Schutz des Vermächtnisnehmers im gemeinschaftlichen Testament und Ehegattenerbvertrag, 2006; *Schindler*, Irrtum über die rechtliche Bindung und die Beeinträchtigungsabsicht nach § 2287 BGB, ZEV 2005, 334; *Schmidt-Kessel*, Erbrecht in der Rechtsprechung des Bundesgerichtshofes 1985 bis 1987, WM 1988, Sonderbeil. 8, 13; *J. Schneider*, Wie ist der Rücktritt vom Erbvertrag, wie der Widerruf eines gemeinschaftlichen Testamentes zu erklären?, ZEV 1996, 220; *K. Schreiber*, Verfügungen von Todes wegen – Teil II: Erbvertrag, gemeinschaftliches Testament –, Jura 1996, 409; *Speckmann*, Zur Frage der Beeinträchtigungsabsicht in § 2287 BGB, JZ 1974, 543; *Spellenberg*, Verbotene Schenkungen gebundener Erblasser in der Rechtsprechung, NJW 1986, 2531; *Stürzebecher*, Zur Anwendbarkeit der §§ 320 ff. BGB auf den entgeltlichen Erbvertrag, NJW 1988, 2717; *Teichmann*, Die »Aushöhlung« erbrechtlicher Bindungen als methodisches Problem, MDR 1972, 1; *v. Venrooy*, § 2293 BGB und die Theorie des Erbvertrages, JZ 1987, 10; *Vollmer* Der entgeltliche Erbvertrag – Behandlung von Leistungsstörungen, ZErb 2003, 274; *Weiler*, Änderungsvorbehalt und Vertragsmäßigkeit der erbvertraglichen Verfügung, DNotZ 1994, 427; *Weirich*, Das Rücknahmeverbot beim Erbvertrag – eine Fehlkonstruktion des Gesetzes, DNotZ 1997, 7; *Winkler v. Mohrenfels*, Die Auskunfts- und Wertermittlungspflicht des vom Erblasser Beschenkten, NJW 1987, 2557.

Fälle:

a) M und seine Frau F haben einen Erbvertrag geschlossen, in welchem M die F zur Erbin eingesetzt und T als Testamentsvollstrecker benannt hat. M möchte die ganze Verfügung, mindestens aber die Ernennung des Testamentsvollstreckers widerrufen. **(Rdnr. 149)**

b) M und F haben sich im Erbvertrag gegenseitig zu Erben und den Neffen des M und die Nichte der F zu Erben des Überlebenden zu je $^1/_2$ eingesetzt. Nach dem Tode der F möchte M anstelle seines Neffen und der Nichte seiner Frau seinen Bruder zum Erben einsetzen. **(Rdnr. 149)**

c) A hat den B im Erbvertrag zum Erben eingesetzt, und B hat sich verpflichtet, dem A bis zu seinem Lebensende monatlich 300,– € zu zahlen. Da B nicht rechtzeitig zahlt, will A nach § 323 I vorgehen und vom Erbvertrag zurücktreten. **(Rdnr. 155)**

d) A hatte im Testament den X als Erben eingesetzt, einen Testamentsvollstrecker ernannt und für V ein Vermächtnis bestimmt. Später schloss er mit B einen Erbvertrag, wonach B sein Alleinerbe ist. Nach dem Tode des A meint B, durch den Erbvertrag sei das frühere Testament in vollem Umfang aufgehoben, was auch für die Testamentsvollstreckung und das Vermächtnis gelte, weil darüber im Erbvertrag nichts gesagt sei. **(Rdnr. 157)**

e) Im Erbvertrag hatte M den Y als alleinigen Vorerben und in einem späteren Testament ihn als Vollerben zu 1/2 eingesetzt. Nach dem Tode des M erfährt Y von dem Testament, dessen Regelung ihm günstiger erscheint, weshalb er sich mit der testamentarischen Regelung einverstanden erklärt. Ist Y Vorerbe oder Vollerbe zu 1/2? **(Rdnr. 157, 163)**

I. Bedeutung und Begriff

1. Bedeutung

Auch nach Errichtung eines Testaments bleibt die Testierfreiheit des Erblassers unberührt; er kann also jederzeit seine Verfügung von Todes wegen ändern. Eine Einschränkung der Testierfreiheit ermöglicht das Gesetz durch Abschluss eines Erbvertrages (§§ 1941, 2274 ff.; Beispiel: Rdnr. 808); denn der Erblasser ist an bestimmte im Erbvertrag getroffene Verfügungen gebunden. Für eine solche erbrechtliche Bindung des Erblassers besteht ein praktisches Bedürfnis, wie folgende Beispiele zeigen:

Der Sohn eines Unternehmers ist nur dann bereit, gute Stellenangebote abzulehnen und im väterlichen Betrieb zu arbeiten, wenn er sicher ist, dass er auch später das Unternehmen erbt. – Ehegatten wollen, dass beim Tode des Erstversterbenden der Überlebende Alleinerbe wird. Nach dem Tode des Überlebenden soll jedoch das von dem Erstverstorbenen stammende Vermögen an dessen Verwandten und nicht an die des Letztversterbenden fallen. Der Überlebende soll also hinsichtlich dieses Vermögens gebunden und nicht in der Lage sein, darüber einseitig durch Testament zu verfügen. Ein solches Interesse haben vor allem Ehegatten, die Kinder aus ihrer früheren Ehe mit in die neue Ehe bringen.

145 *2. Begriff*

Der Erbvertrag ist eine vertragliche Verfügung von Todes wegen. Seine Besonderheit liegt in seiner *Doppelnatur*: Verfügung von Todes wegen und Vertrag.

a) Der Erbvertrag ist eine *Verfügung von Todes wegen*, für den weitgehend die Vorschriften über letztwillige Zuwendungen und Auflagen entsprechend gelten (vgl. § 2279 I). Wie beim Testament verfügt der Erblasser nicht in dem Sinne, dass er eine unmittelbare Rechtsänderung herbeiführt, und er verpflichtet sich auch nicht schuldrechtlich. Also hindert der bindende Erbvertrag den Erblasser nicht, über sein Vermögen durch Rechtsgeschäft unter Lebenden zu verfügen (§§ 2286 ff.)[74]; denn seine Verfügung von Todes wegen wird erst mit seinem Tode wirksam. Der im Erbvertrag bedachte Erbe oder Vermächtnisnehmer erwirbt – wie beim Testament – vor dem Tode des Erblassers weder einen künf-

74 BGHZ 8, 23, 30.

tigen Anspruch noch eine rechtlich gesicherte Anwartschaft, sondern lediglich eine tatsächliche Aussicht.

Deshalb kann z. B. ein im Erbvertrag enthaltenes Grundstücksvermächtnis vor dem Erbfall nicht durch eine Auflassungsvormerkung gesichert werden[75]. Jedoch kann sich der Erblasser bei bestehender erbvertraglicher Bindung zusätzlich verpflichten, über den vermachten Gegenstand auch unter Lebenden nicht mehr zu verfügen (§ 137 Satz 2)[76].

Demnach sind *keine* Erbverträge:
- Verträge unter Lebenden (z. B. Kaufverträge), in denen die Erfüllung (z. B. Kaufpreiszahlung) bis nach dem Tode des einen Vertragspartners hinausgeschoben ist[77]. Hier wird durch den Vertrag bereits ein Anspruch begründet.
- Erbschaftskaufverträge. Bei diesen verpflichtet sich der Erbe nach dem Erbfall, die ihm angefallene Erbschaft auf den Käufer zu übertragen (§§ 2371 ff.).
- Verträge zwischen künftigen gesetzlichen Erben über den gesetzlichen Erbteil oder Pflichtteil. Diese Rechtsgeschäfte unter Lebenden haben keine unmittelbare erbrechtliche Wirkung (§ 311 b V).
- Schenkungen von Todes wegen (§ 2301) sind Rechtsgeschäfte unter Lebenden (Rdnr. 740 ff.).

b) Wenn auch der Erbvertrag eine Verfügung von Todes wegen ist, so ist er doch ein wirklicher *Vertrag*[78]. Daraus ergibt sich die Bindung des Erblassers, die Einschränkung seiner Testierfreiheit (vgl. § 2289). Insoweit unterscheidet sich der Erbvertrag vom Testament. Insbesondere ist beim Erbvertrag die freie Widerrufbarkeit ausgeschlossen.

II. Abschluss 146

1. Geschäftsfähigkeit der Vertragsschließenden

Beim Vertragserblasser genügt nicht dessen Testierfähigkeit; er muss unbeschränkt geschäftsfähig sein (§ 2275 I), weil er sich vertragsmäßig bindet.

Es gelten die Bestimmungen des Allg. Teils (§§ 104 ff.[79]). Jedoch reicht bei Erbverträgen zwischen Eheleuten oder Verlobten für den Erblasser beschränkte Geschäftsfähigkeit (§ 2275 II, III); diese Ausnahme wurde geschaffen, weil der Erbvertrag oft mit einem Ehevertrag verbunden wird[80]. Allerdings ist zum Schutz des beschränkt Geschäftsfähigen die Zustimmung des gesetzlichen Vertreters erforderlich; ist dieser ein Vormund, muss auch noch eine vormundschaftsgerichtliche Genehmigung hinzukommen (§ 2275 II 2).

75 BGHZ 12, 115.
76 BGHZ 31, 13, 21.
77 RG SeuffArch 79, Nr. 13.
78 BGHZ 26, 204, 207.
79 AT Rdnr. 264 ff.
80 Prot. V, 374 ff.

2. Vertretung der Vertragsschließenden

Der Vertragserblasser kann – wie der Erblasser beim Testament – den Erbvertrag nur persönlich schließen (§ 2274). Eine Stellvertretung ist also ausgeschlossen. Dagegen kann für den Vertragsgegner der gesetzliche oder ein gewillkürter Vertreter handeln. Ist allerdings der Vertragsgegner ebenfalls Erblasser, so muss auch er persönlich abschließen.

147 3. Form des Erbvertrages

a) Ein Erbvertrag kann nur vor einem Notar bei gleichzeitiger Anwesenheit beider Teile geschlossen werden (§ 2276 I 1). Es ist also die Form des öffentlichen Testaments vorgeschrieben; ausgeschlossen sind Erbverträge in der Form des eigenhändigen oder eines außerordentlichen Testaments.

Die Form ist auch gewahrt, wenn der Erbvertrag im Wege des Prozessvergleichs geschlossen wird (§ 127a). Jedoch muss der Erblasser seine Erklärung persönlich (§ 2274) vor dem Gericht abgeben.

Der BGH hat eine Hoferbenbestimmung, die in einem formlosen Erbvertrag enthalten war, nach Treu und Glauben als bindend angesehen[81]. Hier wurde letztlich der Grundsatz von Treu und Glauben missbraucht, um gegen den Willen des Gesetzgebers eine zwingende Gesetzesbestimmung zu durchbrechen (siehe aber auch § 7 II HöfeO und dazu Rdnr. 260).

b) Da die Form des öffentlichen Testaments vorgeschrieben ist, gelten weitgehend die dafür vorgesehenen Bestimmungen (§ 2276 I 2 sowie BeurkG). Was danach für den Erblasser gilt, ist auch für jeden Vertragsschließenden (§ 2276 I 2, letzter Halbs.) maßgebend. Hinsichtlich der Form ist also jeder Vertragsteil wie ein Erblasser zu behandeln, selbst wenn er gar nicht von Todes wegen verfügt.

c) Schließen Eheleute oder Verlobte in derselben Urkunde mit dem Erbvertrag auch einen Ehevertrag, genügt gem. § 2276 II die für den Ehevertrag vorgeschriebene Form. Diese Vorschrift hat heute keine große Bedeutung mehr, da auch beim Abschluss eines Ehevertrages die Erklärungen beider Seiten bei gleichzeitiger Anwesenheit vor dem Notar abgegeben werden müssen.

148 4. Verschließung, Verwahrung, Eröffnung

Die Verschließung und die amtliche Verwahrung sind – wie beim öffentlichen Testament – keine Gültigkeitsvoraussetzungen, sollen aber grundsätzlich durchgeführt werden (§ 34 BeurkG). Für die Zuständigkeit und das Verfahren bei der amtlichen Verwahrung gelten die Bestimmungen über das Testament

81 BGHZ 23, 249; BGH LM Nr. 2 zu § 2276.

(§ 2300 i.V.m. §§ 2258a und b). Die Erbvertragsparteien können die besondere amtliche Verwahrung ausschließen (§ 34 II BeurkG); dann bleibt die Urkunde in der Verwahrung des Notars.

Im Zweifel ist ein Ausschluss der amtlichen Verwahrung anzunehmen, wenn mit dem Erbvertrag noch ein anderer Vertrag in derselben Urkunde verbunden ist (§ 34 II, letzter Halbs. BeurkG).

Wird der Erbvertrag in amtliche Verwahrung genommen, soll jedem Vertragsschließenden ein Hinterlegungsschein erteilt werden (§ 2277). Da die Vertragsparteien die amtliche Verwahrung ausschließen dürfen, können sie auch jederzeit die Aufhebung der amtlichen Verwahrung verlangen. Die Urkunde gelangt dann in die Verwahrung des Notars, nicht in die Hände der Vertragsparteien. Die Aufhebung der amtlichen Verwahrung hat wie die Rücknahme des öffentlichen Testaments die Wirkung des Widerrufs (§§ 2300 II 3, 2256 I).

Beim Tode eines Erbvertragspartners sind nur dessen Verfügungen zu verkünden. Die davon trennbaren Verfügungen der anderen Vertragspartner bleiben geheim (§§ 2300, 2273).

III. Inhalt und Arten 149

1. Inhalt

Gem. § 1941 I kann der Erblasser durch Erbvertrag einen Erben einsetzen sowie Vermächtnisse und Auflagen anordnen. Aus § 2278 II ergibt sich, dass andere Verfügungen als Erbeinsetzungen, Vermächtnisse und Auflagen *vertragsmäßig* nicht getroffen werden können. Daraus folgt:

a) Verfügungen des Erblassers, die nicht Erbeinsetzungen, Vermächtnisse oder Auflagen betreffen, können nicht erbvertragliche Verfügungen sein. Zwar darf der Vertragsschließende im Erbvertrag einseitig jede Verfügung treffen, die durch Testament getroffen werden kann (§ 2299 I); an der vertraglichen Bindung nehmen solche Verfügungen aber nicht teil. Es liegt insoweit nur eine äußerliche Verbindung von Erbvertrag und letztwilliger Verfügung vor[82].

Infolgedessen kann M im **Fall a** nicht die vertragliche Verfügung der Erbeinsetzung, wohl aber die einseitige Verfügung der Ernennung des Testamentsvollstreckers widerrufen. Für solche im Erbvertrag enthaltenen einseitigen Verfügungen gilt nämlich das gleiche, wie wenn sie durch Testament getroffen worden wären (§ 2299 II 1). Also kann die Ernennung des Testamentsvollstreckers durch Testament (§§ 2254, 2258) aufgehoben werden. Die vertragsmäßige Verfügung der Erbeinsetzung ist dagegen nur durch Vertrag der Parteien des Erbvertrags aufhebbar (§ 2290 I 1). Wird ein solcher Aufhebungsvertrag geschlossen, dann kann darin auch die im Erbvertrag enthaltene einseitige Verfügung (hier: Ernennung des Testamentsvollstreckers) aufgehoben werden (§ 2299 II 2). Ist im Aufhebungsvertrag von der Aufhebung dieser Verfügung nicht die Rede, so wird vermutet, dass mit dem Vertrag auch die einseitige Verfügung beseitigt werden soll (§ 2299 III).

82 Mot. V, 347.

Derjenige, der insoweit einen anderen Willen des Erblassers behauptet, ist für eine solche Behauptung also beweispflichtig. Entsprechendes gilt, wenn der Erblasser berechtigterweise vom Erbvertrag zurücktritt (§ 2299 III). Will der Erblasser trotz Aufhebungsvertrags oder Ausübung des Rücktrittsrechts seine im Erbvertrag enthaltenen einseitigen Verfügungen bestehen lassen, so empfiehlt es sich, das deutlich zum Ausdruck zu bringen.

150 b) Die im Erbvertrag enthaltenen Erbeinsetzungen, Vermächtnisse und Auflagen *können* vertragsmäßige Verfügungen sein, sie *müssen* es aber *nicht*. Denn gem. § 2299 I darf jede Verfügung, die durch Testament erfolgen kann, auch einseitig im Erbvertrag getroffen werden. Deshalb muss bei jeder Erbeinsetzung, jedem Vermächtnis und jeder Auflage im Erbvertrag geprüft werden, ob es sich um eine vertragsmäßige oder um eine einseitige Verfügung handelt. Im ersten Fall besteht die Bindung, im letzten die Möglichkeit zum freien Widerruf.

Was im Einzelfall gewollt ist, muss durch Auslegung ermittelt werden. Das Gesetz gibt dem Richter für die Auslegung keine Regel an die Hand. Insbesondere besteht keine Vermutung, dass eine im Erbvertrag enthaltene Erbeinsetzung im Zweifel als vertragsmäßige Verfügung gewollt ist. Mangels anderer Anhaltspunkte wird man bei der Auslegung darauf abstellen müssen, ob der Vertragspartner des Erblassers ein Interesse an der Aufrechterhaltung der Verfügung und damit an der Bindung des Erblassers an diese Verfügung gehabt hat oder jedenfalls gehabt haben konnte. Ist ein solches Interesse zu bejahen, so spricht das für die Vertragsmäßigkeit der Verfügung.

Deshalb ist im **Fall b** die Erbeinsetzung der Vertragspartnerin F und deren Nichte als vertragsmäßige Verfügung des M anzusehen, so dass insoweit ein Widerruf ausscheidet. Wird jedoch auch ein Dritter bedacht (hier: Neffe des M), der mit dem Erbvertragspartner (F) weder verwandt ist noch ihm sonst nahe steht, so wird häufig der Wille zur Bindung fehlen und deshalb eine einseitige, testamentarische Verfügung vorliegen[83] (vgl. auch die Wertung in § 2270 II[84]). In der Regel kann also davon ausgegangen werden, dass die Verfügungen zu Gunsten der Verwandten des Erbvertragspartners vertragsmäßig, die zu Gunsten der eigenen Verwandten des Erblassers nur einseitig getroffen sind. M kann also im **Fall b** an Stelle seines Neffen – nicht an Stelle der Nichte seiner Frau – seinen Bruder zum Erben einsetzen.

151 c) Soweit die Erbvertragsparteien es wollen, besteht bei Erbeinsetzungen, Vermächtnissen und Auflagen die Bindung des Erblassers. Nur in diesem Umfang liegen *vertragsmäßige Verfügungen* vor, die das Besondere des Erbvertrages ausmachen. Erbvertrag ist daher nur ein solcher Vertrag, in dem wenigstens *eine* Verfügung eine vertragsmäßige ist. Ergibt also die Auslegung, dass keine Verfügung als vertragsmäßige gewollt ist, liegt kein Erbvertrag vor, auch wenn der abgeschlossene Vertrag von den Vertragsschließenden so bezeichnet worden ist. Es kann sich jedoch um ein Testament handeln.

83 BGH LM Nr. 4 zu § 2278 BGB.

84 Dazu *Bengel*, DNotZ 1977, 5.

d) Der Erbvertrag darf mit einem anderen Vertrag kombiniert werden (§ 34 II, letzter Halbs. BeurkG). 152

Das ist in der Praxis häufig der Fall. Man denke nur daran, dass Eheleute einen Ehe- und Erbvertrag schließen (vgl. § 2276 II) oder dass der Erbvertragspartner des Erblassers sich im Erbvertrag verpflichtet, dem Erblasser bis zu dessen Tode Unterhalt zu gewähren.

2. *Arten* 153

a) Einseitige und zweiseitige Erbverträge

(1) *Einseitige Erbverträge* sind solche, in denen nur *ein* Vertragspartner (= Vertragserblasser) eine oder mehrere vertragsmäßige Verfügungen von Todes wegen trifft.

Der Vertragsgegner nimmt nur die Erklärung des Erblassers an, um die Bindungswirkung herbeizuführen, oder er verpflichtet sich seinerseits zu einer Leistung unter Lebenden (z. B. zur Unterhaltsleistung für den Erblasser). Daneben kann er einseitig eine Verfügung von Todes wegen treffen (§ 2299). Da er nicht vertragsmäßig von Todes wegen verfügt, brauchen bei ihm nicht die persönlichen Voraussetzungen vorzuliegen, die das Gesetz für den Vertragserblasser vorschreibt.

(2) *Zweiseitige Erbverträge* sind solche, in denen *beide* Vertragsparteien vertragsmäßige (bindende) Verfügungen von Todes wegen treffen (§§ 2278 I, 2298 I). Beide Parteien sind also Vertragserblasser. 154

Oft bedenken die Vertragsparteien (vor allem Eheleute) sich gegenseitig; man spricht dann von einem gegenseitigen Erbvertrag. Diese Bezeichnung ist insofern missverständlich, als man an einen gegenseitigen schuldrechtlichen Vertrag und deshalb an die Anwendbarkeit der §§ 320 ff. denken könnte. Diese Bestimmungen kommen aber hier schon deshalb nicht in Betracht, weil der Erbvertrag keine schuldrechtlichen Verpflichtungen der beiden Vertragserblasser begründet. Aus demselben Grund sollte auch dann, wenn im Erbvertrag ein Dritter bedacht wird (was gem. § 1941 II möglich ist), nicht von einem Erbvertrag zu Gunsten eines Dritten gesprochen werden; die §§ 328 ff. sind nicht anwendbar, da der Vertragserblasser im Erbvertrag keine schuldrechtliche Verpflichtung eingeht und für den bedachten Dritten kein Forderungsrecht begründet wird[85].

Haben beide Vertragspartner eines Erbvertrages vertragsmäßige Verfügungen getroffen, so kann es sein, dass jeder der beiden Erblasser seine Verfügung im Hinblick auf die des Partners getroffen hat und damit eine gegenseitige Abhängigkeit (*Wechselbezüglichkeit*) der beiderseitigen Verfügungen besteht. Es ist aber auch möglich, dass die Vertragsschließenden zwar die Bindung, nicht aber die Abhängigkeit ihrer Verfügung von der des Partners beabsichtigt haben. Was im Einzelfall gewollt ist, muss durch Auslegung ermittelt werden.

85 BGHZ 12, 115, 119.

Das Gesetz gibt hier eine Auslegungsregel: Gegenseitige Abhängigkeit der Verfügungen wird vermutet (§ 2298 I, II), wogegen das Fehlen einer solchen Abhängigkeit als Ausnahmetatbestand behauptet und bewiesen werden muss (§ 2298 III).

Bei Wechselbezüglichkeit führt die Nichtigkeit einer vertragsmäßigen Verfügung zur Unwirksamkeit aller vertragsmäßigen Verfügungen, also insbesondere auch der des anderen Vertragserblassers (§ 2298 I).

Ist eine vertragsmäßige Verfügung nichtig, so wird davon eine nicht vertragsmäßige Verfügung nicht unmittelbar berührt. Sie bleibt bestehen, es sei denn, der Erblasser hätte sie ohne die unwirksame Verfügung nicht getroffen (§ 2085; vgl. auch § 2299 III).

Die Ausübung eines vorbehaltenen Rücktrittsrechts hinsichtlich einer vertragsmäßigen Verfügung (§ 2293) hat ebenfalls die Aufhebung aller vertragsmäßigen Verfügungen zur Folge (§ 2298 II 1). Diese Regeln entsprechen den Interessen der beiden Vertragserblasser. Jeder verfügt nur deshalb vertragsmäßig, weil der andere ebenfalls vertragsmäßig verfügt. Er hätte nicht so verfügt, wenn er gewusst hätte, dass ein Teil der vertragsmäßigen Verfügung des anderen infolge Nichtigkeit oder Rücktritts nicht wirksam wird. Dadurch ist die zuvor gegebene Abhängigkeit gestört.

Eine solche Störung kann auch aus anderen Gründen vorliegen (z. B. der in der Verfügung Bedachte ist vorverstorben oder erbunwürdig). Der Vorschlag, in diesen Fällen § 2298 I, II analog anzuwenden[86], hat sich nicht durchgesetzt. Ein Vorversterben führt nur zu einer Gegenstandslosigkeit, die von der h.M. der Nichtigkeit oder der durch Rücktritt herbeigeführten Unwirksamkeit nicht gleichgesetzt wird. In diesen Fällen wird die Wirksamkeit der übrigen Verfügungen nach den §§ 2279, 2085 (Rdnr. 264) beurteilt.[87].

Das vorbehaltene Rücktrittsrecht erlischt zwar mit dem Tode des anderen Vertragserblassers (§ 2298 II 2). Aber der Überlebende kann das ihm durch den Vertrag Zugewandte ausschlagen und erlangt dadurch wieder die Möglichkeit, frei zu verfügen; er kann also seine Verfügung z. B. durch Testament aufheben (§ 2298 II 3).

155 *b) Entgeltliche und unentgeltliche Erbverträge*

(1) Bei einem *entgeltlichen* Erbvertrag besteht eine Abhängigkeit zwischen der vertragsmäßigen Bindung des Erblassers und der Verpflichtung des Vertragspartners. Der Vertragserblasser verfügt deshalb vertragsmäßig, weil der Vertragspartner ihm eine Leistung erbracht hat oder sich im Vertrag zu einer Leistung (z. B. Alimentation) verpflichtet. Hier stellt sich die Frage nach der Bindung des Erblassers, wenn der Vertragspartner seine Verpflichtung (z. B. zu

86 So noch 21. Aufl.

87 BayObLG NJW-RR 2003, 293, 295; MünchKomm/*Musielak*, § 2298 Rdnr. 3, m. N.; *Palandt/Edenhofer*, § 2298 Rdnr. 1; *Soergel/Wolf*, § 2298 Rdnr. 3; *Staudinger/Kanzleiter*, § 2298 Rdnr. 7.

regelmäßigen Unterhaltszahlungen) nicht oder schlecht erfüllt oder wenn diese Verpflichtung aufgehoben wird oder nicht wirksam entstanden ist. Für den Fall der Aufhebung (z. B. durch Vereinbarung, Eintritt einer auflösenden Bedingung, Rücktritt gem. § 346 I) gibt § 2295 dem Vertragserblasser das Recht, von der vertragsmäßigen Verfügung zurückzutreten. U. E. sollte dieses Recht dem Erblasser auch zustehen, wenn die Verpflichtung des Partners (z. B. infolge Nichtigkeit) überhaupt nicht entstanden ist; zwar wird dieser Fall vom Wortlaut des § 2295 nicht erfasst, jedoch dürfte diese Lösung der Wertung des Gesetzes entsprechen[88]. Jedenfalls aber kann der Erblasser wegen Motivirrtums (§ 2281) anfechten.

Bei nicht rechtzeitiger Erfüllung der Verpflichtung des Vertragspartners (**Fall c**) oder bei Schlechterfüllung kann der Erblasser nicht gem. § 323 I zurücktreten; denn die Regeln des gegenseitigen Vertrags sind nicht anwendbar, weil der Erblasser sich nicht zu einer Leistung verpflichtet hat. Er kann aber gem. § 2281 anfechten.

(2) Ein *unentgeltlicher* Erbvertrag liegt vor, wenn der Bindung des Vertragserblassers keine Gegenleistung des Partners gegenübersteht. **156**

Ist der Vertragspartner beschränkt geschäftsfähig, kann er nach § 107 den Vertrag selbst abschließen, da er lediglich einen rechtlichen Vorteil erlangt.

Der Erbvertrag (§§ 2274 ff.)

I. Begriff: Vertragliche Verfügung von Todes wegen

II. Sinn: Erbrechtliche Bindung des Erblassers = Einschränkung der Testierfreiheit

III. Abschluss

1. Unbeschränkte Geschäftsfähigkeit des Vertragserblassers (§ 2275 I; Ausnahmen Abs. 2, 3)
2. Auf Seiten des Vertragserblassers keine Stellvertretung möglich (§ 2274)
3. Form: gleichzeitige Anwesenheit vor einem Notar (§ 2276 I 1) oder Prozessvergleich (§ 127a)

[4.] keine Wirksamkeitsvoraussetzung, aber vorgesehen (»soll«): Verschließung und amtliche Verwahrung (§ 34 BeurkG)

IV. Inhalt

1. vertragsmäßige Verfügungen des Erblassers durch Erbeinsetzung, Anordnung von Vermächtnissen und Auflagen (§ 1941 I) ⇒ Bindungswirkung (Rdnr. 157 ff.)

88 Str.; ebenso: *Palandt/Edenhofer*, § 2295 Rdnr. 4; *Soergel/Wolf*, § 2295 Rdnr. 3; **a. A.** MünchKomm/*Musielak*, § 2295 Rdnr. 6.

2. nicht vertragsmäßige sonstige Verfügungen (§§ 2278 II, 2299)
⇒ keine Bindungswirkung

V. Arten
1. einseitige Erbverträge: nur ein Vertragspartner (= Vertragserblasser) trifft Verfügungen von Todes wegen
2. zweiseitige Erbverträge: beide Vertragspartner treffen Verfügungen von Todes wegen (§§ 2278 I, 2298 I)
   a) bei Wechselbezüglichkeit der Verfügungen: Nichtigkeit einer Verfügung führt zur Unwirksamkeit des ganzen Vertrages (§ 2298 I)
   b) bei fehlender Wechselbezüglichkeit der Verfügungen: bei Nichtigkeit einer Verfügung hängt die Wirksamkeit der anderen vom hypothetischen Willen des Erblassers ab (§ 2085)

157 IV. Bindungswirkung

1. Einfluss auf frühere und spätere Verfügungen

Durch eine vertragsmäßige Verfügung (Rdnr. 151) wird der Erblasser im Interesse seines Vertragspartners gebunden. Dieser soll darauf vertrauen dürfen, dass weder frühere noch spätere Verfügungen des Erblassers das Recht des vertragsmäßig Bedachten beeinträchtigen.

a) *Frühere* letztwillige Verfügungen sind nach § 2289 I aufgehoben, soweit sie das Recht des vertragsmäßig Bedachten *beeinträchtigen* würden. Mit »Beeinträchtigungen« ist jede rechtliche Beschränkung des Rechts des Bedachten gemeint. Dazu gehören also auch die Fälle, in denen durch die frühere letztwillige Verfügung das Recht des vertragsmäßig Bedachten beschränkt oder belastet würde[89].

Im **Fall d** ist nicht nur die frühere testamentarische Erbeinsetzung des X durch die damit in Widerspruch stehende Erbeinsetzung des B aufgehoben, sondern auch die letztwillig verfügte Testamentsvollstreckung und das Vermächtnis, weil beide das Erbrecht des B beeinträchtigen.

Die Beeinträchtigung muss eine rechtliche sein. Sie ist nicht nach rein wirtschaftlichen Gesichtspunkten zu beurteilen. Denn eine solche Beurteilung findet im Gesetz keine Stütze; sie ist auch mit dem Wesen des Erbvertrags als eines Vertrags über letztwillige Zuwendungen unvereinbar[90]. Sie würde zudem kei-

89 Vgl. Mot. V, 331.
90 BGHZ 26, 204, 214; MünchKomm/*Musielak*, § 2289 Rdnr. 10; **anders**: *Soergel/Wolf*, § 2289 Rdnr. 3.

neswegs zu klaren Ergebnissen führen. So lässt sich etwa kaum sicher beurteilen, ob für den Bedachten die Einsetzung als alleiniger Vorerbe oder die als Vollerbe zu einem Bruchteil wirtschaftlich günstiger ist (**Fall e**).

Wegen des Schutzes des Vertragspartners kommt es nicht darauf an, ob der Erblasser den Aufhebungswillen wirklich hatte[91]. Selbst wenn dieser nicht vorlag, ist § 2289 I 1 anzuwenden, sofern objektiv eine Beeinträchtigung gegeben ist.

Entscheidend für die Beurteilung der Beeinträchtigung ist der Zeitpunkt des Erbfalls. Wenn nämlich der erbvertraglich Bedachte – aus welchem Grund auch immer – ersatzlos weggefallen ist, bestehen insoweit keine schutzwürdigen Interessen des Vertragspartners mehr; ein Recht des Bedachten, das beeinträchtigt sein könnte, ist nicht mehr gegeben.

b) *Spätere* Verfügungen von Todes wegen können frühere vertragsmäßige Verfügungen nicht aufheben. Sie sind vielmehr unwirksam, soweit sie das Recht des vertragsmäßig Bedachten *beeinträchtigen* (§ 2289 I 2)[92]. Die vertragsmäßige Verfügung bewirkt also eine Einschränkung der Testierfreiheit; diese Einschränkung folgt aus der Vertragsnatur und dient dem Schutz des Vertragspartners. **158**

Eines solchen Schutzes bedarf der Vertragspartner nicht, wenn der vertragsmäßig Bedachte durch eine spätere Verfügung von Todes wegen gegenüber der Regelung im Erbvertrag *besser* gestellt wird.

Beispiel: Ist in einer vertragsmäßigen Verfügung dem Vertragspartner der Nießbrauch am Nachlass des Erblassers zugewandt, steht die Bindungswirkung nicht entgegen, wenn der Erblasser in einer späteren Verfügung den Vertragspartner zum Alleinerben einsetzt.

Der Vertragspartner oder der Bedachte kann die Anwendung der Schutzvorschrift dadurch ausschließen, dass er der Verfügung von Todes wegen zustimmt. Nach ganz h.M. muss die Zustimmung in der Form der §§ 2290 ff. (Vertragspartner) bzw. des § 2348 (Bedachter) erfolgen, die dort für die Aufhebung des Erbvertrages bzw. für den Zuwendungsverzichtsvertrag vorgeschrieben ist[93] (siehe auch Rdnr. 163).

2. *Keine Einschränkung bei Verfügungsgeschäften unter Lebenden* **159**

Die Bindungswirkung der vertragsmäßigen Verfügungen ist eine rein erbrechtliche. Das Recht des Erblassers, über sein Vermögen durch Rechtsgeschäft unter Lebenden zu verfügen, wird nicht beschränkt (§ 2286). Der Vertragspartner und der in der vertragsmäßigen Verfügung Bedachte sind also gegen Verfügungen des Erblassers unter Lebenden grundsätzlich nicht geschützt. Selbst wenn der

91 Mot. V, 331.
92 Vgl. BGHZ 26, 204, 207.
93 BGHZ 108, 252, 254; BayObLGZ 1974, 401, 404; *Bamberger/Roth/Litzenburger*, § 2289 Rdnr. 15; *Erman/Schmidt*, § 2289 Rdnr. 6; MünchKomm/*Musielak*, § 2289 Rdnr. 18; kritisch dazu: *Damrau*, FamRZ 1991, 552.

Erblasser in verschwenderischer Weise sein Vermögen weggibt, können sie dagegen nichts unternehmen.

Das Gesetz gewährt dem vertragsmäßig Bedachten bei lebzeitigen Verfügungen des Erblassers nur einen schwachen Schutz:

a) Der *Vertragserbe* kann bei einer Schenkung des Erblassers in Beeinträchtigungsabsicht nach dem Erbfall gegen den Beschenkten einen Bereicherungsanspruch geltend machen, der in drei Jahren vom Anfall der Erbschaft an verjährt (§ 2287).

Schenkungen i.S.d. § 2287 sind auch die gemischte Schenkung (Zuwendung ist zum Teil entgeltlich und zum Teil unentgeltlich) und die verschleierte Schenkung (Unentgeltlichkeit wird durch nicht gewollte Entgeltlichkeit getarnt)[94]. Auch die sog. unbenannte (»ehebedingte«, »ehebezogene«) Zuwendung unter Ehegatten ist im Erbrecht grundsätzlich wie eine Schenkung zu behandeln[95].

Die Schenkung muss vom Erblasser in der *Absicht* gemacht worden sein, *den Vertragserben zu beeinträchtigen.* Deshalb scheiden von vornherein alle Schenkungen aus dem Anwendungsbereich des § 2287 aus, die der Erblasser nur vornimmt, um gerade den Vorteil des begünstigten Vertragserben wahrzunehmen[96]. Die Absicht, dem Vertragserben die Vorteile der Erbeinsetzung zu entziehen oder zu schmälern, muss nicht der eigentlich leitende Beweggrund der Schenkung gewesen sein; eine Beeinträchtigungsabsicht ist vielmehr immer dann anzunehmen, wenn ein beachtenswertes lebzeitiges Eigeninteresse des Erblassers an der Verfügung fehlt, so dass sich die lebzeitige Verfügung im Hinblick auf die erbvertragliche Gebundenheit des Erblassers als Rechtsmissbrauch darstellt. Ein solches Eigeninteresse kann z. B. gegeben sein, wenn der Erblasser verfügt, um seine Altersversorgung sicherzustellen[97]. Da nach den Vorstellungen des Gesetzgebers dem Erblasser Anstands- und Pflichtschenkungen sowie »Schenkungen zu idealen Zwecken oder aus persönlichen Rücksichten« erlaubt sein sollen[98], begründen auch solche Schenkungen keinen Anspruch aus § 2287. Dagegen liegt ein Missbrauch des dem Erblasser zustehenden Rechts zu Verfügungen unter Lebenden vor, wenn die Verfügung darauf angelegt ist, dass an Stelle des Vertragserben ein anderer das wesentliche Erblasservermögen ohne angemessenes Äquivalent erhält.

Bis zur Entscheidung in BGHZ 59, 343 verlangte die Rechtsprechung für einen Anspruch aus § 2287, dass die Beeinträchtigung des vertragsmäßig Bedachten das vorherrschende Motiv bei der Schenkung des Erblassers war. Da durch diese Auslegung des § 2287 der Anwendungsbereich der Vorschrift stark eingeschränkt war, versuchte der BGH, einer »Aushöhlung« von Erbverträgen dadurch entgegenzuwirken, dass er lebzei-

94 BGH FamRZ 1961, 72 f.
95 BGHZ 116, 167.
96 BGH NJW-RR 1987, 2.
97 BGH FamRZ 1977, 539; 1992, 1067.
98 Prot. V, 393.

tige Verfügungen des Erblassers unter bestimmten Voraussetzungen nach §§ 134, 138 für nichtig hielt (»Aushöhlungsnichtigkeit«). Diese nunmehr aufgegebene Rechtsprechung führte dazu, dass entgegen § 2286 die Verfügungsmacht des Erblassers unter Lebenden eingeschränkt wurde. Aus § 2287 geht jedoch hervor, dass nach der Vorstellung des Gesetzgebers lebzeitige Verfügungsgeschäfte des Erblassers selbst bei missbräuchlicher Ausnutzung seiner Verfügungsfreiheit nicht unwirksam sein sollen[99].

Liegt eine Schenkung in Beeinträchtigungsabsicht vor, entsteht mit dem Anfall der Erbschaft ein *Bereicherungsanspruch des Vertragserben gegen den Beschenkten.* Dieser muss das Erlangte herausgeben, auch wenn er von dem Erbvertrag und der Beeinträchtigungsabsicht des Schenkers nichts gewusst hat. Wusste er davon, so haftet er verschärft gem. § 819.

Auf den Bereicherungsanspruch kann der Vertragserbe durch Vertrag mit dem Beschenkten oder mit dem Erblasser (zu Gunsten des Beschenkten) verzichten[100]. Nach Ansicht des BGH[101] bedarf die Zustimmung zur beeinträchtigenden Schenkung wegen der Nähe zum Erbverzicht der Form des § 2348; allerdings könne der Geltendmachung des Anspruchs aus § 2287 unter Berufung auf den Formmangel der Zustimmung der Arglisteinwand entgegenstehen. – Ein Anspruch auf Auskunftserteilung gegen den Beschenkten steht dem Vertragserben gem. § 242 zu, wenn er die Voraussetzungen für das Bestehen eines Anspruchs aus § 2287 hinreichend dartut[102].

Fraglich ist, ob der Verpflichtete bei einer gemischten Schenkung (z. B. Verkauf eines Kunstgegenstandes zu einem Spottpreis) nur die Gelddifferenz zu zahlen oder ob er den Gegenstand gegen Erstattung der Gegenleistung herauszugeben hat. Diese Problematik entspricht der beim Widerruf einer Schenkung wegen groben Undanks (§ 530 I i.V.m. § 531 II). Der BGH[103] stellt darauf ab, ob der unentgeltliche Charakter überwiegt. Nur wenn das der Fall ist, muss der Gegenstand herausgegeben werden.

Ist der Bedachte zugleich Pflichtteilsberechtigter, beschränkt sich der Bereicherungsanspruch aus § 2287 auf das, was nach der Begleichung des Pflichtteils übrig bleibt. Da der Vertragserbe mit einer Pflichtteilslast rechnen muss, ist er nicht i.S.d. § 2287 beeinträchtigt, soweit die Schenkung des Erblassers den Pflichtteil nicht übersteigt[104].

Aus § 2287 ist zu entnehmen, dass der Vertragserbe keinen Anspruch gegen den Erblasser hat. Insbesondere besteht auch kein Anspruch auf Unterlassung einer unentgeltlichen Verfügung, der durch eine einstweilige Verfügung gesichert werden könnte.

99 Vgl. auch BGHZ 66, 8.
100 OGHZ 2, 160, 170; vgl. ferner *Erman/Schmidt*, § 2287 Rdnr. 9; MünchKomm/*Musielak*, § 2287 Rdnr. 24; *Soergel/Wolf*, § 2287 Rdnr. 21.
101 BGH NJW 1989, 2818, 2819; ebenso *Palandt/Edenhofer*, § 2287 Rdnr. 8; **a.A.** *Erman/Schmidt*, § 2287 Rdnr. 9; *Soergel/Wolf*, § 2287 Rdnr. 10; *Staudinger/Kanzleiter*, § 2287 Rdnr. 16.
102 BGHZ 97, 188.
103 BGH NJW 1953, 501; BGHZ 30, 120.
104 BGHZ 88, 269.

Neben dem Anspruch aus § 2287 kann in Ausnahmefällen ein Anspruch aus § 812 oder § 985 dann gegeben sein, wenn das Verfügungsgeschäft des Erblassers nach § 138 I nichtig ist. Für die Anwendung des § 138 I reicht es jedoch nicht aus, dass der Erblasser missbräuchlich von seinem Recht zu Verfügungen unter Lebenden Gebrauch gemacht hat. Um einen Verstoß gegen die guten Sitten bejahen zu können, müssen weitere Umstände hinzukommen (z. B. ein anstößiges Zusammenwirken beider Parteien, um die in einem entgeltlichen Erbvertrag übernommene Bindung im Ergebnis wirkungslos zu machen und einen Dritten zu bereichern)[105]. § 826 scheidet dagegen als Anspruchsgrundlage aus, da § 2287 eine genau diese Fälle treffende Spezialisierung enthält[106]; das gilt auch dann, wenn ein Dritter den Erblasser zu Schenkungen veranlasst hat, die den Vertragserben beeinträchtigen[107].

160 b) Der *vertragsmäßige Vermächtnisnehmer* wird durch § 2288 geschützt. Ist die Erfüllung eines Vermächtnisses vom Erblasser in Beeinträchtigungsabsicht ganz oder teilweise unmöglich gemacht worden, kann der Bedachte vom Erben Erfüllung oder Wertersatz verlangen (Näheres: § 2288 I, II). Eine Beeinträchtigungsabsicht liegt auch hier nur vor, wenn ein lebzeitiges Eigeninteresse des Erblassers an der Verfügung fehlt.

Ein lebzeitiges Eigeninteresse des Erblassers ist nur dann anzunehmen, wenn der erstrebte Zweck nicht auch in anderer Weise als durch Veräußerung des vermachten Gegenstandes zu erreichen gewesen wäre[108].

Erfolgte die Veräußerung oder Belastung des vermachten Gegenstandes schenkweise und kann der Bedachte vom Erben keinen Ersatz erlangen, so steht ihm hilfsweise ein Bereicherungsanspruch gegen den Beschenkten zu (§§ 2288 II 2, 2287).

§ 2288 II 2 schützt auch Geld- und sonstige Gattungsvermächtnisse[109].

161 V. Ausnahmen von der Bindungswirkung

1. Vorbehalt

Der Vertragspartner begibt sich insoweit seines Schutzes, als dem Vertragserblasser im Erbvertrag das Recht vorbehalten wird, eine vertragsmäßige Verfügung durch Verfügung von Todes wegen abzuändern. Die Zulässigkeit eines solchen Vorbehalts folgt aus dem Prinzip der Vertragsfreiheit[110].

105 BGHZ 59, 343, 348.
106 BGHZ 108, 73.
107 BGH NJW 1991, 1952.
108 BGH NJW 1984, 731 m. w. N.
109 BGHZ 111, 138.
110 Vgl. Mot. V, 332.

Da es dem Erblasser bei der sog. vertragsmäßigen Verfügung mit Vorbehalt gestattet ist, abweichende Verfügungen von Todes wegen zu treffen, fehlt die Bindungswirkung. Nur sie aber macht die im Vertrag enthaltene Verfügung zur vertragsmäßigen. Daher ist eine Unterscheidung zwischen vertragsmäßiger Verfügung mit Vorbehalt und nicht vertragsmäßiger nur von terminologischer Bedeutung[111]. Geht der Vorbehalt so weit, dass er sämtliche Verfügungen umfasst, so fehlt jegliche Bindungswirkung; dann liegt auch kein Erbvertrag vor. Denn dieser muss mindestens eine vertragsmäßige Verfügung enthalten[112].

Nach BGH[113]bedarf der Vorbehalt der für den Erbvertrag vorgesehenen Form; er müsse in irgendeiner Bestimmung des Erbvertrags seinen Ausdruck mindestens in der Weise gefunden haben, dass er dieser Bestimmung im Wege der Auslegung entnommen werden könne[114]. Eine solche Beschränkung der Auslegung ist aber abzulehnen (vgl. zur Andeutungstheorie Rdnr. 200).

2. Beschränkung in guter Absicht 162

§ 2289 II enthält eine weitere Ausnahme von der Bindungswirkung für den Fall, dass der Erblasser einen pflichtteilsberechtigten Abkömmling vertragsmäßig bedacht hat, der in solchem Maße der Verschwendung ergeben oder derart überschuldet ist, dass sein späterer Erwerb erheblich gefährdet ist. Hier kann der Erblasser – wie im Pflichtteilsrecht (§ 2338) – den Erwerb des Abkömmlings durch letztwillige Verfügung beschränken. In Betracht kommen Nacherbschaft oder Nachvermächtnis zu Gunsten der gesetzlichen Erben des Abkömmlings sowie Anordnung der Testamentsvollstreckung für die Lebenszeit des Abkömmlings.

3. Zustimmung des Bedachten 163

Ist der Vertragspartner des Erblassers der vertraglich Bedachte und ist er mit einer beeinträchtigenden Verfügung des Erblassers einverstanden, so muss er diese gegen sich gelten lassen (volenti non fit iniuria). Die Zustimmung ist eine empfangsbedürftige Willenserklärung (§§ 182 ff.[115]), die nach ganz h.M. wie die Aufhebung des Erbvertrages der Form der §§ 2290 ff. bedarf[116].Wenn Vertragspartner und vertragsmäßig Bedachter nicht identisch sind, ist die formlose Zu-

111 **Anders:** BGH NJW 1982, 441.

112 Ebenso: MünchKomm/*Musielak*, § 2287 Rdnr. 16 ff.

113 BGHZ 26, 204, 210.

114 Vgl. auch: *Coing*, NJW 1958, 689; *Siebert*, Festschrift f. Hedemann, 241 ff.

115 AT Rdnr. 503 ff.

116 BGHZ 108, 252, 254; BayObLGZ 1974, 401, 404; *Bamberger/Roth/Litzenburger*, § 2289 Rdnr. 15; *Erman/Schmidt*, § 2289 Rdnr. 6; *Lipp*, Examens-Repetitorium Erbrecht, Rdnr. 413; MünchKomm/*Musielak*, § 2289 Rdnr. 18.

stimmung des Bedachten zu der beeinträchtigenden Verfügung unwirksam[117]. Er muss sich der (aus Gründen der Rechtssicherheit formgebundenen) Möglichkeiten bedienen, die ihm das Erbrecht zur Verfügung stellt. Er kann also entweder vor dem Erbfall mit dem Erblasser einen formgerechten Erbverzichtsvertrag abschließen (§§ 2352, 2348) oder nach dem Erbfall die Erbschaft oder das Vermächtnis in der Form des § 1945 ausschlagen (§§ 1942 ff., 2180). Im **Fall e** ist deshalb der Y alleiniger Vorerbe geworden.

164 **VI. Beseitigung der Bindungswirkung**

Die Bindungswirkung kann durch Aufhebung, Rücktritt und Anfechtung beseitigt werden.

1. Aufhebung durch die Vertragsparteien

Durch die Bindungswirkung der vertragsmäßigen Verfügungen soll der Vertragspartner geschützt werden. Deshalb können sie nicht einseitig vom Erblasser aufgehoben werden. Dagegen muss eine Aufhebung, die auf dem Willen beider Vertragspartner beruht, möglich sein. Ist in einer vertragsmäßigen Verfügung ein Dritter bedacht, so ist dessen Zustimmung zur Aufhebung nicht erforderlich; denn er hat bis zum Erbfall kein Recht, sondern höchstens eine rechtlich nicht geschützte Erbaussicht erworben.

Das Gesetz sieht drei Fälle der Aufhebung durch die Vertragsparteien vor:

165 *a) Aufhebungsvertrag*

Der Erbvertrag kann – wie jeder andere Vertrag – durch einen von denselben Vertragsparteien geschlossenen Aufhebungsvertrag beseitigt werden. Dieser bedarf der Form des Erbvertrages (§ 2290 IV). Inhalt des neuen Vertrages kann sein: die bloße Vereinbarung der Aufhebung aller oder nur einzelner Verfügungen, aber auch eine neue erbvertragliche Regelung, durch die – soweit sie den früheren vertragsmäßigen Verfügungen widerspricht – diese konkludent aufgehoben werden.

Der Erblasser kann den Aufhebungsvertrag nur persönlich schließen (§ 2290 II 1). Ist er beschränkt geschäftsfähig, so bedarf er nicht der Zustimmung seines gesetzlichen Vertreters (§ 2290 II 2), wenn der Vertrag nur die Aufhebung des Erbvertrages zum Gegenstand hat. Enthält dagegen der neue Vertrag auch eine neue erbvertragliche Regelung, ist § 2275 zu beachten, wonach grundsätzlich Geschäftsfähigkeit des Erblassers erforderlich ist. Wenn der Erblasser inzwischen geschäftsunfähig geworden ist, scheidet der Abschluss ei-

117 Ganz h.M.; BGHZ 108, 252, 254; *Bamberger/Roth/Litzenburger*, § 2289 Rdnr. 15; *Erman/Schmidt*, § 2289 Rdnr. 6; MünchKomm/*Musielak*, § 2289 Rdnr. 18.

nes Aufhebungsvertrages aus, da der Erblasser den Vertrag nur persönlich schließen kann. Das Gesagte gilt auch für den Vertragspartner, sofern er ebenfalls Erblasser ist.

Andernfalls kann der Vertragspartner sich vertreten lassen. Ist er geschäftsunfähig, muss er durch seinen gesetzlichen Vertreter vertreten werden. Ist er beschränkt geschäftsfähig, kann sein gesetzlicher Vertreter oder er selbst den Aufhebungsvertrag schließen. Im letzteren Fall ist die Zustimmung des gesetzlichen Vertreters erforderlich (§§ 107, 108), da der Vertragspartner einen rechtlichen Vorteil (Bindung des Vertragserblassers) einbüßt. Außerdem ist die Genehmigung des Vormundschaftsgerichts erforderlich (§ 2290 III 1); das gilt auch, wenn die Aufhebung vom Aufgabenkreis eines Betreuers erfasst wird (§ 2290 III 1). Der Genehmigung bedarf es nicht, wenn der Vertrag unter Ehegatten oder Verlobten geschlossen wird und der Inhaber der elterlichen Sorge (nicht der Vormund) des minderjährigen Vertragspartners zustimmt (§ 2290 III 2).

Der Aufhebungsvertrag kann nach dem Tode eines Vertragspartners nicht mehr geschlossen werden (§ 2290 I 2). Es ist also nicht möglich, dass der überlebende Vertragspartner mit dem im Erbvertrag allein bedachten Dritten einen Aufhebungsvertrag schließt. Dafür besteht auch kein Bedürfnis, da der Bedachte mit dem Erblasser einen Verzichtsvertrag (§ 2352) schließen kann (Rdnr. 163).

Die Wirkung des Aufhebungsvertrages besteht darin, dass die vertragsmäßigen Verfügungen – soweit die Vertragsparteien es wollen – wirkungslos werden. Im Zweifel treten die einseitigen Verfügungen ebenfalls außer Kraft (§ 2299 III).

Auch der Aufhebungsvertrag kann aufgehoben werden. Dann tritt in entsprechender Anwendung der §§ 2257, 2258 II (Widerruf des Widerrufs) der ursprüngliche Erbvertrag wieder in Kraft, sofern die Parteien nichts anderes vereinbart haben. Weiterhin kann der Aufhebungsvertrag durch Anfechtung beseitigt werden (Rdnr. 250).

b) Gemeinschaftliches Aufhebungstestament 166

Eine Erleichterung für die Aufhebung des Erbvertrages bringt § 2292 für Ehegatten und Lebenspartner i.S.v. § 1 LPartG. Diese können auch durch gemeinschaftliches Testament den Erbvertrag (ganz oder teilweise) aufheben.

Während sonst der Aufhebungsvertrag vor einem Notar geschlossen werden muss (§§ 2290 IV, 2276), kann das gemeinschaftliche Ehegatten- oder Lebenspartnertestament auch als eigenhändiges (§ 2267) oder als Nottestament errichtet werden. Deshalb werden Ehegatten und Lebenspartner schon aus Kostenersparnisgründen einen Erbvertrag meist durch ein privatschriftliches gemeinschaftliches Testament aufheben. Hinsichtlich des Vertragspartners des Vertragserblassers gilt bei beschränkter Geschäftsfähigkeit das beim Aufhebungsvertrag Gesagte (§§ 2292, 2290 III).

Nach seinem Wortlaut ist § 2292 nur anwendbar, wenn die Parteien bei Abschluss des Erbvertrags schon Eheleute oder Lebenspartner waren. Es ist aber kein Grund ersichtlich, warum nicht auch solche Personen von der Erleichterung des § 2292 Gebrauch machen sollen, die bei Abschluss des Erbvertrages noch nicht miteinander verheiratet oder in einer Lebenspartnerschaft verbunden waren. Entscheidend ist vielmehr, ob sie jetzt – im Zeitpunkt der Aufhebung – miteinander verheiratet sind oder eine Lebenspartnerschaft begründet haben[118]; denn nur Eheleute und Lebenspartner können ein gemeinschaftliches Testament errichten (§ 2265; § 10 IV LPartG).

167 *c) Aufhebungstestament mit Zustimmung des Vertragspartners*

Enthält der Erbvertrag eine vertragsmäßige Verfügung, die ein Vermächtnis oder eine Auflage (und nicht eine Erbeinsetzung) anordnet, kann der Erblasser diese nach § 2291 durch Testament aufheben. Die Aufhebung bedarf allerdings der Zustimmung des Vertragspartners, dessen Interessen dadurch gewahrt werden.

Die Zustimmungserklärung muss notariell beurkundet werden. Sie wird mit dem Zugang beim Erblasser unwiderruflich (§ 2291 II). Bei beschränkter Geschäftsfähigkeit des Vertragspartners und bei Betreuung, wenn die Aufhebung vom Aufgabenkreis des Betreuers erfasst wird, gilt das oben Gesagte (§§ 2291 I 2, 2290 III; Rdnr. 165).

168 *2. Rücktritt*

Der *Vertragserblasser* kann sich von der Bindung lösen, wenn ihm im Erbvertrag ein Rücktrittsrecht vorbehalten ist (§ 2293) oder das Gesetz ihm ein solches Recht einräumt (§§ 2294 f.).

Für den Rücktritt des *Vertragspartners*, der nach dem Vertrag zu einer Leistung verpflichtet ist, gelten die allgemeinen Bestimmungen der §§ 346 ff. Übt er sein vertraglich vorbehaltenes Rücktrittsrecht durch einseitige, empfangsbedürftige, formlose Willenserklärung aus, wird seine Leistungspflicht aufgehoben, und es entsteht hinsichtlich des bereits Geleisteten ein Rückgewähranspruch. Ein gesetzliches Rücktrittsrecht nach §§ 323 I bzw. 326 V scheidet aus, da selbst der entgeltliche Erbvertrag kein gegenseitiger Vertrag ist.

Nur das Rücktrittsrecht des *Erblassers* ist durch Spezialvorschriften geregelt, welche die allgemeinen Vorschriften der §§ 346 ff. ausschließen.

169 *a) Rücktrittsgründe*

(1) Soweit ihm im Erbvertrag der Rücktritt *vorbehalten* ist, kann der Erblasser die vertragsmäßigen Verfügungen einseitig (durch Rücktrittserklärung) außer Kraft setzen (§ 2293); der Vertragspartner ist nicht schutzbedürftig, weil er sich im Vertrag auf ein Rücktrittsrecht eingelassen hat.

Der Rücktrittsvorbehalt kann sich auf den gesamten Erbvertrag oder nur auf einzelne vertragsmäßige Verfügungen beziehen. Ob das eine oder das andere gewollt ist, muss durch Auslegung ermittelt werden. Ergibt sich dabei, dass der Erblasser nur vom ganzen Erbvertrag zurücktreten darf, ist ein Rücktritt von einer einzelnen Verfügung unzulässig und damit unwirksam.

118 Allg. Ansicht; siehe nur BayObLG NJW-RR 1996, 457 f.

(2) Ein *gesetzliches* Rücktrittsrecht wird dem Erblasser in zwei Fällen eingeräumt:

(a) Nach § 2294 kann der Erblasser zurücktreten, wenn der Bedachte, der nicht mit dem Vertragspartner identisch zu sein braucht, sich einer Verfehlung schuldig macht, die den Erblasser zur Entziehung des Pflichtteils berechtigt. Die Pflichtteilsentziehungsgründe sind in den §§ 2333–2335 genannt (Rdnr. 568). Gehört der Bedachte nicht zu den pflichtteilsberechtigten Personen, besteht ein Rücktrittsrecht bei solchen Verfehlungen, die bei einem Abkömmling zur Pflichtteilsentziehung berechtigen würden (§§ 2294, 2333[119]).

Der Rücktritt kommt nur in Betracht, wenn der Tatbestand, der zur Pflichtteilsentziehung berechtigt, *nach* Vertragsschluss erfüllt wurde. War er bereits *vor* Vertragsschluss gegeben, aber dem Erblasser noch nicht bekannt, muss der Erblasser sich ebenfalls von der Verfügung lösen können; deshalb hat er ein Anfechtungsrecht nach § 2281[120]. Wusste der Erblasser bei Vertragsschluss bereits von der Verfehlung, so ist er nicht schutzwürdig; er hätte ja den Vertrag nicht abzuschließen brauchen. Ihm steht weder ein Anfechtungs- noch ein Rücktrittsrecht zu.

(b) Nach § 2295 hat der Erblasser ein Rücktrittsrecht, wenn der Vertragspartner zu wiederkehrenden Leistungen an den Erblasser für dessen Lebenszeit rechtsgeschäftlich verpflichtet ist, die vertragsmäßige Verfügung des Erblassers mit Rücksicht auf diese Verpflichtung getroffen worden war und die Verpflichtung vor dem Tode des Erblassers aufgehoben wird.

Das Rücktrittsrecht ist wegen der Störung des bestehenden Zusammenhangs zwischen der vertragsmäßigen Verfügung des Erblassers und der Verpflichtung des Vertragspartners gerechtfertigt.

b) Rücktrittserklärung 170

Die Rücktrittserklärung ist gegenüber dem Vertragspartner abzugeben (§ 2296 II 2); sie muss für den Erklärungsempfänger erkennbar machen, ob der Erblasser von allen vertragsmäßigen Verfügungen oder etwa nur von einer Verfügung Abstand nehmen will. Denn er soll sich auf die durch den Rücktritt herbeigeführte Änderung der Rechtslage einstellen können. Zum Schutz des Vertragspartners wird eine notarielle Beurkundung der Erklärung verlangt (§ 2296 II 2). Zugehen muss die Urschrift oder eine Ausfertigung. Eine (einfache oder beglaubigte) Abschrift genügt nicht[121].

Der Rücktritt ist auch dann unwirksam, wenn zu Lebzeiten des Zurücktretenden dem Partner nur eine beglaubigte Abschrift zugegangen ist und ihm erst nach dem Tod des Zurücktretenden eine Ausfertigung zugestellt wird, um dem

119 Zur Beweislast: BGH NJW 1952, 700; NJW-RR 1986, 371.

120 Ganz h. M.; *Erman/Schmidt*, § 2294 Rdnr. 1; MünchKomm/*Musielak*, § 2294 Rdnr. 3; *Lange/Kuchinke*, § 25 VII 5a, FN 263 m. N.; *Palandt/Edenhofer*, § 2294 Rdnr. 1.

121 Vgl. BGHZ 31, 5, 7; 36, 201.

erst zu dieser Zeit erkannten Zustellungsmangel abzuhelfen[122]. Eine Zustellung i.S.d. ZPO ist nicht erforderlich[123]; es genügt Zugang gem. den §§ 130 ff.[124].

Nach § 130 II ist es auf die Willenserklärung ohne Einfluss, wenn der Erklärende nach der Abgabe stirbt oder geschäftsunfähig wird. Das könnte einen pfiffigen Erblasser dazu veranlassen, den beurkundenden Notar anzuweisen, erst nach seinem (des Erblassers) Tod die Rücktrittserklärung dem Vertragspartner zu übermitteln. Jedoch würde dadurch der geschilderte Sinn der Rücktrittserklärung vereitelt[125]. § 130 II ist zwar grundsätzlich auch für die Rücktrittserklärung anwendbar; wenn aber eine bewusste Verzögerung des Zugangs der Erklärung bis nach dem Tode des Erklärenden vorliegt, ist der Rücktritt unwirksam. Das gilt auch für den Fall der unbewussten Verzögerung, sofern der Zugang zu einem Zeitpunkt erfolgt, zu dem der Überlebende mit einem Rücktritt nicht mehr zu rechnen brauchte[126].

Da in der Rücktrittserklärung materiell eine Verfügung über die Erbfolge liegt[127], muss der Erblasser persönlich handeln; der Rücktritt kann also nicht durch einen Vertreter erfolgen (§ 2296 I 1).

Demnach ist bei Geschäftsunfähigkeit des Erblassers die Ausübung des Rücktrittsrechts nicht möglich. Dieses Ergebnis ist nicht uneingeschränkt zu begrüßen; man denke etwa daran, dass der Bedachte sich eines Verbrechens gegen den Erblasser schuldig gemacht hat.

Die Rücktrittserklärung des beschränkt geschäftsfähigen Erblassers ist ohne Zustimmung seines gesetzlichen Vertreters wirksam (§ 2296 I 2), gleichgültig, ob der Rücktritt für ihn von Vor- oder Nachteil ist.

171 *c) Rücktrittswirkung*

Übt der Erblasser sein Rücktrittsrecht aus, so wird beim zweiseitigen Erbvertrag im Zweifel der ganze Erbvertrag aufgehoben (§ 2298 II 1). Ist die durch Rücktritt außer Kraft getretene vertragsmäßige Verfügung mit Rücksicht auf eine rechtsgeschaftliche Verpflichtung des Bedachten getroffen worden, entfällt im Zweifel auch diese Verpflichtung (§ 139[128]).

Haben Eheleute in einer einzigen notariellen Verhandlung einen Erbvertrag und einen Ehevertrag, in dem allgemeine Gütergemeinschaft vereinbart wurde, abgeschlossen, so wird durch die Ausübung eines vertraglich vorbehaltenen Rücktritts vom Erbvertrag die Weitergeltung des Ehevertrages nicht berührt[129]. § 139 ist nicht entsprechend anwendbar; denn die Aufhebung der Gütergemeinschaft kann durch einseitiges Handeln eines Ehegatten nur über § 1447 (Aufhebungsklage) und nicht durch einseitige rechtsgeschäftliche Erklärung erreicht werden.

122 BGHZ 48, 374; alle Entscheidungen betreffen das gleichliegende Problem des Widerrufs wechselbezüglicher Verfügungen eines gemeinschaftlichen Testaments.
123 Mot. V, 343 f.
124 AT Rdnr. 149 ff.
125 Vgl. BGHZ 9, 233 für den Widerruf wechselbezüglicher Verfügungen eines gemeinschaftlichen Testaments.
126 Vgl. BGHZ 48, 374, 384.
127 Mot. V, 344.
128 AT Rdnr. 353 ff.
129 BGHZ 29, 129.

d) Aufhebungstestament des Rücktrittsberechtigten 172

Nach dem Tod des Vertragspartners gibt das Gesetz dem Rücktrittsberechtigten eine andere Möglichkeit, vertragsmäßige Verfügungen außer Kraft zu setzen. Gem. § 2297 Satz 1 kann der Erblasser vertragsmäßige Verfügungen durch Testament (reines Widerrufstestament, § 2254; widersprechendes Testament, § 2258) aufheben. Bei einem Rücktrittsrecht wegen Verfehlung des Bedachten (§ 2294) sind gem. § 2297 Satz 2 die Regeln über die Pflichtteilsentziehung (§ 2336 II–IV) zu beachten; vor allem ist zur Wirksamkeit der Aufhebung erforderlich, dass der Erblasser den Grund, der zur Zeit der Testamentserrichtung bestehen muss, im Testament angibt.

3. Anfechtung 173

Der Erbvertrag kann auch durch Anfechtung vernichtet werden (§§ 2281 bis 2285). Insbesondere für den Erblasser kann mit Rücksicht auf die Bindungswirkung der vertragsmäßigen Verfügungen ein Interesse an der Vernichtung durch Anfechtung bestehen (Einzelheiten: Rdnr. 244 ff.).

Die Bindungswirkung des Erbvertrages

I. Einfluss auf andere Verfügungen des Erblassers

1. Frühere letztwillige Verfügungen des Erblassers werden aufgehoben, soweit sie das Recht des vertragsmäßig Bedachten beeinträchtigen (§ 2289 I 1).
2. Spätere Verfügungen von Todes wegen sind unwirksam, soweit sie den vertragsmäßig Bedachten beeinträchtigen (§ 2289 I 2).
   Ausnahme: Zustimmung des Bedachten
3. Verfügungen unter Lebenden sind weiterhin möglich. Aber bei Verfügungen in Beeinträchtigungsabsicht Schutz des vertragsmäßig Bedachten nach §§ 2287, 2288.

II. Ausnahmen von der Bindungswirkung

1. Abänderungsvorbehalt im Erbvertrag
2. Beschränkung des bedachten pflichtteilsberechtigten Abkömmlings wegen Verschwendungssucht oder Überschuldung durch Anordnung von Nacherbschaft oder Nachvermächtnis (§§ 2289 II, 2338)
3. Zustimmung des Bedachten

III. Beseitigung der Bindungswirkung

1. Aufhebung durch die Vertragsparteien
   a) Aufhebungsvertrag in Form des Erbvertrages (§§ 2290, 2276)

b) Gemeinschaftliches Aufhebungstestament (§ 2292), auch eigenhändig möglich
c) Aufhebungstestament mit Zustimmung des Vertragspartners (§ 2291)

2. Rücktritt vom Erbvertrag (durch notariell beurkundete Erklärung gegenüber dem Vertragspartner, § 2296, oder nach dessen Tod durch Rücktrittstestament, § 2297)
   a) auf Grund Rücktrittsvorbehalts (§ 2293; Wirkung: § 2298 II)
   b) bei schwerer Verfehlung des Bedachten (§§ 2294, 2333 ff.)
   c) bei Aufhebung der Gegenverpflichtung des Bedachten (§ 2295)
3. Anfechtung (§§ 2281 ff., Rdn. 244 ff.)

174 **VII. Besonderheiten bei Erbverträgen unter Ehegatten, Verlobten und Lebenspartnern**

Zum Abschluss eines Erbvertrags zwischen Ehegatten oder Verlobten genügen deren beschränkte Geschäftsfähigkeit (Einzelheiten: § 2275 II, III; Rdnr. 146) und, wenn der Erbvertrag mit einem Ehevertrag verbunden wird, die für diesen vorgeschriebene Form (§ 2276 II; Rdnr. 147).

Haben Ehegatten oder Lebenspartner sich im Erbvertrag gegenseitig zu Erben eingesetzt und bestimmt, dass nach dem Tod des Überlebenden der beiderseitige Nachlass an einen Dritten fallen soll, so ist nach § 2280 die Bestimmung des § 2269 entsprechend anwendbar. Danach wird der Dritte im Zweifel nicht Nacherbe des Erstversterbenden, sondern Erbe des Letztversterbenden (Rdnr. 189).

Bei Abschluss des Erbvertrages gehen die Parteien regelmäßig davon aus, dass die Ehe, die Lebenspartnerschaft oder das Verlöbnis nicht vor dem Tode eines Partners aufgelöst wird. Tritt das wider Erwarten doch ein, ist die Verfügung im Zweifel unwirksam (Einzelheiten: §§ 2279 II, 2077; Rdnr. 219).

Für die Beseitigung der Bindungswirkung enthält das Gesetz zwei Besonderheiten:

Eheleute und Lebenspartner können den Erbvertrag auch durch gemeinschaftliches Testament aufheben (§ 2292; Rdnr. 166).

Der Erblasser kann zurücktreten, wenn der Bedachte sich einer Verfehlung schuldig macht, die den Erblasser zur Pflichtteilsentziehung berechtigt (§ 2294 i. V. m. § 2335; vgl. Rdnr. 568).

VIII. Zusammenfassung 175

Ein Erbvertrag liegt nur vor, wenn mindestens eine Vertragspartei wenigstens eine vertragsmäßige (bindende) Verfügung von Todes wegen trifft. Vertragsmäßig können Erbeinsetzungen, Vermächtnisse und Auflagen sein. Der Erbvertrag kann nur vor einem Notar bei gleichzeitiger Anwesenheit beider Vertragsparteien geschlossen werden. Er setzt grundsätzlich die Geschäftsfähigkeit beider Teile voraus; auf Seiten des Vertragserblassers ist eine Stellvertretung ausgeschlossen. Verschließung und amtliche Verwahrung des Vertrages sollen grundsätzlich erfolgen, sind aber keine Gültigkeitsvoraussetzungen.

Hinsichtlich der vertragsmäßigen Verfügung besteht eine Bindung des Erblassers; insoweit ist seine Testierfreiheit ausgeschlossen. Diese Bindungswirkung kann im Einverständnis des Vertragspartners beseitigt werden. Einseitig kann sich der Erblasser davon durch Anfechtung oder durch Rücktritt befreien; Voraussetzung ist aber, dass ein Anfechtungs- bzw. Rücktrittsgrund gegeben ist. Ein Rücktrittsrecht kann vertraglich vorbehalten oder kraft Gesetzes gegeben sein. Niemals wird der Erblasser durch einen Erbvertrag gehindert, über sein Vermögen durch Rechtsgeschäft unter Lebenden zu verfügen.

Für Erbverträge unter Ehegatten, Verlobten oder Lebenspartnern gibt es einige Sonderbestimmungen.

§ 15 Das gemeinschaftliche Testament von Ehegatten und Lebenspartnern 176

Schrifttum: *Bartholomeyczik*, Erbeinsetzung, andere Zuwendungen und Erbschein, 5. Denkschrift, 1942, 74; *Battes*, Gemeinschaftliches Testament und Ehegattenerbvertrag als Gestaltungsmittel für die Vermögensordnung der Familie, 1974; *Baumann*, Zur Bindungswirkung wechselbezüglicher Verfügungen bei gem. § 2069 BGB ermittelten Ersatzerben, ZEV 1994, 351; *Buchholz*, Berliner Testament (§ 2269 BGB) und Pflichtteilsrecht der Abkömmlinge – Überlegungen zum Ehegattenerbrecht, FamRZ 1985, 872; *ders.*, »Einseitige Korrespektivität«. Entwicklung und Dogmatik eines Modells zu §§ 2270, 2271 BGB, Rpfleger 1990, 45; *von Dickhuth-Harrach*, Erbrecht und Erbrechtsgestaltung eingetragener Lebenspartner, FamRZ 2001, 1660; *ders.*, Die analoge Anwendung der §§ 2287, 2288 BGB auf gemeinschaftliche Testamente schon vor Eintritt der Bindungswirkung, FamRZ 2005, 322; *Dilcher*, Der Widerruf wechselbezüglicher Verfügungen im gemeinschaftlichen Testament – BGHZ 9, 233, JuS 1961, 20; *Helms*, Der Widerruf und die Anfechtung wechselbezüglicher Verfügungen bei Geschäfts- und Testierunfähigkeit, DNotZ 2003, 104; *M. Huber*, Freistellungsklauseln in gemeinschaftlichen Testamenten, Rpfleger 1981, 41; *Jakobs*, Gemeinschaftliches Testament und Wechselbezüglichkeit letztwilliger Verfügungen, Festschrift f. Bosch, 1976, 447; *Johannsen*, Der Schutz der durch gemeinschaftliches Testament oder Erbvertrag berufenen Erben, DNotZ 1977, Sonderheft, 69; *Jünemann*, Rechtsstellung und Bindung des überlebenden Ehegatten bei vereinbarter Wiederverheiratungsklausel im gemeinschaftlichen Testament, ZEV 2000, 81; *Kanzleiter*, Die Aufrechterhaltung der Bestimmungen in unwirksamen gemeinschaftlichen Testamenten als einseitige letztwillige Verfügungen, DNotZ 1973, 133; *ders.*, Gemeinschaftliche Testamente bitte nicht auch für Verlobte!, FamRZ 2001, 1198; *Kapp*, Das gemeinschaftliche Testament in zivilrechtlicher und erbschaftsteuerlicher Sicht, BB 1980, 689; *Keim*, Regelungen für den »gemeinsamen« und »gleichzeitigen« Tod im Ehegattentestament, ZEV 2005, 10; *Kellermann*, Die Auswirkungen einer Scheidung auf das Ehegattenerbrecht, JuS 2004, 1071; *Köster*, Das Schicksal des gemeinschaftlichen Testaments nach Auflösung der Ehe – Probleme des § 2268 BGB, JuS 2005, 407; *Kuchinke*, Enttäuschte Erwartungen eines Schlusserben – BGHZ 82, 274, JuS 1988, 853; *ders.*, Beeinträchtigende Anordnungen des an seine Verfügungen gebundenen Erblassers, Festschrift f. v. Lübtow, 1991, 283; *Langenfeld*, Das Ehegattentestament, 1994; *ders.*, Testamentsgestaltung und Steuerrecht, JuS 2002, 351; *Lübbert*, Verwirkung der Schlußerbfolge durch Geltendmachung des Pflichtteils, NJW 1988, 2706; *Muscheler*, Der Einfluß der Eheauflösung auf das gemeinschaftliche Testament, DNotZ 1994, 733; *ders.*, Kindespflichtteil und Erbschaftsteuer beim Berliner Testament, ZEV 2001, 377; *Musielak*, Die Aufhebung bindend gewordener Verfügungen in gemeinschaftlichen Testamenten, Festschrift f. Kegel, 1987, 433; *v. Olshausen*, Verwirkungsklausel im gemeinschaftlichen Testament bei Pflichtteilsverlangen nach dem Tode des Erstverstorbenen, DNotZ 1979, 707; *Olzen*, Letztwillige Verfügungen unter Ehegatten, JuS 2005, 673; *Peißinger*, Das gemeinschaftliche Testament, zur Problematik der Erforschung des Erblasserwillens für Beteiligte und Gericht, Rpfleger 1995, 325; *Pfeiffer*, Das gemeinschaftliche Ehegattentestament – Konzept, Bindungsgrund und Bindungswirkungen, FamRZ 1993, 1266; *Priester*, Vertragsgestaltung: Das private Ehegattentestament, JuS 1987, 394; *Radke*, Das Berliner Testament und die gegenseitige gemeinschaftliche Einsetzung der Ehegatten zu Vorerben in Formularsammlungen, 1999; *ders.*, Überlegungen zur Gestaltung der Wechselbezüglichkeit im gemeinschaftlichen Testament, NotBZ 2001, 15; *Rappenglitz*, Der Widerruf wechselbezüglicher Verfügungen mittels postmortal zugegangener Widerrufserklärung, Rpfleger 2001, 531; *Sachs*, Ehegattentestament und Pflichtteilsrecht, JuS 2001, 292; *Schermann*, Der Schutz des Vermächtnisnehmers im gemeinschaftlichen Testament und Ehegattenerbvertrag, 2006; *Scheuren/Brandes*, Zur Entstehungsgeschichte des § 2269 BGB, insbesondere zur Frage der Herkunft der Bezeichnung »Berliner Testament«, Jura 2002, 734; *Schmidt-Kessel*, Erbrecht in der Rechtsprechung des Bundesgerichtshofs 1985 bis 1987, WM 1988, Sonderbeil. 8, 14; *J. Schneider*, Wie ist der Rücktritt vom Erbvertrag, wie der Widerruf eines gemeinschaftlichen Testamentes zu erklären?, ZEV 1996, 220; *Speth*, Schutz des überlebenden Ehegatten bei gemeinschaftlichem Testament, NJW 1985, 463; *Tiedtke*, Zur Bindung des überlebenden Ehegatten an das gemeinschaftliche Testament bei Ausschlagung der Erbschaft als eingesetzter, aber Annahme als gesetzlicher Erbe, FamRZ 1991, 1259; *Wacke*, Gemeinschaftliche Testamente von Verlobten, FamRZ 2001, 457; *Waltermann*, Benachteiligende Schenkungen des testamentarisch gebundenen Erblassers – OLG Frankfurt, NJW-RR 1991, 1157, JuS 1993, 276.

Fälle:

a) Die Eheleute Max und Frieda Müller haben zur selben Zeit auf getrennten Briefbögen, die anschließend mit einer Heftklammer verbunden worden sind, eigenhändig die folgenden letztwilligen Verfügungen getroffen:

»Ich setze meine Frau als Alleinerbin ein. Köln, den 2. März 2003 Max Müller.
Ich setze meinen Mann als Alleinerben ein. Köln, den 2. März 2003 Frieda Müller.«

Handelt es sich um ein gemeinschaftliches Testament? **(Rdnr. 176)**

b) Verlobte haben sich in einem gemeinschaftlichen Testament gegenseitig zu Erben eingesetzt. Nach der Hochzeit erklären sie, das Testament entspreche auch jetzt noch ihrem Willen. Ist das Testament gültig? **(Rdnr. 180)**

c) Eheleute haben in einem gemeinschaftlichen Testament sich gegenseitig als Erben und ihre beiden Söhne zu Erben des Längstlebenden eingesetzt. Nach dem Tod des zuerst verstorbenen Vaters will der ältere Sohn wissen, was ihm jetzt von der Erbschaft zusteht. **(Rdnr. 189)**

d) Kinderlose Eheleute haben sich in einem gemeinschaftlichen Testament gegenseitig zu Erben eingesetzt. Später setzt der Ehemann in einem privatschriftlichen Testament seinen Freund A zu seinem Alleinerben ein, wovon die Ehefrau nichts erfährt. Bei einem Autounfall verunglückt das Ehepaar tödlich; es lässt sich nicht feststellen, wer zuerst gestorben ist. Die Geschwister der Eheleute und A streiten sich um die Erbschaft. **(Rdnr. 194)**

I. Begriff und Bedeutung

1. Begriff

Das gemeinschaftliche Testament (Beispiel: Rdnr. 806) ist die Zusammenfassung von gemeinschaftlich getroffenen letztwilligen Verfügungen mehrerer Personen. Ein solches gemeinschaftliches Testament kann nach geltendem Recht nur von Ehegatten (§ 2265) und von Lebenspartnern i.S.v. § 1 LPartG (§ 10 IV LPartG) errichtet werden. Es handelt sich dabei immer um *zwei* Verfügungen von Todes wegen: Die Ehegatten/Lebenspartner verfügen zwar gemeinschaftlich, aber jeder einseitig. Im Gegensatz zum Erbvertrag, der eine Doppelnatur (Verfügung von Todes wegen und Vertrag) hat, ist das gemeinschaftliche Testament nur Verfügung von Todes wegen und nicht auch ein Vertrag. Der Vertragscharakter fehlt auch dann, wenn es sich um wechselbezügliche Verfügungen (§ 2270) handelt (z. B. Ehegatten/Lebenspartner haben sich gegenseitig zu Erben eingesetzt); denn selbst hier tritt mit Errichtung des gemeinschaftlichen Testaments keine Bindungswirkung zu Lebzeiten der Ehegatten/Lebenspartner ein (§ 2271).

Ein gemeinschaftliches Testament setzt voraus, dass jeder der Ehegatten/Lebenspartner eine letztwillige Verfügung trifft und beide auf Grund eines gemeinsamen Entschlusses handeln. Wählen sie die Form des öffentlichen Testaments (Rdnr. 181), so ergibt sich die Gemeinschaftlichkeit schon aus der Errichtung des Testaments in einer einheitlichen Verhandlung. Das gemeinschaftliche Testament kann jedoch auch in der Form des eigenhändigen Testaments errichtet werden (Rdnr. 183). In diesem Fall stellt sich das Problem, welche Voraussetzungen erfüllt sein müssen, damit die beiden letztwilligen Verfügungen ein gemeinsames Testament darstellen. Insbesondere fragt es sich, ob die Verfügungen in *einer* Urkunde enthalten sein müssen. Diese Frage, zu der das Gesetz schweigt, ist für die Anwendung der nur für gemeinschaftliche Testamente geltenden Vorschriften des § 2268 (Rdnr. 178) und der §§ 2270, 2271 (Rdnr. 192 ff.) von Bedeutung.

Das RG verlangte für das gemeinschaftliche Testament, dass die beiden letztwilligen Verfügungen in *einer* Urkunde enthalten waren[130]. Dem Willen der Ehegatten wurde keine Bedeutung beigemessen. Nach der Auffassung des RG schied daher ein gemeinschaftliches Testament aus, wenn die Ehegatten ihre letztwilligen Verfügungen in getrennten Urkunden trafen, dabei aber mit dem Willen handelten, ein gemeinschaftliches Testament zu errichten. Andererseits sollte ein gemeinschaftliches Testament selbst dann vorliegen, wenn die Eheleute die Form des gemeinschaftlichen Testaments wählten, aber in Wirklichkeit Einzeltestamente errichten wollten. Die Ansicht des RG ist abzulehnen, zumal in der Zwischenzeit § 2267 geändert worden ist[131].

Die meisten Testamente sind zwar in *einer* Urkunde enthalten. Es ist aber kein Grund dafür ersichtlich, dass ein privatschriftliches gemeinschaftliches Testament in einer einzigen Urkunde enthalten sein muss. Die Klammer zwischen beiden Verfügungen der Ehegatten/Lebenspartner ist vielmehr der *gemeinschaftliche Wille* beider Erblasser. Denn das Wesentliche des gemeinschaftlichen Testaments ist es gerade, dass die Eheleute/Lebenspartner gemeinsam verfügen wollen. Deshalb ist allein auf den Willen der Erblasser abzustellen. Dieser ist durch Auslegung der Erklärungen zu ermitteln; dabei sind auch Umstände außerhalb der Urkunde zu berücksichtigen. Auch der BGH[132] hält den Willen der Erblasser für entscheidend, verlangt aber, dass dieser Wille aus den beiden Erklärungen selbst erkennbar ist. Damit wird jedoch die Auslegung ohne hinreichenden Grund eingeschränkt (vgl. Rdnr. 200).

Demnach liegt ein gemeinschaftliches Testament vor, wenn jeder Ehegatte/Lebenspartner auf einem besonderen Bogen sein Testament errichtet hat, aber der Wille, gemeinschaftlich zu verfügen, durch Auslegung feststellbar ist (**Fall a**).

Voraussetzung für ein gemeinschaftliches Testament ist stets, dass die Ehegatten/Lebenspartner auf Grund eines gemeinsamen Entschlusses handeln. Ein gleichzeitiges Handeln ist jedoch nicht erforderlich. Deshalb ist es zulässig, dass zunächst ein Ehegatte/Lebenspartner seine letztwillige Verfügung errichtet und sie dann dem anderen Teil gibt, der sich der Verfügung anschließt. Von einem gemeinschaftlichen Testament kann aber dann keine Rede sein, wenn ein Ehegatte/Lebenspartner sich der Verfügung des anderen anschließt, ohne dass dieser etwas davon weiß; denn hier fehlt es an einem gemeinschaftlichen Entschluss.

177 *2. Bedeutung*

Das gemeinschaftliche Testament von Ehegatten hat in der Praxis große Bedeutung, und zwar wegen des Formprivilegs sowie – bei den wechselbezüglichen Verfügungen – wegen der beschränkten Bindungswirkung und der gegenseiti-

130 Vgl. die Entscheidung in RGZ 72, 204 f., die jedoch auf § 2267 a. F. beruhte.
131 Vgl. schon *Coing*, JZ 1952, 611.
132 BGHZ 9, 113 f.; vgl. auch *Soergel/Wolf*, § 2267 Rdnr. 2.

gen Abhängigkeit. Die folgenden Ausführungen gelten für gemeinschaftliche Testamente von Lebenspartnern entsprechend.

a) Das Formprivileg zeigt sich besonders bei der Errichtung eines gemeinschaftlichen eigenhändigen Testaments. Hier genügt es, dass ein Ehegatte die Verfügungen beider Ehegatten eigenhändig schreibt und unterschreibt und der andere Ehegatte diese gemeinschaftliche Erklärung eigenhändig mitunterzeichnet (§ 2267). Von dem zweiten Ehegatten wird also nur eine eigenhändige Unterschrift verlangt.

Im Gegensatz zum Erbvertrag, der nur zur Niederschrift eines Notars geschlossen werden kann (§ 2276), kann das gemeinschaftliche Ehegattentestament in allen für das Testament zulässigen Formen errichtet werden, das privatschriftliche noch dazu in der geschilderten erleichterten Weise. Deshalb ziehen Ehegatten vielfach das gemeinschaftliche Testament dem Erbvertrag vor.

b) Eine besondere Interessenlage besteht beim gemeinschaftlichen Testament **178**
hinsichtlich der wechselbezüglichen (korrespektiven) Verfügungen. Das sind solche, die der eine Ehegatte nur mit Rücksicht auf die Verfügungen des anderenEhegatten getroffen hat (gegenseitige Abhängigkeit der Verfügungen). Hier ist das Vertrauen des Erstversterbenden, nach seinem Tod werde der Überlebende nicht anders verfügen, zu schützen. Deshalb bestimmt § 2271 II, dass das Recht zum Widerruf mit dem Tod des anderen Ehegatten erlischt. Insoweit besteht also im Interesse des anderen Ehegatten eine Bindungswirkung bei wechselbezüglichen Verfügungen.

Haben Eheleute in einem gemeinschaftlichen Testament einen Neffen des Mannes und eine Nichte der Frau als Erben zu je 1/2 eingesetzt, ist regelmäßig davon auszugehen, dass der Mann die Nichte seiner Frau nur deshalb zu seiner Erbin eingesetzt hat, weil seine Frau seinen Neffen zu ihrem Erben bestimmt hat. Es wäre unbillig, wenn die Frau nach dem Tod ihres Mannes, der entsprechend seiner letztwilligen Verfügung von seinem Neffen und der Nichte seiner Frau beerbt worden ist, ihre letztwillige Verfügung widerrufen könnte und etwa anstelle des Neffen ihres Mannes ihren eigenen Neffen neben ihrer Nichte zum Erben bestimmen könnte.

Hinsichtlich der Entstehung der Bindungswirkung besteht ein Unterschied zum Erbvertrag. Bei diesem tritt die Bindungswirkung für die vertragsmäßigen Verfügungen mit Abschluss des Vertrags ein; sie folgt aus der Vertragsnatur. Bei wechselbezüglichen Verfügungen im gemeinschaftlichen Testament entsteht sie erst mit dem Tod des anderen Ehegatten; vor diesem Zeitpunkt ist auch eine wechselbezügliche Verfügung einseitig frei widerruflich. Allerdings muss der Widerruf mit Rücksicht auf das zu schützende Vertrauen des anderen Ehegatten durch persönliche, notariell beurkundete Erklärung gegenüber dem anderen Ehegatten erfolgen (§§ 2271 I, 2296).

Die gegenseitige Abhängigkeit der wechselbezüglichen Verfügungen zeigt sich in § 2270 I; danach hat die Nichtigkeit oder der Widerruf der einen Verfügung die Unwirksamkeit der anderen zur Folge.

Gerade in dieser gegenseitigen Abhängigkeit und in der beschränkten Bindungswirkung liegt das Besondere des gemeinschaftlichen Testaments. Dieses steht zwischen Testament und Erbvertrag. Ehegatten, denen die beschränkte Bindungswirkung genügt, werden dem gemeinschaftlichen Testament, weil es privatschriftlich errichtet werden kann, gegenüber dem Erbvertrag den Vorzug geben.

179 c) Die Zulassung des gemeinschaftlichen Testaments ist rechtspolitisch nicht bedenkenfrei. Die Motive [133] lehnten es als eine *unklare* Mitte zwischen Erbvertrag und Testament im Hinblick auf die Schwierigkeiten bei der Ermittlung des wirklichen Willens der Verfügenden und der sich daraus ergebenden zahlreichen Streitigkeiten ab. Die zweite Kommission ließ das gemeinschaftliche Testament für Ehegatten (und nicht für Verlobte) nur mit dem Hinweis auf die Gewohnheit in weiten Kreisen zu[134]. Das war bei dem damaligen Stand des Gesetzgebungsverfahrens verständlich, weil das private Testament noch nicht vorgesehen war. Als man es später zuließ, galt das auch für das gemeinschaftliche Testament, so dass die Möglichkeit einer Beratung der Ehegatten durch die Urkundsperson (wie beim öffentlichen Testament) nicht mehr bestand. Damit wurde die Gefahr heraufbeschworen, dass der gerissenere Ehegatte seinen Partner bei der Abfassung des gemeinschaftlichen Testaments übervorteilt.

180 II. Errichtung

1. Beschränkung auf Ehegatten und Lebenspartner

a) Nur Eheleute und Lebenspartner i.S.d. LPartG können ein gemeinschaftliches Testament errichten (§ 2265; § 10 IV LPartG). Daraus folgt, dass im Zeitpunkt der Errichtung die Ehe/Lebenspartnerschaft bestehen muss; sie darf also noch nicht rechtskräftig aufgehoben oder geschieden worden sein.

Im **Fall b** ist das gemeinschaftliche Testament der Verlobten nichtig. Es wird auch nicht durch die Eheschließung wirksam. Die Bestätigung, die als erneute Vornahme zu beurteilen ist (§ 141 I), ist unwirksam, weil die Formvorschriften für die Testamentserrichtung nicht beachtet sind. Zu prüfen ist aber, ob das gemeinschaftliche Testament als Erbvertrag (Form!) oder als Einzeltestament (Form!) aufrechterhalten werden kann. Hätte der einzelne Erblasser bei Kenntnis der Nichtigkeit des gemeinschaftlichen Testaments in einem Einzeltestament ebenso verfügt, kommt eine Umdeutung in Betracht[135]. Das ist bei nicht wechselbezüglichen Verfügungen eher anzunehmen als bei wechselbezüglichen, aber auch bei diesen nicht schlechthin ausgeschlossen[136]; man denke an die Einsetzung der gemeinschaftlichen Kinder. Entscheidend ist der hypothetische Erblasserwille (Rdnr. 201 ff.).

133 V, 253 f.
134 Prot. V, 426 ff.
135 Vgl. KG NJW 1972, 2133; BayObLG FamRZ 1992, 353.
136 Ebenso: *Soergel/Wolf*, § 2265 Rdnr. 5.

b) Haben Ehegatten/Lebenspartner ein gemeinschaftliches Testament errichtet und wird später die Ehe/Lebenspartnerschaft durch Aufhebungs- oder Scheidungsurteil mit ex-nunc-Wirkung aufgelöst, steht § 2265 der Wirksamkeit des Testaments nicht entgegen; denn im Zeitpunkt der Errichtung lagen die Voraussetzungen noch vor. Aber man wird im Regelfall annehmen können, dass die Eheleute/Lebenspartner bei Errichtung des gemeinschaftlichen Testaments davon ausgingen, bis zum Tod miteinander verheiratet oder in einer Lebenspartnerschaft verbunden zu sein. Hätten sie mit einer Auflösung ihrer Ehe oder Partnerschaft durch Richterspruch gerechnet, hätten sie wohl nicht gemeinschaftlich testiert. Deshalb ist für diesen Fall das gemeinschaftliche Testament regelmäßig seinem ganzen Inhalt nach unwirksam (§§ 2268, 2077, § 10 IV 2 LPartG; Rdnr. 219).

Das gilt auch, wenn ein Ehegatte/Lebenspartner zur Zeit seines Todes den Antrag auf Aufhebung oder Scheidung der Ehe gestellt hatte (Näheres: §§ 2268, 2077 I 2 u. 3, 1933; Rdnr. 219).

Ausnahmsweise bleiben die Verfügungen insoweit wirksam, als anzunehmen ist, dass sie auch für den Fall der Scheidung usw. getroffen sein würden (§ 2268 II). § 2268 enthält wie § 2077 eine Auslegungsregel.

Schließen die Eheleute/Lebenspartner nach der Scheidung erneut miteinander die Ehe oder begründen sie erneut eine Lebenspartnerschaft, so wird damit ihr gemeinschaftliches Testament nicht wieder wirksam; jedoch ist durch Ermittlung des (hypothetischen) Willens der Eheleute/Lebenspartner zur Zeit der Testamentserrichtung zu prüfen, welche Verfügungen die Beteiligten getroffen hätten, wenn sie die Scheidung/Aufhebung und Wiederheirat/Wiederbegründung der Partnerschaft als möglich vorausgesehen hätten[137].

2. *Form* **181**

Die Form des gemeinschaftlichen Testaments von Ehegatten (für Lebenspartner gilt Entsprechendes) bestimmt sich danach, ob es als öffentliches oder privates errichtet wird.

a) Beim *öffentlichen* Testament ergeben sich Besonderheiten nur daraus, dass *zwei* Erblasser vorhanden sind. *Beide* müssen testierfähig sein und in einer Verhandlung das Testament errichten; darüber ist eine Niederschrift aufzunehmen. Die Gemeinschaftlichkeit verlangt weiter, dass jeder Ehegatte die Verfügungen des anderen kennt[138].

Aus diesen Grundsätzen folgt z. B.:
Regelmäßig kann jeder Ehegatte die Errichtungsart wählen. So kann z. B. der eine seinen letzten Willen mündlich erklären, der andere eine Schrift überreichen. Die Übergabe

137 BayObLG NJW 1996, 133; dazu *Hohloch*, JuS 1996, 361.
138 *Palandt/Edenhofer*, Einf. v. § 2265 Rdnr. 5.

einer verschlossenen Schrift ist unzulässig, sofern der andere Ehegatte von dem Inhalt keine Kenntnis hat.

Ein minderjähriger Ehegatte vermag nur durch Erklärung oder durch Übergabe einer offenen Schrift das Testament zu errichten (§ 2233 I; Rdnr. 90). Danach kann auch der andere, volljährige Ehegatte nicht durch Übergabe einer verschlossenen Schrift testieren, selbst wenn der Minderjährige den Inhalt kennt. Die Urkundsperson könnte sonst ihrer Pflicht, den Minderjährigen zu beraten (Rdnr. 90), nicht nachkommen, weil sie die Schrift des Partners nicht kennt.

Der Notar ist als Urkundsperson ausgeschlossen, wenn er naher Angehöriger eines der beiden Erblasser ist (vgl. § 6 BeurkG; Rdnr. 107).

Überwachungspersonen sollen zugezogen werden, wenn nur *einer* der Erblasser nach seinen Angaben oder nach der Überzeugung des Notars nicht hinreichend zu hören, zu sprechen oder zu sehen vermag (vgl. § 22 BeurkG; Rdnr. 114).

182 b) Ein gemeinschaftliches Testament in der Form des *Nottestaments* (§§ 2249 f.; Rdnr. 129 ff.) ist schon dann zulässig, wenn die entsprechenden Voraussetzungen nur in der Person eines der beiden Ehegatten vorliegen (§ 2266; Beispiel: nahe Todesgefahr eines Ehegatten).

183 c) Für das gemeinschaftliche *eigenhändige Testament* sieht § 2267 gegenüber § 2247 eine Formerleichterung vor: Es genügt, wenn ein Ehegatte das Testament eigenhändig schreibt und unterschreibt (§ 2247 I) und der andere Ehegatte die gemeinschaftliche Erklärung eigenhändig mitunterzeichnet. Der mitunterzeichnende Ehegatte soll hierbei angeben, zu welcher Zeit und an welchem Ort er seine Unterschrift beigefügt hat.

Erforderlich ist aber, dass beide Ehegatten volljährig sind und Geschriebenes lesen können (§ 2247 IV). Aus der Wertung dieser Vorschrift ergibt sich auch, dass die Unterschrift des mit unterzeichnenden Ehegatten nicht vorweg blanko geleistet werden darf[139].

§ 2267 enthält nicht die einzig mögliche Form der Errichtung eines gemeinschaftlichen eigenhändigen Testaments, sondern bringt nur eine Erleichterung (»genügt es«). Es bleibt den Ehegatten unbenommen, das gemeinschaftliche Testament gem. § 2247 I zu errichten. Dann muss also jeder Ehegatte seine Erklärung eigenhändig schreiben und unterschreiben.

Kein formgültiges gemeinschaftliches Testament liegt vor, wenn der Ehemann zunächst seine Verfügungen schreibt und unterschreibt und dann auch die Verfügungen der Frau schreibt, die diese unterschreibt[140]. Grund: Hier hat jeder nur seine eigene Verfügung unterschrieben.

139 Vgl. OLG Hamm NJW-RR 1993, 269.

140 BGH NJW 1958, 547; zustimmend *Erman/Schmidt*, § 2267 Rdnr. 1; *Staudinger/Kanzleiter*, § 2267 Rdnr. 15.

3. *Verwahrung* 184

Für die Verwahrung gilt das bei den einzelnen Testamenten Gesagte. Beim Tod eines Ehegatten/Lebenspartners werden nur seine Verfügungen eröffnet, während die davon trennbaren Verfügungen des anderen Teils wegen dessen Interesse an der Geheimhaltung nicht verkündet und den Beteiligten auch nicht zur Kenntnis gebracht werden (Näheres: § 2273).

III. Inhalt und Arten 185

1. *Inhalt*

Inhalt des gemeinschaftlichen Testaments kann alles das sein, was in einer Verfügung von Todes wegen enthalten sein kann (Rdnr. 87). Als wechselbezügliche Verfügungen kommen aber gem. § 2270 III nur Erbeinsetzungen, Vermächtnisse und Auflagen in Betracht (vgl. die entsprechende Regelung bei den vertragsmäßigen Verfügungen im Erbvertrag, § 2278 II).

2. *Arten* 186

Hinsichtlich der Arten kann man unterscheiden:

a) *Testamenta correspectiva.* Darunter versteht man gemeinschaftliche Testamente, in denen die Verfügungen des einen Gatten/Partners in ihrer Wirksamkeit von der Wirksamkeit der Verfügungen des anderen abhängen (gegenseitig abhängige, wechselbezügliche, korrespektive Testamente). Die Verfügungen des einen Gatten/Partners sollen mit denen des anderen stehen und fallen[141]. Entscheidend dafür ist, ob die Eheleute/Lebenspartner eine solche Abhängigkeit gewollt haben.

Beispiel: Ehegatten setzen sich gegenseitig zu Erben und die gemeinsamen Kinder zu Erben des Längstlebenden ein. Diese Verfügungen sind in der Regel von den Eheleuten als wechselbezügliche gewollt (vgl. die Auslegungsregel des § 2270 II).

b) *Testamenta reciproca.* Dabei handelt es sich um gemeinschaftliche Testamente, in denen die Ehegatten/Lebenspartner sich gegenseitig bedenken oder der eine mit Rücksicht auf den anderen Gatten/Partner einen Dritten bedenkt (gegenseitige Testamente). Hier besteht eine innere Verbindung beider Verfügungen, ohne dass diese jedoch als wechselbezüglich gewollt sind.

Beispiel: Mann und Frau setzen sich gegenseitig zu Erben ein (inhaltlicher Zusammenhang beider Verfügungen); der reiche Mann wollte seine arme Frau aber auch dann zur

141 RGZ 116, 148 f.; OLG Hamm FamRZ 2004, 662; *Palandt/Edenhofer*, § 2270 Rdnr. 1; *Soergel/Wolf*, § 2270 Rdnr. 2.

Erbin einsetzen, wenn diese ihn nicht zum Erben bestimmt hätte. Zwischen beiden Verfügungen sollte also keine derartige Abhängigkeit bestehen, dass die Wirksamkeit der einen Verfügung von der Wirksamkeit der anderen abhängig ist.

c) *Testamenta mere simultanea.* Das sind gemeinschaftliche Testamente, die nur äußerlich die Verfügungen der Ehegatten/Lebenspartner zusammenfassen, ohne dass die Verfügungen gegenseitig oder gar wechselbezüglich sind. Die Eheleute/Lebenspartner machen also nur von dem Formprivileg Gebrauch (Testiergemeinschaft).

Beispiel: In einem vom Mann geschriebenen und von beiden Eheleuten unterschriebenen Testament setzt jeder Ehegatte seine Kinder aus seiner früheren Ehe zu Erben ein.

Das gemeinschaftliche Ehegattentestament (§§ 2265 ff.)

I. Begriff

Zusammenfassung von gemeinschaftlich getroffenen letztwilligen Verfügungen von Ehegatten oder Lebenspartnern (nicht notwendig in einer einzigen Urkunde)

II. Unterschiede zum Erbvertrag (Rdnr. 144 ff.)

1. Als eigenhändiges Testament ohne Mitwirkung eines Notars möglich (§ 2267)
2. Beschränkte Bindungswirkung bei wechselbezüglichen Verfügungen (Rdnr. 192 ff.) erst nach dem Tod des Erstversterbenden; bis dahin durch notariell beurkundete Erklärung gegenüber dem anderen Teil frei widerrufbar (§§ 2271 I, 2296)

III. Errichtung

1. Beschränkung auf Ehegatten (§ 2265) und Lebenspartner (§ 10 IV LPartG); bei Auflösung der Ehe/Lebenspartnerschaft zu Lebzeiten wird das Testament unwirksam (§§ 2268, 2077)
2. Form: als öffentliches, als eigenhändiges Testament und als Nottestament möglich. Besonderheiten: §§ 2266, 2267
3. Inhalt: alles, was in einer Verfügung von Todes wegen enthalten sein kann; als wechselbezügliche Verfügungen nur Erbeinsetzungen, Vermächtnisse und Auflagen (§ 2270 III)

IV. Berliner Testament

187

1. Auslegungsmöglichkeiten

Unter einem Berliner Testament versteht man ein gemeinschaftliches Testament, in dem die Ehegatten/Lebenspartner sich gegenseitig und einen Dritten (bei Ehegatten meist die Kinder) zu Erben des Überlebenden einsetzen. Hier ist durch Auslegung zu ermitteln, was die beiden Erblasser damit gewollt haben. Zwei Möglichkeiten, die im Folgenden am Beispiel des Berliner Testaments von Ehegatten erklärt werden (für Lebenspartner gilt Entsprechendes), sind denkbar:

a) Stirbt einer der Ehegatten (z. B. der Mann), wird der überlebende Ehegatte (die Frau) Vorerbe, und die Kinder werden Nacherben (Rdnr. 343). Beim Tode des längstlebenden Gatten (Frau) tritt der Nacherbfall ein. Die Kinder erhalten als Nacherben ihres Vaters dessen Nachlass nach ihrer Mutter, und außerdem werden sie (Voll-)Erben ihrer Mutter.

Man spricht hier vom *»Trennungsprinzip«*. Es bestehen zwei rechtlich voneinander getrennte Vermögensmassen. Mit dem Tod des Mannes erwirbt die Frau dessen Nachlass als Vorerbin; außerdem ist und bleibt sie Inhaberin ihres Eigenvermögens.

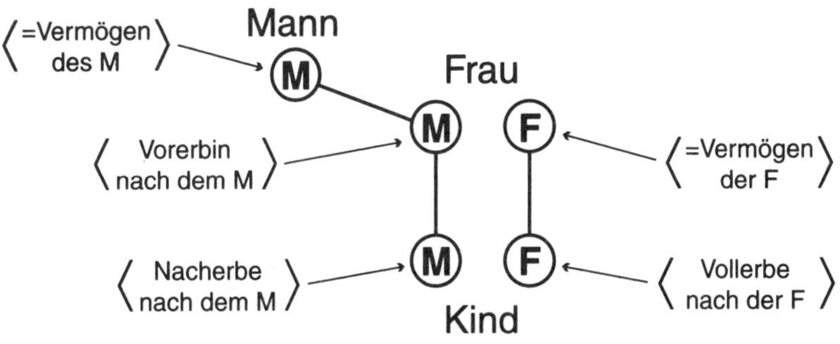

b) Der überlebende Ehegatte (z. B. die Frau) kann aber auch nach dem Tode des Erstverstorbenen (des Mannes) dessen Vermögen als Vollerbin erwerben. Die Kinder beerben später als Schlusserben ihre Mutter bei deren Tod. Damit erwerben sie das mütterliche Vermögen, in dem auch der noch vorhandene väterliche Nachlass enthalten ist.

Man spricht hier vom *»Einheitsprinzip«*, weil beim Tod des erstversterbenden Gatten dessen Vermögen mit dem des überlebenden Gatten rechtlich zu einer Einheit verschmilzt.

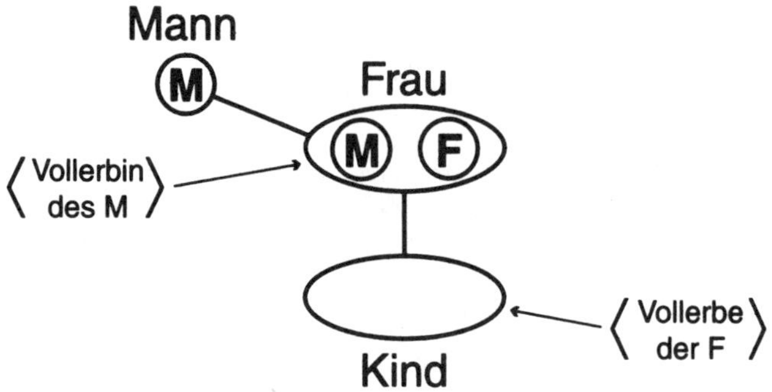

188 *2. Folgen beim Trennungs- und Einheitsprinzip*

Die Unterscheidung der beiden Möglichkeiten hat erhebliche praktische Konsequenzen:

a) Der überlebende Ehegatte wird beim Trennungsprinzip lediglich Vorerbe. Er unterliegt also hinsichtlich des Nachlasses des verstorbenen Gatten den Verfügungsbeschränkungen eines Vorerben (§§ 2112 ff.); bezüglich seines eigenen Vermögens ist er selbstverständlich frei. Beim Einheitsprinzip ist der überlebende Gatte auch hinsichtlich des Nachlasses des Verstorbenen frei, da er dessen Vollerbe ist.

Besonderheiten können sich im letzten Fall bei Wechselbezüglichkeit ergeben (§§ 2287 f.; Rdnr. 192 ff.).

b) Der Dritte (im genannten Beispiel also die Kinder) wird beim Trennungsprinzip im Zeitpunkt des Todes des erstversterbenden Gatten dessen Nacherbe; er erwirbt eine veräußerliche und vererbliche Anwartschaft (Rdnr. 356 ff.). Beim Einheitsprinzip erwirbt dagegen der Dritte beim Tod des Erstversterbenden nichts; das Kind wird also nur dann Erbe, wenn es den letztversterbenden Elternteil überlebt.

Stirbt z. B. ein Kind der Eheleute nach dem Tod des Vaters, aber vor dem Tod der Mutter, so geht die beim Trennungsprinzip erworbene Anwartschaft grundsätzlich auf seine Erben, etwa seine Frau und seine Kinder, über (vgl. § 2108 II 1). Beim Einheitsprinzip dagegen gehört nichts aus dem Nachlass des verstorbenen Vaters zum Nachlass des verstorbenen Kindes. Dessen Kinder (nicht seine Frau) kommen nur dann in den Genuss des Nachlasses ihrer Großeltern, wenn sie die Großmutter überleben; denn dann werden sie (anstelle ihres verstorbenen Vaters) unmittelbare Erben ihrer Großmutter (vgl. §§ 2068 f., 1924 III).

c) Ist der Dritte gem. § 2303 pflichtteilsberechtigt (z. B. als Kind der Eheleute), so kann er nach dem Tod des erstverstorbenen Ehegatten beim Trennungsprinzip nur dann den Pflichtteil verlangen, wenn er (wegen der Anwartschaft) die Nacherbschaft ausschlägt (§ 2306 I 2, II). Beim Einheitsprinzip erhält er beim Tod des erstversterbenden Elternteils nichts, so dass er den Pflichtteil ohne Ausschlagung verlangen kann (§ 2303 I 1).

Hat ein Kind nach dem Tod des zuerst verstorbenen Elternteils seinen Pflichtteil verlangt, so ist es beim Tod des zuletzt versterbenden Elternteils dessen Erbe. Das bedeutet im Fall des Trennungsprinzips: Das Kind wird Erbe seiner zuletzt verstorbenen Mutter hinsichtlich deren Nachlass. Da das Kind die Nacherbschaft in Bezug auf das Vermögen des Vaters ausgeschlagen hat, kommt es nicht mehr in den Genuss des väterlichen Nachlasses.

Unbefriedigend ist die Lösung beim Einheitsprinzip: Das Kind, das beim Tod des Vaters den Pflichtteil verlangt hat, wird – wie seine Geschwister – beim Tod der Mutter deren Erbe. Im Nachlass der Mutter steckt aber auch der Nachlass des Vaters. Somit kommt das betreffende Kind zweimal in den Genuss des väterlichen Nachlasses.

Um diese Ungerechtigkeit gegenüber den anderen Kindern zu vermeiden, bestimmen die Ehegatten beim Einheitsprinzip meist, dass das Kind, das nach dem Tod des erstverstorbenen Ehegatten den Pflichtteil verlangt, auch nach dem Tod des zuletzt verstorbenen Ehegatten nur den Pflichtteil verlangen kann (Verwirkungsklausel)[142]. Die Einsetzung des Kindes als Schlusserbe im Berliner Testament ist infolge der Verwirkungsklausel also auflösend bedingt. Aber auch damit sind noch nicht alle Schwierigkeiten beseitigt. Der Pflichtteil besteht in der Hälfte des Wertes des gesetzlichen Erbteils (§ 2303 I 2). Dabei ist also vom Wert des Nachlasses auszugehen. Da aber der Nachlass der zuletzt verstorbenen Mutter auch den Nachlass des zuerst verstorbenen Vaters enthält, erhält das Kind wirtschaftlich gesehen vom Vermögen des Vaters zweimal den Pflichtteil, nämlich einmal nach dem Tod des Vaters und zum zweiten Mal nach dem Tod der Mutter. Um einen solchen doppelten Pflichtteil zu verhindern, ist den testierenden Ehegatten zu raten, für diesen Fall den übrigen Kindern aus dem Vermögen des erstversterbenden Gatten entsprechende Vermächtnisse zuzuwenden, die erst beim Tod des Längstlebenden fällig werden[143].

3. *Auslegung im Einzelfall* 189

Ob im Einzelfall das Trennungs- oder Einheitsprinzip gilt, hängt von dem durch Auslegung zu ermittelnden Willen *beider* Ehegatten ab.

Dabei ist – wie bei jeder Auslegung – der im Testament gebrauchte Wortlaut nicht allein entscheidend. Besonders bei einem privatschriftlichen gemeinschaftlichen Testament ist aus den darin gebrauchten Begriffen nicht viel herzuleiten. Selbst wenn von »Vorerben« oder von »Nacherben« die Rede ist, kann doch das Einheitsprinzip gewollt sein[144]. Werden dem überlebenden Gatten hinsichtlich des Nachlasses Pflichten auferlegt (z. B. Inventarerrichtung, Sicherheitsleistung) oder den Kindern Rechte (z. B. Kontrolle, Mitverwaltung) eingeräumt, mag das für Vor- und Nacherbfolge sprechen. Auch bei völliger

142 Zu einem solchen Fall etwa BGH NJW 2006, 3064.
143 Einzelheiten: MünchKomm/*Musielak*, § 2269 Rdnr. 64 ff.
144 BGH WM 1982, 1254.

Vermögenslosigkeit eines Ehegatten ist eine Vor- und Nacherbfolge in Betracht zu ziehen[145].

Erst dann, wenn die Auslegung zu keinem eindeutigen Ergebnis führt, kommt die *Auslegungsregel* des § 2269 I, die gem. § 10 IV 2 LPartG entsprechend auch für die Partner einer eingetragenen Lebensgemeinschaft gilt, in Betracht: Im Zweifel gilt das Einheitsprinzip. Wer sich auf das Trennungsprinzip beruft, hat also dafür die Beweislast[146].

Im **Fall c** greift mangels anderer Anhaltspunkte § 2269 I ein. Danach erwirbt der Sohn beim Tod des Vaters nichts. Unberührt bleibt sein Pflichtteilsanspruch.

190 *4. Auslegung beim Vermächtnis*

Eine ähnliche Auslegungsregel enthält § 2269 II für Vermächtnisse im gegenseitigen gemeinschaftlichen Testament. Soll ein Vermächtnis nach dem Tod des Überlebenden erfüllt werden, so fällt es im Zweifel erst mit dem Tod des Überlebenden an. Der Vermächtnisnehmer muss also den Längstlebenden überleben (vgl. § 2160). Auch hier können die Ehegatten etwas anderes gewollt haben, was im Streitfall bewiesen werden muss[147].

191 *5. Auslegung einer Wiederverheiratungsklausel*

Auch für die Auslegung einer Wiederverheiratungsklausel[148] ist die Unterscheidung von Trennungs- und Einheitsprinzip von Bedeutung.

Beispiele: »Heiratet der Überlebende wieder, dann soll der Nachlass des Verstorbenen an die Kinder fallen.« »Bei Wiederheirat soll der Überlebende sich mit den Kindern nach der gesetzlichen Erbfolge auseinander setzen.«

a) Haben die Ehegatten ohnehin Vor- und Nacherbfolge gewollt, soll durch die Wiederverheiratungsklausel erreicht werden, dass nicht erst beim Tod des Überlebenden, sondern bereits bei seiner Eheschließung der Nacherbfall eintritt.

b) Soll der Überlebende nach dem Willen der Ehegatten Vollerbe werden, ist die Wiederverheiratungsklausel in der Regel als Bestimmung einer auflösend bedingten (§ 158 II) Vollerbenschaft und zugleich als Anordnung einer auf-

145 Vgl. KG DNotZ 1955, 408, 412; anders BayObLG NJW 1966, 1223.
146 BGHZ 22, 364, 366.
147 Vgl. auch BGH FamRZ 1960, 432 f.
148 **Schrifttum:** zur Wiederverheiratungsklausel: *Buchholz*, Erbfolge und Wiederverheiratung, 1986; *Dippel*, AcP 177, 349; *Leipold*, FamRZ 1988, 352; *Junemann*, ZEV 2000, 81; *Meier-Kraut*, NJW 1992, 143; *Simshäuser*, FamRZ 1972, 273; *Wilhelm*, NJW 1990, 2857; *Zawar*, Festschrift f. Schippel, 1996, 327.

schiebend bedingten (§ 158 I) Vor- und Nacherbfolge auszulegen[149]. Beide Bedingungen können nicht mehr eintreten, wenn der Überlebende stirbt, ohne wieder geheiratet zu haben. In diesem Fall wird er als Vollerbe seines Ehegatten von den Kindern beerbt.

Im Fall der Wiederheirat jedoch tritt der Nacherbfall ein, und der Überlebende ist nur Vorerbe gewesen. Allerdings wird man regelmäßig annehmen können, dass die Ehegatten den Überlebenden soweit wie möglich von den gesetzlichen Beschränkungen der Vorerbschaft befreien wollten (§ 2136). Mit der Wiederheirat entfällt im Zweifel auch eine bis dahin bestehende Bindung des Überlebenden an seine im gemeinschaftlichen Testament getroffenen Verfügungen über seinen Nachlass; er kann also frei widerrufen. Eines Widerrufs bedarf es dann nicht, wenn die Auslegung des gemeinschaftlichen Testaments ergibt, dass mit der Wiederheirat die Verfügungen über den Nachlass ohne weiteres gegenstandslos sein sollten[150].

Das Berliner Testament (§ 2269)

I. Begriff

Gemeinschaftliches Testament mit gegenseitiger Erbeinsetzung und Einsetzung eines Dritten (meist Kinder) als Erben des Überlebenden

II. Inhaltsbestimmung durch Auslegung

1. Trennungsprinzip (getrennte Vermögensmassen der beiden Erblasser)
   a) Beim Tod eines Ehegatten wird der Überlebende Vorerbe mit den Verfügungsbeschränkungen der §§ 2112 ff.;
   der Dritte (meist Kinder) wird Nacherbe und erwirbt eine Anwartschaft
   b) Beim Tod des Längstlebenden tritt der Nacherbfall ein. Folge: der Dritte (Kinder) wird Nacherbe des Erstverstorbenen und Vollerbe des Zweitverstorbenen.
   c) Bedeutung einer Wiederverheiratungsklausel: Nacherbfall soll schon bei Wiederverheiratung des überlebenden Teils eintreten.
2. Einheitsprinzip (einheitliche Vermögensmasse nach dem Tod des Erstverstorbenen)
   a) Beim Tod eines Ehegatten wird der Überlebende Vollerbe ohne Verfügungsbeschränkungen;
   der Dritte (meist Kinder) erbt in diesem Zeitpunkt nichts; er kann ggf. den Pflichtteil verlangen (§ 2303).
   b) Beim Tod des Längstlebenden wird der Dritte (meist Kinder) Schlusserbe des Zweitverstorbenen.

149 Vgl. BGH WM 1986, 108.
150 Vgl. KG NJW 1957, 1073 f.; *Huken*, DNotZ 1965, 729.

c) Bedeutung einer Wiederverheiratungsklausel: Vollerbschaft soll durch Wiederheirat des überlebenden Teils auflösend bedingt sein. Dann soll die durch Wiederheirat aufschiebend bedingte Vor- und Nacherbschaft eintreten.

3. Auslegungsregel (§ 2269)
Im Zweifel (falls kein eindeutiges Auslegungsergebnis) gilt das Einheitsprinzip.

192 **V. Wechselbezügliche Verfügungen**

1. Voraussetzungen

Wechselbezüglich (korrespektiv) sind solche Verfügungen, von denen anzunehmen ist, dass die Verfügung des einen Ehegatten nicht ohne die Verfügung des anderen Gatten getroffen sein würde (vgl. § 2270 I). Zwischen diesen Verfügungen besteht eine gegenseitige Abhängigkeit. Insoweit bestimmt das Gesetz wegen des Vertrauensschutzes des anderen Ehegatten eine beschränkte Bindung des Erblassers an seine Verfügungen (Rdnr. 178). Für die Verfügungen von Partnern einer ehemaligen Lebensgemeinschaft gelten die folgenden Ausführungen entsprechend (§ 10 IV 2 LPartG).

Nur Erbeinsetzungen, Vermächtnisse und Auflagen (nicht andere Verfügungen) können wechselbezügliche Verfügungen sein (§ 2270 III). Insoweit sind die Ehegatten frei darin, ob und inwieweit ihre Verfügungen wechselbezüglich sein sollen[151].

Ob Wechselbezüglichkeit vorliegt, hängt von dem durch Auslegung zu ermittelnden Willen der beiden Erblasser ab.

Dabei spielt vor allem der Inhalt der Verfügungen eine Rolle[152]. Selbst wenn etwa der Ausdruck »wechselbezüglich« gebraucht wird, ist regelmäßig eine Wechselbezüglichkeit dann zu verneinen, wenn abweichende Verfügungen gestattet sein sollen[153]; denn dann fehlt es gerade an dem für die Wechselbezüglichkeit wesentlichen Bindungswillen. Zur Auslegung gehört auch die ergänzende Auslegung (Rdnr. 201 ff.). Sie kann zu einem Wegfall der Bindung führen, wenn sich die Verhältnisse derart geändert haben, dass die Erblasser bei Voraussicht der Entwicklung keine Bindung gewollt hätten.

Eine gegenseitige Abhängigkeit wird in folgenden typischen Fällen gesetzlich vermutet (§ 2270 II):

151 BGHZ 2, 35.
152 BGH LM Nr. 2 zu § 2270 BGB.
153 Vgl. BGH FamRZ 1956, 83 f. und NJW 1964, 2056.

a) Die Ehegatten bedenken sich gegenseitig. Das braucht nicht eine gegenseitige Erbeinsetzung zu sein. Es genügt z. B. auch Erbeinsetzung des einen und Vermächtnis zu Gunsten des anderen Gatten.

b) Ein Ehegatte bedenkt den anderen. Dieser bedenkt für den Fall seines Überlebens einen Dritten, der mit dem erstgenannten Ehegatten verwandt ist oder diesem sonst nahe steht.

Haben Ehegatten sich gegenseitig zu Erben und die Geschwister des Mannes zu Erben des Längstlebenden eingesetzt und stirbt der Mann zuerst, ist nach der Regel des § 2270 II die Frau hinsichtlich der Erbeinsetzung der Geschwister des Mannes gebunden. Stirbt aber die Frau zuerst, ist nach § 2270 II der Mann nicht gebunden; er darf anders testieren. Die Auslegung kann selbstverständlich einen anderen Willen der Ehegatten ergeben; denn § 2270 ist nur eine Auslegungsregel. Möglich ist also, dass die Wechselbezüglichkeit auf die Einsetzung der Verwandten des zuerst verstorbenen Ehegatten beschränkt wird[154].

Sind als Erben des Längstlebenden die gemeinschaftlichen Kinder eingesetzt, dann ist nach § 2270 II der Überlebende gebunden. Dabei ist es gleichgültig, ob der Mann oder die Frau zuerst stirbt; denn die gemeinschaftlichen Kinder sind mit beiden Ehegatten verwandt.

Ist in einem gemeinschaftlichen Ehegattentestament die Einsetzung eines Schlusserben nur für den Fall des gemeinsamen Versterbens vereinbart, ist – wenn nicht die Umstände des Falles für eine andere Auslegung sprechen – beim nicht gemeinsamen Versterben der überlebende Ehegatte hinsichtlich der Schlusserbeneinsetzung nicht gebunden; er behält seine Testierfreiheit[155].

Die Ehegatten können auch bestimmen, dass nur *einer* von ihnen gebunden sein soll. Das Gesetz behandelt diesen Fall zwar nicht. Es bestehen jedoch keine Bedenken gegen eine solche einseitige Bindung, wenn sie gewollt ist. Die Lücke des Gesetzes ist durch entsprechende Anwendung der §§ 2270 f. zu schließen[156].

2. Folgen der Wechselbezüglichkeit 193

a) Wegen der gewollten inneren Abhängigkeit der wechselbezüglichen Verfügungen voneinander hat die Nichtigkeit der einen Verfügung die Nichtigkeit der anderen zur Folge (§ 2270 I).

Gleichgültig ist, worauf die Nichtigkeit beruht (z. B. Testierunfähigkeit, Formfehler, Anfechtung). – Haben Ehegatten sich gegenseitig zu Erben eingesetzt und stellt sich später heraus, dass die Frau testierunfähig war, ist damit ihre Verfügung und wegen der Abhängigkeit auch die Verfügung des Mannes nichtig. Wenn aber der Mann bei Kenntnis der Testierunfähigkeit seiner Frau ebenso testiert hätte, ist seine Verfügung, soweit kein Formmangel vorliegt, gültig; es fehlt an der Wechselbezüglichkeit.

154 BGH FamRZ 1957, 129 f.
155 KG JuS 2006, 937.
156 H. M.; *Palandt/Edenhofer*, § 2270 Rdnr. 3.

Die Nichtigkeitsregel des § 2270 I ist trotz Wechselbezüglichkeit nicht anwendbar, wenn eine Verfügung aus einem anderen Grund nicht zum Erfolg führt, z. B. wegen eines in der Person des Bedachten liegenden Grundes (Vorversterben, Erbunwürdigkeit, Ausschlagung). Hier ist die Verfügung von ihrem Zweck her gegenstandslos geworden.

Die Ehegatten können allerdings die Wirksamkeit einer Verfügung davon abhängig machen, dass die korrespektive Verfügung zum Erfolg führt. Ist das nicht gewollt, muss geprüft werden, ob der Erblasser seine Verfügung wegen Irrtums über die Wirksamkeit der korrespektiven Verfügung anfechten kann (vgl. §§ 2078 ff.; Rdnr. 251 f.).

194 b) Der *Widerruf* einer Verfügung hat die Unwirksamkeit der wechselbezüglichen Verfügung zur Folge (§ 2270 I).

Jedoch ist der Widerruf wegen der Bindungswirkung bei wechselbezüglichen Verfügungen nicht in dem Maße möglich wie sonst bei testamentarischen Verfügungen (Rdnr. 138 ff.). Vielmehr sieht das Gesetz wegen des Vertrauensschutzes des anderen Ehegatten folgende Regelung vor (§ 2271):

(1) *Zu Lebzeiten seines Ehegatten* kann der Erblasser *einseitig* seine wechselbezüglichen Verfügungen widerrufen (Beispiel: Rdnr. 807). Der Widerruf muss aber nach den Vorschriften erfolgen, die für den Rücktritt vom Erbvertrag gelten (§§ 2271 I 1, 2296; Rdnr. 170). Erforderlich ist also eine notariell beurkundete Erklärung gegenüber dem Ehegatten. Dieser soll dadurch von dem Widerruf erfahren, damit er sich seinerseits nicht mehr an seine wechselbezüglichen Verfügungen gebunden fühlt und anders testieren kann (Rdnr. 178).

Abgesehen von diesem einseitigen Widerruf können die Ehegatten ihre wechselbezüglichen Verfügungen *gemeinsam* widerrufen. – Da die Rücknahme des öffentlichen Testaments aus der amtlichen Verwahrung als Widerruf gilt (§ 2256; Rdnr. 141), kann ein gemeinschaftliches Testament nur von beiden Ehegatten gemeinsam zurückgenommen werden (§ 2272).

Im **Fall d** hat der Ehemann zwar nicht wirksam widerrufen. Sein späteres Testament ist aber dennoch wirksam, da es den anderen Teil nicht beeinträchtigt[157]. Das gemeinschaftliche Testament entfaltet nämlich keine Wirksamkeit, weil nach § 11 VerschG die Vermutung des gleichzeitigen Todes beider Ehegatten besteht.

(2) *Nach dem Tod seines Ehegatten* besteht für den Überlebenden kein Widerrufsrecht mehr. Denn jetzt kann der verstorbene Ehepartner seine Verfügungen nicht mehr ändern, und deshalb soll auch der Überlebende gebunden bleiben. Wird aber das Gegenseitigkeitsverhältnis der wechselbezüglichen Verfügungen beseitigt, darf der Überlebende seine wechselbezügliche Verfügung aufheben. Schlägt also der Überlebende das ihm Zugewandte aus, kann er seine Verfügung aufheben (§ 2271 II 1).

157 Vgl. RGZ 149, 200 f.

Das soll nach einer im Schrifttum vertretenen Ansicht auf Grund des genannten Sinns der Bestimmung auch dann gelten, wenn nicht der Überlebende, sondern ein diesem nahe stehender Dritter (vgl. § 2270 II) durch den Verstorbenen bedacht worden ist und dieser Dritte ausschlägt[158]. Sind der Überlebende und ein Dritter bedacht, müssen nach dieser Ansicht beide ausschlagen, damit der Überlebende eine Verfügung wirksam aufheben kann. Gute Gründe sprechen aber gegen eine analoge Anwendung des § 2271 II 1 bei der Ausschlagung durch den bedachten Dritten[159]; denn das Gegenseitigkeitsverhältnis der wechselbezüglichen Verfügungen kann durch einen Dritten nicht beseitigt werden.

c) Hat der Überlebende die Zuwendung angenommen, ist er an seine wech- **195**
selbezüglichen Verfügungen gebunden; insoweit ist er in seiner Testierfreiheit beschränkt. Für den *Umfang der Bindung* gilt folgendes:

(1) Jede beeinträchtigende Verfügung ist wie beim Erbvertrag (Rdnr. 157) unwirksam[160].

(2) Der Überlebende ist zur Aufhebung seiner Verfügung berechtigt, wenn der Bedachte sich einer Verfehlung schuldig macht, die zur Pflichtteilsentziehung berechtigt (§§ 2271 II 2, 2294, 2336; Rdnr. 169 und 568).

(3) Ist der Bedachte ein pflichtteilsberechtigter Abkömmling eines oder beider Ehegatten, so ist wie beim Erbvertrag unter den Voraussetzungen des § 2338 eine Beschränkung in guter Absicht zulässig (§§ 2271 III, 2289 II, Rdnr. 162).

(4) Trotz der Bindungswirkung ist die Freiheit des Überlebenden, *unter Lebenden zu verfügen*, nicht beschränkt. Das Gesetz regelt diesen Fall nicht. Wegen der gleichen Interessenlage wie bei der erbvertraglichen Bindung sind die Bestimmungen der §§ 2287, 2288 (Rdnr. 159 f.) mit dem Tod des zuerst versterbenden Ehegatten entsprechend anzuwenden[161]; sie bieten nur beim Handeln des Überlebenden in Beeinträchtigungsabsicht einen Schutz.

VI. Zusammenfassung **196**

Im gemeinschaftlichen Testament erklären Eheleute oder Lebenspartner ihren letzten Willen gemeinschaftlich. Wird es als eigenhändiges Testament errichtet, so genügt es, dass ein Ehegatte/Lebenspartner die gemeinschaftliche Erklärung eigenhändig schreibt sowie unterschreibt und der andere Gatte/Partner eigenhändig mitunterzeichnet.

Setzen die Ehegatten/Lebenspartner sich gegenseitig zu Erben ein und bestimmen sie, dass der beiderseitige Nachlass nach dem Tode des Überlebenden an einen Dritten fallen soll, so wird vermutet, dass keine Vor- und Nach-

158 So *Kipp/Coing*, § 35 III 3 b; *Soergel/Wolf*, § 2271 Rdnr. 20; 21. Aufl. Rdnr. 194.
159 So *Erman/Schmidt*, § 2271 Rdnr. 12; MünchKomm/*Musielak*, § 2271 Rdnr. 23; *Palandt/Edenhofer*, § 2271 Rdnr. 17.
160 Vgl. KG DNotZ 1977, 749.
161 BGHZ 82, 274, 276 f.; 87, 19, 23 f.

erbfolge gewollt ist, sondern dass der Dritte als Erbe des Längstlebenden beide Nachlässe als Einheit erhalten soll (Berliner Testament).

Solche Verfügungen, von denen anzunehmen ist, dass die Verfügung des einen Ehegatten/Lebenspartners nicht ohne die Verfügung des anderen getroffen sein würde, werden als wechselbezügliche bezeichnet. Eine solche Verfügung kann der Erblasser nur durch eine notariell beurkundete Erklärung gegenüber seinem Ehegatten/Lebenspartner widerrufen. Nach dem Tode des Ehe- oder Lebenspartners ist der Erblasser an seine wechselbezüglichen Verfügungen gebunden, es sei denn, dass er das ihm Zugewendete ausschlägt.

197 § 16 Die Auslegung der Verfügungen von Todes wegen

Schrifttum: *Battes*, Zur Wirksamkeit von Testamenten und Erbverträgen nach der Ehescheidung, JZ 1978, 733; *Böhm*, Der Einfluss des Gesetzes über die rechtliche Stellung nichtehelicher Kinder auf erbrechtliche Auslegungs- und Ergänzungsregeln, FamRZ 1972, 180; *Braga*, Die »ergänzenden Auslegungsregeln« des Erbrechts, insbes. die des § 2069 BGB, Gedächtnisschrift f. D. Schultz, 1987, 41; *Brox*, Die Einschränkung der Irrtumsanfechtung, 1960, 136; *ders.*, Der Bundesgerichtshof und die Andeutungstheorie, JA 1984, 549; *Dressler*, Der erbrechtliche Auslegungsvertrag – Gestaltungshilfe bei einvernehmlichen Nachlassregelungen, ZEV 1999, 289; *Edenfeld*, Auslegungsprobleme bei Wünschen des Erblassers: Erbenbindung oder moralischer Appell?, ZEV 2004, 141; *Fahrenhorst*, Die Bestandskraft von Testamenten und Erbausschlagungen im Hinblick auf die deutsche Vereinigung, JR 1992, 265; *Finger*, Ehenichtigkeit und § 2077 BGB, MDR 1990, 213; *Flume*, Allgemeiner Teil des Bürgerlichen Rechts, 2. Bd., 4. Aufl., 1992, § 16, 5; *ders.*, Testamentsauslegung bei Falschbezeichnung, NJW 1983, 2007; *Foerste*, Die Form des Testaments als Grenze seiner Auslegung, DNotZ 1993, 84; *Grunewald*, Die Auswirkungen eines Irrtums über politische Entwicklungen in der DDR auf Testamente und Erbschaftsausschlagungen, NJW 1991, 1208; *Kapp*, Die Auslegung von Testamenten, BB 1984, 2077; *Keim*, Fröhliches Ex-Schwiegerkind – Zum Wirksambleiben letztwilliger Verfügungen zu Gunsten von Schwiegerkindern im Falle der Eheauflösung, NJW 2003, 3248; *Leipold*, Wille, Erklärung und Form – insbesondere bei der Auslegung von Testamenten, Festschrift f. Müller-Freienfels, 1986, 421; *Lindacher*, Änderung der gesetzlichen Erbfolge, mutmaßlicher Erblasserwille und Normativität des dispositiven Rechts, FamRZ 1974, 345; *Litzenburger*, Auslegung und Gestaltung erbrechtlicher Zuwendungen an Schwiegerkinder, ZEV 2003, 385; *Perkams*, Ergänzende Testamentsauslegung im Umfeld von § 2069 BGB, ZEV 2005, 510; *Petersen*, Die Auslegung letztwilliger Verfügungen, Jura 2005, 598; *Scherer*, Andeutungsformel und falsa demonstratio beim formbedürftigen Rechtsgeschäft in der Rechtsprechung des Reichsgerichts und des Bundesgerichtshofs, 1987; *Schmidt-Kessel*, Erbrecht in der Rechtsprechung des Bundesgerichtshofs 1985 bis 1987, WM 1988, Sonderbeil. 8, 7; *Siber*, Auslegung und Anfechtung der Verfügung von Todes wegen, RG-Festgabe, III. Bd., 350; *Simon*, Die erbrechtliche Verwirkungsklausel – ein Prüfstein für Privatautonomie, Festschrift f. E. Wolf, 1985, 627; *Smid*, Probleme bei der Auslegung letztwilliger Verfügungen, JuS 1987, 283; *Sonntag*, Auslegungskriterien bei sich widersprechenden Testamenten vom selben Tag, ZEV 1996, 1; *C. Stumpf*, Erläuternde und ergänzende Auslegung letztwilliger Verfügungen im System privatautonomer Rechtsgestaltung, 1991; *Tappmeier*, Die erbrechtlichen Auslegungsvorschriften in der gerichtlichen Praxis, NJW 1988, 2714; *Wacke*, Rechtsfolgen testamentarischer Verwirkungsklauseln. Anwachsung oder Ersatzerbschaft?, DNotZ 1990, 403; *Welter*, Auslegung und Form testamentarischer Verfügungen, 1985; *Werner*, Die benigna interpretatio des § 2084 BGB, Festschrift f. v. Lübtow, 1991, 265; *M. Wolf/Gangel*, Der nicht formgerecht erklärte Erblasserwille und die Auslegungsfähigkeit eindeutiger testamentarischer Verfügungen – BGH, NJW 1981, 1737 und NJW 1981, 1736, JuS 1983, 663.

Fälle:

a) E hat dem V ein Grundstück vermacht, das im Testament mit »Mainz, Band 3, Blatt 13« bezeichnet ist. Dieses Grundstück gehörte zwar dem E; V sollte aber nur das kleinere Grundstück, eingetragen im Grundbuch von Mainz, Band 3, Blatt 31, haben, was E mehrfach gegenüber seinen Verwandten, nicht aber gegenüber V geäußert hatte. Was kann V vom Erben des E verlangen? **(Rdnr. 199)**

b) E hatte zwei Dienstboten, Johann und Johanna. Da er annahm, dass Johann ihm regelmäßig Zigarren stahl, setzte er Johanna als seine Alleinerbin ein. Nach dem Tod des E stellte sich heraus, dass Johanna die Zigarren gestohlen und geraucht hatte. Wer ist Erbe: Johanna, Johann oder der mit E verfeindete Neffe N als einziger Verwandter des E? **(Rdnr. 202)**

Spielt es eine Rolle, ob im Testament der Grund für die Nichteinsetzung des Johann ausdrücklich genannt ist?

c) E in Leipzig errichtet 1988 ein Testament, wonach seine Tochter T in Dresden seine dortigen Grundstücke und sein Sohn in Köln sein »Westkonto« von geringer Höhe erben soll. Als E 1991 stirbt, meint S, auch ihm stünden einige Grundstücke zu. **(Rdnr. 202)**

d) Macht es einen Unterschied, wenn es sich im Fall a um Bestimmungen eines Erbvertrags handelt? **(Rdnr. 224)**

I. Allgemeines zur Auslegung

Jede Willenserklärung besteht aus dem Willen und seiner Erklärung. Die Auslegung der Erklärung dient der Ermittlung ihres rechtlich maßgebenden Sinnes. Man kommt aber möglicherweise zu verschiedenen Ergebnissen, je nachdem, ob man nur auf die Erfolgsinteressen des Erklärenden oder aber auf den Vertrauensschutz des Erklärungsempfängers abstellt. Im ersten Fall ermittelt man den wirklichen Willen des Erklärenden; im letzten kommt es darauf an, was der Erklärungsempfänger bei zumutbarer Sorgfalt als Willen des Erklärenden zu ermitteln vermag (»Empfängerhorizont«)[162].

Sofern der Erklärungsempfänger schutzwürdig ist, stellt das Gesetz auf das Erklärte ab, auf das sich der Erklärungsempfänger in aller Regel verlassen können muss.

Beispiel: V macht dem K ein Kaufangebot und verschreibt sich dabei (890,– € statt 980,– €). Kennt K den wirklichen Willen des V nicht und kann er ihn auch nicht feststel-

162 Einzelheiten: *Brox*, Irrtumsanfechtung, 92 ff. und AT Rdnr. 124 ff.

len, gilt im Interesse des Erklärungsempfängers (K) das Erklärte und nicht das Gewollte (vgl. die Wertung des § 119 I). Nimmt K das Angebot an, ist ein Kaufvertrag zum Preis von 890,– € zustande gekommen. V kann aber seine Willenserklärung anfechten (§ 119 I) und dadurch vernichten (§ 142 I).

Ist ein Vertrauensschutz jedoch nicht erforderlich, so fällt der Grund dafür weg, dass das Erklärte maßgebend ist. Dann ist allein der wirkliche Wille des Erklärenden entscheidend, auch wenn er sich nicht mit der Erklärung deckt. Demnach ist für die Auslegung der Verfügungen von Todes wegen zu untersuchen, ob und inwieweit ein Vertrauensschutz zu beachten ist.

198 II. Auslegung von Testamenten

1. Fehlender Vertrauensschutz

Beim Testament ist ein Vertrauensschutz nicht geboten, weil keine Person vorhanden ist, die geschützt werden muss. Auch der im Testament Bedachte (Erbe, Vermächtnisnehmer) ist in seinem Vertrauen auf das im Testament Erklärte nicht schutzwürdig: Er ist nicht Erklärungsempfänger. Zudem erwirbt er unentgeltlich; denn er erbringt keine Gegenleistung, und zwar selbst dann nicht, wenn er mit einem Vermächtnis oder einer Auflage beschwert ist. Demnach ist »das Willensdogma, von welchem prinzipiell auch bei den Vorschriften des Allgemeinen Teils ausgegangen ist, in Ansehung der letztwilligen Verfügungen strenger durchzuführen«[163].

Die geschilderte Wertung kommt auch im BGB zum Ausdruck. So ist – im Gegensatz zu § 119 II – nach § 2078 jeder Motivirrtum des Erblassers erheblich. Diese Vorschrift stellt nur auf die »Kenntnis der Sachlage« durch den Erblasser, nicht aber außerdem noch auf die »verständige Würdigung des Falles« (§ 119 I) ab. Hier wird deutlich, dass der Gesetzgeber dem Willen des Erblassers Vorrang vor den Interessen anderer einräumt.

199 *2. Auslegung und Anfechtung*

Nach allgemeiner Meinung geht die Auslegung der Anfechtung vor[164]. Soweit durch Auslegung dem Willen des Erblassers zum Erfolg verholfen werden kann, ist für die Anfechtung, welche die Willenserklärung des Erblassers vernichten würde, kein Raum.

Wollte der Erblasser den B zu seinem Alleinerben einsetzen, verschrieb er sich aber, so dass A im Testament als Erbe genannt ist, liegt ein Erklärungsirrtum vor (§ 2078 I; vgl. auch § 119 I 2. Fall). Ließe man wegen dieses Irrtums des Erblassers eine Anfechtung zu,

163 Mot. V, 45.

164 Vgl. etwa AT Rdnr. 407; RGZ 70, 391, 393; OGHZ 1, 156 f.; BGH LM Nr. 1 zu § 2078 BGB; BayObLG FamRZ 1995, 246; *Brox*, Irrtumsanfechtung, 140 m. w. N.

würde dadurch das Testament vernichtet (§ 142 I). Damit träte die gesetzliche Erbfolge ein, und der Erblasser würde – entgegen seinem Willen – von seinen Verwandten beerbt. Ein solches Ergebnis befriedigt nicht. Dem Willen des Erblassers entspricht es nur, wenn der von ihm als Erbe gewollte B sein Erbe ist. Dieses Ergebnis ist allein durch Auslegung zu erreichen. Das geschieht, indem man den hinter der Erklärung »A soll mein Alleinerbe sein« stehenden Willen des Erblassers »B soll mein Alleinerbe sein« ermittelt. Das ist zulässig, da niemand, auch nicht der A, in seinem Vertrauen auf das Erklärte schutzwürdig ist.

Eine umfassende Auslegung verdrängt vielfach die Anfechtung, obwohl deren Voraussetzungen gegeben sind. So kommt etwa in dem soeben genannten Beispiel des Erklärungsirrtums eine Anfechtung nicht in Betracht. Dieser Einschränkung der Anfechtung kann nicht entgegengehalten werden, dass es dem in § 2078 I zum Ausdruck gekommenen Willen des Gesetzgebers widerspreche, durch Auslegung die Anfechtung wegen Erklärungsirrtums überflüssig zu machen. Die Verfasser des BGB sind von der damaligen Auslegungspraxis ausgegangen, die noch sehr dem Wortlaut verhaftet war. Demnach war seinerzeit »§ 2078 I ein nützliches Sicherheitsventil für die in den ersten Jahren des BGB noch zu sehr am Wort hängende Auslegungspraxis«[165]. Nachdem sich die Rechtsprechung und vor allem die Lehre mit Recht von einer solchen Auslegung gelöst und die Auslegungsmethode fortentwickelt haben, stellt sich das Verhältnis von Auslegung und Anfechtung anders dar. Dabei ist zu berücksichtigen, dass das Gesetz vom Willensdogma ausgeht; dem Willen des Erblassers ist möglichst zum Erfolg zu verhelfen. Diesem Grundsatz wird die richtig verstandene Auslegung eher gerecht als die Anfechtung.

Durch die Ausdehnung der Auslegung wird im Übrigen § 2078 I nicht gegenstandslos. Lässt sich bei der Auslegung nur feststellen, dass der Erblasser das Erklärte nicht gewollt hat, nicht jedoch, *was* der Erblasser gewollt hat, führt die Auslegung nicht zum Ziel. Hier bleibt Raum für die Anfechtung.

3. *Auslegung und Form* 200

Die Auslegung des letzten Willens setzt ein formgültiges Testament voraus. Ist ein solches nicht vorhanden, nützen alle Auslegungskünste nichts, um dem Willen des Erblassers zum Erfolg zu verhelfen (vgl. § 125).

Soweit aber ein formgültiges Testament vorliegt, ist umstritten, ob der maßgebliche Wille des Erblassers in der Testamentsurkunde irgendwie zum Ausdruck gekommen oder angedeutet sein muss (so die *»Andeutungstheorie«*). Hier sind zwei Fragen zu unterscheiden: Einmal ist zu prüfen, ob bei der Ermittlung des Erblasserwillens nur auf das zurückgegriffen werden darf, was in der Testamentsurkunde zumindest angedeutet ist, oder ob der Testamentswortlaut der Auslegung keine Grenzen setzt (Auslegungsproblem). Im letzteren Fall

165 *Siber*, RG-Festgabe, III. Bd., 350, 379.

stellt sich das weitere Problem, ob der so ermittelte Erblasserwille formgerecht erklärt ist (Formproblem).

Zum Auslegungsproblem weist der BGH[166] mit Recht darauf hin, dass bei der Auslegung des Testaments auch alle zugänglichen Umstände außerhalb der Testamentsurkunde heranzuziehen sind. Danach spielt bei der Auslegung die Andeutungstheorie keine Rolle. Der Richter ist bei einer Testamentsauslegung nicht auf eine Analyse des Testamentswortlauts beschränkt; denn es sind keine schutzwürdigen Belange anderer Personen erkennbar, die eine solche Einschränkung rechtfertigen könnten (vgl. Rdnr. 198). Deshalb ist auch in den Fällen »klaren und eindeutigen« Wortlauts der Auslegung eines Testaments durch eben diesen Wortlaut keine Grenze gesetzt[167].

Beim Formproblem greift der BGH[168] dagegen auf die Andeutungstheorie zurück. Hier soll der durch Auslegung ermittelte Erblasserwille nur dann formgültig erklärt sein, wenn er im Testament eine hinreichende Stütze findet. Diese Ansicht wird auch von der h.M. im Schrifttum[169] vertreten.

Der IVa. Zivilsenat[170] hatte folgenden Fall zu entscheiden: Eheleute hatten ein gemeinschaftliches Testament errichtet, nach dessen Wortlaut ihre Kinder ihre Erben sein sollten. Bei der Niederschrift hatten sie aus dem Testamentsentwurf versehentlich nicht den Satz übertragen, wonach sie sich gegenseitig zu Alleinerben einsetzen wollten und ihre Kinder erst Erben des zuletzt Verstorbenen sein sollten. Der Senat entschied, der Wille der Eheleute, sich gegenseitig zu Alleinerben einzusetzen, habe im Testament keinen Niederschlag gefunden. Eine Erbeinsetzung, die im Testament nicht enthalten und nicht einmal angedeutet sei, ermangele der gesetzlich vorgeschriebenen Form und sei daher gem. § 125 Satz 1 nichtig.

Diese Auffassung steht im Widerspruch zu einer Entscheidung des V. Zivilsenats des BGH[171], der folgender Sachverhalt zugrunde lag: Die Parteien eines Grundstückskaufvertrages hatten einen Vertrag über die Flurstücke 30, 31 und 32 schließen wollen. Notariell beurkundet worden war jedoch nur der Verkauf der Flurstücke 31 und 32; die Aufnahme des Flurstücks 30 war versehentlich unterlassen worden. Der V. Senat stellte fest, dass auch das Flurstück 30 mitverkauft worden sei, da die unrichtige Bezeichnung des von den Beteiligten Gewollten (falsa demonstratio) für die Wirksamkeit des Kaufvertrages unschädlich sei, wenn das objektiv Erklärte dem Formerfordernis des § 311 b I genüge.

Die Ansichten der beiden Senate sind nicht miteinander zu vereinbaren. Vielmehr sind die genannten Fälle in dem hier entscheidenden Punkt gleich zu behandeln. Für beide Rechtsgeschäfte ist eine Form gesetzlich vorgeschrieben; in beiden Fällen ist ein Teil des vorgesehenen Rechtsgeschäfts versehentlich nicht in die Urkunde aufgenommen worden. Beim Testament soll es schaden, dass die gegenseitige Erbeinsetzung bei der Errichtung

166 BGHZ 86, 41, 45 f.
167 Anders noch BGHZ 80, 246, 248 ff. m. w. N.
168 BGHZ 86, 41; 80, 242.
169 Siehe etwa MünchKomm/*Leipold*, § 2084 Rdnr. 14 ff. m. w. N.; *Schlüter*, Erbrecht, Rdnr. 192; *Soergel/Loritz*, § 2084 Rdnr. 8 f.; *Staudinger/Otte*, Vorbem. zu §§ 2064 ff. Rdnr. 28 ff.
170 BGHZ 80, 242.
171 BGHZ 87, 150.

der Urkunde vergessen wurde, während das Vergessen eines Flurstücks bei Abschluss des notariellen Vertrages unschädlich sein soll.

Der Andeutungstheorie wäre nur dann zu folgen, wenn ohne eine Andeutung des Gewollten in der Urkunde die vom Gesetzgeber mit der Formvorschrift bezweckten Ziele nicht oder weniger sicher erreicht würden. Beim eigenhändigen Testament scheiden der Schutz Dritter und die Beratungsfunktion als Formzweck von vornherein aus. Der Schutz des Erblassers vor Übereilung ist erreicht, wenn dieser seine letztwillige Verfügung niedergeschrieben und in dem Sinne verstanden hat, den er ihr beilegen wollte. Der Klarstellungsfunktion misst der Gesetzgeber hier keine große Bedeutung bei; wenn er überhaupt das eigenhändige Testament zulässt, nimmt er zwangsläufig Falschbezeichnungen durch den Erblasser in Kauf. Auch die Beweissicherungsfunktion der Formvorschrift rechtfertigt die Andeutungstheorie nicht; denn selbst nach dieser Theorie lassen sich Beweisaufnahmen über außerhalb der Testamentsurkunde liegende Umstände nicht vermeiden. Sofern der behauptete Erblasserwille nur die geringste Andeutung in der Testamentsurkunde gefunden hat, muss das Gericht über die für diesen Willen vorgetragenen Tatsachen Beweis erheben. Sind aber zur Ermittlung des Willens des Erblassers Umstände heranzuziehen, die außerhalb der Urkunde liegen, dann kann es nicht darauf ankommen, ob in der Urkunde zufällig größere, kleinere oder gar keine Anhaltspunkte dafür enthalten sind. Auch der Gesetzgeber hat das Problem des Umfangs der Beweiserhebung gesehen, als er die Testamentsanfechtung etwa wegen eines – aus der Urkunde nicht ersichtlichen – Motivirrtums des Erblassers zuließ.

Sprechen schon die genannten Formzwecke nicht für die Andeutungstheorie, so eröffnet sie andererseits eine große Rechtsunsicherheit, da es in der nicht kalkulierbaren Entscheidung des Richters liegt, ob er die geforderte (wenn auch noch so unvollkommene) Andeutung im Testament findet oder nicht. Die von der h.M. vertretene Andeutungstheorie bevorzugt schließlich zu Unrecht den weitschweifigen Erblasser gegenüber demjenigen, der knapp formuliert. Sie ist nach alledem abzulehnen[172].

Hat der Erblasser im Testament seine Ehefrau als »Mutter« bezeichnet und sie zur Erbin eingesetzt sowie seinem Freund seine »Bibliothek« vermacht, mit der er seinen Weinkeller gemeint hat, so ist beim Tod des Erblassers dessen Frau seine Erbin geworden, und sein Freund hat einen Anspruch auf den Inhalt des Weinkellers, obwohl beides im Wortlaut des Testaments nicht zum Ausdruck kommt.

Im **Fall a** ist das kleinere Grundstück, das der Erblasser vermachen wollte, vermacht, obwohl dieser Wille sich nicht aus dem Testament, sondern nur aus anderen Umständen (Erklärung gegenüber den Verwandten) ermitteln lässt. Ob der Vermächtnisnehmer sich über den Inhalt des Vermächtnisses irrte, ist ohne Bedeutung, da er nicht schutzwürdig ist.

172 Wie hier *Brox*, JA 1984, 549; *Flume*, § 16, 2; *Foerste*, DNotZ 1993, 84, 93 ff.; MünchKomm/*Mayer-Maly*, § 133 Rdnr. 49; *Smid*, JuS 1987, 283, 286 f.

201 *4. Ergänzende Auslegung*

In den bisher behandelten Beispielen lag eine Diskrepanz zwischen Wille und Erklärung des Erblassers vor. Es ist aber auch möglich, dass Wille und Erklärung sich decken, dem Erblasser jedoch bereits bei der *Willensbildung* ein Fehler unterlaufen ist. Hier greift die ergänzende Auslegung ein. Ergänzende Auslegung bedeutet Ergänzung des lückenhaften Rechtsgeschäfts[173].

a) Bei der ergänzenden Auslegung ermittelt man zunächst, ob der Erklärende bei der Willensbildung von einem unrichtigen Motiv oder Wertungsmoment ausgegangen ist (Lückenfeststellung). Wenn das der Fall ist, muss gefragt werden, was der Erklärende bei richtiger Wertung gewollt und dementsprechend erklärt hätte (Lückenausfüllung). Ergänzende Auslegung ist demnach die Ermittlung des Willens des Erklärenden, den dieser bei richtiger Wertung gehabt hätte. Dieser Wille ist im psychologischen Sinne ein unwirklicher, hypothetischer Wille[174].

Die ergänzende Auslegung ist nach geltendem Recht bei allen Rechtsgeschäften zulässig (vgl. dazu §§ 139, 140, 133, 157)[175]. Wenn etwa ein Vertrag wegen Änderung der Geschäftsgrundlage an die veränderten Verhältnisse angepasst wird, ermittelt man im Wege der ergänzenden Auslegung, was die Parteien vereinbart hätten, wenn sie beide vom richtigen Wertungsmoment ausgegangen wären (vgl. § 313 I). **Beispiele**: Verkäufer und Käufer gehen beim Kaufvertrag über Aktien von einem unrichtigen Börsenkurs aus (falsche Vorstellung von einem gegenwärtigen Tatumstand). Bei einem langfristigen Branntweinlieferungsvertrag berücksichtigen die Parteien nicht, dass während der Laufzeit des Vertrages die Branntweinsteuer derart erhöht wird, dass der Verkäufer von dem Kaufpreis nicht einmal diese Steuer bezahlen kann (falsche Vorstellung von einem zukünftigen Tatumstand). Im ersten Beispiel erfolgt wegen Fehlens, im zweiten wegen Änderung der Geschäftsgrundlage eine Anpassung der vertraglichen Leistungspflichten durch ergänzende Auslegung (§ 313 I, II).

202 b) Beim Testament besteht für die ergänzende Auslegung ein besonderes Bedürfnis, weil eine Änderung des Testaments nach dem Tode des Erblassers nicht mehr möglich ist, während bei Geschäften unter Lebenden diese regelmäßig in der Lage sind, sich über eine Anpassung zu einigen. Die ergänzende Auslegung eines Testaments macht weniger Schwierigkeiten als die eines Vertrages, da es beim Testament nur auf den Willen *einer* Person, nämlich des Erblassers, ankommt und Vertrauensinteressen anderer Personen außer Betracht bleiben können.

Die ergänzende Auslegung erfolgt in zwei Schritten: Ermittlung einer Lücke im Testament und Ausfüllung dieser Lücke.

(1) Bei der Auslegung des Erblasserwillens geht man über die Erklärungs- und Inhaltsvorstellungen des Erblassers hinaus und ermittelt dessen nähere und

173 AT Rdnr. 138 ff.

174 Näheres: *Brox*, Irrtumsanfechtung, 106 ff.; AT Rdnr. 138 ff.

175 *Brox*, JR 1960, 324.

fernere Motive, die zu diesem Erblasserwillen geführt haben. Diese Motive werden mit der objektiven Lage verglichen. Dabei wird festgestellt, ob der Erblasser bei der Abfassung des Testaments von einem unrichtigen Motiv oder Wertungsmoment ausgegangen ist.

(a) Es kann sein, dass der Erblasser einen gegenwärtigen Tatumstand falsch wertet.

Beispiel: Im **Fall b** hält E Johann für den Dieb seiner Zigarren. Er geht also irrtümlich von einer falschen Bewertung der objektiven Lage zur Zeit der Testamentserrichtung aus.

(b) Möglich ist aber auch, dass die Wertung des Erblassers mit der im Zeitpunkt der Testamentserrichtung bestehenden Lage, nicht aber mit der Lage zur Zeit des Erbfalls übereinstimmt. Eine solche falsche Wertung eines zukünftigen Tatumstandes ist besonders häufig, weil nicht selten zwischen Testamentserrichtung und Erbfall eine längere Zeit liegt, in der sich die tatsächlichen Verhältnisse wesentlich geändert haben.

Beispiele: Der Erblasser ging bei einer Teilungsanordnung oder einem Vermächtnis von dem damals bestehenden Wert des Geldes, dem damaligen Börsenkurs der Aktien aus. – Er rechnete bei einer Teilungsanordnung nicht damit, dass wesentliche Vermögensstücke später durch Brand oder Bomben zerstört würden. – Eine alte Dame vermachte ihren Freundinnen je ein Möbelstück ihrer Wohnung; kurz vor ihrem Tod ging sie in ein Altenheim, löste ihren Haushalt auf und verkaufte die Wohnungseinrichtung. – Im **Fall c** ging E 1988 in Leipzig von den damals dort herrschenden politischen und wirtschaftlichen Verhältnissen aus.

(2) Ist der Erblasser bei der Testamentserrichtung von einer falschen Wertung ausgegangen, muss ermittelt werden, wie er bei richtiger Wertung testiert hätte.

Im **Fall b** wollte E auf jeden Fall verhindern, dass etwas aus seinem Vermögen dem Neffen zukommt. Vielmehr sollte nur derjenige seiner beiden Bediensteten Erbe sein, der nicht die Zigarren gestohlen hatte. Demnach ist das Testament entgegen dem Wortlaut berichtigend dahin auszulegen, dass Johann Erbe sein soll. Dieses Ergebnis ist der Testamentsanfechtung (§ 2078 II) vorzuziehen, da sie zur Vernichtung des Testaments und damit zur gesetzlichen Erbfolge führt, so dass der Neffe des E als dessen einziger Verwandter erben würde. Auch die ergänzende Auslegung geht also der Anfechtung vor.

Wollte E im **Fall c** seine beiden Kinder im Wesentlichen gleich bedenken, hätte er bei Kenntnis der Grundstückswerte zur Zeit des Erbfalls anders testiert. Wollte er dagegen seinen »republikflüchtigen« Sohn durch das Testament »bestrafen«, fehlt es bereits an einer ausfüllungsbedürftigen Lücke.

c) Auch bei der ergänzenden Auslegung kommt es immer auf den Willen des **203**
Erblassers zur Zeit der Testamentserrichtung an. Deshalb ist bei einem erst später eingetretenen Umstand nicht danach zu fragen, was der Erblasser in diesem (späteren) Zeitpunkt gewollt hat. Ginge man so vor, dann wäre jeder spätere Gesinnungswandel des Erblassers zu berücksichtigen; das verstieße gegen gesetzliche Formvorschriften über den Widerruf des Testaments (§§ 2253 ff.) und

über die Errichtung eines neuen Testaments (§§ 2232 ff.). Vielmehr ist der später eingetretene Umstand – losgelöst von der durch ihn hervorgerufenen Willensänderung – in den Erblasserwillen hineinzuprojizieren, der im Zeitpunkt der Testamentserrichtung bestand. Es wird also auf den fortgebildeten früheren Willen und nicht auf den späteren aktuellen Willen des Erblassers abgestellt. Man ermittelt das, was vom Erblasser als »gewollt« anzusehen ist, sofern er vorausschauend das spätere Ereignis bedacht haben würde[176].

204 d) Der ergänzenden Auslegung des Testaments, die heute allgemein anerkannt ist, steht die Formbedürftigkeit nicht entgegen. Sicherlich muss das Testament formgerecht errichtet sein. Wollte man aber fordern, dass der irreale Wille des Erblassers in der Form des Testaments festgelegt sein muss, dann hätte man die ergänzende Auslegung lahm gelegt. Entgegen der h. L. muss der Wille auch nicht »irgendwie« oder »andeutungsweise« in der Testamentsurkunde zum Ausdruck kommen. Zur Begründung kann zunächst auf das oben (Rdnr. 200) Gesagte verwiesen werden. Die Andeutungstheorie ist zu formalistisch, was besonders bei der ergänzenden Auslegung zu unbilligen Ergebnissen führen kann. Ob etwas im Testament angedeutet ist oder nicht, hängt oft vom Zufall ab; das kann aber nicht entscheidend sein. Ist die allgemeine Willensrichtung aus dem Testament zu entnehmen, so wird derjenige, der eine vom Text abweichende Auslegung behauptet und zu beweisen hat, allerdings in einer besseren Beweislage sein. Im Übrigen wird das unklar abgefasste, weitschweifige Testament durch die Andeutungstheorie prämiert, da sich hier eher eine Andeutung finden lässt[177].

205 *5. Wohlwollende Auslegung (§ 2084)*

Lässt ein Testament verschiedene Auslegungen zu, so ist gem. § 2084 diejenige Auslegung vorzuziehen, bei der die Verfügung Erfolg haben kann. Diese wohlwollende Auslegung setzt voraus, dass ein gültiges Testament vorliegt und die Auslegung nicht zu einer eindeutigen Feststellung des Erblasserwillens geführt hat.

Daraus folgt: § 2084 hilft nicht, wenn das Testament wegen Formmangels nichtig ist oder wenn unklar bleibt, ob ein Schriftstück vom Erblasser als Testament oder nur als Testamentsentwurf gewollt war[178].

176 RGZ 99, 82, 85; vgl. RGZ 134, 277, 280; OGHZ 1, 156; BGHZ 22, 357, 360; BGH FamRZ 1962, 256 f.; BayObLG NJW 1988, 2744; vgl. auch *Erman/Schmidt*, § 2084 Rdnr. 7; MünchKomm/*Leipold*, § 2084 Rdnr. 77; *Palandt/Edenhofer*, § 2084 Rdnr. 10.

177 Einzelheiten: *Brox*, Irrtumsanfechtung, 151 ff.; **dagegen**: *Leipold*, Rdnr. 396 m. N.; *Staudinger/Otte*, Vorbem. zu §§ 2064 ff. Rdnr. 87 ff. m. N.

178 BGH JZ 1965, 618; MünchKomm/*Leipold*, § 2084 Rdnr. 65; *Palandt/Edenhofer*, § 2084 Rdnr. 15 f.

Führt die Auslegung zu einem eindeutigen Ergebnis, ist kein Raum für § 2084. Wenn die Verfügung wegen des ermittelten Willens des Erblassers nichtig ist, kommt § 2084 nicht in Betracht.

Sind mindestens zwei Auslegungen möglich und bringt eine von ihnen die Verfügung zu Fall, ist gem. § 2084 die andere Auslegung anzunehmen, wenn bei ihr die Verfügung rechtlichen Bestand hat.

Beispiel: Das Testament lässt die Auslegung zu, dass ein Krankenhaus, das keine juristische Person, sondern nur die Einrichtung einer Stadt oder einer Kirchengemeinde ist, Erbin sein soll. Möglich ist auch die Auslegung, dass die Stadt oder die Kirchengemeinde selbst Erbe sein und die Auflage bestehen soll, das Zugewandte für das Krankenhaus zu verwenden. Die erste Auslegungsmöglichkeit führt nicht zum Ziel, da das Krankenhaus nicht Erbe sein kann. Daher ist nach § 2084 die zweite Auslegungsmöglichkeit anzunehmen.

§ 2084 fördert nicht nur den rechtlichen Bestand der Verfügung. Die Bestimmung ist auch anzuwenden, wenn eine der möglichen Auslegungen zu einem praktikableren Ergebnis[179] beziehungsweise dazu führt, dass das vom Erblasser verfolgte Ziel am besten erreicht wird[180].

Die Praxis hat vielfach § 2084 entsprechend angewandt. Dabei ist man meist zu zutreffenden Ergebnissen gekommen, obwohl die Heranziehung des § 2084 bedenklich war. Oft hätte bereits die richtige Auslegung zu einem eindeutigen Ergebnis geführt; häufig hätte § 140 angewandt werden müssen. Zuzugeben ist, dass die Grenzen im konkreten Einzelfall fließend sein können.

6. Besondere gesetzliche Auslegungsregeln 206

a) Bedeutung

Die gesetzlichen Auslegungsregeln sind anzuwenden, wenn der Wille des Erblassers durch Auslegung nicht ermittelt werden kann. Mit der Verbesserung der Auslegungsmethode ist die Bedeutung dieser Auslegungsregeln geringer geworden.

Die Regeln entsprechen allgemeinen Erfahrungssätzen. Wer einen anderen Willen des Erblassers behauptet, beruft sich auf einen Ausnahmetatbestand, den er beweisen muss. Gelingt der Beweis nicht, bleibt es bei der gesetzlichen Auslegungsregel.

Da zur Auslegung auch die ergänzende Auslegung gehört, umfassen die Auslegungsregeln im weiteren Sinn nicht nur die Vorschriften, die den Erblasserwillen klarstellen sollen (»im Zweifel«), sondern auch die ergänzenden Rechtsvorschriften, die bei fehlendem oder lückenhaftem Erblasserwillen eingreifen.

Auslegungsregeln findet man über das ganze 5. Buch des BGB verteilt. Im Folgenden werden die wichtigsten erläutert.

179 Vgl. KG HRR 1940, 1428.
180 MünchKomm/*Leipold*, § 2084 Rdnr. 57.

207 *b) Regeln zur Bestimmung des Bedachten*

(1) *Gesetzliche Erben*: Spricht der Erblasser in der Verfügung von Todes wegen von »meinen gesetzlichen Erben«, so sind die Personen bedacht, die der Erblasser mit diesem Ausdruck gemeint hat.

Das werden regelmäßig diejenigen sein, die ohne Verfügung von Todes wegen kraft Gesetzes (§§ 1924 ff.) Erben wären. Geht aber der Erblasser irrtümlich z. B. davon aus, seine Ehefrau gehöre nicht zu den gesetzlichen Erben, ist sie entgegen dem Wortlaut nicht bedacht. Entscheidend ist immer der Wille des Erblassers.

Erst wenn ein anderer Wille des Erblassers nicht feststellbar ist, greift § 2066 ein: Bei Verwendung der Bezeichnung »gesetzliche Erben« sind diejenigen bedacht, die zur Zeit des Erbfalls gesetzliche Erben wären, und zwar nach dem Verhältnis der gesetzlichen Erbteile.

Bei bedingter oder befristeter Zuwendung ist an Stelle des Erbfalls der nach diesem liegende Zeitpunkt der Bedingung bzw. des Termins entscheidend (§ 2066 Satz 2). Geht es um eine Erbeinsetzung, ist § 2105 zu beachten.

208 (2) *Verwandte*: Gem. § 2067 sind damit »im Zweifel« diejenigen Verwandten des Erblassers gemeint, die zur Zeit des Erbfalls seine gesetzlichen Erben wären, und zwar im Verhältnis ihrer gesetzlichen Erbteile. Im Übrigen gilt das zu § 2066 Gesagte entsprechend.

209 (3) *Kinder*: Hat der Erblasser seine Kinder ohne nähere Bestimmung bedacht und ist ein Kind *vor* der Testamentserrichtung unter Hinterlassung von Abkömmlingen gestorben, so ist im Zweifel anzunehmen, dass die Abkömmlinge insoweit bedacht sind, als sie bei der gesetzlichen Erbfolge an die Stelle des Kindes treten würden (§ 2068). Das Gesetz geht von dem Regelfall aus, dass der (wirkliche oder hypothetische) Wille des Erblassers auf eine Erbfolge nach Stämmen (§ 1924 III) gerichtet war. Ist dagegen durch Auslegung ein anderer Wille des Erblassers festzustellen, so gilt er auch hier.

210 (4) *Abkömmlinge*: Ist ein im Testament bedachter Abkömmling *nach* der Testamentserrichtung weggefallen (z. B. durch Tod; Erbunwürdigkeitserklärung, § 2344; Ausschlagung, § 1953), so sind im Zweifel dessen Abkömmlinge insoweit bedacht, als sie bei der gesetzlichen Erbfolge an dessen Stelle treten würden (§ 2069). Sie sind also Ersatzerben.

Die Auslegungsregel des § 2069 kann nicht (analog) angewendet werden, wenn der Erblasser nicht Abkömmlinge, sondern andere nahe Verwandte als Erben eingesetzt hat. Allerdings kann sich im Einzelfall dasselbe Ergebnis aus einer ergänzenden Auslegung ergeben[181].

211 (5) *Abkömmlinge eines Dritten*: Sind die Abkömmlinge eines Dritten bedacht, so ist im Zweifel anzunehmen, dass nur die zur Zeit des Erbfalls (bzw.

181 OLG München NJW-RR 2006, 1597.

einer danach eintretenden Bedingung, Befristung) lebenden oder erzeugten Abkömmlinge bedacht sind (§ 2070).

Abkömmlinge von Abkömmlingen des Erblassers sind auch dessen Abkömmlinge. Sie fallen also nicht unter § 2070. Beispiele für § 2070: Abkömmlinge eines Freundes, der Geschwister des Erblassers, Stiefkinder des Erblassers.

Hat der Dritte keine Abkömmlinge, so ist zu prüfen, was der Erblasser gewollt hätte, wenn er das vorausgesehen hätte. Das kann dazu führen, dass der Dritte selbst bedacht ist oder das entsprechende Vermächtnis wegfällt oder an die Stelle der gewillkürten Erbfolge die gesetzliche tritt.

(6) *Personengruppen*: Ist eine bestimmte Personengruppe bedacht, so sind im **212**
Zweifel diejenigen bedacht, die zur Zeit des Erbfalls zu dem bezeichneten Kreis gehören (§ 2071).

Beispiele: Bewohner meines Hauses, mein Personal, meine Kegelbrüder. – Zu prüfen ist aber immer, ob der Erblasser nicht die Gruppe selbst bedenken wollte (z. B. den eingetragenen Verein; zum nicht eingetragenen Verein vgl. Rdnr. 7).

(7) *Arme*: Sind »die Armen« bedacht, so ist im Zweifel damit nicht eine **213**
Gruppe von Einzelpersonen gemeint, sondern die öffentliche Armenkasse der Gemeinde, in welcher der Erblasser seinen letzten Wohnsitz gehabt hat, mit einer entsprechenden Verwendungsauflage (§ 2072). Als Armenkasse ist der Träger der Sozialhilfe anzusehen (§§ 9, 96 Bundessozialhilfegesetz).

Die Bedenkung von »Kriegsbeschädigten außer Offizieren und Berufsmilitärangehörigen« kann in Anwendung des Grundgedankens des § 2072 und der Lebenserfahrung zu der Auslegung führen, dass der Träger der Sozialhilfe mit der Auflage bedacht ist, das Zugewendete unter den genannten Personenkreis zu verteilen[182].

(8) *Mehrdeutige Bezeichnung*: Ist der Bedachte in einer Weise bezeichnet, die **214**
auf mehrere Personen passt, so muss durch Auslegung ermittelt werden, wen der Erblasser gemeint hat.

Beispiel: »Heini soll meinen Konzertflügel haben.« Diesen Namen tragen ein Sohn, ein Enkelkind und ein Freund des Erblassers. Sind die Abkömmlinge unmusikalisch und ist der Freund ein Musiker, wird die Auslegung ergeben, dass ein Vermächtnis für den Freund angeordnet ist.

Kann keiner der ungenau Bezeichneten den Nachweis führen, dass er gemeint ist, so könnte man folgern, keiner von ihnen sei Erbe oder Vermächtnisnehmer. Das wäre unbefriedigend. Deshalb bestimmt § 2073, dass die Bezeichneten als zu gleichen Teilen bedacht gelten. Diese Vorschrift ist keine Auslegungsregel; denn sie entspricht weder dem wirklichen noch dem hypothetischen Erblasserwillen. Das Ergebnis kommt aber dem Grundsatz der wohlwollenden Auslegung (§ 2084) entgegen.

182 KG NJW-RR 1993, 76.

§ 2073 ist auch anwendbar, wenn von mehreren ungenau Bezeichneten durch Auslegung nur einige als nicht gemeint ausgeschlossen werden können, dann aber noch mindestens zwei Personen übrig bleiben. **Beispiel:** »Heini soll 2000,– € für sein Studium haben.« Der Erblasser hat drei Enkel mit diesem Namen. Da ein Enkel nicht studiert, scheidet er aus. Kann bei den beiden übrigen Enkeln nicht geklärt werden, wer gemeint ist, bekommt jeder 1000,– €.

215 *c) Regeln für bedingte Zuwendungen*

Bedingung ist eine rechtsgeschäftliche Bestimmung, durch die rechtliche Wirkungen von einem zukünftigen, ungewissen Ereignis abhängig gemacht werden (vgl. §§ 158 ff.[183]). Wie grundsätzlich jedes Rechtsgeschäft eine Bedingung zu enthalten vermag, so kann auch die Zuwendung durch eine Verfügung von Todes wegen unter einer Bedingung stehen. Dadurch wird der Erblasser in die Lage versetzt, seine Verfügung an die künftige Entwicklung anzupassen: »Alleinerbin ist meine Frau. Im Fall ihrer Wiederheirat werden meine Kinder Erben.« Oder er kann auf den Begünstigten einwirken: »Mein Sohn erhält 10 000,– €, wenn er sein Referendarexamen bestanden hat.«

Das Gesetz gibt folgende Auslegungsregeln:

216 (1) *Aufschiebende Bedingung*: Gem. § 2074 ist im Zweifel anzunehmen, dass eine aufschiebend bedingte Zuwendung nur gelten soll, wenn der Bedachte den Bedingungseintritt erlebt.

Beispiel: »Meine Frau erbt allein. Bei ihrer Wiederheirat erben mein Bruder und meine Schwester zu je 1/2.« Hier sind die Geschwister unter aufschiebender Bedingung (Wiederheirat) als Nacherben (Rdnr. 343) eingesetzt. Stirbt der Bruder nach dem Tod des Erblassers und vor der Wiederheirat seiner Schwägerin, kann er nicht mehr Erbe werden. Dann richtet es sich nach dem durch Auslegung zu ermittelnden Willen des Erblassers, ob das Anwartschaftsrecht (Rdnr. 356 ff.) des Bruders mit dessen Tod auf dessen Erben (z. B. seine Kinder) übergeht oder ob es nicht vererbt wird. Letzteres ist anzunehmen, wenn die Auslegung nicht zum Ziel führt (§§ 2074, 2108 II 2).

Zum bedingten Vermächtnis siehe § 2177.

217 (2) *Bedingung eines fortgesetzten Tuns oder Unterlassens*: Wenn der Erblasser eine Zuwendung unter der Bedingung macht, dass der Bedachte z. B. das Trinken oder das Spielen auf eine *unbestimmte* Dauer (etwa zeitlebens) unterlässt oder eine Person fortgesetzt pflegt, so könnte erst am Ende der genannten Zeit festgestellt werden, ob der Bedachte die Bedingung erfüllt hat oder nicht. Es wird regelmäßig nicht dem Willen des Erblassers entsprechen, wenn die Zuwendung erst zu diesem Zeitpunkt wirksam würde. Deshalb ist im Zweifel die Bedingung als eine auflösende anzusehen (§ 2075): Der Bedachte erwirbt sofort mit dem Erbfall die Erbschaft bzw. die Vermächtnisforderung, verliert sie aber mit dem Eintritt der Bedingung (er spielt, trinkt wieder).

Eine auflösende Bedingung wird vom Erblasser in der Regel auch dann gewollt sein, wenn seine Verfügung eine *Verwirkungsklausel* enthält (Beispiel: »Mein Sohn wird Erbe zur Hälf-

183 AT Rdnr. 479 ff.

te. Greift er mein Testament an, ist er enterbt und erhält nur den Pflichtteil.«). Tritt die Bedingung ein, ist der Erbe enterbt, verliert der Vermächtnisnehmer sein Vermächtnis. Durch Auslegung des Testaments ist im Einzelfall zu ermitteln, durch welche Handlung des Bedachten (z. B. gerichtliche Schritte, außergerichtliche Willensäußerung) die angedrohte Folge ausgelöst wird. Es kann sein, dass der Erblasser mit der Klausel nur leichtfertige oder gar böswillige Angriffe gegen seinen letzten Willen zu verhindern gedachte; möglich ist aber auch, dass er den Frieden unter den Bedachten unter allen Umständen gewahrt wissen wollte[184].

Eine Verwirkungsklausel, durch die Angehörige dazu angehalten werden, den Wünschen des Erblassers nach seinem Tod nachzukommen, ist dann unwirksam, wenn dem Pflichtteilsberechtigten ein Erbteil hinterlassen ist, der die Hälfte des gesetzlichen Erbteils nicht übersteigt[185]; das ergibt sich aus der Wertung des § 2306 I 1 (Rdnr. 532).

(3) Bei einer *Bedingung zum Vorteil eines Dritten* gibt § 2076 über § 162 hinaus eine Auslegungsregel: Die Bedingung gilt im Zweifel als eingetreten, wenn der Dritte die erforderliche Mitwirkung verweigert. **218**

In einem solchen Fall kann die Auslegung aber auch ergeben, dass hier die Zuwendung an den Bedachten wegfällt. Dafür kann die Feststellung sprechen, dass die Zuwendung ganz zur Erfüllung der Bedingung verwandt werden musste.

(4) *Auflösung der Ehe, des Verlöbnisses oder der Lebenspartnerschaft*: Hat der Erblasser seinen *Ehegatten* im Testament bedacht, so ist es unwirksam, wenn die Ehe durch Richterspruch aufgelöst worden ist (§ 2077 I 1). Trotz der Formulierung handelt es sich auch hier nur um eine Auslegungsregel. Das ergibt sich aus § 2077 III; danach ist die Verfügung nicht unwirksam, wenn anzunehmen ist, dass der Erblasser sie auch für einen solchen Fall getroffen haben würde. **219**

Wenn der Erblasser seinen Gatten bedenkt, dann geht er regelmäßig davon aus, dass die Ehe bis zu seinem Tod noch besteht; andernfalls hätte er seinen Partner nicht bedacht. Der Erblasser ist von einem unrichtigen Motiv ausgegangen. Deshalb wollte der Entwurf I zum BGB in einem solchen Fall die Anfechtung zulassen[186]. Das BGB dagegen stellt auf den mutmaßlichen Erblasserwillen ab und bestimmt für den Regelfall die Unwirksamkeit der Verfügung. Es bedient sich der Konstruktion einer Bedingung (»wenn die Ehe ... aufgelöst worden ist«).

Heute kommt man mit Hilfe der ergänzenden Auslegung ohne § 2077 aus. Was hätte der Erblasser gewollt, wenn er gewusst hätte, dass seine Ehe scheitern würde? Er hätte im Regelfall seine Frau nicht bedacht. Bei der ergänzenden Auslegung sind auch spätere Ereignisse (z. B. Verzeihung, Aussöhnung, erneute Eheschließung mit dem früheren Gatten) zu berücksichtigen.

184 Einzelheiten: *Bartholomeyczik*, 5. Denkschrift, 12; MünchKomm/*Leipold*, § 2074 Rdnr. 19 ff.
185 BGHZ 120, 96, str.
186 Mot. V, 54.

Die ergänzende Auslegung kann bei einer testamentarischen Zuwendung »an meine Frau« auch dazu führen, dass damit nicht die Ehefrau zur Zeit der Testamentserrichtung, sondern die zweite Ehefrau, mit welcher der Erblasser bei seinem Tod verheiratet war, bedacht ist[187].

Die Auslegungsregel des § 2077 erfasst nicht nur den Fall der rechtskräftigen Auflösung der Ehe, sondern greift auch dann ein, »wenn zur Zeit des Todes des Erblassers die Voraussetzungen für die Scheidung der Ehe gegeben waren und der Erblasser die Scheidung beantragt oder ihr zugestimmt hatte. Das Gleiche gilt, wenn der Erblasser zur Zeit seines Todes berechtigt war, die Aufhebung der Ehe zu beantragen, und den Antrag gestellt hatte«.

Diese Formulierung stimmt mit § 1933 überein, der den Ausschluss des gesetzlichen Ehegattenerbrechts behandelt (siehe Rdnr. 66).

Der dritte in § 2077 behandelte Fall ist die Bedenkung des *Verlobten* und die Auflösung des Verlöbnisses vor dem Tod des Erblassers. Ferner gilt die Vorschrift gem. § 10 V LPartG entsprechend bei letztwilligen Zuwendungen an *Lebenspartner* und an denjenigen, der die *Eingehung einer Lebenspartnerschaft versprochen hat* (vgl. § 1 III LPartG).

§ 2077 gilt auch für den *Erbvertrag* zwischen Ehegatten, Verlobten und Lebenspartnern (§ 10 V LPartG), und zwar selbst dann, wenn ein Dritter bedacht ist (§ 2279 II). Hier gehen beide Vertragsparteien bei Vertragsschluss von dem falschen Wertungsmoment aus, die Ehe, das Verlöbnis oder die Lebenspartnerschaft werde bis zum Tod eines Partners nicht aufgelöst werden.
Auch für das *gemeinschaftliche Testament* der Ehegatten oder Lebenspartner (§ 10 IV, V LPartG) ist die Auslegungsregel des § 2077 vorgesehen (§ 2268).

Umstritten ist, ob die Auslegungsregel des § 2077 analog bei der Erbeinsetzung von *Schwiegerkindern* anzuwenden ist, wenn deren Ehe scheitert. Der BGH[188] hat das verneint. Es fehle an einer Rechtsähnlichkeit mit den von § 2077 erfassten Fällen. Diese Entscheidung widerspricht der Lebenserfahrung und überzeugt nicht[189]. Im Regelfall wird der Erblasser sein Schwiegerkind auf Grund der bestehenden Ehe mit dem eigenen Kind bedacht haben. Das muss bei der Auslegung des Testaments – unabhängig von der Anwendung des § 2077 – berücksichtigt werden. Dem Erblasser ist allerdings zu raten, seinen entsprechenden Willen im Testament (z. B. durch eine durch das Scheitern der Ehe auflösend bedingte Erbeinsetzung des Schwiegerkindes) zum Ausdruck zu bringen.

187 **Anders** RGZ 134, 277, 281; MünchKomm/*Leipold*, § 2077 Rdnr. 24.
188 BGH NJW 2003, 2095 f.
189 **Ablehnend** auch *Keim*, NJW 2003, 3248; MünchKomm/*Leipold*, § 2077 Rdnr. 5.

Besondere Regeln bei der Auslegung von Testamenten

I. **Ermittlung des wirklichen Willens** des Erblassers, nicht der objektiven Bedeutung seiner Erklärung.
Grund: Es gibt keinen schutzwürdigen Erklärungsempfänger, auf dessen Empfängerhorizont es ankommen könnte.

II. **Formgültigkeit** des durch Auslegung ermittelten Willens nur, wenn dieser im Testament selbst angedeutet ist (Andeutungstheorie der h.M.; str.)

III. **Ergänzende Auslegung = Ermittlung des hypothetischen Erblasserwillens**
1. Feststellung einer Lücke
bei unrichtigem Motiv des Erblassers zur Zeit der Testamentserrichtung, bei unrichtiger Wertung von gegenwärtigen oder künftigen Tatumständen
2. Ausfüllung der Lücke
durch hypothetischen Willen des Erblassers bei richtiger Wertung zur Zeit der Testamentserrichtung

IV. **Wohlwollende Auslegung (§ 2084)**
Bei verschiedenen Auslegungsmöglichkeiten ist im Zweifel diejenige vorzuziehen, bei der die letztwillige Verfügung wirksam ist.

V. **Besondere gesetzliche Auslegungsregeln**
1. Zur Bestimmung des Bedachten
– § 2066 »gesetzliche Erben«
– § 2067 »Verwandte«
– § 2068 »Kinder«
– §§ 2069, 2070 »Abkömmlinge«
– § 2071 Personengruppe
– § 2072 »Die Armen«
– § 2073 Mehrdeutige Bezeichnung
2. Für bedingte Zuwendungen (§§ 2074 ff.)

III. Auslegung von Erbverträgen 220

1. Rechtsgeschäfte unter Lebenden

Sind im Vertrag Rechtsgeschäfte unter Lebenden enthalten, ist der Vertragspartner regelmäßig schutzwürdig. Es gelten die allgemeinen Auslegungsgrundsätze (§§ 133, 157; Rdnr. 197).

221 *2. Einseitige Verfügungen*

Bei einseitigen Verfügungen des Erblassers ohne Bindungswirkung (Rdnr. 148 f.) ist dieser so frei gestellt wie beim Testament. Der Vertragspartner ist nicht schutzwürdig. Es gelten die Grundsätze über die Auslegung von Testamenten (Rdnr. 198 ff.).

222 *3. Vertragsmäßig bindende Verfügungen*

Bei vertragsmäßig bindenden Verfügungen des Erblassers (Rdnr. 151) ist der Erblasser im Interesse des Vertragspartners gebunden. Fraglich ist, ob auch hier für die Auslegung der wirkliche Wille des Erblassers maßgebend ist oder (so die h.M.) ob der Erbvertrag als vertragliche Regelung wie andere verkehrsgeschäftliche Verträge auszulegen ist, so dass dasjenige maßgeblich ist, was der Vertragspartner verstanden hat und auch verstehen durfte (Auslegung vom Empfängerhorizont)[190]. Nach hier vertretener Ansicht sollte danach unterschieden werden, ob der Erbvertrag entgeltlichen oder unentgeltlichen Charakter hat:[191].

223 a) Hat der Vertragspartner nur die Erklärung des Erblassers angenommen, ohne sich zu einer Leistung zu verpflichten, ist er nicht schutzwürdig. So hat auch der Gesetzgeber bei den Anfechtungsregeln gewertet. § 2281 verweist für die Anfechtung eines Erbvertrags auf die Anfechtungsregeln, die für das Testament gelten (§§ 2078 f.; Rdnr. 231 ff.). Trotz des Vertragscharakters stellt das Gesetz beim Erbvertrag allein auf den Erblasserwillen ab. Wird angefochten, wird die Verfügung vernichtet, und der in ihr benannte Vertragspartner erhält nichts, nicht einmal den Ersatz seines Vertrauensinteresses.

Wenn also nach dem Willen des Gesetzgebers der Partner nach erfolgter Anfechtung ohnehin nichts zu beanspruchen hat, seine Interessen demnach für nicht schutzwürdig erachtet werden, dann ist nicht einzusehen, warum die Testamentsauslegung hier nicht Platz greifen soll.

224 b) Steht der vertragsmäßigen Verfügung des einen Vertragspartners eine Verpflichtung des anderen Vertragspartners gegenüber (z. B. Pflicht zur Unterhaltsleistung), können die beim Testament geltenden Auslegungsgrundsätze zu unhaltbaren Ergebnissen führen. So kann z. B. die Ermittlung des Erblasserwillens ergeben, dass nicht der Vertragspartner, sondern ein anderer Alleinerbe werden sollte. Der Vertragspartner aber hat im Vertrauen darauf, dass er Alleinerbe werde, sich zu Unterhaltsleistungen verpflichtet und diese Verpflichtung auch erfüllt. Hier sind bei der Auslegung auch die schutzwürdigen Interessen des Vertragspartners zu beachten.

190 So die h.M.; *Kipp/Coing*, § 21 VIII; MünchKomm/*Leipold*, Vor § 2274 Rdnr. 33; *Schlüter*, Rdnr. 279; *Staudinger/Kanzleiter*, Einl. zu §§ 2274 ff. Rdnr. 30.

191 Siehe *Brox*, Irrtumsanfechtung, 160 ff.

Eine entsprechende gesetzliche Wertung ergibt sich aus den Folgen der Anfechtung. Wird die Verfügung wegen des Irrtums des Erblassers angefochten, entfällt damit der Rechtsgrund für die Gewährung des Unterhalts. Es braucht kein Unterhalt mehr geleistet zu werden, und die erbrachten Leistungen können als ungerechtfertigte Bereicherung zurückgefordert werden. Der Vertragspartner ist also nicht ganz schutzlos. Das wäre er aber, wenn der Erbvertrag bestehen bliebe und die Auslegung zu einer Berichtigung des Wortlauts der vertragsmäßigen Verfügung führte; denn dann wären die Unterhaltsleistungen mit Rechtsgrund erbracht worden. Die Auslegung darf nicht auf die vertragsmäßige Verfügung beschränkt bleiben, sondern muss auch die Willenserklärung des Vertragspartners erfassen. Bei dieser wird man in der Regel durch Erforschung des hypothetischen Willens des Vertragspartners zu dem Ergebnis kommen, dass er die Unterhaltsverpflichtung nicht übernommen hätte, wenn er gewusst hätte, dass er nicht Erbe (Vermächtnisnehmer) werden würde.

Ergibt die Auslegung, dass der Partner nach dem Willen des Erblassers zwar Erbe (Vermächtnisnehmer) werden, die Zuwendung jedoch geringer sein soll als der Wortlaut der Verfügung erkennen lässt, so kommt bei ergänzender Auslegung der Erklärung des Partners unter Umständen eine entsprechende Herabsetzung der Leistung des Partners in Betracht.

Entsprechendes muss wegen der gleichen Interessenlage auch dann gelten, wenn der Erblasser eine Verfügung zu Gunsten eines Dritten getroffen und der Vertragspartner sich gerade deshalb zur Leistung verpflichtet hat.

Im **Fall d** kommt es darauf an, ob es sich um eine vertragsmäßig bindende Verfügung handelt und bejahendenfalls, ob der Partner ein »Entgelt« erbrachte. Nur dann gelten die soeben geschilderten Besonderheiten bei der Auslegung (Schutz des Partners).

Haben beide Vertragspartner im Erbvertrag bindende Verfügungen getroffen, so sind diese bei der Auslegung selbstverständlich ebenso zu behandeln wie entgeltliche Erbverträge; denn beide Verfügungen sind voneinander abhängig, die eine ist das »Entgelt« für die andere. Führt der Irrtum des einen Erblassers zu einer berichtigenden Auslegung seiner vertragsmäßigen Verfügung, so ist zu prüfen, wie die Verfügung des anderen Erblassers unter Berücksichtigung dieses Umstandes ausgesehen hätte.

4. *Gesetzliche Auslegungsregeln* **225**

Die Auslegungsregeln für das Testament gelten nach § 2279 I auch für die vertragsmäßig bindenden Verfügungen im Erbvertrag. Sie sind erst recht auf einseitige Verfügungen im Erbvertrag anzuwenden, da diese bei der Auslegung keine Besonderheiten gegenüber den testamentarischen Verfügungen aufweisen.

226 IV. Auslegung von gemeinschaftlichen Testamenten

Für die Auslegung ist die Unterscheidung zwischen wechselbezüglichen und nicht wechselbezüglichen Verfügungen von Bedeutung.

1. Wechselbezügliche Verfügungen

Obwohl es sich bei den wechselbezüglichen Verfügungen (Rdnr. 192) nicht um einen Vertrag handelt, entsprechen sie den vertragsmäßigen Verfügungen beider Vertragspartner des Erbvertrages.

Für die Auslegung wechselbezüglicher Verfügungen ist entscheidend, dass zwischen ihnen dieselbe Abhängigkeit besteht wie zwischen den vertragsmäßigen Verfügungen des Erbvertrages. Die eine Verfügung ist hier »Entgelt« für die andere. Wegen des Vertrauensschutzes des Ehepartners/Lebenspartners gilt also für die Auslegung dasselbe wie bei entgeltlichen Erbverträgen.

227 *2. Nicht wechselbezügliche Verfügungen*

Bei nicht wechselbezüglichen Verfügungen besteht die soeben geschilderte Abhängigkeit nicht. Deshalb ist bei der Auslegung auf die Belange des anderen Ehegatten/Lebenspartners keine Rücksicht zu nehmen. Es gilt also die Testamentsauslegung ohne Einschränkung.

228 *3. Gesetzliche Auslegungsregeln*

Die gesetzlichen Auslegungsregeln für das Testament (Rdnr. 206 ff.) gelten wie beim Erbvertrag (Rdnr. 225) auch für das gemeinschaftliche Testament.

Besondere Regeln bei der Auslegung von Erbverträgen und gemeinschaftlichen Testamenten

I. Auslegung von Erbverträgen i.S.v. §§ 2274 ff.

1. Rechtsgeschäfte unter Lebenden im Erbvertrag:
   Allgemeine Auslegungsgrundsätze (§§ 133, 157); maßgeblich ist objektive Bedeutung der Erklärung.
2. Einseitige Verfügungen von Todes wegen ohne Bindungswirkung:
   Auslegungsgrundsätze wie bei Testamenten
3. Vertragsmäßige Verfügungen von Todes wegen mit Bindungswirkung (str.):
   a) bei unentgeltlichen Verfügungen:
      Auslegungsgrundsätze wie bei Testamenten

Grund: Vertragspartner, auf dessen Empfängerhorizont es ankommen könnte, ist nicht schutzwürdig.
b) bei entgeltlichen Verfügungen:
Auslegung unter Berücksichtigung der Interessen des Vertragspartners
4. Besondere gesetzliche Auslegungsregeln
wie bei Testamenten (§ 2279 I i.V.m. §§ 2066 ff.)

II. Auslegung von gemeinschaftlichen Testamenten i.S.v. §§ 2265 ff.
1. Wechselbezügliche Verfügungen:
Auslegung unter Berücksichtigung der Interessen des anderen Teils (wie bei entgeltlichen Verfügungen im Erbvertrag)
2. Nicht wechselbezügliche Verfügungen:
Auslegungsgrundsätze wie bei Testamenten (wie Verfügungen ohne Bindungswirkung im Erbvertrag)
3. Besondere gesetzliche Auslegungsregeln
wie bei Testamenten und Erbverträgen

V. Zusammenfassung 229

Auslegung bedeutet die Ermittlung des wirklichen und des hypothetischen Willens des Erblassers. Da beim Testament schutzwürdige Interessen anderer Personen nicht zu beachten sind, kommt es bei der Testamentsauslegung einzig und allein auf den Willen des Erblassers an; einer Andeutung im Testament bedarf es – entgegen der h. M. – nicht. Deshalb kann hier meist mit der Auslegung, die das Testament oft gegen seinen Wortlaut »reformiert«, geholfen werden, so dass es einer Anfechtung, die das Rechtsgeschäft nur »kassiert«, kaum bedarf. Die Auslegung geht der Anfechtung vor.

Bei der Auslegung von vertragsmäßig bindenden Verfügungen im Erbvertrag und von wechselbezüglichen Verfügungen im gemeinschaftlichen Ehegatten- oder Lebenspartnertestament ist der Vertragspartner bzw. der andere Ehegatte/Lebenspartner schutzwürdig. Deshalb muss hier auch der Wille dieser Person beachtet werden.

Das Gesetz sieht eine ganze Reihe von Auslegungsregeln vor. Sie greifen ein, wenn der Wille des Erklärenden nicht ermittelt werden kann.

230 § 17 Die Anfechtung der Verfügungen von Todes wegen

Schrifttum: *Bengel*, Zum Verzicht des Erblassers auf Anfechtung bei Verfügungen von Todes wegen, DNotZ 1984, 132; *Brox*, Die Einschränkung der Irrtumsanfechtung, 1960, 136; *Fahrenhorst*, Die Bestandskraft von Testamenten und Erbausschlagungen im Hinblick auf die deutsche Vereinigung, JR 1992, 265; *Fischer*, Der Fehlschlag von Erwartungen bei Verfügungen von Todes wegen, JherJb 71, 187; *Grunewald*, Die Auswirkungen eines Irrtums über politische Entwicklungen in der DDR auf Testamente und Erbschaftsausschlagungen, NJW 1991, 1208, 1211; *Harke*, Testamentsanfechtung durch den Erblasser?, JZ 2004, 180; *Iversen*, Die Selbstanfechtung beim gemeinschaftlichen Testament, ZEV 2004, 55; *Joussen*, Die erbrechtliche Anfechtung durch Minderjährige, ZEV 2003, 181; *Jung*, Die Testamentsanfechtung wegen »Übergehens« eines Pflichtteilsberechtigten, AcP 194, 42; *Heinr. Lange*, Die Verwirklichung des wahren Willens des Erblassers, JherJb 82, 1; *ders.*, Das Recht des Testaments, 1. Denkschrift, 1937, 122; *Krebber*, Die Anfechtbarkeit des Erbvertrages wegen Motivirrtums, DNotZ 2003, 20; *Leipold*, Der vergeßliche Erblasser und die Anfechtung, ZEV 1995, 99; *Mankowski*, Selbstanfechtung des Erblassers beim Erbvertrag und Schadensersatzpflicht nach § 122 BGB, ZEV 1998, 46; *Müller-Freienfels*, Fahrlässige Tötung des Erblassers durch den betrunkenen Erben: ein Grund zur Testamentsanfechtung oder zur Erbausschließung?, Festschrift f. Schiedermair, 1976, 409; *Nieder*, Die Anfechtung von Verfügungen von Todes wegen, Zerb 1999, 42; *Pohl*, »Unbewußte Vorstellungen« als erbrechtlicher Anfechtungsgrund?, 1976; *D. Reinicke*, Die Wirkungen der Testamentsanfechtung durch den übergangenen Pflichtteilsberechtigten, NJW 1971, 1961; *Rohlfing/Mittenzwei*, Der Erklärungsgegner bei der Anfechtung eines Erbvertrags oder gemeinschaftlichen Testaments, ZEV 2003, 49; *Rosemeyer*, Beginn der Frist zur Anrechnung letztwilliger Verfügungen, ZEV 1995, 124; *Rudolf*, Handbuch Testamentsauslegung und -anfechtung, 2002; *Schmidt-Kessel*, Das Erbrecht in der Rechtsprechung des Bundesgerichtshofs 1985 bis 1987, WM 1988, Sonderbeil. 8, 9; *Schubert/Czub*, Die Anfechtung letztwilliger Verfügungen, JA 1980, 257, 334; *Sieker*, Der Motivirrtum des Erblassers aufgrund nicht bedachter Ereignisse, AcP 201 (2001), 697; *Tiedtke*, Die Auswirkungen der Anfechtung eines Testaments durch den übergangenen Pflichtteilsberechtigten, JZ 1988, 649; *Veit*, Die Anfechtung von Erbverträgen durch den Erblasser, NJW 1993, 1553.

Fälle:

a) E hat F im Testament als Alleinerben benannt. Es stellt sich später heraus, dass er nicht F gemeint hat. Welche Person er als Alleinerben einsetzen wollte, lässt sich nicht aufklären. Der Neffe N des E ficht als gesetzlicher Erbe das Testament an. Wie? Was macht das Nachlassgericht? Kann auch der Sohn des N anfechten? **(Rdnr. 237, 243)**

b) Im Fall a hält F die Anfechtung für unwirksam. Was kann er tun? **(Rdnr. 243)**

I. Allgemeines zur Anfechtung

Ebenso wie sonstige Willenserklärungen kann eine Verfügung von Todes wegen angefochten werden, wenn der Erblasser zu ihrer Abgabe durch Irrtum oder Drohung bestimmt wurde und dem wahren Willen des Erblassers nicht schon durch Auslegung zum Erfolg verholfen werden kann. Bei der Anfechtung einer Verfügung von Todes wegen ist aber die Interessenlage weitgehend anders als bei der Anfechtung von Willenserklärungen im Rechtsverkehr unter Lebenden. Bei diesen lässt das Gesetz (§§ 119 ff.[192]) die Anfechtung nur zu, wenn schwerwiegende Gründe vorliegen; es handelt sich um Fälle, in denen das Interesse des Anfechtenden an der Beseitigung seiner Willenserklärung höher zu bewerten ist als das Interesse des Erklärungsempfängers an der Aufrechterhaltung der Erklärung. Als Ausgleich erhält der Anfechtungsgegner, soweit er schützenswert ist, einen Anspruch auf Ersatz seines Vertrauensschadens (§ 122). Bei der Testamentsanfechtung dagegen verdient das Interesse des Bedachten an der Aufrechterhaltung des Testaments keinen Schutz. Ähnliches gilt auch bei einem Erbvertrag oder gemeinschaftlichem Testament; hier können aber möglicherweise schutzwürdige Interessen des Partners insoweit zu berücksichtigen sein, als es um die Auswirkungen der Anfechtung auf seine Verfügungen oder Verpflichtungen geht. Aus diesen Gründen enthält das Gesetz für die Testamentsanfechtung in den §§ 2078 ff. und für die Anfechtung des Erbvertrages in den §§ 2281 ff. (Rdnr. 244 ff.) Spezialvorschriften, die den allgemeinen Vorschriften der §§ 119 ff. vorgehen. Diese Sonderregeln finden auch auf die Anfechtung von gemeinschaftlichen Testamenten Anwendung (Rdnr. 251 ff.).

II. Testamentsanfechtung 231

1. Anfechtungstatbestand

a) *Eine letztwillige Verfügung muss vorliegen* (§ 2078 I). Das auf Irrtum beruhende Unterlassen der Testamentserrichtung ist nicht anfechtbar. Gegenstand der Anfechtung ist immer nur die einzelne im Testament enthaltene Verfügung, nicht das Testament als Ganzes[193].

b) Die *Auslegung* des Testaments *darf nicht schon zum Ziele führen.* Da in den allermeisten Fällen die Auslegung hilft, bleibt für die Anfechtung kaum noch Raum[194] (Rdnr. 199).

c) Ein *Anfechtungsgrund* muss gegeben sein. Als solcher kommt in Betracht: 232
(1) *Unbewusstes Abweichen von Wille und Erklärung* (§ 2078 I; vgl. § 119 I).

§ 2078 I nennt – wie § 119 I – zwei Anfechtungsgründe, den Erklärungsirrtum und den Inhaltsirrtum.

(a) *Erklärungsirrtum* (Irrtum über die Erklärungshandlung; § 2078 I, 2. Fall).

192 AT Rdnr. 407 ff.
193 BGH NJW 1985, 2025, 2026; *Soergel/Loritz*, § 2078 Rdnr. 27; MünchKomm/*Leipold*, § 2078 Rdnr. 49; *Jauernig/Stürner*, § 2078 Rdnr. 6.
194 *Brox*, Irrtumsanfechtung, S. 144.

Beispiele: Der Erblasser verschreibt sich beim eigenhändigen Testament, verspricht sich bei der mündlichen Erklärung vor dem Notar, vergreift sich bei der Übergabe einer Schrift an den Notar.

(b) *Inhaltsirrtum* (Irrtum über die Erklärungsbedeutung; § 2078 I, 1. Fall).

Beispiel: Der Erblasser verbindet mit einem von ihm im Testament gebrauchten Rechtsbegriff oder Fremdwort eine falsche Bedeutung. Wenn sich aber ermitteln lässt, in welchem Sinne er das betreffende Wort aufgefasst hat, kann dieser Fehler durch Auslegung ausgeräumt werden, so dass eine Anfechtung ausscheidet.

233 (2) *Irrtum bei der Willensbildung* (§ 2078 II).

Jeder Motivirrtum berechtigt zur Anfechtung. § 2078 II geht weiter als § 119 II, weil es beim Testament auf die Verkehrssicherheit nicht ankommt und ein schutzwürdiger Geschäftspartner nicht vorhanden ist. Da auch die arglistige Täuschung (vgl. § 123 I 1. Fall) zu einem Motivirrtum des Erblassers führt, ist dieser Tatbestand in der gesetzlichen Regelung über die Testamentsanfechtung nicht besonders erwähnt.

Es ist gleichgültig, ob der Erblasser sich über einen vergangenen, gegenwärtigen oder zukünftigen Umstand geirrt hat und auf welche Weise es zu dem Irrtum gekommen ist.

Beispiele: Irrtum über den Bestand der Währung, die Vermögensverhältnisse des Bedachten, das Verhalten des Bedachten gegenüber dem Erblasser. Ein Motivirrtum kann auch dann zu bejahen sein, wenn bewegender Grund für die letztwillige Verfügung ein Streit war, mit dessen Beilegung der Erblasser nicht gerechnet hat[195]. Selbst wenn der Erblasser in der ehemaligen DDR bei der Abfassung seines Testaments die spätere Änderung der politischen und wirtschaftlichen Verhältnisse durch die Wiedervereinigung nicht berücksichtigt hat, kann darin ein Anfechtungsgrund liegen. In allen Fällen ist aber vorweg zu prüfen, ob das Testament durch ergänzende Auslegung aufrechterhalten werden kann, was in aller Regel der Fall ist.

Irrtum und Nichtwissen sind gleich zu behandeln[196]. Folglich kann auch ein Umstand, über den der Erblasser sich keine Gedanken gemacht hat, bei deren Kenntnis er die Verfügung aber (so) nicht getroffen hätte, zur Anfechtung berechtigen.

Einen Spezialfall des Motivirrtums enthält § 2079, nämlich die irrtümliche Übergehung eines Pflichtteilsberechtigten (§ 2303). Diese Übergehung kann darauf beruhen, dass der Pflichtteilsberechtigte zur Zeit der Testamentserrichtung noch nicht existierte; er muss aber beim Erbfall leben, jedenfalls erzeugt sein (§ 1923; Rdnr. 7 ff.).

Möglich ist, dass die Person bei Errichtung des Testaments bereits existierte, aber noch nicht zu den pflichtteilsberechtigten Personen gehörte. **Beispiele**: Das Enkelkind des Erblassers ist kein gesetzlicher Erbe, solange sein Elternteil, der vom Erblasser abstammt, noch lebt (§ 1924 II; Rdnr. 55 f.). Stirbt der Elternteil vor dem Erblasser, wird dessen Kind gesetzlicher

195 OLG Köln FamRZ 1990, 1038.

196 H. M.; vgl. dazu BGHZ 4, 91, 95; BGH LM Nr. 3 zu § 2078 BGB; BGH NJW 1963, 246; DB 1971, 1859; *Kipp/Coing*, § 24 II 2 b; MünchKomm/*Leipold*, § 2078 Rdnr. 25; *Staudinger/Otte*, § 2078 Rdrn. 23; **a.A.** *Erman/Schmidt*, § 2078 Rdnr. 8.

Erbe und damit pflichtteilsberechtigt. Eine Anfechtung des Testaments durch dieses Enkelkind hat jedoch nur Erfolg, wenn der Erblasser mit der Enterbung des Elternteils nicht auch dessen Abkömmling enterben wollte (vgl. hierzu Rdnr. 272). – Die Frau, die der Erblasser nach der Testamentserrichtung heiratet, wird erst durch die Heirat pflichtteilsberechtigt. Hat der Erblasser sie schon in seinem Testament, z. B. als Haushälterin, mit einem Vermächtnis bedacht, dann soll § 2079 nicht erfüllt sein[197]. U. E. ist aber entscheidend, dass der Erblasser bei Testamentserrichtung nicht die Tatsachen kannte, die beim Erbfall zu einer Pflichtteilsberechtigung führen[198]. Der Streit ist ohne große Bedeutung; denn wenn man den Spezialfall des § 2079 verneint, kommt jedenfalls der allgemeine Tatbestand des § 2078 II in Betracht[199].

(3) *Widerrechtliche Drohung* (§ 2078 II; vgl. § 123 I 2. Fall). **234**

Bei der widerrechtlichen Drohung spielt es keine Rolle, von wem die Drohung ausgeht. Die Drohung ist widerrechtlich, wenn entweder das Mittel (das angedrohte Übel) oder der Zweck (der angestrebte Erfolg) oder die Mittel-Zweck-Relation unerlaubt ist[200].

Beispiele: Es ist nicht widerrechtlich, wenn die Pflegerin den hilfsbedürftigen E mehrfach darum bittet, sie in seinem Testament zu bedenken. Es ist auch nicht widerrechtlich, wenn die Pflegerin von ihrem Recht Gebrauch macht und das Dienstverhältnis kündigt. Dagegen ist das Inaussichtstellen der Kündigung, wenn der Bitte um eine testamentarische Zuwendung nicht entsprochen werde, widerrechtlich. – Bei Ausnutzung der Todesnot des Erblassers kann § 2078 II, möglicherweise aber auch § 138 in Betracht kommen.

d) Der Irrtum oder die Drohung muss für die Verfügung des Erblassers *ursächlich* gewesen sein. **235**

§ 2078 verlangt, dass der Erblasser die Erklärung »bei Kenntnis der Sachlage« nicht abgegeben hätte. Dieses Tatbestandsmerkmal betrifft die Ursächlichkeit des Irrtums für die Erklärung. Fehlt die Kausalität, scheidet eine Anfechtung aus. Das ist z. B. bei einem Irrtum nach Errichtung des Testaments der Fall[201].

Die Kausalität muss derjenige beweisen, der sich auf den Irrtum beruft. Bei der Übergehung eines nicht bekannten Pflichtteilsberechtigten wird sie vermutet, so dass das Fehlen der Kausalität vom Anfechtungsgegner behauptet und bewiesen werden muss. Die verschiedene Beweislast ist aus der Formulierung in § 2078 I und § 2079 Satz 2 zu entnehmen.

e) *Nicht erforderlich* ist für die Testamentsanfechtung, dass der Erblasser die **236**
Erklärung *»bei verständiger Würdigung des Falles«* nicht abgegeben hätte (anders § 119 I). Hier zeigt sich, dass das Gesetz allein auf den Willen und die Eigenarten des Erblassers abstellt. Ob auch ein vernünftiger Erblasser sich durch den Irrtum hätte beeinflussen lassen, ist ohne Bedeutung.

197 *v. Lübtow*, 324; *Staudinger/Otte*, § 2079 Rdnr. 5.
198 Ebenso: *Jung*, AcP 194 (1994), 70; MünchKomm/*Leipold*, § 2079 Rdnr. 6; *Soergel/Loritz*, § 2079 Rdnr. 3.
199 *Erman/Schmidt*, § 2079 Rdnr. 3; *Palandt/Edenhofer*, § 2079 Rdnr. 3; *Staudinger/Otte*, § 2079 Rdnr. 5.
200 AT Rdnr. 467 ff.
201 Vgl. BGHZ 42, 327.

237 2. *Anfechtungsberechtigte*

a) Der Erblasser ist nicht anfechtungsberechtigt; er kann das Testament widerrufen.

b) Abgesehen von den Spezialfällen des § 2080 II, III ist derjenige anfechtungsberechtigt, dem die Aufhebung der letztwilligen Verfügung unmittelbar zustatten kommen würde (§ 2080 I). *Unmittelbar* bedeutet, dass der Anfechtende mit dem Wegfall der Verfügung Erbe oder von einer Verpflichtung (z. B. Vermächtnis) frei wird. Das Gesetz bezweckt, »nur diejenigen Personen zu schützen, welche bei unbeeinflusster Willensentscheidung des Erklärenden nicht benachteiligt worden wären«[202].

Im **Fall a** kann N als der gesetzliche Erbe die Erbeinsetzung (wegen Erklärungsirrtums) anfechten; fällt nämlich die Erbeinsetzung weg, wird N gesetzlicher Erbe, so dass ihm die Vernichtung der Erbeinsetzung unmittelbar zustatten kommt. Dagegen ist der Sohn des N nicht anfechtungsberechtigt; selbst wenn er beim Tod des N dessen Erbe würde und damit die Erbschaft des E über N auch noch an ihn fiele, kommt ihm die Aufhebung des Testaments des E zu Lebzeiten des N nicht unmittelbar zustatten. – Bei der Erbunwürdigkeit ist der Kreis der Anfechtungsberechtigten weiter gezogen (vgl. § 2341; Rdnr. 284).

Anfechtungsberechtigt sind also z. B.: der gesetzliche Erbe bei Erbeinsetzung eines Dritten, der Erbe bei Beschwerung (Vermächtnis, Auflage) oder Beschränkung (Testamentsvollstreckung) seines Erbrechts, der Nacherbe bei Vorerbschaft, der Vorerbe bei Nacherbschaft, der Testamentsvollstrecker bei Aufhebung seiner Ernennung.

Es können auch mehrere Personen anfechtungsberechtigt sein. Dann kann jeder von ihnen allein anfechten. Die Anfechtung wirkt gegenüber allen[203].

Stirbt der Anfechtungsberechtigte, so geht das Anfechtungsrecht im Wege der Universalsukzession auf seine Erben über. Übertragbar unter Lebenden ist das Anfechtungsrecht dagegen nicht.

238 c) Bei der Irrtumsanfechtung ist die Anfechtungsbefugnis eingeschränkt: Wenn der Irrtum sich auf eine bestimmte anfechtungsberechtigte Person bezieht, so ist nur diese anfechtungsberechtigt (§ 2080 II).

Ist diese Person bereits vor dem Erbfall gestorben, ist niemand anfechtungsberechtigt. Hat dagegen die Person den Erbfall erlebt, so ist das Anfechtungsrecht entstanden; stirbt der Anfechtungsberechtigte nach dem Erbfall, geht das Anfechtungsrecht auf seine Erben über.

Einen Spezialfall behandelt § 2080 III: Bei Übergehung eines Pflichtteilsberechtigten (§ 2079) bezieht sich der Irrtum nur auf seine Person. Deshalb ist auch nur er anfechtungsberechtigt.

202 Mot. V, 56.

203 BGH NJW 1985, 2025, 2026; *Staudinger/Otte*, § 2080 Rdnr. 12; **a. A.** MünchKomm/*Leipold*, § 2080 Rdnr. 11.

3. *Anfechtungserklärung* 239

a) Die Anfechtung muss erklärt werden. Für diese Erklärung ist *keine Form* vorgeschrieben.

b) Die Anfechtungserklärung ist empfangsbedürftig. Es gilt die allgemeine Regelung des § 143, sofern nicht § 2081 als Spezialvorschrift eingreift.

(1) Nach § 2081 I sind Erbeinsetzung, Enterbung, Ernennung eines Testamentsvollstreckers sowie die Aufhebung solcher Verfügungen durch Erklärung *gegenüber dem Nachlassgericht* anzufechten. Die Amtsempfangsbedürftigkeit soll der Rechtssicherheit dienen. Ferner soll der Anfechtungsberechtigte der Mühe enthoben werden, die durch die Verfügung Begünstigten (§ 143 IV 1) zu ermitteln. Diese Personen werden dadurch hinreichend geschützt, dass das Nachlassgericht ihnen die Anfechtungserklärung mitteilen soll (§ 2081 II).

Durch Erklärung gegenüber dem Nachlassgericht sind auch solche Verfügungen anfechtbar, durch die ein Recht für einen anderen nicht begründet wird (§ 2081 III; Beispiele: Auflage, Entziehung des Pflichtteils).

(2) In den übrigen Fällen (z. B. Vermächtnis, Teilungsanordnung) bleibt es bei der allgemeinen Regel des § 143 IV 1; Anfechtungsgegner ist jeder, der auf Grund des Testaments unmittelbar einen rechtlichen Vorteil erlangt hat.

c) Die Anfechtungserklärung braucht den Ausdruck »Anfechtung« nicht zu enthalten; sie muss nur den Willen des Erklärenden erkennen lassen, dass die Verfügung nicht bestehen bleiben soll. Der Anfechtende kann eine Begründung für seine Anfechtung geben, braucht das aber nicht.

d) Die Anfechtung ist *fristgebunden* (§ 2082). Die Frist ist für alle Anfechtungsgründe gleich. Gegenüber §§ 121 und 124 ist § 2082 die Spezialvorschrift. 240

(1) Die Anfechtung kann nur *binnen Jahresfrist* erfolgen (§ 2082 I). Es handelt sich um eine Ausschlussfrist. Mit Fristablauf erlischt also das Recht.

Demnach muss das Gericht den Fristablauf auch dann berücksichtigen, wenn sich der Gegner nicht darauf beruft (Gegensatz zur Verjährungsfrist). Die Hemmung der Frist, wie sie bei der Verjährung vorgesehen ist (§§ 203 ff.), gilt auch hier (§ 2082 II 2).

Die Frist beginnt mit dem Zeitpunkt, in dem der Anfechtungsberechtigte vom Anfechtungsgrund Kenntnis erlangt hat (§ 2082 II 1). Frühester Zeitpunkt ist der des Erbfalls, da erst mit ihm das Anfechtungsrecht entsteht. Kenntnis des Anfechtungsgrundes bedeutet Kenntnis der Tatsachen, die das Anfechtungsrecht begründen.

Demnach läuft die Frist auch dann nicht, wenn die Unkenntnis auf grober Fahrlässigkeit des Anfechtungsberechtigten beruht. Werden dagegen die Tatsachen, die einen Irrtum des Erblassers und die Ursächlichkeit für die Verfügung begründen, richtig erkannt und daraus falsche rechtliche Schlüsse gezogen (z. B. das Gesetz falsch angewandt), so läuft die Frist. Rechtsirrtum schadet dem Anfechtungsberechtigten[204].

(2) Ohne Rücksicht auf die Kenntnis des Anfechtungsberechtigten vom Anfechtungsgrund erlischt das Anfechtungsrecht *30 Jahre nach dem Erbfall* (§ 2082 III; Ausschlussfrist).

(3) Selbst wenn die Anfechtungsfrist versäumt wurde, kann der Beschwerte, der auf Grund des Testaments zu einer Leistung verpflichtet ist (z. B. Vermächtnis), die Anfechtbarkeit dieser Verpflichtung einredeweise geltend machen (§ 2083). Diese Bestimmung ähnelt den §§ 821, 853.

241 *4. Verlust des Anfechtungsrechts*

a) Mit *Ablauf der Ausschlussfristen* (§ 2082) erlischt das Recht. Maßgebend ist, ob die Anfechtungserklärung dem Erklärungsempfänger (Nachlassgericht bzw. Betroffenen) fristgerecht zugeht (§ 130).

b) Die *Bestätigung der fehlerhaften Erklärung* schließt die Anfechtung aus (§ 144). Fraglich ist, auf wessen Bestätigung es ankommt.

(1) Der Erblasser ist nicht anfechtungsberechtigt. Deshalb ist seine formlose Bestätigung nach § 144 unbeachtlich. Allerdings kann sie Indiz dafür sein, dass der Irrtum oder die Drohung für die Verfügung nicht ursächlich war[205].

Will der Erblasser nach Kenntnis des Mangels verhindern, dass seine Verfügung später mit Erfolg angefochten wird, so ist ihm zu raten, neu zu testieren.

(2) Derjenige, dem die Beseitigung der Verfügung unmittelbar zustatten kommt, ist zwar anfechtungsberechtigt. Aber er ist nicht Erklärender. Wegen der gleichen Interessenlage ist hier § 144, der von der Identität des Erklärenden mit dem Anfechtungsberechtigten ausgeht, entsprechend anzuwenden[206]. Der Anfechtungsberechtigte kann einseitig formlos bestätigen; er verliert damit sein Anfechtungsrecht.

242 *5. Wirkung der Anfechtung*

a) Wird eine Verfügung des Erblassers angefochten, so ist sie nach § 142 I als *von Anfang an nichtig* anzusehen.

Beispiele: Bei Anfechtung der Erbeinsetzung tritt gesetzliche Erbfolge ein. Die Anfechtung eines Testamentswiderrufs kann zur Wiederherstellung des widerrufenen Testaments führen.

204 MünchKomm/*Leipold*, § 2082 Rdnr. 5 ff.; vgl. aber auch BGH FamRZ 1970, 79; **kritisch**: *Staudinger/Otte*, § 2082 Rdnr. 9.

205 Vgl. RGZ 77, 165, 170.

206 H. L.; vgl. MünchKomm/*Leipold*, § 2078 Rdnr. 52.

b) Die Anfechtung vernichtet die Erklärung nur insoweit, als sie auf dem Irrtum beruht. Folgt man der oben dargelegten Auslegungsmethode (Rdnr. 197 ff.) nicht, so ist zumindest die Wirkung der Anfechtung nach dem hypothetischen Erblasserwillen zu bestimmen.

Beispiel: Die Anfechtung wegen Übergehung eines Pflichtteilsberechtigten (§ 2079) mag in einem Fall nur so weit wirken, dass der Pflichtteilsberechtigte seinen gesetzlichen Erbteil erhält und es im Übrigen bei der testamentarischen Erbfolge bleibt[207]. Die Ermittlung des hypothetischen Erblasserwillens kann in einem anderen Fall ergeben, dass der Erblasser bei Kenntnis der Sachlage die gesetzliche Erbfolge in vollem Umfange gewollt hätte, so dass die Anfechtung die ganze Verfügung vernichtet[208].

c) Ein Ersatz des negativen Interesses (§ 122) kommt nicht in Betracht (§ 2078 III).

6. Gerichtliche Prüfung der Wirkung der Anfechtung 243

a) Das Nachlassgericht ist für die Anfechtungserklärung nur Erklärungsempfänger (§ 2081 I, III).

Es benachrichtigt die Betroffenen (§ 2081 II 1) und nimmt die Anfechtungserklärung zu seinen Akten (zu **Fall a**). Jedem, der ein rechtliches Interesse glaubhaft macht, hat es die Einsicht der Erklärung zu gestatten (§ 2081 II 2).

Das Nachlassgericht hat also *nicht* zu prüfen, ob die Erklärung fristgerecht abgegeben wurde und ob die Anfechtung begründet ist.

b) Wird beim Nachlassgericht die Erteilung eines Erbscheines beantragt (§§ 2353 ff.; Rdnr. 612 ff.), so muss das Gericht prüfen, wer Erbe geworden ist. Dazu hat das Gericht von Amts wegen die erforderlichen Ermittlungen zu veranstalten und die geeignet erscheinenden Beweise aufzunehmen (§ 12 FGG, § 2358). Hier muss auch geprüft werden, ob etwa die testamentarische Erbeinsetzung durch Testamentsanfechtung beseitigt und damit die gesetzliche Erbfolge eingetreten ist. Das aber hängt davon ab, ob die Anfechtung wirksam war (zu **Fall a**).

Auch im Prozess kann ein Gericht in die Lage versetzt werden, die Wirksamkeit der Anfechtung zu prüfen.

Hat F im **Fall a** Nachlassgegenstände im Besitz, so kann N gegen ihn auf Herausgabe klagen. Er stützt seine Klage darauf, dass er, N, Erbe des E geworden sei (vgl. §§ 985, 2018; Rdnr. 573 ff.). Bei Bestreiten des F hat das Gericht als Vorfrage zu prüfen, ob die Anfechtung des N wirksam war und gesetzliche Erbfolge eingetreten ist.

207 Vgl. BayObLG NJW-RR 2005, 91, 93; OLG Brandenburg FamRZ 1998, 59, 62; OLG Köln NJW 1956, 1522; *Erman/Schmidt*, § 2079 Rdnr. 5.; MünchKomm/*Leipold*, § 2079 Rdnr. 24.

208 Vgl. BayObLG NJW-RR 2005, 91, 93; NJW 1971, 1565; *Palandt/Edenhofer*, § 2079 Rdnr. 7; dazu und zur Beweislast: *D. Reinicke*, NJW 1971, 1961.

Im **Fall b** kann F gegen N auf Feststellung klagen, dass er, F, Erbe des E geworden oder dass die Anfechtung unwirksam sei (§ 256 ZPO; Rechtsschutzbedürfnis prüfen!).

Die Testamentsanfechtung

I. Voraussetzungen der Anfechtung (Anfechtungstatbestand)

1. Anfechtungsgrund
   a) Inhaltsirrtum (§ 2078 I, 1. Fall)
   b) Erklärungsirrtum (§ 2078 I, 2. Fall)
   c) Motivirrtum (§ 2078 II, Sonderfall: § 2079; ≠ §§ 119 ff.)
   d) Widerrechtliche Drohung (§ 2078 II)
2. Ursächlichkeit des Irrtums oder der Drohung für die Verfügung des Erblassers = Erklärung wäre bei Kenntnis der Sachlage/ohne die Drohung nicht abgegeben worden (§ 2078 I)
3. Anfechtungsberechtigte
   a) Grundsatz: Derjenige, welchem die Aufhebung der letztwilligen Verfügung unmittelbar zustatten kommen würde (§ 2080 I)
   b) Sonderfälle:
      aa) Wenn sich der Irrtum auf eine bestimmte Person bezieht, ist nur diese anfechtungsberechtigt (§ 2080 II)
      bb) Bei Übergehung eines Pflichtteilsberechtigten ist nur dieser anfechtungsberechtigt (§ 2080 III)
4. Anfechtungserklärung (§§ 143, 2081)
   Formfreie Willenserklärung gegenüber dem Nachlassgericht (§ 2081 I) oder gegenüber jedem, der durch das Testament unmittelbar einen rechtlichen Vorteil erlangt hat (§ 143 IV 1)
5. Anfechtungsfrist (§ 2082):
   ein Jahr ab Kenntnis vom Anfechtungsgrund
6. Verlust des Anfechtungsrechts
   a) 30 Jahre ab Erbfall (§ 2082)
   b) durch (formlos mögliche) Bestätigung der fehlerhaften Erklärung (§ 144) durch den Anfechtungsberechtigten

II. Wirkung der Anfechtung

1. Nichtigkeit der angefochtenen Verfügung ex tunc (§ 142 I), soweit sie auf dem Irrtum beruht
2. Kein Ersatz des negativen Interesses (§ 2078 III)

III. Anfechtung des Erbvertrages 244

1. *Allgemeines*

Drei Fallgruppen sind zu unterscheiden:

a) Hat ein Partner des Erbvertrages im Vertrag Erklärungen abgegeben, die *keine Verfügungen von Todes wegen* sind (z. B. er hat sich zu Unterhaltsleistungen verpflichtet), so gelten insoweit für die Anfechtung die allgemeinen Vorschriften der §§ 119 ff.

b) Hat der Erblasser im Erbvertrag *einseitige Verfügungen* (§ 2299; Rdnr. 149) getroffen, die also nicht vertragsmäßig binden, gilt das zur Testamentsanfechtung Gesagte. Der Erblasser kann widerrufen, er braucht keine Anfechtung. Für die Anfechtung dritter Personen sind die §§ 2078 ff. zu beachten.

c) Die Besonderheit liegt bei den *vertragsmäßig bindenden Verfügungen* (vgl. § 2289; Rdnr. 151). Da insoweit der Erblasser im Interesse des Vertragspartners gebunden ist und nicht frei widerrufen kann, besteht hier auch ein Bedürfnis für eine Anfechtung des Erblassers (*Selbstanfechtung*). Nach dessen Tode kommt eine Anfechtung durch solche Personen in Betracht, denen die Aufhebung unmittelbar zustatten käme. Nur für die vertragsmäßig bindenden Verfügungen gelten die §§ 2281 ff.

Bei den folgenden Erörterungen geht es nur um die *vertragsmäßig bindenden* Verfügungen (Rdnr. 151); denn für die einseitigen Verfügungen gelten gegenüber der Testamentsanfechtung keine Besonderheiten.

2. *Anfechtungstatbestand* 245

Die Anfechtungsgründe entsprechen denen beim Testament (§ 2281 I verweist auf §§ 2078 f.). Damit wird also in erheblichem Maße auf den Erblasserwillen Rücksicht genommen und dem Vertragspartner des Erblassers nicht ein solch starker Schutz gewährt wie dem Partner in anderen Verträgen; denn jeder einseitige Motivirrtum berechtigt zur Anfechtung. Es kommt auch hier nicht auf die verständige Würdigung des Falles an.

Besonderheit: Bei der Anfechtung wegen Übergehens eines Pflichtteilsberechtigten (§ 2079) ist es erforderlich, dass dieser zur Zeit der Anfechtung vorhanden ist (§ 2281 I). Ist er also schon gestorben, bevor angefochten wird, besteht kein Anfechtungsrecht. Stirbt er dagegen erst nach erfolgter Anfechtung, so bleibt diese wirksam, selbst wenn er den Erbfall nicht mehr erlebt. Diese Regelung schafft für alle Beteiligten klare Verhältnisse. Würde man darauf abstellen, ob der Pflichtteilsberechtigte den Erbfall erlebt, so bliebe die Wirkung der Anfechtung in der Schwebe (bedingte Anfechtung).

246 *3. Anfechtungsberechtigte*

a) Der *Erblasser selbst* kann anfechten, da er durch die Verfügung gebunden ist. Er muss die Anfechtung *persönlich* erklären; Stellvertretung ist nicht zulässig (§ 2282 I 1).

Das Gesetz will eine persönliche Willensentscheidung des Erblassers. Das gilt sogar dann, wenn der Erblasser nur beschränkt geschäftsfähig ist; er bedarf nicht der Zustimmung seines gesetzlichen Vertreters (§ 2282 I 2). Diese ist deshalb nicht erforderlich, weil der beschränkt Geschäftsfähige durch die Anfechtung von der Bindung befreit wird und wieder frei verfügen kann. Die Regelung ist jedenfalls dann bedenklich, wenn die Anfechtung dem beschränkt Geschäftsfähigen auch Nachteile bringt (z. B. wenn er den Unterhaltsanspruch verliert, zu dem sich der Vertragspartner verpflichtet hatte). Nur für den geschäftsunfähigen Erblasser kann dessen gesetzlicher Vertreter mit Genehmigung des Vormundschaftsgerichts anfechten (§ 2282 II).

Die §§ 2281–2283 regeln lediglich die Anfechtung durch den Erblasser.

b) Derjenige, dem die *Aufhebung der letztwilligen Verfügung unmittelbar zustatten kommen würde*, ist nach dem Erbfall anfechtungsberechtigt (§§ 2080, 2285; Rdnr. 237 f.). Es gelten die §§ 2078 ff.

247 *4. Anfechtungserklärung*

a) Die Erklärung des Erblassers bedarf – in Anlehnung an die Rücktrittsregelung (§ 2296 II 2) – der notariellen Beurkundung (§ 2282 III).

b) Erklärungsempfänger ist der Vertragspartner (§ 143 II); ihm muss die Erklärung zugehen (§ 130). Ist der Vertragspartner bereits gestorben, so bedarf es dann keiner Anfechtung mehr, wenn die anfechtbare Verfügung zu seinen Gunsten getroffen wurde; denn sie ist durch seinen Tod gegenstandslos geworden. Ist dagegen die Verfügung zu Gunsten eines Dritten getroffen worden, so ist die Anfechtung nach dem Tode des Vertragspartners gegenüber dem Nachlassgericht zu erklären (§ 2281 II 1), das die Erklärung dem Dritten mitteilen soll (§ 2281 II 2).

c) Die Anfechtung ist auch beim Erbvertrag fristgebunden.

(1) Der Erblasser kann nur binnen Jahresfrist seit Kenntnis des Anfechtungsgrundes bzw. im Falle der Drohung nach Beendigung der Zwangslage anfechten (§ 2283 I, II; Ausnahme: III).

(2) Der Dritte, in dessen Person die Voraussetzungen des § 2080 (Rdnr. 237) vorliegen, hat ein eigenes Anfechtungsrecht. Jedoch besteht kein Bedürfnis, dem Dritten dieses Recht zu geben, wenn der Erblasser die Frist ungenutzt hat verstreichen lassen[209]. Daher bestimmt § 2285, dass Dritte nicht mehr wirksam

209 Mot. V, 325.

anfechten können, wenn das Anfechtungsrecht des Erblassers zur Zeit des Erbfalls erloschen war.

Ist die Frist für den Erblasser schon zum Teil abgelaufen, wird die Frist für die Anfechtung durch einen Dritten nicht entsprechend gekürzt[210].

5. *Verlust des Anfechtungsrechts* 248

Außer durch *Fristablauf* (§§ 2283, 2285) wird das Anfechtungsrecht durch *Bestätigung* des anfechtbaren Erbvertrages (§ 2284) ausgeschlossen. Diese kann nur durch den Erblasser persönlich erfolgen (§ 2284 Satz 1). Da die Bestätigung den Erblasser weiterhin bindet, kann ein beschränkt Geschäftsfähiger nicht wirksam bestätigen (§ 2284 Satz 2).

Die Bestätigungserklärung bedarf keiner Form (§ 144 II) und ist nicht empfangsbedürftig[211].

6. *Wirkung der Anfechtung* 249

Nach § 142 I wird die Verfügung, soweit sie anfechtbar ist, durch Anfechtung vernichtet. Ob damit der ganze Vertrag nichtig ist, muss durch Auslegung ermittelt werden. Beim zweiseitigen Erbvertrag ist im Zweifel Unwirksamkeit des ganzen Vertrages anzunehmen (§ 2298); ansonsten ist § 2085 zu beachten (Rdnr. 265).

Ein Anspruch des Vertragsgegners nach § 122 auf Ersatz des negativen Interesses besteht nicht. Soweit ein Dritter den Erbvertrag anficht, ergibt sich dies aus der in § 2279 enthaltenen Verweisung auf § 2078. Da § 2281 hinsichtlich der Anfechtung des Erblassers ebenfalls auf § 2078 Bezug nimmt, muss auch insoweit eine Ersatzpflicht nach § 122 ausgeschlossen sein[212].

7. *Anhang: Anfechtung des Aufhebungsvertrages* 250

Ist der Erbvertrag durch einen Aufhebungsvertrag aufgehoben worden (Rdnr. 165), kann dieser durch Anfechtung beseitigt werden. Umstritten ist, ob sich die Anfechtung nur nach den allgemeinen Vorschriften der §§ 119 ff. richtet oder ob in bestimmten Fällen (z. B. Anfechtung des Aufhebungsvertrages durch den früheren Vertragserblasser) die §§ 2281 ff. anzuwenden sind. Der Gesetzgeber hat das Problem gesehen und sich für die Anwendung der allgemeinen Vorschriften entschieden[213]. Deshalb ist der Aufhebungsvertrag nach §§ 119 ff.

210 Mot. V, 325.
211 BayObLG NJW 1954, 1039.
212 MünchKomm/*Musielak*, § 2281 Rdnr. 21; **a. A.** *Soergel/Wolf*, § 2281 Rdnr. 6.
213 Prot. V, 408.

anfechtbar[214]. Ist der Aufhebungsvertrag wirksam angefochten worden, dann tritt der ursprüngliche Erbvertrag wieder in Kraft.

251 **IV. Anfechtung des gemeinschaftlichen Testaments**

1. Allgemeines

Für das gemeinschaftliche Testament sieht das Gesetz keine besonderen Anfechtungsregeln vor. Daraus kann aber nicht der Schluss gezogen werden, hier habe der Erblasser keine Möglichkeit, seine auf Irrtum oder Drohung beruhende Erklärung zu beseitigen, wenn sie für ihn bindend ist. Es war nicht der Wille des Gesetzgebers, beim gemeinschaftlichen Testament eine stärkere Bindung als beim Erbvertrag zu schaffen. Hier liegt vielmehr eine gesetzliche Lücke vor, die durch entsprechende Anwendung der für den Erbvertrag bestimmten Anfechtungsregeln (§§ 2281 ff.) zu schließen ist.

252 *2. Anfechtungsrecht des Erblassers*

a) Ein Bedürfnis für eine Anfechtung des Erblassers besteht wegen der Bindung nur bei den wechselbezüglichen Verfügungen (§ 2270; Rdnr. 192). Nicht wechselbezügliche Verfügungen sind wie Testamente frei widerruflich. Da auch wechselbezügliche Verfügungen zu Lebzeiten des anderen Ehegatten/Lebenspartners – zwar in einer besonderen Form – widerrufbar sind (§ 2271 I), kommt eine Anfechtung durch den Erblasser erst mit dem Tode des anderen Gatten/Partners in Betracht; denn dann erlischt das Recht zum Widerruf (§ 2271 II 1)[215].

Häufiges **Beispiel**: Der überlebende Ehegatte heiratet wieder. Der neue Ehegatte ist Pflichtteilsberechtigter, so dass der Überlebende nach § 2079 anfechten kann. Damit eine Anfechtung nicht in Betracht kommt, ist den Ehegatten zu raten, bei Errichtung eines gemeinschaftlichen Testaments auch Bestimmungen darüber zu treffen, was bei Wiederheirat des Überlebenden gelten soll.

b) Die Anfechtungserklärung des Erblassers muss notariell beurkundet sein (§ 2282 III); sie muss innerhalb der Jahresfrist (§ 2283), die frühestens mit dem Tod des anderen Gatten/Partners beginnt, dem Nachlassgericht (§ 2281 II) zugehen.

Hat der Erblasser durch sein gegen Treu und Glauben verstoßendes Verhalten den Anfechtungsgrund geschaffen, ist seine Anfechtung unzulässig[216].

214 Ebenso: RGRK/*Kregel*, § 2290 Rdnr. 9; **a. A.** *Palandt/Edenhofer*, § 2290 Rdnr. 4.
215 Vgl. dazu BGH FamRZ 1956, 83 und 1960, 145; BGHZ 37, 331, 333; BGH FamRZ 1970, 79.
216 BGHZ 4, 91, 96; BGH FamRZ 1962, 427; 1970, 79.

c) Die Anfechtung bewirkt gem. § 142 I die Nichtigkeit der angefochtenen Verfügung. Die dazu wechselbezügliche Verfügung des anderen Ehegatten/Lebenspartners ist wegen der Abhängigkeit der Verfügungen unwirksam (§ 2270 I).

Sofern es mit dem Willen der Ehegatten/Lebenspartner im Einklang steht, kann die Anfechtung des Überlebenden auch nur dazu führen, dass die angefochtene und die damit wechselbezügliche Verfügung nicht völlig nichtig sind[217].

3. Anfechtungsrecht des Ehegatten/Lebenspartners und Dritter **253**

Nach dem Tode des Erblassers kann dessen Verfügung durch diejenigen angefochten werden, denen die Aufhebung unmittelbar zustatten kommen würde (§ 2080 I). Zu diesen Personen kann auch der überlebende Ehegatte/Lebenspartner gehören. Wie bei der Anfechtung des Erbvertrages durch Dritte sind die §§ 2078 ff. anwendbar.

Hatte der Erblasser sein Anfechtungsrecht bereits verloren, so kann entsprechend § 2285 auch der Dritte nicht mehr anfechten[218].

Die Anfechtung des Erbvertrags und des gemeinschaftlichen Testaments

I. Die Anfechtung des Erbvertrages
1. andere Erklärungen als Verfügungen von Todes wegen: §§ 119 ff.
2. vertragsmäßige Verfügungen von Todes wegen mit Bindungswirkung: §§ 2281 ff.
   a) Voraussetzungen der Anfechtung (Anfechtungstatbestand)
      aa) Anfechtungsgrund: §§ 2281 I i.V.m. §§ 2078 f. (wie beim Testament); Besonderheit: § 2281 I, 2. Halbsatz
      bb) Anfechtungsberechtigte
         (1) der Erblasser (§ 2282)
         (2) nach dem Erbfall: derjenige, welchem die Anfechtung der letztwilligen Verfügung unmittelbar zustatten kommen würde (§§ 2285, 2080)
      cc) Anfechtungserklärung
      Formfreie Willenserklärung (bei Anfechtung durch den Erblasser: notarielle Beurkundung, § 2282 III) gegenüber dem Vertragspartner (§ 143 II) oder (nach dessen Tod) gegenüber dem Nachlassgericht (§ 2281 II)
      dd) Anfechtungsfrist

217 Vgl. OLG Hamm NJW 1972, 1088.
218 RGZ 77, 165; *Erman/Schmidt*, § 2080 Rdnr. 3; *Palandt/Edenhofer*, § 2271 Rdnr. 32.

(1) für den Erblasser ein Jahr ab Kenntnis vom Anfechtungsgrund bzw. ab Wegfall der Zwangslage (§ 2283)
(2) für Dritte: wie beim Testament (§ 2082); aber Verlust des Anfechtungsrechts, wenn auch das Anfechtungsrecht des Erblassers erloschen ist (§ 2285)

ee) Verlust des Anfechtungsrechts
durch (formlos mögliche) Bestätigung der fehlerhaften Erklärung (§ 144) durch den Erblasser (§ 2284)

b) Wirkung der Anfechtung
aa) Nichtigkeit der angefochtenen Verfügung ex tunc (§ 142 I)
bb) kein Ersatz des Vertrauensschadens (§§ 2279, 2281 i.V.m. § 2078)

II. Die Anfechtung des gemeinschaftlichen Testaments

1. Anfechtungsbedürfnis nur bei wechselbezüglichen Verfügungen (sonst Widerrufsmöglichkeit) und erst nach dem Tod des anderen Ehegatten/Lebenspartners (vorher Widerrufsmöglichkeit, § 2271 I, II).
2. Die Regeln für die Anfechtung vertragsmäßiger Verfügungen mit Bindungswirkung beim Erbvertrag (§§ 2281 ff.) gelten entsprechend.

254 V. Zusammenfassung

Zur *Testamentsanfechtung* berechtigt jeder Motivirrtum des Erblassers, sofern der Irrtum für die Verfügung ursächlich gewesen ist. Entsprechendes gilt für die widerrechtliche Drohung. Anfechtungsberechtigt ist nicht der Erblasser, da er die Verfügung widerrufen kann, sondern jeder, dem die Aufhebung der Verfügung unmittelbar zustatten kommen würde. Die formlose Anfechtungserklärung ist binnen Jahresfrist abzugeben. Erklärungsempfänger ist bei wichtigen testamentarischen Bestimmungen das Nachlassgericht, sonst der Bedachte. Die Anfechtung vernichtet die Verfügung. Das negative Interesse ist nicht zu ersetzen.

Zur Anfechtung vertragsmäßig bindender Verfügungen des *Erbvertrages* ist der Erblasser selbst befugt, da er nicht widerrufen kann. Nach seinem Tod ist derjenige anfechtungsberechtigt, dem die Aufhebung der Verfügung unmittelbar zustatten kommen würde, sofern der Erblasser das Anfechtungsrecht noch nicht verloren hatte. Die Anfechtungserklärung, die der notariellen Beurkundung bedarf, muss dem Vertragspartner und nach dessen Tode dem Nachlassgericht binnen Jahresfrist zugehen. Im Übrigen gelten die Regeln über die Testamentsanfechtung.

Für die Anfechtung wechselbezüglicher Verfügungen des *gemeinschaftlichen Testaments* gelten die Bestimmungen über die Anfechtung vertragsmäßig bindender Verfügungen des Erbvertrages entsprechend.

§ 18 Die Nichtigkeit und Unwirksamkeit der Verfügungen von Todes wegen

255

Schrifttum: *Bartholomeyczik*, Erbeinsetzung, andere Zuwendungen und Erbschein, 5. Denkschrift, 1942, 125; *Damrau/Mayer*, Zur Vor- und Nachvermächtnislösung beim sog. Behindertentestament, ZEV 2001, 293; *Gaier*, Die Bedeutung der Grundrechte für das Erbrecht, ZEV 2006, 2; *Goebel*, Eheschließungsfreiheit und erbrechtliche Potestativbedingungen, FamRZ 1997, 656; *Golpayegani/Boger*, Aktuelle Gestaltungsempfehlungen zum Behindertentestament, ZEV 2005, 377; *Gutmann*, Der Erbe und seine Freiheit, NJW 2004, 2347; *Hartmann*, Das sog. Behindertentestament: Vor- und Nacherbschaftskonstruktion oder Vermächtnisvariante?, ZEV 2001, 89; *Horsch*, Neue Aspekte zur Bestimmung des maßgeblichen Zeitpunktes der Sittenwidrigkeit von letztwilligen Verfügungen, Rpfleger 2005, 285; *Husmann*, Die Testierfähigkeit im Lichte der Grundrechte und des Sittengesetzes, NJW 1971, 404; *Isensee*, Inhaltskontrolle des Bundesverfassungsgerichts über Verfügungen von Todes wegen – zum »Hohenzollern-Beschluss« des BVerfG, DNotZ 2004, 754; *Keuk*, Der Erblasserwille post testamentum, Zur Unzulässigkeit der testamentarischen Potestativbedingung, FamRZ 1972, 9; *Heinr. Lange*, Das Recht des Testamentes, 1. Denkschrift, 1937, 113; *Krampe*, Testamentsgestaltung zu Gunsten eines Sozialhilfeempfängers, AcP 191, 526; *Leipold*, Testierfreiheit und Sittenwidrigkeit in der Rechtsprechung des Bundesgerichtshofs, 50 Jahre Bundesgerichtshof, Festgabe der Wissenschaft, Band I, 2000, 1011; *van de Loo*, Die letztwillige Verfügung von Eltern behinderter Kinder, NJW 1990, 2852; *Niemann*, Testierverbot in Pflegefällen, ZEV 1998, 419; *Otte*, Die Nichtigkeit letztwilliger Verfügungen wegen Gesetzes- oder Sittenwidrigkeit, JA 1985, 192; *ders.*, Die Bedeutung der »Hohenzollern«-Entscheidung des Bundesverfassungsgerichts für die Testierfreiheit, ZEV 2004, 393; *Paul*, Sittenwidrigkeit im Erbrecht, JZ 2005, 436; *Petersen*, Die eingeschränkte Testierfreiheit beim Pflegeheimbetrieb durch eine GmbH, DNotZ 2000, 739; *Pieroth*, Grundgesetzliche Testierfreiheit, sozialhilferechtliches Nachrangprinzip und das sog. Behindertentestament, NJW 1993, 173; *Sasse*, Nichtigkeit letztwilliger Verfügungen gem. § 138 BGB, JA 1996, 160; *Scheuren-Brandes*, Wiederverheiratungsklauseln nach der Hohenzollern-Entscheidung – Handlungsbedarf für die Gestaltungspraxis, ZEV 2005, 185; *Schmoeckel*, Der maßgebliche Zeitpunkt zur Bestimmung der Sittenwidrigkeit nach § 138 I BGB, AcP 197, 1; *Simshäuser*, Zur Sittenwidrigkeit der Geliebtentestamente, 1971; *Smid*, Rechtliche Schranken der Testierfreiheit aus § 138 I BGB, NJW 1990, 409; *Stach*, Nichtigkeit letztwilliger Verfügungen zugunsten Bediensteter staatlicher Altenpflegeeinrichtungen?, NJW 1988, 943; *Staudinger*, Die Nichtigkeit der Verfügung von Todes wegen und der Erbstreit im Adelshause Hohenzollern, Jura 2000, 467; *Suyter*, Neue Probleme bei der Testamentsgestaltung im Hinblick auf § 14 HeimG, ZEV 2003, 104; *Thielmann*, Sittenwidrige Verfügungen von Todes wegen, 1973; *Wietek*, Verfügungen von Todes wegen zu Gunsten behinderter Menschen, 1996.

Fälle:

a) E setzt in einem formgültigen eigenhändigen Testament seine Pflegerin zur Alleinerbin ein. Er will das aber nicht, sondern möchte dadurch nur erreichen, dass die Pflegerin im Vertrauen auf die Erbeinsetzung ihn bis zu seinem Tode pflegt. Der Sohn des E ficht das Testament an. Wer ist Erbe? **(Rdnr. 257)**

b) E setzt seinen Sohn zum Erben ein und enterbt seine Tochter, weil er die Frauen nicht leiden kann, weil sie ihm zu dumm ist, weil sie einen Ausländer, Angehörigen einer anderen Religion geheiratet hat, weil sie einer anderen Kirche beigetreten ist. **(Rdnr. 262, 263)**

c) E setzt seine Tochter nur unter der Bedingung als Erbin ein, dass sie keinen Ausländer, Angehörigen einer anderen Religion heiratet, dass sie nicht aus der Kirche austritt. **(Rdnr. 263)**

d) E hat neben seiner Frau und seinen Kindern auch die S testamentarisch bedacht. Spielt es für die Gültigkeit eine Rolle, ob E in S ein aufstrebendes künstlerisches Talent fördern wollte, ob S zu weiterer geschlechtlicher Hingabe bewogen werden sollte, ob S für ihre Hingabe belohnt oder wegen verpasster Heiratschancen entschädigt werden sollte? **(Rdnr. 263)**

e) E hat seine Geliebte zur Alleinerbin eingesetzt. Nach dem Tode seiner Frau heiratet er sie, ohne das Testament zu ändern. **(Rdnr. 258, 263)**

I. Bedeutung von Nichtigkeit und Unwirksamkeit

1. Nichtigkeit

Eine nichtige Verfügung von Todes wegen gilt wie jedes nichtige Rechtsgeschäft als rechtlich nicht vorhanden. Die Nichtigkeit kann von jedermann geltend gemacht werden. Der Richter muss sie berücksichtigen, auch wenn sich keine Partei auf sie beruft. Im Gegensatz dazu ist das anfechtbare Rechtsgeschäft wirksam. Erst eine wirksame Anfechtung führt zur Nichtigkeit des Rechtsgeschäfts.

Ein Rechtsgeschäft, das ohnehin schon nichtig ist, braucht nicht erst noch durch Anfechtung vernichtet zu werden. Dabei soll hier von den Ausnahmefällen abgesehen werden, in denen die Wirkung der Anfechtung über die der Nichtigkeit hinausgeht[219].

256 *2. Unwirksamkeit*

»Unwirksamkeit« bedeutet oft nichts anderes als Nichtigkeit (z. B. in § 2101 I 2). Manchmal ist Nichtigkeit ein Unterfall des Oberbegriffs Unwirksamkeit (vgl. § 2270 I). Schließlich kann dieser Begriff auch in engerem Sinne gebraucht werden: Während Nichtigkeit eine rechtliche Nichtexistenz bedeutet, meint die so verstandene Unwirksamkeit, dass das Rechtsgeschäft keine Wirkung hervorbringt.

In diesem Sinne ist z. B. eine sittenwidrige Verfügung von Todes wegen nichtig, während eine Verfügung, durch die jemand zum Erben eingesetzt ist, der den Erbfall nicht mehr erlebt, unwirksam ist.

Andere Beispiele für eine solche Unwirksamkeit: Der Bedachte schlägt aus, das Testament wird widerrufen, der vermachte Gegenstand gehört zur Zeit des Erbfalls nicht zur Erbschaft (§ 2169 I).

219 AT Rdnr. 394.

Nichtigkeit und Unwirksamkeit in diesem Sinne führen nicht zu verschiedenen Ergebnissen. Die Unterscheidung ist deshalb unfruchtbar.

Der Ansicht, dass eine bestehende Nichtigkeit im Gegensatz zur Unwirksamkeit nicht beseitigt werden könne, ist nicht zu folgen. Allerdings kann ein durch Widerrufstestament unwirksames Testament durch Widerruf des Widerrufstestaments wirksam werden (§ 2257; Rdnr. 142). Es ist aber auch möglich, dass ein zunächst nichtiges Testament zum Zeitpunkt des Erbfalls gültig ist (vgl. oben **Fall e** und Rdnr. 263).

II. Bewusstes Abweichen von Wille und Erklärung 257

1. Geheimer Vorbehalt

Die Willenserklärung mit dem geheimen Vorbehalt, das Erklärte nicht zu wollen, ist grundsätzlich nicht nichtig (§ 116 Satz 1[220]). Ausnahmsweise ist die Erklärung nichtig, wenn der Erklärungsempfänger den Vorbehalt kennt (§ 116 Satz 2); in diesem Falle ist der Erklärungsempfänger nicht schutzwürdig.

Fraglich ist, ob § 116 Satz 1 auch bei letztwilligen Verfügungen gilt. Da das Gesetz für die Frage der Nichtigkeit auf den Vertrauensschutz abstellt und da beim Testament schutzwürdige Belange anderer Personen nicht in Betracht kommen (Rdnr. 198), sprechen gute Gründe dafür, die testamentarische Verfügung mit dem Willen, das Erklärte nicht zu wollen, grundsätzlich als nichtig anzusehen[221]. Lediglich beim Erbvertrag (Rdnr. 222 ff.) sowie bei wechselbezüglichen Verfügungen des gemeinschaftlichen Testaments (Rdnr. 226) darf wegen des Vertrauens des jeweils anderen Teils ein geheimer Vorbehalt nicht zur Nichtigkeit führen. Über diese Fälle hinaus wendet die ganz h. M. § 116 Satz 1 jedoch auch bei anderen letztwilligen Verfügungen ohne Einschränkungen an[222].

Im **Fall a** ist das Testament nach h.M. gem. § 116 Satz 1 nicht wegen des geheimen Vorbehalts nichtig. Der Sohn des E ist zwar anfechtungsberechtigt (§ 2080 I); aber weder der geheime Vorbehalt als solcher noch ein möglicher Irrtum des E über die Wirksamkeit des geheimen Vorbehalts ist ein Anfechtungsgrund. Die Pflegerin ist Erbin. – Nach der Gegenansicht ist das Testament entgegen § 116 Satz 1 nichtig. Der Sohn ist Erbe. Einer Anfechtung bedarf es nicht. Im Streitfall muss der Sohn den Vorbehalt beweisen. Möglicherweise besteht aber ein Anspruch der Pflegerin nach §§ 611, 612, 812 I 2, 826 als Nachlassverbindlichkeit.

220 AT Rdnr. 393 ff.

221 Willensdogma; *Lange/Kuchinke*, § 35 I 1 b.

222 Z. B. BayObLG FamRZ 1977, 347; OLG Frankfurt OLGZ 1993, 461, 466; AnwK-BGB/*Feuerborn*, § 116 Rdnr. 3; *Lipp*, Examens-Repetitorium Erbrecht, Rdnr. 352; MünchKomm/*Kramer*, § 116 Rdnr. 4; *Staudinger/Otte*, Vorbem. zu §§ 2064 ff. Rdnr. 12 ff.

258 *2. Nicht ernstliche Willenserklärung*

Auch im Falle des § 118 liegt – wie bei § 116 – eine nicht ernstlich gemeinte Willenserklärung vor. Zum Tatbestand des § 116 gehört, dass der Erklärende täuschen will. Bei § 118 will der Erklärende nicht täuschen (»in der Erwartung, der Mangel der Ernstlichkeit werde nicht verkannt«).

Wenn § 118 schon für alle Verkehrsgeschäfte der Willenstheorie folgt und die Erklärung für nichtig erklärt[223], dann muss das erst recht für alle Verfügungen von Todes wegen gelten. Ein Vertrauensschaden (§ 122) ist nicht zu ersetzen (arg. § 2078 III).

259 *3. Scheinerklärung*

Wird eine Willenserklärung nur zum Schein abgegeben und sind sich Erklärender und Erklärungsempfänger über die Scheinnatur einig, so ist die Erklärung nichtig (§ 117 I[224]). Hier wird also – anders als bei § 116 Satz 2 – ein bewusstes Zusammenwirken vorausgesetzt. Auch bei § 118 braucht ein Einverständnis nicht zu bestehen; es genügt dort die einseitige Erwartung des Erklärenden.

Da § 117 nur die empfangsbedürftige Willenserklärung behandelt und das Testament nicht empfangsbedürftig ist, wendet die h. M. diese Bestimmung schon deshalb auf Testamente nicht an[225]. Dem ist zwar zuzustimmen. Wenn man aber für die Frage der Nichtigkeit auf das Fehlen eines schutzwürdigen Vertrauens und deshalb auf den Willen des Erblassers abstellt, ist ein Scheintestament nichtig. Es gilt das beim geheimen Vorbehalt Gesagte (Rdnr. 257) auch hier.

260 III. Formmangel

Eine Verfügung von Todes wegen ist nichtig, wenn sie der durch Gesetz vorgeschriebenen Form ermangelt (§ 125 Satz 1[226]). Diese Rechtsfolge tritt nicht ein, wenn eine bloße Soll-Vorschrift nicht beachtet worden ist.

Führt die Nichtbeachtung der Formvorschrift zur Nichtigkeit, so kann das im Einzelfall sehr hart sein. Deshalb sind die Gerichte manchmal geneigt, unter Heranziehung des § 242 eine gerechte Entscheidung des Einzelfalles herbeizuführen, wobei der durch die Formvorschriften bezweckte Schutz vernachlässigt wird. Diese Rechtsprechung ist bedenklich und wird vom Schrifttum überwiegend abgelehnt.

223 AT Rdnr. 397 ff.

224 AT Rdnr. 402 ff.

225 BayObLG FamRZ 1977, 347, 348; *Lipp*, Examens-Repetitorium Erbrecht, Rdnr. 353; *Palandt/Heinrichs*, § 117 Rdnr. 2.

226 AT Rdnr. 308 ff.

Beispiel: Ein nur schriftlich abgeschlossener Erbvertrag, der den Übergang eines Hofes zum Inhalt hat, kann nach der Rechtsprechung des BGH u.U. als wirksam aufrechterhalten werden[227]; der Mangel der Form führt danach mit Rücksicht auf Treu und Glauben nicht zur Nichtigkeit (vgl. auch § 7 II HöfeO, in dem die Rechtsprechung weitgehend übernommen worden ist). Es handelt sich um die über das Erbrecht hinausgehende Frage nach dem Verhältnis zwischen § 125 und § 242. Dabei wird es auf die Umstände des Einzelfalles ankommen. So kann z. B. entscheidend sein, ob der eine Vertragspartner den anderen schuldlos, fahrlässig oder vorsätzlich in einen Irrtum über die Formbedürftigkeit versetzt hat[228].

IV. Verstoß gegen ein gesetzliches Verbot oder gegen die guten Sitten 261

1. Verstoß gegen ein gesetzliches Verbot

a) Gem. § 134 ist ein Rechtsgeschäft nichtig, das gegen ein gesetzliches Verbot verstößt, wenn sich nicht aus dem Gesetz ein anderes ergibt[229]. Diese Norm gilt auch für die erbrechtlichen Rechtsgeschäfte, also insbesondere für Verfügungen von Todes wegen. Für Vermächtnisse (§ 2171) und Auflagen (§ 2192) wird das ausdrücklich vom Gesetz hervorgehoben.

Aus § 2171 ist weiter zu entnehmen, dass es für die Beurteilung, ob ein Verstoß gegen ein gesetzliches Verbot vorliegt, auf den Zeitpunkt des Erbfalles und nicht auf den der Errichtung der Verfügung ankommt. Verstößt also eine Verfügung gegen Bewirtschaftungsvorschriften, sind diese aber zur Zeit des Erbfalles bereits aufgehoben, so ist die Verfügung gültig; denn durch die Nichtigkeit soll nicht der Erblasser bestraft, sondern der vom Gesetz missbilligte Erfolg verhindert werden.

Ob das gesetzliche Verbot zur Nichtigkeit des Rechtsgeschäfts führt, kann oft schon aus dem Wortlaut der Gesetzesbestimmung und muss im Übrigen aus dem Sinn und Zweck des Gesetzes entnommen werden.

Beispiele: Verstöße gegen § 2065 (»kann nicht«), § 2263 (»ist nichtig«) bewirken die Nichtigkeit des Rechtsgeschäfts. Dagegen berührt die Nichteinhaltung bloßer Soll-Vorschriften die Gültigkeit nicht.

Ein gesetzliches Verbot i.S.d. § 134 enthält § 14 des Heimgesetzes[230]. Danach ist es dem Träger eines Heims sowie den Beschäftigten des Heims untersagt, sich von oder zu Gunsten von Heimbewohnern Geld oder geldwerte Leistungen (über das vereinbarte Entgelt hinaus) versprechen oder gewähren zu lassen. Fraglich ist, ob auch eine Verfügung von Todes wegen gem. § 134 insoweit nichtig ist, als darin der Heimbewohner eine der genannten Personen bedenkt.

227 BGHZ 23, 249.
228 Vgl. *Erman/Palm*, § 125 Rdnr. 23 ff.; Nachweise bei MünchKomm/*Einsele*, § 125 Rdnr. 62; *D. Reinicke*, Rechtsfolgen formwidrig abgeschlossener Verträge, 1969.
229 AT Rdnr. 320 ff.
230 BGHZ 110, 235.

Das ist für den Erbvertrag zu Gunsten einer der genannten Personen zu bejahen und soll nach der Rechtsprechung auch für ein Testament gelten, wenn es mit dem Einverständnis des bedachten Heimträgers bzw. Bediensteten errichtet wurde oder wenn die testamentarische Einsetzung dem Bedachten bereits zu Lebzeiten des Erblassers bekannt war[231]. Diese Rechtsprechung ist abzulehnen[232]; anders BVerfG[233].

Eine testamentarische Zuwendung fällt oft schon nicht unter den Wortlaut des § 14 HeimG, weil es an einem Sichversprechenlassen oder Gewährenlassen, also an einem irgendwie gearteten Zusammenwirken, fehlt. Jedenfalls entspricht die Auslegung des § 14 HeimGdurch die Rechtsprechung nicht dem Sinn und Zweck der Vorschrift. Das gesetzliche Verbot soll verhindern, dass alte und pflegebedürftige Menschen, die sich einem Heim anvertrauen, in ihrer Hilf- oder Arglosigkeit ausgenutzt und unterschiedliche Vermögensverhältnisse der Bewohner mit unterschiedlicher Behandlung (Bevorzugung oder Benachteiligung) verknüpft werden[234]. Diese Gefahr besteht bei der testamentarischen Zuwendung nicht, weil der Erblasser jederzeit in der Lage ist, sein Testament ohne Grund – sogar durch bloße Vernichtung der Urkunde – zu widerrufen (§§ 2253 ff.; Rdnr. 138 ff.); der im Testament Bedachte hat also bis zum Tod des Erblassers lediglich eine ungewisse Chance, demnächst einmal in den Genuss der Erbschaft oder des Vermächtnisses zu kommen.

Die von der Rechtsprechung vertretene Ansicht, dass § 14 HeimG die Testierfreiheit eines Heimbewohners einschränkt, verstößt m. E. gegen Art. 14 I GG. Dieser gewährleistet das Erbrecht als Rechtsinstitut und als Individualgrundrecht. Zur Erbrechtsgarantie gehört auch die Testierfreiheit (Rdnr. 27). Allerdings sind das Erbrecht und damit auch die Testierfreiheit nicht grenzenlos gewährleistet; vielmehr werden Inhalt und Schranken durch die Gesetze bestimmt (Art. 14 I 2 GG). Jedoch sind die gesetzlichen Schranken, die sich aus den Generalklauseln der §§ 134, 138 ergeben, im Lichte des Grundgesetzes, also hier der grundrechtlichen Entscheidung für die Testierfreiheit, auszulegen. Da ein Testierverbot zu den schwersten Eingriffen in die Testierfreiheit gehört, kann nicht jedes öffentliche Interesse eine Beschränkung rechtfertigen. Vielmehr müssen solche Gründe des öffentlichen Wohls vorliegen, denen auch bei Beachtung des rechtsstaatlichen Grundsatzes der Verhältnismäßigkeit der Vorrang vor dem grundsätzlichen Freiheitsanspruch des Bürgers zukommt[235]. Somit ist die Einschränkung der Testierfreiheit am Grundsatz der Verhältnismäßigkeit (im weiteren Sinne; = Übermaßverbot) zu messen. Selbst wenn man den Eingriff in die Testierfreiheit für geeignet halten sollte, das Ziel (Schutz der Heimbewohner und Erhaltung des Heimfriedens) zu erreichen oder zu fördern, so ist die Erforderlichkeit dieser Maßnahme nicht gegeben, da der Heimbewohner – wegen der Widerrufsmöglichkeit – durch das Testament nicht gebunden ist; sittenwidrige Ergebnisse bei der Erbfolge werden durch § 138 vermieden. Die Einschränkung der Testierfreiheit ist auch nicht das mildeste Mittel zur Erhaltung des Heimfriedens. Schließlich ist auch das Prinzip der Verhältnismäßigkeit (im engeren Sinne) nicht beachtet; denn die Folgen des Eingriffs in die grundgesetzlich garantierte Testierfreiheit stehen nicht im richtigen Verhältnis zum beabsichtigten Erfolg; vielmehr liegt ein offensichtliches Missverhältnis zwischen Mittel

231 Vgl. BayObLG FamRZ 1991, 1354; 1992, 975; 1993, 479; *Rossak*, ZEV 1996, 41.

232 Vgl. *Brox*, Festschrift f. Benda, 1995, 17.

233 1. Kammer des 1. Senats, FamRZ 1998, 1498.

234 BT-Drucks. 7/180.

235 BVerfGE 26, 215, 222.

(Einschränkung der Testierfreiheit) und Zweck (Schutz der Heimbewohner und des Heimfriedens) vor.

Kein gesetzliches Verbot für Verfügungen von Todes wegen enthält das *Allgemeine Gleichbehandlungsgesetz (AGG)*, das am 18.8.2006 in Kraft getreten ist[236]. Danach ist zwar auch bei der Begründung, Durchführung und Beendigung bestimmter zivilrechtlicher Schuldverhältnisse eine Benachteiligung aus Gründen der Rasse oder wegen der ethnischen Herkunft (§§ 1, 2 I Nr. 8, 19 II AGG), zum Teil auch wegen des Geschlechts, der Religion oder Weltanschauung einer Behinderung, des Alters oder der sexuellen Identität verboten (vgl. §§ 1, 2 I Nr. 8, 19 I AGG). Aber erstens handelt es sich bei erbrechtlichen Schuldverhältnissen weder um Massengeschäfte i.S.v. § 19 I AGG, noch eröffnen sie i.S.v. § 2 I Nr. 8 AGG den Zugang zu Gütern und Dienstleistungen, die der Öffentlichkeit zur Verfügung stehen. Zweitens bestimmt § 19 IV AGG klarstellend, dass die einschlägigen Vorschriften des AGG keine Anwendung auf familien- und erbrechtliche Schuldverhältnisse finden.

b) Fraglich ist, ob Verstöße gegen die *Grundrechtsnormen* der Verfassung die Verfügung unmittelbar oder über § 134 nichtig machen oder ob sie keinen Einfluss auf die Gültigkeit der Verfügung haben (zu § 138 siehe Rdnr. 263). Das ist vor allem für den Gleichheitssatz (Art. 3 GG) problematisch. Ist es zulässig, dass der Erblasser bei der Erbeinsetzung z. B. die Frauen gegenüber den Männern benachteiligt (Art. 3 II GG) oder jemanden wegen seiner Abstammung, Rasse, religiösen oder politischen Anschauungen benachteiligt oder bevorzugt (Art. 3 III GG)? Entscheidend ist, ob den Grundrechten unmittelbare Drittwirkung zukommt oder ob sie den Staatsbürger nur vor der hoheitlichen Gewalt schützen sollen. Der letzteren Auffassung ist zuzustimmen. Sie entspricht der klassischen Theorie der Grundrechte und der Entstehungsgeschichte des GG (Ausnahme: Art. 9 III GG). Die Grundrechte haben lediglich eine mittelbare Wirkung: Sie sind bei der Auslegung der Generalklauseln (z. B. § 138) zu berücksichtigen. Daraus folgt: Die Grundrechtsartikel sind keine gesetzlichen Verbote i.S.d. § 134[237]. Dieses Ergebnis deckt sich mit der gesetzlichen Ausnahmeregelung für erbrechtliche Schuldverhältnisse in § 19 IV AGG. 262

Im **Fall b** ist die Enterbung der Tochter jedenfalls nicht wegen Verstoßes gegen § 134 i.V.m. Art. 3 GG nichtig. Auch Art. 6 GG (Schutz von Ehe und Familie) führt nicht zur Nichtigkeit; denn die gesetzliche Regelung des Pflichtteilsrechts trägt schon in ausreichendem Maße der Garantie des Art. 6 GG Rechnung.

236 BGBl. I, 1897.

237 Siehe nur *Soergel/Stein*, Einl. Rdnr. 10 und § 1937 Rdnr. 23; *Staudinger/Otte*, Vorbem. zu §§ 2064 ff. Rdnr. 147.

263 2. *Verstoß gegen die guten Sitten*

a) Ein Rechtsgeschäft, das gegen die guten Sitten verstößt, ist nichtig (§ 138 I[238]). Das gilt auch für Verfügungen von Todes wegen. Sittenwidrig ist eine Verfügung, die gegen das »Anstandsgefühl aller billig und gerecht Denkenden« verstößt[239]. Dabei ist einerseits nicht auf die moralisch besonders hoch stehenden Anschauungen bestimmter Kreise und andererseits nicht auf die laxen Moralauffassungen mancher Menschen abzustellen. Maßgebend sind vielmehr die Anschauungen des »anständigen Durchschnittsmenschen«.

Beispiele: Die Enterbung naher Angehöriger mag in den Kreisen, aus denen der Erblasser stammt, als verwerflich angesehen werden, ist aber allein noch nicht sittenwidrig (vgl. die gesetzliche Wertung in den Regeln über das Pflichtteilsrecht). Die Erbeinsetzung der Geliebten mit dem alleinigen Ziel, dass sie das Verhältnis mit dem verheirateten Erblasser fortsetzt, mag von besonders »fortschrittlichen« Menschen als nicht anstößig betrachtet werden; dennoch liegt ein Verstoß gegen die guten Sitten vor[240].

Die Sittenwidrigkeit kann sich bereits aus dem objektiven Inhalt der letztwilligen Verfügung des Erblassers ergeben (Beispiel: Auflage, einen beleidigenden Zeitungsartikel über eine bestimmte Person zu schreiben).

Hat der Erblasser (wie im **Fall b**) jemanden etwa aus rassistischen, religiösen oder politischen Gründen enterbt, so ist diese Verfügung nicht schon deshalb nach § 138 nichtig, weil die Differenzierung der Wertentscheidung des Art. 3 III GG zuwiderläuft[241]. Zwar kommt der Wertordnung des Grundgesetzes bei der Auslegung des Begriffs der guten Sitten wesentliche Bedeutung zu[242] (mittelbare Drittwirkung von Grundrechten). Gleichzeitig ist aber der verfassungsrechtlich geschützte Grundsatz der Testierfreiheit[243] (Rdnr. 27) zu berücksichtigen[244]. Im Rahmen der Testierfreiheit trifft den Erblasser keine Pflicht zur Gleichbehandlung[245]. Das BGB hat ihm das Recht eingeräumt, über sein Vermögen frei, also auch willkürlich, letztwillig zu verfügen[246]. Daran hat auch das AGG nichts geändert (§ 19 IV AGG; Rdnr. 261).

Der Erblasser braucht die Sittenwidrigkeit nicht zu kennen; es genügt, dass er die objektiven Umstände kennt, aus denen sich die Sittenwidrigkeit ergibt.

Im **Fall c** ist die Bedingung zwar nicht aus rassistischen oder religiösen Gründen sittenwidrig; die Sittenwidrigkeit kann sich aber daraus ergeben, dass die Tochter in ihrer Entschließungsfreiheit (Gattenwahl, Wahl des religiösen Bekenntnisses) unzulässigerwei-

238 AT Rdnr. 329 ff.
239 Vgl. Mot. II, 727; st. Rspr.
240 Dazu sogleich.
241 Str.; vgl. *Lange/Kuchinke*, § 35 IV 3 b; *Staudinger/Otte*, Vorbem. zu §§ 2064 ff. Rdnr. 156.
242 BVerfG 7, 198, 206; 89, 214, 229.
243 BVerfGE 58, 398; 91, 346, 358; BGH NJW 1994, 248, 250.
244 *Soergel/Stein*, § 1937 Rdnr. 26
245 Vgl. BGHZ 70, 313, 324; BGH NJW 1999, 566, 569.
246 So schon BGH FamRZ 1956, 130.

se beeinträchtigt wird. Der Erblasser darf nicht materielle Vorteile für solche Entschlüsse versprechen, die nach allgemeiner Anschauung frei von Zwang und Beeinflussung Dritter zu treffen sind und bei denen man sich nicht von materiellen Erwägungen leiten lassen soll. Die Frage, ob deshalb nur die Bedingung entfällt, die Erbeinsetzung aber bestehen bleibt, oder ob auch die Erbeinsetzung entfällt, ist durch Ermittlung des hypothetischen Erblasserwillens zu entscheiden. – Bedenklich ist das Urteil des BGH[247], wonach ein Verstoß gegen § 138 nicht vorliegen soll, wenn der Erblasser seinen Sohn unter der Bedingung zum Erben einsetzt, dass er sich von seiner ihm untreuen Frau scheiden lässt.

In den meisten Fällen sittenwidriger Verfügungen ergibt sich die Sittenwidrigkeit nicht bereits aus dem Inhalt, sondern erst aus dem damit verfolgten Zweck, der aus der Urkunde nicht entnommen werden kann.

Sittenwidrig ist eine Zuwendung, durch die ein verheirateter Mann eine Frau für ehebrecherischen Verkehr belohnen oder zur Fortsetzung solchen Verkehrs bestimmen will (sog. Geliebtentestament). Das muss allerdings der ausschließliche oder zumindest ausschlaggebende Zweck der Zuwendung gewesen sein[248]. Nicht sittenwidrig sind dagegen solche Zuwendungen, für die durchaus billigenswerte Beweggründe maßgebend gewesen sind: z. B. um begangenes Unrecht zu sühnen, um geleistete Dienste als Wirtschafterin abzugelten[249]. Möglich ist, dass die Motive für eine Zuwendung an die Geliebte teils ehrenwert und teils verwerflich sind. Das kann dazu führen, dass die Einsetzung der Geliebten zur Alleinerbin unsittlich ist, aber als Einsetzung zur Miterbin (z. B. neben den ehelichen Kindern) aufrechterhalten werden kann (zu **Fall d**)[250]. Derjenige, der sich auf die Nichtigkeit einer Zuwendung wegen Sittenwidrigkeit beruft, muss diese als Ausnahmetatbestand im Streitfall auch beweisen[251].

Eine Sittenwidrigkeit des Testaments liegt regelmäßig nicht vor, wenn der Erblasser sein Vermögen im Interesse seines behinderten Kindes so an eine Gesellschaft zur Unterstützung Behinderter weiterleitet, dass die Sozialbehörde keine Möglichkeit hat, wegen der Aufwendungen für das Kind auf den Nachlass zuzugreifen[252]. Wenn Eltern ihr behindertes, auf Kosten der Sozialhilfe untergebrachtes Kind nur als Vorerben auf einen den Pflichtteil kaum übersteigenden Erbteil einsetzen und bei seinem Tod ein anderes Kind als Nacherben berufen, so verstößt das ebenfalls nicht gegen § 138, selbst wenn dadurch verhindert wird, dass der Träger der Sozialhilfe Kostenersatz verlangt[253].

b) Streitig ist, ob die Sittenwidrigkeit nach den Verhältnissen zur Zeit der Errichtung der Verfügung von Todes wegen[254] oder zur Zeit des Erbfalls[255] zu beurteilen ist.

247 FamRZ 1956, 130.
248 BGHZ 53, 369; BGH NJW 1973, 1645; 1984, 2150.
249 Vgl. BGH FamRZ 1954, 195; 1958, 127; NJW 1983, 674; BGHZ 53, 369.
250 BGH FamRZ 1963, 287; BGHZ 52, 17.
251 Einzelheiten vgl. BGHZ 53, 369.
252 Ebenso: BGHZ 111, 36 bei bescheidenem Nachlass; dazu: *Otte*, JZ 1990, 1027; *Schubert*, JR 1991, 106; ferner: *Krampe*, AcP 191, 559; *van de Loo*, NJW 1990, 2852; *Pieroth*, NJW 1993, 173.
253 BGH NJW 1994, 248; dazu: *Meyer*, DNotZ 1994, 347.
254 So BGHZ 20, 71; BGH FamRZ 1969, 323.

Wenn der Erblasser, der unter Verstoß gegen § 138 seine Geliebte zur Erbin eingesetzt hat, diese später heiratet (**Fall e**), so liegt beim Tod des Erblassers keine Sittenwidrigkeit mehr vor.

Maßgebend ist u. E. der Zeitpunkt des Erbfalls. § 138 will nicht die verwerfliche Gesinnung des Erblassers bestrafen, sondern einen zu missbilligenden Rechtserfolg der Verfügung verhindern. Dem entspricht auch die Wertung des § 2171; danach ist ein Vermächtnis unwirksam, das gegen ein zur Zeit des *Erbfalls* bestehendes gesetzliches Verbot verstößt. Die abweichende Ansicht kommt zu unbilligen Ergebnissen im umgekehrten Fall, wenn die Sittenwidrigkeit nicht zur Zeit der Errichtung der Verfügung, wohl aber beim Erbfall gegeben ist; sie kann hier nur mit dem Einwand der unzulässigen Rechtsausübung helfen.

Nach Ansicht des BGH ist und bleibt das Testament im **Fall e** nichtig. Der Erblasser muss also nach seiner zweiten Eheschließung ein neues (gleich lautendes) Testament errichten, wenn seine neue Frau Alleinerbin werden soll. Einer solchen Wiederholung bedarf es nach der hier vertretenen Auffassung nicht[256].

264 V. Teilnichtigkeit und Umdeutung

1. Teilnichtigkeit

a) Ist in einem Testament eine von mehreren Verfügungen nichtig, so bewirkt das nach § 2085 im Zweifel nicht die Nichtigkeit der übrigen Verfügungen. Anders als § 139 stellt § 2085 also eine widerlegbare Vermutung für die Wirksamkeit der übrigen Verfügungen auf.

Eine Regelung, wie sie § 139 enthält, wäre bei Testamenten nicht interessengemäß. Regelmäßig dürfte es dem Willen des Erblassers mehr entsprechen, dass wenigstens die im Testament enthaltenen Verfügungen, die nicht nichtig sind, aufrechterhalten bleiben. Eine solche Lösung wird auch dem Grundsatz des favor testamenti gerecht. Deshalb regelt § 2085 das Problem der Teilnichtigkeit bei Testamenten anders als § 139.

Beispiel: Der Erblasser hat seine Geliebte und seinen Sportverein zu Erben eingesetzt. Ist die Erbeinsetzung der Geliebten nichtig, führt das regelmäßig nicht zur Nichtigkeit der Einsetzung des Vereins. Die gesetzlichen Erben, die sich auf eine Nichtigkeit des gesamten Testaments berufen, müssen Tatsachen für diesen Ausnahmefall behaupten und beweisen.

Zweifelhaft ist, ob § 2085 auch dann anwendbar ist, wenn nur ein Teil einer im Testament enthaltenen Verfügung unwirksam ist, oder ob es dann bei der allgemeinen Regel des § 139 bleibt.

Beispiel: Die Erbeinsetzung der Geliebten ist nur teilweise nichtig.

255 So RG DR 1943, 91; 1944, 494 ff.; *Schlüter*, Rdnr. 221; *Soergel/Stein*, § 1937 Rdnr. 24
256 Ebenso schon *Bartholomeyczik*, Festschrift OLG Zweibrücken, 1969, 26.

Der Wortlaut des § 2085 spricht zwar gegen dessen Anwendung. Aus dem Sinn der §§ 2085, 2084, nämlich das Testament möglichst aufrechtzuerhalten, wird aber mit Recht geschlossen, dass § 2085 auch hier gilt[257].

Die hier vertretene Ansicht vermeidet auch die schwierige Abgrenzungsfrage, ob es sich im Einzelfall um eine selbstständige Einzelverfügung oder um den unselbstständigen Teil einer Verfügung handelt.

b) Bei *Erbverträgen* ist § 2085 auf vertragsmäßig bindende Verfügungen beider Parteien grundsätzlich nicht anwendbar. Hier wird eine gegenseitige Abhängigkeit der Verfügungen vermutet. Deshalb hat die Nichtigkeit einer Verfügung die Unwirksamkeit des ganzen Vertrages zur Folge (§ 2298 I; Rdnr. 154). **265**

Etwas anderes gilt nach h.M., wenn eine Verfügung im Erbvertrag nicht nichtig ist, sondern nur gegenstandslos wird, z. B. weil der Bedachte vorverstirbt. Hier werden die §§ 2279, 2085 angewendet (Rdnr. 154).

Soweit keine Bindung vorliegt, greift § 2085 ein.

c) Bei *gemeinschaftlichen Testamenten* gilt für wechselbezügliche Verfügungen (§ 2270 I; Rdnr. 193) dasselbe wie für vertragsmäßig bindende Verfügungen im Erbvertrag. Bei nicht wechselbezüglichen Verfügungen ist § 2085 anwendbar. **266**

d) Eine letztwillige Verfügung ist im Zweifel auch wirksam, wenn sie den Vorbehalt einer Ergänzung enthält, diese aber unterblieben ist (§ 2086). Vgl. dazu die andersartige Regelung im Vertragsrecht (§ 154). **267**

2. *Umdeutung* **268**

Ist ein Rechtsgeschäft nichtig, entspricht es aber den Erfordernissen eines anderen Rechtsgeschäfts, so gilt dieses, wenn anzunehmen ist, dass dessen Geltung bei Kenntnis der Nichtigkeit gewollt sein würde (§ 140).

Ein gemeinschaftliches Testament von Verlobten ist gem. § 2265 nichtig. Entspricht es der Form des § 2276, ist es vielleicht als Erbvertrag zu halten; u. U. kann es auch in zwei eigenhändige Testamente (§ 2247) umgedeutet werden[258]. – Der BGH hat auch die Umdeutung eines in einem Erbvertrag enthaltenen unwirksamen Vermächtnisses in ein Rechtsgeschäft unter Lebenden (Schenkungsvertrag) zugelassen[259]. – Umgekehrt soll ein wegen § 1365 unwirksamer Vertrag unter Lebenden in einen Erbvertrag umgedeutet werden können[260].

257 *Siber*, RG-Festschrift, III. Bd., 370; *Schlüter*, Erbrecht, Rdnr. 199; *Kipp/Coing*, § 21 VI; *Lange/Kuchinke*, Erbrecht, § 34 V 2 b; MünchKomm/*Leipold*, § 2085 Rdnr. 11.

258 Vgl. *Kanzleiter*, DNotZ 1973, 133.

259 BGH NJW 1978, 423; dagegen *Tiedtke*, NJW 1978, 2572.

260 BGHZ 77, 293.

Bei der Umdeutung einer Verfügung von Todes wegen ist im Wege der ergänzenden Auslegung auf den hypothetischen Erblasserwillen abzustellen (Rdnr. 201 ff.).

269 VI. Zusammenfassung

Die Nichtigkeit und Unwirksamkeit der Verfügung von Todes wegen

I. Gründe

1. Bewusstes Abweichen von Wille und Erklärung
   a) Geheimer Vorbehalt
      aa) beim Testament: Verfügung entgegen § 116 Satz 1 nichtig (anders die h.M.)
      Grund: kein schutzwürdiger Erklärungsempfänger
      bb) beim Erbvertrag und beim gemeinschaftlichen Testament: Erklärung grundsätzlich nicht nichtig (§ 116 Satz 1, Ausnahme: Satz 2)
   b) Nicht ernstlich gemeinte Willenserklärung: Verfügung nichtig (§ 118)
   c) Scheinerklärung: Verfügung nichtig
2. Formmangel: Verfügung nichtig (§ 125 Satz 1); ausnahmsweise Korrektur über § 242
3. Verstoß gegen ein gesetzliches Verbot (z. B. § 15 HeimG): Verfügung nichtig, sofern sich nicht aus dem Gesetz etwas anderes ergibt (§ 134)
4. Verstoß gegen die guten Sitten: Verfügung nichtig (§ 138 I)
   Maßgeblicher Zeitpunkt für Beurteilung der Sittenwidrigkeit (str.):
   - h.M.: Zeitpunkt der Testamentserrichtung
   - a.M.: Zeitpunkt des Erbfalls (Grund: verhindert werden soll sittenwidriger Rechtserfolg; arg. e § 2171)

II. Folgen der Teilnichtigkeit

1. Bei Testamenten: Im Zweifel keine Nichtigkeit der übrigen Verfügungen (§ 2085)
2. Bei vertragsmäßigen Verfügungen mit Bindungswirkung in Erbverträgen und wechselbezüglichen Verfügungen in gemeinschaftlichen Testamenten:
   Nichtigkeit des ganzen Vertrages (§ 2298 I) bzw. des ganzen Testaments

III. Umdeutung einer nichtigen Verfügung von Todes wegen (§ 140)

Ist unter Berücksichtigung des hypothetischen Erblasserwillens immer zu prüfen.

Drittes Kapitel Ausschluss von der Erbfolge

§ 19 Die Enterbung 270

I. Begriff und Bedeutung

Enterbung ist der Ausschluss eines gesetzlichen Erben von der Erbfolge durch Verfügung von Todes wegen (vgl. § 1938).

Auf Grund der Testierfreiheit kann der Erblasser seine gesetzlichen Erben mit Ausnahme des Fiskus ohne weiteres von der Erbfolge ausschließen. Den Fiskus als letzten gesetzlichen Erben vermag der Erblasser deshalb nicht zu enterben, weil sonst der Nachlass möglicherweise ohne Rechtsträger wäre (§§ 1936, 1938; Rdnr. 81).

Von Enterbung spricht man nicht, wenn der Erblasser eine durch Verfügung von Todes wegen vorgenommene Erbeinsetzung wieder aufhebt.

II. Durchführung und Wirkung 271

1. Durchführung

Die Enterbung setzt eine Erklärung im Testament oder im Erbvertrag voraus, die auf den Ausschluss eines gesetzlichen Erben von der Erbfolge gerichtet ist. Im Erbvertrag kann sie nur eine einseitige (nicht vertragsmäßige) Verfügung sein (§ 2278 II).

a) Die Enterbung ist in der Weise möglich, dass der Erblasser im Testament (Erbvertrag) seinen Ehegatten/Lebenspartner oder seine Verwandten von der gesetzlichen Erbfolge ausschließt, ohne einen Erben einzusetzen (§ 1938; sog. *negatives Testament*).

Beispiel: »Meine Frau und meine Kinder sollen mich nicht beerben.«

b) Der Erblasser ist auch in der Lage, alle oder einzelne gesetzliche Erben dadurch von der Erbfolge auszuschließen, dass er den *vollen* Nachlass durch Erbeinsetzung anderweitig vergibt (sog. *positives Testament*).

Beispiel: »Alleinerbe soll mein Freund Fritz sein.«

Von einer Enterbung durch Erbeinsetzung anderer spricht man nur, wenn die Erbeinsetzung den gesamten Nachlass erfasst. Bleibt ein auch nur geringfügiger Bruchteil übrig, tritt insoweit die gesetzliche Erbfolge ein (§ 2088 I). In diesem Fall liegt zwar eine Schmälerung des gesetzlichen Erbteils, aber keine Enterbung vor.

c) Die Erbeinsetzung anderer Personen kann mit einer ausdrücklichen Enterbung verbunden werden. Bedeutung hat das vor allem dann, wenn die Erbeinsetzung nur für einen Bruchteil des Nachlasses gelten soll.

Beispiel: »Mein Freund F soll Erbe zu 1/3 sein. Mein Sohn S soll auch von dem Rest nichts erben.«

Umfasst die Erbeinsetzung dagegen den vollen Nachlass, so hat der daneben angeordnete Ausschluss eines gesetzlichen Erben zunächst nur deklaratorische Wirkung. Er erlangt aber Bedeutung, wenn die Erbeinsetzung unwirksam ist oder wird. Dann fällt zwar der in der Erbeinsetzung liegende Ausschluss der gesetzlichen Erbfolge fort; die ausdrückliche Enterbung behält jedoch ihre Wirkung.

d) Ist in einer Verfügung von Todes wegen ohne ausdrückliche Enterbung angeordnet, ein gesetzlicher Erbe solle nur den Pflichtteil erhalten, so ist durch Auslegung zu ermitteln, ob der gesetzliche Erbe einen Erbteil in Höhe des Pflichtteils oder nur den Pflichtteilsanspruch haben soll. Im Zweifel ist das Letztere anzunehmen (§ 2304); dann ist das gesetzliche Erbrecht ausgeschlossen.

Beispiel: »Erbin ist meine Tochter; meinen Sohn setze ich auf den Pflichtteil.«

e) Entzieht der Erblasser einem pflichtteilsberechtigten gesetzlichen Erben durch letztwillige Verfügung den Pflichtteil (§§ 2333 ff.), gibt er damit seinen Willen zu erkennen, dass der Betreffende aus der Erbschaft nichts erhalten soll. Deshalb wird in der Pflichtteilsentziehung regelmäßig auch ein Ausschluss von der Erbfolge, also eine Enterbung, zu sehen sein.

Selbst wenn der Erblasser den mit der Pflichtteilsentziehung erstrebten Erfolg wegen Fehlens der gesetzlichen Voraussetzungen nicht erreicht (z. B. bei grundloser Pflichtteilsentziehung), ist sein in der Pflichtteilsentziehung geäußerter Wille, der Betreffende solle erst recht nicht Erbe sein, von Bedeutung. Weil eine Enterbung ohne Gründe möglich ist, kann sie am Fehlen eines Grundes für die Pflichtteilsentziehung nicht scheitern.

272 *2. Wirkung*

a) Der Enterbte wird nicht Erbe. Was mit dem an sich auf den Enterbten entfallenden Erbteil geschieht, bestimmt das Gesetz nicht. Eine der Enterbung ähnliche Lage besteht bei der Ausschlagung der Erbschaft und der Erbunwürdigkeitserklärung. Dort fällt nach dem Gesetz die Erbschaft demjenigen an, der berufen sein würde, wenn der Ausschlagende bzw. der für erbunwürdig Erklärte im Zeitpunkt des Erbfalls nicht gelebt hätte (§§ 1953 II, 2344 II;

Rdnr. 309, 286). Diese Regelung ist für den Fall der Enterbung entsprechend anzuwenden[1].

b) Die Enterbung erstreckt sich im Zweifel nicht auf die Abkömmlinge[2]. Will der Erblasser auch die Abkömmlinge des Enterbten von der gesetzlichen Erbfolge ausschließen, dann muss er diese ebenfalls enterben. Ob dies im Einzelfall gewollt ist, muss durch Auslegung der letztwilligen Verfügung ermittelt werden[3].

c) Die Enterbung berührt das Pflichtteilsrecht nicht. Dieses kann nur unter den besonderen Voraussetzungen der §§ 2333 ff. (Rdnr. 63) entzogen werden.

III. Zusammenfassung 273

Die Enterbung ist ein vom Erblasser angeordneter Ausschluss von der gesetzlichen Erbfolge. Jeder Erblasser kann seinen Ehegatten/Lebenspartner und seine Verwandten ohne Vorliegen besonderer Voraussetzungen durch Testament oder einseitige Verfügung im Erbvertrag enterben. Der Staat als gesetzlicher Erbe nach § 1936 kann nicht enterbt werden. Bei Enterbung fällt die Erbschaft dem an, der Erbe geworden wäre, wenn der Enterbte im Zeitpunkt des Erbfalles nicht gelebt hätte. Pflichtteilsrechte werden durch die Enterbung nicht berührt.

§ 20 Die Erbunwürdigkeit 274

Schrifttum: *Deubner*, Erbunwürdigkeit durch ehewidriges Verhalten – BGHZ 49, 155, JuS 1968, 449; *Hohloch*, Beweislast zur Unzurechnungsfähigkeit im Erbunwürdigkeitsverfahren, JuS 1988, 819; *Kuchinke*, Zur Erbunwürdigkeit wegen Verfälschen einer letztwilligen Verfügung, ZEV 1999, 317; *Heinr. Lange*, Erwerb, Sicherung und Abwicklung der Erbschaft, 4. Denkschrift, 1940, 6; *Müller-Freienfels*, Fahrlässige Tötung des Erblassers durch den betrunkenen Erben: Ein Grund zur Testamentsanfechtung oder zur Erbausschließung?, Festschrift f. Schiedermair, 1976, 409; *Speckmann*, Erbunwürdigkeit bei Testamentsfälschung im Sinne des Erblasserwillens – BGH NJW 1970, 197, JuS 1971, 235; *Weimar*, Die Erbunwürdigkeit, MDR 1962, 633.

Fälle:

a) Der alleinige gesetzliche Erbe des E weiß, dass als Privattestament nur eine vom Erblasser eigenhändig geschriebene und unterschriebene Erklärung ausreicht. Dennoch veranlasst er den E, Maschinenschrift zu verwenden. Ist er erbunwürdig? **(Rdnr. 278)**

1 RGZ 61, 14, 16; RG JW 1913, 869 f.
2 BayObLG Rpfleger 1989, 369.
3 Vgl. BGH MDR 1959, 290.

b) Die Ehefrau verschweigt ihrem Ehemann ihre eheliche Untreue. Sie wird von ihm als Alleinerbin eingesetzt. Ist sie erbunwürdig? **(Rdnr. 279)**

c) Der Sohn S des E aus dessen erster Ehe spiegelt dem E wider besseres Wissen vor, die jetzige Ehefrau F des E unterhalte ein ehebrecherisches Verhältnis zu X. Dadurch wird E bestimmt, S testamentarisch zum Alleinerben einzusetzen. Was erreicht F, wenn sie das Testament anficht? Was, wenn sie die Erbunwürdigkeitsklage gegen S erhebt? **(Rdnr. 279)**

d) Können im Fall c auch der Sohn der F aus deren früherer Ehe und die Gläubiger der F mit Erfolg das Testament anfechten und die Erbunwürdigkeitsklage gegen S erheben? **(Rdnr. 284)**

e) Der Erbe S veräußert einen Nachlassgegenstand an A, zieht eine Nachlassforderung bei B ein, bezahlt eine Nachlassschuld aus seinem Vermögen an C, lässt eine dringend erforderliche Reparatur an einem zum Nachlass gehörenden Haus von D durchführen. Danach wird er rechtskräftig für erbunwürdig erklärt. **(Rdnr. 287)**

I. Bedeutung

Bei bestimmten schweren Verfehlungen des Erben gegen den Erblasser verlangt das Gerechtigkeitsempfinden den Ausschluss oder die Beschränkung des Erbrechts. Das kann vielfach dadurch erreicht werden, dass der Erblasser den Täter enterbt. Diese Möglichkeit scheidet aus, wenn der Erblasser zu einer letztwilligen Verfügung nicht mehr in der Lage ist oder von der Tat keine Kenntnis erlangt. Hier helfen die gesetzlichen Regeln über die Erbunwürdigkeit, die für die gesetzliche wie für die gewillkürte Erbfolge gelten.

Nach den §§ 2339 ff. bedeutet Erbunwürdigkeit nicht Erbunfähigkeit. Auch der erbunwürdige Erbe erwirbt zunächst die Erbschaft. Sie *kann* ihm aber später auf eine *Anfechtungsklage* hin mit Rückwirkung wieder entzogen werden. Wird eine solche Klage nicht erhoben, so bleibt die Verfehlung des unwürdigen Erben ohne erbrechtliche Sanktion.

275 II. Erbunwürdigkeitsgründe

1. *Gesetzliche Tatbestände*

§ 2339 I zählt die Tatbestände auf, bei deren Vorliegen der Erbschaftserwerb wegen Unwürdigkeit des Erben angefochten werden kann. Es handelt sich um einen erschöpfenden Katalog der Erbunwürdigkeitsgründe; eine entsprechende Anwendung auf andere Fälle ist deshalb nicht zulässig (Analogieverbot).

Ein Erbunwürdigkeitsgrund liegt vor, wenn der Erbe eine der nachfolgenden Verfehlungen als Täter, Anstifter oder Gehilfe begangen hat.

276 a) Erbunwürdig ist, wer den Erblasser vorsätzlich und widerrechtlich getötet oder zu töten versucht hat (§ 2339 I Nr. 1, 1. Fall).

Strafrechtlich sind das die versuchten und vollendeten Fälle der §§ 211 (Mord) und 212 (Totschlag) StGB. Bei Tötung auf Verlangen (§ 216 StGB) dürfte regelmäßig Verzeihung (§ 2343) vorliegen. Beruft sich der Täter auf seine Unzurechnungsfähigkeit zur Tatzeit, ist er dafür beweispflichtig[4].

Weil das Gesetz Tötungsvorsatz verlangt, genügen vorsätzlich begangene sonstige Straftaten mit (leichtfertig herbeigeführter) Todesfolge nicht. – Tötet der Nacherbe den Vorerben (also nicht den Erblasser), liegt keine Erbunwürdigkeit nach § 2339 I Nr. 1 vor; nach § 162 II gilt der Nacherbfall jedoch als nicht eingetreten[5].

b) Erbunwürdig ist, wer den Erblasser vorsätzlich und widerrechtlich in einen Zustand versetzt hat, infolgedessen der Erblasser bis zu seinem Tode unfähig war, eine Verfügung von Todes wegen zu errichten oder aufzuheben (§ 2339 I Nr. 1, 2. Fall). 277

Der Vorsatz des Täters braucht sich nur auf die Herbeiführung des Zustandes zu erstrecken, der objektiv die Testierunfähigkeit bis zum Tode bewirkt[6]; es kommt nicht darauf an, ob der Täter die Fortdauer dieses Zustandes bis zum Tode und die Beseitigung der Testierfähigkeit gewollt oder in Kauf genommen hat. Demnach ist derjenige, der den Erblasser durch Beibringung von Gift für dauernd geschäftsunfähig macht, auch dann erbunwürdig, wenn dieser Zustand nach seiner Vorstellung nur wenige Tage dauern sollte.

c) Erbunwürdig ist, wer den Erblasser vorsätzlich und widerrechtlich gehindert hat, eine Verfügung von Todes wegen zu errichten oder aufzuheben (§ 2339 I Nr. 2). 278

Die Hinderung des Erblassers kann durch Gewalt, Täuschung und Drohung erfolgen. Voraussetzung ist immer, dass die Errichtung oder Aufhebung einer letztwilligen Verfügung vom Erblasser konkret beabsichtigt war. Die Bestimmung trifft auch die Fälle, in denen der Täter nicht die Errichtung oder Aufhebung einer Verfügung von Todes wegen überhaupt, sondern nur deren Wirksamkeit verhindert (**Fall a**)[7]. Fiele dieses Verhalten nicht unter § 2339 I Nr. 2, dann würde zu Unrecht das größere Geschick bei der vorsätzlichen und widerrechtlichen Verhinderung einer wirksamen letztwilligen Verfügung belohnt.

Aus ähnlichen Erwägungen ist die Vorschrift auch dann anzuwenden, wenn der Erblasser lediglich gehindert wird, der Verfügung von Todes wegen einen bestimmten Inhalt zu geben. Häufig wird allerdings in solchen Fällen auch § 2339 I Nr. 3 eingreifen.

d) Erbunwürdig ist, wer den Erblasser durch arglistige Täuschung oder widerrechtlich durch Drohung bestimmt hat, eine Verfügung von Todes wegen zu errichten oder aufzuheben (§ 2339 I Nr. 3). 279

Die Vorschrift entspricht in ihren Voraussetzungen dem § 123 I. Das bloße Verschweigen einer Tatsache erfüllt den Tatbestand nur, sofern eine Offenbarungspflicht besteht. Ob allerdings ein Ehegatte sein ehewidriges Verhalten immer dann, wenn sein Verschwei-

4 BGH NJW 1988, 822.
5 BGH FamRZ 1968, 518; *Lange/Kuchinke*, § 6 II 1 a FN 26.
6 *Staudinger/Olshausen*, § 2339 Rdnr. 32.
7 *Kipp/Coing*, § 85 II 2.

gen bestimmend für die Testierung des Ehepartners wird, diesem offenbaren muss, ist problematisch. Die Frage ist nur ausnahmsweise zu bejahen; andernfalls würde ehewidriges Verhalten als ein neuer Erbunwürdigkeitsgrund geschaffen, was jedoch mit dem Analogieverbot des § 2339 unvereinbar ist (zu **Fall b**)[8].

Wird der Erblasser durch arglistige Täuschung oder widerrechtliche Drohung zur Errichtung einer Verfügung von Todes wegen bestimmt, dann kann neben der Erbunwürdigkeit ein Anfechtungsrecht desjenigen gegeben sein, dem die Aufhebung der letztwilligen Verfügung unmittelbar zustatten kommen würde (§§ 2078 II, 2080 I).

Im **Fall c** wäre F bei Aufhebung des Testaments zusammen mit S gesetzliche Erbin (§§ 1931 I 1, 1924 I). Deshalb kann sie das Testament wegen der arglistigen Täuschung des S gem. §§ 2078 II, 2080 I mit der Wirkung anfechten, dass gesetzliche Erbfolge eintritt. F kann aber auch unabhängig von der Anfechtung oder im Anschluss an sie den Ausspruch der Erbunwürdigkeit des S betreiben; mit der Rechtskraft des Erbunwürdigkeitsurteils gilt der Anfall an S als nicht erfolgt (§ 2344 I); die F wird Alleinerbin, sofern S keine Kinder hat (vgl. Rdnr. 286).

Falls der Täter den Erblasser zur Aufhebung einer letztwilligen Verfügung veranlasst hat, tritt eine Konkurrenz mit dem Anfechtungsrecht nach den §§ 2078 ff. nur ein, wenn die Aufhebung durch letztwillige Verfügung geschieht. Hat z. B. E ein notarielles Testament errichtet und veranlasst S ihn durch arglistige Täuschung zum Widerruf durch ein Testament (§ 2254), so ist das neue Testament nach § 2078 II anfechtbar; gleichzeitig liegt ein Fall von Erbunwürdigkeit nach § 2339 I Nr. 3 vor. Hat dagegen S den E zur Vernichtung der Testamentsurkunde (§ 2255) veranlasst, scheidet eine Anfechtung aus.

Der Gesetzgeber musste demnach aus zwei Gründen die Regelung des § 2239 I Nr. 3 trotz der Anfechtungsmöglichkeit nach § 2078 II in das Gesetz aufnehmen: Einmal erfasst das Anfechtungsrecht nicht alle Fälle der Aufhebung einer Verfügung von Todes wegen. Vor allem aber beseitigt die Anfechtung nur die mangelhafte Verfügung von Todes wegen, ohne die Stellung des Erbunwürdigen als *gesetzlichen* Erben zu berühren.

e) Erbunwürdig ist, wer sich in Ansehung einer Verfügung des Erblassers von Todes wegen eines Urkundendelikts (§§ 267, 271–274 StGB) schuldig gemacht hat (§ 2339 I Nr. 4). Die Bestimmung greift auch dann ein, wenn die Straftat nicht eine bereits vorhandene Verfügung des Erblassers von Todes wegen betrifft, sondern eine falsche letztwillige Verfügung neu hergestellt wird[9].

Nach richtiger Ansicht liegt ein Fall der Erbunwürdigkeit gem. § 2339 I Nr. 4 jedoch nicht vor, wenn der Täter ein falsches Testament herstellt, das dem wahren Willen des

8 Vgl. *Deubner*, JuS 1968, 449; BGHZ 49, 155.
9 Mot. V, 519.

Erblassers entspricht[10]. Das gilt auch für ein Verfälschen des Testaments im Sinne des Erblasserwillens. Zwar wird in beiden Fällen die für die Erbfolge maßgebliche urkundliche Beweislage beeinträchtigt. Aber für alle Erbunwürdigkeitsgründe ist entscheidend, dass es sich um eine Verfehlung gegen den Erblasser handelt. Das ergibt sich auch aus der Wertung des § 2343; danach ist die Anfechtung wegen Erbunwürdigkeit ausgeschlossen, wenn der Erblasser dem Täter verziehen hat. Von einem Angriff gegen den Erblasser kann keine Rede sein, wenn der Täter dem Willen des Erblassers durch Fälschung zum Siege verhelfen will. Der Täter ist für seine Behauptung, die Fälschung entspreche dem wahren Willen des Erblassers, beweispflichtig[11].

2. *Ausschluss der Erbunwürdigkeit* 280

Auch wenn der Erbe einen der Tatbestände des § 2339 I erfüllt hat, kann das ohne Einfluss auf seine Erbenstellung bleiben:

a) Seine Rechtsstellung bleibt unberührt, wenn die Geltendmachung der Erbunwürdigkeit durch Anfechtung nicht oder nicht rechtzeitig (§§ 2340 III, 2082) erfolgt. Durch Vertrag mit dem Erbunwürdigen kann der Anfechtungsberechtigte auf sein Anfechtungsrecht verzichten.

b) Erbunwürdigkeit tritt nach § 2339 II in den Fällen der arglistigen Täuschung und Drohung sowie des Urkundendelikts nicht ein, wenn die Verfügung des Erblassers vor dem Erbfall unwirksam geworden ist. 281

Dabei kommen nach dem Wortlaut des Gesetzes solche Tatbestände in Betracht, die sich zwischen der unlauteren Tat und dem Erbfall ereignen (z. B. Widerruf der Verfügung durch den Erblasser, Ablauf der Geltungsdauer des Nottestaments, Tod des Bedachten). Weil die Tat des Unwürdigen beim Erbfall nicht mehr kausal werden kann, verzichtet das Gesetz auf eine Sanktion.

Nach § 2339 II soll die Erbunwürdigkeit nur dann nicht eintreten, wenn die Verfügung erst später (z. B. durch Tod des Bedachten) unwirksam wird (nachträgliche Unwirksamkeit). Die h. L.[12] gewährt diese Wohltat dem Täter auch, wenn die Verfügung von Anfang an unwirksam ist (anfängliche Unwirksamkeit). Hauptbeispiel: Der Täter fälscht ein formungültiges Testament (Schreibmaschinenschrift bei einem Privattestament). Zur Begründung dieser Gleichstellung der anfänglichen mit der nachträglichen Unwirksamkeit wird mit Recht darauf hingewiesen, dass auch bei anfänglicher Unwirksamkeit die Handlung des Täters nicht kausal werde für eine Verdunklung der Erbfolge[13].

c) Erbunwürdigkeit tritt nach § 2339 II auch dann nicht ein, wenn die Verfügung, zu deren *Aufhebung* der Erblasser durch arglistige Täuschung oder Drohung bestimmt worden ist, ohnehin vor dem Eintritt des Erbfalles – etwa durch

10 So RGZ 72, 207; 81, 413; MünchKomm/*Helms*, § 2339 Rdnr. 13; **a. A.** BGH NJW 1970, 197; *Erman/Schlüter*, § 2339 Rdnr. 6; *Palandt/Edenhofer*, § 2339 Rdnr. 8.

11 Vgl. zu allem *Speckmann*, JuS 1971, 235.

12 *Palandt/Edenhofer*, § 2339 Rdnr. 7 f.

13 **A. A.** MünchKomm/*Helms*, § 2339 Rdnr. 32.

Vorversterben des Alleinbedachten – unwirksam geworden wäre. Gleiches gilt, wenn der Erbe in Bezug auf die Verfügung des Erblassers ein Urkundendelikt (§ 2339 I Nr. 4) begangen hat.

282 d) Die Geltendmachung der Erbunwürdigkeit ist ausgeschlossen, wenn der Erblasser dem Erbunwürdigen *verziehen* hat. Dazu ist erforderlich, dass er zu erkennen gegeben hat, er gedenke aus dem Verhalten des Erbunwürdigen keine diesem nachteiligen Folgerungen zu ziehen (§ 2343). Verzeihung kann auch in schlüssigem Verhalten liegen. Die Verzeihung setzt aber Kenntnis des zur Erbunwürdigkeit führenden tatsächlichen Verhaltens voraus.

283 III. Anfechtungsverfahren

1. *Anfechtungsklage*

Die Erbunwürdigkeit tritt nicht kraft Gesetzes ein. Sie wird vielmehr durch Anfechtung des Erbschaftserwerbs geltend gemacht (§ 2340 I). Das geschieht durch Erhebung der Anfechtungsklage, die darauf zu richten ist, dass der Erbe für erbunwürdig erklärt wird (§ 2342 I). Es geht dabei nicht – wie bei den §§ 119 ff. – um die Vernichtung einer Willenserklärung. Die Rechtswirkungen der Anfechtung treten auch nicht schon mit Abgabe der Anfechtungserklärung – wie bei § 142 I –, sondern erst mit der Rechtskraft des die Erbunwürdigkeit aussprechenden Urteils ein (§ 2342 II).

Das Urteil ist nach heutigen Vorstellungen Gestaltungs-, nicht Feststellungsurteil. Das Gestaltungsurteil soll nach h. M. über die Parteien des Rechtsstreits hinaus für und gegen jedermann wirken[14].

284 2. *Anfechtungsberechtigung*

Anfechtungsberechtigt ist jeder, dem der Wegfall des Erbunwürdigen, sei es auch nach dem Wegfall eines anderen, zustatten kommt (§ 2341). Das Gesetz verlangt also – anders als bei der Anfechtung einer letztwilligen Verfügung (§ 2080 I) – keine *unmittelbare* Begünstigung des Anfechtungsberechtigten durch die Erbunwürdigkeitserklärung. Die Begünstigung durch den Wegfall des Erbunwürdigen muss jedoch erbrechtlicher Art sein.

Im **Fall d** ist der Sohn der F mittelbar Begünstigter. Deshalb kann er die Erbunwürdigkeit geltend machen, nicht aber das Testament anfechten. Die Gläubiger der F können beides nicht. – Der Vermächtnisnehmer ist nicht befugt, die Erbunwürdigkeit geltend zu machen, weil sich durch den Wegfall des Erbunwürdigen seine erbrechtliche Position nicht verändert.

14 Zur Problematik siehe *Brox*, FamRZ 1963, 392.

Das Anfechtungsrecht ist vererblich[15], aber nicht übertragbar und nicht pfändbar[16].

Jeder Anfechtungsberechtigte kann das Recht selbstständig, aber auch gemeinsam mit anderen ausüben. Im Prozess sind mehrere Anfechtungsberechtigte, die gemeinsam klagen, notwendige Streitgenossen (§ 62 ZPO), weil die Entscheidung ihnen gegenüber nur einheitlich ergehen kann.

3. Zeitpunkt der Anfechtung 285

Die Rechtssicherheit verlangt, dass die Erbunwürdigkeit nur innerhalb einer bestimmten Frist – grundsätzlich ein Jahr nach Kenntnis vom Anfechtungsgrund[17] – geltend gemacht werden kann (§§ 2340 III, 2082).

Die Anfechtung ist erst nach dem Anfall der Erbschaft zulässig (§ 2340 II 1). Zur Vermeidung unnötiger Prozesse soll abgewartet werden, ob der Erbunwürdige überhaupt Erbe wird; das steht frühestens beim Erbfall fest.

Abweichend davon kann einem Nacherben gegenüber die Anfechtung schon erfolgen, sobald die Erbschaft dem Vorerben angefallen ist (§ 2340 II 2). Die Regelung ist im Interesse des Vorerben getroffen, der beim Wegfall der Nacherben infolge Erbunwürdigkeit Vollerbe wird und als solcher nicht mehr den Beschränkungen der Vorerbschaft unterliegt. Das kann und soll schon vor Eintritt des Nacherbfalls geklärt werden.

Der Tod des Erbunwürdigen vor Ablauf der Anfechtungsfrist hindert die Anfechtung nicht; die Erbunwürdigkeitsklage ist dann gegen die Erben des Unwürdigen zu richten.

IV. Wirkungen der erfolgreichen Anfechtung 286

1. Rechtliches Schicksal der Erbschaft

Mit der Rechtskraft des die Erbunwürdigkeit aussprechenden Urteils verliert der Unwürdige rückwirkend die Erbschaft, die er zunächst mit dem Erbfall erworben hat; der Anfall an ihn gilt als nicht erfolgt (§ 2344 I).

Das Gesetz beschränkt die nachteiligen Folgen der Erbunwürdigkeit auf den Unwürdigen selbst, indem es ihn wie einen im Zeitpunkt des Erbfalls bereits Verstorbenen behandelt; die Erbschaft fällt rückwirkend demjenigen an, der berufen sein würde, wenn der Erbunwürdige zur Zeit des Erbfalls nicht gelebt hätte (§ 2344 II). Diese Regelung entspricht der für den Fall der Ausschlagung (§ 1953 II).

2. Rechtsbeziehungen zu Dritten 287

Problematisch ist die Rückwirkung, soweit sie inzwischen erworbene Rechte Dritter berührt.

15 Mot. V, 521; Prot. V, 645; h. M.
16 *Palandt/Edenhofer*, § 2341 Rdnr. 1.
17 Dazu BGH NJW 1989, 3214.

Im **Fall e** hat S wegen der Rückwirkung der Erbunwürdigkeitserklärung als Nichtberechtigter verfügt. A hat den Gegenstand nur erworben, wenn gutgläubiger Erwerb möglich ist. Dieser scheitert hier nicht an §§ 857, 935, da § 857 auf den rückwirkenden Wegfall der Erbenstellung nicht anzuwenden ist[18]. – Weil die Gläubigerstellung des S rückwirkend entfallen ist, hat B an einen Nichtgläubiger geleistet. B wird nur unter den Voraussetzungen des entsprechend anzuwendenden § 407 frei. Allerdings sind A und B dann geschützt, wenn sie auf einen auf S ausgestellten Erbschein vertraut haben (§§ 2366 f.). C, der aus dem Vermögen des S die Leistung empfangen hat, ist nach § 812 I zur Rückgabe verpflichtet. – Vertragspartner des D ist und bleibt S; D kann sich wegen seines Werklohns nicht an den Nachlass halten.

Während das Gesetz für den interessenmäßig gleichliegenden Fall der Ausschlagung einen begrenzten Schutz des Dritten vorsieht (§ 1959 II und III; Rdnr. 317 f.), hat der Gesetzgeber bei den Bestimmungen über die Erbunwürdigkeit bewusst auf eine derartige Regelung verzichtet[19].

288 *3. Rechtsbeziehungen zwischen dem Erbunwürdigen und dem neuen Erben*

Der neue Erbe hat gegen den für erbunwürdig Erklärten, der zugleich Erbschaftsbesitzer ist, die Rechte aus den §§ 2018 ff. (Rdnr. 573 ff.). Weil die in § 2339 I aufgeführten Verfehlungen Vorsatz voraussetzen und nach § 142 II, der hier analog anzuwenden ist, Kenntnis der Anfechtbarkeit genügt, wird der Erbunwürdige in der Regel bösgläubig i.S.v. § 2024 sein.

289 V. Anhang: Unwürdigkeit bei Vermächtnis- und Pflichtteilsansprüchen

Auch der Vermächtnisnehmer und der Pflichtteilsberechtigte können unwürdig sein. Die Unwürdigkeitsgründe sind dieselben wie in § 2339 I. Im Übrigen bestehen folgende Besonderheiten:

1. Vermächtnisunwürdigkeit

a) Die Vermächtnisunwürdigkeit wird – wie die Erbunwürdigkeit – durch *Anfechtung* geltend gemacht. Anders als bei der Erbunwürdigkeit richtet sich die Anfechtung hier aber nicht gegen eine dingliche Zuordnungsänderung (Erbschaftserwerb, § 2340 I), sondern gegen den schuldrechtlichen Anspruch des Vermächtnisnehmers (§ 2345 I 1).

Bei der Anfechtung eines einzelnen schuldrechtlichen Anspruchs ist das öffentliche Interesse an einer möglichst sicheren Klärung der Rechtslage nicht so groß wie bei der Anfechtung des Erwerbs der ganzen Erbschaft. Das rechtfertigt eine andere Anfechtungsform: Es bedarf nicht – wie bei der Erbunwürdigkeit,

18 MünchKomm/*Joost*, § 857 Rdnr. 12; *Soergel/Stadler*, § 857 Rdnr. 6.
19 Mot. V, 602; Prot. V, 728.

§ 2342 – einer Anfechtungsklage und eines Gestaltungsurteils (arg. § 2345 I 2); vielmehr genügt entsprechend den allgemeinen Vorschriften über die Anfechtung eine *formlose Anfechtungserklärung* (§ 143 I) gegenüber dem Vermächtnisunwürdigen (§ 143 IV 1).

Ist ein unwürdiger Erbe zusätzlich mit einem Vermächtnis bedacht, dann wird mit der Erbunwürdigkeitsklage regelmäßig auch die Anfechtung des Vermächtnisses gewollt sein.

b) Die *Anfechtungsfrist* richtet sich – wie bei der Erbunwürdigkeit – nach den Fristen für die Anfechtung eines Testaments (§ 2345 I 2 i.V.m. § 2082).

Ist die Anfechtungsfrist abgelaufen, dann kann der mit dem Vermächtnis beschwerte Erbe trotzdem gegenüber dem unwürdigen Vermächtnisnehmer die Erfüllung der Vermächtnisforderung durch die *Einrede der Vermächtnisunwürdigkeit* verweigern (§ 2345 I 2 i.V.m. § 2083).

c) Die *Wirkung der Anfechtung* besteht in der rückwirkenden Beseitigung des schuldrechtlichen Vermächtnisanspruchs des Unwürdigen (§ 142 I).

Sofern der Erblasser einen Ersatzvermächtnisnehmer bestimmt hat (§ 2190), erwirbt dieser den Anspruch. Fehlt ein Ersatzvermächtnisnehmer, ist aber ein Mitvermächtnisnehmer vorhanden, dann findet unter den Voraussetzungen der §§ 2158 f. Anwachsung statt. Scheidet auch Anwachsung aus, erlischt das Vermächtnis.

d) Was der Vermächtnisnehmer vor der Anfechtung zur Erfüllung der Vermächtnisforderung erhalten hat, muss er nach § 812 I als ungerechtfertigte Bereicherung zurückgeben.

Soweit der Empfänger seine Vermächtnisunwürdigkeit kennt, trifft ihn die verschärfte Haftung (§ 819 I i.V.m. § 142 II analog). Nach Ablauf der Anfechtungsfrist ist wegen der dauernden Einrede aus § 2345 I 2 i.V.m. § 2083 die Rückforderung des bereits Geleisteten nach § 813 I 1 möglich, sofern nicht § 814 – Kenntnis der Nichtschuld – entgegensteht.

e) Die Regelung der Vermächtnisunwürdigkeit gilt auch für den Voraus des Ehegatten und den »Dreißigsten« (§§ 1932 II, 1969 II, 2345 I).

2. *Unwürdigkeit bei Pflichtteilsansprüchen* **290**

Die Pflichtteilsunwürdigkeit wird vom Gesetz wie die Vermächtnisunwürdigkeit behandelt (§ 2345 II). Als Pflichtteilsanspruch ist dabei auch der Pflichtteilsergänzungsanspruch anzusehen. Die erfolgreiche Anfechtung des Pflichtteilsanspruchs beseitigt die in § 2309 enthaltene Sperre für Pflichtteilsansprüche entfernterer Abkömmlinge und der Eltern des Erblassers. Das Gleiche dürfte gelten, wenn ein Pflichtteilsanspruch mit der Einrede der Pflichtteilsunwürdigkeit (§§ 2345 II, I 2, 2083) abgewehrt worden ist[20].

20 Einschränkend *Staudinger/Olshausen*, § 2345 Rdnr. 18; **a. A.** MünchKomm/*Helms*, § 2345 Rdnr. 8.

291 **VI. Zusammenfassung**

Die Erbunwürdigkeit (§§ 2339 ff.)

I. Erbunwürdigkeitsgründe (§ 2339)
1. Schwere Verfehlungen des Erben nach Abs. 1 Nr. 1–4
2. kein Ausschluss der Erbunwürdigkeit
   a) wegen nicht rechtzeitiger Geltendmachung (§§ 2340 II, 2082)
   b) wegen vorzeitiger Unwirksamkeit der durch Drohung, Täuschung oder Urkundsdelikt veranlassten Verfügung des Erblassers (§ 2339 Abs. 2)
   c) wegen Verzeihung durch den Erblasser (§ 2343)

II. Geltendmachung der Erbunwürdigkeit durch Anfechtungsklage (§ 2342)
1. Anfechtungsberechtigt: jeder, dem der Wegfall des Erbunwürdigen zustatten kommt (§ 2341)
2. Zeitpunkt der Anfechtung:
   a) frühestens nach Anfall der Erbschaft (§ 2340 II)
   b) spätestens 1 Jahr nach Kenntnis vom Anfechtungsgrund (§§ 2340 III, 2082)
3. Wirkung der Anfechtungsklage: erst mit Rechtskraft des Urteils (§ 2342 II)

III. Wirkung der Erbunwürdigkeitserklärung
1. Anfall der Erbschaft an den Erbunwürdigen gilt rückwirkend als nicht erfolgt (§ 2344 I)
2. Rückwirkender Anfall der Erbschaft an denjenigen, der ohne Existenz des Erbunwürdigen Erbe geworden wäre (§ 2344 II)
3. Wirksamkeit zwischenzeitlicher Verfügungen des Erbunwürdigen nach §§ 932 ff., 2366; Wirksamkeit zwischenzeitlicher Leistungen an den Erbunwürdigen nach §§ 407, 2367
4. Herausgabeanspruch des neuen Erben gegen den erbunwürdigen Erbschaftsbesitzer nach §§ 2018 ff.

IV. Besonderheiten bei Vermächtnis- und Pflichtteilsunwürdigkeit (§ 2345)
1. Anfechtung des schuldrechtlichen Anspruchs des Vermächtnisnehmers/Pflichtteilsberechtigten durch formlose Anfechtungserklärung (§ 143 I) gegenüber dem Unwürdigen (§ 143 IV)
2. Herausgabepflicht des Unwürdigen gem. § 812 I

§ 21 Der Erbverzicht

292

Schrifttum: *Damrau*, Der Erbverzicht als Mittel zweckmäßiger Vorsorge für den Todesfall, 1966; *ders.*, Nochmals: Bedarf der dem Erbverzicht zugrunde liegende Verpflichtungsvertrag notarieller Beurkundung?, NJW 1984, 1163; *Edenfeld*, Die Stellung weichender Erben beim Erbverzicht, ZEV 1997, 134; *Fette*, Die Zulässigkeit eines gegenständlich beschränkten Pflichtteilsverzichts, NJW 1970, 743; *Habermann*, Stillschweigender Erb- und Pflichtteilsverzicht im notariellen gemeinschaftlichen Testament – BGH, NJW 1977, 1728, JuS 1979, 169; *Haegele*, Inhalt und wirtschaftliche Bedeutung des Erb-(Pflichtteils-)Verzichts, Rpfleger 1968, 247; *Johannsen*, WM 1972, 1048; 1977, 309; 1979, 631; 1982, Sonderbeil. 2, 22; *Jordan*, Der gegenständlich beschränkte Pflichtteilsverzicht, Rpfleger 1985, 7; *Kaempf*, Erbverzicht, in: *Heinr. Lange*, Erwerb, Sicherung und Abwicklung der Erbschaft, 4. Denkschrift, 1940, 12 ff.; *Keim*, Der stillschweigende Erbverzicht: sachgerechte Auslegung oder unzulässige Unterstellung?, ZEV 2001, 1; *Keller*, Die Form des Erbverzichts, ZEV 2006, 229; *Kuchinke*, Zur Aufhebung eines Erbverzichts mit Drittwirkung, ZEV 2000, 169; *Larenz*, Erbverzicht als abstraktes Rechtsgeschäft, JherJb 81, 1; *J. Mayer*, Zweckloser Zuwendungsverzicht?, ZEV 1996, 127; *ders.*, Der beschränkte Pflichtteilsverzicht, ZEV 2000, 263; *Mittenzwei*, Die Aufhebung des Zuwendungsverzichts, ZEV 2004, 488; *Muscheler*, Aufhebung eines Erbverzichts nach dem Tod des Verzichtenden, ZEV 1999, 49; *Pentz*, Anfechtung eines Erbverzichts, MDR 1999, 785; *Regler*, Erbverzicht von Vorfahren oder Ehegatten mit Wirkung für deren Abkömmlinge?, DNotZ 1970, 646; *Schopp*, Der »gegenständliche« Pflichtteilsverzicht, Rpfleger 1984, 175; *Schotten*, Die Erstreckung der Wirkung eines Zuwendungsverzichts auf Abkömmlinge des Verzichtenden, ZEV 1997, 1; *ders.*, Das Kausalgeschäft zum Erbverzicht, DNotZ 1998, 163; *Speckmann*, Der Erbverzicht als »Gegenleistung« in Abfindungsverträgen, NJW 1970, 117; *Theiss/Boger*, Möglichkeiten der Vorbeugung gegen Ansprüche aus §§ 2325, 2329 BGB wegen Abfindungen für Erb- bzw. Pflichtteilsverzichte, ZEV 2006, 143; *Weirich*, Der gegenständlich beschränkte Pflichtteilsverzicht, DNotZ 1986, 5.

Fälle:

a) S hat zu Gunsten seiner bedürftigen Schwester auf sein gesetzliches Erbrecht verzichtet. Diese stirbt vor dem Erblasser. **(Rdnr. 294)**

b) Da der Sohn S, der auf sein gesetzliches Erbrecht verzichtet hatte, vor dem Erblasser E verstorben ist, machen die beiden Töchter des S geltend, sie seien anstelle ihres Vaters neben dessen Geschwistern gesetzliche Erben des E, da sie nicht verzichtet und dem Verzicht ihres Vaters nicht zugestimmt hätten. **(Rdnr. 294)**

c) E hat mit seinem Sohn S einen notariell beurkundeten Vertrag geschlossen, wonach S auf sein Erbrecht verzichtet und E sich verpflichtet, an S 10 000,– € zum Zwecke einer Geschäftsgründung zu zahlen. Da E nicht zahlt, will S gem. § 323 I vom Vertrage zurücktreten. **(Rdnr. 299)**

I. Begriff und Bedeutung

Erbverzicht ist der vor Eintritt des Erbfalls mit dem Erblasser vereinbarte vertragliche Verzicht des zukünftigen Erben auf sein Erbrecht (vgl. §§ 2346, 2352). Dass er *vor* dem Erbfall erfolgen muss, hat der Erbverzicht mit der Enterbung gemeinsam. Das Ergebnis – Ausschluss des Anfalls der Erbschaft – entspricht für die Zeit *nach* dem Erbfall dem der Ausschlagung.

Der Erbverzicht verhindert den Anfall der Erbschaft an den Verzichtenden; dieser wird erbrechtlich so behandelt, wie wenn er zur Zeit des Erbfalls nicht gelebt hätte (§ 2346 I 2). Der Erbverzicht ist damit keine Verfügung über gegenwärtiges Vermögen, sondern ein erbrechtliches Verfügungsgeschäft, das lediglich einen zukünftigen Erwerb verhindert. Er kann deshalb nicht als Schenkung angesehen und nicht von den Gläubigern des Verzichtenden angefochten werden. Verfügungsbeschränkungen stehen dem Erbverzicht nicht entgegen.

293 Ebenso wie der zukünftige Erbe können der Vermächtnisnehmer und der Pflichtteilsberechtigte auf ihr Recht verzichten (§§ 2346, 2352).

Meistens ist der Erbverzicht mit einer *Gegenleistung des Erblassers* verknüpft, durch die der Verzichtende »abgefunden« wird.

Der Erbanwärter kann sich auf diese Weise eine vorzeitige Überlassung des auf ihn entfallenden Nachlassanteils »erkaufen«, etwa um damit Kapital für die Gründung einer eigenen Existenz zu bekommen, ohne dass dadurch die übrigen Erbanwärter erbrechtlich benachteiligt werden.

Der Erblasser vermeidet durch Vorwegabfindung mit Erbverzicht die bei Erbauseinandersetzungen nicht seltenen Schwierigkeiten und Streitereien.

Wenn ein landwirtschaftlicher Betrieb oder ein Wirtschaftsunternehmen auf einen von mehreren gesetzlichen Erben übergehen soll, kann der Erblasser durch Vorwegabfindung der übrigen die Einheit des Betriebes erhalten. Außerdem gibt der Erbverzicht die Möglichkeit, Abfindungen der Verzichtenden in Zeiten guter Liquidität vorzunehmen und – durch Tilgung in Raten – über längere Zeit zu erstrecken.

294 II. Gegenstand des Erbverzichts und Verzichtsberechtigung

1. *Verzicht auf das gesetzliche Erbrecht*

a) *Verzichtsberechtigt* ist *jeder zukünftige gesetzliche Erbe*, nicht jedoch der Staat als gesetzlicher Zwangserbe. Es ist nicht erforderlich, dass der verzichtende Verwandte gesetzlicher Erbe des Erblassers wäre, wenn dieser im Zeitpunkt des Verzichts stürbe; die Angehörigen fernerer Ordnungen sind ebenfalls verzichtsberechtigt. Auch der zukünftige Ehegatte kann verzichten (vgl. § 2347 I), ebenso der Lebenspartner (§ 10 VII LPartG).

b) Der Verzicht kann sich *auf das Erbrecht insgesamt* beziehen, aber *auch auf einen Bruchteil der Erbschaft* beschränkt werden.

Dagegen ist der Verzicht auf einzelne Nachlassgegenstände, etwa auf ein Grundstück oder auf eine Unternehmensbeteiligung, nicht möglich. Ein solcher Verzicht wird sich aber in der Regel in eine für den Erben verbindliche Regelung der Auseinandersetzung umdeuten lassen.

c) Der Verzicht *zu Gunsten einer anderen Person* ist zulässig; er gilt im Zweifel nur, wenn diese Person auch wirklich Erbe wird (§ 2350 I).

Im **Fall a** ist der Erbverzicht (wegen des Wegfalls der Schwester als Erbin) unwirksam, wenn kein anderer Wille der Vertragsparteien zu ermitteln ist.

d) Der *Verzicht eines Abkömmlings* auf sein gesetzliches Erbrecht ist im Zweifel als Verzicht *nur zu Gunsten der anderen Abkömmlinge und des Ehegatten oder Lebenspartners (§ 10 VII LPartG*[21]*)* des Erblassers aufzufassen (§ 2350 II). In der Regel will der Verzichtende nämlich zu Gunsten der »Kleinfamilie« verzichten; eine Begünstigung entfernterer Verwandter oder gar Fremder ist von ihm regelmäßig nicht gewollt.

e) Der *Verzicht eines Abkömmlings oder eines Seitenverwandten* (Bruder, Neffe, Vetter) des Erblassers *erstreckt sich auf seinen ganzen Stamm*, sofern nichts anderes bestimmt ist (§ 2349). Dieser wird erbrechtlich dann so behandelt, wie wenn er nicht vorhanden wäre (**Fall b**).

Die Regelung hat vor allem Bedeutung, wenn ein verzichtender Abkömmling den Anteil, den er als Erbteil bekommen hätte, bereits zu Lebzeiten des Erblassers als Abfindung erhalten hat. Ohne die Vorschrift würden, sofern keine Regelung im Erbverzichtsvertrag enthalten ist, die Anteile der übrigen Erben durch die Berücksichtigung der Abkömmlinge des Verzichtenden geschmälert, da dem Stamm des Verzichtenden bereits ein Anteil vorweg zugeflossen ist.

Die Rechtsfolge des § 2349 ist von der Zustimmung der Abkömmlinge des Verzichtenden unabhängig (**Fall b**). Soll der Ausschluss des ganzen Stammes vermieden werden, dann bedarf es einer besonderen Bestimmung im Verzichtsvertrag.

f) Der Verzicht auf das Erbrecht schließt nicht aus, dass der Erblasser den Verzichtenden später durch eine Verfügung von Todes wegen zum Erben einsetzt oder ihm ein Vermächtnis zuwendet[22].

2. *Verzicht auf das Pflichtteilsrecht* **295**

a) Der Verzicht auf das gesetzliche Erbrecht *schließt* den *Verzicht auf etwaige Pflichtteilsansprüche ein* (§ 2346 I 2, letzter Halbs.), sofern nichts anderes vereinbart ist.

b) Das Gesetz sieht daneben die Möglichkeit vor, den *Verzicht auf das Pflichtteilsrecht zu beschränken* (§ 2346 II).

21 *Palandt/Edenhofer*, § 2350 Rdnr. 3.
22 Vgl. BGHZ 30, 267; *Staudinger/Schotten*, § 2346 Rdnr. 71 m. N.

Ein Verzicht auf das Pflichtteilsrecht gibt dem Erblasser die Sicherheit, dass die von ihm mittels Verfügung von Todes wegen vorgenommene Verteilung des Nachlasses nicht durch Geltendmachung von Pflichtteilsansprüchen vereitelt wird. Andererseits bleibt ihm auch die Möglichkeit, gesetzliche Erbfolge eintreten zu lassen oder nach seinem Gutdünken den Verzichtenden durch letztwillige Verfügung zu bedenken.

Unter § 2346 II fallen in der Regel auch Vereinbarungen des Erblassers mit dem Pflichtteilsberechtigten, durch welche die Stellung des Pflichtteilsschuldners gegenüber der gesetzlichen Regelung verbessert wird (z. B. Festlegung von Zahlungsbedingungen oder Bewertungsvorschriften, die für den Erben günstiger sind). In einem solchen Falle liegt ein sachlich beschränkter Verzicht (Teilverzicht) vor.

296 *3. Verzicht auf Erbeinsetzungen und Vermächtnisse*

a) Auf Erbeinsetzungen und Vermächtnisse kann verzichtet werden (§ 2352).

Das hat Bedeutung für die Fälle, in denen der Erblasser das Testament wegen inzwischen eingetretener Geschäftsunfähigkeit nicht widerrufen kann. Denn beim Verzichtsvertrag wird der geschäftsunfähige Erblasser durch seinen gesetzlichen Vertreter vertreten.

Einen *Verzicht auf Auflagen* gibt es nicht, weil ein Berechtigter fehlt, der auf die Auflage verzichten könnte. Der *Testamentserbe* kann auch *nicht zu Gunsten eines Dritten verzichten*; § 2350 gilt nur für den gesetzlichen Erben[23]. Ein Verzicht gem. § 2352 kann aber zu Gunsten bestimmter Personen als bedingter Erbverzicht vereinbart werden. Er hat dann keine unmittelbar übertragende Wirkung, sondern setzt voraus, dass der Begünstigte Erbe wird[24].

b) *Verzichtsberechtigt* ist nur, wer bedacht ist. Der Verzicht setzt also voraus, dass die letztwillige Verfügung errichtet ist und eine Zuwendung (Erbeinsetzung oder Vermächtnis) für den Verzichtenden enthält.

Handelt es sich um Zuwendungen durch *Testament*, kann jeder Bedachte verzichten. Bei Zuwendungen durch *Erbvertrag* können nur bedachte Dritte, nicht aber die Parteien des Erbvertrages verzichten (§ 2352 Satz 2). Diese haben die Möglichkeit, einen Aufhebungsvertrag zu schließen[25].

c) Der Verzicht auf testamentarische Zuwendungen *erstreckt sich nicht auf die Abkömmlinge des Verzichtenden*; § 2352 Satz 3 enthält keinen Verweis auf § 2349.

23 Vgl. dazu RG HRR 1939, Nr. 1163; LG Lübeck SchlHA 1959, 211.
24 OLG Hamm Rpfleger 1982, 148.
25 Vgl. OLG Stuttgart OLGZ 1979, 129.

III. Vereinbarung und Beseitigung des Erbverzichts 297

1. Vereinbarung des Erbverzichts

a) Der Erbverzicht erfolgt durch *Vertrag des Verzichtenden mit dem Erblasser*. Deshalb äußert der Verzichtsvertrag nur Rechtswirkungen beim Erbgang nach dem Erblasser. Er hat keine Bedeutung, wenn der Nachlass des Erblassers dem Verzichtenden als Bestandteil des Nachlasses eines Dritten zufällt, der ihn von dem Erblasser erworben hat.

Wenn also E seine Frau F und seinen Sohn S als gesetzliche Erben hinterlässt und S gegenüber E verzichtet hat, fällt der gesamte Nachlass an F. Als Erbe der F erhält S später auch den zuvor an F gefallenen Nachlass des E.

Für Verzichtsverträge zwischen künftigen gesetzlichen Erben gilt § 311 b V (Rdnr. 33).

b) Der Verzichtsvertrag bedarf der *notariellen Beurkundung* (§§ 2348; 2352 Satz 3). Gleichzeitige Anwesenheit beider Teile ist nicht vorgeschrieben.

c) Hinsichtlich der *Geschäftsfähigkeit* und der *Stellvertretung* bestimmt § 2347 für den Verzichtenden und für den Erblasser einige Besonderheiten:

(1) Der *Verzichtende* kann den Vertrag persönlich schließen, sich aber auch eines Stellvertreters bedienen. Ist der Verzichtende beschränkt geschäftsfähig, kann er mit Zustimmung seines gesetzlichen Vertreters abschließen (§ 108). Steht er unter Vormundschaft, ist gem. § 2347 I vormundschaftsgerichtliche Genehmigung erforderlich; das gilt in der Regel auch, wenn er unter elterlicher Sorge steht (Ausnahme: Vertragsschluss unter Ehegatten oder Verlobten; § 2347 I a. E.). Bei Geschäftsunfähigkeit des Verzichtenden schließt für ihn sein gesetzlicher Vertreter den Vertrag, für den im Regelfall eine Genehmigung des Vormundschaftsgerichts erforderlich ist (§ 2347 I).

Der Erbverzicht kann in den Aufgabenkreis des Betreuers fallen. Wird der Erbverzicht durch den Betreuer erklärt, ist gem. § 2347 I 2 auch für diesen Verzicht durch den Betreuer die Genehmigung des Vormundschaftsgerichts erforderlich. Durch diese Regelung soll eine Verzichtserklärung durch den Betreuer nicht völlig ausgeschlossen werden, da dem Verzichtenden in der Praxis vielfach erhebliche Gegenleistungen für den Verzicht geboten werden und der Verzicht daher für ihn vorteilhaft sein kann[26].

(2) Der *Erblasser*, der nicht geschäftsunfähig ist, kann den Verzichtsvertrag nur persönlich schließen (§ 2347 II 1). Eine Stellvertretung ist für ihn also ausgeschlossen. Als beschränkt Geschäftsfähiger bedarf er nicht der Zustimmung des gesetzlichen Vertreters. Dieser kann den Verzichtsvertrag nur für den geschäftsunfähigen Erblasser schließen, da dieser sonst einen wirksamen Verzicht nicht entgegennehmen könnte. Vormundschaftsgerichtliche Genehmigung ist

26 BT-Drucks. 11/4528, S. 162.

nach § 2347 II 2 unter den Voraussetzungen erforderlich, unter denen der gesetzliche Vertreter des Verzichtenden der Genehmigung bedarf (§ 2347 II).

Im Falle der Betreuung des Erblassers kann dessen Erklärung nicht unter Einwilligungsvorbehalt des Betreuers gestellt werden (§ 1903 II).

298 *2. Beseitigung des Erbverzichts*

Der Verzicht auf das *gesetzliche Erbrecht* oder auf Pflichtteilsansprüche kann durch *Aufhebungsvertrag* wieder beseitigt werden (arg. § 2351). Für den Aufhebungsvertrag gilt hinsichtlich der Form und der Stellvertretung des Erblassers das Gleiche wie für den Verzichtsvertrag selbst (§ 2351). Jedoch bedarf der beschränkt geschäftsfähige Erblasser zu dem Aufhebungsvertrag der Genehmigung des gesetzlichen Vertreters (§ 2351).

Auch wenn der Erblasser zwischenzeitlich mit einem anderen einen Erbvertrag geschlossen und darin bindend die Erbfolge festgelegt hat, ist ein Aufhebungsvertrag nach § 2351 möglich[27].

Die *Zuwendung aus einer Verfügung von Todes wegen*, auf die der Bedachte wirksam verzichtet hat, kann nach h.M. ebenfalls entsprechend § 2351 durch Aufhebungsvertrag wiederhergestellt werden[28].

Zwar spricht der Gesetzeswortlaut eher gegen diese Möglichkeit, weil § 2352 nicht auf § 2351 verweist. Danach könnte die Rückgängigmachung des Verzichts nur durch eine neue Verfügung von Todes wegen erreicht werden[29], und diese Möglichkeit wäre ausgeschlossen, wenn der Erblasser inzwischen testierunfähig oder erbvertraglich gebunden ist. Dieses Ergebnis hat der Gesetzgeber kaum gewollt, zumal dass Bedürfnis nach einer Aufhebung des Zuwendungsverzichts nicht anders zu beurteilen ist als beim Verzicht auf die gesetzliche Erbaussicht.

299 IV. Erbverzicht gegen Abfindung

Besondere Probleme ergeben sich, wenn der Erbverzicht gegen Abfindung erfolgt. Da der Verzicht bereits mit Vertragsschluss wirksam wird, besteht für den Verzichtenden die Gefahr, dass er gebunden ist, die Abfindung jedoch nicht erhält. **Beispiel**: Die Abfindungsvereinbarung ist unwirksam, der Vollzug der Abfindung unterbleibt und kann auch nicht erzwungen werden. Schwierigkeiten lassen sich vermeiden, wenn die Wirksamkeit des Erbverzichts vom Vollzug der Abfindung abhängig gemacht wird[30]. Ansonsten ist es nicht leicht, dem Ver-

27 BGHZ 77, 264.

28 Z. B. *Erman/Schlüter*, § 2352 Rdnr. 5; MünchKomm/*Strobel*, § 2352 Rdnr. 17; *Soergel/Damrau*, § 2352 Rdnr. 2.

29 So *Kipp/Coing*, § 82 V 2.

30 Vgl. BayObLG FamRZ 1995, 964.

zichtenden zu helfen: Stehen Erbverzicht und Abfindungsvereinbarung in *einer* Urkunde, ist an eine Anwendung des § 139 zu denken. Für den Fall, dass dieser Weg nicht zum Ziel führt, werden verschiedene Lösungsmöglichkeiten vorgeschlagen. Nach einer Ansicht[31] soll der Verzicht kondizierbar sein. Nach anderen Ansichten soll dem Verzichtenden ein Anfechtungsrecht entsprechend den §§ 2281, 2078[32] oder ein Rücktrittsrecht gem. § 2295[33] zustehen. Schließlich wird dem Verzichtenden gegenüber Angriffen auf sein Erbrecht der Einwand unzulässiger Rechtsausübung zugestanden[34].

U. E. lässt sich bei Wirksamkeit des Verzichtsvertrages mit den §§ 320 ff. eine sachgemäße Lösung finden[35]. Zwar trifft es zu, dass – wie vielfach hervorgehoben wird – Abfindungsversprechen und Erbverzicht miteinander keinen gegenseitigen Vertrag bilden; das Abfindungsversprechen ist verpflichtender, der Erbverzicht dagegen verfügender Art. Aber das Abfindungsversprechen korrespondiert mit einer – in den Vertragsurkunden häufig nicht ausgesprochenen – Verpflichtung zum Erbverzicht und bildet mit ihr ein einheitliches obligatorisches Gebilde, das in der Regel alle Voraussetzungen des gegenseitigen Vertrages erfüllt. Dann sind die §§ 320 ff. anwendbar. Bei Nichterfüllung der Abfindungsverpflichtung führen die §§ 323 ff. (sei es über den Schadensersatzanspruch, sei es über die Verpflichtung zur Rückgabe der empfangenen Gegenleistung nach Rücktritt) auch zum Wegfall des Erbverzichts.

Bei dieser Lösung kann im **Fall c** S gem. § 323 I vom Vertrage zurücktreten. Er kann von E Aufhebung des Erbverzichtsvertrages (§ 2351) verlangen und gegebenenfalls auf Abgabe einer entsprechenden Willenserklärung klagen (vgl. § 894 ZPO).

V. Zusammenfassung 300

Der Erbverzicht (§§ 2346 ff.)

I. Verzichtsvertrag

1. Parteien: Erblasser und zukünftige gesetzliche oder durch Testament bedachte Erben oder Vermächtnisnehmer (§§ 2346 I, 2352 Satz 1; Besonderheit beim Erbvertrag: § 2352 Satz 2)
2. Form: notarielle Beurkundung (§§ 2348, 2352 Satz 3)
3. Stellvertretung: nur beim Verzichtenden möglich (§ 2347)

31 RGRK/*Johannsen*, § 2346 Rdnr. 6; *Lipp*, Examens-Repetitorium Erbrecht, Rdnr. 145.
32 *Strohal* I, 529 f.
33 *Larenz*, JherJb 81, 1 ff.
34 *Damrau*, Der Erbverzicht als Mittel zweckmäßiger Vorsorge für den Todesfall, 122.
35 Vgl. dazu BGHZ 37, 319 = LM Nr. 13 zu § 2271 BGB mit Anm. von *Mattern*.

II. Möglicher Gegenstand des Erbverzichts
1. Verzicht auf das gesetzliche Erbrecht
   a) gesetzliches Erbrecht insgesamt (einschließlich Pflichtteilsrecht, § 2346 I 2 a.E.)
   b) Bruchteil der gesetzlichen Erbschaft (aber nicht einzelne Gegenstände)
   c) Verzicht zu Gunsten eines Dritten (§ 2350)
2. Beschränkter Verzicht auf das Pflichtteilsrecht (§ 2346 II)
3. Verzicht auf testamentarische Erbeinsetzung und Vermächtnisse (§ 2352)

III. Wirkung des Erbverzichts
Verzichtender wird so behandelt, als habe er zur Zeit des Erbfalls nicht gelebt (§ 2346 I 2)

IV. Beseitigung des Erbverzichts
1. beim Verzicht auf das gesetzliche Erbrecht: Aufhebungsvertrag (§ 2351)
2. beim Verzicht auf Zuwendung aus Verfügung von Todes wegen: nach h.M. entsprechend § 2351 ebenfalls Aufhebungsvertrag möglich

301 ## § 22 Die Ausschlagung sowie die Annahme der Erbschaft

Schrifttum: *Damrau*, Die Verpflichtung zur Ausschlagung der Erbschaft, ZEV 1995, 425; *Firsching*, Gefahren der Erbschaftsausschlagung, DNotZ 1974, 597; *Firsching/Graf*, Nachlassrecht, 8. Aufl., 2000; *Frohn*, Die Erbausschlagung unter dem Vorbehalt des Pflichtteils, Rpfleger 1982, 56; *Hallstein*, Annahme und Ausschlagung der Erbschaft, RvglHWB, II, 221; *Heinrich/Heinrich*, Das Ausschlagungsrecht der Erbes-Erben, Rpfleger 1999, 201; *Heldrich*, Schranken der elterlichen Vertretungsmacht bei der Ausschlagung einer Erbschaft, Festschrift f. W. Lorenz, 1991, 97; *Holzhauer*, Erbrechtliche Untersuchungen, 1973, 85; *Ivo*, Die Teilausschlagung einer Erbschaft, ZEV 2002, 145; *ders.*, Die Erbausschlagung für das minderjährige Kind, ZEV 2002, 309; *ders.*, Die Erbschaftsausschlagung eines Sozialhilfeempfängers, FamRZ 2003, 6; *ders.*, Der Verzicht auf erb- und familienrechtliche Positionen im Insolvenzrecht, ZErb 2003, 250; *ders.*, Erbschaftsausschlagung wegen vermeintlicher Überschuldung und ihre Anfechtung bei Nachlassspaltung, NJW 2003, 185; *Kapp*, Erbschaftsausschlagung in zivilrechtlicher und erbschaftsteuerlicher Sicht, BB 1980, 117; *v. Lübtow*, Die Vererblichkeit des Ausschlagungsrechts, JZ 1969, 502; *Malitz/Benninghoven*, Erbausschlagung und Rechtsirrtum, ZEV 1998, 415; *Olzen*, Annahme der Erbschaft und Rechtsstellung des vorläufigen Erben, Jura 2001, 366; *Pentz*, Ausschlagung durch Erbeserben (§ 1952 Abs. 3 BGB), Rpfleger 1999, 516; *Pohl*, Mängel bei der Erbschaftsannahme und -ausschlagung, AcP 177, 52; *Reif*, Anfall, Annahme und Ausschlagung der Erbschaft, in: *Heinr. Lange*, Erwerb, Sicherung und Abwicklung der Erbschaft, 4. Denkschrift, 1940, 28; *Sarres*, Die Auskunftspflichten des vorläufigen Erben gegenüber dem endgültigen Erben, ZEV 1999, 216; *Tönnies*, Die teilweise Ausschlagung als Gestaltungsmittel bei Testamentserrichtung, ZNotP 2003, 92.

Fälle:

a) E wird von seinem Sohn S beerbt. Dieser stirbt 14 Tage nach dem Tode des E, ohne sein Ausschlagungsrecht verloren zu haben. Seine Alleinerbin T möchte wissen, ob sie die Erbschaft nach S ausschlagen und die Erbschaft nach E annehmen kann. **(Rdnr. 302)**

b) E hat seinen Sohn S testamentarisch zum Alleinerben eingesetzt und ihn mit einem Vermächtnis zu Gunsten des V beschwert. Um das Vermächtnis loszuwerden, schlägt S als eingesetzter Erbe aus und nimmt als gesetzlicher Erbe an. Möglich? **(Rdnr. 306)**

c) Im Fall b hat E die T als Ersatzerbin eingesetzt. **(Rdnr. 306)**

d) E wird gesetzlich von seinen Söhnen A und B zu je $^1/_4$ und von seiner Ehefrau zu $^1/_2$ beerbt. A schlägt die Erbschaft form- und fristgerecht aus. Konsequenz? **(Rdnr. 309)**

I. Begriff und Bedeutung der Ausschlagung

Die Berufung zum Erben geschieht in der Regel ohne dessen Mitwirkung. Es kann sein, dass dem Bedachten die Erbschaft höchst unwillkommen ist, etwa weil sie wegen der Nachlassverbindlichkeiten für ihn mehr Nachteile als Vorteile bringt. Da niemandem gegen seinen Willen Vermögen oder gar Schulden aufgedrängt werden dürfen, muss der Bedachte sich gegen den Erwerb der Erbschaft wehren können.

Das lässt sich gesetzestechnisch auf zweierlei Weise erreichen: Der Erbschaftserwerb kann von einer Mitwirkungshandlung des Erben, insbesondere vom Antritt der Erbschaft, abhängig gemacht werden (Antrittserwerb). Man kann aber auch beim Tod des Erblassers die Erbschaft dem Erben ohne Rücksicht auf seinen Willen zunächst einmal zufallen lassen (Vonselbsterwerb), ihm aber die Möglichkeit einräumen, sich der Erbschaft wieder zu entledigen.

Nach dem BGB geht die Erbschaft mit dem Erbfall ohne Mitwirkung des Erben auf diesen über; der Erbe kann jedoch die Erbschaft in bestimmter Frist und Form ausschlagen und dadurch den Anfall des Nachlasses rückwirkend wieder beseitigen (§§ 1942 I, 1944, 1945, 1953 I; Formulierungsbeispiel: Rdnr. 810).

Ausschlagung ist also die form- und fristgebundene Willenserklärung des Erben, dass er die Erbschaft nicht haben will. Die Vorschriften der §§ 104 ff. sind anwendbar.

302 II. Recht zur Ausschlagung und Verfahren

1. Recht zur Ausschlagung

a) Grundsätzlich kann *jeder Erbe* den Erbanfall durch Ausschlagung mit Rückwirkung auf den Erbfall wieder beseitigen (§§ 1942 I, 1953 I), mag seine Berufung auf Gesetz, testamentarischer Erbeinsetzung oder Erbvertrag beruhen.

b) Ausnahmsweise besteht *kein* Ausschlagungsrecht:
(1) für den *Fiskus* als gesetzlichen Zwangserben (§§ 1942 II, 1936; Rdnr. 81);
(2) für alle sonstigen Erben *nach Annahme* der Erbschaft (§ 1943, 1. Halbs.; Rdnr. 310).

c) Das Ausschlagungsrecht ist *vererblich* (§ 1952 I). Es geht auf die Erben des vorläufigen Erben (die sog. Erbeserben) über.

Im **Fall a** geht das Ausschlagungsrecht des S hinsichtlich der Erbschaft nach E auf T über. Diese hat nunmehr folgende Möglichkeiten:
(1) Sie kann beide Erbschaften annehmen.
(2) Sie kann beide Erbschaften ausschlagen. Da sie die Erbschaft nach E indes nur als Bestandteil der Erbschaft nach S erhalten hat, bewirkt allein die Ausschlagung der Erbschaft nach S bereits den Verlust beider Erbschaften. Die eigens erklärte Ausschlagung der Erbschaft nach E ist deshalb neben der Ausschlagung der Erbschaft nach S ohne rechtliche Bedeutung.
(3) T kann die Erbschaft nach S annehmen, aber die nach E ausschlagen. In der Ausschlagung der Erbschaft nach E liegt möglicherweise eine Annahme der Erbschaft nach S.
Ist eine Miterbengemeinschaft Erbeserbe (z. B. statt T die Erbengemeinschaft T 1, T 2 und T 3), kann jeder Miterbe den auf ihn entfallenden Teil der Erbschaft des S nach E ausschlagen (§ 1952 III).
T kann aus den zu (2) angeführten Gründen nicht die Erbschaft nach S ausschlagen und die Erbschaft nach E annehmen. Mit der Ausschlagung der Erbschaft nach S verliert sie als deren Bestandteil auch die Erbschaft nach E; eine Annahme der Erbschaft nach E bleibt deshalb ohne Wirkung.
Wegen des geschilderten Zusammenhangs zwischen beiden Erbschaften endet die Frist für die Ausschlagung der Erbschaft nach E für die Erbeserbin T nicht vor Ablauf der Frist für die Ausschlagung der Erbschaft nach S (§ 1952 II).

d) Das Ausschlagungsrecht ist als Teil der Erbenstellung zwar vererblich, aber *nicht übertragbar*. Es geht also insbesondere nicht auf den rechtsgeschäftlichen Erwerber einer Erbschaft (Erbschaftskäufer) über.

e) Die Ausschlagung wird durch Eröffnung des Insolvenzverfahrens über das Vermögen des Erben (§ 83 I 1 InsO) nicht gehindert. Sie unterliegt auch nicht der Gläubigeranfechtung nach dem Anfechtungsgesetz.

2. *Verfahren bei der Ausschlagung* 303

a) Die Ausschlagung erfolgt durch *einseitige Erklärung* des Ausschlagungsberechtigten. Sie ist Willenserklärung und unterliegt den allgemeinen Vorschriften.

b) Die Ausschlagungserklärung ist *formbedürftig*. Sie muss zur Niederschrift des Nachlassgerichts (vgl. § 1945 II) oder in öffentlich beglaubigter Form abgegeben werden (§ 1945 I, 2. Halbs.).

c) Die Ausschlagungserklärung ist *amtsempfangsbedürftig*; sie muss gegenüber dem Nachlassgericht abgegeben werden (§ 1945 I, 1. Halbs.); sie wird also erst mit dem Zugang beim Nachlassgericht wirksam (§ 130 III, I).

Nachlassgericht ist das Amtsgericht (§ 72 FGG). Die örtliche Zuständigkeit bestimmt sich in der Regel nach dem Wohnsitz des Erblassers im Zeitpunkt des Erbfalls (vgl. § 73 FGG). Ob der Zugang bei einem unzuständigen Gericht ausreicht, ist streitig[36]. Rechtsprechung und Lehre neigen mit Recht dazu, nach Möglichkeit Wirksamkeit anzunehmen.

d) Die Ausschlagungserklärung kann durch einen *Vertreter* abgegeben werden (arg. § 1945 III). 304

(1) Der *gewillkürte* Vertreter bedarf einer öffentlich beglaubigten Vollmacht; diese muss spätestens bis zum Ablauf der Ausschlagungsfrist dem Nachlassgericht eingereicht sein (§ 1945 III).

(2) Zur Ausschlagung durch einen *gesetzlichen* Vertreter (Eltern, Vormund, Betreuer, Pfleger) ist in der Regel die Genehmigung des Vormundschaftsgerichts erforderlich (vgl. §§ 1643 II, 1822 Nr. 2, 1908i I, 1915).

Für Eltern ist die vormundschaftsgerichtliche Genehmigung ausnahmsweise dann entbehrlich, wenn die Erbschaft ihrem Kinde ausschließlich deshalb angefallen ist, weil sie selbst ausgeschlagen haben (§ 1643 II 2). In einem solchen Fall erschien dem Gesetzgeber die Gefahr einer eigennützigen Entscheidung durch die Eltern, die durch die Genehmigungsbedürftigkeit verhindert werden soll, ausgeschlossen.

Sind die Eltern, wie das heute regelmäßig zutrifft (vgl. § 1627), gesamtvertretungsberechtigt, ist eine vormundschaftsgerichtliche Genehmigung auch dann nicht nötig, wenn der Anfall an das Kind auf der Ausschlagung der Erbschaft durch einen Elternteil beruht[37].

Grundsätzlich muss die vormundschaftsgerichtliche Genehmigung für einseitige Rechtsgeschäfte bei deren Vornahme vorliegen (§ 1831 Satz 1). Abweichend davon genügt es bei der Ausschlagung, dass die Genehmigung und ihre Bekanntmachung an den gesetzlichen Vertreter dem Nachlassgericht bis zum Ablauf der Ausschlagungsfrist nachgewiesen werden (§ 1945 III 2 entspr.)[38], auch wenn die Ausschlagungserklärung selbst schon vorher eingereicht worden ist.

36 Vgl. *Staudinger/Otte*, § 1945 Rdnr. 17 m. w. N.
37 Vgl. OLG Hamm NJW 1959, 2215; str.
38 Vgl. BayObLG 1983, 213; *Palandt/Edenhofer*, § 1945 Rdnr. 3.

e) Die Ausschlagungserklärung ist unwirksam, wenn sie mit einer *Bedingung oder Zeitbestimmung* verknüpft wird (§ 1947). Mit dieser Bestimmung wollte der Gesetzgeber klare Verhältnisse schaffen.

Als unzulässige Bedingung kann es vor allem anzusehen sein, wenn die Ausschlagung zu Gunsten eines Dritten erfolgt[39]. Wird dieser aber ohnehin kraft der gesetzlichen Regelung (§ 1953 II) anstelle des Ausschlagenden Erbe, handelt es sich um eine (unschädliche) Rechtsbedingung.

305 f) Die Ausschlagung unterliegt *zeitlichen Grenzen*.

(1) Die Ausschlagung ist *erst nach Eintritt des Erbfalls* zulässig (frühestmöglicher Zeitpunkt, vgl. § 1946).

Notwendig ist nur der Eintritt des Erbfalls, nicht hingegen der Anfall an den Ausschlagenden. Für den Nacherben ist das in § 2142 I ausdrücklich bestätigt; er kann also vor dem Nacherbfall ausschlagen.

(2) Die Ausschlagung muss innerhalb einer bestimmten Frist erfolgen (*Ausschlagungsfrist*, § 1944).

Durch die Befristung erreicht der Gesetzgeber zunächst, dass die Endgültigkeit des Erbanfalls im Interesse des Rechtsverkehrs nicht zu lange in der Schwebe bleibt. Ferner hat der Erbe die Möglichkeit, innerhalb der Frist den Bestand des Nachlasses zu prüfen und sich so über die für die Entscheidung über Ausschlagung oder Annahme maßgeblichen Umstände zu unterrichten.

Die Ausschlagungsfrist beträgt in der Regel *sechs Wochen* (§ 1944 I; Ausnahmen: § 1944 III und § 1952 II). Die Frist beginnt mit dem Zeitpunkt, in dem der Erbe von dem Anfall und dem Grunde des Anfalls Kenntnis erlangt hat, bei Berufung durch Verfügung von Todes wegen frühestens mit der Verkündung der Verfügung (§ 1944 II[40]; Ausnahme: § 2306 I a. E.).

Kenntnis i. S. d. § 1944 II setzt voraus, dass dem Erben die tatsächlichen oder rechtlichen Umstände in so zuverlässiger Weise bekannt geworden sind, dass von ihm erwartet werden kann, über die Annahme oder Ausschlagung der Erbschaft nachzudenken. Ein Irrtum über Tatsachen oder eine irrige rechtliche Beurteilung, die nicht von vornherein von der Hand zu weisen ist, kann die erforderliche Kenntnis verhindern[41]. Dieser Zeitpunkt ist vom Nachlassgericht im Erbscheinsverfahren von Amts wegen zu ermitteln[42].

c) Bei *Ablauf der Ausschlagungsfrist* gilt die Erbschaft *als angenommen* (§ 1943); eine Ausschlagung ist dann nicht mehr möglich.

39 Vgl. BayObLG Rpfleger 1982, 69.
40 Dazu BGHZ 112, 229.
41 BGH NJW-RR 2000, 1530; OLG München NJW-RR 2006, 1668, 1669; OLG Zweibrücken NJW-RR 2006, 1594, 1595.
42 OLG Zweibrücken NJW-RR 2006, 1594, 1595.

Für den Ablauf der Ausschlagungsfrist ist der Ausschlagungsgegner beweispflichtig, während der ausschlagende Erbe die Beweislast dafür trägt, dass er nicht geschäftsfähig und der Lauf der Frist deshalb gehemmt gewesen sei[43].

III. Umfang der Ausschlagung 306

Nach der Regel des § 1950 kann die Erbschaft nicht teilweise ausgeschlagen werden. Von diesem Grundsatz macht das Gesetz verschiedene Ausnahmen. Im Einzelnen sind bei der Ausschlagung folgende Fälle zu unterscheiden:

1. Ganzer Nachlass oder ein Erbteil

a) Erbt jemand kraft Gesetzes den ganzen Nachlass oder einen Erbteil, dann kann er grundsätzlich die Erbschaft nur einheitlich ausschlagen oder annehmen. Dasselbe gilt für denjenigen, der durch Verfügung von Todes wegen erbt und nicht zu den gesetzlichen Erben gehört. In diesen Fällen kann die Ausschlagung nicht wirksam auf einen Bruchteil der Erbschaft oder auf einzelne Nachlassgegenstände beschränkt werden; eine Teilausschlagung ist unwirksam (§ 1950).

Ein Erbteil in diesem Sinne ist auch der durch Erhöhung (§ 1935), Anwachsung (§§ 2094 f.) oder Zugewinnausgleich (§ 1371 I) vergrößerte Erbteil. Allerdings berührt die Ausschlagung den Anspruch auf Ausgleich des Zugewinns nicht (§ 1371 III).

b) Ist ein gesetzlicher Erbe durch Verfügung von Todes wegen als Erbe berufen, dann kann er die Erbschaft als eingesetzter Erbe ausschlagen und als gesetzlicher Erbe annehmen (§ 1948 I). Eine Teilausschlagung kommt auch hier nicht in Betracht.

Das Gesetz will dem Erben auf diese Weise einen Weg eröffnen, sich die u. U. günstigere gesetzliche Erbfolge zu sichern (z. B. die Ehefrau möchte den Voraus nach § 1932) oder sich Beschwerungen, die ihn ausschließlich als eingesetzten Erben treffen, zu entziehen. In der Regel bleiben diese Beschwerungen aber auch bei Ausschlagung und Eintritt gesetzlicher Erbfolge bestehen (§ 2085, vgl. auch §§ 2161, 2192 für Vermächtnis und Auflage). Deshalb ist die gesetzlich eingeräumte Möglichkeit nicht von großer praktischer Bedeutung (zu **Fall b**).

Schon nach dem Wortlaut greift § 1948 I nicht ein, wenn die gesetzliche Erbfolge des eingesetzten Erben (etwa durch Einsetzung eines Ersatzerben) ausgeschlossen ist.

Im **Fall c** tritt durch Ausschlagung des S nicht gesetzliche Erbfolge ein. Vielmehr wird die Ersatzerbin T Alleinerbin des E.

Entsprechend § 1948 I sieht § 1948 II bei Berufung eines Erben durch Testament und Erbvertrag die Ausschlagung aus dem einen und die Annahme aus dem anderen Grunde

43 BGH Rpfleger 2000, 500.

vor. Das rechtspolitische Ziel ist auch hier die Begünstigung des Erben durch Einräumung einer Wahlmöglichkeit zwischen den verschiedenen Berufungsgründen.

Da die Ausschlagungserklärung sich im Zweifel auf alle dem Erben im Zeitpunkt der Erklärung bekannten Berufungsgründe erstreckt (§ 1949 II), muss die Beschränkung in den Fällen des § 1948 zum Ausdruck gebracht werden.

307 *2. Mehrere Erbteile*

Der Erwerb der verschiedenen Erbteile kann sich gleichzeitig oder in zeitlichem Abstand (Erwerb *eines* Erbteils durch gewöhnlichen Erbgang, eines weiteren durch Nacherbschaft) vollziehen. Beim Erwerb mehrerer Erbteile ist zu unterscheiden:

a) Anfall aus demselben Berufungsgrunde

Beruht der Anfall der verschiedenen Erbteile auf demselben Grunde, gilt die Ausschlagung eines Erbteils für alle Erbteile, selbst wenn die anderen Erbteile erst später anfallen (§ 1951 II 1).

»Auf demselben Grunde« beruht nach § 1951 II 2 insbesondere die Berufung zu verschiedenen Erbteilen durch verschiedene Testamente oder durch verschiedene zwischen denselben Personen abgeschlossene Erbverträge. Erst recht muss man von einem einheitlichen Berufungsgrund sprechen, wenn nur *eine* Verfügung von Todes wegen den Anfall mehrerer Erbteile bewirkt.

Im Gegensatz zur Teilausschlagung bei einheitlicher Erbschaft ordnet das Gesetz in § 1951 II 1 also nicht die Unwirksamkeit der Teilausschlagung, sondern eine Ausdehnung der Wirksamkeit auf die von der Ausschlagungserklärung nach ihrem Inhalt nicht erfassten Teile der Erbschaft an. Das kann jedoch nur gelten, wenn die auf einen Erbteil bezogene Ausschlagungserklärung offen lässt, ob sie auch für die weiteren Erbteile gelten soll. Beschränkt der Erbe dagegen die Ausschlagungserklärung auf einen Erbteil und nimmt er die übrigen Erbteile erkennbar von der Ausschlagung aus, dann ist die Teilausschlagung entsprechend § 1950 Satz 2 als unwirksam anzusehen.

Ausnahmsweise ist trotz Einheitlichkeit des Erwerbsgrundes Teilausschlagung möglich, wenn der Erblasser dieses durch Verfügung von Todes wegen angeordnet hat (§ 1951 III).

b) Anfall aus verschiedenen Berufungsgründen

Erfolgt der Anfall mehrerer Erbteile dagegen aus verschiedenen Gründen, dann darf der Erbe den einen Erbteil annehmen, den anderen ausschlagen (§ 1951 I).

Ein Erwerb mehrerer Erbteile aus verschiedenen Berufungsgründen liegt insbesondere in folgenden Fällen vor:

(1) Ein Erbteil fällt kraft Gesetzes an, ein anderer auf Grund einer Verfügung von Todes wegen (Testament, Erbvertrag). Eine solche Situation kann nur eintreten, wenn der Erblasser durch Verfügung von Todes wegen lediglich über einen Teil seines Nachlasses verfügt hat (vgl. § 2088) und der eingesetzte Erbe gleichzeitig gesetzlicher Erbe ist.

(2) Der Erblasser wendet dem Erben einen Erbteil durch Testament, einen anderen durch Erbvertrag zu.

(3) Der Erbe erhält mehrere Erbteile auf Grund von Erbverträgen, die der Erblasser mit verschiedenen Personen geschlossen hat.

(4) Eine Person ist mehrfacher gesetzlicher Erbe, sei es wegen mehrfacher Verwandtschaft (§ 1927), sei es als Ehegatte/Lebenspartner und gleichzeitig als Verwandter (§ 1934, § 10 I Satz 6, 7 LPartG).

Wenn das Gesetz in diesen Fällen nicht nur auf die Zahl der Erbteile abstellt, sondern zusätzlich den Berufungsgrund berücksichtigt, so bedeutet das im Ergebnis eine Komplizierung der Regelung, die sich sachlich kaum rechtfertigen lässt.

IV. Rechtsfolgen der Ausschlagung 308

1. Rechtsstellung des Ausschlagenden

Der Ausschlagende verliert rückwirkend die durch den Erbfall eingetretene vorläufige Rechtsstellung. Der Anfall der Erbschaft an ihn gilt als nicht erfolgt (§ 1953 I); das Gesetz fingiert damit, dass der Ausschlagende die Erbschaft nie erhalten hat.

(Zu den Rechtsfolgen der Verpflichtungen und Verfügungen, die der Ausschlagende vor der Ausschlagung in Ansehung des Nachlasses vorgenommen hat, siehe Rdnr. 316 f.)

2. Schicksal des Nachlasses 309

a) Für das weitere Schicksal des Nachlasses wird fingiert, dass der Ausschlagende beim Erbfall bereits verstorben war. Die Erbschaft fällt daher demjenigen an, der berufen gewesen wäre, wenn der Ausschlagende beim Erbfall nicht gelebt hätte (§ 1953 II).

(1) An die Stelle des ausschlagenden (eingesetzten oder gesetzlichen) *Alleinerben* treten die Ersatzerben oder – wenn keine Ersatzerben vorhanden sind – die nach gesetzlicher Erbfolge nächstberufenen Erben.

(2) Schlagen einige der *Miterben* die Erbschaft aus, dann findet bei gewillkürter Erbfolge Anwachsung statt (§ 2094). Bei gesetzlicher Erbfolge fällt der Erbteil zunächst an die erbberechtigten Abkömmlinge des Ausschlagenden; fehlen solche, dann erhöht sich der Anteil der übrigen Miterben der gleichen Ordnung entsprechend (§§ 1924 ff., 1935).

Hat der Ausschlagende A im **Fall d** Abkömmlinge, erhalten diese seinen Anteil (§ 1924 III). Ist A dagegen kinderlos, fällt sein Anteil voll an B; dieser hätte nach § 1924 neben F auch dann zu $^1/_2$ geerbt, wenn A beim Erbfall nicht gelebt hätte.

(3) Wird eine *Nacherbschaft* ausgeschlagen, wird der Vorerbe zum Vollerben, sofern der Erblasser nichts anderes bestimmt (etwa einen Ersatznacherben eingesetzt) hat (§ 2142 II). Das Nacherbrecht erlischt also.

b) Der nach § 1953 II anstelle des Ausschlagenden eintretende Erbe ist – wie der Ausschlagende – zunächst nur *vorläufiger Erbe*. Auch er kann bis zur Annahme unter den gesetzlichen Voraussetzungen der §§ 1942 ff. die Erbschaft ausschlagen. Weil er von dem Anfall und dem Grunde der Berufung nicht vor der Ausschlagung Kenntnis erlangt haben kann (die Ausschlagung führt ja den Anfall – wenn auch mit Rückwirkung – erst herbei), beginnt für ihn die Ausschlagungsfrist frühestens mit der Ausschlagung (§ 1944 II). Damit die Frist alsbald nach der Ausschlagung zu laufen anfängt, soll das Nachlassgericht dem neuen Erben die Ausschlagung mitteilen (§ 1953 III 1).

c) Bis der neue Erbe feststeht, muss das Nachlassgericht – soweit erforderlich – den Nachlass sichern und gegebenenfalls einen Nachlasspfleger bestellen (§§ 1960 ff.).

310 **V. Annahme der Erbschaft**

Da bereits mit dem Erbfall die Erbschaft an den Erben fällt, dieser aber das Recht hat, sie auszuschlagen (§ 1942 I), entsteht zunächst ein Schwebezustand. Dieser wird durch die Annahme beseitigt; denn mit ihr wird der vorläufige Erbschaftserwerb ein endgültiger. Die Annahme bewirkt den Verlust des Ausschlagungsrechts für den Erben.

Die Annahme ist eine Willenserklärung[44]; sie hat den Inhalt, der Erklärende wolle endgültiger Erbe sein. Da sogar das Verstreichenlassen der Ausschlagungsfrist als Annahme gilt (§ 1943) und als Willenserklärung behandelt wird (vgl. § 1956), ist die Annahmeerklärung formlos gültig und nicht empfangsbedürftig. Demnach ist auch ein solches Verhalten des Erben, das auf dessen Willen, die Erbschaft zu behalten, schließen lässt (pro herede gestio), als Annahme zu werten. Das muss im Interesse der Klarheit selbst dann gelten, wenn der Erbe mit seiner Handlung die Erbschaft nicht annehmen will und nicht einmal mit der Möglichkeit rechnet, dass sein Verhalten als Annahme aufgefasst werden kann.

Nicht jede Besorgung erbschaftlicher Geschäfte ist als Annahme der Erbschaft anzusehen (vgl. § 1959). Bloße Fürsorgehandlungen (z. B. Verkauf und Veräußerung verderblicher Sachen, Antrag auf Nachlassverwaltung oder -insolvenzverfahren, sogar eine einstweilige Weiterführung eines Betriebes, eines Geschäfts) sind nicht als Annahme aufzufassen. Dagegen sind z. B. der Verkauf der Erbschaft, der Antrag auf Erteilung eines Erbscheines, erhebliche Veränderungen im Betrieb oder Geschäft Annahmehandlungen. Die Abgrenzung kann im Einzelfall schwierig sein.

Da die Annahme eine Willenserklärung ist, gelten auch die Vorschriften über die Geschäftsfähigkeit. Ein Minderjähriger kann nur mit Einwilligung seines gesetzlichen Vertreters annehmen, weil die Annahme wegen der Erbenhaftung

44 H. M.; MünchKomm/*Leipold*, § 1943 Rdnr. 9 m. N.

(§§ 1967 ff.) nicht lediglich rechtlich vorteilhaft ist. Eine Genehmigung der Annahmeerklärung scheidet gem. § 111 Satz 1 aus.

Wie die Ausschlagung kann die Annahme erst nach dem Erbfall (§ 1946) und nicht unter einer Bedingung oder Zeitbestimmung (§ 1947) erfolgen. Für den Umfang der Annahme gilt das bei der Ausschlagung Gesagte entsprechend.

VI. Willensmängel bei Annahme und Ausschlagung 311

1. Anfechtungsgründe

a) Das Gesetz enthält besondere Vorschriften über Form, Frist und Wirkung einer Anfechtung der Annahme und der Ausschlagung (§§ 1954 ff.); spezielle Anfechtungsgründe kennt es dagegen nicht. Daraus ist zu schließen, dass hier – anders als bei der Anfechtung einer Verfügung von Todes wegen – die *Anfechtungsgründe des Allg. Teils (§§ 119 ff.*[45]*)* gelten sollen[46]. Demnach kann der Erbe die Annahme oder Ausschlagung wegen widerrechtlicher Drohung und arglistiger Täuschung (§ 123) sowie wegen Irrtums (§ 119) anfechten.

Beispiel für einen Inhaltsirrtum: Ein als Alleinerbe eingesetzter Pflichtteilsberechtigter ist mit einem Vermächtnis beschwert. Statt der belasteten Erbschaft möchte er lieber den Pflichtteil in Anspruch nehmen. In Unkenntnis des § 2306 I 2 (dazu Rdnr. 557) glaubt er, er dürfe nicht ausschlagen, um seinen Pflichtteil nicht zu verlieren. Deshalb erklärt er die Annahme. Darin liegt ein beachtlicher Rechtsfolgenirrtum[47], der zur Anfechtung der Annahme berechtigt[48].

Große praktische Bedeutung hat die Frage, ob die Überschuldung des Nachlasses eine verkehrswesentliche Eigenschaft im Sinne von § 119 II ist. Die überwiegende Meinung nimmt dies an und lässt die Anfechtung zu[49].

Der Erbe kann also die Versäumung der Ausschlagungsfrist anfechten (§ 1956), wenn er die Überschuldung des Nachlasses nicht gekannt hat. Dabei ist es gleichgültig, ob er irrtümlich wesentliche Aktiva als vorhanden oder wesentliche Passiva als nicht vorhanden annahm. Der Irrtum muss aber ursächlich für das Verstreichenlassen der Ausschlagungsfrist gewesen sein. Machte der Erbe sich keine Gedanken, kann er auch nicht anfechten.

b) Einen besonderen Anfechtungsgrund wegen eines *Irrtums im Motiv* enthält *§ 2308*. Hat ein pflichtteilsberechtigter Erbe die Erbschaft wegen einer Beschränkung oder Beschwerung (§ 2306) ausgeschlagen, so kann er die Ausschla-

45 AT Rdnr. 413 ff.
46 BGH NJW 2006, 3353, 3355.
47 AT Rdnr. 423.
48 BGH NJW 2006, 3353.
49 Vgl. *Palandt/Edenhofer*, § 1954 Rdnr. 4; *Staudinger/Otte*, § 1954 Rdnr. 7; BGHZ 106, 359, 363.

gung anfechten, wenn die Beschränkung oder Beschwerung zur Zeit der Ausschlagung weggefallen und ihm der Wegfall nicht bekannt war.

c) Eine Anfechtung der Annahme ist ausgeschlossen, wenn der Erbe sich *über den Berufungsgrund irrte*. Vielmehr gilt nach § 1949 I die Annahme als nicht erfolgt.

Beispiel: A meint, er sei als gesetzlicher Erbe des E berufen; in Wirklichkeit ist er durch Testament, das er nicht kennt, als Erbe eingesetzt. Nimmt er als vermeintlicher gesetzlicher Erbe an, ist diese Annahme wirkungslos.

Der Irrtum über den Berufungsgrund bewirkt also abweichend von den §§ 119 ff. nicht lediglich Anfechtbarkeit, sondern Unwirksamkeit der Erklärung.

Das gilt – obwohl das Gesetz es nicht ausdrücklich sagt – nach zutreffender allgemeiner Meinung auch für die *Ausschlagung*[50]. Nach § 1949 II erstreckt sich die Ausschlagung nur auf die dem Erben zur Zeit der Erklärung bekannten Berufungsgründe; deshalb entfaltet die Ausschlagungserklärung keine Rechtswirkungen, wenn der Erbe in Wirklichkeit aus einem anderen, ihm nicht bekannten Grunde berufen ist.
Praktische Bedeutung hat die Bestimmung allerdings nur, wenn der Erbe nicht von vornherein eine auf einen bestimmten Berufungsgrund beschränkte Erklärung abgibt.

Beispiel: A erklärt im obigen Fall, er schlage die *gesetzliche* Erbschaft aus oder nehme sie an.

Diese Erklärung besagt ohnehin nichts über Annahme oder Ausschlagung der auf dem Testament beruhenden Erbschaft; deshalb ist § 1949 II nicht anwendbar. Die Vorschrift betrifft also lediglich Fälle, in denen Annahme oder Ausschlagung ohne ausdrückliche oder schlüssige Bezogenheit auf bestimmte Berufungsgründe erklärt wird.

§ 1949 ist als Überbleibsel aus dem gemeinen Recht ein Fremdkörper in der gesetzlichen Regelung. Er sollte gestrichen werden. Es bliebe dann eine Anfechtung wegen Inhaltsirrtums.

312 *2. Anfechtungserklärung*

Während die §§ 1954 ff. die in §§ 119 ff. umschriebenen Anfechtungs*gründe* unberührt lassen, enthalten sie teilweise abweichende Bestimmungen für das Anfechtungs*verfahren*. Dieses ist in seinen Besonderheiten weitgehend dem Ausschlagungsverfahren nachgebildet.

a) Die Anfechtungserklärung bedarf der gleichen *Form* wie die Ausschlagung (§§ 1955 Satz 2; 1945 I), muss also zur Niederschrift des Nachlassgerichts erfolgen oder öffentlich beglaubigt sein. Im Falle der Stellvertretung ist die *Vollmacht* wie bei der Ausschlagung nachzuweisen (§§ 1955 Satz 2; 1945 III). Da

50 Vgl. *Lange/Kuchinke*, § 8 VII 1 e.

die Anfechtung der Annahme als Ausschlagung gilt (§ 1957 I), ist bei ihr die für die Ausschlagung erforderliche *vormundschaftsgerichtliche Genehmigung* beizubringen.

b) Die Anfechtungserklärung ist *gegenüber dem Nachlassgericht abzugeben* (§ 1955 Satz 1); durch diese Regelung ist § 143 III, IV ausgeschaltet.

c) Die *Anfechtungsfrist* beträgt in der Regel sechs Wochen (vgl. § 1954 I). Sie beginnt bei Anfechtbarkeit wegen Drohung mit dem Wegfall der Zwangslage, im Übrigen (arglistige Täuschung, Irrtum) mit der Kenntnis des Anfechtungsgrundes (§ 1954 II 1). Die Anfechtung ist ausgeschlossen, wenn seit Ausschlagung oder Annahme 30 Jahre verstrichen sind (§ 1954 IV).

3. *Wirkung der Anfechtung* 313

a) Auch die Folgen der Anfechtung sind abweichend von § 142 I geregelt: Die Anfechtung der Ausschlagung gilt als Annahme; die Anfechtung der Annahme gilt als Ausschlagung (*§ 1957 I*).

Das Gesetz stellt also sogleich die der angefochtenen Erklärung entgegengesetzte Gestaltung an deren Stelle. Das wird in der Regel auch dem Willen des Anfechtenden entsprechen und dient im Übrigen im Interesse der Rechtssicherheit einer schnellen Klärung der Rechtslage.

b) Da die §§ 1954 ff. nichts Abweichendes bestimmen, ist *§ 122* mit der Verpflichtung des Anfechtenden zum Ersatz des negativen Interesses anwendbar. Anspruchsberechtigt sind solche Dritte, die auf die Gültigkeit der Ausschlagung vertraut und deshalb einen Schaden erlitten haben[51].

4. *Anfechtung der Versäumung der Ausschlagungsfrist* 314

Die nach § 1943 als Annahme geltende Versäumung der Ausschlagungsfrist ist zwar kein Rechtsgeschäft, aber vom Gesetz mit den Rechtsfolgen eines Rechtsgeschäfts ausgestattet worden. Die Gleichstellung mit der Annahme in den Rechtsfolgen erfordert für den Erben einen gleichwertigen Schutz im Falle von Willensmängeln. Deshalb kann der Erbe die als Annahme geltende Versäumung der Ausschlagungsfrist in gleicher Weise wie die Annahme selbst anfechten (§ 1956).

Häufigster Fall: Der Erbe lässt ohne Annahmewillen die Ausschlagungsfrist verstreichen, weil er diese nicht kennt oder weil er sie für länger hält oder weil er die Bedeutung der Fristversäumung nicht kennt. Er kann gem. § 119 I anfechten. Es kommt nicht auf ein bewusstes Verstreichenlassen der Frist an; es genügt auch ein unbewusstes Versäumen der Frist[52].

51 Kritisch zu dieser Regelung MünchKomm/*Leipold*, § 1957 Rdnr. 4.
52 RGZ 143, 419; *Palandt/Edenhofer*, § 1956 Rdnr. 1.

Die Ausschlagung der Erbschaft (§§ 1942 ff.)

I. Begriff: Willenserklärung des Erben, dass er die Erbschaft nicht haben will.

II. Ausschlagungsberechtigt: jeder Erbe, § 1942 I (außer Fiskus, § 1942 II)

III. Ausschlagungserklärung (einseitige, empfangsbedürftige WE)
1. Adressat: Nachlassgericht (§ 1945 I, 1. Halbs.)
2. Form: zur Niederschrift des Nachlassgerichts oder öffentliche Beglaubigung (§ 1945 I, 2. Halbs.)
3. Zeitpunkt:
   a) erst nach Eintritt des Erbfalls (§ 1946)
   b) bis 6 Wochen nach Kenntnis des Erben von Anfall und Grund der Berufung (§ 1944 I, II; Ausnahme Abs. 3)
4. Stellvertretung unter bestimmten Voraussetzungen möglich (§§ 1945 III, 1643 II, 1822 Nr. 2, 1908 i I, 1915)
5. bedingungsfeindlich (§ 1947)

IV. Umfang der Ausschlagung
1. Grundsatz: nur Erbschaft insgesamt (§ 1950)
2. Ausnahmen:
   a) Beschränkung auf einen von mehreren (gesetzlichen, testamentarischen) Berufungsgründen (§ 1948)
   b) Beschränkung auf einen von mehreren Erbteilen, die aus verschiedenen Gründen angefallen sind, oder bei Gestattung durch Verfügung von Todes wegen (§ 1951 I, III)

V. Rechtsfolgen der Ausschlagung
1. Anfall der Erbschaft an den Ausschlagenden gilt als nicht erfolgt (§1953 I)
2. Anfall der Erbschaft ex tunc an denjenigen, der geerbt hätte, wenn der Ausschlagende zur Zeit des Erbfalls nicht gelebt hätte (§ 1953 II)

VI. Anfechtung der Ausschlagung
1. Anfechtungsgründe: §§ 119, 123, 2308 (Sonderfall eines Motivirrtums: Ausschlagung eines Pflichtteilsberechtigten wegen einer in Wirklichkeit schon weggefallenen Beschränkung)
2. Anfechtungserklärung:
   a) Adressat: Nachlassgericht (§ 1955 Satz 1)
   b) Form: zur Niederschrift des Nachlassgerichts oder öffentliche Beglaubigung (§§ 1955 Satz 2, 1945 I)

3. Anfechtungsfrist: 6 Wochen seit Kenntnis des Anfechtungsgrundes bzw. (bei Drohung) seit Wegfall der Zwangslage (§ 1954 I, II)
4. Ausschluss der Anfechtung: 30 Jahre nach der Ausschlagung (§ 1954 IV)
5. Wirkung der Anfechtung:
   a) Anfechtung der Ausschlagung gilt als Annahme der Erbschaft (§ 1957 I)
   b) Ersatz des Vertrauensschadens (§ 122), der Dritten durch Vertrauen auf die Ausschlagung der Erbschaft entstanden ist.

VII. Rechtsstellung des vorläufigen Erben 315

Der Erbe ist bis zur Annahme oder Ausschlagung der Erbschaft vorläufiger Erbe. Als solcher ist er regelmäßig nicht verpflichtet, für den Nachlass tatsächliche Handlungen oder Rechtsgeschäfte vorzunehmen und Prozesse zu führen. Macht er Rechte aus dem Nachlass prozessual geltend, so ist darin eine Annahme der Erbschaft zu erblicken, sofern es sich nicht um eine unaufschiebbare Angelegenheit handelt.

1. Gerichtliche Verfahren

Solange der Erbe nur vorläufiger Erbe ist, muss er vor gerichtlichen Verfahren gegen sich als Erben möglichst verschont bleiben. Insbesondere ist während der Schwebezeit auch sein Eigenvermögen (im Gegensatz zum Sondervermögen des Nachlasses) vor dem Zugriff der Nachlassgläubiger zu schützen. Andererseits müssen auch der endgültige Erbe und die Nachlassgläubiger davor bewahrt werden, dass persönliche Gläubiger des vorläufigen Erben sich aus dem Nachlass befriedigen; denn dadurch würden im Falle der Ausschlagung durch den vorläufigen Erben der endgültige Erbe und die Nachlassgläubiger wegen Schmälerung des Nachlasses benachteiligt.

Im Einzelnen kommen folgende Fälle in Betracht:

a) Bei der *Zwangsvollstreckung durch einen Nachlassgläubiger*[53] ist zu unterscheiden:

(1) Hat eine Zwangsvollstreckung gegen den Erblasser bereits zu dessen Lebzeiten begonnen, so wird sie in den Nachlass fortgesetzt (*§ 779 I ZPO*). Es bedarf keiner Umschreibung der Vollstreckungsklausel gegen den Erben. Die Vollstreckung ist aber, solange der Erbe die Erbschaft nicht angenommen hat, nur in den Nachlass zulässig (*§ 778 I ZPO*).

53 Vgl. ZVR Rdnr. 37, 118, 196.

Wird ins persönliche Vermögen des Erben vollstreckt, steht diesem die Erinnerung gegen die Art und Weise der Zwangsvollstreckung (§ 766 ZPO[54]) und (wahlweise) die Drittwiderspruchsklage (§ 771 ZPO[55]) gegen den pfändenden Gläubiger zu. Da durch eine solche Zwangsvollstreckung auch die persönlichen Gläubiger des Erben beschwert werden, können auch sie sich dagegen mit der Erinnerung wehren; die Drittwiderspruchsklage haben sie nur, wenn ihnen ausnahmsweise ein die Vollstreckung hinderndes Recht (z. B. Eigentum) an dem Gegenstand zusteht.

(2) Liegt ein Vollstreckungstitel gegen den Erblasser vor und hat die Zwangsvollstreckung zu dessen Lebzeiten noch nicht begonnen, so muss die Vollstreckungsklausel gegen den Erben umgeschrieben werden (*§ 727 ZPO*). Das ist aber während des Schwebezustandes bis zur Annahme der Erbschaft wegen § 1958 nicht zulässig.

Wird die Klausel dennoch erteilt, kann der vorläufige Erbe dagegen gem. § 732 ZPO (Einwendungen gegen die Zulässigkeit der Vollstreckungsklausel[56]) oder gem. § 768 ZPO (Vollstreckungsklauselgegenklage[57]) vorgehen. Wird ohne Klausel gegen den Erben vollstreckt, liegen die Voraussetzungen der Zwangsvollstreckung nicht vor; deshalb kann er Erinnerung gem. § 766 ZPO einlegen.
Will der Gläubiger vor Annahme der Erbschaft in den Nachlass vollstrecken, muss er vorher die Bestellung eines Nachlasspflegers bewirken (§ 1961; § 778 I ZPO).

b) Eine *Zwangsvollstreckung der persönlichen Gläubiger* des vorläufigen Erben *in den Nachlass* ist im Interesse des endgültigen Erben und der Nachlassgläubiger vor Annahme der Erbschaft nicht zulässig (§ 778 II ZPO[58]).

Bei Verstoß gegen diese Vorschrift kann der Erbe nach den §§ 766 oder 771 ZPO vorgehen. Nachlassgläubiger und gegebenenfalls Nachlasspfleger, Nachlassverwalter, Testamentsvollstrecker (soweit sein Verwaltungsrecht reicht) haben die Erinnerung (§ 766 ZPO).

c) *Stirbt der Erblasser während des Rechtsstreits* und war er nicht durch einen Prozessbevollmächtigten vertreten, wird das Verfahren bis zur Aufnahme durch den Rechtsnachfolger unterbrochen (§ 239 I ZPO). Vor der Annahme der Erbschaft ist der Erbe zur Fortsetzung des Rechtsstreits nicht verpflichtet (§ 239 V ZPO).

Auf diese Schutzvorschrift zu Gunsten des vorläufigen Erben kann dieser aber verzichten, was sich schon aus dem Wortlaut (»ist nicht verpflichtet«) ergibt. Der Erbe kann also auch schon während des Schwebezustandes den Rechtsstreit aufnehmen. Im Einzelfall liegt darin möglicherweise bereits eine Annahme der Erbschaft.

War der Erblasser durch einen Prozessbevollmächtigten vertreten, so unterbricht der Tod des Erblassers den Rechtsstreit nicht; das Gericht hat jedoch auf

54 ZVR Rdnr. Rdnr. 1160 ff.
55 ZVR Rdnr. 1396 ff.
56 ZVR Rdnr. 136 ff.
57 ZVR Rdnr. 141 ff.
58 ZVR Rdnr. 196.

Antrag des Prozessbevollmächtigten oder des Prozessgegners die Aussetzung des Verfahrens anzuordnen (§ 246 I ZPO). Diese dauert bis zur Annahme der Erbschaft (§§ 246 II, 239 V ZPO); der Erbe kann aber schon vorher die Aufnahme betreiben.

d) *Soll der Rechtsstreit erst nach dem Tode des Erblassers anhängig gemacht werden*, so ist § 1958 zu beachten: Vor der Annahme kann ein Anspruch, der sich gegen den Nachlass richtet, nicht gegen den Erben gerichtlich geltend gemacht werden.

Streitig ist, ob die Annahme der Erbschaft Prozessvoraussetzung ist oder ob dem Erben vor der Annahme die Passivlegitimation fehlt.

Handelt es sich um eine Prozessvoraussetzung, so ist die Annahme der Erbschaft von Amts wegen auch dann zu prüfen, wenn der Kläger die Annahme der Erbschaft durch den Beklagten unbestritten vorträgt. Kommt das Gericht zu dem Ergebnis, dass der Erbe noch nicht angenommen hat, ist die Klage mangels Vorliegens einer Prozessvoraussetzung als unzulässig abzuweisen.

Geht es dagegen um die Frage der Passivlegitimation, so ist der vorläufige Erbe nicht der richtige Beklagte, weil er nicht Träger der geltend gemachten Verbindlichkeiten ist. Dann gehört die Behauptung, der Erbe habe angenommen, zur Schlüssigkeit der Klage. Wird die Tatsache vom Beklagten nicht bestritten, gilt sie als zugestanden. Das Gericht hat nicht von Amts wegen zu ermitteln. Kann der Kläger bei Bestreiten des Beklagten die Annahme der Erbschaft nicht beweisen, ist die Klage als unbegründet abzuweisen.

Die Frage wird deshalb kaum praktisch bedeutsam, weil selten innerhalb der Ausschlagungsfrist geklagt wird und noch seltener innerhalb dieser Frist ein Urteil ergeht. Da die Bestimmung lediglich den Schutz des vorläufigen Erben bezweckt, kann dieser u. E. wirksam auf diesen Schutz verzichten, so dass kein Grund für eine Prüfung von Amts wegen vorliegt[59].

Will der Gläubiger schon vor der Annahme des Erben klagen, kann er beim Nachlassgericht die Bestellung eines Nachlasspflegers beantragen (§ 1961), gegen den dann die Klage zu richten ist (vgl. § 1960 III).

2. *Verpflichtungsgeschäfte* 316

a) Aus schuldrechtlichen Geschäften, die der Erbe bis zur Ausschlagung vorgenommen hat, bleibt er mit seinem Eigenvermögen verpflichtet. Das gilt nur dann nicht, wenn er eine Haftungsbeschränkung auf den Nachlass vereinbart hat; eine solche Haftungsbeschränkung ist anzunehmen, sofern er für den Vertragspartner erkennbar das Geschäft allein mit Wirkung für den Nachlass abgeschlossen hat. – Im Innenverhältnis zum endgültigen Erben hat er die Stellung eines Geschäftsführers ohne Auftrag (§ 1959 I). Unter den Voraussetzungen der §§ 683, 670 steht ihm also gegen den endgültigen Erben ein Anspruch auf Er-

59 Anders h. M.; vgl. MünchKomm/*Leipold*, § 1958 Rdnr. 1, 10 f.

satz der von ihm für die Geschäftsführung zu Gunsten des Nachlasses gemachten Aufwendungen zu.

b) Nimmt der Erbe die Erbschaft später an, sind die in der Schwebezeit von ihm getätigten Geschäfte seine eigenen, so dass keine besonderen Probleme entstehen.

317 *3. Verfügungsgeschäfte*

a) Verfügt der vorläufige Erbe über einen Nachlassgegenstand und kann darin eine Annahme der Erbschaft erblickt werden, dann hat der Erwerber vom Berechtigten erworben.

b) Verfügungen des vorläufigen Erben während der Schwebezeit sind auch dann unproblematisch, wenn der vorläufige Erbe die Erbschaft auf andere Weise annimmt; denn er war und ist Berechtigter.

c) Schlägt der vorläufige Erbe später aus, dann sind seine vorherigen Verfügungen über Nachlassgegenstände wirksam, wenn sie nicht ohne Nachteil für den Nachlass aufgeschoben werden konnten (§ 1959 II).

Bei solchen dringlichen Verfügungen (z. B. Veräußerungen verderblicher Sachen) erwirbt der Erwerber vom Berechtigten. Die Verfügung ist und bleibt gegenüber dem endgültigen Erben und auch gegenüber allen anderen wirksam.

Zu nicht dringlichen Verfügungen ist der vorläufige Erbe nicht befugt. Der Erwerber erwirbt nur dann, wenn der endgültige Erbe als Berechtigter die Verfügung genehmigt (§ 185 II) oder die Voraussetzungen des gutgläubigen Erwerbs vom Nichtberechtigten vorliegen. Ein gutgläubiger Erwerb scheitert nicht an §§ 935, 857, da die Sache dem endgültigen Erben nicht abhanden gekommen ist (vgl. Rdnr. 287).

318 *4. Einseitige Rechtsgeschäfte gegenüber dem vorläufigen Erben*

Für den Dritten, der z. B. anfechten, kündigen, zurücktreten will, besteht ein Bedürfnis, dass er seine Erklärung schon in der Zeit vor der Annahme der Erbschaft abgeben kann. Als Erklärungsempfänger kommt nur der vorläufige Erbe in Betracht. Die ihm gegenüber abgegebene Erklärung ist auch nach der Ausschlagung wirksam (§ 1959 III). Das gilt selbst dann, wenn keine Dringlichkeit vorliegt und der Erklärende weiß, dass der Erklärungsempfänger nur vorläufiger Erbe ist.

Das Gesagte gilt ebenfalls für eine Mahnung gegenüber dem vorläufigen Erben. Jedoch führt sie während der Schwebezeit noch keinen Schuldnerverzug herbei; denn bis zur Annahme ist der Erbe zur Leistung nicht verpflichtet.

Auch eine Aufrechnung gegenüber dem vorläufigen Erben mit einer Forderung gegen den Nachlass ist möglich. Jedoch führt sie dann nicht zum Erlöschen der Forderungen, wenn es sich bei der Gegenforderung um eine persönliche (nicht zum Nachlass gehörende) Forderung des vorläufigen Erben handelt und dieser die Erbschaft ausschlägt; denn dann fehlt es an der Gegenseitigkeit (§ 387).

Die Erfüllung einer Nachlassforderung fällt zwar unter § 1959 III, aber auch unter § 1959 II, da die Einziehung der Forderung eine Verfügung des vorläufigen Erben über die Forderung darstellt. Deshalb kommt es hier für die Wirksamkeit auf die Dringlichkeit an[60]. Der Schuldner ist hier auch nicht schutzwürdig; notfalls kann er hinterlegen.

VIII. Zusammenfassung 319

Dem Erben steht das vererbliche Recht zu, die Erbschaft auszuschlagen. Das Recht wird durch eine öffentlich beglaubigte Erklärung gegenüber dem Nachlassgericht ausgeübt. Diese kann grundsätzlich nur binnen sechs Wochen nach Kenntnis des Erben vom Anfall und dem Grund der Berufung erfolgen. Sie bewirkt, dass der Anfall der Erbschaft an den Ausschlagenden als nicht erfolgt gilt.

Zulässig ist die Beschränkung der Ausschlagung auf einen von mehreren Berufungsgründen sowie auf einen von mehreren Erbteilen, wenn diese auf verschiedenen Berufungsgründen beruhen.

Annahme ist die formlose, nicht empfangsbedürftige Willenserklärung, endgültig Erbe sein zu wollen. Durch sie verliert der Erbe sein Ausschlagungsrecht.

Bis zur Annahme der Erbschaft ist der Erbe vor Prozessen der Nachlassgläubiger geschützt. – Während der Schwebezeit ist der vorläufige Erbe nicht verpflichtet, aber berechtigt, erbschaftliche Geschäfte zu besorgen. Aus Verpflichtungsgeschäften ist er mit seinem Eigenvermögen verpflichtet, es sei denn, dass die Haftung vereinbarungsgemäß auf den Nachlass beschränkt sein sollte. Gegenüber dem endgültigen Erben hat er die Stellung eines Geschäftsführers ohne Auftrag. – Verfügungsgeschäfte kann der vorläufige Erbe nur in dringlichen Fällen vornehmen. – Einseitige, empfangsbedürftige Willenserklärungen können gegenüber dem vorläufigen Erben abgegeben werden und sind dem endgültigen Erben gegenüber wirksam.

60 H. M.; *Erman/Schlüter*, § 1959 Rdnr. 4; **a. A.** *Kipp/Coing*, § 90 III 3 c.

III. Abschnitt Die Anordnungen des Erblassers

Erstes Kapitel Erbeinsetzung

§ 23 Die Bestimmung des Erben 320

Schrifttum: *Bartholomeyczik*, Erbeinsetzung, andere Zuwendungen und Erbschein, 5. Denkschrift, 1942, 1; *Otte*, Läßt das Erbrecht des BGB eine Erbeinsetzung auf einzelne Gegenstände zu?, NJW 1987, 3164; *Schmidt-Kessel*, Erbrecht in der Rechtsprechung des Bundesgerichtshofes 1985 bis 1987, WM 1988, Sonderbeil. 8, 9; *Schopp*, Anwachsung – Ersatzerbschaft, MDR 1978, 10; *Schrader*, Erb- und Nacherbeneinsetzung auf einzelne Nachlaßgegenstände, NJW 1987, 117; *Staats*, Anwachsung oder Erhöhung bei Wegfall eines »gesetzlichen« Erben?, ZEV 2002, 11.

Fälle:

a) In einem Testament heißt es: »Mein Sohn S. soll mein Grundstück, Grundbuch von Münster, Bd. 10, Bl. 12 haben.« Ist S Erbe seines Vaters? **(Rdnr. 321)**

b) E hat A zu $1/2$, B zu $1/4$ und C zu $1/6$ als Erben eingesetzt. Der Neffe des E meint, der Rest stehe ihm als gesetzlichem Erben zu. Die eingesetzten Erben beanspruchen auch den Rest für sich. **(Rdnr. 325)**

c) E hat seine Frau F zu $1/2$, seine Kinder A und B zu je $1/4$ als Erben eingesetzt. B stirbt vor dem E und hinterlässt zwei Kinder. Diese streiten sich mit F und A darüber, wem der Erbteil des B zusteht. **(Rdnr. 332, 333)**

d) Wenn es im Fall c zur Anwachsung kommt, möchte F den ihr anwachsenden Teil ausschlagen, weil dieser mit einem Vermächtnis beschwert ist. **(Rdnr. 333)**

I. Begriff der Erbeinsetzung

Erbeinsetzung ist die Bestimmung einer Person oder mehrerer Personen zum *Gesamtrechtsnachfolger* des Erblassers (vgl. § 1922 I).

Die Feststellung, ob jemand als Erbe und nicht etwa nur als Vermächtnisnehmer eingesetzt wurde, ist deshalb wichtig, weil lediglich auf den Erben das Vermögen des Erblassers bei dessen Tode im Wege der Universalsukzession übergeht (§ 1922). Nur dem Erben ist ein Erbschein zu erteilen (§ 2353). Allein der Erbe haftet für die Nachlassverbindlichkeiten (§ 1967).

Im Einzelfall kann diese Feststellung schwierig sein, weil der Erblasser bei einer Erbeinsetzung keinen bestimmten Wortlaut gebrauchen muss. Entscheidend ist der durch Auslegung zu ermittelnde Wille des Erblassers. Ergibt die Auslegung, dass der Erblasser eine im Testament genannte Person als Gesamtrechtsnachfolger gewollt hat, ist diese sein Erbe, auch wenn der Wortlaut des Testaments dafür nichts hergibt oder sogar entgegensteht (z. B. »Ich vermache . . .«).

321 Will der Erblasser eine Gesamtrechtsnachfolge, liegt Erbeinsetzung vor. Will er dagegen nur eine Einzelzuwendung, ist der Bedachte Vermächtnisnehmer. Dieser wird mit dem Erbfall nicht Eigentümer des vermachten Gegenstandes, sondern erhält nur einen schuldrechtlichen Anspruch gegen den Erben auf Übertragung des Gegenstandes. Diese theoretisch einfache Unterscheidung ist in der Praxis nicht immer so leicht zu treffen.

Da die Begriffe »vererben«, »erben«, »vermachen« oft ohne Unterschied gebraucht werden, kann aus ihnen in aller Regel wenig für die Auslegung hergeleitet werden.

Nach § 2087 II ist im Zweifel *keine Erbeinsetzung* anzunehmen, wenn dem Bedachten nur *einzelne Gegenstände zugewendet* sind. Diese Auslegungsregel greift nicht ein, wenn ein anderer Wille des Erblassers festgestellt werden kann[1].

Ist z. B. (**Fall a**) dem Sohn des Erblassers ein bestimmtes Grundstück zugewandt, so ist davon auszugehen (vgl. § 2087 II), dass es sich um ein Vermächtnis handelt. Stellte aber dieses Grundstück bei Testamentserrichtung den einzigen Vermögensgegenstand des Erblassers dar, ist eine Einsetzung des S als Alleinerbe gewollt. Hatte der Erblasser außer dem genannten noch ein anderes, gleichwertiges Grundstück und machten beide das Vermögen des Erblassers aus, soll nach dem Willen des Erblassers der Sohn wohl Erbe zu $^1/_2$ sein; gleichzeitig ist die Zuwendung des einen Grundstücks als Teilungsanordnung (§ 2048) anzusehen, so dass bei der Auseinandersetzung der Miterben S das genannte Grundstück bekommen soll. – Das Beispiel zeigt, dass bei der Auslegung nicht die einzelne Testamentsbestimmung isoliert betrachtet werden darf. Zu berücksichtigen sind vielmehr alle Umstände, gleichgültig, ob sie in der Urkunde angedeutet sind oder nicht (vgl. Rdnr. 200).

322 Die Zuwendung eines einzelnen Gegenstandes spricht also nicht zwingend gegen eine Erbeinsetzung. Es kann sich um eine Erbeinsetzung mit *Teilungsanordnung* (§ 2048; Rdnr. 523) handeln: Der Bedachte ist dann einer der Miterben; er hat bei der Erbteilung einen schuldrechtlichen Anspruch auf den Gegenstand, dessen Wert er sich auf seinen Erbteil anrechnen lassen muss.

323 Schließlich kann mit der Zuwendung eines Gegenstandes auch ein *Vorausvermächtnis* (§ 2150) gewollt sein: Der Bedachte ist Miterbe und außerdem hinsichtlich des Gegenstandes Vermächtnisnehmer. Im Unterschied zur Teilungsanordnung erhält er den Gegenstand *neben* seinem Erbteil (Rdnr. 525).

Gem. § 2087 I ist die Verfügung als *Erbeinsetzung* anzusehen, wenn der Erblasser sein *Vermögen* oder einen *Bruchteil seines Vermögens* dem Bedachten zugewendet hat. Auch hierbei handelt es sich nicht um eine zwingende Vorschrift. Sie ist z. B. nicht anwendbar, wenn ein Quotenvermächtnis (Rdnr. 425) vorliegt.

1 Vgl. BGH FamRZ 1972, 561; BayObLG FamRZ 1995, 835; OLG Köln DNotZ 1993, 133.

Das ist dann der Fall, wenn der Bedachte einen Bruchteil des Nachlasses haben soll, aber nicht als Erbe, sondern nur als Anspruch gegen den Erben.

Beispiel: Wird im Testament ein bestimmter Bruchteil des Vermögens genannt, der dem Bedachten ausgezahlt werden soll, so kann es sich um das Vermächtnis einer Geldsumme handeln.

II. Erbeinsetzung nach Bruchteilen sowie unter einer Bedingung oder Befristung 324

1. *Erbeinsetzung nach Bruchteilen*

Der Erblasser kann bestimmen, dass *eine* Person allein sein Gesamtrechtsnachfolger sein soll (Alleinerbe). Besonders häufig ist es, dass *mehrere* Personen Erben sein sollen. Dann entsteht beim Erbfall eine Miterbengemeinschaft. Meist bestimmt der Erblasser ausdrücklich die Bruchteile, zu denen die Miterben eingesetzt sein sollen. Das ist auch konkludent möglich. So kann die Auslegung der Verfügung von Todes wegen ergeben, dass der Erblasser mit seinen Wertangaben bei einzelnen Nachlassgegenständen, die bestimmten Miterben zukommen sollen, die Bruchteile festsetzen will (vgl. aber auch Rdnr. 525).

Werden mehrere Personen nach Bruchteilen eingesetzt, so können Schwierigkeiten dadurch entstehen, dass der Erblasser die Bruchteile nicht oder nicht richtig angegeben hat. Das Gesetz will das Testament möglichst aufrechterhalten und dabei dem Willen des Erblassers Rechnung tragen. Dem dienen folgende Auslegungsregeln:

a) Erschöpfen die vom Erblasser bestimmten Bruchteile nicht das Ganze, so 325
sind zwei Auslegungen möglich:

(1) Der Erblasser wollte nur über einen *Bruchteil* des Nachlasses letztwillig verfügen. Hier tritt in Ansehung des Restes die gesetzliche Erbfolge ein (§ 2088; Nebeneinander von gewillkürter und gesetzlicher Erbfolge; Rdnr. 45).

(2) Der Erblasser wollte über den *ganzen* Nachlass verfügen, er hat sich aber z. B. verrechnet und deshalb nicht über das Ganze verfügt. Dann tritt eine verhältnismäßige Erhöhung der Bruchteile ein (§ 2089).

Im **Fall b** hat der Erblasser nur über $^6/_{12} + ^3/_{12} + ^2/_{12} = ^{11}/_{12}$ verfügt. Durch Auslegung ist zu ermitteln, ob der Erblasser nur über diese $^{11}/_{12}$, also nicht über das Ganze, verfügen wollte. Ist das der Fall, tritt wegen des Restes von $^1/_{12}$ die gesetzliche Erbfolge ein. Insoweit erbt also der Neffe.

Ergibt jedoch die Auslegung, dass der Erblasser sich verrechnet hat, also die eingesetzten Personen A, B und C seine Erben sein sollen, werden die Bruchteile verhältnismäßig erhöht, also im Verhältnis 6:3:2, so dass A zu $^6/_{11}$, B zu $^3/_{11}$ und C zu $^2/_{11}$ erben. Wer behauptet, der Erblasser habe die benannten Personen als alleinige Erben gewollt, hat dafür die Beweislast.

326 b) *Übersteigen die vom Erblasser bestimmten Bruchteile das Ganze*, so tritt eine verhältnismäßige Minderung der Bruchteile ein (§ 2090).

Beispiel: Sind A zu $^1/_2$, B zu $^1/_4$ und C zu $^1/_3$ eingesetzt, hat der Erblasser über $^6/_{12}$ + $^3/_{12}$ + $^4/_{12}$ = $^{13}/_{12}$ verfügt. Die Minderung hat im Verhältnis 6:3:4 zu erfolgen. A erbt also $^6/_{13}$, B $^3/_{13}$ und C $^4/_{13}$. – Solche Fälle können insbesondere vorkommen, wenn der Erblasser mehrfach testiert hat. Dabei ist aber zu prüfen, ob das spätere Testament nicht als (teilweiser) Widerruf des älteren (§ 2258) aufzufassen ist.

327 c) Sind *mehrere Erben ohne Bestimmung der Erbteile eingesetzt*, so muss zunächst versucht werden, durch Auslegung die Erbteile zu ermitteln. Führt das nicht zum Erfolg, greift die Auslegungsregel des § 2091 ein: Erbeinsetzung zu gleichen Teilen.

Bei einer Erbeinsetzung der »gesetzlichen Erben«, »Verwandten«, »Kinder«, »Abkömmlinge« des Erblassers verweist § 2091 auf die Auslegungsregeln der §§ 2066–2069 (Rdnr. 207 ff.).

328 d) Sind *einige Erben auf Bruchteile und andere ohne Bruchteile eingesetzt*, so erhalten die Letzteren den freigebliebenen Teil der Erbschaft (§ 2092 I), und zwar nach § 2091 im Zweifel zu gleichen Teilen, wenn nicht die Regeln der §§ 2066 ff. eingreifen.

Erschöpfen aber die bestimmten Bruchteile schon die Erbschaft, so erhält jeder der ohne Bruchteil eingesetzten Erben so viel wie der mit dem geringsten Bruchteil bedachte Erbe. Dann aber übersteigen die Bruchteile das Ganze, so dass eine verhältnismäßige Minderung der Bruchteile eintreten muss (vgl. § 2092 II).

Beispiel: A soll $^1/_2$, B $^1/_4$, C $^1/_4$ erben. Außerdem ist noch D ohne Bruchteil als Erbe eingesetzt. Er erhält auch $^1/_4$. Damit ist über $^2/_4$ + $^1/_4$ + $^1/_4$ + $^1/_4$ = $^5/_4$ verfügt. Die Herabsetzung erfolgt im Verhältnis 2:1:1:1. A erhält $^2/_5$, die übrigen bekommen je $^1/_5$.

Auch bei § 2092 handelt es sich um eine Auslegungsvorschrift. Ein anderer Wille des Erblassers geht also vor.

329 e) Die genannten Regeln (§§ 2089–2092) sind entsprechend anwendbar, wenn vom Erblasser *für mehrere Erben ein gemeinschaftlicher Erbteil bestimmt* ist (§ 2093).

Das ist dann der Fall, wenn einige von mehreren Erben zusammen auf einen und denselben Bruchteil der Erbschaft eingesetzt sind (»Die Kinder meines verstorbenen Bruders erben zusammen $^1/_4$«). Ob das vom Erblasser gewollt ist, muss durch Auslegung ermittelt werden. Die rein sprachliche Zusammenfassung allein reicht dazu regelmäßig nicht aus (»Meine Neffen sollen $^1/_4$ erben«).

2. *Bedingte und befristete Erbeinsetzung* 330

Die Erbeinsetzung kann vom Erblasser unter einer Bedingung (Rdnr. 215 ff.) oder Befristung erfolgen. Bei einer aufschiebenden Bedingung oder einem Anfangstermin wird der Benannte Nacherbe, sofern die Bedingung (der Termin) beim Erbfall noch nicht eingetreten ist. Bei einer auflösenden Bedingung oder einem Endtermin wird er beim Erbfall Vorerbe.

(Über Vor- und Nacherbfolge siehe Rdnr. 343 ff.; Auslegungsregeln: §§ 2105 I, 2104)

III. Anwachsung 331

1. *Bedeutung*

Sind mehrere zu Erben eingesetzt und fällt einer von ihnen (z. B. durch Vorversterben) weg, kommt es auf den Willen des Erblassers an, was für diesen Fall gelten soll. Denkbar ist, dass eine andere Person an die Stelle des weggefallenen Erben treten oder insoweit gesetzliche Erbfolge eintreten oder der für den Weggefallenen vorgesehene Erbteil den übrigen eingesetzten Erben zufallen soll. Im letzteren Fall spricht man von Anwachsung.

Anwachsung ist also die Erhöhung des Erbteils des gewillkürten Erben wegen Wegfalls eines Miterben.

Dasselbe Problem kann auch bei *gesetzlicher* Erbfolge auftreten; hier spricht man von Erhöhung des Erbteils (§ 1935; Rdnr. 63).

2. *Voraussetzungen* 332

a) Einer der eingesetzten Erben muss *weggefallen* sein.

Beispiele: Vorversterben (vgl. § 1923 I), Erbverzicht (§ 2346), Erbunwürdigkeit (§ 2344), Erbausschlagung (§ 1953), aber auch Nichterleben einer aufschiebenden Bedingung (§ 2074). Schließlich scheidet eine Miterbenstellung mangels Erbfähigkeit aus, wenn eine Leibesfrucht nicht lebend zur Welt kommt (§ 1923 II).

Streitig ist, ob eine Anwachsung auch dann in Betracht kommt, wenn eine als Miterbe eingesetzte Person wegen wirksamer Anfechtung dieser Erbeinsetzung oder Nichtigkeit (z. B. wegen Formmangels) dieser Verfügung nicht Erbe wird[2]. Hier ist – wie auch in allen anderen genannten Fällen – der Wille des Erblassers entscheidend. Kommt man zu dem Ergebnis, dass in den anderen Fällen eine Anwachsung stattfinden soll, so wird man das regelmäßig auch bei Nichtigkeit der Einsetzung eines Miterben annehmen können; denn dann wird es dem Erblasser gleichgültig sein, aus welchem Grunde eine als Miterbe eingesetzte Person nicht Erbe wird.

2 Vgl. *Soergel/Loritz*, § 2094 Rdnr. 6.

b) Der Erblasser muss die *Anwachsung gewollt* haben. Hier ist die Auslegungsregel des § 2094 I 1 zu beachten. Danach wächst der Erbteil des weggefallenen Erben den übrigen Erben im Verhältnis ihrer Erbteile an, wenn der Erblasser die mehreren Erben derart eingesetzt hat, dass die gesetzliche Erbfolge ausgeschlossen ist.

Hat der Erblasser in seiner Verfügung von Todes wegen den *ganzen* Nachlass unter die eingesetzten Erben aufgeteilt, ist zu vermuten, dass er die gesetzliche Erbfolge ausschließen wollte, und zwar auch für den Fall des Wegfalls eines eingesetzten Erben.

Diese Vermutung wird widerlegt, wenn der Erblasser die Anwachsung ausgeschlossen hat (§ 2094 III). Das ist z. B. dann der Fall, wenn der Erblasser einen Ersatzerben (§ 2096) benannt hat; denn das Recht des Ersatzerben geht dem Anwachsungsrecht vor (§ 2099). Im **Fall c** treten die Kinder des B an dessen Stelle, sofern es bei der Vermutung des § 2069 bleibt[3]. Andernfalls tritt Anwachsung ein.

333 *3. Wirkungen*

a) Der Erbteil des weggefallenen Erben wächst den übrigen Erben *nach dem Verhältnis* ihrer Erbteile an.

Kommt es im **Fall c** zur Anwachsung, erben F zu $^2/_3$ und A zu $^1/_3$.

Handelt es sich um einen gemeinschaftlichen Erbteil (§ 2093), tritt die Anwachsung zunächst unter den Erben ein, die auf einen gemeinschaftlichen Erbteil eingesetzt sind (§ 2094 I 2).

Wenn zum Teil die gesetzliche Erbfolge stattfindet, tritt die Anwachsung ein, wenn einer von mehreren auf einen gemeinschaftlichen Erbteil eingesetzten Erben wegfällt (§ 2094 II).

Aber auch in diesen Fällen kann der Erblasser die Anwachsung (ganz oder teilweise) ausschließen (§ 2094 III).

b) Der ursprüngliche und der anwachsende Erbteil werden grundsätzlich als *ein* Erbteil behandelt (vgl. die Ausnahmen in § 2095 und die entspr. Regelung in § 1935). Annahme und Ausschlagung können also nur einheitlich erfolgen.

Dadurch kann die Anwachsung zu einer Benachteiligung des Erben führen, wenn der anwachsende Teil mit Vermächtnissen oder Auflagen beschwert ist oder insoweit Ausgleichungspflichten bestehen. Deshalb bestimmt § 2095 zum Schutze des Erben, dass der durch Anwachsung anfallende Erbteil *insoweit* als besonderer Erbteil gilt.

Im **Fall d** kann F nicht den anwachsenden Teil allein ausschlagen. Sie braucht aber auch nicht die ganze Erbschaft auszuschlagen. Das Vermächtnis beschwert nur den angewachsenen Teil. Zur Erfüllung des Vermächtnisses braucht der ursprüngliche Erbteil nicht angegriffen zu werden.

3 Vgl. OGHZ 4, 219; KG FamRZ 1977, 345.

IV. Zusammenfassung 334

Die Erbeinsetzung

I. Begriff: Bestimmung einer Person oder mehrerer Personen als Gesamtrechtsnachfolger
Problem: Abgrenzung zum Vermächtnis (im Zweifel bei Einzelzuwendung)

II. Auslegungsregeln bei Erbeinsetzung mehrerer Personen:
1. keine Bestimmung der Erbteile: im Zweifel Einsetzung zu gleichen Teilen (§ 2091)
2. die vom Erblasser bestimmten Bruchteile erschöpfen nicht das Ganze:
   a) hinsichtlich des Restes gesetzliche Erbfolge (§ 2088)
   oder (Auslegung)
   b) verhältnismäßige Erhöhung der Bruchteile
3. die vom Erblasser bestimmten Bruchteile übersteigen das Ganze: verhältnismäßige Minderung der Bruchteile (§ 2090)
4. von mehreren Erben sind nur die einen auf Bruchteile, die anderen ohne Bruchteile eingesetzt:
   a) die anderen erhalten den freigebliebenen Teil im Zweifel zu gleichen Bruchteilen (§§ 2092 I, 2091)
   b) sofern die »vermachten« Bruchteile das Ganze erschöpfen: verhältnismäßige Minderung der Bruchteile, bis die Erben, welche nicht auf Bruchteile eingesetzt sind, jeweils so viel erhalten wie der mit dem geringsten Bruchteil Bedachte (§ 2092
5. bei Wegfall eines von mehreren eingesetzten Erben:
   a) Ersetzung des weggefallenen Miterben durch eine andere Person (§§ 2096, 2099)
   oder (Auslegung)
   b) verhältnismäßige Anwachsung der Erbteile der übrigen Erben (§ 2094)
   oder (Auslegung)
   c) insoweit gesetzliche Erbfolge

335 § 24 Die Bestimmung eines Ersatzerben

Schrifttum: *Britz*, Ersatzerbeneinsetzung statt Schlusserbeneinsetzung im Berliner Testament, RNotZ 201, 389; *Diederichsen*, Ersatzerbfolge oder Nacherbfolge, NJW 1965, 671; *Muscheler*, Zum Verhältnis von § 2069 BGB und Ersatznacherbeneinsetzung, JR 1995, 309; *Nieder*, Die ausdrücklichen oder mutmaßlichen Ersatzbedachten im deutschen Erbrecht, ZEV 1996, 241; *Schopp*, Anwachsung – Ersatzerbschaft, MDR 1978, 10.

Fälle:

a) E hat den A zum Erben und den B zum Ersatzerben eingesetzt. Drei Tage nach dem Erbfall stirbt B; 10 Tage nach dem Erbfall schlägt A die Erbschaft aus. Die gesetzlichen Erben des E und die Erben des B streiten sich um den Nachlass des E. **(Rdnr. 339)**

b) E hat A zu $1/2$, B zu $1/4$ und C zu $1/6$ zu Erben und auch gegenseitig zu Ersatzerben eingesetzt. B schlägt aus. **(Rdnr. 340)**

I. Begriff des Ersatzerben

Ersatzerbe ist der Erbe, der vom Erblasser für den Fall eingesetzt ist, dass ein anderer Erbe vor oder nach dem Eintritt des Erbfalls wegfällt (§ 2096). Die Ersatzerbfolge steht also unter der Bedingung, dass der zuerst Berufene nicht Erbe wird.

Beispiel: »Ich setze A und für den Fall, dass er nicht Erbe wird, B zu meinem Erben ein.« Stirbt A vor dem Erblasser oder schlägt er die Erbschaft aus, ist A niemals Erbe geworden. An seiner Stelle wird mit dem Erbfall der B Erbe des Erblassers.

Vom Ersatzerben ist der *Nacherbe* zu unterscheiden. Dieser wird erst Erbe, nachdem zunächst ein anderer (der Vorerbe) Erbe des Erblassers geworden ist (§ 2100). Bei der Nacherbfolge tritt also zweimal, bei der Ersatzerbschaft dagegen nur einmal eine Rechtsnachfolge ein.

Beispiel: »Zu meinem Erben setze ich A ein. Nach dessen Tode soll B mein Erbe sein.« Hier sollen A *und* B Erben werden, und zwar zeitlich nacheinander. Mit dem Tode des Erblassers wird A dessen Rechtsnachfolger; in dem vom Erblasser bestimmten Zeitpunkt (hier: beim Tod des A) wird B Rechtsnachfolger des Erblassers.

336 Ob jemand Ersatzerbe oder Nacherbe ist, hängt vom Erblasserwillen ab, der durch Auslegung zu ermitteln ist. Im Zweifelsfall greift die Auslegungsregel des § 2102 II ein, wonach der Eingesetzte als Ersatzerbe gilt.

337 Ist eine Einsetzung des B als Nacherbe vom Erblasser gewollt und wird der zum Vorerben eingesetzte A nicht Erbe (z. B. weil A vor dem Erblasser stirbt), dann wird man im Zweifel annehmen dürfen, dass der Erblasser für diesen Fall den als Nacherben eingesetzten B auch als Ersatzerben gewollt hätte. Deshalb liegt in der Einsetzung als Nacherbe im Zweifel auch die Erbeinsetzung als Ersatzerbe (§ 2102 I). Dagegen enthält im umgekehrten Fall die Einsetzung als Ersatzerbe nicht auch die Einsetzung als Nacherbe.

Erlebt also A den Erbfall und fällt er auch nicht nachträglich (z. B. durch Ausschlagung) weg, dann ist und bleibt er – trotz der Einsetzung des B als Ersatzerben – Erbe des Erblassers. Stirbt A, so geht sein Vermögen, wozu auch der Nachlass des Erblassers gehört, an seine Erben.

Mehrere Personen können hintereinander als Ersatzerben eingesetzt werden. **338**
Der Erblasser kann auch einen Ersatzerben für einen Vorerben oder für einen Nacherben bestimmen.

Beispiele: »Ich setze A, hilfsweise B, hilfsweise C zu meinem Erben ein.« Hier ist B Ersatzerbe für den Fall, dass A nicht Erbe wird. C ist Ersatzerbe für den Fall, dass auch B nicht Erbe wird. – »Ich setze A, hilfsweise X, als Vorerben und B, hilfsweise Y, als Nacherben ein.«

II. Voraussetzungen **339**

1. Wegfall eines Erben

Wegfall bedeutet, dass der (gewillkürte oder gesetzliche) Erbe nicht Erbe wird. Die Gründe des Wegfalls decken sich mit denen bei der Anwachsung.

(Zu der gesetzlichen Formulierung »vor oder nach dem Erbfall wegfällt« siehe auch die Bemerkung zu § 1935 [Rdnr. 63].)

Auch wenn der Erbe *nach* dem Erbfall wegfällt, muss es sich um solche Fälle handeln, in denen die Erbenstellung rückwirkend wieder beseitigt wird (z. B. Ausschlagung, Erklärung der Erbunwürdigkeit). Deshalb genügt es, dass der Ersatzerbe den Tod des Erblassers erlebt, wenn er auch vor der Ausschlagungserklärung des Erben stirbt. Im **Fall a** ist also der Ersatzerbe B Erbe des E geworden. Der Nachlass des E fällt mit dem Tode des B an dessen Erben.

2. Anordnung des Erblassers **340**

a) Der Ersatzerbe muss vom Erblasser eingesetzt sein; andernfalls kommt es bei Wegfall eines Erben zur Anwachsung. Es gibt keine vom Gesetz angeordnete Ersatzerbfolge ohne entsprechenden Erblasserwillen. Wohl kennt das Gesetz Auslegungsregeln (§§ 2069, 2102), nach denen im Zweifel ein auf Ersatzerbeinsetzung gerichteter Wille des Erblassers anzunehmen ist.

b) Der Erblasser kann anordnen, dass die Ersatzerbfolge nur in bestimmten Fällen des Wegfalls eines Erben eintreten soll.

Beispiel: Nur bei Vorversterben des Erben soll an dessen Stelle ein anderer treten. Dann kommt es z. B. bei Ausschlagung des Erben zur Anwachsung.

Nach § 2097 ist *im Zweifel* anzunehmen, dass Ersatzerbfolge sowohl für den Fall, dass der zunächst berufene Erbe nicht Erbe sein *kann*, als auch für den

Fall, dass er nicht Erbe sein *will*, angeordnet ist, selbst wenn der Erblasser nur für einen der beiden genannten Fälle einen Ersatzerben eingesetzt hat.

Maßgebend für diese Auslegungsregel ist die Vermutung, dass der Erblasser sich bei der Ersatzerbeinsetzung schlecht ausgedrückt hat: Obgleich er nur das Nichtkönnen oder nur das Nichtwollen des zunächst Eingesetzten genannt hat, meinte er beide Fälle. – Ist dagegen festzustellen, dass der Erblasser nur den genannten Fall gemeint hat, gilt das Gewollte.

c) Sind die Erben gegenseitig als Ersatzerben eingesetzt, so ist nach § 2098 I *im Zweifel* anzunehmen, dass sie nach dem Verhältnis ihrer Erbteile als Ersatzerben eingesetzt sind. Entsprechendes gilt im Zweifel, wenn nur für den Wegfall eines Erben die anderen als Ersatzerben eingesetzt sind.

Im **Fall b** fällt das Viertel des weggefallenen B im Verhältnis 3:1 an A und C. Demnach erhält A zu dem $^{1}/_{2}$ noch $^{3}/_{4}$ von $^{1}/_{4}$ = $^{3}/_{16}$, also insgesamt $^{1}/_{2} + ^{3}/_{16} = ^{33}/_{48}$. C bekommt zu dem $^{1}/_{6}$ noch $^{1}/_{4}$ von $^{1}/_{4}$ = $^{1}/_{16}$, also insgesamt $^{1}/_{6} + ^{1}/_{16} = ^{11}/_{48}$. $^{4}/_{48}$ entfallen auf die gesetzlichen Erben (§ 2088 II).

Sind Erben auf einen gemeinschaftlichen Erbteil eingesetzt und fällt einer von ihnen weg, so haben *im Zweifel* die übrigen auf den gemeinschaftlichen Erbteil eingesetzten Erben den Vorrang vor den übrigen Miterben (§ 2098 II). Erst wenn alle diese Vorrangigen weggefallen sind, kommen die übrigen Miterben als Ersatzerben in Betracht.

341 III. Wirkungen

Das Recht des Ersatzerben geht dem Anwachsungsrecht vor (§ 2099).

Wenn der Erbe wegfällt, ist der Ersatzerbe unmittelbar Erbe.

Ob eine der Erbeinsetzung beigefügte Bedingung auch für den Ersatzerben gelten soll, hängt vom Erblasserwillen ab. Eine Auslegungsregel hat das Gesetz dafür nicht aufgestellt[4].

342 IV. Zusammenfassung

Ersatzerbe ist der Erbe, der vom Erblasser für den Fall eingesetzt ist, dass ein anderer Erbe wegfällt. Der Ersatzerbe wird also mit dem Wegfall des anderen unmittelbar Erbe des Erblassers. Das Recht des Ersatzerben geht der Anwachsung vor.

4 Mot. V, 78.

Zweites Kapitel Beschränkung der Erben

§ 25 Die Vor- und Nacherbschaft 343

Schrifttum: *Avenarius*, Testamentsauslegung und »fallgruppentypische Sachlage« bei der Anordnung von Vor- und Nacherbfolge, NJW 1997, 2740; *Bestelmeyer*, »Herrschende Meinungen« im Bereich des Nacherbenrechts, Rpfleger 1994, 189; *Brox*, Die Bestimmung des Nacherben oder des Gegenstandes der Zuwendung durch den Vorerben, Festschrift f. Bartholomeyczik, 1973, 41; *Coing*, Die unvollständige Regelung der Nacherbfolge, NJW 1975, 521; *Damrau*, Beweisprobleme bei Vor- und Nacherbschaft, ZErb 2003, 281; *ders.*, Der Zeitpunkt des Nacherbfalls, wenn der Vorerbe wegfällt und der Nacherbe noch nicht geboren ist, ZEV 2004, 19; *de Leve*, Aufwendungen des Vorerben – Erstattungspflicht des Nacherben?, ZEV 2005, 16; *Dumoulin*, Nacherbenzustimmung zur Grundstücksüberlassung vom Vorerben an Nacherben, DNotZ 2003, 571; *Edenfeld*, Lebenslange Bindungen im Erbrecht, DNotZ 2003, 4; *Dillmann*, Verfügungen während der Vorerbschaft, RNotZ 2002, 1; *Dippel*, Zur Auslegung von Wiederverheiratungsklauseln in gemeinschaftlichen Testamenten und Erbverträgen, AcP 177, 349; *Finkenauer*, Die verschenkte Vorerbschaft, Jura 2001, 606; *Haegele*, Rechtsfragen zur Vor- und Nacherbschaft, Rpfleger 1971, 121; *ders.*, Wiederverheiratungsklauseln, Rpfleger 1976, 73; *Harder*, Unentgeltliche Verfügungen und ordnungsgemäße Nachlaßverwaltung des Vorerben, DNotZ 1994, 822; *Hefermehl*, Vor- und Nacherbfolge bei der Beteiligung an einer Personenhandelsgesellschaft, Festschrift f. H. Westermann, 1974, 223; *Heider*, Die Befugnis des Vorerben zu unentgeltlichen Verfügungen über Nachlaßgegenstände, ZEV 1995, 1; *Kanzleiter*, Der »unbekannte« Nacherbe, DNotZ 1970, 326; *ders.*, Ermächtigung des Vorerben zu Schenkungen aus dem Nachlaß, Festschrift f. Schippel, 1996, 287; *Keim*, Erbauseinandersetzung zwischen Vor- und Nacherben durch Freigabe aus der Nacherbenbindung?, DNotZ 2003, 822; *H. Köster*, Vor- und Nacherbschaft im Erbscheinsverfahren, Rpfleger 2000, 90 u. 133; *Ludwig*, Der »unbekannte« Nacherbe, DNotZ 1996, 995; *Lutter*, Zur Beschränkung des Vorerben im Gesellschaftsrecht, ZGR 1982, 108; *Maurer*, Fragen des (Eigen-)Erwerbs von Nachlaßgegenständen durch den Vor- oder Nacherben, DNotZ 1981, 223; *J. Mayer*, Der superbefreite Vorerbe? – Möglichkeiten und Grenzen der Befreiung des Vorerben, ZEV 2000, 1; *N. Mayer*, Ermächtigung des Vorerben zur Beseitigung der Nacherbschaft, ZEV 1996, 104; *G. Müller*, Möglichkeiten der Befreiung des Vorerben über § 2136 BGB hinaus, ZEV 1996, 179; *Musielak*, Zur Vererblichkeit des Anwartschaftsrechts eines Nacherben, ZEV 1995, 5; *Olzen*, Die Vor- und Nacherbschaft, Jura 2001, 726; *Petzoldt*, Vorerbschaft und Nießbrauchsvermächtnis, BB 1975, Beil. 6; *Prölss*, Die Stellung des Vorerben bei beendeter Gütergemeinschaft, JZ 1970, 95; *Ricken*, Die Verfügungsbefugnis des nicht befreiten Vorerben, AcP 2002, 465; *Rossak*, Problematik der gegenständlichen Beschränkung einer zeitlich gestuften Sukzession, insbesondere bei Vor- und Nacherbfolge, ZEV 2005, 14; *Sarres*, Auskunftspflichten bei Vor- und Nacherbschaft, ZEV 2004, 56; *Schmidt-Kessel*, Erbrecht in der Rechtsprechung des Bundesgerichtshofs 1985 bis 1987, WM 1988, Sonderbeil. 8, 10; *Voit*, Außergewöhnliche notwendige Aufwendungen des Vorerben zur Erhaltung der Erbschaft und ihre Finanzierung durch Kredite, ZEV 1994,

138; *Werkmüller*, Bankrechtliche Probleme der Vor- und Nacherbschaft, ZEV 2004, 276; *Wolf*, Dingliche Surrogation und Wertersatz bei der Nacherbschaft, JuS 1981, 14; *Wübben*, Zur Zulässigkeit unentgeltlicher Verfügungen durch den Vorerben, ZEV 2000, 30.

Fälle:

a) Im Testament heißt es u. a.: »Meine Tochter ist meine Erbin. Meine Frau soll aber zeitlebens die Nutznießung am Nachlass haben.« Ist die Frau Vorerbin? **(Rdnr. 346)**

b) Die Frau ist als Vorerbin, die Tochter als Nacherbin eingesetzt. Nach dem Tode des Erblassers stirbt die Tochter. Wer ist nun Nacherbe? Der Ehemann der Tochter, deren Kinder oder niemand? **(Rdnr. 357)**

c) Die Vorerbin veräußert ein Nachlassgrundstück an K. Was kann die Nacherbin tun? **(Rdnr. 362)**

d) Ein Gläubiger der Vorerbin hat wegen einer Geldforderung ein Klavier gepfändet, das zum Nachlass gehört. Zulässig? – Was kann die Nacherbin tun? – Kann der Gläubiger mit einer Forderung aus einem mit der Vorerbin geschlossenen Kaufvertrag gegen eine zum Nachlass gehörende Forderung aufrechnen? **(Rdnr. 365)**

I. Begriff und Bedeutung

1. Begriff

Nacherbe ist die vom Erblasser eingesetzte Person, die erst Erbe wird, nachdem zunächst ein anderer Erbe geworden ist (§ 2100). Demnach ist *Vorerbe* die Person, die zeitlich vor dem Nacherben Erbe des Erblassers geworden ist.

Beispiel: »Ich setze meine Frau zur Erbin und im Falle ihres Todes meinen Sohn zum Erben ein.« Die Frau ist Vorerbin, der Sohn Nacherbe.

Vor- und Nacherbe sind Erben des Erblassers, aber zeitlich nacheinander. Sie bilden also keine Erbengemeinschaft wie die Miterben; diese sind gleichzeitig und nebeneinander Erben des Erblassers.

Möglich ist allerdings, dass mehrere Personen zusammen Vor- oder Nacherben sind. Dann bilden die Vor- bzw. Nacherben jeweils eine Miterbengemeinschaft.

Beispiel: »Meine Söhne sind Vorerben bis zum 31. 12. 2025. Dann fällt die Erbschaft den Enkelkindern zu.«

Der Vorerbe kann auch Mitnacherbe sein.

Setzt z. B. der Erblasser seine Frau als Vorerbin ein und soll nach deren Wiederheirat die Erbschaft der Frau und dem Sohn je zur Hälfte zustehen, so ist die Frau als Vorerbin Alleinerbin und neben dem Sohn auch Mitnacherbin.

(Zum Unterschied zwischen Nach- und Ersatzerben siehe Rdnr. 335.)

2. *Bedeutung* 344

Durch Vor- und Nacherbfolge kann der Erblasser auf längere Zeit die Zuordnung seines Vermögens bestimmen (zeitliche Grenze: § 2109; Rdnr. 354). Das dient oft dazu, der Familie des Erblassers das Vermögen zu erhalten.

Der Erblasser kann z. B. durch Anordnung von Vor- und Nacherbschaft seine Frau als Alleinerbin einsetzen, ohne dadurch seine Kinder leer ausgehen zu lassen. Bestimmt er nämlich seine Frau zur alleinigen Vorerbin, steht diese sich insoweit besser als bei der gesetzlichen Erbfolge, da sie nicht nur Miterbin zu einem Bruchteil neben den Kindern ist. Die Einsetzung der Kinder (z. B. aus erster Ehe) als Nacherben verhindert andererseits, dass die Frau als Alleinerbin das von ihrem Mann ererbte Vermögen anderen Personen zuwendet oder dass es an die gesetzlichen Erben der Frau fällt.

Der Erblasser kann mit der Anordnung einer Nacherbfolge auch das Ziel verfolgen, dass der eingesetzte Erbe eine Handlung unterlässt oder vornimmt.

Beispiele: Der Nacherbfall soll eintreten, wenn der Vorerbe eine strafbare Handlung begeht. – Damit sein Sohn möglichst bald sein Referendarexamen macht, setzt der Erblasser ihn zum Nacherben für den Fall ein, dass er die Prüfung besteht.

II. Anordnung der Nacherbschaft 345

1. *Bestimmung durch Verfügung von Todes wegen*

Nur durch eine Verfügung von Todes wegen kann eine Nacherbschaft angeordnet werden. Das BGB kennt keinen Fall der *gesetzlich* bestimmten Nacherbfolge.

2. *Auslegung der Verfügung von Todes wegen* 346

Ob und in welchem Umfange eine Vor- und Nacherbschaft vom Erblasser gewollt ist, muss durch Auslegung der Verfügung von Todes wegen ermittelt werden (dazu: Rdnr. 198 ff.).

Im **Fall a** kann der Erblasser gewollt haben, dass seine Tochter Erbin sein und seiner Frau ein Nießbrauchsvermächtnis, also ein Anspruch gegen die Tochter auf Einräumung des Nießbrauchs am Nachlass, zustehen soll. Möglich ist aber auch, dass trotz des entgegenstehenden Wortlauts Vor- und Nacherbfolge gewollt war. Maßgebend ist, ob die Frau im Zeitpunkt des Erbfalls »Herr des Nachlasses« werden sollte[1]. Trifft das zu, ist sie Vorerbin. Sollte der Frau dagegen nur ein schuldrechtlicher Anspruch gegen den Erben auf Einräumung eines Nutzungsrechts am Nachlass zustehen, liegt ein Nießbrauchsvermächtnis vor.

Gegen die Annahme einer Vor- und Nacherbschaft spräche es auch nicht, wenn der Erblasser die Verfügungsbefugnis über die §§ 2113–2115 hinaus eingeschränkt hätte.

1 BGH LM Nr. 2 zu § 2100 BGB; BayObLG Rpfleger 1981, 64.

Denn solche weitergehenden Beschränkungen, die der Erblasser durch Auflagen anordnen kann[2], haben nur schuldrechtlichen Charakter; sie ändern aber nichts an der Erbeinsetzung zum Vorerben.

347 Führt die Auslegung zu keinem Ergebnis, ist auf die Auslegungsregeln der §§ 2101 ff. zurückzugreifen.

a) Eine im Zeitpunkt des Erbfalls noch nicht erzeugte Person kann nicht Erbe sein (§ 1923; Rdnr. 7 ff.); für die Nacherbfolge kommt es aber nicht auf den Zeitpunkt des Erbfalls, sondern auf den des Nacherbfalls an (§§ 2108 I, 1923). Setzt nun der Erblasser jemanden zum Erben ein, der beim Erbfall noch nicht erzeugt ist, so kann die Einsetzung nur als Nacherbeneinsetzung wirksam sein. Daher bestimmt § 2101 I 1, dass im Zweifel eine Nacherbeneinsetzung als gewollt anzunehmen ist[3]. Ergibt allerdings die Auslegung einen anderen Erblasserwillen, ist die Erbeinsetzung eines beim Erbfall noch nicht Erzeugten unwirksam (§ 2101 I 2). Entsprechendes gilt bei der Einsetzung einer juristischen Person, die erst nach dem Erbfall entsteht (§ 2101 II).

Ist eine Nacherbfolge anzunehmen, so tritt der Nacherbfall mit der Geburt des Erben bzw. der Entstehung der juristischen Person ein (§ 2106 II). Bis dahin kann ein Pfleger bestellt werden (§ 1913, 2).

348 b) Die Einsetzung als Nacherbe enthält im Zweifel auch die Einsetzung als Ersatzerbe (§ 2102 I; Rdnr. 337).

Bei Zweifeln darüber, ob der Erblasser jemanden als Ersatzerben oder als Nacherben gewollt hat, gilt der Eingesetzte als Ersatzerbe (§ 2102 II; Rdnr. 336).

349 c) Enthält eine Verfügung von Todes wegen die Bestimmung, dass der Erbe mit dem Eintritt eines Zeitpunktes oder Ereignisses die Erbschaft oder einen Erbteil einem anderen herausgeben soll, so muss ermittelt werden, ob der Erblasser eine Nacherbfolge oder nur ein Vermächtnis gewollt hat. Führt die Auslegung nicht zum Ziel, ist nach § 2103 Nacherbeneinsetzung anzunehmen.

350 d) Hat der Erblasser nur einen Vorerben und keinen Nacherben oder hat er umgekehrt nur einen Nacherben und keinen Vorerben benannt, so muss zunächst durch Auslegung geklärt werden, was für die nicht ausdrücklich geregelte Nach- bzw. Vorerbfolge gelten soll.

Gelangt man damit zu keinem Ergebnis, ist nach § 2104 Satz 1 anzunehmen, dass diejenigen als Nacherben eingesetzt sind, die gesetzliche Erben des Erblassers sein würden, wenn er zur Zeit des Nacherbfalls gestorben wäre. Dem vermuteten Erblasserwillen entspricht es aber regelmäßig nicht, dass der Fiskus Nacherbe wird (§ 2104 Satz 2). – Die Auslegungsregel des § 2104 findet grundsätzlich keine Anwendung, wenn der Erblasser einen Nacherben bestimmt hat,

2 Vgl. BGH LM Nr. 2 zu § 2100 BGB.
3 Vgl. OLG Köln NJW-RR 1992, 1417.

die Einsetzung aber unwirksam ist; denn § 2104 setzt gerade voraus, dass ein Nacherbe nicht benannt worden ist[4].

Nach § 2105 I sind im umgekehrten Falle die gesetzlichen Erben des Erblassers Vorerben. Hier ist der Fiskus nicht ausgenommen. Das beruht darauf, dass schließlich einer (Vor-)Erbe sein muss, damit eine herrenlose Erbschaft vermieden wird.

Auch im Falle des § 2105 I geht ein anderer Erblasserwille der gesetzlichen Regelung vor; denn es ist kein überzeugender Grund dafür ersichtlich, dass hier etwas anderes als bei § 2104 gelten soll. Der unterschiedliche Wortlaut allein rechtfertigt keine unterschiedliche Behandlung.

§ 2105 I gilt auch für den Fall der Nacherbfolge gem. § 2101 (Rdnr. 347; § 2105 II).

e) Hat der Erblasser einen Abkömmling (Kind, Enkelkind) zum Vorerben und für die Zeit nach dessen Tod einen Dritten zum Nacherben bestimmt, so kann die Nacherbeneinsetzung des Dritten darauf beruhen, dass der zum Vorerben eingesetzte Abkömmling keinen Abkömmling hatte oder aber der Erblasser von der Existenz eines solchen Abkömmlings bei der Errichtung einer Verfügung von Todes wegen nichts wusste. Hinterlässt der Vorerbe bei seinem Tode nun doch einen Abkömmling, so kann es dem Willen des Erblassers entsprechen, dass der Nachlass nicht auf einen Familienfremden übergehen soll. Auf dieser Überlegung beruht die Regelung des § 2107: Es ist, wenn kein anderer Erblasserwille zu ermitteln ist, davon auszugehen, der Nacherbe sei nur für den Fall eingesetzt, dass der Abkömmling des Erblassers ohne Nachkommenschaft stirbt. Das gilt auch dann, wenn der eingesetzte Nacherbe ebenfalls ein Abkömmling des Erblassers ist und mit diesem sogar näher verwandt ist als der Nachkomme des eingesetzten Vorerben[5]. Der als Vorerbe Eingesetzte ist, wenn er Abkömmlinge hinterlässt, als Vollerbe anzusehen. Es ist aber besonders sorgfältig zu prüfen, ob der Abkömmling des Abkömmlings nicht als Nacherbe gewollt ist. 351

f) Setzen Ehegatten sich gegenseitig als Erben ein und bestimmen sie, dass nach dem Tode des Überlebenden ein Dritter erben soll, so kann damit Vor- und Nacherbfolge gemeint sein. Nach der Auslegungsregel des § 2269 I ist aber anzunehmen, dass der überlebende Ehegatte (Voll-)Erbe des erstversterbenden Gatten und der Dritte (Voll-)Erbe des längstlebenden Gatten werden soll (Rdnr. 189). 352

g) Hat der Erblasser mehrere Personen zu Vorerben eingesetzt, so stellt sich beim Wegfall eines der Vorerben das Problem, was mit dessen Erbanteil geschieht (1). Soweit der Anteil dem oder den Mitvorerben zufällt, fragt es sich, 353

4 Vgl. BGH FamRZ 1986, 462, 463.
5 BGH NJW 1981, 2743.

ob beim Eintritt des Nacherbfalls das Recht das Nacherben sich auch auf diesen Anteil erstreckt (2).

(1) Beim Wegfall eines von mehreren Vorerben sind die folgenden Fälle zu unterscheiden:

(a) Verstirbt ein Mitvorerbe vor dem Erbfall oder fällt er nach dem Erbfall mit Wirkung auf diesen weg (z. B. durch Ausschlagung, § 1953; Rdnr. 308), dann tritt, wenn der Erblasser nichts anderes bestimmt hat, der Nacherbe als Ersatzerbe an die Stelle des Weggefallenen (§ 2102 I; Rdnr. 348). Der Anteil des weggefallenen Vorerben wächst nicht nach § 2094 I dem oder den Mitvorerben an; denn das Recht des Ersatzerben geht dem Anwachsungsrecht vor (§ 2099). Auch § 2105 I greift hier nicht ein. Diese Vorschrift kommt schon deshalb nicht in Betracht, weil sie eine Anordnung des Erblassers voraussetzt, wonach die Erbschaft dem eingesetzten Erben erst mit Eintritt eines bestimmten Zeitpunktes oder Ereignisses zufallen, der Eingesetzte also lediglich Nacherbe und nicht zugleich auch Ersatzerbe sein soll.

Hat der Erblasser eine Ersatzerbfolge das Nacherben ausgeschlossen, so wächst der Anteil der weggefallenen Vorerben nach § 2094 I dem Mitvorerben an. § 2105 I ist auch hier nicht anwendbar; denn aus § 2094 I ist zu entnehmen, dass – sofern der Erblasser nichts anderes bestimmt hat – die eingesetzten Erben den gesetzlichen vorgehen sollen.

Die Vorschrift des § 2105 I greift erst dann ein, wenn der Erblasser nicht nur die Ersatzerbfolge des Nacherben, sondern auch die Anwachsung ausgeschlossen hat. In einem solchen Fall treten die gesetzlichen Erben des Erblassers an die Stelle des mit Wirkung auf den Erbfall weggefallenen Mitvorerben.

(b) Stirbt der Vorerbe nach dem Erbfall, so tritt regelmäßig der Nacherbfall ein (§ 2106 I). Hat der Erblasser aber gewollt, dass der Nacherbe die Erbschaft erst mit Eintritt eines bestimmten Zeitpunktes oder Ereignisses und nicht früher erhalten soll, dann rücken, falls der Vorerbe vorher stirbt, dessen gesetzliche oder gewillkürte Erben bis zum Eintritt des Nacherbfalls in die Stellung des Verstorbenen ein. Eine Anwachsung nach § 2094 I scheidet aus; denn sie setzt einen Wegfall des Vorerben mit Rückwirkung auf den Zeitpunkt des Erbfalls nach dem Erblasser voraus. Für die Anwendung des § 2105 I ist kein Raum, weil der Erblasser in seiner Verfügung von Todes wegen bestimmt hat, wer bis zum Eintritt des Nacherbfalls Vorerbe sein soll. – Die Vorschrift greift jedoch dann ein, wenn nach dem Willen des Erblassers bei einem vorzeitigen Tod des Vorerben dessen Erben auf keinen Fall den Anteil erhalten sollen. Da hier für die Zeit nach dem Tode des Vorerben bis zum Eintritt des Nacherbfalls nicht bestimmt ist, wer Erbe sein soll, sind nach § 2105 I die gesetzlichen Erben des Erblassers Vorerben hinsichtlich des Erbteils des Verstorbenen.

(2) Soweit einem Vorerben beim Wegfall eines Miterben dessen Erbteil zufällt (nach § 1935, § 2094 oder § 2096), geht auch dieser Anteil beim Nacherbfall auf den Nacherben über, es sei denn, dass der Erblasser etwas anderes angeordnet hat.

Ein dem Vorerben zugewendetes Vorausvermächtnis fällt im Zweifel nicht an den Nacherben (§ 2110 II).

354 *3. Bestimmung des Eintritts der Nacherbfolge*

Der Erblasser kann den Zeitpunkt oder das Ereignis, mit dem die Nacherbfolge eintreten soll, bestimmen (arg. § 2106 I).

Nacherben eingesetzt und schlägt eine von ihnen aus, so wächst der Anteil des Ausschlagenden den Mitnacherben gem. § 2094 I nur an, wenn der Erblasser sowohl eine Ersatznacherbfolge nach § 2069 als auch die Regelung des § 2142 II nicht gewollt hat.

Da der Nacherbe schon zwischen Erb- und Nacherbfall ausschlagen kann, muss es auch möglich sein, dass er zu dieser Zeit bereits annehmen kann. Eine solche Annahme wird regelmäßig in der Verfügung über das Anwartschaftsrecht liegen. Dadurch wird auch der Erwerber oder Pfandgläubiger des Anwartschaftsrechts geschützt; er läuft nicht Gefahr, dass der Nacherbe später noch ausschlägt.

IV. Rechtsstellung des Vorerben 361

Mit dem Erbfall wird der Vorerbe Herr des Nachlasses (§ 1922). Aber mit dem Nacherbfall hört er auf, Erbe zu sein, und die Erbschaft fällt dem Nacherben an (§ 2139). Dieser wird vom Gesetz auf mehrfache Weise davor geschützt, dass die Erbschaft vom Vorerben zum Nachteil des Nacherben geschmälert wird.

1. Verfügungsfreiheit und Verfügungsbeschränkungen

a) Grundsätzlich kann der Vorerbe nach dem Erbfall und vor dem Nacherbfall über die zur Erbschaft gehörenden Gegenstände verfügen (§ 2112).

Der Vorerbe soll also insoweit besser stehen als der Nießbraucher; denn er ist wirklicher Erbe. Die Regelung dient dem Vorerben und auch dem Rechtsverkehr.

b) Dieser Grundsatz wird durch die §§ 2113–2115 im Interesse des Nacher- 362
ben nicht unerheblich eingeschränkt.

(1) Verfügungen des Vorerben über zur Erbschaft gehörende *Grundstücke* oder *Grundstücksrechte* sind beim Eintritt der Nacherbfolge insoweit unwirksam, als sie das Recht des Nacherben vereiteln oder beeinträchtigen würden (§ 2113 I). Das gilt nicht für die zugrunde liegenden Verpflichtungsgeschäfte.

Aus dem Gesetzeswortlaut und den Motiven[17] ist zu entnehmen, dass der Gesetzgeber hier nicht eine nur dem Nacherben gegenüber wirkende (relative) Unwirksamkeit (vgl. § 135), sondern eine gegenüber jedermann wirkende (absolute) Unwirksamkeit gewollt hat[18]. Vorbilder waren die §§ 161, 163 (Bedingung, Zeitbestimmung).

(a) Die Verfügung des Vorerben wird unwirksam, wenn bei Eintritt des Nacherbfalls das Recht des Nacherben vereitelt oder beeinträchtigt wird.

Eine Vereitelung oder Beeinträchtigung des Rechts des Nacherben wird regelmäßig vorliegen, wenn der Vorerbe über ein Grundstück oder ein Grundstücksrecht (vor allem Hypothek, Grundschuld, Rentenschuld) verfügt. Das gilt auch dann, wenn ein entsprechendes Entgelt für die Verfügung in den

17 Mot. V, 116.
18 Vgl. BGHZ 52, 269, 270.

Nachlass fällt; denn es kommt nach dem Gesetz nur auf eine rechtliche und nicht auf eine wirtschaftliche Betrachtungsweise an.

Im **Fall c** wird die Nacherbin mit dem Nacherbfall Eigentümerin des Grundstücks. Das Grundbuch wird unrichtig; die Nacherbin kann von K eine Berichtigungsbewilligung (§ 894) verlangen. Ihr steht der Herausgabeanspruch (§ 985) zu. Vor dem Nacherbfall ist K Eigentümer. Doch kann die Nacherbin unter den Voraussetzungen des § 256 ZPO gegen die Vorerbin und K eine Feststellungsklage erheben[19].

Auch eine Verfügung des Vorerben, die der Erfüllung einer Nachlassverbindlichkeit (etwa einer Erblasserschuld oder eines Vermächtnisses) dient, vereitelt oder beeinträchtigt das Recht des Nacherben. Sie ist daher nur wirksam, wenn der Nacherbe ihr zustimmt, wozu er nach § 2120 verpflichtet ist[20]. Zum Teil wird zwar die Ansicht vertreten, eine derartige Verfügung sei für den Nacherben nicht rechtlich nachteilig, weil eine Nachlassverbindlichkeit getilgt werde; deshalb sei die Zustimmung des Nacherben nicht erforderlich[21]. Diese Auffassung ist jedoch abzulehnen. Nach § 2113 kommt es allein darauf an, ob die Verfügung den Nacherben benachteiligt; die Verfügung selbst ist aber auch dann für den Nacherben rechtlich nachteilig, wenn sie der Erfüllung einer Nachlassverbindlichkeit dient. Dass eine solche Verfügung ohne Zustimmung des Nacherben unwirksam ist, ergibt sich zudem aus § 2120. Nach dieser Vorschrift ist der Nacherbe verpflichtet, in eine der Berichtigung einer Nachlassverbindlichkeit dienende Verfügung einzuwilligen, soweit der Vorerbe die Verfügung nicht mit Wirkung gegen den Nacherben vornehmen kann. Diese Verpflichtung des Nacherben wäre entbehrlich, wenn die auf die Erfüllung einer Nachlassverbindlichkeit gerichtete Verfügung nicht unter § 2113 I fiele. – Nach anderer Auffassung ist eine Verfügung des Vorerben, mit welcher dieser ein Vermächtnis oder eine Teilungsanordnung des Erblassers erfüllt, zwar rechtlich nachteilig; sie soll aber ohne Zustimmung des Nacherben wirksam sein, weil anzunehmen sei, dass der Erblasser den Vorerben insoweit gem. § 2136 von den Beschränkungen des § 2113 I befreit habe[22]. Aus der Anordnung eines Vermächtnisses oder aus einer Teilungsanordnung kann jedoch allein noch nicht auf eine Befreiung des Vorerben geschlossen werden. Ob der Erblasser den Vorerben insoweit von den Beschränkungen des § 2113 I befreien wollte, ist vielmehr im Einzelfall durch Auslegung zu klären.

Eine Verfügung des Vorerben, die sich auf die Zeit der Vorerbschaft beschränkt (z. B. Nießbrauch, Hypothek bis zum Nacherbfall), ist wirksam; denn durch sie wird die Stellung des Nacherben nicht verschlechtert.

(b) Die Unwirksamkeit der genannten Verfügungen wird vom Gesetz im Interesse des Nacherben bestimmt. Es lassen sich aber Fälle denken, in denen der Nacherbe nicht schutzwürdig und deshalb die Verfügung wirksam ist:

19 BGHZ 52, 269, 271; OLG Oldenburg NJW-RR 2002, 728; *Bamberger/Roth/Litzenburger*, § 2113 Rdnr. 19; *Erman/Schmidt*, § 2113 Rdnr. 7; *Palandt/Edenhofer*, § 2113 Rdnr. 12.
20 MünchKomm/*Grunsky*, § 2113 Rdnr. 13.
21 *Staudinger/Avenarius*, § 2113 Rdnr. 5; *Schlüter*, Rdnr. 752.
22 RGRK/*Johannsen*, § 2113 Rdnr. 50.

Der Erblasser kann bestimmen, dass die Beschränkung des § 2113 I nicht gelten soll (§ 2136, befreiter Vorerbe; Rdnr. 381 ff.). Zum anderen kann der Nacherbe der Verfügung des Vorerben zustimmen. § 185 gilt entsprechend[23].

Auch in den Fällen des § 185 II ist die Verfügung des Vorerben wirksam, wenn z. B. der Vorerbe vom Nacherben beerbt wird. Zwar spricht § 185 vom Nichtberechtigten; die Bestimmung ist dennoch hier anzuwenden, da der Vorerbe zwar Berechtigter, aber auch bedingt Nichtberechtigter ist.

Schließlich ist der Nacherbe dann weniger schutzwürdig als der erwerbende Dritte, wenn dieser gutgläubig (§ 2113 III; vgl. § 161 III) ist. Weiß der Erwerber nichts von der Verfügungsbeschränkung, wird er zum Nachteil des Nacherben geschützt.

Beispiele: Dem Erwerber ist nicht bekannt, dass das Grundstück oder Grundstücksrecht zum Nachlass gehört, dass Nacherbfolge angeordnet ist. Der Erwerber geht irrig von befreiter Vorerbschaft aus.

Hat K im **Fall c** gutgläubig erworben (§§ 2113 III, 892), hat die Nacherbin beim Nacherbfall das Eigentum am Grundstück nicht erworben. Sie hat keine Ansprüche gegen K. Wohl kann sie von der Vorerbin bzw. deren Erben gem. § 816 I 1 das Erlangte begehren.

Damit der Nacherbe vor dem gutgläubigen Erwerb durch einen Dritten (§ 2113 III) geschützt wird, ist der Nacherbenvermerk von Amts wegen im Grundbuch einzutragen (§ 51 GBO) und die Anordnung einer Nacherbfolge im Erbschein anzugeben (§ 2363).

Der Nacherbenvermerk im Grundbuch bewirkt keine Grundbuchsperre.

Liegen also die grundbuchmäßigen Voraussetzungen für die Eintragung des Käufers eines Nachlassgrundstücks als Eigentümer vor, dann muss er eingetragen werden, ohne dass eine Zustimmungserklärung des Nacherben verlangt werden darf (**Fall c**). Durch Auflassung und Eintragung (§§ 925, 873) wird der Käufer Eigentümer des Grundstücks.

(2) Die Verfügungsmacht des Vorerben ist auch bei *unentgeltlichen Verfügungen* und bei *Verfügungen zur Erfüllung eines von ihm erteilten Schenkungsversprechens* entsprechend beschränkt (§ 2113 II). Solche Verfügungen sind unwirksam, sofern sie das Recht des Nacherben beim Nacherbfall beeinträchtigen. Der Nacherbe soll vor solchen Verfügungen geschützt werden, auch wenn es sich dabei nicht um Grundstücke oder Grundstücksrechte, sondern etwa um bewegliche Sachen oder um Forderungen handelt; denn es gelangt kein entsprechender Gegenwert in den Nachlass. Aus dem Sinn der Vorschrift ergibt sich, dass darunter nicht nur Verfügungen fallen, denen eine Schenkung oder eine gemischte Schenkung zugrunde liegt, sondern auch solche, die rechtsgrundlos erfolgen. **363**

Die *Unentgeltlichkeit* der Verfügung bestimmt sich nach objektiven und subjektiven Kriterien. Sie liegt *objektiv* vor, wenn die durch die Verfügung eintre-

23 BGHZ 40, 115.

tende Verringerung des Nachlasses nicht durch Zuführung eines entsprechenden Vermögensvorteils aufgewogen wird[24]. Das objektive Moment ist nicht allein entscheidend; denn sonst wären alle Verfügungen unwirksam, die vom Vorerben zur Erfüllung eines Kaufvertrages mit objektiv zu niedrigem Kaufpreis vorgenommen werden. Deshalb wird von der Rechtsprechung mit Recht außerdem noch ein *subjektives* Moment für die Unentgeltlichkeit gefordert: Der Vorerbe erkennt oder muss bei ordnungsgemäßer Verwaltung (vgl. §§ 2120, 2130) erkennen, dass eine gleichwertige Gegenleistung dem Nachlass nicht zufließt[25]. Maßgebend ist, ob der Vorerbe als ordentlicher Vermögensverwalter unter Berücksichtigung der Umstände des Einzelfalles und im Hinblick auf seine künftige Herausgabepflicht gegenüber dem Nacherben (§ 2130) verfügen durfte. Entscheidend für die Beurteilung ist der Zeitpunkt der Vornahme der Verfügung (Beispiel: Veräußerung gegen Reichsmark kurz vor der Währungsreform). Ob der Nacherbe durch die Verfügung in seinem Recht beeinträchtigt wird, richtet sich allerdings nach dem Zeitpunkt des Nacherbfalles[26].

Ist die Verfügung teils entgeltlich und teils unentgeltlich (gemischte Schenkung, Freundeskauf), soll nach st. Rspr.[27] und h. L.[28] die ganze Verfügung unwirksam sein. Nach dieser Ansicht braucht der Erwerber das Herausgabeverlangen des Nacherben jedoch nur Zug um Zug gegen Rückgewähr der erbrachten Gegenleistungen zu erfüllen[29]. U. E. ist dagegen den Interessen des Nacherben genügt, wenn der Erwerber bereit ist, für den unentgeltlichen Teil ein angemessenes Entgelt zu zahlen; denn der Nacherbe hat kein Recht auf bestimmte Nachlassgegenstände, sondern nur auf Erhaltung des Nachlasswertes[30].

Von der Verfügungsbeschränkung ausgenommen sind gem. § 2113 II 2 Pflicht- und Anstandsschenkungen (vgl. auch § 534).

Nach dem Sinn der Bestimmung muss die sittliche Pflicht und die Rücksicht auf den Anstand gerade im Hinblick auf die Leistung aus dem Nachlass des Erblassers bestehen. Es genügt also nicht, wenn z. B. eine sittliche Pflicht lediglich des Vorerben besteht.

Der Erblasser kann den Vorerben zwar von gewissen Verfügungsbeschränkungen befreien (befreite Vorerbschaft; Rdnr. 382); er kann ihm aber nicht gestatten, unentgeltlich zu verfügen (§ 2136).

Der befreite Vorerbe kann demnach über Grundstücke und Grundstücksrechte entgeltlich verfügen, *nicht* aber unentgeltlich. Der Grundbuchrichter müsste, wenn ein Nacherbenvermerk eingetragen ist, bei jeder Eintragung verlangen, dass der Nachweis der Ent-

24 BGHZ 7, 274.
25 BGH NJW 1984, 366; 1991, 842.
26 RGZ 159, 385, 393.
27 BGHZ 7, 279; BGH LM Nr. 1 zu § 2113 BGB; NJW 1985, 382, 383.
28 *Erman/Schmidt*, § 2113 Rdnr. 17; *Palandt/Edenhofer*, § 2113 Rdnr. 12; *Soergel/Harder/Wegmann*, § 2113 Rdnr. 22; *Staudinger/Avenarius*, § 2113 Rdnr. 65 ff.
29 BGH NJW 1985, 382, 383; FamRZ 1990, 1344, 1345.
30 Ebenso: MünchKomm/*Grunsky*, § 2113 Rdnr. 28.

geltlichkeit in grundbuchmäßiger Form erbracht wird (§ 29 I 2 GBO). Da das nur selten möglich sein wird, lässt man es in der Praxis grundsätzlich ausreichen, dass die Entgeltlichkeit aus den überreichten Urkunden entnommen werden kann. Ergeben sich insoweit Zweifel, ist eine Nachprüfung erforderlich.

Der überlebende Ehegatte kann als befreiter Vorerbe über die zum Gesamtgut gehörenden Grundstücke auch unentgeltlich verfügen, solange keine Auseinandersetzung stattgefunden hat[31]. Denn der Gegenstand des Gesamtguts ist kein Nachlassgegenstand[32].

Der Gutglaubensschutz des § 2113 III kommt auch bei unentgeltlicher Verfügung in Betracht (vgl. § 892 für Grundstücke und Grundstücksrechte, §§ 932 ff. für bewegliche Sachen). Erwirbt der Dritte gutgläubig unentgeltlich, besteht gegen ihn ein Anspruch aus § 816 I 2.

(3) *Kündigt* der Vorerbe eine zur Erbschaft gehörende *Hypothekenforderung, Grundschuld, Rentenschuld und zieht er sie ein*, so verfügt er über ein Grundstücksrecht. In Abweichung von § 2113 I ist nach § 2114 der Vorerbe zu solchen Verfügungen ohne Zustimmung des Nacherben befugt. Damit aber der Nacherbe nicht benachteiligt wird, kann der Vorerbe nur Zahlung an sich verlangen, wenn er die Einwilligung des Nacherben beibringt. Andernfalls steht ihm lediglich ein Anspruch auf Hinterlegung für sich und den Nacherben zu (§ 2114 Satz 2). Über den hinterlegten Betrag können beide nur gemeinsam verfügen. Der Erblasser kann den Vorerben von der Beschränkung des § 2114 Satz 2 befreien (§ 2136). **364**

Die Kündigung des Vorerben ist auch dann wirksam, wenn sie gegenüber dem persönlichen Schuldner erfolgt, der nicht Grundstückseigentümer ist. – Wenn der Vorerbe allein kündigen kann, dann muss auch eine Kündigung des Schuldners nur gegenüber dem Vorerben (und nicht auch gegenüber dem Nacherben) wirksam sein.

Andere als in § 2114 Satz 1 genannte Verfügungen des Vorerben fallen unter § 2113 (§ 2114 Satz 3).

(4) Zu den Verfügungen rechnet § 2115 auch *Zwangsvollstreckungen gegen den Vorerben* (Zwangsverfügungen). **365**

Vollstreckt ein persönlicher Gläubiger des Vorerben wegen einer Geldforderung in einen Nachlassgegenstand, so kann dadurch das Recht des Nacherben beeinträchtigt werden. Durch Versteigerung des gepfändeten Gegenstandes wird nämlich der Nachlass geschmälert. Deshalb ist eine solche Zwangsverfügung beim Eintritt des Nacherbfalls insoweit unwirksam, als sie das Recht des Nacherben vereiteln oder beeinträchtigen würde (§ 2115 Satz 1).

31 BGHZ 26, 378 für westf. Gütergemeinschaft; BGH NJW 1964, 768 für Errungenschaftsgemeinschaft.

32 Vgl. auch BGH FamRZ 1976, 338.

Das gilt ebenfalls für Zwangsvollstreckungen in solche Gegenstände, über die der Vorerbe frei verfügen kann (z. B. bewegliche Sachen; **Fall d**). Auch eine Befreiung durch den Erblasser kommt hier nicht in Betracht (§ 2136).

Liegen die Voraussetzungen des § 2115 Satz 1 vor, erwirbt der Gläubiger das Recht selbst dann nicht, wenn er gutgläubig ist (z. B. wenn er nicht weiß, dass der gepfändete Gegenstand zum Nachlass gehört); denn einen Gutglaubensschutz kennt unsere Rechtsordnung nur beim rechtsgeschäftlichen Erwerb, nicht beim Erwerb im Wege der Zwangsvollstreckung.

§ 2115 Satz 1 ist zusammen mit § 773 ZPO[33] zu lesen. Danach darf der Nacherbe nicht der Pfändung, sondern nur der Veräußerung der gepfändeten Sache (bzw. der Überweisung der gepfändeten Forderung) widersprechen. Der Klageantrag der Drittwiderspruchsklage (§ 771 ZPO) gegen den pfändenden Gläubiger lautet: »Es wird für unzulässig erklärt, dass der (genau zu bezeichnende) Gegenstand im Wege der Zwangsvollstreckung veräußert (bzw. überwiesen) wird.« Die Pfändung allein beeinträchtigt den Nacherben nicht, da der Eintritt des Nacherbfalls noch nicht sicher ist. Mit dem Nacherbfall kann der Nacherbe die Beseitigung der Vollstreckungsmaßnahmen verlangen, da sie jetzt sein Recht beeinträchtigen (zu **Fall d**).

Es gibt Ausnahmefälle, in denen der Nacherbe nicht schutzwürdig ist; dann ist die Zwangsverfügung unbeschränkt wirksam (vgl. § 2115 Satz 2). Das ist der Fall, wenn wegen einer Nachlassschuld vollstreckt wird; denn dafür haftet auch der Nacherbe (§ 1967; dazu Rdnr. 366). Ferner ist der Nacherbe nicht schutzwürdig, wenn ein an einem Nachlassgegenstand bestehendes Recht (z. B. Pfandrecht) geltend gemacht wird. Ein Schutz des Nacherben entfällt schließlich auch, falls dieser in die Vollstreckung eingewilligt hat.

§ 2115 gilt ebenfalls für die Arrestvollziehung und für Verfügungen des Insolvenzverwalters im Insolvenzverfahren über das Vermögen des Vorerben (vgl. § 83 II InsO).

Aus dem Sinn des § 2115 folgt, dass auch die Aufrechnung des Gläubigers einer gegen den Vorerben bestehenden Forderung gegen eine Nachlassforderung unzulässig ist. Denn die Aufrechnung würde zu einer Zwangsbefriedigung des Gläubigers und zu einer Schmälerung des Nachlasses führen (**Fall d**)[34].

366 *2. Verpflichtungsgeschäfte des Vorerben*

Der Vorerbe ist nicht gehindert, Verpflichtungsgeschäfte einzugehen, die sich auf den Nachlass beziehen. Eine andere Frage ist, ob dem Gläubiger neben dem Eigenvermögen des Vorerben auch der Nachlass haftet. Das ist der Fall, wenn die vom Vorerben eingegangene Verbindlichkeit vom Standpunkt eines sorgfältigen Dritten in ordnungsgemäßer Verwaltung des Nachlasses eingegangen

33 ZVR Rdnr. 1427 f.

34 Vgl. RGZ 80, 30, 33; MünchKomm/*Grunsky*, § 2115 Rdnr. 9.

wird; denn dann handelt es sich um eine Nachlassverbindlichkeit i.S.d. § 1967, deren Schuldner der Nacherbe beim Nacherbfall wird (vgl. § 2144)[35].

Der Vorerbe kann mit dem Vertragspartner vereinbaren, dass für die Schuld nur der Nachlass und nicht zugleich sein Eigenvermögen haftet. Liegt dagegen eine Nachlassschuld nicht vor, dann kann eine Vereinbarung zwischen Vorerben und Vertragspartner keine Haftung des Nachlasses begründen, weil damit die Rechte des Nacherben beeinträchtigt würden; der Vorerbe haftet mit seinem Eigenvermögen.

Hat der Vorerbe ein Nachlassgrundstück oder ein eingetragenes Nachlassschiff vermietet oder verpachtet, so tritt der Nacherbe beim Nacherbfall in den Vertrag ein; er kann aber unter Einhaltung der gesetzlichen Kündigungsfrist kündigen (§§ 2135, 1056 II).

3. Verwaltung durch den Vorerben 367

a) Der Vorerbe verwaltet den Nachlass. Er ist gehalten, ihn ordnungsgemäß zu verwalten. Denn nach § 2130 I 1 ist er nach Eintritt des Nacherbfalles verpflichtet, dem Nacherben die Erbschaft in dem Zustand herauszugeben, der sich bei einer bis zur Herausgabe ordnungsgemäßen Verwaltung ergibt.

Zu einer solchen Verwaltung gehört insbesondere die Berichtigung von Nachlassverbindlichkeiten (z. B. Erfüllung einer Verbindlichkeit des Erblassers, einer Vermächtnisforderung), aber auch das Eingehen von neuen Verbindlichkeiten (z. B. Abschluss eines Werkvertrages zwecks Reparatur des schadhaften Daches an einem zum Nachlass gehörenden Haus).

Ordnungsmäßige Verwaltung durch den Vorerben kann bei einer Kreditaufnahme zu Lasten des Nachlasses die Einschaltung eines erfahrenen und zuverlässigen Treuhänders und die Sicherstellung voraussetzen, dass die fortlaufenden Zinsen und die Tilgung nicht zu einer Auszehrung des Nachlasses führen können[36].

Ist eine Verfügung erforderlich (z. B. Veräußerung eines Nachlassgrundstückes, um mit dem Erlös Nachlassschulden zu bezahlen), kann der Vorerbe vom Nacherben die Erteilung der Einwilligung zu der Verfügung verlangen (§ 2120).

Geld hat der Vorerbe gem. § 2119 mündelsicher anzulegen. Die Regelung für *Inhaberpapiere* und *Orderpapiere mit Blankoindossament* findet sich in den §§ 2116–2118, die für *Wälder, Bergwerke* u. a. in § 2123.

b) Verletzt der Vorerbe die ihm obliegende Sorgfaltspflicht, so kommt eine Ersatzpflicht erst mit Eintritt des Nacherbfalls in Betracht (§§ 2131 ff.). 368

Bis zu diesem Zeitpunkt wird der Nacherbe durch eine Reihe von Rechten (Rdnr. 356) geschützt, die ihm gegenüber dem Vorerben zustehen.

35 BGHZ 32, 60; 110, 176.
36 BGH DNotZ 1993, 538.

Um eine Beeinträchtigung der Rechte des Nacherben zu verhindern, kann dem Vorerben unter besonderen Voraussetzungen die *Verwaltung entzogen werden* (§§ 2128 II, 1052):

Besteht wegen des Verhaltens oder der ungünstigen Vermögenslage des Vorerben die Besorgnis einer erheblichen Verletzung der Rechte des Nacherben, so kann der Nacherbe Sicherheitsleistung verlangen (§ 2128 I). Ist der Vorerbe rechtskräftig zur Sicherheitsleistung verurteilt und hat er die ihm auf Antrag des Nacherben dazu bestimmte Frist verstreichen lassen (§§ 2128 II, 1052 I; § 255 II ZPO), so kann der Nacherbe beim Vollstreckungsgericht (§ 764 ZPO) die Anordnung einer Zwangsverwaltung beantragen.

Der Vorerbe hat die Erbschaft dem vom Gericht bestellten Verwalter herauszugeben; er verliert das ihm gem. § 2112 eingeräumte Recht, über Erbschaftsgegenstände zu verfügen (§ 2129 I). Der Verwalter kann in dem Umfang verfügen, wie es der Vorerbe ohne Zwangsverwaltung könnte. Verfügt der Vorerbe dennoch, so wird der gutgläubige Dritte geschützt (§§ 2129 II 1, 892, 932 ff.). Zieht der Vorerbe eine zum Nachlass gehörende Forderung ein, so wird der Schuldner von seiner Verbindlichkeit frei, es sei denn, dass er die Anordnung kennt oder dass ihm eine Mitteilung von der Anordnung zugestellt ist (§ 2129 II 2).

Das über den Schutz des gutgläubigen Dritten Gesagte gilt auch, wenn der Verwalter verfügt, obwohl die Entziehung der Verwaltung des Vorerben aufgehoben worden ist (§ 2129 II 3). Die Verwaltung ist aufzuheben, sobald die Sicherheit geleistet wird (§§ 2128 II, 1052 III).

369 *4. Prozessführung durch den Vorerben*

a) Der Vorerbe ist als Erbe des Erblassers Träger der Rechte und Pflichten hinsichtlich der Nachlassgegenstände und der Nachlassverbindlichkeiten. Deshalb führt er die entsprechenden Prozesse. Ist ein Rechtsstreit zwischen dem Vorerben und einem Dritten rechtskräftig entschieden, so fragt sich, ob das Urteil auch für und gegen den Nacherben wirkt.

Grundsätzlich wirkt die Rechtskraft nur unter den Prozessparteien und nicht gegenüber Dritten. Gem. § 325 ZPO wirkt das Urteil aber für und gegen die Person, die nach der Rechtshängigkeit Rechtsnachfolger einer Prozesspartei geworden ist. Das gilt jedoch nicht für den Nacherben, da er nicht Rechtsnachfolger des Vorerben, sondern des Erblassers ist.

§ 326 ZPO regelt die *Rechtskraftwirkung gegenüber dem Nacherben*. Drei Fälle sind zu unterscheiden[37]:

(1) § 326 I (1. Fall) ZPO: *Passivprozess* über eine Nachlassverbindlichkeit.

Beispiel: Der Kläger verlangt vom beklagten Vorerben Zahlung des Kaufpreises aus einem angeblich zwischen dem Erblasser und dem Kläger geschlossenen Kaufvertrag.

37 Vgl. ZVR Rdnr. 119 f.

Wenn das Urteil vor dem Nacherbfall rechtskräftig wurde, so wirkt es *zu Gunsten* (nicht zu Ungunsten) des Nacherben.

Beispiel: Die genannte Kaufpreisklage wird abgewiesen; einer erneuten Klage gegen den Nacherben steht die Rechtskraft entgegen.

(2) § 326 I (2. Fall) ZPO: *Aktivprozess* über einen der Nacherbfolge unterliegenden Gegenstand.

Beispiel: Der Vorerbe klagt gegen den Besitzer auf Herausgabe eines Nachlassgegenstandes.

Wenn das Urteil vor dem Nacherbfall rechtskräftig wurde, so wirkt es *zu Gunsten* des Nacherben.

Beispiel: Der Klage wird stattgegeben. Der Nacherbe braucht nicht erneut gegen den Besitzer auf Herausgabe zu klagen. Er kann für sich die Erteilung der Vollstreckungsklausel beantragen (§§ 728 I, 727 ZPO; Nachweis durch Erbschein).

(3) § 326 II ZPO: Der *Prozess über einen der Nacherbfolge unterliegenden Gegenstand* kann *für den Vorerben ungünstig ausgehen*. Tritt nach Rechtskraft des Urteils der Nacherbfall ein, so wirkt das Urteil auch *gegen* den Nacherben, wenn der Vorerbe über den Gegenstand ohne Zustimmung des Nacherben nach den §§ 2112 ff. (Rdnr. 361 ff.) zu verfügen berechtigt war.

Beispiel: Bewegliche Sachen. Beachte bei befreiter Vorerbschaft § 2136 (Rdnr. 383). Die Vollstreckungsklausel kann gegen den Nacherben umgeschrieben werden (§ 728 I ZPO).

Der Nacherbe ist auch dann nicht schutzwürdig, wenn er der Prozessführung des Vorerben zugestimmt hat; in diesem Falle muss er das Urteil gegen sich gelten lassen.

b) Tritt der *Nacherbfall während des Rechtsstreits* ein, wird das Verfahren bis zu seiner Wiederaufnahme unterbrochen (§§ 242, 239 ZPO). Bei Vertretung des Vorerben durch einen Prozessbevollmächtigten tritt beim Nacherbfall keine Unterbrechung ein; jedoch ist auf Antrag das Verfahren auszusetzen (§ 246 ZPO).

5. *Surrogation* 370

Um dem Nacherben den Nachlass möglichst ungeschmälert zu erhalten, gehört zum Nachlass das, was der Vorerbe auf Grund eines zur Erbschaft gehörenden Rechtes oder als Ersatz für die Zerstörung, Beschädigung oder Entziehung eines Erbschaftsgegenstandes oder durch Rechtsgeschäft mit Mitteln der Erbschaft erwirbt (§ 2111).

Wird aber ein Giroverhältnis zwischen Erblasser und Bank vom Vorerben fortgeführt, tritt der Nacherbe beim Nacherbfall nicht in das Vertragsverhältnis ein[38], weil das Kontoguthaben nicht vom Erblasser herrührt[39].

38 BGHZ 131, 60.

Da der Ersetzungsgrundsatz an mehreren Stellen des Erbrechts vorkommt, wird er unten (Rdnr. 600 ff.) im Zusammenhang dargestellt.

371 V. Folgen des Nacherbfalls

1. Anfall der Erbschaft

Mit dem Nacherbfall fällt die Erbschaft dem Nacherben an; der Vorerbe hört auf, Erbe zu sein (§ 2139).

Der Nacherbe wird kraft Gesetzes Eigentümer der Nachlassgegenstände, Gläubiger der Nachlassforderungen und Schuldner der Nachlassschulden. Das Grundbuch, in dem der Vorerbe eingetragen ist, wird unrichtig; der Nacherbenvermerk ist auf Antrag des Nacherben zu löschen. Der Erbschein (§ 2363) wird ebenfalls unrichtig und ist einzuziehen (§ 2361 I 1).

Nach § 857 geht der *Besitz* auf den Erben über. Das gilt für den Nacherben insofern, als der Vorerbe den Besitz tatsächlich noch nicht erlangt hatte, also selbst nur gem. § 857 Besitzer war. Hatte dagegen der Vorerbe die tatsächliche Sachherrschaft, greift § 857 zu Gunsten des Nacherben nicht ein.

Das folgt auch aus § 2140. Nach dieser Bestimmung ist der Vorerbe zu bestimmten Verfügungen auch nach Eintritt des Nacherbfalls berechtigt (Rdnr. 377 ff.). Solche Verfügungen würden nicht zum Erfolg führen, wenn § 857 eingriffe und deshalb ein Eigentumserwerb des Dritten wegen des Abhandenkommens nicht möglich wäre.

Beim Tod des Vorerben geht dessen Besitz gem. § 857 auf die Erben des Vorerben über.

372 *2. Herausgabeanspruch des Nacherben*

Unmittelbar mit dem Eintritt des Nacherbfalls erwirbt der Nacherbe das Recht, vom Vorerben die Herausgabe der Erbschaft zu verlangen (§ 2130 I).

Herauszugeben ist alles, was zur Erbschaft gehört. Darunter fallen auch die Surrogate (§ 2111); für die Surrogation hat der Nacherbe die Darlegungs- und Beweislast[40]. Ebenfalls sind solche Gegenstände herauszugeben, die für sich allein für den Vorerben wertlos sind, aber dem Nacherben hinsichtlich eines Nachlassgegenstandes dienlich sein können (z. B. vollstreckbare Schuldurkunde über eine Nachlassforderung[41]).

Der Anspruch aus § 2130 I ähnelt insoweit dem Erbschaftsherausgabeanspruch gem. § 2018 (Rdnr. 572 ff.). Dieser richtet sich gegen den Erbschaftsbesitzer, jener gegen den Vorerben.

39 Vgl. *Krampe*, ZEV 1996, 63.
40 BGH NJW 1983, 2874.
41 RGZ 163, 51.

§ 2018 kommt nur dann gegen den Vorerben in Betracht, wenn dieser vorträgt, nach wie vor Erbe zu sein.

3. *Ersatzanspruch des Nacherben* 373

a) § 2130 I verpflichtet den Vorerben, den Nachlass *in dem Zustande herauszugeben, der sich bei einer bis zur Herausgabe fortgesetzten ordnungsgemäßen Verwaltung ergibt.* Stellt sich am Ende der Vorerbschaft heraus, dass bei ordnungsgemäßer Verwaltung durch den Vorerben der Wert der Erbschaft größer gewesen wäre, als er tatsächlich ist, so muss der Vorerbe in Höhe der Differenz Wertersatz leisten.

Zwecks Feststellung der Ansprüche aus § 2130 I hat der Vorerbe auf Verlangen Rechenschaft abzulegen (§ 2130 II; vgl. §§ 259 f.).

Da der Vorerbe zur Benutzung der Erbschaftssachen berechtigt ist, haftet er nicht für Veränderungen und Verschlechterungen, die durch ordnungsgemäße Benutzung herbeigeführt werden (§ 2132). Die Behauptungs- und Beweislast hat der Vorerbe.

Der Vorerbe hat dem Nacherben gegenüber in Ansehung der Verwaltung nur für diejenige Sorgfalt einzustehen, die er in eigenen Angelegenheiten anzuwenden pflegt (§ 2131: diligentia quam in suis).

Diese Regelung dürfte dem mutmaßlichen Erblasserwillen entsprechen und berücksichtigt, dass der Vorerbe Eigentümer der zur Erbschaft gehörenden Sachen ist; deshalb darf keine andere Sorgfalt verlangt werden als diejenige, die er auf sein übriges Vermögen verwendet[42].

Im Streitfall muss der Vorerbe beweisen, dass er auch in eigenen Angelegenheiten nicht anders zu verfahren pflegt. Von der Haftung wegen grober Fahrlässigkeit ist er nicht befreit (§ 277).

§ 2131 kommt in den Fällen nicht in Betracht, in denen das Gesetz dem Vorerben ein bestimmtes Verhalten vorschreibt (§§ 2116–2119, 2123, 2133) oder die Ersatzpflicht besonders regelt (§ 2134).

b) Kann der Vorerbe einen Erbschaftsgegenstand nicht herausgeben, weil er ihn für sich verwendet hat, so muss er stattdessen *Wertersatz* leisten (§ 2134 Satz 1).

Da der Ersatzanspruch erst mit dem Nacherbfall entsteht, kommt auch eine Verzinsung frühestens von diesem Zeitpunkt an in Betracht.

Danach besteht ein Anspruch auf *Schadensersatz* (§§ 280 ff., 249 ff.) dann, wenn den Vorerben ein Verschulden i.S.d. § 2131 trifft (§ 2134 Satz 2).

42 Prot. V, 96.

374 *4. Anspruch des Nacherben wegen übermäßiger Fruchtziehung*

Nutzungen (Früchte und Gebrauchsvorteile, § 100) stehen bis zum Nacherbfall dem Vorerben zu, denn er ist Erbe und damit Herr des Nachlasses.

Vgl. § 953. Die Surrogationsvorschrift des § 2111 steht dem nicht entgegen.

Der Vorerbe erwirbt also auch diejenigen Früchte zu Eigentum, die er den Regeln einer ordnungsgemäßen Wirtschaft zuwider zieht.

Eine andere Frage ist es, ob und inwieweit der Nacherbe gegen den Vorerben einen schuldrechtlichen Anspruch wegen der Fruchtziehung hat. Die Antwort gibt § 2133: Der Vorerbe hat nach dem Eintritt des Nacherbfalls den Mehrertrag an den Nacherben herauszugeben oder zu ersetzen, wenn er Früchte den Regeln einer ordnungsgemäßen Wirtschaft zuwider gezogen hat (z. B. Raubbau) oder wenn eine Fruchtziehung im Übermaß deshalb erfolgte, weil diese infolge eines besonderen Ereignisses notwendig geworden war (z. B. Windbruch). In allen übrigen Fällen verbleiben dem Vorerben die Früchte.

Ist nach § 2133 der Mehrertrag herauszugeben bzw. zu ersetzen, so ist darauf zu Gunsten des Vorerben anzurechnen, was er an Fruchtausfall wegen des ordnungswidrigen oder übermäßigen Fruchtbezugs erlitten hat. Eine solche Anrechnung kommt jedoch insoweit nicht in Betracht, als der Wert der Früchte zur Wiederherstellung der Sache zu verwenden ist.

Unberührt bleibt ein Schadensersatzanspruch des Nacherben gegen den Vorerben, wenn dieser schuldhaft (§ 2131) in ordnungswidriger Weise Früchte gezogen hat und dadurch nun dem Nacherben ein Schaden entstanden ist.

375 *5. Gegenansprüche des Vorerben*

Ob der Vorerbe Kosten und Lasten, die er getragen hat, vom Nacherben ersetzt verlangen kann, richtet sich nach den §§ 2124–2126. Folgende Fälle sind zu unterscheiden:

a) Die *gewöhnlichen Erhaltungskosten* (z. B. normale Verschleißreparaturen; vgl. BGH FamRZ 1993, 1311) trägt der Vorerbe dem Nacherben gegenüber (§ 2124 I).

Grund: Diese Kosten sind aus den Nutzungen zu decken, die dem Vorerben bis zum Nacherbfall zustehen. Auch wenn die genannten Kosten den Wert der Nutzungen übersteigen, muss der Vorerbe sie tragen.

b) Die *außergewöhnlichen Erhaltungskosten* (z. B. außergewöhnliche Ausbesserungen oder Erneuerungen) können aus der Erbschaft bestritten werden (§ 2124 II 1). Deckt der Vorerbe sie aus seinem eigenen Vermögen, so kann er sie vom Nacherbfall an vom Nacherben ersetzt verlangen (§ 2124 II 2).

Grund: Derartige Aufwendungen stellen regelmäßig solche Wertverbesserungen des Nachlasses dar, die über den Nacherbfall hinausreichen und deshalb auch dem Nacherben noch zugute kommen.

Voraussetzung für den Anspruch ist nicht, dass die Erhaltungskosten objektiv erforderlich waren. Es genügt, dass der Vorerbe sie den Umständen nach für erforderlich halten durfte (vgl. die entsprechende Regelung in § 670).

c) Die *sonstigen Verwendungen*, also solche, die nicht Erhaltungskosten i.S.d. § 2124 sind, müssen vom Nacherben dem Vorerben nach den Vorschriften über die Geschäftsführung ohne Auftrag (§§ 2125 I, 683, 684) ersetzt werden (z. B. Kosten für Betriebserweiterungen, Luxusaufwendungen).

Grund: Hier soll der Nacherbe nicht in jedem Fall, sondern nur dann ersatzpflichtig sein, wenn der Vorerbe die Aufwendungen den Umständen nach für erforderlich halten durfte und der damit verfolgte Zweck dem wirklichen oder mutmaßlichen Willen des Nacherben entspricht oder die Aufwendungen der Erfüllung einer im öffentlichen Interesse liegenden Pflicht dienen (§§ 683, 679). Andernfalls besteht nur ein Bereicherungsanspruch (§ 684 Satz 1).

§ 2125 II gibt dem Vorerben ein Wegnahmerecht (§ 258), das die Regeln der §§ 677 ff. nicht vorsehen.

d) Die *ordentlichen Lasten* (z. B. Grundsteuern, Versicherungsprämien; vgl. § 103) trägt – wie die gewöhnlichen Erhaltungskosten – der Vorerbe.

Grund: Dem Vorerben fließen auch die Nutzungen zu.

e) Die *außerordentlichen Lasten*, die als auf den Stammwert der Erbschaftsgegenstände gelegt anzusehen sind (z. B. Schulden des Erblassers, Pflichtteilsansprüche, Erschließungsbeiträge für Nachlassgrundstücke), hat der Vorerbe im Verhältnis zum Nacherben nicht zu tragen (§ 2126 Satz 1). Sie können – wie die außergewöhnlichen Erhaltungskosten – aus der Erbschaft bestritten werden oder müssen, wenn der Vorerbe sie aus seinem Vermögen tilgt, vom Nacherben ersetzt werden (§§ 2126 Satz 2; 2124 II).

Grund: Derartige Lasten betreffen unmittelbar den Nachlass.

6. *Wiederaufleben erloschener Rechte* 376

Hat der Vorerbe eine Forderung gegen den Erblasser, so erlischt diese mit dem Erbfall infolge Konfusion. Tritt aber der Nacherbfall ein, ist der Nacherbe als Rechtsnachfolger des Erblassers Schuldner der Forderung; denn diese lebt mit dem Nacherbfall wieder auf (§ 2143). Das gilt ebenfalls für die Sicherungsrechte (Bürgschaften, Pfandrechte).

Entsprechend gilt eine Forderung des Erblassers gegen den Vorerben mit dem Nacherbfall als nicht erloschen. Der Nacherbe kann also die Forderung gegen den Vorerben geltend machen.

Das Gesagte gilt auch bei Konsolidation (Vereinigung von Recht und Belastung in der Person des Vorerben), wenn der Nacherbfall eintritt.

Vor dem Nacherbfall ist bereits eine entsprechende Feststellungsklage möglich (§ 256 ZPO)[43].

§ 2143 ist nicht anwendbar, wenn schon aus einem anderen Grund (z. B. Testamtensvollstreckung, Nachlassverwaltung, Nachlassinsolvenzverfahren) der Nachlass vom sonstigen Vermögen des Vorerben getrennt worden ist[44].

377 *7. Verfügungen des Vorerben nach Eintritt des Nacherbfalls*

Mit dem Nacherbfall hört der Vorerbe auf, Erbe zu sein (§ 2139). Demnach müsste damit auch sein Verfügungsrecht über Nachlassgegenstände enden. Diese Regelung wäre für den Vorerben und den Dritten misslich, wenn der Vorerbe, ohne den Eintritt des Nacherbfalls (z. B. Geburt eines Nacherben) zu kennen oder kennen zu müssen, verfügt und der Dritte (Erwerber) ebenfalls den Eintritt des Nacherbfalls weder kennt noch kennen muss: Der Vorerbe wäre dem Nacherben wegen der Verfügung verantwortlich, und der Dritte könnte nicht erwerben, wenn nicht § 932 (guter Glaube an das Eigentum des Veräußerers) gegeben ist.

Diese unbilligen Ergebnisse verhindert § 2140:

378 a) Der *Vorerbe*, der den Eintritt des Nacherbfalls nicht kennt und nicht kennen muss, wird vom Gesetz *als verfügungsberechtigt behandelt* (§ 2140 Satz 1).

379 b) Der *Dritte* wird bei einer Verfügung des gutgläubigen (§ 2140 Satz 1) Vorerben ebenfalls geschützt, es sei denn, dass der Dritte den Eintritt des Nacherbfalls kannte oder kennen musste (§ 2140 Satz 2). Ist also der Dritte in diesem Sinne *gutgläubig, so erwirbt er zum Nachteil des Nacherben.*

Beispiel: Übereignet der Vorerbe einen Nachlassgegenstand, so erwirbt der Dritte, der die Zugehörigkeit des Gegenstandes zum Nachlass und die Vorerbeneigenschaft des Veräußerers kennt, nur dann, wenn der Veräußerer und der Dritte in Bezug auf den Eintritt des Nacherbfalls gutgläubig (i.S.d. § 2140) sind; leichte Fahrlässigkeit schadet bereits.

– Weiß der Dritte jedoch nicht, dass der Veräußerer Vorerbe ist und die Sache zum Nachlass gehört, so kann er nach § 932 Eigentum erwerben, wenn er an das Eigentum des Veräußerers glaubt; insofern schadet nur grobe Fahrlässigkeit oder positive Kenntnis in Bezug auf das Eigentum des Veräußerers.

43 BGH LM Nr. 5 zu § 2100 BGB.
44 BGHZ 48, 214.

8. *Unterhaltsanspruch der Mutter des Nacherben* 380

Tritt der Nacherbfall ein, bevor der Nacherbe geboren ist, so kann die Mutter des erwarteten Nacherben u. U. Unterhalt aus dem Nachlass verlangen (§§ 2141 Satz 1963).

9. *Haftung des Nacherben*

Die Haftung des Nacherben ist in § 2144 geregelt (Rdnr. 737).

VI. Besonderheiten der befreiten Vorerbschaft 381

1. *Anordnung des Erblassers*

Der Erblasser kann die Rechtsstellung des Vorerben weitgehend verbessern, indem er ihn von gewissen gesetzlichen Beschränkungen und Verpflichtungen befreit (§ 2136). Ob und inwieweit der Erblasser ihn befreien wollte, ist durch Auslegung der Verfügung von Todes wegen zu ermitteln (Rdnr. 198 ff.).

Hat der Erblasser den Nacherben auf das eingesetzt, was von der Erbschaft beim Nacherbfall übrig sein wird, so gilt das als Befreiung des Vorerben, soweit diese gesetzlich zulässig ist (§ 2137 I). Das ist im Zweifel auch dann anzunehmen, wenn der Vorerbe nach dem Willen des Erblassers über die Erbschaft frei zu verfügen berechtigt sein soll (§ 2137 II).

Beispiel: Der Erblasser setzt seinen Ehegatten zum Vollerben ein, bestimmt aber, dass im Falle der Wiederheirat die Kinder Nacherben sein sollen (bedingte Vor- und Nacherbfolge). In einem solchen Fall wird man mangels besonderer Umstände eine stillschweigende Befreiung des Vorerben im gesetzlich zulässigen Umfange annehmen dürfen[45]. Andererseits lässt sich bei Anordnung einer Nacherbfolge allein aus dem Umstand, dass der Vorerbe als Alleinerbe eingesetzt ist, kein Hinweis dafür entnehmen, er solle befreiter Vorerbe sein[46].

2. *Grenzen der Befreiung* 382

In § 2136 sind die gesetzlichen Beschränkungen und Verpflichtungen aufgeführt, von denen der Erblasser den Vorerben ganz oder teilweise befreien kann. Im Übrigen kommt eine Befreiung nicht in Betracht.

Demnach kann der Erblasser den Vorerben *nicht befreien* von:
a) § 2113 II (keine Verfügungsmacht zu unentgeltlichen Verfügungen; Rdnr. 363);
b) § 2115 (Unwirksamkeit der Verfügungen im Wege der Zwangsvollstreckung; Rdnr. 365);
c) § 2121 (Mitteilung eines Verzeichnisses der Nachlassgegenstände);

45 BGH FamRZ 1961, 275; MünchKomm/*Grunsky*, § 2136 Rdnr. 4.
46 BGH FamRZ 1970, 192.

d) § 2122 (Duldung der Feststellung des Zustandes der Nachlassgegenstände);
e) § 2111 (Ersetzungsgrundsatz).

383 *3. Folgen der Befreiung*

a) Hat der Erblasser den Nacherben *auf den Überrest eingesetzt* (§ 2137), so muss der Vorerbe beim Nacherbfall *nur die noch vorhandenen Nachlassgegenstände* dem Nacherben *herausgeben* (§ 2138 I 1). Soweit sie nicht mehr vorhanden sind, braucht er auch keinen Ersatz zu leisten; denn eine Verwaltungspflicht des Vorerben besteht in dem Umfange nicht, in dem der Erblasser ihn »befreit« hat.

Es wäre unbillig, den Nacherben zum Ersatz der Verwendungen (§§ 2124 II, 2125) auch insoweit zu verpflichten, als eine Herausgabepflicht des Vorerben nicht besteht (vgl. § 2138 I 2). Kann dagegen der Vorerbe z. B. infolge zufälligen Untergangs nicht herausgeben, bleibt es bei der Pflicht des Nacherben zum Verwendungsersatz; § 2138 I 2 kommt nicht in Betracht, weil die Herausgabepflicht nicht »infolge dieser Beschränkung« entfällt.

b) Der Vorerbe ist dem Nacherben *schadensersatzpflichtig*, wenn er über einen Nachlassgegenstand unentgeltlich verfügt hat oder den Nachlass in der Absicht, den Nacherben zu benachteiligen, vermindert hat (§ 2138 II).

384 **VII. Zusammenfassung**

Der Erblasser kann nur in einer Verfügung von Todes wegen Vor- und Nacherbfolge anordnen. Der Vorerbe ist bis zum Nacherbfall Herr des Nachlasses. Beim Nacherbfall wird der Nacherbe Rechtsnachfolger des Erblassers und nicht des Vorerben; mit dem Erbfall erwirbt der Nacherbe ein erbrechtliches Anwartschaftsrecht.

Bis zum Nacherbfall kann der Vorerbe über Nachlassgegenstände grundsätzlich verfügen (wichtigste Ausnahmen: Verfügungen über Grundstücke und Grundstücksrechte, unentgeltliche Verfügungen). Er ist zur ordnungsmäßigen Verwaltung des Nachlasses verpflichtet und zur Prozessführung über Nachlassgegenstände und Nachlassverbindlichkeiten befugt. Von einer Reihe gesetzlicher Beschränkungen und Verpflichtungen kann der Erblasser den Vorerben befreien.

Mit dem Nacherbfall fällt die Erbschaft dem Nacherben an. Dieser kann vom Vorerben Herausgabe des Nachlasses einschließlich der Surrogate verlangen und eventuell Ersatzansprüche geltend machen. Gegenansprüche des Vorerben können sich wegen Verwendungen auf die Erbschaft oder Tilgung außergewöhnlicher Lasten ergeben.

Die Vor- und Nacherbschaft (§§ 2100 ff.)

I. Begriff: Vorerbe und Nacherbe werden zeitlich nacheinander Erben des Erblassers

II. Anordnung der Nacherbschaft

1. Nur durch Verfügung von Todes wegen möglich
2. Gesetzliche Auslegungsregeln für die Verfügung von Todes wegen: §§ 2101 ff.
3. Zeitpunkt des Eintritts der Nacherbfolge vom Erblasser bestimmbar (arg. § 2106 I) in den Grenzen des § 2109

III. Rechtsstellung des Nacherben vor dem Nacherbfall: Anwartschaft

- im Zweifel vererblich (§ 2108 II 1, Ausnahme: II 2)
- übertragbar und pfändbar (§§ 857, 851 ZPO)
- vernichtbar durch Übertragung auf den Vorerben (Form: § 2033 I 2) oder durch Ausschlagung (§ 2142 I)

IV. Rechtsstellung des Vorerben bis zum Nacherbfall

1. Verfügungen des Vorerben über Nachlassgegenstände
   a) Grundsatz: Verfügungsrecht des Vorerben über die Nachlassgegenstände (§ 2112)
   b) Einschränkungen der Verfügungsfreiheit
      aa) Verfügungen über Grundstücke oder Grundstücksrechte werden im Nacherbfall unwirksam (§ 2113 I)
      Ausnahmen: § 2136 (befreiter Vorerbe); § 185 (Zustimmung des Nacherben, § 2113 III (gutgläubiger Erwerb), § 2114 (Verfügungen über Hypothekenforderungen)
      bb) Unentgeltliche Verfügungen (§ 2113 II 1)
      Ausnahmen: § 2113 II 2 (Pflicht- und Anstandsschenkungen), § 2113 III (gutgläubiger Erwerb)
      cc) Verfügungen in Form von Zwangsvollstreckungen gegen den Vorerben (§ 2115 Satz 1)
      Ausnahmen: Vollstreckung wegen einer Nachlassschuld oder eines an einem Nachlassgegenstand bestehenden Rechts (§ 2115 Satz 2)
2. Verpflichtungsgeschäfte mit Bezug auf den Nachlass sind wirksam (Haftung des Nachlasses aber nur, wenn die Verpflichtung ordnungsgemäßer Nachlassverwaltung entspricht, §§ 1967, 2144)
3. Pflicht zur ordnungsgemäßen Verwaltung des Nachlasses (arg. § 2130 I 1)
4. Befugnis zur Prozessführung in Bezug auf Nachlassgegenstände und Nachlassverbindlichkeiten (zur Rechtskraft: § 326 ZPO)

V. Folgen des Nacherbfalles
1. Vorerbe ist nicht mehr Erbe (Verlust der Verfügungsbefugnis über Nachlassgegenstände in den Grenzen des § 2140)
2. Anspruch des Nacherben auf Herausgabe der Erbschaft (§ 2130 I) Ausnahme: im Fall des § 2137 nur Herausgabe der noch vorhandenen Nachlassgegenstände (§ 2138 I 1)
3. Ersatzansprüche des Nacherben
   - wegen nicht ordnungsgemäßer Verwaltung (arg. § 2130 I, aber nur für Verschulden in eigenen Angelegenheiten, § 2131)
   - wegen übermäßiger Fruchtziehung (§ 2133)
   - wegen eigennütziger Verwendung des herauszugebenden Gegenstandes durch den Vorerben (§ 2134)
4. Gegenansprüche des Vorerben
   - auf Ersatz außergewöhnlicher Erhaltungskosten und Lasten (§§ 2124 II 2, 2126 Satz 2)
   - auf Ersatz sonstiger Verwendungen (§§ 2125 I, 683, 684; Ausnahme: § 2138 I 2)

385

§ 26 Die Testamentsvollstreckung

Schrifttum: *Adams*, Der Alleinerbe als Testamentsvollstrecker, ZEV 1998, 321; *Bengel/Reimann*, Handbuch der Testamentsvollstreckung, 3. Aufl., 2001; *Bork*, Testamentsvollstreckung durch Banken, WM 1995, 225; *Brandner*, Das einzelkaufmännische Unternehmen unter Testamentsvollstreckung, Festschrift f. Stimpel, 1985, 991; *Burgard*, Die Haftung des Erben für Delikte des Testamentsvollstreckers, FamRZ 2000, 1269; *Damrau*, Das Bestimmungsrecht des Testamentsvollstreckers, FamRZ 2004, 421; *ders.*, Der Testamentsvollstrecker, JA 1984, 130; *ders.*, Zur Testamentsvollstreckung am Kommanditanteil, NJW 1984, 2785; *ders.*, Pflegschaft für den unbekannten Testamentsvollstrecker, Festschrift f. Herm. Lange, 1992, 797; *ders.*, Der Nachlaß vor Beginn des Testamentsvollstreckeramtes, ZEV 1996, 81; *ders.*, Lebenslange Testamentsvollstreckung im Insolvenzfall, MDR 2000, 255; *Deckert*, Testamentsvollstreckung, JA 1995, 111; *Dörrie*, Reichweite der Kompetenzen des Testamentsvollstreckers an Gesellschaftsbeteiligungen, ZEV 1996, 370; *Faust*, Die Testamentsvollstreckung am Anteil eines persönlich haftenden Gesellschafters, DB 2002, 189; *Finger*, Testamentsvollstreckung und Nachfolge in der OHG, DB 1975, 2021; *Frank*, Die Testamentsvollstreckung über Aktien, ZEV 2002, 389; *Glaser*, Das Honorar des Testamentsvollstreckers, MDR 1983, 93; *Grunsky/Hohmann*, Die Teilbarkeit des Testamentsvollstreckeramtes, ZEV 2005, 41; *Grunsky/Theiss*, Testamentsvollstreckung durch Banken, WM 2006, 1561; *Häfke*, Steuerliche Pflichten, Rechte und Haftung des Testamentsvollstreckers, ZEV 1997, 429; *Haegele/Winkler*, Der Testamentsvollstrecker nach bürgerlichem, Handels- und Steuerrecht, 16. Aufl., 2001; *Hehemann*, Testamentsvollstreckung bei Vererbung von Anteilen an Personengesellschaften, BB 1995, 1301; *Holzhauer*, Erbrechtliche Untersuchungen, 1973, 1; *John*, Testamentsvollstreckung über ein einzelkaufmännisches Unternehmen, BB 1980, 757; *Jung*, Unentgeltliche Verfügungen des Testamentsvollstreckers und des befreiten Vorerben, Rpfleger 1999, 204; *Kapp*, Die rechtliche Stellung des Testamentsvollstreckers zum Erben, BB 1981, 113; *Kesseler*, Die Vereitelung der Ziele der Testamentsvollstreckung durch Veräußerung des Miterbenanteils, NJW 2006, 3672; *Klingelhöffer*, Testamentsvollstreckung und Pflichtteilsrecht – Anmerkungen zu § 2313 Abs. 1 Satz 3 BGB, ZEV 2000, 261; *Klumpp*, Handlungsspielraum und Haftung bei Vermögensanlagen durch den Testamentsvollstrecker, ZEV 1994, 65; *Heinr. Lange*, Die Rechtsmacht des Testamentsvollstreckers und ihre Grenzen, JuS 1970, 101; *Lange/Ohr*, Erwerb, Sicherung und Abwicklung der Erbschaft, 4. Denkschrift, 1940, 316; *Lehmann*, Die unbeschränkbare Verfügungsbefugnis des Testamentsvollstreckers, AcP 188, 1; *Lorz*, Testamentsvollstreckung und Unternehmensrecht, 1995; *Marotzke*, Die Mitgliedschaft in einer offenen Handelsgesellschaft als Gegenstand der Testamentsvollstreckung, JZ 1986, 457; *ders.*, Die Nachlaßzugehörigkeit ererbter Personengesellschaftsanteile und der Machtbereich des Testamentsvollstreckers nach dem Urteil des Bundesgerichtshofs vom 14. Mai 1986, AcP 187, 223; *Mayer*, Die Testaments-Vollstreckung über GmbH-Anteile, ZEV 2002, 209; *Möhring/Beißwingert/Klingelhöffer*, Vermögensverwaltung in Vormundschafts- und Nachlaßsachen, 7. Aufl., 1992; *K. Müller*, Zur Heilung der fehlenden Verpflichtungsbefugnis eines Testamentsvollstreckers, JZ 1981, 370; *ders.*, Zur Unentgeltlichkeit der Verfügung als Schranke der Verfügungsmacht des Testamentsvollstreckers, WM 1982, 466; *Muscheler*, Die Haftungsordnung der Testamentsvollstreckung, 1994; *ders.*, Testamentsvollstreckung über Erbteile, AcP 195, 35; *ders.*, Die Freigabe von Nachlaßgegenständen durch den Testamentsvollstrecker, ZEV 1996, 401; *ders.*, Die Entlassung des Testamentsvollstreckers, AcP 197, 226; *Offergeld*, Die Rechtsstellung des Testamentsvollstreckers, 1995; *v. Preuschen*, Testamentsvollstreckung für Erbteile (Teilvollstreckung), FamRZ 1993, 1390; *Priester*, Testamentsvollstreckung am GmbH-Anteil, Festschrift f. Stimpel, 1985, 463; *Quack*, Die Testamentsvollstreckung an Kommanditanteilen, BB 1989, 2271; *Rehmann*, Testamentsvollstreckung an Gesellschaftsanteilen, BB 1985, 297; *Reimann*, Der Urkundsnotar als Testamentsvollstrecker, Festschrift f. v. Lübtow, 1991, 317; *ders.*, Notare als Testamentsvollstrecker, DNotZ 1994, 659; *ders.*, Zur Festsetzung der Testamentsvollstreckervergütung, ZEV 1995, 57; *ders.*, Die Kontrolle des Testamentsvollstreckers, FamRZ 1995, 588; *ders.*, Ende der Testamentsvollstreckung durch Umwandlung?, ZEV 2000, 381; *ders.*, Vereinbarungen zwischen Testamentsvollstreckern und Erben über die vorzeitige Beendigung der Testamentsvollstreckung, NJW 2005, 789; *ders.*, Gesamtschuldnerische Haftung sukzessiv tätiger Testamentsvollstrecker, ZEV 2004, 234; *Reithmann*, Testamentsvollstreckung und postmortale Vollmacht als Instrumente der Kautelarjurisprudenz, BB 1984, 1394; *ders.*, Die Vergütung des Testamentsvollstreckers im notariellen Testament, ZEV 2001, 385; *Sarres*, Die Auskunftspflichten des Testamentsvollstreckers, ZEV 2000, 90; *B. Schaub*, Testamentsvollstreckung durch Banken, FamRZ 1995, 845; *ders.*, Unentgeltliche Verfügungen des Testamentsvollstreckers, ZEV 2001, 257; *ders.*, Die Veräußerung von Grundstücken durch den Testamentsvollstrecker, ZEV 2000, 49; *Schiemann*, Der Testamentsvollstrecker als Unternehmer, Festschrift f. Medicus, 1999, 513; *Schmidt-Kessel*, Erbrecht in der Rechtsprechung des Bundesgerichtshofs 1985 bis 1987, WM 1988 Sonderbeil. 8, 12; *Skibbe*, Zur Kumulation von Testamentsvollstreckeraufgaben in einer Hand, Festschrift f. Brandner, 1996, 769; *Spall*, Vollzug eines Nachvermächtnisses durch den Testamenstvollstrecker, ZEV 2002, 5; *Tiedtke*, Der Testamentsvollstrecker als gesetzlicher oder gewillkürter Prozessstandschafter, JZ 1981, 429; *Ulmer*, Testamentsvollstreckung am Kommanditanteil, NJW 1990, 73; *Wacke*, Die Testamentsvollstreckung im deutschen und im europäischen Recht, Jura 1989, 577; *D. Weber*, Testamentsvollstreckung an Kommanditanteilen, Festschrift f. Stiefel, 1987, 829; *Weidlich*, Die Testamentsvollstreckung an Beteiligungen einer werbenden OHG bzw. Kommanditgesellschaft, ZEV 1994, 205; *Werkmüller*, Vollmacht und Testamentsvollstreckung als Instrumente der Nachfolgegestaltung bei Bankkonten, ZEV 2000, 305; *Zeuner*, Zur Stellung des wirklichen und des vermeintlichen Testamentsvollstreckers gegenüber Nachlass und Erben, Festschrift f. Mühl, 1981, 721; *Zimmermann*, Die Testamentsvollstreckung, Handbuch für die gerichtliche anwaltliche und notarielle Praxis, 2003.

Fälle:

a) Der im Testament zum Testamentsvollstrecker ernannte T lehnt die Übernahme des Amtes ab. Möglich? Kann T zur Annahme gezwungen werden, wenn er sich vertraglich zur Übernahme verpflichtet hat? **(Rdnr. 389)**

b) Trotz testamentarischer Anordnung der Auseinandersetzung durch T lehnen die Erben übereinstimmend die Auseinandersetzung ab. Was soll T tun? **(Rdnr. 395)**

c) T übereignet schenkweise eine Uhr aus dem Nachlass an X. Erwirbt X das Eigentum, wenn die Erben der Übereignung zustimmen oder wenn er T für den Eigentümer hält? **(Rdnr. 408)**

d) Der Erbe verkauft und übereignet bei bestehender Testamentsvollstreckung die Uhr aus dem Nachlass an K. Erwirbt dieser? Kann K aus dem Kaufvertrag mit Erfolg gegen den Verkäufer oder den Testamentsvollstrecker auf Übereignung klagen? **(Rdnr. 416, 417)**

I. Bedeutung

Testamentsvollstreckung (§§ 2197 ff.) liegt vor, wenn der Erblasser durch letztwillige Verfügung bestimmt hat, dass jemand die letztwilligen Anordnungen ausführen soll. Diese Person heißt Testamentsvollstrecker. Sie nimmt dem Erben in bestimmtem Umfang das Verwaltungs- und Verfügungsrecht über den Nachlass.

Mit der Ernennung eines Testamentsvollstreckers kann der Erblasser erreichen, dass seine letztwilligen Verfügungen durch eine Person seines Vertrauens ausgeführt werden. Mitunter geschieht dies aus Herrschsucht über den Tod hinaus, meist jedoch aus sinnvollen Gründen: So kann die Befürchtung bestehen, der nachlässige Erbe werde die Verbindlichkeiten, insbesondere Vermächtnisse und Auflagen, nicht erfüllen. Die Erben können zur ordnungsgemäßen Verwaltung des Nachlasses ungeeignet sein; hier liegt es nahe, die Verwaltung einer geschäftsgewandten Person zu übertragen und den Erben die Nutzungen zukommen zu lassen. Ein geschickter Testamentsvollstrecker vermag außerdem bei der Auseinandersetzung zwischen mehreren Erben ausgleichend zu wirken. Er kann verhindern, dass Feindschaften unter Miterben aufkommen oder wirtschaftliche Einheiten, die oft das Lebenswerk des Erblassers darstellen, sinnlos zerschlagen werden.

II. Voraussetzungen 386

1. Anordnung der Testamentsvollstreckung

Eine Testamentsvollstreckung kann *nur durch eine einseitige Verfügung von Todes wegen* angeordnet werden (§ 2197 I).

Das geschieht regelmäßig durch Testament. Die Anordnung kann auch in einem Erbvertrag enthalten sein, aber nicht als vertragsmäßig bindende Verfügung (§§ 2299 I, 2278 II). Beim gemeinschaftlichen Ehegattentestament ist eine wechselbezügliche Verfügung insoweit ausgeschlossen (§ 2270 III).

2. Ernennung des Testamentsvollstreckers 387

Von der Anordnung der Testamentsvollstreckung ist die Ernennung des Testamentsvollstreckers zu unterscheiden. Darunter versteht man die Bestimmung der Person des Testamentsvollstreckers. Die Ernennung kann durch den Erblasser, einen Dritten oder durch den Nachlassrichter erfolgen. Sie ist von vornherein gegenstandslos, wenn bereits alle Testamentsvollstreckeraufgaben ausgeführt sind[47].

a) Die Ernennung erfolgt meist durch den *Erblasser* im Testament (§ 2197 I).

Möglich ist auch die Ernennung unter einer Bedingung oder Befristung (vgl. § 2197 II). Beispiel: »Zum Testamentsvollstrecker ernenne ich X, ersatzweise Y.« Y wird Testamentsvollstrecker, wenn X z. B. das Amt nicht annimmt oder stirbt.

b) Ein *Dritter* kann die Person des Testamentsvollstreckers bestimmen, wenn der Erblasser ihn dazu im Testament ermächtigt hat (§ 2198 I 1; Abweichung von § 2065, Rdnr. 96 f.).

Dritter i.S.v. § 2198 I kann auch der Alleinerbe sein[48]. Dessen Ermächtigung ist insbesondere dann zweckmäßig, wenn die Testamentsvollstreckung in seinem Interesse zu seiner Unterstützung angeordnet wird.

Die Bestimmung durch den Dritten erfolgt durch öffentlich beglaubigte Erklärung gegenüber dem Nachlassgericht (§§ 2198 I 2, 2199 III).

Das Nachlassgericht kann auf Antrag eines Beteiligten (z. B. des Erben, des Nachlassgläubigers) dem bestimmungsberechtigten Dritten eine Frist zur Erklärung setzen. Nach deren fruchtlosem Ablauf erlischt das Recht (§ 2198 II).

c) Gem. § 2199 kann der Erblasser auch den *Testamentsvollstrecker* ermächtigen, einen oder mehrere Mitvollstrecker oder einen Nachfolger zu ernennen.

47 BGHZ 41, 23.
48 RGZ 92, 68.

d) Der *Nachlassrichter* ist berechtigt, einen Testamentsvollstrecker zu ernennen, wenn der Erblasser im Testament darum ersucht hat; zuvor soll er die Beteiligten hören (§ 2200).

Das Ersuchen braucht nicht ausdrücklich im Testament enthalten zu sein; es kann auch durch Auslegung ermittelt werden. Ist z. B. Testamentsvollstreckung angeordnet, fehlt aber ein Hinweis auf eine bestimmte Person oder einen bestimmungsberechtigten Dritten, kann häufig auf ein stillschweigendes Ersuchen um gerichtliche Ernennung geschlossen werden, zumal sich andernfalls die Anordnung der Testamentsvollstreckung nicht auszuwirken vermag (vgl. § 2084).

388 *3. Eignung zum Testamentsvollstrecker*

a) Grundsätzlich können *natürliche und juristische Personen* Testamentsvollstrecker sein. Für Letztere (z. B. Treuhandgesellschaften, Banken) ergibt sich das aus § 2163 II, auf den § 2210 Satz 3 verweist. Juristische Personen handeln durch ihre Organe.

Abgesehen vom Sonderfall des § 2223 ist die Ernennung eines Alleinerben zum Testamentsvollstrecker unwirksam, da durch die Testamentsvollstreckung die Befugnisse des Erben beschränkt werden sollen[49]. Wohl kann der Alleinerbe einer von mehreren Testamentsvollstreckern sein, da diese das Amt gemeinschaftlich führen (§ 2224 I). Auch der Allein-Nacherbe kann Testamentsvollstrecker sein, soweit durch seine Einsetzung die Befugnisse des Vorerben beschränkt werden[50]. Wegen des Interessenwiderstreits kann der Allein-Vorerbe nicht alleiniger Nacherbenvollstrecker gem. § 2222 sein[51]. Auch ein Miterbe kann Testamentsvollstrecker sein; denn als Testamentsvollstrecker hat er Befugnisse, die ihm als Miterben fehlen[52]. Aus ähnlichem Grund kann es sinnvoll sein, sämtliche Miterben zu Testamentsvollstreckern zu ernennen[53]; das hat zur Folge, dass bei Meinungsverschiedenheiten in der gemeinsamen Verwaltung des Nachlasses an die Stelle eines Mehrheitsbeschlusses der Erbengemeinschaft (§§ 2038 II, 745) die neutrale Mitwirkung und Entscheidung des Nachlassgerichts tritt (§ 2224 I 1).

b) Der Testamentsvollstrecker muss *voll geschäftsfähig* sein und darf nicht nach § 1896 zur Besorgung seiner Vermögensangelegenheiten einen Betreuer erhalten haben (§ 2201).

49 RGZ 77, 177; 163, 57 f.; BayObLG ZEV 2002, 24.
50 Vgl. BGH NJW 1990, 2056.
51 *Palandt/Edenhofer*, § 2222 Rdnr. 2; **a. M.** *Rohlff*, DNotZ 1971, 518.
52 RGZ 61, 139; BGHZ 30, 67, 70.
53 RGZ 163, 57, 59; *Soergel/Damrau*, § 2197 Rdnr. 13.

4. Annahme des Amtes 389

Niemand kann ohne seinen Willen Testamentsvollstrecker werden. Erforderlich ist eine unbedingte und unbefristete *Annahmeerklärung gegenüber dem Nachlassgericht* (Näheres: § 2202).

Hat der zum Testamentsvollstrecker Ernannte sich vertraglich zur Übernahme des Amtes verpflichtet, kann er auf Abgabe der Annahmeerklärung (§ 894 ZPO) verklagt werden. Dies ergibt sich schon daraus, dass auf das Rechtsverhältnis zwischen Testamentsvollstrecker und Erben die Auftragsregeln Anwendung finden (§ 2218 I). Deshalb ist wie beim Auftrag ein klagbarer Anspruch auf Vertragserfüllung zu bejahen (**Fall a**)[54]. Allerdings ist es wenig zweckmäßig, den Testamentsvollstrecker auf Übernahme des Amtes zu verklagen, da der in sein Amt Gezwungene jederzeit kündigen kann (§ 2226). Zudem wäre eine ordnungsgemäße Ausübung des Vertrauensamtes nicht gewährleistet.

Auch die *Ablehnung* des Amtes erfolgt durch Erklärung gegenüber dem Nachlassgericht (§ 2202 II). Der fruchtlose Ablauf der vom Nachlassgericht gesetzten Erklärungsfrist gilt als Ablehnung (§ 2202 III).

III. Dauer der Testamentsvollstreckung und des Testamentsvollstreckeramtes 390

Es ist zu unterscheiden zwischen Beginn und Ende der Testamentsvollstreckung einerseits sowie des Testamentsvollstreckeramtes andererseits.

1. Beginn

a) Die *Testamentsvollstreckung* beginnt mit dem Erbfall, es sei denn, dass der Erblasser einen späteren Zeitpunkt angeordnet hat.

b) Das *Amt des Testamentsvollstreckers* beginnt mit dessen Annahmeerklärung, die erst nach dem Eintritt des Erbfalls abgegeben werden kann (§ 2202).

Dem Testamentsvollstrecker kann ein Testamentsvollstreckerzeugnis erteilt werden (§ 2368; Rdnr. 626 f.). Dieses ist aber nicht Voraussetzung für Beginn oder Ausübung des Amtes.

2. Ende 391

a) Das *Amt des Testamentsvollstreckers* endet durch:
(1) *Tod* des Testamentsvollstreckers (§ 2225).

54 RGRK/*Kregel*, § 2202 Rdnr. 3 *Soergel/Damrau*, § 2202 Rdnr. 2; **a. A.** MünchKomm/*Zimmermann*, § 2202 Rdnr. 2; *Palandt/Edenhofer*, § 2202 Rdnr. 2.

Das Amt ist also nicht vererblich. Der Erbe des Testamentsvollstreckers ist aber verpflichtet, dem Erben, für den der Testamentsvollstrecker bestellt war, den Tod anzuzeigen und notfalls die Geschäfte des Testamentsvollstreckers fortzusetzen, wenn mit dem Aufschub Gefahr verbunden ist (§§ 2218 I; 673 Satz 2).

(2) *Verlust der Geschäftsfähigkeit* des Testamentsvollstreckers oder Bestellung eines Betreuers zur Besorgung der Vermögensangelegenheiten für den Testamentsvollstrecker (§§ 2225, 2201).

Das einmal erloschene Amt lebt nicht wieder auf, wenn die betreffende Person später wieder geschäftsfähig bzw. ihre Betreuung aufgehoben wird.

(3) *Kündigung* durch den Testamentsvollstrecker (§ 2226 Satz 1).

Die Kündigung erfolgt durch formlose Erklärung gegenüber dem Nachlassgericht (§ 2226 Satz 2). Sie setzt keinen Kündigungsgrund voraus, es sei denn, dass der Testamentsvollstrecker vertraglich auf sein Kündigungsrecht verzichtet hatte; in diesem Fall ist jedoch eine Kündigung aus wichtigem Grund möglich (§§ 2226 Satz 3; 671 III). – Eine Kündigung zur Unzeit ohne wichtigen Grund macht schadensersatzpflichtig (§§ 2226 Satz 3; 671 II 2).

(4) *Entlassung* des Testamentsvollstreckers durch das Nachlassgericht (§ 2227 I).

Voraussetzung ist der Antrag eines Beteiligten (z. B. eines Erben, Vermächtnisnehmers, Mitvollstreckers, nicht eines gewöhnlichen Nachlassgläubigers[55]) und das Vorliegen eines wichtigen Grundes; dafür nennt das Gesetz beispielhaft grobe Pflichtverletzung und Unfähigkeit zur ordnungsgemäßen Geschäftsführung. Ein Verschulden des Testamentsvollstreckers ist nicht erforderlich.

Das Nachlassgericht entscheidet, nachdem es die erforderlichen Ermittlungen vorgenommen (§ 12 FGG) und den Testamentsvollstrecker, soweit dies tunlich ist, gehört hat (§ 2227 II).

392 b) In den bisher genannten Fällen endet das Amt des betreffenden Testamentsvollstreckers. Die *Testamentsvollstreckung* als solche endet aber nur, wenn ein weiterer Testamentsvollstrecker nicht vorhanden ist (§ 2224 I 2) oder der Erblasser im Testament keine Ersatzbestimmung getroffen hat[56], z. B. durch Ersatzberufung (§ 2197 II) oder Ermächtigung zur Ernennung eines Nachfolgers (§ 2199 II).

Darüber hinaus findet die Testamentsvollstreckung selbst ihr Ende mit Erledigung aller dem Testamentsvollstrecker zugewiesenen Aufgaben[57], durch Eintritt der vom Erblasser bestimmten Bedingung oder des angeordneten Endtermins sowie mit Ablauf der in § 2210 genannten Frist.

55 BGHZ 35, 296.

56 RGZ 156, 70, 76.

57 RGZ 81, 166; BGH LM Nr. 1 zu § 2226 BGB; BGHZ 41, 23.

Es bedarf keiner förmlichen, die Beendigung feststellenden Aufhebung. Bei Streit über die Beendigung entscheidet das Prozessgericht[58].

IV. Rechtsstellung und Aufgaben des Testamentsvollstreckers 393

1. *Rechtsstellung*

Der Testamentsvollstrecker hat den Nachlass zu verwalten; er ist berechtigt, den Nachlass in Besitz zu nehmen, und regelmäßig befugt, über Nachlassgegenstände zu verfügen (§ 2205). Er hat im Rahmen der §§ 2212 f. das Prozessführungsrecht. Vornehmlich aus diesen Bestimmungen zieht man Schlüsse auf die Rechtsstellung des Testamentsvollstreckers. Die einen sehen in ihm einen Vertreter (Vertretertheorie), andere den Träger eines privaten Amtes (Amtstheorie[59]) oder einen Treuhänder (Treuhandtheorie). Derselbe Streit besteht hinsichtlich der Stellung des Insolvenz-, Zwangs- und Nachlassverwalters. Er ist kaum von praktischer Bedeutung.

Nach der Rechtsprechung[60] prozessiert der Testamentsvollstrecker als Partei kraft Amtes im eigenen Namen. Der Erbe ist also nicht Partei, so dass er als Zeuge vernommen werden kann.

2. *Aufgaben des Testamentsvollstreckers* 394

Der Aufgabenbereich des Testamentsvollstreckers wird durch die letztwillige Verfügung des Erblassers bestimmt. Im Einzelfall ist durch Auslegung zu ermitteln, was der Testamentsvollstrecker vorzunehmen hat. Das Gesetz ergänzt und begrenzt nur den vom Erblasser eingeräumten Wirkungskreis.

Bei der Festlegung des Aufgabenbereichs des Testamentsvollstreckers ist der Erblasser nicht völlig frei. Er kann zwar die Rechte des Testamentsvollstreckers beschränken; dagegen vermag er nicht dessen Befugnisse über den vom Gesetz gezogenen Rahmen hinaus zu erweitern[61]. Unwirksam ist z. B. die Bestimmung, der Testamentsvollstrecker dürfe über einen Miterbenanteil verfügen oder der Miterbe dürfe seinen Anteil nur mit Zustimmung des Testamentsvollstreckers veräußern. Dagegen sind auf den Testamentsvollstrecker solche Befugnisse übertragbar, die jedem Dritten eingeräumt werden können (z. B. § 2048 Satz 2: Auseinandersetzung der Miterbengemeinschaft nach billigem Ermessen des Testamentsvollstreckers; §§ 2151, 2153 ff.: Bestimmungsrecht bei Vermächtnissen; § 2193: Bestimmung des Begünstigten einer Auflage).

58 BGHZ 41, 23.
59 So die h.M.; BGHZ 25, 275, 279; *Bamberger/Roth/Mayer*, § 2197 Rdnr. 5; *Palandt/Edenhofer*, Einf v § 2197 Rdnr. 2.
60 RGZ 56, 327, 330; 61, 139, 145; 76, 125; BGHZ 13, 203, 205.
61 Mot. V, 241; Prot. V, 308.

395 a) Die in der Praxis wichtigsten Fälle sind die Abwicklungsvollstreckung und die Verwaltungsvollstreckung im engeren Sinne.

(1) Die *Abwicklungsvollstreckung* ist der gesetzlich vorgesehene Regelfall. Sie ist immer dann gegeben, wenn kein anderer Erblasserwille zu ermitteln ist. Nach § 2203 obliegt es dem Testamentsvollstrecker, die letztwilligen Anordnungen des Erblassers auszuführen. Dem Testamentsvollstrecker ist ein den gesamten Nachlass umfassender Rechts- und Pflichtenkreis eingeräumt. Er hat alle Anordnungen auszuführen, denen sonst der Erbe nachzukommen hätte. Der Testamentsvollstrecker hat also den Nachlass entsprechend dem Erblasserwillen abzuwickeln. Ziel der Abwicklung ist die Aushändigung des Nachlasses an den Alleinerben, bei Miterben die Vornahme der Auseinandersetzung (§ 2204 I). Ehe der Testamentsvollstrecker den Nachlass dem oder den Erben überlassen darf, muss er zuvor den Nachlass verwalten (Rdnr. 387 ff.), insbesondere zunächst die Nachlassverbindlichkeiten (z. B. Erblasserschulden, Erbfallschulden wie Vermächtnisse und Auflagen) erfüllen.

Vor der Auseinandersetzung unter Miterben (Auseinandersetzungsvollstreckung) hat der Testamentsvollstrecker einen Teilungsplan aufzustellen, zu dem die Erben zu hören sind (§ 2204 II). Ihr Einverständnis ist zur Gültigkeit der Auseinandersetzung jedoch nicht erforderlich. Vereinbaren die Erben allerdings, sich nicht auseinander zu setzen, ist auch der Testamentsvollstrecker daran gebunden (§§ 2204 I, 2042 II, 749 II; **Fall b**). Setzt er dennoch auseinander, macht er sich schadensersatzpflichtig. Die Auseinandersetzung ist aber wirksam, da die Vereinbarung der Erben nur schuldrechtliche Wirkung hat[62].

396 (2) Bei der *Verwaltungsvollstreckung im engeren Sinne* hat der Erblasser dem Testamentsvollstrecker lediglich die Verwaltung des Nachlasses und keine anderen Aufgaben zugewiesen (§ 2209 Satz 1, 1. Halbs.). Hier ist die Verwaltung des Nachlasses nicht Vorbereitung zur Durchführung der anderen Anordnungen des Erblassers, sondern eine selbstständige, für sich bestehende Aufgabe. Nach deren Ende überlässt der Testamentsvollstrecker den Nachlass den Erben, die dann selbst z. B. die Auseinandersetzung vorzunehmen haben.

397 b) Der Erblasser kann vor allem folgende *Erweiterungen und Beschränkungen* anordnen:

(1) Bei der *Dauervollstreckung* hat der Testamentsvollstrecker nach Erledigung der ihm sonst zugewiesenen Aufgaben (z. B. Verwertung einzelner Nachlassgegenstände) die Verwaltung fortzuführen (§ 2209 Satz 1, 2. Halbs.). Dauervollstreckung ist z. B. auch gegeben, wenn der Testamentsvollstrecker zunächst die Auseinandersetzung vorzunehmen hat und danach noch einzelne Nachlassgegenstände (etwa ein Miethaus) weiter verwalten soll.

Die Dauervollstreckung und die Verwaltungsvollstreckung im engeren Sinn fasst man unter dem Begriff der Verwaltungsvollstreckung zusammen. Diese begrenzt das Gesetz

62 KGJ 52, 113; *Palandt/Edenhofer*, § 2204 Rdnr. 2.

auf eine Höchstdauer von 30 Jahren (Näheres: § 2210), damit der Nachlass den Erben nicht für immer entzogen wird[63].

(2) Der Erblasser kann anordnen, dass die Verwaltungs-, Verpflichtungs- oder Verfügungsbefugnis des Testamentsvollstreckers *eingeschränkt oder ganz ausgeschlossen* sein soll (§ 2208 I 1). Derartige Beschränkungen sind auch nur in Bezug auf einzelne Nachlassgegenstände möglich (vgl. § 2208 I 2). 398

Beispiele: Keine Verfügungsbefugnis über Grundstücke, Verfügung über eine bestimmte Sache nur mit Zustimmung eines Dritten. Möglich ist auch die Beschränkung der Testamentsvollstreckung auf einen Erbteil[64].

Solche Beschränkungen wirken auch gegenüber Dritten und nicht bloß schuldrechtlich wie im Falle des § 2204 (Rdnr. 395). Deshalb ist die Beschränkung im Testamentsvollstreckerzeugnis anzugeben (§ 2368 I 2).

(3) Der Erblasser kann ferner eine *bloß beaufsichtigende Testamentsvollstreckung* bestimmt haben. Dann haben die Erben die Verfügungen des Erblassers auszuführen. Dem Testamentsvollstrecker steht hier im Zweifel das Recht zu, von den Erben die Ausführung zu verlangen (§ 2208 II).

Wird dieses Recht vom Erblasser ausgeschlossen, ist die ernannte Person nicht Testamentsvollstrecker, sondern lediglich Berater der Erben[65].

(4) Auch eine Testamentsvollstreckung nur zur Wahrnehmung der Rechte und Pflichten des Nacherben während der Vorerbschaft ist möglich (*Nacherbenvollstreckung*, § 2222).

Eine solche Vollstreckung beschränkt nicht den Vorerben, sondern den Nacherben.

(5) Damit die dem Vermächtnisnehmer auferlegten Beschwerungen (Untervermächtnisse, Auflagen) erfüllt werden, kann der Erblasser zu diesem Zweck einen Testamentsvollstrecker ernennen (*Vermächtnisvollstreckung*, § 2223).

Eine solche Vollstreckung beschränkt nicht den Erben, sondern den Vermächtnisnehmer. Deshalb kann auch der Alleinerbe Vermächtnisvollstrecker sein.

3. Mehrere Testamentsvollstrecker 399

Mehrere Testamentsvollstrecker führen im Regelfall das Amt nach innen und nach außen gemeinschaftlich (*Gesamtvollstrecker*, § 2224 I 1). Dringliche Erhaltungsmaßnahmen darf jeder Testamentsvollstrecker jedoch allein treffen (§ 2224 II).

63 Vgl. aber OLG Zweibrücken Rpfleger 1982, 106.
64 *Lange/Kuchinke*, § 31 V 1a m. N.
65 Prot. V, 310.

Bei Meinungsverschiedenheiten zwischen mehreren Testamentsvollstreckern entscheidet das Nachlassgericht, sofern der Erblasser nichts anderes bestimmt hat (§ 2224 I). Die h. M.[66] hält nur beim Streit über die sachliche Amtsführung, also über die Zweckmäßigkeit von Maßnahmen, das Nachlassgericht für zuständig. Dagegen soll das Prozessgericht zuständig sein bei Meinungsverschiedenheiten über die Rechtmäßigkeit eines Vorhabens, wenn also umstritten ist, ob das Vorhaben überhaupt zum gemeinschaftlichen Verwaltungskreis gehört, insbesondere ob es mit der letztwilligen Verfügung oder dem Gesetz vereinbar ist. Dem Gesetzeswortlaut lässt sich diese Differenzierung allerdings nicht entnehmen. Das Gesetz unterstellt vielmehr allgemein die Entscheidung beim Streit über »das gemeinschaftlich« zu führende »Amt« dem Nachlassgericht. Zum anderen ist eine genaue Abgrenzung zwischen Rechtsfragen und solchen der sachlichen Ausführung oft nicht möglich.[67] Deshalb sollte man das Nachlassgericht jedenfalls dann auch für Meinungsverschiedenheiten über Rechtsfragen als zuständig ansehen, wenn diese Voraussetzung für die sachliche Amtsführung sind[68].

Der Erblasser kann aber auch jedem von mehreren Testamentsvollstreckern einen eigenen Aufgabenkreis zuweisen, für den der jeweilige Vollstrecker allein zuständig ist (*Nebenvollstrecker*).

400 V. Verwaltung des Nachlasses durch den Testamentsvollstrecker

1. Allgemeines

a) Der Testamentsvollstrecker hat bei der *Abwicklungsvollstreckung* die Anordnungen des Erblassers auszuführen, Nachlassverbindlichkeiten zu berichtigen und die Erbauseinandersetzung zu bewirken. Deshalb räumt das Gesetz ihm das Recht zur Verwaltung des Nachlasses ein (§ 2205 Satz 1). Der Begriff der Verwaltung ist in einem weiten Sinn zu verstehen. Der Testamentsvollstrecker ist »insbesondere berechtigt, den Nachlass in Besitz zu nehmen und über die Nachlassgegenstände zu verfügen« (§ 2205 Satz 2). Darüber hinaus ist er z. B. befugt, bestimmte Verbindlichkeiten einzugehen (§§ 2206 f.), Prozesse zu führen (§§ 2212 f.), das Aufgebot von Nachlassgläubigern, die Zwangsversteigerung eines Nachlassgrundstückes sowie das Insolvenzverfahren und die Nachlassverwaltung zu beantragen (§ 1970; §§ 989, 991 II ZPO; § 175 I 2 ZVG; § 317 InsO; § 1981). Grundsätzlich kann also der Testamentsvollstrecker alle rechtlichen und auch tatsächlichen Maßnahmen für den Nachlass ergreifen.

Eine Verpflichtung des Testamentsvollstreckers gegenüber den Erben, nur solche Handlungen vorzunehmen, denen die Erben zuvor zugestimmt haben, und sein Amt je-

66 Z. B. BGHZ 20, 264; *Erman/Schmidt*, § 2224 Rdnr. 4 f.; MünchKomm/*Zimmermann*, § 2224 Rdnr. 10 ff.; *Palandt/Edenhofer*, § 2224 Rdnr. 3.

67 *Baur*, JZ 1956, 495.

68 *Bamberger/Roth/Mayer*, § 2224 Rdnr. 6; MünchKomm/*Zimmermann*, § 2224 Rdnr. 12; *Palandt/Edenhofer*, § 2224 Rdnr. 3.

derzeit auf Verlangen eines Miterben niederzulegen, ist unwirksam[69]. Denn mit einer solchen Verpflichtung begibt sich der Testamentsvollstrecker ganz in die Hand der Erben. Das ist mit der freien, nur durch Gesetz und Weisung des Erblassers gebundenen Stellung des Testamentsvollstreckers nicht vereinbar.

Allerdings können der Testamentsvollstrecker und alle Erben sich einverständlich über Verwaltungsanordnungen des Erblassers (z. B. Auseinandersetzungsverbot; vgl. Rdnr. 515) hinwegsetzen[70]. Das Gleiche gilt hinsichtlich der gesetzlichen Regelungen über den Wirkungsbereich des Testamentsvollstreckers[71].

Die weitgehenden Befugnisse des Testamentsvollstreckers können im Einzelfall zu einer Schädigung der Erben führen. Dem Schutz der Erben dienen die §§ 2216, 2218 f. und die allgemeinen Strafbestimmungen, insbesondere § 266 StGB (Untreue).

b) Auch bei der *Verwaltungsvollstreckung* gem. § 2209 stehen dem Vollstrecker die in § 2205 genannten Befugnisse zu. Sein Verwaltungsrecht schließt also ebenfalls eine gesetzliche Verpflichtungs-, Verfügungs- und Prozessführungsermächtigung ein (§§ 2205 ff., 2211 ff.). 401

Bei der Anlage von Nachlassvermögen ist er so frei, wie der Vormund vom Vormundschaftsrichter äußerstenfalls gestellt werden darf (vgl. § 1811 Satz 2). Ihm sind daher nur solche Anlagen verwehrt, die den Grundsätzen einer wirtschaftlichen Vermögensverwaltung zuwiderlaufen (BGH NJW 1987, 1070).

c) Wenn die Testamentsvollstreckung die Verwaltung eines *einzelkaufmännischen Unternehmens oder eines Anteils an einer Handelsgesellschaft* umfasst, ergeben sich Schwierigkeiten aus der Konkurrenz von Erbrecht und Handels- oder Gesellschaftsrecht[72]. 402

(1) Führt der Testamentsvollstrecker ein *einzelkaufmännisches Unternehmen* weiter, könnte er gem. §§ 2206 f. Verbindlichkeiten nur mit Wirkung für den Nachlass eingehen und den Erben nicht persönlich verpflichten; denn nach Erbrecht ist die Haftung auf den Nachlass beschränkt. Dagegen würde nach Handelsrecht der Testamentsvollstrecker als Einzelkaufmann unbeschränkt haften. Oft liegt aber die Verwaltung eines Handelsunternehmens durch einen Testamentsvollstrecker im Interesse aller Beteiligten. Daher sind folgende Wege zur Lösung der Schwierigkeiten beschritten worden: 403

(a) *Treuhandlösung:* Der Testamentsvollstrecker wird zum Treuhänder des oder der Erben bestellt. Er wird Inhaber des Handelsunternehmens und als solcher ins Handelsregister eingetragen. Er betreibt das Unternehmen im eigenen Namen und haftet persönlich für die von ihm getätigten Geschäfte[73]. Im Innenverhältnis kann der Testamentsvollstre-

69 BGHZ 25, 275.
70 BGHZ 40, 115; 56, 275.
71 BGHZ 57, 84.
72 Einzelh.: MünchKomm/*Zimmermann*, § 2205 Rdnr. 16 ff.; *Soergel/Damrau*, § 2205 Rdnr. 16 ff.; *Staudinger/Reimann*, § 2205 Rdnr. 90 f.; MünchKommHGB/*Lieb*, § 27 Rdnr. 22 ff.
73 Vgl. BGHZ 12, 100, 102; *John*, BB 1980, 757.

cker von den Erben Befreiung von den Verbindlichkeiten und Ersatz seiner Aufwendungen verlangen (§§ 2218, 670).

(b) *Vollmachtslösung:* Die Erben werden Inhaber des Unternehmens und dementsprechend im Handelsregister eingetragen. Sie bestellen den Testamentsvollstrecker zu ihrem Bevollmächtigten. Er handelt im Namen der Erben und verpflichtet sie[74]. Im Innenverhältnis zwischen Testamentsvollstrecker und Erben gilt Testamentsvollstreckerrecht (vor allem § 2219).

Zu (a) und (b): Die Treuhand- und die Vollmachtslösung setzen entsprechende Willenserklärungen aller Erben voraus, nämlich die Zustimmung zur treuhänderischen Geschäftsführung bzw. die Bevollmächtigung zum Handeln im Namen der Erben. Um solche Erklärungen der Erben zu erreichen, kann der Erblasser in seiner Verfügung von Todes wegen die Erben dazu durch eine Auflage verpflichten oder die Erbeinsetzung von einer entsprechenden Bedingung abhängig machen[75]. Durch Auslegung des Testaments lässt sich im Einzelfall ein derartiger Wille ermitteln, wenn etwa der Erblasser die Testamentsvollstreckung gerade deshalb angeordnet hat, um seine geschäftsungewandten Erben von der Leitung des Handelsunternehmens auszuschließen.

(c) *Testamentsvollstreckerlösung:* Die von *Baur*[76] begründete Ansicht will dem Testamentsvollstrecker von vornherein die diesem zustehende Vollstreckermacht am Handelsunternehmen geben. Dieses wird vom Testamentsvollstrecker als Sondervermögen verwaltet, und die vom Vollstrecker eingegangenen Geschäftsverbindlichkeiten sind Nachlassverbindlichkeiten. Nach dieser rein erbrechtlichen Lösung, durch welche die handelsrechtlichen Regeln zurückgedrängt werden, sind die Erben Inhaber des Unternehmens; jedoch steht die Verwaltung allein dem Testamentsvollstrecker unter Ausschluss der Erben zu. Diese Auffassung führt dazu, dass die Erben den Geschäftsgläubigern immer nur – mit dem Nachlass – beschränkt haften[77].

404 (2) Wenn die Testamentsvollstreckung den *Anteil eines persönlich haftenden Gesellschafters einer Personenhandelsgesellschaft* (OHG, KG) umfasst, entstehen einmal dieselben haftungsrechtlichen Schwierigkeiten wie bei der Verwaltung eines einzelkaufmännischen Unternehmens. Insoweit wird auf die geschilderte Treuhand- oder Vollmachtslösung zurückgegriffen. Das Einverständnis der Erben kann der Erblasser ebenfalls durch eine entsprechende Auflage oder Bedingung erreichen.

Auf der anderen Seite ergeben sich Probleme, weil auch die Interessen der übrigen Gesellschafter zu berücksichtigen sind[78]. Ihnen kann nicht zugemutet werden, dass ein Testamentsvollstrecker, also ein Gesellschaftsfremder, ohne ihren Willen die Rechte und Pflichten eines Gesellschafters wahrnimmt. Deshalb ist eine entsprechende Einverständniserklärung aller Gesellschafter erforderlich. Es reicht aber aus, wenn bereits im Gesellschaftsvertrag eine Testamentsvollstreckung an einem Gesellschaftsanteil vorgesehen wurde[79].

(Zur Vererbung des Anteils an einer Personalgesellschaft siehe die Literaturangaben in Rdnr. 778.)

74 Vgl. BGHZ 12, 100, 102.
75 Vgl. BGHZ 12, 100, 103.
76 Festschrift f. Dölle, Bd. I, 249 ff.
77 *Erman/Schmidt*, § 2205, 21.
78 Vgl. *V. Emmerich*, ZHR 1969, 297 ff.; *Johannsen*, WM 1969, 1406.
79 Vgl. *Lange/Kuchinke*, § 31 V 7c a m.N.

(3) Die Testamentsvollstreckung an *Kommanditanteilen* wird von der Rechtsprechung für zulässig erachtet[80], weil die Haftung des Kommanditisten auf die geleistete Einlage beschränkt und damit eine persönliche Verpflichtung des Gesellschafter-Erben durch den Testamentsvollstrecker ausgeschlossen ist. 405

406

(4) Die Verwaltung von *GmbH-Anteilen* durch den Testamentsvollstrecker umfasst regelmäßig alle damit zusammenhängenden Rechtshandlungen. Ausgenommen sind nur solche, für die in der Satzung eine höchstpersönliche Rechtsausübung vorgesehen ist[81].

2. *Besitz* 407

Der Besitz an den Nachlasssachen geht nach § 857 auf den Erben, nicht auf den Testamentsvollstrecker über. Dieser ist jedoch berechtigt, den Nachlass in Besitz zu nehmen (§ 2205 Satz 2). Ihm steht mithin ein Anspruch auf Besitzübergabe gegen den Besitzer zu, den er notfalls im Klageweg durchsetzen muss. Die Besitzschutzrechte (§§ 859 ff.) hat der Testamentsvollstrecker erst nach der Besitzergreifung.

Ist der Testamentsvollstrecker unmittelbarer Besitzer, so ist der Erbe mittelbarer Besitzer.

3. *Verfügungen* 408

a) Der Testamentsvollstrecker ist *zur Verfügung über Nachlassgegenstände berechtigt* (§ 2205 Satz 2). Diese Befugnis geht über die des Vorerben (Rdnr. 349 ff.) erheblich hinaus. Insbesondere darf der Testamentsvollstrecker über Grundstücke und Grundstücksrechte verfügen. Der Dritte erwirbt selbst dann, wenn die Verfügung nicht einer ordnungsgemäßen Verwaltung entspricht. Ob eine solche vorliegt, spielt nur im Innenverhältnis gegenüber dem Erben eine Rolle (Rdnr. 419). Allerdings ist der Testamentsvollstrecker nicht befugt, einen Miterbenanteil (vgl § 2033 I) an dem von ihm zu verwaltenden Nachlass zu übertragen[82].

Ist der Testamentsvollstrecker nur für den Vorerben bestellt, hat er nicht mehr Rechte als dieser ohne Testamentsvollstreckung hätte[83]. Anders ist die Rechtslage, wenn der Testamentsvollstrecker sowohl für den Vor- als auch für den Nacherben eingesetzt ist[84].

Ein Insichgeschäft kann der Testamentsvollstrecker grundsätzlich nicht wirksam vornehmen (entsprechende Anwendung des § 181); etwas anderes gilt, wenn dies vom Erblasser gestattet ist und dem Gebot ordnungsgemäßer Verwaltung des Nachlasses nicht

80 BGHZ 108, 187.
81 Einzelheiten: *Palandt/Edenhofer*, § 2205 Rdnr. 19 m.N.
82 BGH NJW 1984, 2464, 2465.
83 Ebenso MünchKomm/*Zimmermann*, § 2205 Rdnr. 64.
84 Vgl. BGHZ 40, 115, 119.

widerspricht[85]. § 181 greift auch dann nicht ein, wenn der Testamentsvollstrecker ausschließlich zur Erfüllung einer Verbindlichkeit mit sich selbst kontrahiert. Er kann etwa ein zum Nachlass gehörendes Grundstück an sich selbst auflassen, wenn ihm vermächtnisweise die Möglichkeit des Grundstückserwerbs zugewendet worden ist[86].

b) Zu *unentgeltlichen Verfügungen* ist der Testamentsvollstrecker *nicht berechtigt*, sofern sie nicht einer sittlichen Pflicht oder einer auf den Anstand zu nehmenden Rücksicht entsprechen (§ 2205 Satz 3). Insoweit gleicht die gesetzliche Regelung derjenigen bei der Vorerbschaft (§ 2113 II; Rdnr. 363). Das dort insbesondere zur Unentgeltlichkeit Gesagte gilt auch hier[87].

Streitig ist die Frage, ob der Testamentsvollstrecker mit Zustimmung der Erben unentgeltlich verfügen kann (**Fall c**). Teilweise wird das verneint, weil die Erben gem. § 2211 I nicht verfügungsberechtigt seien[88]. Jedoch bestehen gegen die Wirksamkeit einer solchen Verfügung keine Bedenken, wenn schutzwürdige Interessen nicht beeinträchtigt werden[89]. Die Erben sind wegen ihres Einverständnisses nicht schutzwürdig. Von dritten Personen müssen nur die Vermächtnisnehmer zustimmen, nicht auch die sonstigen Nachlassgläubiger und Auflagebegünstigten; denn nur den Vermächtnisnehmern gegenüber besteht eine Pflicht zur ordnungsgemäßen Verwaltung ([90]vgl. Rdnr. 419). Unerheblich ist, ob die unentgeltliche Verfügung dem Willen des Erblassers entspricht (vgl. Rdnr. 400).

Liegt eine unentgeltliche Verfügung vor, so wird der gutgläubige Erwerber nicht geschützt.

Hält der Erwerber den Testamentsvollstrecker für den Eigentümer, kommen die §§ 932 ff. in Betracht (zu **Fall c**).

409 *4. Verpflichtungen*

Der Testamentsvollstrecker kann in bestimmten Fällen Verbindlichkeiten mit Wirkung für den Nachlass eingehen. Bei diesen Verpflichtungen handelt es sich um Nachlassverbindlichkeiten, für die der Erbe immer mit dem Nachlass haftet; mit seinem persönlichen Vermögen hat der Erbe dagegen nur dann einzustehen, wenn er unbeschränkt haftet (Rdnr. 647).

410 Voraussetzungen für die Haftung des Erben sind:

a) Der Testamentsvollstrecker muss für den Vertragspartner *erkennbar* als Testamentsvollstrecker *für den Nachlass* handeln.

Ist das nicht der Fall, so wird der Testamentsvollstrecker persönlich verpflichtet.

85 BGHZ 30, 67, 71.
86 BayObLG Rpfleger 1982, 344.
87 BGH NJW 1963, 1613; BGHZ 57, 84.
88 RGZ 105, 246, 249 f.
89 BGHZ 57, 84; KG OLGZ 1992, 139.
90 *Palandt/Edenhofer*, § 2205 Rdnr. 30.

b) Der Testamentsvollstrecker muss *berechtigt* sein, die Verpflichtung einzugehen.

Fehlt es an der Verpflichtungsmacht, kann sich eine Haftung des Testamentsvollstreckers aus einer analogen Anwendung des § 179 (Vertreter ohne Vertretungsmacht) ergeben.

Zur Verpflichtung des Nachlasses ist der Testamentsvollstrecker in den Fällen der §§ 2206 f. ermächtigt.

1. Fallgruppe: Die Eingehung der Verbindlichkeit ist zur ordnungsgemäßen Verwaltung erforderlich (§ 2206 I 1). Entgegen dem Wortlaut muss es zum Schutz des Dritten genügen, wenn dieser ohne Fahrlässigkeit annehmen darf, der Testamentsvollstrecker halte sich bei der Verpflichtung im Rahmen der ordnungsgemäßen Verwaltung, obwohl dies objektiv nicht der Fall ist[91].

2. Fallgruppe: Es handelt sich um die Verpflichtung zu einer Verfügung, zu welcher der Testamentsvollstrecker berechtigt ist (§ 2206 I 2; z. B. Verkauf eines Nachlassgegenstandes). Der Gesetzgeber will verhindern, dass der Dritte mangels wirksamer Verpflichtung einem Bereicherungsanspruch ausgesetzt ist, obwohl die Verfügung des Testamentsvollstreckers gültig ist. Verfügungs- und Verpflichtungsermächtigung sollen sich also decken.

Die höchstrichterliche Rechtsprechung[92] hält den Dritten dann nicht für schutzwürdig, wenn der Testamentsvollstrecker gegen seine Pflicht verstößt, den Nachlass ordnungsgemäß zu verwalten, und der Dritte dies erkennen kann, weil sich der Testamentsvollstrecker ersichtlich verdächtig verhalten hat. Das entspricht zwar nicht dem Wortlaut des § 2206 I 2, wohl aber einer vernünftigen Interessenabwägung.

3. Fallgruppe: Der Erblasser hat über den Rahmen des § 2206 hinaus die Verpflichtungsbefugnis des Testamentsvollstreckers *erweitert* (§ 2207 Satz 1), was im Zweifel bei der Verwaltungsvollstreckung der Fall ist (§§ 2209 Satz 2; 2207). Die Befugnis des Testamentsvollstreckers zu Schenkungsversprechen (§ 2205 Satz 3) kann der Erblasser jedoch nicht erweitern (§ 2207 Satz 2).

(Zur *Beschränkung* der Verpflichtungsbefugnis durch den Erblasser siehe § 2208 [Rdnr. 398].)

5. *Prozessführung und Zwangsvollstreckung* 411

Folgende Fälle sind zu unterscheiden[93]:

a) Beim Erbfall *liegt bereits ein auf den Erblasser lautender Vollstreckungstitel vor.*

91 RGZ 83, 348; BGH WM 1982, 1082.
92 RGZ 75, 299; BGH NJW 1959, 1429; NJW-RR 1989, 642 f.
93 Vgl. ZVR Rdnr. 121 f.

(1) Bei einer Zwangsvollstreckung aus einem *Titel gegen den Erblasser* kommt es darauf an, ob die Zwangsvollstreckung schon vor dem Erbfall begonnen hatte.

(a) Hatte die *Zwangsvollstreckung bereits vor dem Erbfall begonnen*, wird sie gegen den Nachlass fortgesetzt (§ 779 I ZPO), und zwar selbst dann, wenn ein Testamentsvollstrecker bestellt ist. Die Vollstreckungsklausel braucht nicht umgeschrieben zu werden.

(b) Hatte die *Zwangsvollstreckung zur Zeit des Erbfalles noch nicht begonnen*, muss die Vollstreckungsklausel *gegen* den Testamentsvollstrecker umgeschrieben werden (§§ 749, 727 ZPO), wenn der *ganze* Nachlass der Verwaltung des Testamentsvollstreckers unterliegt (vgl. § 748 I ZPO). Verwaltet dieser dagegen nur *einzelne* Nachlassgegenstände und soll in sie vollstreckt werden, so muss die Umschreibung gegen Testamentsvollstrecker *und* Erben erfolgen (vgl. § 748 II ZPO).

(2) Soll *für* den Testamentsvollstrecker aus dem Titel vollstreckt werden, muss die Vollstreckungsklausel auf ihn umgeschrieben werden (§ 749 Satz 1 ZPO).

Voraussetzung dafür ist, dass das zugesprochene Recht der Verwaltung des Testamentsvollstreckers unterliegt. Ob das der Fall ist, ergibt sich aus dem Testamentsvollstreckerzeugnis (§ 2368).

412 b) Ein *Vollstreckungstitel liegt noch nicht vor.*

(1) Der *Testamentsvollstrecker ist prozessführungsbefugt*, wenn das Recht, das gerichtlich geltend gemacht werden soll, seiner Verwaltung unterliegt (*Aktivprozess*; § 2212).

Das gilt auch für einen Rechtsstreit gegen einen Miterben wegen einer zum Nachlass gehörenden Forderung. Der Miterbe wird regelmäßig nicht mit dem Einwand gehört, die Einziehung der Forderung sei nicht erforderlich oder er werde durch das Vorgehen des Testamentsvollstreckers im Vergleich zu den anderen Miterben benachteiligt[94].

Das zwischen dem Testamentsvollstrecker und dem Beklagten ergehende Urteil wirkt *für und gegen* den Erben (§ 327 I ZPO). Deshalb kann der Erbe dem Rechtsstreit als streitgenössischer Nebenintervenient (§§ 66, 69 ZPO) beitreten. Nach Beendigung der Testamentsvollstreckung kann eine vollstreckbare Ausfertigung des Urteils *für* den Erben erteilt werden (§ 728 II ZPO).

Klagt der Erbe selbst ein der Testamentsvollstreckung unterliegendes Recht ein, so ist die Klage abzuweisen, weil der Erbe das Recht nicht gerichtlich geltend machen kann (§ 2212[95]).

Möglich ist allerdings eine gewillkürte Prozessstandschaft des Erben. Voraussetzung dafür ist eine Ermächtigung durch den Testamentsvollstrecker und ein eigenes Rechtsschutzinteresse des Erben an der Prozessführung im eigenen Namen[96].

94 BGHZ 25, 275, 284.
95 BGHZ 31, 279.

(2) Soll ein Anspruch *gegen* den Nachlass gerichtlich geltend gemacht werden (*Passiv*prozess; § 2213) und unterliegt der *ganze* Nachlass der Verwaltung des Testamentsvollstreckers, so stehen dem Gläubiger drei Klagemöglichkeiten offen: 413

(a) Einmal kann er den *Testamentsvollstrecker* verklagen (§ 2213 I 1). Das ist schon vor Annahme der Erbschaft durch den Erben möglich (§ 2213 II). Ein Urteil gegen den Testamentsvollstrecker reicht zur Vollstreckung in den Nachlass grundsätzlich aus (§ 748 I ZPO).

Das Urteil wirkt auch für und gegen den Erben (§ 327 II ZPO). Der Gläubiger kann die Erteilung einer vollstreckbaren Ausfertigung gegen den Erben schon dann begehren, wenn die Verwaltung des Testamentsvollstreckers noch besteht (§ 728 II 2 ZPO).

(b) Zum anderen besteht für den Gläubiger die Möglichkeit, den *Erben* zu verklagen (§ 2213 I 1), sofern dieser die Erbschaft angenommen hat (§ 1958). Aus einem solchen Urteil kann in das private Vermögen des Erben vollstreckt werden, das nicht der Verwaltung des Testamentsvollstreckers unterliegt (vgl. § 748 I ZPO). Der Erbe kann jedoch gem. §§ 780 ff. ZPO die Beschränkung seiner Haftung geltend machen.

Gegen den Testamentsvollstrecker wirkt das Urteil nicht; sonst könnte der Erbe z. B. durch schlechte Prozessführung die Rechtsstellung des Testamentsvollstreckers beeinträchtigen. Hat dagegen der Erbe obsiegt, so kann der Testamentsvollstrecker, wenn er wegen desselben Anspruchs verklagt wird, sich auf das Urteil berufen. Denn der Kläger kann nicht verlangen, dass der Testamentsvollstrecker ihm aus dem Nachlass, also aus dem Vermögen des Erben, das leistet, was er nach dem abweisenden Urteil des Vorprozesses von dem Erben nicht zu fordern hat[97].

(c) Schließlich kann der Gläubiger den *Erben und* den *Testamentsvollstrecker* verklagen, Letzteren auch auf Leistung (§ 2213 I 1) oder auf Duldung der Zwangsvollstreckung in den Nachlass (§ 2213 III). Das hat den Vorteil, dass der Gläubiger aus einem obsiegenden Urteil in den Nachlass (§ 748 I ZPO) und in das persönliche Vermögen des Erben (vgl. § 780 f. ZPO) vollstrecken kann.

(3) Verwaltet der Testamentsvollstrecker *nicht den ganzen Nachlass*, so ist die Klage gegen den Erben zu richten (§ 2213 I 2). Steht dem Testamentsvollstrecker die Verwaltung *einzelner* Nachlassgegenstände zu, kann in *diese* nur vollstreckt werden, wenn ein Leistungstitel gegen den Erben und ein Duldungstitel gegen den Testamentsvollstrecker vorliegen (§ 748 II ZPO). Deshalb ist dem Gläubiger zu raten, den Erben (§ 2213 I 2) und den Testamentsvollstrecker (§ 2213 III) zusammen zu verklagen. 414

(4) *Pflichtteilsansprüche* sind in jedem Falle, also auch, wenn der Testamentsvollstrecker den ganzen Nachlass verwaltet, gegen den *Erben* gerichtlich gel-

96 Vgl. BGHZ 38, 281; *Johannsen*, Anm. zu BGH LM Nr. 1 zu § 1984 BGB.
97 Prot. V, 539.

tend zu machen (§ 2213 I 3). Allerdings kann der Testamentsvollstrecker unstreitige Pflichtteilsansprüche wirksam anerkennen[98]. Ist über das Vermögen des Erben das Insolvenzverfahren eröffnet worden, richtet sich der Anspruch gegen den Insolvenzverwalter[99].

Zur Zwangsvollstreckung in Nachlassgegenstände, die der Verwaltung des Testamentsvollstreckers unterliegen, ist hier auch ein Duldungstitel gegen ihn erforderlich (§ 748 III ZPO).

415 c) Ein *Eigen- (oder Privat-)gläubiger* des Erben kann nicht in Nachlassgegenstände vollstrecken, die der Verwaltung des Testamentsvollstreckers unterliegen (§ 2214). Denn sonst würde dessen Rechtsstellung beeinträchtigt (vgl. dazu §§ 2205, 2211). Wird dennoch entgegen § 2214 vollstreckt, so steht dem Testamentsvollstrecker die Erinnerung (§ 766 ZPO) zu.

416 VI. Rechtsstellung des Erben während der Testamentsvollstreckung

1. Verfügungen

Dem Erben fehlt die Verfügungsmacht über die Nachlassgegenstände, die der Verwaltung des Testamentsvollstreckers unterliegen (§ 2211 I). Ohne diese Entziehung der Verfügungsmacht wäre es dem Erben möglich, die Macht des Testamentsvollstreckers willkürlich zu vereiteln[100].

Verfügt der Erbe dennoch, so ist die Verfügung gegenüber jedermann unwirksam[101]. Es handelt sich um eine schwebende Unwirksamkeit; denn es bestehen keine Bedenken gegen eine rückwirkende Heilung der Verfügung, wenn der Testamentsvollstrecker sie genehmigt. Außerdem wird die Verfügung auch zu dem Zeitpunkt wirksam, in dem das Recht des Testamentsvollstreckers wegfällt (vgl. § 185).

Im Interesse des gutgläubigen Erwerbers sind gem. § 2211 II die Vorschriften des Gutglaubensschutzes beim Erwerb vom Nichtberechtigten anwendbar.

Im **Fall d** erwirbt K das Eigentum, wenn er gutgläubig (vgl. § 932 II) davon ausgeht, die Uhr gehöre nicht zum Nachlass oder es bestehe keine Testamentsvollstreckung oder die Uhr unterliege nicht der Verwaltung des Testamentsvollstreckers. Ist die Uhr aber dem Testamentsvollstrecker abhanden gekommen, so scheidet wegen § 935 ein gutgläubiger Erwerb aus.

Weiß der Erwerber nichts von der Anordnung der Testamentsvollstreckung, muss sorgfältig geprüft werden, ob eine grobe Fahrlässigkeit darin liegt, dass der Erwerber sich kei-

98 OLG München Rpfleger 2003, 588 mit Anm. *Bestelmeyer*.
99 BGH NJW 2006, 2698.
100 Mot. V, 233.
101 RGZ 87, 432 f.; MünchKomm/*Grunsky*, § 2111 Rdnr. 7; *Palandt/Edenhofer*, § 2211 Rdnr. 2.

nen Erbschein vorlegen lässt; darin ist nämlich die Testamentsvollstreckung anzugeben (§ 2364 I). Der im Grundbuch eingetragene Testamentsvollstreckervermerk (vgl. § 52 GBO) verhindert einen gutgläubigen Erwerb (vgl. §§ 892 f.).

Die Testamentsvollstreckung hindert einen Miterben nicht, über seinen Miterbenanteil zu verfügen.

2. *Verpflichtungen* 417

Der Erbe kann Verpflichtungen auch über solche Nachlassgegenstände eingehen, die der Verwaltung des Testamentsvollstreckers unterliegen.

Wenn z. B. der Verkäufer in der Lage ist, einen Kaufvertrag sogar über eine Sache zu schließen, die ihm nicht gehört, muss der Erbe erst recht einen unter die Testamentsvollstreckung fallenden Nachlassgegenstand verkaufen können. Jedoch kann der Erbe wegen fehlender Verfügungsmacht (§ 2211 I) den Kaufvertrag nicht erfüllen.

Aus einem Verpflichtungsgeschäft des Erben kann der Testamentsvollstrecker nicht mit Erfolg in Anspruch genommen werden. Wäre das nämlich möglich, dann hätte der Erbe es in der Hand, durch solche Geschäfte die Macht des Testamentsvollstreckers zu beeinträchtigen.

Im **Fall d** ist die Klage auf Vertragserfüllung gegen den Testamentsvollstrecker aussichtslos. Den Erben verklagt K zweckmäßigerweise sofort auf Schadensersatz.

VII. Rechtsverhältnis zwischen Erben und Testamentsvollstrecker 418

1. *Gesetzliches Schuldverhältnis*

Das zwischen Erben und Testamentsvollstrecker bestehende gesetzliche Schuldverhältnis hat weitgehend Auftragscharakter. Daher sind nach § 2218 die meisten der für den Auftrag geltenden Vorschriften entsprechend anwendbar.

2. *Pflichten des Testamentsvollstreckers* 419

Den Testamentsvollstrecker treffen außer den in § 2218 angesprochenen noch folgende Pflichten gegenüber dem Erben:

a) Unverzüglich nach Annahme des Amtes hat der Testamentsvollstrecker dem Erben ein *Nachlassverzeichnis* mitzuteilen (Einzelheiten: § 2215).

b) Der Testamentsvollstrecker ist zur *ordnungsgemäßen Verwaltung* verpflichtet (§ 2216). Insbesondere hat er die letztwilligen Verfügungen des Erblassers auszuführen (§§ 2203, 2216 II 1).

Wenn durch die Befolgung einer Verwaltungsanordnung des Erblassers der Nachlass erheblich gefährdet würde, kann das Nachlassgericht die betreffende Anordnung außer Kraft setzen (§ 2216 II 2). Doch kann sich der Testamentsvollstrecker mit Zustimmung aller Erben über die Grenzen seiner Verwaltungsbefugnis hinwegsetzen[102](Rdnr. 400).

c) Eine *Schadensersatzpflicht* des Testamentsvollstreckers gegenüber den Erben besteht, wenn er seine ihm obliegenden Verpflichtungen schuldhaft verletzt (§ 2219 I). Mehrere Testamentsvollstrecker haften als Gesamtschuldner (§§ 2219 II, 421 ff.).

Ausnahmsweise besteht auch eine Schadensersatzpflicht des Testamentsvollstreckers gegenüber dem Vermächtnisnehmer. Das ist dann der Fall, wenn es sich um eine schuldhafte Pflichtverletzung hinsichtlich der Vollziehung eines Vermächtnisses handelt (§ 2219 I). Anderen Personen (z. B. Nachlassgläubigern, Auflagebegünstigten) gegenüber haftet der Testamentsvollstrecker nur aus unerlaubter Handlung (§§ 823 ff.).

Um von vornherein eine Schadensersatzpflicht zu vermeiden, kann der Testamentsvollstrecker von den Erben die Einwilligung zu den Verpflichtungsgeschäften verlangen, die einzugehen er berechtigt ist (§ 2206 II). Eine Schadensersatzpflicht des Testamentsvollstreckers entfällt auch, wenn er sich in Übereinkunft mit den Erben über eine Anordnung des Erblassers hinwegsetzt.

d) Von den bisher genannten Verpflichtungen (§§ 2215, 2216, 2218, 2219) kann der Erblasser den Testamentsvollstrecker *nicht befreien* (§ 2220). Die ohnehin starke Rechtsstellung des Testamentsvollstreckers soll der Erblasser nicht noch mehr auf Kosten des Erben erweitern können.

Tut er es doch, so ist diese Bestimmung unwirksam. Es muss aber im Einzelfall geprüft werden, ob der Erblasser nicht eine Erbeinsetzung des als Testamentsvollstrecker Bezeichneten gewollt hat und der als Erbe Eingesetzte etwa nur Nacherbe sein soll, der auf den Überrest eingesetzt ist.

420 e) Zur *Überlassung von Nachlassgegenständen*, deren er zur Erfüllung seiner Obliegenheiten offenbar nicht bedarf, ist der Testamentsvollstrecker dem Erben gegenüber auf dessen Verlangen verpflichtet (§ 2217 I). Von dieser Verpflichtung kann der Erblasser ihn befreien (vgl. § 2220).

Mit der Überlassung erlischt insoweit das Verwaltungsrecht des Testamentsvollstreckers (§ 2217 I 2); der Erbe kann also verfügen (vgl. § 2211 I).
Bei irrtümlicher Freigabe hat der Testamentsvollstrecker gem. § 812 einen Anspruch auf Wiederherstellung seines Verwaltungsrechts[103].

Der Testamentsvollstrecker kann die Freigabe nicht im Hinblick auf Nachlassverbindlichkeiten verweigern, sofern der Erbe eine entsprechende Sicherheit leistet. Das gilt jedoch nicht, wenn der herausverlangte Gegenstand zur Vollziehung

102 BGHZ 57, 83.
103 BGHZ 24, 106, 109 f.

eines bereits fälligen Vermächtnisses oder einer fälligen Auflage bestimmt ist; hier kann der Testamentsvollstrecker die Überlassung verweigern (vgl. § 2217 II).

§ 2217 ist bei der Verwaltungsvollstreckung nicht anwendbar. Denn der Verwaltungsvollstrecker braucht während seiner gesamten Amtszeit alle Nachlassgegenstände zur Erfüllung der nach § 2209 selbstständigen Verwaltungsaufgaben[104]. Doch kann sich der Testamentsvollstrecker mit Zustimmung aller Erben über den Willen des Erblassers hinwegsetzen und ihnen Nachlassgegenstände freigeben. Allerdings machen sich der Testamentsvollstrecker und die Erben gegenüber den dadurch nachteilig Betroffenen (z. B. Vermächtnisnehmern) u. U. schadensersatzpflichtig[105].

3. *Rechte des Testamentsvollstreckers* 421

Abgesehen von seinem Anspruch auf Aufwendungsersatz (§§ 2218 I, 670; etwa Prozesskosten) hat der Testamentsvollstrecker eine Forderung auf eine *angemessene Vergütung* für die Führung seines Amtes, sofern der Erblasser nicht ein anderes bestimmt hat (§ 2221).

Wenn der Erblasser die Höhe der Vergütung nicht festgelegt hat und sie auch nicht mit den Erben vereinbart worden ist, entscheidet über die Höhe das Prozessgericht unter Berücksichtigung aller Umstände: z. B. Pflichtenkreis, Verantwortung, geleistete Arbeit, Schwierigkeiten der gelösten Aufgaben, Dauer der Abwicklung oder Verwaltung, Verwertung besonderer Kenntnisse, Bewährung einer sich im Erfolg auswirkenden Geschicklichkeit[106].

(Zum Anspruch des vermeintlichen Testamentsvollstreckers: BGH LM Nr. 3 zu § 2221 BGB, BGHZ 69, 235.)

VIII. Zusammenfassung 422

Durch Verfügung von Todes wegen kann der Erblasser eine Testamentsvollstreckung anordnen. Der Testamentsvollstrecker, dessen Amt durch Ernennung und Annahme beginnt, soll die letztwilligen Verfügungen des Erblassers ausführen.

Der Testamentsvollstrecker ist Herr des Nachlasses und regelmäßig befugt, diesen zu verwalten, über Nachlassgegenstände zu verfügen und den Nachlass betreffende Prozesse zu führen. Welche Rechte und Aufgaben der Testamentsvollstrecker im Einzelfall hat, richtet sich nach dem Erblasserwillen, sofern dieser sich in dem vom Gesetz vorgesehenen Rahmen hält.

Soweit die Verwaltung des Testamentsvollstreckers reicht, ist dem Erben die Verfügungsmacht entzogen; dieser kann auch keine Verpflichtungen mit Wir-

104 Vgl. Prot. VI, 357.
105 BGHZ 57, 84.
106 BGH LM Nr. 2 zu § 2221 BGB.

kung für den Nachlass eingehen. Zwischen dem Erben und dem Testamentsvollstrecker besteht ein gesetzliches Schuldverhältnis, das sich weitgehend nach Auftragsregeln richtet.

Die Testamentsvollstreckung endet mit Fristablauf (§ 2210), mit Eintritt der vom Erblasser bestimmten Bedingung oder mit Erledigung der Aufgabe. Das Amt des Testamentsvollstreckers endet durch Tod, Verlust der Geschäftsfähigkeit, Bestellung eines Betreuers zur Besorgung der Vermögensangelegenheiten, Kündigung oder Entlassung des Testamentsvollstreckers.

Die Testamentsvollstreckung (§§ 2197 ff.)

I. Bedeutung: Ausführung der letztwilligen Verfügungen des Erblassers durch einen Testamentsvollstrecker (§ 2203)

II. Voraussetzungen

1. Anordnung der Testamentsvollstreckung durch Verfügung von Todes wegen (§§ 2197, 2299 I)
2. Ernennung des Testamentsvollstreckers (natürliche geschäftsfähige Person oder juristische Person)
   - durch den Erblasser (§ 2197 I)
   - durch einen vom Erblasser ermächtigten Dritten (§ 2198 I)
   - durch das Nachlassgericht (§ 2200)
3. Annahme des Amtes durch den Testamentsvollstrecker gegenüber dem Nachlassgericht (§ 2202 II)

III. Dauer der Testamentsvollstreckung und des Testamentsvollstreckeramtes

1. Beginn
   a) der Testamentsvollstreckung: mit dem Erbfall oder einem anderen vom Erblasser bestimmten Zeitpunkt
   b) des Testamentsvollstreckeramtes: mit Annahmeerklärung nach dem Erbfall (§ 2202 I)
2. Ende
   a) des Testamentsvollstreckeramtes: mit Tod (§ 2225), Verlust der Geschäftsfähigkeit (§§ 2225, 2201), Kündigung (§ 2226 Satz 1) oder Entlassung (§ 2227 I)
   b) der Testamentsvollstreckung: mit Erledigung der Aufgaben, bei Dauervollstreckung nach 30 Jahren (§ 2210), mit dem vom Erblasser bestimmten Zeitpunkt, mit Wegfall des Testamentsvollstreckers, falls kein weiterer vorhanden (vgl. § 2224 I 2) und kein Ersatz bestimmt ist (vgl. §§ 2197 II, 2199 II)

IV. Rechtsstellung und Aufgaben des Testamentsvollstreckers

1. Rechtsstellung kraft Gesetzes: Inhaber eines privaten Amtes (h.M.) mit Recht zur
   - Inbesitznahme des Nachlasses (§ 2205 Satz 2)
   - Verfügung über Nachlassgegenstände (§ 2205 Satz 2), Einschränkung bei unentgeltlichen Verfügungen (§ 2205 Satz 3)
   - Prozessführung (§§ 2212 f.)
2. Umfang der Aufgaben je nach Bestimmung des Erblassers
   a) Abwicklungsvollstreckung (§ 2203, Regelfall)
   b) Verwaltungsvollstreckung im engeren Sinne (§ 2209 Satz 1, 1. Halbs.)
   c) Dauervollstreckung (§ 2209 Satz 1, 2. Halbs.)
   d) Einschränkungen der Verwaltungs-, Verpflichtungs-, Verfügungsbefugnis (§ 2208 I)
   e) bloß beaufsichtigende Testamentsvollstreckung (§ 2208 II)
   f) Nacherbenvollstreckung (§ 2222)
   g) Vermächtnisvollstreckung (§ 2223)

V. Rechtsstellung des Erben während der Testamentsvollstreckung

1. keine Verfügungsmacht über Nachlassgegenstände, die der Testamentsvollstreckung unterliegen (§ 2211 I), aber gutgläubiger Erwerb eines Dritten möglich (§ 2211 II)
2. Rechte gegenüber dem Testamentsvollstrecker
   - Mitteilung eines Nachlassverzeichnisses (§ 2215)
   - Schadensersatz bei schuldhafter Verletzung der Testamentsvollstreckerpflichten (§ 2219)
   - Überlassung von Nachlassgegenständen, die der Testamentsvollstrecker zur Erfüllung seiner Aufgaben nicht benötigt (§ 2217)
   - jährliche Rechnungslegung (§ 2218 II)
   - aus Auftragsrecht (§ 2218 I)
3. Pflichten gegenüber dem Testamentsvollstrecker
   - Aufwendungsersatz (§§ 2218 I, 670)
   - Vergütung (§ 2221)

Drittes Kapitel Beschwerungen der Erben

423 § 27 Das Vermächtnis

Schrifttum: *Amend*, Schuldrechtsreform und Mängelhaftung beim Gattungsvermächtnis, ZEV 2002, 227; *Bartholomeyczik*, Erbeinsetzung, andere Zuwendungen und Erbschein, 5. Denkschrift, 1942, 128; *Bengel*, Rechtsfragen zum Vor- und Nachvermächtnis, NJW 1990, 1826; *Bürger*, Einzelzuwendungen an Erben, MDR 1986, 371; *ders.*, Neue Abgrenzung erbrechtlicher Sonderzuwendungen, MDR 1986, 445; *Buscher*, Das verbrannte Vermächtnis, JA 2003, 849; *Damrau/Mayer*, Zur Vor- und Nachvermächtnislösung beim sog. Behindertentestament, ZEV 2001, 293; *Eidenmüller*, Vorausvermächtnis und Teilungsanordnung, JA 1991, 150; *Harder*, Gibt es gesetzliche Vermächtnisse?, NJW 1988, 2716; *Hartmann*, Das sog. Behindertentestament: Vor- und Nacherbschaftskonstruktion oder Vermächtnisvariante, ZEV 2001, 89; *Keilbach*, Die Auskunftsrechte des Vermächtnisnehmers, FamRZ 1996, 1191; *Klunzinger*, Die erbrechtliche Ermächtigung zur Auswahl des Betriebsnachfolgers durch Dritte, BB 1970, 1197; *Kornexl*, Geld-, Immobilien- und Hausratsvermächtnisse: Risiken für den Verteilungsplan des Erblassers und gestalterische Vorsorge – Teil 1: Allgemeine Gefahrenquellen, ZEV 2002, 142, Teil 2: Spezifische Gefahrenquellen, ZEV 2002, 173; *Kuchinke*, Die Rechtsfolgen der Vorausleistung eines Vermächtnisgegenstandes an den Bedachten, JZ 1983, 483; *Landsitttel*, Der Stichtag bei Erwerben durch Vermächtnis und Erbfall, ZEV 2003, 221; *Loritz*, Teilungsanordnung und Vorausvermächtnis, NJW 1988, 2697; *Otte*, Die Verjährung von Ansprüchen aus Vermächtnissen, ZGS 2004, 450; *Pentz*, Ausschlagung des Vermächtnisses bei mehreren Beschwerten, JR 1999, 138; *Schermann*, Der Schutz des Vermächtnisnehmers im gemeinschaftlichen Testament und Ehegattenerbvertrag, 2006; *Schlichting*, Verwendungsersatzanspruch des Vorvermächtnisnehmers gegen den Nachvermächtnisnehmer, ZEV 2000, 385; *Sonntag*, Zur Rechtsnatur des Vorausvermächtnisses an die Vorerben, ZEV 1996, 450; *von Venrooy*, Annahme und Ausschlagung von Vermächtnissen, 1990; *Weimar*, Rechtsfragen zum Vermächtnis, MDR 1975, 551; *Werkmüller*, Gestaltungsmöglichkeiten des Erblassers im Rahmen der Anordnung von Vor- und Nachvermächtnissen, ZEV 1999, 343.

Fälle:

a) E hat seinen Freund F zum Alleinerben bestimmt, seinen Sohn S auf den Pflichtteil gesetzt, seinem Vetter V ein Vermächtnis von 1000,– € zugewendet und den T zum Testamentsvollstrecker eingesetzt. Wen kann E mit einem weiteren Vermächtnis von 500,– € zu Gunsten des X belasten? **(Rdnr. 428)**

b) E vermacht einem der Kinder seiner Schwester S seine Bibliothek. Die Auswahl des Kindes soll sein Freund F treffen. Als E stirbt, hat S zwei Kinder, die 3 Jahre und 1/2 Jahr alt sind. Ein Jahr später wird ein drittes Kind geboren, das F bestimmt. Kann das dritte Kind die Bibliothek beanspruchen? **(Rdnr. 430, 432, 433)**

c) E hat dem V ein Vermächtnis zugewendet und wird von seinem Sohn S beerbt. Haftet S auch mit seinem eigenen Vermögen, wenn der Nachlass durch das Vermächtnis überschuldet ist? **(Rdnr. 454)**

d) E wendet dem V ein Vermächtnis von 1000,– € zu und beschwert ihn zugleich mit einem Untervermächtnis von 500,– € zu Gunsten des U. Was kann U von V verlangen, wenn V wegen Überschuldung des Nachlasses nur 500,– € erhält? **(Rdnr. 456)**

I. Begriff

Vermächtnis ist die Zuwendung eines Vermögensvorteils von Todes wegen, die weder Erbeinsetzung noch Auflage ist (vgl. §§ 1939, 2147 ff.).

Das Vermächtnis kann auf einer Verfügung von Todes wegen, die der Erblasser durch Testament oder Erbvertrag getroffen hat (§§ 1939, 1941, 2270 III, 2278 II), oder auf einer gesetzlichen Anordnung (Voraus, § 1932; Dreißigster, § 1969) beruhen.

Das Vermächtnis ist keine Erbeinsetzung. Es begründet für den Bedachten **424** mit dem Erbfall lediglich das Recht, von dem Beschwerten die Leistung des vermachten Gegenstandes (z. B. einen Geldbetrag, eine Sache, ein Recht) zu fordern (§ 2174). Der Vermächtnisnehmer erwirbt also gegen den Beschwerten einen schuldrechtlichen Anspruch auf Einräumung des zugewandten Vermögensvorteils durch ein selbstständiges Erfüllungsgeschäft unter Lebenden.

Beispiel: Der Erbe wird mit dem Erbfall Eigentümer des vom Erblasser einem Dritten vermachten Klaviers. Er ist aber verpflichtet, dem Dritten das Klavier zu übereignen.

Die rechtliche Beziehung zwischen dem Bedachten als Gläubiger und dem Beschwerten als Schuldner des Vermächtnisanspruchs ist als einseitig verpflichtendes Schuldverhältnis ausgestaltet. Es unterliegt daher den allgemeinen Regeln des Schuldrechts (§§ 241–304[1]), soweit nicht besondere Regeln des Vermächtnisrechts eingreifen.

Ob im Einzelfall ein Vermächtnis oder eine Erbeinsetzung vorliegt, hängt da- **425** von ab, ob der Erblasser den Bedachten unmittelbar am Nachlass beteiligen (Erbeinsetzung) oder ihm nur einen schuldrechtlichen Anspruch (Vermächtnis) zuwenden wollte.

Im Zweifel ist gem. § 2087 II ein Vermächtnis anzunehmen, wenn nur einzelne Gegenstände zugewendet werden. Eine Erbeinsetzung liegt gem. § 2087 I im Zweifel vor, wenn der Bedachte auf die Erbschaft im Ganzen oder einen Bruchteil davon eingesetzt wird (Rdnr. 320 ff.). Allerdings kann der Erblasser auch die Zuwendung der gesamten Erbschaft (Universalvermächtnis) oder eines Bruchteils davon (Quotenvermächtnis) als Vermächtnis gewollt haben[2], so dass die Auslegungsregel des § 2087 nicht eingreift. Hat jedoch der Erbe alle Nachlassgegenstände zu übertragen, ist zu prüfen, ob nicht Vor- und Nacherbschaft gewollt ist oder ob der »Vermächtnisnehmer« Vollerbe und der »Erbe« Testamentsvollstrecker sein soll.

Bestimmt der Erblasser, dass dem eingesetzten Erben ein Erbschaftsgegenstand nicht zufallen soll, so ist im Zweifel bezüglich dieses Gegenstandes ein Vermächtnis anzunehmen, und zwar zu Gunsten der gesetzlichen Erben (§ 2149).

1 Vgl. Mot. V, 191.
2 Vgl. *Lange/Kuchinke*, § 29 II 2a.

Hinsichtlich der Abgrenzung von Vermächtnis, insbesondere Vorausvermächtnis, und Teilungsanordnung sowie von Vermächtnis und Auflage wird auf die Ausführungen bei Rdnr. 322 f. und Rdnr. 460 verwiesen.

426 II. Beschwerter

1. Bestimmung des Beschwerten

Beschwert mit einem Vermächtnis ist derjenige, der zur Erfüllung der Verbindlichkeit aus dem Vermächtnis verpflichtet ist. Der Erblasser kann nicht jeden Beliebigen mit einem Vermächtnis beschweren, sondern nur jemanden, der von Todes wegen etwas aus seinem Vermögen erhält.

a) Für die Beschwerung mit einem Vermächtnis kommen Erben und Vermächtnisnehmer in Betracht.

(1) Für die Beschwerung eines *Erben* mit einem Vermächtnis ist es unerheblich, ob die Berufung zum Erben auf Gesetz oder Verfügung von Todes wegen beruht. Ohne Bedeutung ist insoweit auch die Art der Erbenstellung.

Beschwert sein kann daher nicht nur der in erster Linie berufene Erbe, sondern auch der Ersatzerbe. Dieser wird aber erst dann Erbe und damit zur Erfüllung des Vermächtnisses verpflichtet, wenn der in erster Linie Berufene wegfällt (§ 2096).

Auch Vor- und Nacherben können mit einem Vermächtnis belastet werden. Der Nacherbe wird aber erst dann verpflichtet, wenn er Erbe geworden, d. h. wenn der Nacherbfall (§ 2100) eingetreten ist. Hat der Erblasser verfügt, dass der Nacherbe schon vor dem Nacherbfall das Vermächtnis erfüllen soll, so handelt es sich nur um einen unverbindlichen Wunsch, wenn nicht die Bestimmung dahin auszulegen ist, dass die Entstehung des Nacherbenrechts durch die Erfüllung des Vermächtnisanspruchs bedingt sein soll.

Der Erblasser kann einen, mehrere oder alle Miterben gemeinsam mit einem Vermächtnis beschweren.

Hat der Erblasser den Beschwerten nicht bestimmt, ist im Zweifel der Erbe beschwert (§ 2147 Satz 2).

427 (2) Der *Vermächtnisnehmer* kann mit einem sog. Untervermächtnis beschwert werden (§ 2147 Satz 1). Hierbei ist es ohne Bedeutung, ob das Vermächtnis auf einer Verfügung von Todes wegen oder auf dem Gesetz beruht.

Möglich ist die Bestimmung des Erblassers, dass ein einzelner oder mehrere Vermächtnisnehmer und ein Erbe gemeinsam das Vermächtnis erfüllen sollen.

(3) Da derjenige, der durch einen *Vertrag zu Gunsten Dritter* (z. B. Lebensversicherung) mit dem Tod des Versprechensempfängers Rechte erwirbt, wirtschaftlich einem Vermächtnisnehmer gleichsteht, wird man es in ergänzender Auslegung des § 2147 Satz 1 billigerweise zulassen müssen, ihn zu beschweren[3]. Denn die häufige Umgehung der erbrechtlichen Regeln durch Verträge zu Gunsten Dritter hatte der Gesetzgeber nicht vor-

3 *Schlüter*, Rdnr. 891; **a. A.** *Palandt/Edenhofer*, § 2147 Rdnr. 2.

hergesehen. Der Dritte wird damit nicht schlechter gestellt als ein Erbe oder Vermächtnisnehmer, die beide ausschlagen und sich damit von der Vermächtnisverpflichtung befreien können; der Dritte kann das gleiche Ziel erreichen, indem er das Recht zurückweist (§ 333).

b) Aus § 2147 Satz 1 ergibt sich, dass z. B. der Testamentsvollstrecker, der Auflagenbegünstigte, der Erbeserbe oder der Erbe eines Vermächtnisnehmers *nicht* mit einem Vermächtnis belastet werden können. 428

Hat der Erblasser den Erben eines Erben oder Vermächtnisnehmers beschwert, so ist zu prüfen, ob die Verfügung dahin auszulegen ist, dass in Wirklichkeit der Erbe oder Vermächtnisnehmer beschwert und das Vermächtnis erst mit dem Tod des Beschwerten fällig sein soll (vgl. § 2181). Dann geht die Belastung des Erben oder des Vermächtnisnehmers mit dessen Tod als Nachlassverbindlichkeit auf dessen Erben über (§§ 1922, 1967).

Wer nur den gesetzlichen Pflichtteil erhält, kann durch den Erblasser nicht mit einem Vermächtnis belastet werden; denn der Pflichtteil soll dem Berechtigten ungeschmälert erhalten bleiben (Ausnahme: § 2338 I 1; Rdnr. 569).

Im **Fall a** kann E den F und den V, nicht aber S und T mit dem Vermächtnis belasten.

2. *Wegfall des Beschwerten* 429

Der Wegfall des beschwerten Erben oder beschwerten Vermächtnisnehmers (z. B. durch Ausschlagung) bleibt ohne Einfluss auf den Bestand des Vermächtnisses (§ 2161 Satz 1). Ist aber aus der Verfügung von Todes wegen zu entnehmen, dass der Erblasser nur eine bestimmte Person zur Erfüllung des Vermächtnisses verpflichten wollte, so ist die Zuwendung bei Wegfall dieser Person unwirksam. § 2161 enthält hierzu nur eine Auslegungsregel.

Ist der zunächst Beschwerte weggefallen, so ist beschwert, wem der Wegfall unmittelbar zustatten kommt (§ 2161 Satz 2). Das ist derjenige, der rechtlich an die Stelle des Erstbeschwerten tritt (z. B. der gesetzliche Erbe an Stelle des Testamentserben).

Fällt ein mit einem Untervermächtnis beschwerter Vermächtnisnehmer vor dem Erbfall weg, so kommt dem mit dem Hauptvermächtnis beschwerten Erben der Wegfall zustatten, weil er von seiner Vermächtnisverbindlichkeit frei wird (§ 2160). Gegenüber dem Untervermächtnisnehmer ist daher der Erbe beschwert, da das Untervermächtnis gültig bleibt. Tritt gem. § 2161 an die Stelle des mit einem Untervermächtnis Beschwerten ein anderer (z. B. der Erbe), so haftet dieser nicht weiter als der Weggefallene (§ 2187 II).

III. Vermächtnisnehmer 430

1. *Bedachtenfähigkeit*

Mit einem Vermächtnis kann jede natürliche oder juristische Person bedacht werden.

Zur Bedachtenfähigkeit des nicht eingetragenen Vereins vgl. Rdnr. 7.

Ein Vermächtnis ist unwirksam, wenn der Bedachte zur Zeit des Erbfalls nicht mehr lebt (§ 2160). Ist der Bedachte vor dem Erbfall noch nicht geboren oder nicht einmal erzeugt, so genügt es, dass er innerhalb der zeitlichen Schranken der §§ 2162 II, 2178 zur Welt kommt.

Im **Fall b** kann also auch das dritte Kind der S Vermächtnisnehmer sein.

431 *2. Bestimmung des Bedachten*

Die Bestimmung der Person, der ein Vermächtnis zugewandt wird, kann durch den Erblasser oder einen anderen erfolgen.

a) Bestimmung durch den Erblasser

Regelmäßig bestimmt der Erblasser selbst den Vermächtnisnehmer. In diesem Fall bestehen keine Besonderheiten gegenüber der Bestimmung des Erben durch den Erblasser.

(1) Hat der Erblasser seine gesetzlichen Erben, seine Verwandten, seine Kinder usw. als Vermächtnisnehmer eingesetzt, so gelten im Zweifel die allgemeinen Auslegungsregeln der §§ 2066 ff. hinsichtlich der Frage, wem das Vermächtnis zufallen soll.

(2) Hat der Erblasser bestimmt, dass der *eingesetzte Erbe* einen bestimmten Gegenstand *nicht* erhalten soll, so sind im Zweifel die gesetzlichen Erben mit Ausnahme des Fiskus bedacht (§ 2149).

432 *b) Bestimmung durch einen anderen*

(1) Abweichend von § 2065 II (Rdnr. 97) kann der Erblasser in den Fällen der §§ 2151, 2152 es einem *anderen* überlassen, aus einem vom Erblasser näher bezeichneten Personenkreis denjenigen zu bestimmen, der Vermächtnisnehmer werden soll.

Das bedeutet nicht, dass der Erblasser z. B. ein Vermächtnis anordnen kann, in dem er die Benennung des Bedachten überhaupt auf einen Dritten überträgt. Vielmehr gelten die genannten Ausnahmebestimmungen nur für die Fälle, in denen der Erblasser bereits einen bestimmten, abgegrenzten Personenkreis bezeichnet und es dem Dritten lediglich überlässt, aus diesem Kreis den Vermächtnisnehmer zu bestimmen.

Der Personenkreis muss überschaubar sein, da nur dann eine Auswahl möglich ist (Beispiel: »einer meiner Neffen«; nicht: »ein Einwohner der Stadt Münster«).

Ermangelt eine Vermächtnisanordnung der genauen Abgrenzung des Personenkreises, so kann die Verfügung nach § 2084 u. U. als Auflage ausgelegt werden; bei dieser ist nämlich die Bestimmung des Begünstigten auf einen Dritten übertragbar, wenn ihr Zweck festgelegt ist (vgl. § 2193 I im Gegensatz zu § 2151 I).

Im **Fall b** ist der Personenkreis, aus dem der Vermächtnisnehmer bestimmt werden soll, näher bezeichnet und überschaubar. Zu prüfen ist aber, ob der Erblasser auch nachgeborene Kinder in diesen Kreis aufnehmen wollte.

Die Möglichkeit, dass ein anderer als der Erblasser die Vermächtnisnehmer aus dem vom Erblasser festgelegten Personenkreis auswählen kann, ist in der Praxis auf Grund der engen Auslegung des § 2065 II durch den BGH bei der Erbeinsetzung (vgl. Rdnr. 97) von besonderer Bedeutung beim sog. *vorzeitigen Unternehmertestament.*

Beispiel: Der Inhaber eines Unternehmens hat mehrere minderjährige Söhne; sein Unternehmen macht sein gesamtes oder nahezu gesamtes Vermögen aus. Er will erreichen, dass später einmal der geschäftstüchtigste Sohn das Unternehmen erhält. Deshalb setzt er alle Kinder als Erben ein und ordnet hinsichtlich des Unternehmens ein Vermächtnis zu Gunsten des Tüchtigsten an (Universalvermächtnis: Rdnr. 425). Er legt weiter fest, dass ein anderer – etwa der Testamentsvollstrecker – den tüchtigsten Sohn zu einem festgelegten Zeitpunkt (Erreichen der Volljährigkeit oder Abschluss der Berufsausbildung auch des jüngsten Sohnes) als Vermächtnisnehmer bestimmen soll[4].

(2) *Bestimmungsberechtigt* kann der Beschwerte oder ein Dritter sein **433**
(§ 2151). Ob der Berechtigte seine Auswahl frei oder nach billigem Ermessen zu treffen hat, richtet sich nach dem Erblasserwillen[5].

Im **Fall b** ist F bestimmungsberechtigt. Das dritte Kind ist Vermächtnisnehmer, sofern der Erblasser nicht nur die beiden ihm bekannten Kinder gemeint hat.

Gehört der Bestimmungsberechtigte zu dem Kreis der Personen, aus dem der Vermächtnisnehmer auszuwählen ist, so kann er sich auch selbst bestimmen. Hier ist aber besonders sorgfältig zu prüfen, ob der Erblasser das gewollt hat.

Wenn der Bestimmungsberechtigte die Bestimmung nicht treffen kann (z. B. wegen Geschäftsunfähigkeit, Tod) oder wenn er die ihm vom Nachlassgericht auf Antrag eines Beteiligten gesetzte Frist zur Abgabe der Erklärung verstreichen lässt, so tritt gem. § 2151 III Gesamtgläubigerschaft aller vom Erblasser Bedachten ein (vgl. § 428).

Anders als in § 430 ist der Bedachte, der das Vermächtnis erhält, im Zweifel nicht zur Ausgleichung mit den übrigen verpflichtet (§ 2151 III 3). Der Gesetzgeber ging bei dieser Regelung davon aus, dass es dem Erblasser in erster Linie darauf ankomme, nur einem das Vermächtnis zuzuwenden[6].

4 Vgl. dazu *Klunzinger*, BB 1970, 1197.
5 *Lange/Kuchinke*, § 29 III 2 b a.
6 Vgl. Mot. V, 42.

Hat der Erblasser nicht angeordnet, wer die Bestimmung des Vermächtnisnehmers bei mehreren alternativ Bedachten treffen soll, so ist im Zweifel der Beschwerte bestimmungsberechtigt (§ 2152).

Sind mehrere Personen bestimmungsberechtigt (z. B. mehrere Testamentsvollstrecker), so können diese in entsprechender Anwendung der §§ 317 II, 2224 I 1 nur gemeinsam die Erklärung abgeben.

434 (3) Die *Bestimmung* des Bedachten erfolgt durch eine formlose, unwiderrufliche und empfangsbedürftige *Willenserklärung*, die der Anfechtung unterliegt. Soll der Beschwerte den Bedachten bestimmen, so muss die Erklärung gegenüber dem erfolgen, der das Vermächtnis erhalten soll; die Bestimmung durch den Dritten erfolgt durch Erklärung gegenüber dem Beschwerten (§ 2151 II).

435 *3. Mehrere Bedachte*

Hat der Erblasser mehrere mit demselben Vermächtnis bedacht (*gemeinschaftliches Vermächtnis*), so gelten für das Rechtsverhältnis der Vermächtnisnehmer untereinander die §§ 2089–2093 entsprechend (§ 2157).

Meistens wird der Erblasser die Anteile der Bedachten am vermachten Gegenstand selbst festlegen. Andernfalls sind die Vermächtnisnehmer regelmäßig zu gleichen Teilen bedacht (§§ 2157, 2091).

Der Erblasser kann aber auch die Bestimmung der Anteile der einzelnen Vermächtnisnehmer am Vermächtnisgegenstand dem Beschwerten oder einem Dritten (z. B. dem Testamentsvollstrecker) überlassen (§ 2153 I 1).

Hinsichtlich der Einzelheiten gilt das oben (Rdnr. 432 ff.) Gesagte entsprechend (§ 2153 I 2, II).

Fällt bei der Anordnung eines gemeinschaftlichen Vermächtnisses ein Bedachter vor oder nach dem Erbfall weg, tritt bei den übrigen Bedachten Anwachsung (vgl. Rdnr. 331 ff.) nach dem Verhältnis ihrer Anteile ein, sofern der Erblasser nichts anderes bestimmt hat (§ 2158).

Die Regelung des § 2158 I 1 gilt auch, wenn der Erblasser die Anteile bereits selbst bestimmt hat (§ 2158 I 2). Ist ein Bedachter weggefallen, der mit anderen auf *denselben* Anteil am Vermächtnisgegenstand eingesetzt ist, tritt Anwachsung zunächst nur unter den übrigen mit demselben Anteil Bedachten ein (§ 2158 I 3).

In Bezug auf Untervermächtnisse und Auflagen gilt der anfallende Anteil als selbstständiges Vermächtnis (§ 2159).

Ist das Vermächtnis teilbar (z. B. eine Geldsumme), kann jeder Bedachte vom Beschwerten die Erfüllung des Vermächtnisses nur zu seinem Anteil verlangen (§ 420). Bei Unteilbarkeit des Vermächtnisgegenstandes (z. B. Landgut) kann jeder Vermächtnisnehmer vom Beschwerten lediglich Leistung an alle verlangen (§ 432, nicht § 428). Die Vermächtnisnehmer werden dann Miteigentümer nach Bruchteilen. Die Auseinandersetzung erfolgt nach den §§ 749 ff.

4. Besondere Vermächtnisnehmer 436

Hinsichtlich der Rechtsstellung des Bedachten ergeben sich Besonderheiten beim Voraus-, Ersatz- und Nachvermächtnis.

a) In der Regel wird der Erblasser jemanden, der nicht Erbe ist, mit einem Vermächtnis bedenken. Er kann aber auch einem Erben ein Vermächtnis zuwenden. Ist die Miterbengemeinschaft mit dem Vermächtnis beschwert, handelt es sich um ein *Vorausvermächtnis*. Dieses gilt als Vermächtnis auch insoweit, als der Erbe selbst beschwert ist (§ 2150). Ein Vorausvermächtnis liegt ebenfalls vor, wenn der Alleinerbe mit einem Vermächtnis zu seinen Gunsten beschwert ist.

Die Doppelstellung als Erbe und Vermächtnisnehmer begünstigt den mit dem Vermächtnis Bedachten, insbesondere gegenüber seinen Miterben:

Ein Unwirksamkeitsgrund, der entweder nur das Erbrecht oder nur das Vorausvermächtnis betrifft, berührt regelmäßig nicht die jeweils andere Rechtsstellung (§ 2085). So kann der Erbe die Erbschaft ausschlagen, das Vermächtnis aber annehmen und umgekehrt.

Der Vermächtnisnehmer ist Nachlassgläubiger (§ 1967 II) und kann, wenn eine Miterbengemeinschaft besteht, bereits aus dem ungeteilten Nachlass von allen Miterben Befriedigung verlangen (§ 2059 II).

Er braucht sich den vermachten Gegenstand nicht auf seinen Erbteil bei der Auseinandersetzung der Miterben anrechnen zu lassen. Dadurch unterscheidet sich das Vorausvermächtnis von der bloßen Teilungsanordnung (zur Abgrenzung: Rdnr. 322 f., 525).

Hat der Erblasser dem alleinigen Vorerben ein Vorausvermächtnis zugewendet, so fällt dem Nacherben im Nacherbfall regelmäßig nicht der Gegenstand des Vorausvermächtnisses zu (§ 2110 II). Der Vorerbe wird bereits mit dem Vorerbfall kraft seines Erbrechts Eigentümer der vorausvermachten Sache und bleibt es auch[7]. Insbesondere ist der Vorerbe in Bezug auf den Vermächtnisgegenstand von den Verfügungsbeschränkungen des § 2113 befreit. Insofern entfaltet das Vorausvermächtnis nicht nur eine schuldrechtliche, sondern ausnahmsweise auch eine dingliche Wirkung.

b) Hat der Erblasser ein *Ersatzvermächtnis* angeordnet, so ist der vermachte Gegenstand für den Fall, dass der zunächst Bedachte nicht erwirbt, einem anderen zugewendet (§ 2190). Es gelten die Vorschriften über die Ersatzerbschaft entsprechend (§§ 2190, 2097–2099; Rdnr. 335 ff.). 437

Das Ersatzvermächtnis geht der Anwachsung vor (§§ 2190, 2099). Hat der Erblasser einen Ersatzvermächtnisnehmer bestimmt, ist daher eine Anwachsung ausgeschlossen (§ 2158 II).

7 Vgl. BGHZ 32, 60 ff.

438 c) Ein *Nachvermächtnis* liegt vor, wenn der Erblasser den vermachten Gegenstand von einem nach dem Anfall des Vermächtnisses eintretenden bestimmten Zeitpunkt oder Ereignis an einem anderen zugewandt hat (§ 2191 I). Vor dem Nachvermächtnisnehmer ist also bereits ein anderer Inhaber des Vermächtnisanspruchs. Dieser Vorvermächtnisnehmer ist mit dem Nachvermächtnis beschwert (§ 2191 I).

(1) Der Unterschied zwischen *Ersatz- und Nachvermächtnis* liegt in Folgendem: Beim Ersatzvermächtnis wird der zunächst Bedachte so behandelt, als habe er das Vermächtnis nie erworben (§ 2190); es tritt kein Wechsel in der Person des Bedachten ein. Der Vorvermächtnisnehmer hingegen behält seine Rechtsstellung bei Eintritt des Nachvermächtnisses; er kann nämlich, sofern der Beschwerte (regelmäßig der Erbe; § 2147 Satz 2) die Vermächtnisleistung noch nicht erbracht hat, weiterhin Erfüllung verlangen. Andererseits ist er gegenüber dem Nachvermächtnisnehmer verpflichtet, die Vermächtnisleistung zu übertragen.

(2) Zwischen *Nach- und Untervermächtnis* besteht eine große Ähnlichkeit, da auch beim Nachvermächtnis der Beschwerte dem Vorvermächtnisnehmer und dieser dem Nachvermächtnisnehmer verpflichtet ist. Die für das Untervermächtnis geltenden Bestimmungen der §§ 2186–2189 sind daher entsprechend anzuwenden. Verwendungsersatzansprüche des Vorausvermächtnisnehmers gegen den Nachvermächtnisnehmer sind nach § 2185 und nicht entsprechend den für die Vor- und Nacherbfolge geltenden §§ 2124 ff. zu beurteilen[8]; infolgedessen sind die Vorschriften des Eigentümer-Besitzer-Verhältnisses (§§ 994 ff.) bei Verwendungsersatzansprüchen des Vorvermächtnisnehmers anzuwenden (vgl. Rdnr. 440 a. E.).

Nachvermächtnis und Untervermächtnis werden dadurch abgegrenzt, dass bei dem Ersteren *derselbe* Gegenstand vom Vor- auf den Nachvermächtnisnehmer zu übertragen ist. Beim Untervermächtnis hingegen ist der Hauptvermächtnisnehmer mit einer vom Hauptvermächtnis *verschiedenen* Verbindlichkeit belastet.

(3) Die rein schuldrechtliche Beschwerung (§ 2174) des Vorvermächtnisnehmers kennzeichnet den *Unterschied zur Vor- und Nacherbschaft*. Der Nacherbe erwirbt den Nachlass im Nacherbfall unmittelbar als Eigentümer und wird Rechtsnachfolger des Erblassers (§ 2139). Mit Rücksicht auf diese verschiedene rechtliche Beurteilung hat der Gesetzgeber für das Nachvermächtnis eine entsprechende Anwendung der Bestimmungen über die Nacherbschaft nur für wenige Ausnahmefälle gestattet (vgl. § 2191 II[9]).

Aus der beschränkten Anwendung des Nacherbenrechts für das Nachvermächtnis folgt, dass der Vorvermächtnisnehmer nicht den Verfügungsbeschränkungen des Vorerben (vgl. § 2113) unterliegt und dass sich der Vermächtnisanspruch des Nachvermächtnisnehmers nicht auf Gegenstände oder Rechte erstreckt, die der Vorvermächtnisnehmer durch Verkauf oder Untergang des Vermächtnisgegenstandes erworben hat (vgl. im Gegensatz dazu § 2111). Insofern genießt der Nachvermächtnisnehmer einen erheblich schwächeren Schutz als der Nacherbe. Der Nachvermächtnisnehmer kann jedoch vom

8 So mit Recht BGHZ 114, 16 unter Hinweis auf die Ähnlichkeit von Nach- und Untervermächtnis sowie auf die Entstehungsgeschichte und die Rspr. des RG.
9 Mot. V, 208 f.

Vorvermächtnisnehmer Schadensersatz verlangen, wenn dieser den Anspruch aus dem Nachvermächtnis schuldhaft beeinträchtigt oder vereitelt (§§ 2177, 2179, 160).

IV. Gegenstand des Vermächtnisses 439

Gegenstand der Zuwendung muss gem. § 1939 ein Vermögensvorteil sein.

1. Begriff des Vermögensvorteils

a) Ein Vermögensvorteil i.S.d. § 1939 ist jede *unmittelbare Vermehrung des Vermögens* des Bedachten.

Es können daher z. B. Sachen, Forderungen, bestimmte Geldbeträge, die Zahlung einer Rente, die Befreiung von einer Verbindlichkeit usw. zugewendet werden. Da alles, was mit einem Vermögensvorteil für den Bedachten verbunden ist, Inhalt des Vermächtnisses werden kann, ist auch ein bestimmtes Tun (Anfertigung eines Gegenstandes) oder Unterlassen (Verbot der Einziehung einer Forderung vor einem bestimmten Zeitpunkt) als Leistungspflicht möglich.

b) Auch eine *mittelbare wirtschaftliche Besserstellung* des Bedachten reicht aus, da der Begriff »Vermögensvorteil« weit auszulegen ist[10]. Es ist nicht erforderlich, dass die Zuwendung unentgeltlich erfolgt.

Ein Vermächtnis kann daher in der Anordnung des Erblassers liegen, dass einer seiner Erben das Recht haben solle, ein zum Nachlass gehörendes Grundstück zu einem dem Wert entsprechenden Preis bei der Auseinandersetzung zu übernehmen. Hier besteht der Vermögensvorteil in der dem Bedachten zustehenden Möglichkeit, den Übernahmegegenstand zu erwerben[11].

Wenn kein Vermögensvorteil i.S.d. § 1939 gegeben ist, kann die Verfügung des Erblassers u. U. als Anordnung einer Auflage aufrechterhalten werden, für die das Merkmal des Vermögensvorteils ohne Bedeutung ist (vgl. § 1940). Auch kann die Anordnung einer Testamentsvollstreckung vorliegen, die auf einen einzelnen Nachlassgegenstand beschränkt ist (§ 2208 I 2).

2. Arten der Leistungsgegenstände 440

a) Beim *Stückvermächtnis* ist ein bestimmter zum Nachlass gehörender Gegenstand (Sache, Recht, Forderung) vermacht.

Hatte der Erblasser nur den Besitz einer vermachten Sache, so gilt im Zweifel der Besitz als vermacht, es sei denn, dass er dem Bedachten keinen rechtlichen Vorteil gewährt

10 Vgl. Entwurf I, § 1756; Prot. V, 6.
11 Vgl. BGHZ 36, 115, 117.

(§ 2169 II). Der Vorteil fehlt, wenn der Eigentümer bereits Herausgabe verlangt hat und Gegenrechte nach den §§ 994 ff. nicht bestehen[12].

Nach § 2169 I ist ein Stückvermächtnis im Zweifel unwirksam, wenn der vermachte Gegenstand zur Zeit des Erbfalls nicht zum Nachlass gehört. Der Gesetzgeber ist also davon ausgegangen, dass der Erblasser nur über die zu diesem Zeitpunkt zu seinem Vermögen gehörenden Gegenstände hat letztwillig verfügen wollen)[13].

Für die Frage, ob in diesem Sinne ein Gegenstand zur Zeit des Erbfalls zum Nachlass gehört, ist eine wirtschaftliche Betrachtungsweise entscheidend. Zur Erbschaft gehört daher ein Gegenstand dann nicht, wenn der Erblasser zur Veräußerung verpflichtet ist (§ 2169 IV). Hat andererseits der Erblasser zur Zeit des Erbfalls nur einen Anspruch auf Leistung des Gegenstandes, so gilt im Zweifel der Anspruch als vermacht (§ 2169 III, 1. Fall).

Ist allerdings der vermachte Gegenstand zwischen Errichtung der Verfügung und Eintritt des Erbfalls untergegangen, verändert oder dem Erblasser entzogen worden, so ist durch (ergänzende) Auslegung der Zuwendungsverfügung zu ermitteln, ob der Erblasser auch das hat vermachen wollen, was sich an Stelle des Gegenstandes beim Erbfall im Nachlass befindet[14].

Ist der vermachte Gegenstand vor dem Erbfall untergegangen, beschädigt oder dem Erblasser entzogen worden, so ist im Zweifel ein dem Erblasser zustehender Ersatzanspruch zugewendet (§§ 2164 II, 2169 III, 2. Fall). Beim Vermächtnis einer dem Erblasser zustehenden Geldforderung gilt im Zweifel die vor dem Erbfall zur Erfüllung gezahlte Geldsumme als vermacht (§ 2173 Satz 2). Bei anderen Forderungen gilt dies für die Leistung nur dann, wenn sie sich noch im Nachlass befindet (§ 2173 Satz 1). Ist eine Forderung des Erblassers gegen den Alleinerben vermacht, so geht sie beim Erbfall durch Konfusion unter. Der Erbe wäre demnach wegen des Vermächtnisses zur Wiederherstellung der Forderung verpflichtet. § 2175 geht einen anderen Weg: Die Forderung gilt in Ansehung des Vermächtnisses, also nur gegenüber dem Vermächtnisnehmer, als nicht erloschen. Entsprechendes gilt, wenn der Erblasser ein ihm zustehendes Recht an einer Sache oder einem Recht des Erben vermacht.

(Zur Verbindung, Vermischung usw. siehe § 2172.)

Aus diesen Einzelbestimmungen lässt sich jedoch nicht der allgemeine Grundsatz ableiten, dass jeder Ersatz bei Untergang, Entziehung usw. des vermachten Gegenstandes an dessen Stelle tritt. Dies ist vielmehr nur dann anzunehmen, wenn die (ergänzende) Auslegung der Zuwendungsverfügung einen entsprechenden Willen des Erblassers erkennen lässt[15].

12 Vgl. Prot. V, 168 f.
13 Vgl. Mot. V, 143; Prot. V, 167 f.; BGHZ 31, 13, 16.
14 H. M.; BGHZ 22, 357, 359.
15 H. M.; BGHZ 22, 357, 359.

Das Stückvermächtnis erstreckt sich im Zweifel auf das *zur Zeit des Erbfalls vorhandene Zubehör* (§ 2164 I). Diese Vorschrift gilt auch beim aufschiebend bedingten oder befristeten Vermächtnis.

Nach § 2184 Satz 1 hat der Beschwerte beim Stückvermächtnis dem Bedachten die seit dem Anfall gezogenen *Früchte* sowie das sonst auf Grund des vermachten Rechts Erlangte (z. B. Ersatzansprüche nach § 285) herauszugeben. Ein Ersatz für sonstige Nutzungen kommt jedoch nicht in Betracht (§ 2184 Satz 2).

Beim Stückvermächtnis bestehen im Zweifel *keine Gewährleistungspflichten* des Beschwerten für Rechts- oder Sachmängel (Umkehrschluss aus §§ 2182 f.[16]).

Insbesondere ist der Beschwerte im Zweifel nicht zur Beseitigung von dinglichen Rechten verpflichtet, mit denen der vermachte Nachlassgegenstand belastet ist (§ 2165 I 1). – Das Vermächtnis erstreckt sich aber im Zweifel auf einen eventuell bestehenden Beseitigungsanspruch des Erblassers (§ 2165 I 2).

Zu Einzelheiten vgl. weiter die §§ 2165 II–2168a.

Der Beschwerte kann beim Vermächtnis einer bestimmten Nachlasssache für *Verwendungen und Aufwendungen*, die er nach dem Erbfall für die Sache erbracht hat, nach den §§ 994 ff. Ersatz verlangen (§ 2185).

b) Dem Erblasser ist es gestattet, den zugewandten Gegenstand nur der Gat- **441**
tung nach zu bestimmen (*Gattungsvermächtnis*; § 2155). Es handelt sich dabei um eine Gattungsschuld, bei der im Gegensatz zu § 243 I nicht eine Sache mittlerer Art und Güte zu leisten ist, sondern eine solche, die den Verhältnissen des Bedachten entspricht (§ 2155 I). Die Bestimmung des konkreten Leistungsgegenstandes kann dem Beschwerten, dem Bedachten oder einem Dritten zustehen (§ 2155 II).

Entspricht die vom Beschwerten bestimmte Sache nicht den Verhältnissen des Bedachten, so kann dieser die Leistung einer entsprechenden Sache verlangen. Das Gericht ist jedoch nicht befugt, selbst die entsprechende Sache durch Urteil zu bestimmen. Es kann vielmehr »nur abstrakt die Grundsätze aufstellen, nach welchen die Auswahl des zu leistenden Gegenstandes erfolgen müsse«[17]. Die Vollstreckung erfolgt gem. § 884 ZPO, wenn eine den Erfordernissen des § 2155 genügende Sache im Nachlass vorhanden ist. Unberührt bleibt das Recht des Gläubigers, vom Beschwerten die Leistung des Interesses zu verlangen (§ 893 ZPO).

Entspricht die betroffene Bestimmung »offenbar«, d. h. in besonders augenfälliger Weise, nicht den Verhältnissen des Bedachten, hat der Bestimmungsberechtigte seine Befugnis verloren. Das Bestimmungsrecht geht auf den Beschwerten über, als wenn der Erblasser über die Bestimmung der Sache keine Anordnung getroffen hätte (§ 2155 III).

Die *Rechts- und Sachmängelhaftung* beim Gattungsvermächtnis folgt im Wesentlichen den entsprechenden Regeln beim Kaufvertrag (vgl. §§ 2182 f.).

16 Vgl. Mot. V, 166.
17 Prot. V, 200.

Nicht im Gesetz geregelt ist das *auf den Nachlass beschränkte Gattungsvermächtnis* (z. B. »mein Neffe soll drei Bilder aus meiner Gemäldesammlung erhalten«). In diesem Fall sind – sofern der Erblasser nichts anderes bestimmt hat – die Vorschriften über das Gattungsvermächtnis anzuwenden.

Beim beschränkten Gattungsvermächtnis haftet der Beschwerte nicht für Rechts- oder Sachmängel[18]; denn es ist davon auszugehen, dass der Erblasser dem Bedachten nicht mehr zuwenden wollte, als er selbst besaß.

Der in der Praxis am häufigsten vorkommende Fall ist das *Geldvermächtnis*, das auf eine feste Summe oder einen Bruchteil des Nachlasses (Quotenvermächtnis) lauten kann.

442 c) Ein *Wahlvermächtnis* liegt vor, wenn der Erblasser anordnet, der Bedachte solle von mehreren Gegenständen nur den einen oder den anderen erhalten (§ 2154 I 1). Die »mehreren Gegenstände« können nach der Gattung (»sechs Maria-Theresien-Taler *oder* sechs Kennedy-Gedächtnismünzen«) oder stückweise (»eine meiner antiken Vasen«) bestimmt, aus dem Nachlass oder auch anderweitig zu verschaffen sein.

Das Wahlvermächtnis begründet eine Wahlschuld i.S.d. §§ 262 ff.[19].

Das Wahlrecht kann dem Beschwerten, dem Bedachten oder einem Dritten zustehen. Für die beiden ersten Fälle gelten die §§ 262 ff. Die Wahl durch einen Dritten ist in § 2154 I 2, II geregelt.

443 d) Beim *Zweckvermächtnis* bestimmt der Erblasser den Zweck des Vermächtnisses und regelmäßig auch den Empfänger; er kann in Abweichung von § 2065 II die Bestimmung der Leistung dem billigen Ermessen des Beschwerten oder eines Dritten, nicht aber des Bedachten[20] überlassen (§ 2156 Satz 1).

Auf das Zweckvermächtnis sind die §§ 315–319 entsprechend anzuwenden (§ 2156, 2).

Der Zweck muss so umgrenzt sein, dass für den Bestimmungsberechtigten die Möglichkeit besteht, den Inhalt der Leistung nach billigem Ermessen im einzelnen (z. B. die Höhe einer Geldsumme) so festzulegen, dass der vom Erblasser erstrebte Zweck (z. B. Studienreise des Neffen) erreicht werden kann.

Den Zuwendungsempfänger muss der Erblasser selbst bestimmen, soweit nicht ein Fall der §§ 2151 f. vorliegt.

444 e) Beim *Verschaffungsvermächtnis* ist ein nicht zum Nachlass gehörender Gegenstand vermacht und der Beschwerte nach dem Willen des Erblassers verpflichtet, den Gegenstand dem Bedachten zu verschaffen (§ 2170 I). Ein solcher Wille des Erblassers ist in aller Regel anzunehmen, wenn dieser das Vermächtnis

18 Mot. V, 197 f.

19 Vgl. Mot. V, 171; Prot. V, 195.

20 BGH NJW 1991, 1885; MünchKomm/*Schlichting*, § 2156 Rdnr. 4; *Schlüter*, Rdnr. 917; **a.A.** *Soergel/Wolf*, § 2156 Rdnr. 4.

in Kenntnis der Tatsache angeordnet hat, dass der Vermächtnisgegenstand nicht zu seinem Vermögen gehört. Ein Verschaffungsvermächtnis kann aber auch dann gegeben sein, wenn der Erblasser irrtümlich davon ausging, der zugewandte Gegenstand gehöre zu seinem Vermögen. Entscheidend dafür ist, dass der letztwilligen Verfügung der unbedingte Wille entnommen werden kann, dem Bedachten den zugewandten Gegenstand in jedem Fall zukommen zu lassen[21].

Die *Rechtsverschaffungspflicht* des Beschwerten entspricht der des Verkäufers (§ 2182 II; Besonderheiten: § 2182 III).

Die *Leistungspflicht* des Beschwerten beim Verschaffungsvermächtnis ist *nicht unbegrenzt*: Bei Unmöglichkeit der Leistung ist das Vermächtnis nach § 2171 I unwirksam. Bei Unvermögen hat der Beschwerte den Wert zu entrichten (§ 2170 II 1). Ist die Verschaffung nur mit unverhältnismäßigen Aufwendungen möglich, so kann sich der Beschwerte durch Entrichtung des Wertes befreien (§ 2170 II 2).

Eine *Gewährleistung für Sachmängel* ergibt sich aus § 2183.

f) Um ein *Schuldbefreiungsvermächtnis* handelt es sich, wenn der Beschwerte **445**
verpflichtet ist, den Bedachten von einer Verbindlichkeit gegenüber dem Erblasser, dem Beschwerten oder auch einem Dritten zu befreien.

Die Befreiungswirkung tritt nicht bereits mit dem Erbfall ein. In den beiden ersten Fällen ist der beschwerte Erbe vielmehr mit dem Erbfall verpflichtet, mit dem Bedachten einen Erlassvertrag nach § 397 I zu schließen. Ist ein Dritter Gläubiger des Bedachten, so muss der Beschwerte die Befreiung durch Leistung an den Dritten herbeiführen.

V. Erwerb des Vermächtnisses **446**

1. *Anfall*

Unter Anfall des Vermächtnisses versteht man den vorläufigen Erwerb der Vermächtnisforderung, der durch Ausschlagung beseitigt werden kann (§ 2176).

a) Das Vermächtnis fällt dem Bedachten regelmäßig mit dem *Erbfall* an (§§ 2176, 1922 I). Vorher hat der Vermächtnisnehmer lediglich eine Aussicht auf den Erwerb des Vermächtnisanspruchs und noch keine rechtlich geschützte Anwartschaft.

Dies gilt selbst dann, wenn sich der Erblasser durch Erbvertrag unwiderruflich gebunden hat[22]; denn nach § 2286 ist der Erblasser durch den Erbvertrag nicht gehindert, über den vermachten Gegenstand durch Rechtsgeschäft unter Lebenden zu verfügen.

21 BGH NJW 1983, 937; WM 1983, 1211.
22 Vgl. BGHZ 12, 115 f.

Der Anfall des Vermächtnisses ist unabhängig davon, ob der Erbe die Erbschaft annimmt oder nicht[23]. Der Anspruch des Bedachten besteht daher bereits vor Ablauf der Ausschlagungsfrist des Erben (§ 1944). Zu beachten ist aber, dass der Erbe vor der Annahme der Erbschaft noch nicht verklagt werden kann (§ 1958).

447 b) Der Erblasser kann den Anfall des Vermächtnisses auf einen späteren Zeitpunkt als den Erbfall hinausschieben (§ 2177). Wird das Vermächtnis unter einer *aufschiebenden Bedingung* angeordnet (z. B. »Mein Neffe soll 1000,– € aus dem Nachlass erhalten, wenn er das Abitur besteht«), so ist der Vermächtnisanspruch erst mit Bedingungseintritt begründet.

Der Bedachte muss also im Zweifel den Erbfall *und* den Bedingungseintritt erleben (§§ 2160, 2074; Rdnr. 216). Zwar erlangt der Vermächtnisnehmer mit dem Erbfall schon eine Anwartschaft; jedoch ist sie, wenn der Bedachte vor Bedingungseintritt verstirbt, nicht vererblich[24]. Hat der Erblasser einen Abkömmling aufschiebend bedingt bedacht und fällt dieser vor Eintritt der Bedingung weg, so sind im Zweifel dessen Abkömmlinge als Ersatzvermächtnisnehmer berufen (§ 2069)[25].

Für das Entstehen des Vermächtnisanspruchs kann vom Erblasser ein Anfangstermin gesetzt sein (§ 2177; Beispiel: »Mein Neffe soll meine Briefmarkensammlung zehn Jahre nach meinem Ableben erhalten«). Das Vermächtnis fällt dann mit dem Eintritt des Termins an (§§ 2177, 163, 158 I; sog. *aufschiebende Befristung*).

Der Bedachte erhält mit dem Erbfall bereits ein vererbliches Anwartschaftsrecht. Den Eintritt des Termins braucht er nicht zu erleben, sofern der Erblasser dies nicht bestimmt hat; denn § 2074 gilt hier nicht[26].

448 c) War der Vermächtnisnehmer *im Zeitpunkt des Erbfalls noch nicht erzeugt*, so fällt ihm die Zuwendung mit der Geburt und nicht mit Rückwirkung auf den Erbfall an (§ 2178).

Ist der Bedachte aber im Zeitpunkt des Erbfalls schon erzeugt, so muss § 1923 II entsprechend angewandt werden (Rdnr. 9).

Für eine noch nicht entstandene juristische Person gilt § 2178 entsprechend. Bei einer Stiftung ist § 84 zu beachten.

Wird die Persönlichkeit des Bedachten *durch ein erst nach dem Erbfall eintretendes Ereignis* bestimmt (»Wenn jemand die Sorge über meinen Hund übernimmt, soll er 1000,– € erhalten«), so erfolgt der Anfall des Vermächtnisses mit dem Eintritt des Ereignisses (§ 2178).

23 Vgl. Mot. V, 178.
24 Vgl. Mot. V, 178.
25 Vgl. BGH LM Nr. 1 zu § 2069 BGB.
26 Vgl. Prot. V, 212.

Tritt das Ereignis bereits vor dem Erbfall ein, so bleibt es bei der Grundregel des § 2176.

d) In den Fällen der §§ 2177 f. steht dem Bedachten für die *Schwebezeit* zwischen Erbfall und Anfall des Vermächtnisses bereits ein rechtlich geschütztes Anwartschaftsrecht zu. 449

Dieses kann rechtsgeschäftlich übertragen, verpfändet und gepfändet werden. Es ist auch vererblich; eine Ausnahme besteht im Zweifel nur für das aufschiebend bedingte Vermächtnis (§ 2074; vgl. Rdnr. 447).

Der Bedachte wird in der Schwebezeit durch § 2179 geschützt: Es finden die Vorschriften Anwendung, die für den Fall gelten, dass eine Leistung unter einer aufschiebenden Bedingung geschuldet wird.

Anwendbar sind die §§ 160 I und 162. Vereitelt oder beeinträchtigt der beschwerte Erbe nach dem Erbfall und vor dem Anfall des Vermächtnisses schuldhaft den Anspruch des Bedachten, ist der Erbe zum Schadensersatz verpflichtet (vgl. §§ 280 ff.). Bestritten ist, ob auch § 161 zum Schutz des Vermächtnisnehmers heranzuziehen ist. Maßgeblich ist, dass § 2179 keinen weitergehenden Schutz als bei einem unbedingten Vermächtnis gewähren soll[27]. Da es sich bei einem Vermächtnis, sei es auch aufschiebend bedingt, um eine schuldrechtliche Leistungspflicht handelt (vgl. den Wortlaut von § 2179), kann der nur für aufschiebend bedingte Verfügungen geltende § 161 keine Anwendung finden[28].

e) Das Gesetz hat eine *zeitliche Grenze für den Schwebezustand* gesetzt. Nach § 2162 werden Vermächtnisse, die nicht schon mit dem Erbfall anfallen, mit dem Ablauf von 30 Jahren nach dem Erbfall unwirksam, wenn nicht vorher das für den Anfall maßgebende Ereignis eingetreten ist. 450

Die Ausnahmen sind in § 2163 geregelt.

f) Der Erblasser kann anordnen, dass der Vermächtnisgegenstand dem Bedachten bei Eintritt einer *auflösenden Bedingung* oder von einem Endtermin an (*auflösende Befristung*, § 163) nicht mehr zustehen soll. Hierfür sind die allgemeinen Regeln der §§ 158 II bzw. 163 anwendbar. 451

Hat der Erblasser bestimmt, dass das Vermächtnis einem anderen vom Eintritt der Bedingung oder des Endtermins an herauszugeben ist, so handelt es sich um ein Nachvermächtnis (§ 2191). Besteht keine solche Bestimmung, so muss der Bedachte das Vermächtnis an den Beschwerten zurückgeben (Rückvermächtnis).

2. *Fälligkeit* 452

Vom Anfall des Vermächtnisses ist dessen Fälligkeit zu unterscheiden. Grundsätzlich wird die Forderung mit ihrem Entstehen – dem Anfall – fällig (§ 271).

27 *Bungeroth*, NJW 1967, 1357.
28 *Palandt/Edenhofer*, § 2179 Rdnr. 2; **a. M.** *Gudian*, NJW 1967, 431.

Der Erblasser kann aber abweichende Anordnungen über die Fälligkeit treffen, insbesondere die Fälligkeit auf einen späteren Zeitpunkt hinausschieben (*betagtes Vermächtnis*). Davon zu unterscheiden ist der Fall, dass der Erblasser ein aufschiebend befristetes Vermächtnis anordnet (§ 2177; Rdnr. 447). Zulässig ist es auch, dass der Erblasser die Fälligkeit in das billige oder freie Ermessen des Beschwerten stellt (vgl. §§ 315, 2181).

Untervermächtnisse fallen zwar schon mit dem Erbfall an (§ 2176). Sie werden aber erst fällig, wenn auch der Hauptvermächtnisnehmer vom Beschwerten die Leistung verlangen kann (§ 2186). Allerdings kann der Erblasser bestimmen, dass die Untervermächtnisforderung erst zu einem späteren Zeitpunkt fällig sein soll. Dagegen ist die Anordnung, das Untervermächtnis solle vor Fälligkeit des Hauptvermächtnisses fällig sein, unwirksam[29].

453 *3. Annahme und Ausschlagung*

Mit dem Vermächtnisanspruch erwirbt der Bedachte das Recht zur Ausschlagung (§ 2176). Annahme und Ausschlagung erfolgen durch formlose, empfangsbedürftige und nach den §§ 119 ff. anfechtbare Willenserklärung gegenüber dem Beschwerten (§ 2180 II 1), nicht – wie bei der Erbausschlagung – gegenüber dem Nachlassgericht.

Annahme und Ausschlagung können erst nach dem Erbfall erklärt werden. Die Erklä rung kann schlüssig in der Annahme bzw. Ablehnung der vom Beschwerten angebotenen Leistung des Vermächtnisses erblickt werden und ist nicht von der Einhaltung einer bestimmten Frist abhängig (anders § 1944). Die Beifügung einer Bedingung oder Zeitbestimmung führt zur Unwirksamkeit (§ 2180 II 2). Eine Ausschlagung nach Annahme kommt nicht in Betracht; denn die Annahme- oder Ausschlagungserklärung ist unwiderruflich (§ 2180 I; zur Wirkung: § 2180 III i.V.m.: § 1953 I, II; Rdnr. 308 f.).

454 VI. Haftung des Beschwerten

1. Haftung von Erben

a) Die Verpflichtung des beschwerten *Alleinerben* zur Erfüllung des Vermächtnisanspruchs ist eine Nachlassverbindlichkeit (§ 1967). Der Erbe haftet grundsätzlich auch mit seinem eigenen Vermögen (Rdnr. 647). Über die ohnehin bestehenden Möglichkeiten zur Beschränkung der Erbenhaftung (Rdnr. 648 f.) hinaus lässt das Gesetz den Erben gegenüber Vermächtnisnehmern weniger streng haften als gegenüber anderen Nachlassgläubigern.

Im Einzelnen unterscheidet sich die Haftungsbeschränkung gegenüber Vermächtnisnehmern von der gegenüber sonstigen Gläubigern folgendermaßen: Üblicherweise beschränkt sich die Haftung nur dann auf den Nachlass, wenn

29 *Staudinger/Otte*, § 2186 Rdnr. 8.

Nachlassverwaltung angeordnet (§ 1975; Rdnr. 679 ff.), Nachlassinsolvenzverfahren eröffnet (§ 1975; Rdnr. 679 ff.) oder die Dürftigkeitseinrede begründet ist (§ 1990; Rdnr. 708). Darüber hinaus kann der Erbe die Erfüllung des Vermächtnisses durch Erhebung der Einrede des § 1992 insoweit verweigern, als der Nachlass zur Erfüllung nicht ausreicht (vgl. **Fall c**). Dazu muss sich der Erbe diese Haftungsbeschränkung im Urteil vorbehalten lassen (§ 780 ZPO). Die Einrede des § 1992 kann aber nur dann noch erhoben werden, wenn die Erbenhaftung noch beschränkbar ist.

Daher haftet der Erbe, wenn er z. B. die Inventarfrist versäumt (§ 1994) oder absichtlich ein unrichtiges Inventarverzeichnis errichtet (§ 2005), stets auch mit seinem gesamten eigenen Vermögen (vgl. § 2013 I 1).

Macht der Erbe die Einrede des § 1992 geltend, so muss er den Nachlass zum Zwecke der Befriedigung der Vermächtnisgläubiger herausgeben (§§ 1992 Satz 1; 1990 I 2). Die Herausgabe kann er aber durch Zahlung des Wertes abwenden (§ 1992 Satz 2).

Der für den Erben erleichterten Haftungsbeschränkung entspricht eine Zurücksetzung der Vermächtnisnehmer gegenüber anderen Nachlassgläubigern. Das zeigt sich vor allem darin, dass Ansprüche aus Vermächtnissen im Nachlassinsolvenzverfahren an vorletzter Stelle zu berichtigen sind (vgl. § 327 I Nr. 2 InsO).

b) Die genannten Grundsätze gelten auch bei einer *Mehrheit von Erben*: **455**

Im Verhältnis zu den Vermächtnisnehmern (*Außenverhältnis*) haften sie als Gesamtschuldner (§ 2058).

Sind nur mehrere, nicht aber alle Erben beschwert, so ist streitig, ob sich die Haftung nach § 2148 oder nach § 2058 richtet. Eine Ansicht geht bei unteilbaren Verpflichtungen von einer Gesamtschuldnerschaft aus (arg. § 431), will aber bei teilbarer Schuld die einzelnen Miterben nur nach dem Verhältnis ihrer Erbteile gegenüber dem Vermächtnisnehmer haften lassen (arg. §§ 2148, 420)[30]. Dem kann für den letzteren Fall nicht gefolgt werden: Die Interessenlage im Hinblick auf den Bedachten ist nicht anders, als wenn alle Miterben belastet wären. Zwar kommt die Bestimmung des § 2058 über die gesamtschuldnerische Haftung von Miterben nach ihrem Wortlaut nicht zur Anwendung; denn *gemeinschaftliche* Nachlassverbindlichkeiten sind nur solche, die *alle* Miterben treffen. Wenn der Erblasser keine nähere Bestimmung getroffen hat, kommt es jedoch entscheidend darauf an, dass es für die Durchsetzbarkeit der Vermächtnisforderung des Bedachten keinen Unterschied machen darf, ob nun alle oder nur einige Miterben beschwert sind[31].

Im Verhältnis der Miterben zueinander (*Innenverhältnis*) haben mehrere Erben das Vermächtnis im Verhältnis ihrer Erbteile zu tragen (§ 2148).

Die Bestimmung des § 2148 ist aber nur eine Auslegungsregel. Hat der Erblasser also eine von § 2148 abweichende Regelung getroffen, so ist diese maßgebend.

30 Vgl. *Erman/Schmidt*, § 2148 Rdnr. 2; RGRK/*Johannsen*, § 2148 Rdnr. 3.
31 So auch *Bamberger/Roth/Müller-Christmann*, § 2148 Rdnr. 2; MünchKomm/*Schlichting*, § 2148 Rdnr. 2; *Soergel/Wolf*, § 2148 Rdnr. 1; *Staudinger/Otte*, § 2148 Rdnr. 4.

456 *2. Haftung von Vermächtnisnehmern*

Wesentlich anders ist die Haftung des mit einem Untervermächtnis beschwerten Vermächtnisnehmers gestaltet:

a) Ist nur *ein Vermächtnisnehmer* beschwert, so bleibt für ihn, da er nicht Erbe wird, die unbeschränkte, wenn auch beschränkbare Erbenhaftung nach § 1967 II außer Betracht. Der Untervermächtnisnehmer kann von ihm die Leistung des vermachten Gegenstandes nach § 2174 verlangen. Der Vermächtnisnehmer haftet aber nur im Umfang des ihm selbst zugewendeten Vermächtnisses. Er kann die Erfüllung des Untervermächtnisses insoweit verweigern, als dasjenige, was er aus dem Vermächtnis erhält, zur Erfüllung nicht ausreicht (§ 2187). Es kommt nicht darauf an, was der Vermächtnisnehmer von seinem Beschwerten zu erhalten gehabt hätte. Entscheidend ist vielmehr, was er tatsächlich erhalten hat.

Die Einrede des § 2187 steht dem Vermächtnisnehmer auch noch nach Annahme seines Vermächtnisses zu. Er muss sich die Haftungsbeschränkung im Urteil vorbehalten lassen (§§ 786, 780 I ZPO). Die Regelung gilt gem. § 2187 II auch dann, wenn nach § 2161 ein anderer an die Stelle des Beschwerten tritt.

Das hinsichtlich der §§ 1992, 1990 f., 1978 f. Angeführte (Rdnr. 454, 681 ff.) gilt auch für das Untervermächtnis entsprechend (vgl. § 2187 III).

Eine Minderung des Untervermächtnisses sieht § 2188 in den Fällen vor, in denen die einem Hauptvermächtnisnehmer gebührende Leistung auf Grund der Beschränkung der Haftung des Erben (§§ 1992, 1990; § 327 I Nr. 2 InsO), wegen eines Pflichtteilsanspruchs (§§ 2318, 2322–2324) oder im Fall des § 2187 gekürzt worden ist. Hier kann der Vermächtnisnehmer die ihm auferlegten weiteren Beschwerungen verhältnismäßig kürzen, sofern nicht ein anderer Wille des Erblassers anzunehmen ist. Das bedeutet, dass der Vermächtnisnehmer die erlittene Kürzung seines Vermächtnisanspruchs anteilig auf den Untervermächtnisnehmer abwälzen kann, auch wenn das schon gekürzte Vermächtnis noch zur Erfüllung des Untervermächtnisses ausreicht.

Im **Fall d** kann V das ihn beschwerende Untervermächtnis von 500,– € im entsprechenden Verhältnis kürzen. U erhält nur 250,– €.

Bei unteilbarem Untervermächtnis ist der Vermächtnisnehmer lediglich zur Zahlung in Höhe des entsprechend gekürzten Wertes verpflichtet[32].

Diese Kürzung nach § 2188 tritt nicht kraft Gesetzes ein. Sie muss vielmehr vom Vermächtnisnehmer geltend gemacht werden. Der Erblasser kann nach § 2189 eine von §§ 2187 f. abweichende Regelung durch Testament oder Erbvertrag anordnen.

457 b) Sind *mehrere Vermächtnisnehmer* mit einem Untervermächtnis beschwert, so nimmt die h. M. bei unteilbarer Vermächtnisforderung im Außenverhältnis

32 Vgl. BGHZ 19, 309.

Gesamtschuld an[33]. Bei teilbarer Vermächtnisforderung wird jedoch nach außen eine Haftung nur nach dem Verhältnis des Wertes der Vermächtnisse zugrunde gelegt (vgl. § 2148)[34], es sei denn, dass der Erblasser erkennbar eine gesamtschuldnerische Haftung gewollt hat. Für die teilbare Vermächtnisforderung kann der h. M. aus den in Rdnr. 455 genannten Gründen nicht gefolgt werden[35].

VII. Zusammenfassung 458

Vermächtnis ist die Zuwendung eines einzelnen Vermögensvorteils durch eine Verfügung von Todes wegen an einen anderen, ohne dass dieser als Erbe eingesetzt wird. Der so Bedachte erhält nur einen schuldrechtlichen Anspruch gegen den mit dem Vermächtnis Beschwerten (Erben oder Vermächtnisnehmer). Die Vermächtnisforderung gegenüber dem Erben ist eine Nachlassverbindlichkeit mit gewissen Besonderheiten.

Möglich sind z. B. folgende Vermächtnisarten: Wahl-, Gattungs-, Zweck-, Stück- (häufigster Fall), Verschaffungs-, Schuldbefreiungs-, Voraus-, Ersatz-, Nachvermächtnis.

Das Vermächtnis fällt regelmäßig mit dem Erbfall an; der Erblasser kann den Anfall aber auf einen späteren Zeitpunkt hinausschieben (zeitliche Grenze: §§ 2162 f.). Soweit nichts anderes bestimmt ist, wird die Vermächtnisforderung mit dem Anfall fällig. Das Vermächtnis gegenüber einem Vermächtnisnehmer (= Untervermächtnis) wird erst fällig, wenn der Hauptvermächtnisnehmer Erfüllung des Vermächtnisses verlangen kann.

Der Bedachte kann das Vermächtnis durch eine formlose Willenserklärung gegenüber dem Beschwerten ausschlagen.

Das Vermächtnis (§§ 2147 ff.)

I.	**Begriff:**	Zuwendung eines Vermögensvorteils von Todes wegen, die weder Erbeinsetzung noch Auflage ist (§ 1939)
II.	**Bedeutung:**	Der Bedachte (Vermächtnisnehmer) erwirbt mit dem Erbfall einen schuldrechtlichen Anspruch gegen den Beschwerten auf Einräumung des zugewandten Vermögensteils (vgl. § 2174).

33 *Schlüter*, Rdnr. 892.

34 *Kipp/Coing*, § 54 II.

35 Ebenso MünchKomm/*Schlichting*, § 2148 Rdnr. 2; *Staudinger/Otte*, § 2148 Rdnr. 4.

III. Anordnung: durch Testament, Erbvertrag oder kraft Gesetzes (§§ 1932, 1969)

IV. Beschwerter: nur Erben und Vermächtnisnehmer (§ 2147)

V. Vermächtnisnehmer: jede natürliche oder juristische Person

1. Bestimmung: durch den Erblasser oder durch einen vom Erblasser dafür vorgesehenen Dritten (§ 2151, im Zweifel durch den Beschwerten, § 2152)
2. Mehrere Bedachte (gemeinschaftliches Vermächtnis): im Zweifel gleiche Anteile (§§ 2157, 2091), wenn nicht vom Erblasser anders bestimmt
3. Besondere Vermächtnisnehmer
   a) Vorausvermächtnis (§ 2150)
   b) Ersatzvermächtnis (§ 2190)
   c) Nachvermächtnis (§ 2191)

VI. Gegenstand des Vermächtnisses:
Vermögensteil im Sinne einer unmittelbaren oder mittelbaren Vermögensmehrung

1. bestimmter Nachlassgegenstand (Stückvermächtnis)
2. der Gattung nach bestimmter Gegenstand (Gattungsvermächtnis, § 2155)
3. einer von mehreren bestimmten Gegenständen (Wahlvermächtnis, § 2154)
4. dem Zweck nach vom Erblasser oder einem Dritten bestimmte Leistung (Zweckvermächtnis, § 2156)
5. bestimmter nicht zum Nachlass gehörender Gegenstand (Verschaffungsvermächtnis, § 2170)
6. Befreiung von einer Verbindlichkeit (Schuldbefreiungsvermächtnis)

VII. Erwerb des Vermächtnisses

1. Anfall: vorläufiger Erwerb, der durch Ausschlagung beseitigt werden kann (§ 2176 ff.)
   a) mit dem Erbfall (Regelfall)
   b) mit Eintritt einer vom Erblasser gesetzten aufschiebenden Bedingung oder Befristung (§ 2177)
   c) mit der Geburt oder der Bestimmung eines beim Erbfall noch nicht gezeugten oder bestimmten Bedachten (§ 2178)
2. Fälligkeit (§ 271): sofort = mit dem Anfall oder zu einem späteren, vom Erblasser bestimmten Zeitpunkt (betagtes Vermächtnis)
3. Annahme oder Ausschlagung durch formlose Willenserklärung nach dem Erbfall gegenüber dem Beschwerten (§§ 2176, 2180)

VIII. Haftung des Beschwerten
1. des beschwerten Erben: Nachlassverbindlichkeit (§ 1967)
   - Haftungseinschränkungen: §§ 1975, 1990, 1992
   - bei mehreren Erben: Haftung als Gesamtschuldner (§ 2058)
2. des beschwerten Vermächtnisnehmers: Haftung nur im Umfang des erhaltenen Vermächtnisses (§ 2187 I)
   - Haftungseinschränkungen: §§ 1990 f., 1992 i.V.m. § 2187 III
   - Kürzung der Beschwerung nach § 2188
   - bei mehreren Vermächtnisnehmern: Haftung als Gesamtschuldner (§ 2058)

§ 28 Die Auflage 459

Schrifttum: *Bartholomeyczik*, Erbeinsetzung, andere Zuwendungen und Erbschein, 5. Denkschrift, 1942, 162; *Sturm*, Der Vollziehungsberechtigte der erbrechtlichen Auflage und seine Befugnisse, Diss. Konstanz, 1985; *Vorwerk*, Geldzuwendung durch erbrechtliche Auflage, ZEV 1998, 297.

Fälle:

a) E hat A, B und C zu Miterben eingesetzt, T zum Testamentsvollstrecker ernannt und dem A zugleich auferlegt, 5000,– € für wohltätige Zwecke zu zahlen. Wer kann die Erfüllung verlangen? Ist der Erfüllungsanspruch abtretbar? **(Rdnr. 462)**

b) E setzt von seinen Söhnen A und B den A zum Alleinerben mit der Auflage ein, einer beliebigen Universitätsbibliothek bestimmte Bücher aus dem Nachlass zu Forschungszwecken zu übereignen. Nach dem Erbfall verbrennt die gesamte Bibliothek des E durch ein Verschulden des A. Welchen Einfluss hat das auf die Auflageverpflichtung? **(Rdnr. 466)**

I. Begriff, Abgrenzung und gesetzliche Regelung

1. Begriff

Auflage ist die in einer Verfügung von Todes wegen enthaltene Anordnung des Erblassers, die den Beschwerten zu einer Leistung verpflichtet, ohne einem Begünstigten ein Recht auf die Leistung zuzuwenden (§ 1940).

a) Eine Auflage vermag der Erblasser *nur durch Testament oder Erbvertrag* anzuordnen (§§ 1940, 1941, 2270 III, 2278 II).

b) *Beschwerter* kann der Erbe oder ein Vermächtnisnehmer sein (§§ 1940, 2192 i.V.m. § 2147).

c) *Inhalt der Auflage* kann jedes Tun oder Unterlassen sein; denn der Begriff der »Leistung« in § 1940 ist im weitesten Sinn zu verstehen[36]. Die Leistung braucht keinen Vermögenswert darzustellen (vgl. den verschiedenen Wortlaut von § 1940 und § 1939).

Beispiele: Grabpflege, Verteilung einer Geldsumme zu wohltätigen Zwecken, Veröffentlichung oder Nichtveröffentlichung eines hinterlassenen Briefwechsels.

d) Ein *Begünstigter* braucht *nicht* vorhanden zu sein (z. B. Grabpflege). Wird jedoch jemand durch die Auflage begünstigt (z. B. die Armen der Gemeinde), so hat er keinen Anspruch auf die Leistung (§ 1940).

460 *2. Abgrenzung*

Die Auflage ist von einem unverbindlichen Wunsch des Erblassers, einer bedingten Erbeinsetzung und einem Vermächtnis zu unterscheiden. Was der Erblasser im Einzelfall gewollt hat, ist durch Auslegung zu ermitteln.

Keine Verpflichtung entsteht, wenn der Erblasser nur einen Wunsch zum Ausdruck bringt.

Eine Verpflichtung zur Leistung entsteht auch dann nicht, wenn der Erblasser die Erbeinsetzung oder Vermächtnisanordnung davon abhängig macht, dass der Bedachte eine bestimmte Leistung erbringt. In diesem Fall steht die Erbeinsetzung oder Vermächtnisanordnung unter einer Bedingung; der Bedachte wird nur dann Erbe oder Vermächtnisnehmer, wenn er die Bedingung erfüllt.

Will der Erblasser den Erben oder Vermächtnisnehmer zu einer Leistung verpflichten, so handelt es sich bei dieser Anordnung entweder um ein Vermächtnis oder um eine Auflage. Der Unterschied zwischen Vermächtnis und Auflage besteht darin, dass beim Vermächtnis dem Begünstigten ein Vermögensvorteil zugewendet wird, auf den er einen klagbaren Anspruch gegen den Beschwerten hat (§ 2174), während bei der Auflage ein solcher Anspruch nicht besteht (§ 1940).

3. Gesetzliche Regelung

Da der Beschwerte bei der Auflage wie beim Vermächtnis eine ihm auferlegte Verpflichtung zu erfüllen hat, besteht zwischen Auflage und Vermächtnis eine nahe Verwandtschaft. Deshalb hat der Gesetzgeber in § 2192 eine Anzahl von Bestimmungen des Vermächtnisrechts für entsprechend anwendbar erklärt (z. B. die Vorschriften über das Wahl-, Gattungs- und Zweckvermächtnis). Die Aufzählung in § 2192 ist jedoch nicht abschließend[37]. Man wird das Vermächtnisrecht für die Auflage als entsprechend anwendbar ansehen können, soweit

36 Prot. V, 7.
37 Mot. V, 212, 215.

sich das nicht durch die fehlende Gläubigerstellung des Auflagebegünstigten von selbst verbietet.

So sind etwa die §§ 2169, 2170 analog anzuwenden, wenn durch die Auflage die Leistung eines bestimmten Nachlassgegenstandes erbracht oder der Auflagegegenstand anderweitig verschafft werden soll.

II. Begünstigter 461

Ordnet der Erblasser eine Auflage an, durch die jemand begünstigt werden soll, so kann er die Bestimmung der zu begünstigenden Person regelmäßig nicht einem anderen überlassen (§§ 2192, 2065 II). Hat er allerdings mit der Anordnung der Auflage auch deren Zweck festgelegt, darf er die Bestimmung des Begünstigten dem Beschwerten oder einem Dritten überlassen (§ 2193).

Auch wenn die Auswahl des Begünstigten nach freiem Ermessen erfolgen soll, kann sie gerichtlich darauf überprüft werden, ob sie den vom Erblasser verfolgten Zweck offensichtlich verfehlt oder auf Arglist beruht[38].

Vollzieht der bestimmungsberechtigte Beschwerte die Auflage nicht, obwohl er auf die Klage eines Vollziehungsberechtigten (§ 2194; Rdnr. 462) hierzu rechtskräftig verurteilt worden ist und eine danach gesetzte, angemessene Frist fruchtlos abgelaufen ist, so geht das Bestimmungsrecht auf den Kläger über (§ 2193 II). Die Bestimmung durch einen Dritten (z. B. Testamentsvollstrecker) erfolgt durch Erklärung gegenüber dem Beschwerten (§ 2193 III 1). Bei Unvermögen des Dritten wird der Beschwerte bestimmungsbefugt (§ 2193 III 2). Das Gleiche gilt, wenn das Nachlassgericht dem Dritten auf Antrag einer der in § 2194 genannten Personen erfolglos eine Frist zur Bestimmung gesetzt hat (§§ 2193 III 3, 2151 III 2).

III. Vollziehungsanspruch 462

1. Vollziehungsberechtigter

a) Da der Auflagenbegünstigte, sofern ein solcher überhaupt vorhanden ist, gegenüber dem Beschwerten nicht forderungsberechtigt ist, besteht die Gefahr, dass dieser der Auflage nicht nachkommt. Deshalb räumt *§ 2194* bestimmten Personen die Befugnis ein, vom Beschwerten die Vollziehung der Auflage zu verlangen. Unter mehreren Vollziehungsberechtigten kann jeder vom Beschwerten die Leistung verlangen[39].

Vollziehungsberechtigt ist der Erbe und bei einer Erbengemeinschaft jeder Miterbe. Berechtigter ist auch, wem der Wegfall des mit der Auflage zunächst Beschwerten unmittelbar zustatten kommen würde. Das kann z. B. sein: der Ersatzerbe, der Nacherbe, der

38 BGHZ 121, 357.
39 Vgl. Mot. V, 215.

gesetzliche Erbe bei einem auflagebeschwerten Testamentserben, der Mit- oder Ersatzvermächtnisnehmer bei einem auflagebeschwerten Vermächtnisnehmer. Liegt die Vollziehung der Auflage im öffentlichen Interesse, so kann auch die zuständige Behörde die Vollziehung der Auflage verlangen.

Über den Kreis der in § 2194 Genannten hinaus ist weiter der Testamentsvollstrecker vollziehungsberechtigt; denn er hat die letztwilligen Anordnungen des Erblassers nach § 2203 auszuführen. Der Erblasser kann sogar einen Testamentsvollstrecker eigens zu dem Zweck ernennen, dass er für die Erfüllung von Auflagen sorgt (§§ 2208 II, 2223).

Im **Fall a** können danach B, C und T die Erfüllung der Auflage verlangen.

b) Der *Anspruch* gegen den Beschwerten gehört nicht zum Vermögen des Vollziehungsberechtigten; er ist ein fremdnütziges Recht und geht *auf Leistung an den Begünstigten.*

Der Anspruch kann daher auch nicht abgetreten (**Fall a**), verpfändet oder gepfändet werden; dagegen ist eine Bevollmächtigung zur Geltendmachung möglich. Der Anspruch ist jedoch vererblich, wenn der Erbe in die Rechtsstellung eintritt, auf der das Recht beruht.

463 *2. Entstehung, Fälligkeit und Dauer*

Der Vollziehungsanspruch entsteht mit dem Erbfall. Das Entstehen kann aber hinausgeschoben werden (§§ 2176–2178 analog). Entsprechendes gilt für die Fälligkeit des Anspruchs (§§ 271, 2181, 2192).

Die zeitlichen Schranken, die in den §§ 2162, 2163 für das Vermächtnis aufgestellt sind, gelten nach dem Willen des Gesetzgebers nicht für die Auflage[40]. Dadurch sollte die Möglichkeit einer der Stiftung ähnlichen Dauerwirkung gegeben werden. Der Vollziehungsanspruch unterliegt aber der Verjährung nach § 197 I Nr. 2.

464 *3. Durchsetzung*

Der Vollziehungsberechtigte kann den Vollziehungsanspruch gegen den Beschwerten einklagen (Leistungsklage). – Die Zwangsvollstreckung richtet sich nach den allgemeinen Vorschriften; erbrechtliche Besonderheiten ergeben sich nicht.

40 Prot. V, 242 f.

IV. Unwirksamkeit der Auflage 465

1. Unwirksamkeitsgründe und Folgen

Die Auflage ist nach den §§ 2192, 2171 unwirksam, wenn sie vom Beschwerten eine zur Zeit des Erbfalls unmögliche Leistung verlangt; die Unmöglichkeit kann auf tatsächlichen oder rechtlichen (z. B. §§ 134, 138) Gründen beruhen.

Wenn die Auflage infolge veränderter Umstände nicht mehr vollzogen werden kann, ist sie nicht wegen Unmöglichkeit unwirksam, sofern dem Anliegen des Erblassers durch eine andere Art der Vollziehung Rechnung getragen werden kann[41]. Es ist unerheblich, ob die veränderten Umstände schon zur Zeit des Erbfalls oder erst später eingetreten sind.

Ist die Auflage unwirksam, so berührt das die Gültigkeit der Zuwendung an den Beschwerten im Zweifel nicht (§ 2195).

Andererseits bleibt der Wegfall des Beschwerten im Zweifel ohne Einfluss auf den Bestand der Auflage (§ 2192 i.V.m. § 2161 Satz 1). Beschwert ist dann der, dem der Wegfall des zunächst Bedachten unmittelbar zustatten kommt (§ 2192 i.V.m. § 2161 Satz 2).

2. Unmöglichkeit 466

Tritt die Unmöglichkeit nach dem Erbfall ein, wird der Beschwerte von seiner Verpflichtung frei (§ 275 I). Beruht die Unmöglichkeit auf einem vom Beschwerten zu vertretenden Umstand, ist er zur Herausgabe der Zuwendung nach den §§ 2196 I, 818 ff. insoweit verpflichtet, als die Zuwendung zur Vollziehung der Auflage hätte verwendet werden müssen. Anspruchsberechtigt ist derjenige, dem der Wegfall des zunächst Beschwerten unmittelbar zustatten käme. Ob er das Herausgegebene zur Erfüllung der Auflage (soweit das – bei lediglich subjektiver Unmöglichkeit für den Erstbeschwerten – noch möglich ist) verwenden muss, ist streitig. Der Gesetzeswortlaut sieht eine solche Pflicht zwar nicht vor[42]. Aber der Erblasserwille und der Sinn der Auflage sprechen für eine solche Verwendungspflicht[43].

Im **Fall b** hat A gem. den §§ 2196 I, 818 II für die verbrannten Bücher Wertersatz aus dem Nachlass zu leisten. Anspruchsberechtigt ist B, weil ihm der Wegfall des A unmittelbar zustatten käme.

Entsprechendes gilt nach § 2196 II, wenn der Beschwerte zur Vollziehung einer Auflage, die nicht durch einen Dritten erfüllt werden kann, rechtskräftig verurteilt ist und die zulässigen Zwangsmittel erfolglos gegen ihn angewendet worden sind.

41 BGHZ 42, 327.
42 Darauf abstellend *Bamberger/Roth/Müller-Christmann*, § 2196 Rdnr. 6; MünchKomm/*Schlichting*, § 2196 Rdnr. 8; *Staudinger/Otte*, § 2196 Rdnr. 6.
43 So *Kipp/Coing*, § 65 III; *Palandt/Edenhofer*, § 2196 Rdnr. 2.

467 V. Zusammenfassung

Die Auflage (§§ 2192 ff.)

I. Begriff: Anordnung des Erblassers, die den Beschwerten – anders als beim Vermächtnis – zu einer Leistung verpflichtet, ohne einem Begünstigten einen Anspruch einzuräumen (§ 1940)

II. Anordnung: durch Testament (§ 1940) oder Erbvertrag (§ 2278 II)

III. Beschwerter: nur der Erbe und der Vermächtnisnehmer (§ 1940)

IV. Begünstigter:
- muss nicht vorhanden sein
- Bestimmung eines Begünstigten durch den Erblasser (§§ 2192, 2065 II), bei Zweckbestimmung des Erblassers auch durch einen Dritten (§ 2193)

V. Vollziehungsberechtigter (§ 2194)
(für Anspruch auf Vollziehung der Auflage und für die Durchsetzung im Wege der Klage und der Zwangsvollstreckung)
- Erben, Miterben
- jeder, dem der Wegfall des zunächst Beschwerten unmittelbar zustatten kommen würde (z. B. Ersatzerbe, Nacherbe, Mit- oder Ersatzvermächt-nisnehmer)
- die zuständige Behörde (bei öffentlichem Interesse an Vollziehung der Auflage, § 2194 Satz 2)
- der Testamentsvollstrecker (§§ 2203, 2208 II, 2223)

VI. Unwirksamkeit der Auflage
bei Unmöglichkeit zur Zeit des Erbfalls (§§ 2192, 2171)
Folge: Zuwendung an den mit der unwirksamen Auflage Beschwerten bleibt im Zweifel unberührt

VII. Nachträgliche Unmöglichkeit
- Beschwerter wird frei (§ 275 I)
- bei Vertretenmüssen: Herausgabepflicht nach §§ 2196 I, 818 ff.

IV. Abschnitt Die Miterbengemeinschaft

§ 29 Gesamthand und Miterbenanteil

468

Schrifttum: *Ann*, Zum Problem der Vorkaufsberechtigung beim Miterbenvorkaufsrecht nach § 2034 BGB, ZEV 1994, 343; *Bartholomeyczik*, Die Miterbengemeinschaft, 4. Denkschrift, 1940, 120; *ders.*, Das Gesamthandsprinzip beim gesetzlichen Vorkaufsrecht der Miterben, Festschrift f. Nipperdey, Bd. I, 1965, 145; *Ebeling/Geck/Grune*, Handbuch der Erbengemeinschaft, 6. Aufl., 2002; *Eberl-Borges*, Die Rechtsnatur der Erbengemeinschaft nach dem Urteil des BGH vom 29.1.2001 zur Rechtsfähigkeit der (Außen-)GbR, ZEV 2002, 125; *Grunewald*, Die Rechtsfähigkeit der Erbengemeinschaft, AcP 197, 305; *Haegele*, Zur Rechtslage, wenn im Rahmen einer Erbengemeinschaft ein Erbteil mehreren Personen zusteht, Rpfleger 1968, 173; *Heil*, Ist die Ebengemeinschaft rechtsfähig?, ZEV 2002, 296; *Hohensee*, Die unternehmenstragende Erbengemeinschaft, 1994; *Kapp/Ebeling/Grune*, Handbuch der Erbengemeinschaft und Erbauseinandersetzung im Zivil- und Steuerrecht (Loseblattausgabe), 5. Aufl., 1996; *Krug*, Die dingliche Surrogation bei der Miterbengemeinschaft, ZEV 1999, 381; *Rather*, Die Ebengemeinschaft, 1978; *Sarres*, Die Erbengemeinschaft und das Teilungskonzept des BGB, ZEV 1999, 377; *K. Schmidt*, Die Erbengemeinschaft nach einem Einzelkaufmann, NJW 1985, 2785; *Schulze-Osterloh*, Das Prinzip der gesamthänderischen Bindung, 1972; *Staudenmaier*, Teilübertragung von Gesellschaftsanteilen und Erbteilen, DNotZ 1966, 724.

Fälle:

a) S ist Erbe zu 1/5. Er schuldete dem Erblasser aus einem Kaufvertrag 5000,– €. Als die übrigen Miterben vor der Auseinandersetzung Zahlung verlangen, will S mit Rücksicht auf seinen Erbteil nur 4000,– € zahlen. **(Rdnr. 470)**

b) S will über seinen Miterbenanteil am Nachlass des E verfügen. Der Nachlass besteht nur aus einem Grundstück. Ist zur Verfügung eine Auflassung erforderlich? **(Rdnr. 477)**

c) S verkauft seinen Miterbenanteil an F. Die übrigen Miterben üben ihr Vorkaufsrecht nicht aus, weil sie F als Freund der Familie kennen. Als F den Anteil drei Monate später an X verkauft, berufen sich die Miterben auf ihr Vorkaufsrecht. Mit Recht? **(Rdnr. 479)**

d) V verkauft und überträgt seinen Miterbenanteil an K. Diesem gegenüber üben die anderen Miterben ihr Vorkaufsrecht aus. Da sie mit der Kaufpreiszahlung in Verzug geraten, verweigert K die Übertragung des Erbteils. Am liebsten würde K das Vorkaufsschuldverhältnis von sich aus lösen. **(Rdnr. 485)**

I. Allgemeines

Das BGB behandelt die Alleinerbschaft als Regelfall zuerst und dann die Mehrheit von Erben. Im Leben dagegen ist eine Erbenmehrheit die Regel und der Alleinerbe die Ausnahme. Das gilt ganz besonders für die gesetzliche Erbfolge.

In der Praxis sind daher die Vorschriften über die Miterbengemeinschaft von großer Bedeutung.

Eine gesetzliche Regelung der Erbengemeinschaft hat sowohl die unterschiedlichen Interessen der einzelnen Miterben als auch die Interessen der Nachlassgläubiger zu berücksichtigen. Erben mit starker Familienbindung haben oft den Wunsch, die Erbschaft als Einheit zu erhalten; dem kann das Interesse anderer Miterben entgegenstehen, den Nachlass möglichst bald und günstig zu verwerten.

Die Nachlassgläubiger wollen aus dem Nachlass befriedigt werden, bevor er unter die Miterben verteilt wird. Volkswirtschaftlich kann die Erhaltung der wirtschaftlichen Einheit des Nachlasses wertvoll sein. Die Schwierigkeit für den Gesetzgeber bestand darin, eine einheitliche rechtliche Ausgestaltung zu finden, die der Vielfalt der denkbaren Interessenlagen bei Erbenmehrheit gerecht wird.

469 II. Sondervermögen der Gesamthänder

1. Gesamthand

Der Gesetzgeber des BGB stand vor der Wahl, das Rechtsverhältnis der Miterben als Bruchteilsgemeinschaft oder als Gesamthandsgemeinschaft zu regeln[1]. Bei der Bruchteilsgemeinschaft hätte jeder Miterbe ein Recht zu einem ideellen Bruchteil an jedem einzelnen Nachlassgegenstand, bei der Gesamthandsgemeinschaft dagegen nur einen Anteil an dem Nachlass als Sondervermögen gehabt. Das BGB hat sich für eine Gesamthandsgemeinschaft der Miterben entschieden (§§ 2032 ff.), um die Verwaltung, Nutzung und Auseinandersetzung des Nachlasses interessengerecht zu ermöglichen.

Die gesamthänderische Bindung der Miterben macht den Nachlass zu einem Sondervermögen.

Das Zivilrecht verwendet die Zuordnungsweise der Gesamthand auch bei der Gesellschaft (§§ 718 ff.) und bei der ehelichen Gütergemeinschaft (§§ 1416, 1419). Es erreicht damit jeweils die dingliche Bindung eines Sondervermögens für gemeinschaftliche Zwecke, ohne dass die Schaffung einer besonderen Rechtsperson erforderlich ist. Die Besonderheit der Erbengemeinschaft besteht darin, dass sie ohne den Willen der Beteiligten entsteht und regelmäßig auf Auseinandersetzung gerichtet ist.

Aus der gesamthänderischen Verbundenheit der Miterben und aus der Zuordnung des Nachlasses als Sondervermögen folgt aber nicht, dass es sich bei der Erbengemeinschaft um ein eigenständiges, handlungsfähiges Rechtssubjekt handelt. Die Erbengemeinschaft ist *nicht rechtsfähig*[2].

1 Vgl. Prot. V, 835.
2 BGH NJW 2006, 3715 f.

Der BGH hat ausdrücklich entschieden, dass die Rechtsfähigkeit der Erbengemeinschaft sich weder aus der Anerkennung der Rechtsfähigkeit der GbR[3] herleiten lässt[4] noch aus den Gründen, die zur Anerkennung der Rechtsfähigkeit der Wohnungseigentümergemeinschaft[5] geführt haben[6]. Die Erbengemeinschaft ist nicht zur dauerhaften Teilnahme am Rechtsverkehr bestimmt, sondern auf Auseinandersetzung gerichtet. Sie verfügt zudem nicht über handlungsfähige Organe, durch die sie im Rechtsverkehr handeln könnte.

2. *Selbstständigkeit des Nachlasses* 470

Die Selbstständigkeit des Nachlasses als Sondervermögen zeigt sich in verschiedenen Einzelheiten der rechtlichen Behandlung:

a) Der Miterbe kann zwar über seinen Anteil am gesamten Nachlass, aber *nicht über einzelne Nachlassgegenstände* oder seinen Anteil daran *verfügen* (§§ 2033, 2040 I).

Die Frage, ob dem Miterben überhaupt ein Anteil am einzelnen Nachlassgegenstand zusteht, hat wegen § 2033 II keine praktische Bedeutung. Ein Anteil am Gesamtnachlass lässt sich allerdings ohne eine Beteiligung am Einzelgegenstand kaum erklären. Man darf sich diese Beteiligung jedoch wegen der Gesamthand nicht als bestimmten Bruchteil vorstellen. Auch der Einzelgegenstand gehört jedem Miterben ganz, beschränkt durch die Rechte der übrigen Miterben.

b) *Rechtsbeziehungen, die zwischen dem Erblasser und einzelnen Miterben bestanden, bestehen nun zwischen der Miterbengemeinschaft und dem Miterben.* Im Verhältnis des Miterben zur Erbengemeinschaft ist eine Vereinigung von Gläubigerrecht und Schuld (*Konfusion*) oder von Vollrecht und beschränktem dinglichen Recht (*Konsolidation*) nicht möglich; die Bindung des Sondervermögens schließt ein Aufgehen von Nachlassgegenständen im Privatvermögen einzelner Gesamthänder aus. Insoweit sind das Sondervermögen des Nachlasses und das Eigenvermögen des einzelnen Miterben Vermögen verschiedener Rechtsträger.

Im **Fall a** schuldet S der Erbengemeinschaft 5000,– €; die Schuld ermäßigt sich nicht.

Aus den genannten Gründen treten Konfusion und Konsolidation auch dann nicht ein, wenn die Rechtsbeziehungen erst zwischen der Erbengemeinschaft und dem einzelnen Miterben entstehen, etwa weil der Miterbe zur Erhaltung des Nachlasses notwendige Aufwendungen bestreitet.

3 Dazu BGH NJW 2001, 1056.
4 BGH NJW 2002, 3389.
5 Dazu BGH NJW 2005, 2061.
6 BGH NJW 2006, 3715, 3716.

c) Die Selbstständigkeit des Sondervermögens wird auch bei einer *Aufrechnung* deutlich: Die Gegenseitigkeit ist nur zu bejahen, wenn eine Forderung der gesamthänderisch gebundenen Miterben gegen eine Schuld von ihnen aufgerechnet wird, nicht jedoch, wenn eine Forderung der Gesamthand einer Forderung gegen einen Miterben gegenübersteht (vgl. § 2040 II).

d) Die Selbstständigkeit des Nachlasses als Sondervermögen zeigt sich weiter, *wenn dieselben Personen zwei Erblasser beerben.* Trotz der Identität der Rechtsträger bleiben beide Nachlässe als Sondervermögen bestehen.

Das folgt aus dem Bindungszweck: Das Sondervermögen soll zunächst zur Befriedigung der Nachlassgläubiger dienen. Zwei verschiedene Nachlässe mit ganz unterschiedlicher Verschuldung müssen auch bei derselben Erbengemeinschaft selbstständig bleiben. Die Gläubiger des überschuldeten Nachlasses könnten sich andernfalls ungehindert aus dem zweiten, weniger verschuldeten Nachlass zum Nachteil von dessen Gläubigern befriedigen.

Für die Übertragung einzelner Gegenstände von einem Nachlass in den anderen müssen daher alle Voraussetzungen rechtsgeschäftlicher Veräußerung erfüllt sein, obwohl als Veräußerer wie als Erwerber dieselben Personen handeln.

471 *3. Erhaltung des Nachlasses*

a) Der Erhaltung des Nachlasses als Sondervermögen dient der Grundsatz der *dinglichen Ersetzung* (Surrogation, § 2041): Was auf Grund eines zum Nachlass gehörenden Rechtes oder als Ersatz für zerstörte, beschädigte bzw. entzogene Nachlassgegenstände oder rechtsgeschäftlich für den Nachlass erworben wird, gehört zum Nachlass. Die Vorschrift will zu Gunsten der Erbengemeinschaft und der Nachlassgläubiger den Bestand des Nachlasses vor Wertminderungen durch Außenstehende und durch Miterben schützen (Näheres zur Surrogation: Rdnr. 600 ff.).

b) *Ersatzansprüche* der Nachlassgläubiger gegen die Erben *aus schlechter Verwaltung* gelten als zum Nachlass gehörig (§ 1978 II). Sie werden also Nachlassforderungen und gleichen damit die durch die schlechte Verwaltung entstandene Schmälerung des Nachlasses rechtlich aus. Neben die dingliche Ersetzung tritt die haftungsmäßige Ergänzung des Nachlasses zur Erhaltung seines Wertbestandes.

472 *4. Besonderer Gläubigerschutz*

Die Gesamthandsbindung des Nachlasses bewirkt einen Schutz der Nachlassgläubiger, zu deren Befriedigung der Nachlass vor allem dienen soll. Nur die Nachlassgläubiger können sich aus dem ungeteilten Nachlass befriedigen (§ 2059 II).

Die Zwangsvollstreckung in Nachlassgegenstände setzt einen Titel gegen alle Miterben voraus (§ 747 ZPO)[7]. Mit einem Titel gegen den einzelnen Miterben kann nur in dessen Miterbenanteil, nicht aber in Gegenstände des ungeteilten Nachlasses vollstreckt werden. Die Eigengläubiger können sich nur an das halten, was ihr Schuldner als Miterbe bei der Auseinandersetzung bekommen hat. Die Miterben müssen vor der Auseinandersetzung zunächst die Nachlassverbindlichkeiten berichtigen (§ 2046 I).

III. Verfügung über den Miterbenanteil 473

§ 2033 I 1 gibt dem Miterben das Recht, über seinen Anteil am gesamten Nachlass zu verfügen. Dadurch kann der einzelne Miterbe sein Interesse verwirklichen, den durch den Anfall der Erbschaft eingetretenen Vermögenszuwachs sofort wirtschaftlich (etwa durch Veräußerung oder als Kreditgrundlage) zu nutzen.

Die strenge Bindung der Miterben an die Gesamthand verlangt einen solchen Ausgleich, zumal die Erbengemeinschaft eine Zwangsgemeinschaft ist, also nicht auf den Willensentschluss der Miterben zurückgeht. Die Zwangsbindung kann lästig sein, wenn der Erblasser die Auseinandersetzung aufgeschoben oder ausgeschlossen hat (§ 2044) oder der Eigensinn eines Miterben die Abwicklung erschwert.

Durch das freie Verfügungsrecht des einzelnen Miterben über seinen Anteil wird die personelle Zusammensetzung der Gemeinschaft zwar dem Einfluss der anderen entzogen. Jedoch bietet das gesetzliche Vorkaufsrecht der Miterben einen angemessenen Schutz (§§ 2034 ff.; Rdnr. 478 ff.).

Allerdings ist der Erwerb eines Miterbenanteils für den Erwerber nicht ohne Risiko, da sich der wirkliche Wert, vor allem das Ausmaß der Belastung mit Nachlassschulden, vor der Abwicklung kaum genau feststellen lässt. Der Erwerber wird daher regelmäßig zum Ausgleich dieser Unsicherheiten nur einen niedrigeren Preis zahlen wollen. Der Veräußerer handelt nicht selten unter dem Zwang akuter Geldnot und erhält daher meist kein angemessenes Entgelt.

1. Gegenstand der Verfügung 474

Der Miterbenanteil ist die Summe der Rechte, die dem Einzelnen auf Grund seiner Miterbenstellung in Ansehung des Nachlasses vor der Auseinandersetzung zustehen.

Aus § 2033 I 1 folgt, dass der Miterbenanteil zum *ungebundenen Eigenvermögen* des Miterben, nicht zum gebundenen Sondervermögen gehört.

Verfügungen über den Anteil sind nur möglich, soweit der Nachlass als Sondervermögen besteht, also *nach* dem Erbfall und *vor* Abschluss der Auseinandersetzung. Ist der Nachlass restlos unter die Miterben verteilt, so besteht kein Anteil mehr, über den verfügt

7 Dazu ZVR Rdnr. 37.

werden könnte. Dasselbe gilt, wenn sich alle Miterbenanteile in einer Person vereinigen[8]. Die Erbengemeinschaft ist damit beendet; das Gesamthandsvermögen wird Eigenvermögen.

Gegenstand der Verfügung nach § 2033 I 1 ist demnach die vermögensrechtliche Stellung des Miterben in der Erbengemeinschaft zum Zeitpunkt der Verfügung.

Da der Miterbe über seinen ganzen Anteil am Nachlass verfügen kann, muss man folgerichtig auch Verfügungen über einen *Bruchteil* des Anteils zulassen. So können z. B. auch Miterben den Anteil des Erblassers an einem anderen Nachlass nach Bruchteilen aufgeteilt verlangen[9]. Die Übertragung eines Bruchteiles führt zu einer Bruchteilsgemeinschaft des Erwerbers mit dem Miterben am Anteil. Die Bruchteilsgemeinschaft ist zugleich Glied der Gesamthand am ganzen Nachlass.

Umstritten ist, ob der Anspruch auf das Auseinandersetzungsguthaben (Rdnr. 512 ff.) ohne den Miterbenanteil abgetreten werden kann[10]. Die Bedenken überwiegen: Der Miterbe könnte diesen Anspruch formlos abtreten und sodann den so wirtschaftlich ausgehöhlten Anteil nach § 2033 übertragen. Der Erwerber des Miterbenanteils müsste nach den §§ 2382, 2385 haften, ohne den die Haftung rechtfertigenden Gegenwert zu erhalten. Die zwingende Formvorschrift des § 2033 I 2 würde umgangen. Daraus ist zu folgern, dass das BGB eine Verfügung nur über den gesamten wirtschaftlichen Wert des Anteils nach § 2033 zulässt.

475 *2. Arten der Verfügung*

Inhalt des Verfügungsgeschäftes kann vor allem die Übertragung des Anteils, seine Verpfändung und die Bestellung eines Nießbrauchs daran sein.

a) Durch die *Übertragung* des Anteils wird der Erwerber nicht Erbe, da die Erbenstellung des Verfügenden nicht durch Rechtsgeschäft auf einen anderen übertragen werden kann. Sie wird nur durch gewillkürte oder gesetzliche Erbfolge begründet. Der Verfügende bleibt auch nach der Übertragung Erbe.

Es ist also zwischen dem übertragbaren (vermögensrechtlichen) Anteil am Nachlass und der unveräußerlichen Erbenstellung des Verfügenden zu unterscheiden:

Wird ein Erbschein erteilt, so ist darin auch *nach* der Übertragung allein der Verfügende als Miterbe zu bezeichnen. Der Erwerber kann zwar die Erteilung des Erbscheins beantragen, aber nur auf den Namen des Veräußerers[11]. Erbrechtliche Gestaltungserklärungen bleiben regelmäßig dem Miterben vorbehalten. So kann z. B. die Erbunwürdigkeit auch

8 RGZ 134, 296, 298.

9 BGH NJW 1963, 1610.

10 **Dafür** RGRK/*Kregel*, § 2033 Rdnr. 2; *Sigler*, MDR 1964, 372; **dagegen: h. M.**, vgl. MünchKomm/*Heldrich*, § 2033 Rdnr. 10; *Staudinger/Werner*, § 2033 Rdnr. 12.

11 KG OLG Rspr 44, 106.

nach Übertragung vom Veräußerer gegenüber einem anderen Miterben geltend gemacht werden; allerdings ist die Übertragung im Zweifel dahin auszulegen, dass in ihr eine Ermächtigung des Erwerbers zur Geltendmachung der Erbunwürdigkeit enthalten ist, soweit seine Rechtsstellung davon betroffen werden kann. Auch das Vorkaufsrecht nach §§ 2034 ff. geht nicht auf den Erwerber über[12].

Der Erwerber rückt in die vermögensrechtliche Stellung des veräußernden Miterben ein. Alle Rechte, Pflichten und Belastungen gehen mit dem Erwerb des Anteils auf ihn über.

Er haftet wie der Veräußerer neben diesem für die Nachlassverbindlichkeiten (§§ 2382 I, 2385, 1922 II), ist wie er ausgleichungspflichtig und den gleichen Beschränkungen (z. B. Testamentsvollstreckung) und Beschwerungen (Vermächtnisse, Auflagen) unterworfen. Die Erbunwürdigkeit oder ein Anfechtungsrecht gegenüber dem Erbrecht des Veräußerers kann auch nach der Übertragung und mit Wirkung gegen den Erwerber geltend gemacht werden. Er selbst dagegen ist nicht Erbe, kann also auch nicht erbunwürdig sein.

Der Besitz am Nachlass geht nicht entsprechend § 857 auf den Erwerber über. § 857 soll den Erben schützen (vgl. § 935), der – vielleicht ohne sein Wissen – Gesamtrechtsnachfolger wird. Dieser Schutzzweck entfällt beim Erwerber des Miterbenanteils, weil er kraft Vertrages, also wissentlich, Rechtsnachfolger wird und daher in der Lage ist, sich durch ordentlichen Besitzerwerb vor Verlusten zu schützen. Erforderlich ist daher eine Übertragung nach den §§ 854 I, II oder 870. In der Verfügung über den Anteil liegt allerdings regelmäßig eine Übertragung des Mitbesitzes nach §§ 854 II oder 870.

b) Die wirtschaftliche Verwertung des Anteils durch den Miterben vor der Auseinandersetzung kann auch darin bestehen, dass er einem Dritten einen *Nießbrauch* oder ein *Pfandrecht* daran bestellt. 476

Gegenstand der Bestellung beider Rechte ist nicht die Summe der einzelnen Nachlassstücke, sondern das durch die Erbenstellung begründete Mitgliedschaftsrecht in der Erbengemeinschaft. Es gilt daher nur die Formvorschrift des § 2033 I 2, nicht auch § 1069 oder § 1274 I 1. Die einzelnen Nachlassstücke werden von der Bestellung eines Pfandrechts am Anteil nicht berührt. So wird z. B. ein Grundstück dadurch selbst dann nicht belastet, wenn es den einzigen Nachlassgegenstand bildet. Mit der Nießbrauchsbestellung oder Verpfändung wird lediglich die Verfügungsbefugnis des Miterben über seinen Anteil eingeschränkt. Er kann nur noch mit Zustimmung des Nießbrauchers oder Pfandgläubigers über seinen Anteil verfügen (§§ 1071 I 1, II, 1276 I 1, II)[13]. Diese Verfügungsbeschränkung kann nach Voreintragung des Miterben als Mitglied der ungeteilten Erbengemeinschaft (§§ 39, 40 GBO) in das Grundbuch eingetragen werden[14].

c) Der Möglichkeit des Miterben, seinen Anteil zu verpfänden, entspricht das Recht der Gläubiger (Nachlass- oder Eigengläubiger) zur *Pfändung* des Anteils (§ 859 II ZPO)[15].

12 Vgl. BGHZ 56, 117.
13 KG HRR 1934 Nr. 265.
14 RGZ 90, 232; KGJ 37 A, 273.
15 ZVR Rdnr. 785 ff.

477 *3. Form*

a) Die Verfügung über den Miterbenanteil muss *notariell beurkundet* werden (§ 2033 I 2). Die gleiche Form ist für das Verpflichtungsgeschäft vorgeschrieben, soweit es sich dabei um Kauf, Tausch oder Schenkung handelt (§§ 2371, 2385, 1922 II), also dann, wenn die Veräußerung – nicht die Belastung – des Anteils erstrebt wird.

Für die Verfügung über den Anteil am Nachlass ist § 2033 I 2 die einzige maßgebende Formvorschrift. Die Verfügung begründet eine Gesamtrechtsnachfolge. Der Erwerber wird Gesamthänder hinsichtlich des gesamten Nachlasses, also auch aller einzelnen Nachlassgegenstände. Auch soweit die Übertragung dieser einzelnen Gegenstände sonst an spezielle Voraussetzungen und Formen gebunden ist (z. B. für Grundstücke §§ 873, 925), gilt nur § 2033 I 2; denn verfügt wird nur über den Anteil am Nachlass, nicht über die einzelnen Nachlassstücke (zu **Fall b**). Deshalb bedarf auch die Übertragung eines Nachlassteils, zu dem ein GmbH-Geschäftsanteil gehört, nicht der für die Abtretung des Geschäftsanteils vereinbarten Genehmigung[16].

b) Verpflichtung und Verfügung werden meist *in einer Urkunde vereint*. Eventuell ist durch Auslegung zu ermitteln, ob die Beurkundung des Verkaufs auch die unmittelbare Verfügung über den Anteil enthält und umgekehrt[17].

Umstritten ist die Frage, ob die formgerechte Verfügung den formlosen und damit nichtigen (§ 125) Kaufvertrag heilen kann. Die Interessenlage ist ähnlich wie in den Fällen der §§ 311 b I 2; 518 II; 766 Satz 2; 2301 II. Der formgültige Vollzug heilt daher den formnichtigen Kaufvertrag (Einzelheiten: Rdnr. 799).

c) Formbedürftig ist auch die *Vollmacht* zur Veräußerung des Miterbenanteils, soweit ihre Erteilung die endgültige Gestaltung der Rechtslage bedeutet, besonders also bei Unwiderruflichkeit der Vollmacht[18].

478 IV. Vorkaufsrecht der Miterben

Verkauft ein Miterbe seinen Anteil an einen Dritten, sind die übrigen Miterben vorkaufsberechtigt (§ 2034 I).

1. Zweck

Das Vorkaufsrecht der Miterben (§§ 2034–2037) – das einzige *gesetzliche* Vorkaufsrecht des BGB – soll das unerwünschte Eindringen Fremder in die Erbengemeinschaft und deren Überfremdung verhindern. Der Schutz der Miterben

16 BGHZ 92, 386, 393 f.
17 Vgl. RGZ 137, 171.
18 Vgl. KG DNotZ 1937, 687; BayObLGZ 1954, 225; SchlHOLG SchlHA 1962, 174.

gegen unliebsame Anteilserwerber wird dadurch verstärkt, dass das Vorkaufsrecht nach Eintritt des Vorkaufsfalles sowohl gegenüber dem Verkäufer (vor der Übertragung) als auch gegenüber dem Käufer (nach der Übertragung) und sogar gegenüber weiteren Erwerbern ausgeübt werden kann (§§ 2035, 2037). Es besteht also gegenüber dem Erwerber fort. Deshalb spricht man von einer dinglichen Wirkung[19]. Das ist jedoch missverständlich, da das ausgeübte Vorkaufsrecht rein obligatorische Rechtsfolgen auslöst.

Allerdings bietet das Vorkaufsrecht keine absolute Gewähr gegen den Eintritt unerwünschter Fremder in die Erbengemeinschaft. Es gilt nur für den Fall des Verkaufs, nicht bei Schenkung, Vergleich, Sicherungsübertragung, Nießbrauch, Verpfändung. Außerdem wird es nur bedeutsam, wenn die übrigen Miterben finanziell in der Lage sind, es auszuüben.

2. *Vorkaufsfall* 479

Das BGB gewährt das Vorkaufsrecht nur, wenn ein *Miterbe* seinen Anteil an einen *Dritten* – nicht an einen Miterben – *verkauft* (§ 2034 I). Es gelten die Vorschriften über das schuldrechtliche Vorkaufsrecht (§§ 463 ff.), soweit die §§ 2034–2037 keine Sonderregelung treffen. Folgende Voraussetzungen müssen für die Ausübung des Vorkaufsrechts gegeben sein:

a) Ein *Miterbe* (oder dessen Erbe) [20] verkauft seinen Miterbenanteil. Kein Vorkaufsfall liegt also vor, wenn ein *Erwerber* seinen Anteil verkauft[21]. Er ist nicht Miterbe (§ 2034 I), und eine *Entstehung* des Vorkaufsrechts nach § 2034 sieht § 2037 nicht vor.

Diese Vorschrift lässt nur das beim Verkauf durch den Miterben begründete Vorkaufsrecht fortbestehen, falls der Erwerber weiterveräußert. Der Zweck des Vorkaufsrechts (Abwehr unerwünschter Fremder) kann zwar auch beim Verkauf durch den Erwerber zu bejahen sein, wenn z. B. der beschenkte oder erwünschte Ersterwerber an einen unerwünschten anderen verkauft. Wie aber das Vorkaufsrecht selbst keine absolute Schranke gegen das Eindringen Fremder darstellt, so hat das Gesetz auch hier nur einen beschränkten Schutz der Miterben vorgesehen, indem es diesen lediglich das Recht eingeräumt hat, das mit dem Verkauf seitens eines Miterben entstandene Vorkaufsrecht innerhalb der Frist des § 2034 II auch noch gegen spätere Erwerber des Anteils auszuüben. Im **Fall c** ist das Vorkaufsrecht gegenüber F wegen Fristablaufs erloschen (§ 2034 II 1); mit dem Verkauf an X entstand kein neues Vorkaufsrecht.

b) Ein *Dritter* ist Partei des Kaufvertrages. Dritter ist jeder, der nicht Miterbe 480
ist. § 2034 greift also selbst dann ein, wenn ein Erbteilskäufer einen weiteren

19 *Palandt/Edenhofer*, § 2037 Rdnr. 1.
20 Vgl. BGH NJW 1966, 2207.
21 H. M.; *Staudinger/Werner*, § 2034 Rdnr. 6.

Erbanteil aufkauft; denn diese Bestimmung soll auch vor einer Überfremdung des Nachlasses schützen[22].

481 c) Ein *Miterbenanteil* wird *verkauft.*

Ob ein *Verkauf* als Voraussetzung des Vorkaufsrechts vorliegt, muss im Hinblick auf die in den §§ 2034–2037 geschützten Interessen der übrigen Miterben beurteilt werden. Vereinbarungen, die denselben wirtschaftlichen Zweck wie ein Kaufvertrag verfolgen und nur zur Umgehung des Vorkaufsrechts abweichend vom Kauf getroffen werden, begründen ebenfalls ein Eintrittsrecht der übrigen Miterben[23].

Kein Verkauf i.S.d. § 2034 ist die gemischte Schenkung[24], da die vom Gesetz vorausgesetzte Entgeltlichkeit der Verfügung dabei teilweise fehlt. Beim Tausch wird man jedoch ein Eintrittsrecht der Miterben zulassen müssen, wenn diese in der Lage sind, das geschuldete Tauschobjekt zu liefern[25].

Ein Vorkaufsrecht der Miterben entsteht nicht, wenn auf Betreiben eines Miterben der nicht in Natur teilbare Nachlass zum Zwecke der Auseinandersetzung versteigert wird (§§ 2042 II, 753, 1233 ff., §§ 180 f. ZVG). Diese Versteigerung steht zwar einem freihändigen Verkauf gleich; sie erstreckt sich jedoch auf den ganzen unteilbaren Nachlass und nicht auf den Erbanteil des einzelnen Miterben[26].

Der Miterbe muss *freiwillig* verkaufen. Ein »Verkauf« bei der Pfandverwertung, in der Zwangsvollstreckung oder durch den Insolvenzverwalter begründet kein Vorkaufsrecht[27].

Der Verkauf muss *gültig* sein. Ein formungültiger Kaufvertrag begründet also kein Vorkaufsrecht[28].

Bejaht man jedoch eine Heilung des Grundgeschäfts durch wirksame Übertragung des Anteils (Rdnr. 477), so sind die übrigen Miterben gegenüber dem Erwerber zum Vorkauf berechtigt. Die Annahme der Heilung bietet auch für das Vorkaufsrecht eine klare Lösung. Die Gegenmeinung, welche die Heilung ablehnt, lässt damit zugleich das Vorkaufsrecht scheitern. Das ist vertretbar, wenn der Anteil wegen der Nichtigkeit des Kaufs auf den Miterben zurückübertragen wird (§ 812). Mit der Rückübertragung scheidet der unerwünschte Fremde aus der Erbengemeinschaft wieder aus. Damit entfällt der Zweck des Vorkaufsrechts[29].

Bleibt dagegen der Anteil beim Käufer, weil z. B. der Verkäufer trotz Nichtigkeit des Kaufs seinen Herausgabeanspruch nicht geltend macht, so muss den Miterben das Vorkaufsrecht zustehen. Denn der Gesetzeszweck, unerwünschte Käufer aus der Miterbengemeinschaft fern zu halten, darf nicht umgangen werden. Die Bedeutung des Streites um

22 BGHZ 56, 115.
23 BGHZ 23, 301 f.; 25, 174.
24 RGZ 101, 99.
25 **Anders h. M.**; *Erman/Schlüter*, § 2034 Rdnr. 2; MünchKomm/*Heldrich*, § 2034 Rdnr. 7; *Staudinger/Werner*, § 2034 Rdnr. 4.
26 Vgl. BGH LM Nr. 9 zu § 2034 BGB.
27 BGH NJW 1977, 37.
28 BGH DNotZ 1960, 551; BGHZ 14, 1.
29 RGZ 170, 203, 206 f.

die Heilung nichtiger Kaufverträge zeigt sich, wenn der Kaufpreis höher beurkundet wird als tatsächlich vereinbart ist, um die berechtigten Miterben von der Ausübung ihres Vorkaufsrechts abzuhalten[30]. Wird der Erbanteil in Kenntnis des Formmangels dem Dritten übertragen, so besteht gem. § 814 kein Anspruch auf Rückgewähr. Überträgt der Dritte diesen Anteil auf den Miterben zurück, obwohl er weiß, dass er dazu nicht verpflichtet ist, so will die h. M. den vorkaufsberechtigten Miterben den Einwand des Rechtsmissbrauchs zugestehen. Dieser Umweg wird durch die Annahme der Heilung überflüssig.

3. *Berechtigte* 482

Das Vorkaufsrecht steht den übrigen *Miterben* zu (§§ 2034 I, 472). Anteilserwerber haben kein Vorkaufsrecht[31]. Das gilt auch dann, wenn sie Miterben sind[32]; denn das Vorkaufsrecht ist nicht übertragbar (§ 473 Satz 1). Auch einem Miterben, der seinen Erbanteil bereits vorher veräußert hat, steht kein Vorkaufsrecht mehr zu[33]. Das ergibt sich aus dem Zweck des § 2034, die Miterben vor einer Überfremdung des Nachlasses zu schützen. Dieses Schutzes bedarf ein Miterbe nicht, wenn er aus der Erbengemeinschaft ausgeschieden ist. Das Vorkaufsrecht des Miterben wird jedoch mit dem Anteil vererbt (§ 2034 II 2).

Die Miterben können es gemeinschaftlich ausüben. Wenn ein Miterbe es nicht ausübt, sind die übrigen berechtigt (§ 472 Satz 2)[34]. Erklärt ein Miterbe, er übe das Vorkaufsrecht aus, so ist das im Zweifel dahin auszulegen, dass er es *allein* ausübt, wenn andere Miterben nicht ebenfalls fristgemäß die Ausübung erklären[35]. Die erforderlichen Erklärungen brauchen nicht gleichzeitig abgegeben zu werden[36].

4. *Verpflichtete* 483

Die Berechtigten können das Vorkaufsrecht *vor* der Übertragung des Anteils nur gegenüber dem Verkäufer, *nach* der Übertragung nur gegenüber dem Käufer und nach einer weiteren Übertragung durch den Käufer nur gegenüber dem Dritterwerber ausüben (§§ 2035 I, 2037). Verpflichteter des Vorkaufsrechtes ist also der, dem der Anteil jeweils dinglich zugeordnet ist.

Die Berechtigung besteht – einmal entstanden – fort, auch wenn über den Anteil noch mehrfach verfügt wird. Die weiteren Übertragungen nach § 2037 müssen nicht auf Verkäufe zurückgehen. Mit der jeweiligen Übertragung rückt der neue Erwerber in die Stellung des Vorkaufsverpflichteten ein (§§ 2035 I 2, 2037). Damit die Berechtigten wissen, wem der Anteil jeweils zusteht, verpflichtet § 2035 II (vgl. auch § 2037) den Verfügenden, die

30 *Lange/Kuchinke*, § 42 III 2a.
31 BGHZ 56, 115, 118.
32 BGH NJW 1983, 2142, 2143.
33 So auch BGH FamRZ 1993, 420.
34 Vgl. aber BGH WM 1971, 457; NJW 1982, 330.
35 *Kipp/Coing*, § 115 I 3.
36 RGZ 158, 57.

Übertragung den Berechtigten anzuzeigen. Solange diese Anzeige nach § 2035 II fehlt, können die Miterben ihr Recht analog § 407 I wirksam gegenüber dem Verkäufer ausüben.

484 *5. Ausübung*

Zur Geltendmachung des Vorkaufsrechts genügt eine formlose Erklärung der berechtigten Miterben gegenüber dem Verpflichteten (§ 464 I 1). Sie muss innerhalb einer Frist von zwei Monaten abgegeben werden (§ 2034 II 1), die mit dem Zugang der Anzeige des verkaufenden Miterben (§ 469 I) beginnt.

Diese Anzeige hat über den *Inhalt* des Kaufvertrages Aufschluss zu geben, damit der Berechtigte über die Ausübung des Vorkaufsrechts entscheiden kann. Da das Vorkaufsrecht nur einmal entsteht und bei weiteren Übertragungen lediglich die Verpflichteten wechseln, läuft auch die Frist des § 2034 nur einmal. Die Berechtigten müssen sich also nach dem Zugang der Verkaufsanzeige (§ 464) innerhalb von zwei Monaten erklären, auch wenn inzwischen mehrere Veräußerungen des Anteils stattfinden.

485 *6. Wirkung*

Mit der Ausübung des Vorkaufsrechts entsteht ein *Schuldverhältnis* zwischen den vorkaufsberechtigten Miterben und dem Verpflichteten (also dem Verkäufer, dem Käufer oder dem weiteren Erwerber). Es wird kraft Gesetzes begründet[37] und richtet sich nach den Vorschriften über den Kauf (§ 464 II).

Die Berechtigten können danach die Übertragung des Anteils gem. § 2033 I 2 auf sich verlangen[38]. Sie erwerben den Anteil als Gesamthänder im Verhältnis ihrer Anteile. Ein Anspruch auf die Übertragung einzelner Nachlassgrundstücke besteht nicht (vgl. § 2033 II).

Der Verkäufer hat einen Anspruch gegen die Berechtigten auf den im ursprünglichen Kaufvertrag vereinbarten Kaufpreis (§§ 464 II, 433 II). Die Berechtigten haften nach außen als Gesamtschuldner entsprechend § 427, im Innenverhältnis jedoch nach ihren Anteilen.

Wird das Vorkaufsrecht gem. § 2035 I gegenüber dem Käufer oder dem Dritterwerber ausgeübt, sind die Miterben verpflichtet, diesem den entrichteten Kaufpreis als Gesamtschuldner Zug um Zug gegen Übertragung des Erbanteils zu erstatten[39]. Bis dahin steht dem Erwerber ein Zurückbehaltungsrecht zu (**Fall d**). Das wird teilweise mit § 1100 (Zurückbehaltungsrecht des Käufers gegenüber dem Inhaber eines dinglichen Vorkaufsrechts) begründet[40]. Der BGH[41] stützt das Zurückbehaltungsrecht auf § 273. Nach § 464 II liegt es näher, die §§ 433 II, 320 anzuwenden.

37 BGHZ 6, 85.
38 BGH LM Nr. 1 zu § 2034 BGB.
39 BGHZ 6, 85, 88.
40 *Lange/Kuchinke*, § 42 III 3c.
41 BGHZ 15, 102, 106.

Ein Rücktrittsrecht des Erbteilskäufers (**Fall d**) nach § 323 oder analog § 350 wird dagegen überwiegend abgelehnt[42].

7. *Haftung* 486

Der Käufer des Anteils wird von der Haftung gegenüber den Nachlassgläubigern nach den §§ 2382, 2385 mit der Übertragung des Anteils auf die Vorkaufsberechtigten frei (§ 2036 Satz 1). Das gilt aber nur, wenn der Nachlassanteil während der Mitgliedschaft des Käufers in der Erbengemeinschaft nicht durch seine schlechte Verwaltung geschmälert worden ist. Für Ansprüche der Nachlassgläubiger gegen ihn aus den §§ 1978–1980 (Rdnr. 682 ff.) bleibt seine Haftung bestehen (§ 2036 Satz 2). Die Verweisung der Vorschrift auf die §§ 1990, 1991 ist wohl ein Redaktionsversehen[43]; sie hat jedenfalls nach h. M. nur die Bedeutung, dass die Haftung auch dann fortbesteht, wenn Nachlassverwaltung und -insolvenzverfahren wegen Dürftigkeit des Nachlasses unterbleiben[44]. War der Anteil gar nicht auf den Käufer übertragen worden, so entfällt dessen Haftung mit der Ausübung des Vorkaufsrechts.

V. Zusammenfassung 487

Die Miterbengemeinschaft ist eine Gesamthand, auf die das Vermögen des Erblassers als Ganzes übergeht. Durch die Gesamthandsbindung wird der Nachlass zu einem Sondervermögen. Das dient dem Schutz der Nachlassgläubiger und der einzelnen Miterben.

Jeder Miterbe kann zwar über seinen Erbteil, nicht aber über einzelne Nachlassgegenstände oder seinen Anteil daran verfügen. Verkauft ein Miterbe seinen Erbteil an einen Dritten, der nicht Miterbe ist, so haben die übrigen Miterben ein Vorkaufsrecht.

Miterbengemeinschaft als Gesamthandsgemeinschaft

I. Verfügungsmöglichkeiten der Miterben
1. Keine Verfügungen über einzelne Nachlassgegenstände (§§ 2033 II, 2040 I)
2. Verfügung über den Miterbenanteil (§ 2033 I 1)
   a) Arten: Übertragung, Verpfändung, Nießbrauchsbestellung
   b) Form: notarielle Beurkundung (§ 2033 I 2)

42 BGHZ 102, 105; *Erman/Schlüter*, § 2035 Rdnr. 5; MünchKomm/*Heldrich*, § 2035 Rdnr. 6; **a. M.** *Palandt/Edenhofer*, § 2034 Rdnr. 7.
43 *Siber*, Haftung für Nachlassschulden, 133.
44 *Staudinger/Werner*, § 2036 Rdnr. 4; Rdnr. 708 f.

II. Vorkaufsrecht der Miterben (§§ 2034–2037)
1. Vorkaufsfall: Verkauf eines Erbteils durch einen Miterben an einen Dritten (§ 2034 I)
2. Vorkaufsberechtigt: nur Miterben (§§ 2034 I, II 2, 472, 473 Satz 1)
3. Vorkaufsverpflichtet:
   a) Vor Übertragung des Anteils: Anteilsverkäufer (§ 2034 I)
   b) Nach Übertragung des Anteils: Erstkäufer (§ 2035 I) oder weiterer Käufer (§ 2037)
4. Ausübung des Vorkaufsrechts: Formlose Erklärung gegenüber dem Verpflichteten innerhalb von zwei Monaten (§§ 464 I, 2034 II 1)
5. Wirkung: Gesetzliches Schuldverhältnis zwischen vorkaufsberechtigten Miterben und dem Verpflichteten mit Anspruch auf Übertragung des Anteils zu dem im ursprünglichen Kaufvertrag vereinbarten Kaufpreis

488

§ 30 Die Verwaltung des Nachlasses durch die Miterbengemeinschaft

Schrifttum: *Bartholomeyczik*, Die Miterbengemeinschaft, 4. Denkschrift, 1940, 188; *ders.*, Das Aktienpaket der Miterbengemeinschaft, Festschrift f. Heinr. Lange, 1970, 343; *ders.*, Willensbildung, Willensverwirklichung und das Gesamthandsprinzip in der Miterbengemeinschaft, Festschrift f. Reinhardt, 1972, 13; *Eberl-Borges*, Verfügungsgeschäfte der Erbengemeinschaft im Rahmen der Nachlassverwaltung, NJW 2006, 1313; *Fischer*, Fortführung eines Handelsgeschäfts durch eine Erbengemeinschaft?, ZHR 1980, 1; *Henrich*, Die Verwaltung des Nachlasses durch eine Miterbengemeinschaft, JA 1971, 621; *Jülicher*, Mehrheitsgrundsatz und Minderheitenschutz bei der Erbengemeinschaft, AcP 175, 143; *Kapp/Ebeling/Grune*, Handbuch der Erbengemeinschaft und Erbauseinandersetzung im Zivil- und Steuerrecht (Loseblattausgabe), 5. Aufl., 1996; *Herm. Lange*, Verwaltung, Verfügung und Auseinandersetzung bei der Erbengemeinschaft, JuS 1967, 453; *Muscheler*, Der Mehrheitsbeschluss in der Erbengemeinschaft, ZEV 1997, 169, 222; *Schmidt-Kessel*, Erbrecht in der Rechtsprechung des Bundesgerichtshofes 1985 bis 1987, WM 1988, Sonderbeil. 8, 5; *Steiner*, Nutzung von Nachlassgegenständen durch Miterben, ZEV 2004, 405; *Werkmüller*, Die Mitwirkungsbefugnisse der Bruchteilsminderheit bei Beschlussfassungen in der ungeteilten Erbengemeinschaft, ZEV 1999, 218; *Wernecke*, Die Aufwendungs- und Schadensersatzansprüche bei der Notgeschäftsführung des Miterben – eine Zusammenschau, AcP 193, 240; *Wieser*, Ersatzleistung an Miterben bei Sachschäden, Festschrift f. Heinr. Lange, 1970, 325.

Fälle:

a) Ist die Verarbeitung von Rohmaterial in einem Betrieb, der zum Nachlass gehört, als ordnungsgemäße Verwaltung (§ 2038 I) anzusehen? **(Rdnr. 492)**

b) Ist der mit Stimmenmehrheit gefasste Beschluss einer Erbengemeinschaft über den Aufbau eines zum Nachlass gehörenden zerstörten Hauses wirksam gegenüber den ablehnenden Miterben? **(Rdnr. 492)**

c) Drei von vier Miterben überlassen dem Vierten längere Zeit die Führung des gemeinsam ererbten Unternehmens. Kann dieser von seinen Miterben Aufwendungsersatz verlangen, wenn er eigene Mittel für den Ankauf des erforderlichen Produktionsmaterials einsetzt? **(Rdnr. 498)**

d) Ein Miterbe entdeckt an dem zum Nachlass gehörenden Haus Schwamm. Da er die übrigen Miterben nicht erreichen kann, will er sofort ohne deren Zustimmung die erforderlichen Renovierungsarbeiten vornehmen lassen. **(Rdnr. 494)**

e) Muss ein Miterbe den Tierarzt holen, wenn er an dem zum Nachlass gehörenden Rennpferd Anzeichen einer Seuchenerkrankung feststellt? **(Rdnr. 496)**

f) Drei von vier Miterben veräußern ein Auto aus dem Nachlass. Wird die Veräußerung durch die Genehmigung des vierten wirksam? **(Rdnr. 506)**

I. Grundlinien

Für die Erbengemeinschaft hat das Gesetz – anders als im Gesellschaftsrecht (§§ 709, 714; §§ 109 ff., 123 ff. HGB) – keine klare Unterscheidung zwischen Geschäftsführung (Innenverhältnis) und Vertretung (Außenverhältnis) getroffen. Es regelt stattdessen die Verwaltung in § 2038, die Verfügungsmacht in § 2040 und die Befugnis, Nachlassansprüche geltend zu machen, in § 2039.

Diese Vorschriften behandeln die Geschäftsführung der Gesamthand nicht getrennt von ihrer Vertretung. Sie regeln vielmehr nur eine verschieden starke Beteiligung der Miterben bei der Willensbildung: Jeder Miterbe allein kann Nachlassansprüche für die Gesamthand geltend machen (§ 2039 Satz 2). Die *Verwaltung* steht zwar den Miterben *grundsätzlich gemeinschaftlich* zu (§ 2038 I 1). Über die ordnungsgemäße Verwaltung entscheidet jedoch die Stimmenmehrheit der Miterben (§§ 2038 II 1, 745). Verfügungen bedürfen dagegen nach § 2040 I der Mitwirkung aller Miterben (Ausnahme: Verfügung als Maßnahme der Notverwaltung nach § 2038 I 2, 2. Halbs.; Rdnr. 494 ff.). Das Gesetz schützt damit den einzelnen Miterben weitgehend gegen Verfügungen über Nachlassgegenstände. Zugleich schützt es die Mehrheit der Miterben gegen den Eigensinn einzelner: Jeder Miterbe ist verpflichtet, bei der ordnungsgemäßen Verwaltung des Nachlasses mitzuwirken (§ 2038 I 2).

Ausnahmsweise greift § 2038 nicht ein, **489**

- wenn die Verwaltung einem Testamentsvollstrecker (§ 2205; Rdnr. 393), Nachlassverwalter (§ 1984; Rdnr. 689) oder Insolvenzverwalter (§ 80 I InsO; Rdnr. 689) zusteht;
- wenn der Erblasser einem der Miterben besondere Verwaltungsbefugnisse überträgt, ohne ihn zum Testamentsvollstrecker zu bestellen[45];

45 Vgl. RG HRR 1929, 500 und RGRK/*Kregel*, § 2038 Rdnr. 2.

- wenn die Miterben gem. den §§ 2038 II, 745 eine abweichende Regelung getroffen haben. Sie können etwa einen Erbschaftsverwalter mit der Vertretungsmacht bestellen, was nicht selten stillschweigend geschieht, indem einem Miterben die ganze Verwaltung überlassen wird.

490 II. Begriff der Verwaltung

Das Gesetz selbst sagt nicht, was es unter »Verwaltung des Nachlasses« (§ 2038 I 1) versteht. Es spricht daneben noch von der »ordnungsgemäßen Verwaltung« und von den »zur Erhaltung notwendigen Maßregeln« (§ 2038 I 2).

Der allgemeine Begriff »Verwaltung des Nachlasses« findet sich auch in § 1978. Nach den Motiven[46] ist damit die »gesamte tatsächliche und rechtliche Verfügung über das verwaltete Gut« gemeint. Mit der h. M. ist die Verwaltung nach § 2038 I 1 im gleichen umfassenden Sinne zu verstehen[47]. Der Begriff umfasst also alle Handlungen, die von den Miterben mit Wirkung für den Nachlass zu dessen Erhaltung, Nutzung oder Mehrung vorgenommen werden. Gleichgültig ist, ob die Maßnahmen nur im Innenverhältnis oder auch nach außen wirken. Verwaltung kann daher sowohl Geschäftsführung als auch Vertretung sein.

Wegen dieser schillernden Bedeutung des Verwaltungsbegriffes erscheint eine nach Innen- und Außenverhältnis getrennte Darstellung zweckmäßig. Diese ist verständlicher, wenn zuvor das Verhältnis zwischen der Geschäftsführungsbefugnis und der Vertretungsbefugnis in der Miterbengemeinschaft nach dem BGB umrissen wird. Während im Gesellschaftsrecht zur Erhöhung der Verkehrsfähigkeit die Vertretungsbefugnis mindestens gleich, oft aber umfassender ist als die Geschäftsführungsbefugnis, gilt in der Erbengemeinschaft der Grundsatz, dass die Vertretungsbefugnis nie die Geschäftsführungsbefugnis übersteigt. Die Innenbindung der Erbengemeinschaft ist also auf Kosten der Verkehrsfähigkeit zum Schutz der Gläubiger und der einzelnen Miterben (vor allem bei Verfügungen) betont worden[48].

491 III. Innenverhältnis

1. Bereiche der Verwaltung

Für das Innenverhältnis sind drei Bereiche der Verwaltung zu unterscheiden:
- Maßregeln, die nur gemeinschaftlich getroffen werden dürfen;
- Maßregeln, die von der Mehrheit getroffen werden dürfen;
- Maßregeln, die jeder Miterbe allein treffen darf.

46 Mot. V, 627.
47 MünchKomm/*Heldrich*, § 2038 Rdnr. 14.
48 Vgl. *Bartholomeyczik*, 4. Denkschrift, 190 f.

§ 2038 I 1 stellt für das Verhältnis unter den Miterben den *Grundsatz der gemeinschaftlichen Verwaltung* auf. Dieser ist jedoch in mehrfacher Hinsicht durchbrochen.

Über die *ordnungsgemäße* Verwaltung entscheidet die Stimmenmehrheit der Miterben (§§ 2038 II 1, 745). Der einzelne Miterbe ist zur Mitwirkung bei der ordnungsgemäßen Verwaltung verpflichtet (§ 2038 I 2, 1. Halbs.).

Notwendige Erhaltungsmaßregeln kann jeder Miterbe allein treffen (§ 2038 I 2, 2. Halbs.).

a) Gemeinschaftliche und Mehrheitsverwaltung **492**

(1) Der Grundsatz der *Gemeinschaftlichkeit* gilt nur für die *nicht ordnungsgemäße Verwaltung* (vgl. § 2038 I). Was ordnungsgemäße Verwaltung ist, richtet sich nach § 745: Sie muss der Beschaffenheit des Gegenstandes und dem Interesse aller Miterben nach billigem Ermessen entsprechen. Wesentliche Veränderungen des Nachlasses gehören nicht zur ordnungsgemäßen Verwaltung. Die Abgrenzung ist wichtig, weil davon die Willensbildung (Einstimmigkeitserfordernis oder Mehrheitsentscheid) abhängt.

Die Anlehnung an das Gemeinschaftsrecht (§§ 2038 II 1, 745) führt zu Schwierigkeiten, weil bei der Bruchteilsgemeinschaft im Gegensatz zur Erbengemeinschaft regelmäßig nur ein einzelner Gegenstand gemeinschaftlich ist. Die Verweisung des § 2038 II 1 auf § 745 betrifft jedoch den Nachlass als ein Ganzes. § 745 geht von *einem* gemeinschaftlichen Gegenstand aus. Dem entspricht bei der Erbengemeinschaft der gesamte Nachlass, nicht der einzelne Nachlassgegenstand. Man muss daher den Gegenstand des § 745 im Sinne des gesamten Nachlasses verstehen[49]. Einzelne Nachlassgegenstände können also im Rahmen ordnungsgemäßer Verwaltung durchaus umgestaltet, verarbeitet und veräußert werden, wenn nur der Nachlass als Ganzes nicht wesentlich verändert wird.

So kann im **Fall a** die weitere Verarbeitung halb fertiger Produkte eines zum Nachlass gehörenden Unternehmens ordnungsgemäße Verwaltung sein, auch wenn dabei etwa aus Roheisen Werkzeuge oder aus Mehl Brote werden[50]. Die Gegenmeinung führt zu einer unerträglichen Behinderung der Verwaltung. Ein einziger Quertreiber kann nach ihr die Vornahme alltäglicher Verwaltungsmaßnahmen vereiteln. Die Einstimmigkeit bei der Verwaltung ist nach ihrem Schutzzweck jedoch nur dann erforderlich, wenn durch die geplante Maßnahme eine wesentliche Veränderung des *gesamten* Nachlasses erreicht wird.

Außerhalb einer ordnungsgemäßen Verwaltung würde etwa die Entscheidung liegen, aus einer Bäckerei, die den wesentlichen Teil des Nachlasses bildet, eine Brathendl-Station zu machen. Aber auch das ist eine Frage der Zusammensetzung des Nachlasses. Gehört zum Nachlass ein Nahrungsmittelgroßbetrieb mit vielen Filialen, so kann die Umstellung eines Zweigbetriebes auf einen neuen Zweck ebenfalls ordnungsgemäße Verwaltung sein.

49 BGH NJW 2006, 439.

50 Wie hier *Lange/Kuchinke*, § 43 I 3d; **a. A.** *Schlüter*, Rdnr. 672; *Staudinger/Werner*, § 2038 Rdnr. 13.

Der Wiederaufbau eines zerstörten Hauses (**Fall b**) ist in der Regel keine Maßregel der ordnungsgemäßen Verwaltung[51].

493 (2) Eine *Mehrheitsentscheidung* der Miterben reicht bei Maßnahmen der *ordnungsgemäßen Verwaltung* aus (vgl. § 2038 I 2, II 1, § 745 I 1). Das Stimmrecht der Miterben richtet sich nach der Größe ihrer Anteile (§ 745 I 2).

Maßgebend ist der durch Erbfall oder Übertragung begründete feste Erbanteil, nicht etwa das jeweilige rechnerische Guthaben. Der Minderheitenschutz der unterliegenden Miterben besteht in ihrem Recht, die Auseinandersetzung zu verlangen (§ 2042; Rdnr. 513). Hat die Gesamthand gegen einen Miterben Forderungen in solcher Höhe, dass dieser bei der Auseinandersetzung nichts mehr zu erwarten hat, so kann die Ausübung des Stimmrechts durch diesen Miterben gegen die Interessen der übrigen Miterben Rechtsmissbrauch sein.

Jeder Miterbe ist den anderen gegenüber *verpflichtet*, zu den erforderlichen Maßregeln der ordnungsgemäßen Verwaltung *mitzuwirken* (§ 2038 I 2). Die Mitwirkungspflicht gilt sowohl für die Willensbildung als auch für die Ausführung der beschlossenen Maßnahmen.

Inhalt und Umfang der Mitwirkungspflicht sind zwar grundsätzlich für alle Miterben gleich, werden aber oft nach den Umständen des Einzelfalles von den Miterben, nicht selten stillschweigend, speziell vereinbart. Das trifft etwa zu, wenn ein Sohn für die Erbengemeinschaft das Unternehmen des verstorbenen Vaters fortführt. Der einzelne Miterbe kann sich zur Erfüllung seiner Mitwirkungspflicht eines Gehilfen bedienen, dem er, soweit Rechtsgeschäfte vorzunehmen sind, Vollmacht erteilen muss.

Die Mitwirkung kann klageweise erzwungen werden. Soweit nur Zustimmung zu einer Maßregel verlangt wird, gilt sie mit dem rechtskräftigen Urteil als erteilt (§ 894 ZPO). Andernfalls richtet sich die Vollstreckung danach, ob es sich bei der verlangten Mitwirkung um vertretbare (Ersatzvornahme, § 887 ZPO) oder unvertretbare Handlungen (Zwangsgeld oder Zwangshaft, § 888 ZPO) handelt[52].

Zu (1) und (2): Das *Verfahren der Stimmabgabe* ist nach der jeweiligen Zusammensetzung der Erbengemeinschaft zu beurteilen. Die §§ 32 ff. sind nur mit Einschränkungen anwendbar, da sie eine körperschaftliche Organisation voraussetzen, die bei der Erbengemeinschaft fehlt. Deshalb wird man etwa eine Stimmabgabe unter Abwesenden (z. B. Telefon, Brief) zulassen können.

Bei einem *Interessenwiderstreit*, jedenfalls in den Fällen des § 34, hat der betroffene Miterbe kein Stimmrecht. Das gilt z. B., wenn über die Einziehung einer Forderung beschlossen wird, deren Schuldner er ist[53].

An einen wirksamen Beschluss ist auch ein Rechtsnachfolger des Miterben gebunden (§ 746).

51 BGH LM Nr. 4 zu § 2038 BGB.

52 Einzelheiten dazu ZVR Rdnr. 1064 ff.

53 Vgl. BGHZ 56, 47, 52 f.

b) Notverwaltung 494

Nach § 2038 I 2, 2. Halbs. kann jeder Miterbe die zur Erhaltung des Nachlasses notwendigen Maßregeln allein treffen.

(1) Die Notwendigkeit einer Erhaltungsmaßnahme gibt dem Einzelnen ein Alleinentscheidungsrecht. Dieses ist in der Gesamthandsstruktur der Miterbengemeinschaft ein Fremdkörper, der die Gesamthandsbindung zerstören kann. Die Notverwaltungsbefugnis des Einzelnen ist daher grundsätzlich eng auszulegen und nur für *notwendige*, nicht für *nützliche* Maßnahmen zu bejahen.

(2) Das Alleinhandeln ist bei bedeutsamen Maßnahmen regelmäßig nur zulässig, wenn der Handelnde die Zustimmung seiner Miterben vorher nicht mehr einholen kann. Zur *Notwendigkeit* muss also die *Dringlichkeit* der Maßnahme kommen (zu **Fall d**)[54]. Etwas anderes kann für kleinere Maßregeln gelten, die den Wert des Nachlasses nicht wesentlich berühren.

Verweigern die übrigen Miterben zu einer notwendigen, jedoch nicht dringlichen Erhaltungsmaßnahme die Zustimmung, so scheidet eine Notverwaltung aus. Es handelt sich dann um eine Frage der ordnungsgemäßen Verwaltung nach § 2038 I 2, 1. Halbs., II 1 i.V.m. § 745. Ein Meinungsstreit unter den Miterben über die Notwendigkeit einer Maßregel soll nur durch den Alleinentscheid eines Einzelnen entschieden werden, wenn die fragliche Maßnahme im Interesse der Nachlasserhaltung *keinen Aufschub duldet*. Die regelmäßige Mehrheitsverwaltung hat den Vorrang vor der Notverwaltung des Einzelnen[55].

Dasselbe gilt erst recht, wenn die Miterbenmehrheit wirksam beschlossen hat, einen bestimmten Nachlassgegenstand nicht zu erhalten. Der einzelne Miterbe ist daran gebunden. Das Notverwaltungsrecht besteht nur, wenn die sonstige Verwaltungsregelung zum Schaden des Nachlasses versagen würde. Es darf nicht dazu dienen, die ordnungsgemäße Verwaltung der Mehrheit zu durchkreuzen.

(3) Als Notverwaltung kommen nur solche Maßnahmen in Betracht, die 495
zugleich zur *ordnungsgemäßen Verwaltung* gehören.

Ob das der Fall ist, muss nach den jeweiligen Umständen entschieden werden. Maßgebende Gesichtspunkte sind etwa die allgemeine Wirtschaftslage und die Frage, ob die erforderlichen Aufwendungen aus Nachlassmitteln bestritten werden können.

Welche Maßregeln unter § 2038 I 2, 2. Halbs. fallen, ist vom objektiven Standpunkt eines vernünftig und wirtschaftlich denkenden Beurteilers aus zu entscheiden[56].

(4) Die Vorschrift berechtigt den Handelnden, im Innenverhältnis alle Maßregeln der Notverwaltung zu treffen. Dazu können rein tatsächliche Handlungen, Verpflichtungs- und Verfügungsgeschäfte gehören[57].

54 BGHZ 6, 76, 83; *Erman/Schlüter*, § 2038 Rdnr. 6; *Lange/Kuchinke*, § 43 II 4; MünchKomm/*Heldrich*, § 2038 Rdnr. 56.
55 BGHZ 6, 76, 84.
56 Vgl. BGHZ 6, 76.
57 MünchKomm/*Heldrich*, § 2038 Rdnr. 55; *Soergel/Wolf*, § 2038 Rdnr. 4 f.

496 (5) Dem Notverwaltungsrecht entspricht auf Grund des gesetzlichen Schuldverhältnisses, das unter den Miterben besteht, eine *Notverwaltungspflicht* des einzelnen Miterben.

Das Bestehen und der Inhalt dieser Verpflichtung sind nach den Umständen des Einzelfalles zu beurteilen. Im **Fall e** ist der Miterbe gegenüber den anderen berechtigt und *verpflichtet*, unverzüglich einen Tierarzt zu rufen. Verletzt er schuldhaft diese Pflicht, macht er sich schadensersatzpflichtig.

497 *2. Auskunftspflicht*

Die Gesamthand ist ein gesetzliches Schuldverhältnis der Miterben untereinander, das wie jedes andere Rechtsverhältnis unter dem Grundsatz von Treu und Glauben steht. Daraus kann sich im Einzelfall jedenfalls dann eine Auskunftspflicht unter den Miterben ergeben, wenn sie aus den §§ 2027 f., 2057 oder 666, 681 herzuleiten ist[58]. Auch die Pflicht, ein Nachlassverzeichnis oder Inventar zu errichten oder dabei mitzuwirken, kann im Einzelfall aus § 2038 I 1 oder aus dem allgemeinen Pflichtenverhältnis unter den Miterben folgen[59].

498 *3. Aufwendungsersatz*

a) Soweit einzelne Miterben bei Maßregeln der ordnungsgemäßen (Mehrheits-) Verwaltung tätig werden, wozu sie durch Mehrheitsbeschluss beauftragt sind, haben sie als Beauftragte (§ 670) einen Ersatzanspruch wegen ihrer Aufwendungen gegen die Miterben (vgl. auch § 669). Dabei ist jedoch der Anteil abzuziehen, den der Handelnde selbst zu tragen hat (§§ 2038 II 1, 748).

Ob ein Auftrag der Miterbenmehrheit vorliegt, ist nach den Umständen des Einzelfalles zu entscheiden. Übernimmt ein Miterbe mit Wissen der anderen die Verwaltungsgeschäfte, so wird man ihr Einverständnis vermuten können, solange sie ihm ohne Widerspruch die Sorge für den Nachlass überlassen (zu **Fall c**).

Fehlt ein Mehrheitsbeschluss, so kann der Miterbe auch nach der Aufwendung einen Ersatzanspruch aus Auftrag geltend machen, wenn er die Zustimmung der Mehrheit zu seiner Maßnahme erhält. Kommt ein Mehrheitsbeschluss nicht zustande, so kann er nur wie ein Geschäftsführer ohne Auftrag den Ersatz seiner Aufwendungen verlangen (§§ 683 f.).

b) Hat ein Miterbe eine Maßnahme der Notverwaltung getroffen, so kann er wie ein Beauftragter Ersatz seiner Aufwendungen abzüglich des von ihm zu

58 Vgl. *Erman/Schlüter*, § 2038 Rdnr. 10; *Speckmann*, NJW 1973, 1869; **a. A.** BGH JR 1990, 16.

59 So *Lange/Kuchinke*, § 45 II 7c; MünchKomm/*Heldrich*, § 2038 Rdnr. 49; *Palandt/Edenhofer*, § 2038 Rdnr. 14; **a. A.** RGZ 81, 30.

tragenden Anteils an der Verwaltungslast verlangen (§§ 2038 I 2, 2. Halbs., II 1, 748).

4. Gebrauch 499

Nach den §§ 2038 II 1, 743 II ist jeder Miterbe zum Gebrauch der Nachlassgegenstände insoweit befugt, als der Mitgebrauch der anderen nicht beeinträchtigt wird. Die Regelung besagt nur, dass allen Miterben ein Anspruch auf Mitgebrauch der Nachlassgegenstände zusteht. Der konkrete Gebrauch verlangt regelmäßig eine Vereinbarung der Miterben; sie ist als Teil der ordnungsgemäßen Verwaltung anzusehen und kann notfalls durch Mehrheitsbeschluss (§§ 2038 II 1, 745 I 1) ersetzt werden. Hat ein Miterbe bei der Auseinandersetzung nichts mehr zu erwarten, so ist zu prüfen, ob seine Forderung auf Mitgebrauch rechtsmissbräuchlich ist.

5. Früchte 500

Jeder Miterbe hat Anspruch auf einen seinem Erbteil entsprechenden Anteil der Früchte. Die Teilung der Früchte ist jedoch bis zur Auseinandersetzung aufgeschoben, wenn diese nicht (etwa durch Testament) länger als ein Jahr ausgeschlossen ist. Trifft Letzteres zu, so kann jeder Miterbe jeweils am Jahresschluss die Teilung des Reinertrages verlangen (§§ 2038 II 1, 743 I).

Hat ein Miterbe wegen seiner Ausgleichungspflichten bei der Auseinandersetzung nichts mehr zu erwarten, so ist sein Begehren, bei der Teilung des Reinertrages beteiligt zu werden, rechtsmissbräuchlich.

6. Lasten 501

Für die Verteilung der Lasten des Nachlasses unter den Miterben verweist § 2038 II 1 auf § 748. Die Lasten sind also nach dem Verhältnis der Erbanteile aufzuteilen.

a) Die Pflicht zur anteiligen Tragung der Lasten des Nachlasses entsteht mit dem Zeitpunkt, in dem die Lasten und Kosten entstehen. Hat also ein Miterbe bei der ordnungsgemäßen Verwaltung oder bei der Notverwaltung über seinen pflichtgemäßen Anteil hinaus Aufwendungen für den Nachlass gemacht, so kann er diese sofort ersetzt verlangen.

Nach ganz h. M. ist diese Pflicht auf die im Nachlass vorhandenen Mittel beschränkt. Eine Vorschusspflicht der Miterben aus privaten Mitteln wird allgemein abgelehnt[60]. Damit wird der einzelne Miterbe vor unerwünschten Belastungen des Eigenvermögens geschützt. Die Ablehnung einer Vorschusspflicht kann allerdings dazu führen, dass die ordnungsmäßige Verwaltung eines Nachlasses erheblich erschwert ist, wenn dieser zwar hochwertige Sachgüter, aber kein Geld enthält[61].

60 *Erman/Schlüter*, § 2038 Rdnr. 9; MünchKomm/*Heldrich*, § 2038 Rdnr. 66; RGRK/*Kregel*, § 2038 Rdnr. 10; *Staudinger/Werner*, § 2038 Rdnr. 42.

61 Die aus diesem Grund bis zur 21. Aufl. vertretene Bejahung einer Vorschusspflicht hat sich allerdings trotzdem nicht durchgesetzt.

Die Lasten und Kosten müssen regelmäßig sofort gedeckt werden. Sie sind zunächst aus den Früchten und sodann aus flüssigen Mitteln des Nachlasses zu bestreiten. Selbstverständlich können die Miterben eine andere Weise der Lastentragung z. B. in Form von freiwilligen Vorschüssen vereinbaren.

b) Hat ein Miterbe im Hinblick auf seine anrechnungspflichtigen Vorempfänge bei der Auseinandersetzung nichts mehr zu erwarten, so kann das Verlangen der übrigen, er solle sich an solchen Lasten beteiligen, die sich gerade aus der Fortdauer der Erbengemeinschaft ergeben, rechtsmissbräuchlich sein.

502 *7. Geltendmachung von Ansprüchen*

Eine Regelung des Innenverhältnisses enthält auch § 2039 Satz 2. Hier decken sich Geschäftsführungs- und Vertretungsmacht des einzelnen Miterben. Da der Schwerpunkt in der Außenwirkung liegt, wird auf die Behandlung dort verwiesen (Rdnr. 508 ff.).

503 IV. Außenverhältnis

Die Erbengemeinschaft handelt mangels Rechtsfähigkeit (Rdnr. 469) nicht als solche, sondern durch die Miterben. Sie kann auch mangels Parteifähigkeit nicht selbst klagen oder verklagt werden[62].

1. Vertretungsmacht

Das rechtswirksame Handeln der Miterben für den Nachlass setzt eine gesetzliche oder rechtsgeschäftliche Vertretungsmacht der Handelnden voraus. Der Gesamthand entspricht bei strenger Durchführung nur ein gemeinsames Handeln aller Miterben. Das Gesetz enthält jedoch hiervon abweichende spezielle Vorschriften in den §§ 2038–2041. Im Übrigen gelten die Bestimmungen des Allgemeinen Teils des BGB.

504 *2. Verpflichtungsgeschäfte*

Für Verpflichtungsgeschäfte ist die Vertretung der Erbengemeinschaft nicht besonders geregelt. Es gelten daher – entsprechend den drei Möglichkeiten der Geschäftsführung – drei verschiedene Vertretungsweisen:

a) Grundsätzlich sieht das Gesetz eine Verpflichtung des Nachlasses durch das mitwirkende Handeln *aller Miterben* vor (§ 2038 I 1). Ohne das Erfordernis gleichzeitiger Erklärungen oder eines einheitlichen Rechtsaktes müssen sich die Willenserklärungen der einzelnen Miterben – die oft als Genehmigungen abgegeben werden – zu einem einheitlichen Verpflichtungsgeschäft aller zusammen-

62 BGH NJW 2006, 3715 f.

fügen. Soweit die Miterben erkennbar nur für den Nachlass handeln, werden sie nur mit dem Sondervermögen, nicht mit dem sonstigen Vermögen verpflichtet; insofern ist eine vertragliche Haftungsbeschränkung anzunehmen[63].

b) Das Eingehen von Verpflichtungen im Rahmen der *ordnungsgemäßen Verwaltung* kann im Innenverhältnis mit *Stimmenmehrheit* beschlossen werden (§§ 2038 II 1, 745). Die Frage, ob dieser Akt der internen Willensbildung zugleich der Mehrheit die Vertretungsmacht für das beschlossene Verpflichtungsgeschäft verleiht, ist im Interesse einer verkehrsnotwendigen Handlungsfähigkeit und im Hinblick auf § 2038 I 2, 1. Halbs. zu bejahen[64]. 505

Wenn die Miterben verpflichtet sind, sich bei Verpflichtungsgeschäften der ordnungsgemäßen Verwaltung dem Beschluss der Mehrheit zu fügen und bei ihrer Ausführung mitzuwirken, bestehen keine Bedenken, in der Beschlussfassung zugleich eine Bevollmächtigung der Mehrheit oder einzelner Miterben zum Geschäftsabschluss zu sehen. Das folgt aus § 745, da auch die rechtsgeschäftliche Vertretung bei Verpflichtungsgeschäften einen Teil der ordnungsgemäßen Verwaltung bildet[65].

Die *Haftung der Handelnden* (des einzelnen oder mehrerer Miterben) aus den Verpflichtungsgeschäften für den Nachlass richtet sich nach den allgemeinen Vorschriften (§§ 164, 179). Berufen sie sich darauf, erkennbar nur für den Nachlass gehandelt zu haben, trifft sie dafür die Beweislast.

Im Übrigen haften die Erben mit dem Nachlass für ersatzpflichtige Handlungen der Miterben bei der Wahrnehmung der Verwaltung nur nach den allgemeinen Vorschriften (§§ 278, 831). Da eine körperschaftliche Verfassung fehlt, ist § 31 nicht anwendbar.

c) Dem *einzelnen Miterben* verleiht § 2038 I 2, 2. Halbs. eine *gesetzliche Vertretungsmacht* für *Notverpflichtungsgeschäfte*[66].

3. *Verfügungsgeschäfte* 506

a) Die Verfügung über einen Nachlassgegenstand erfordert nach § 2040 I das *Zusammenwirken aller Miterben*. Dadurch sollen die Miterben und die Nachlassgläubiger vor einer Entwertung des Nachlasses geschützt werden. Als Verfügung wird dabei jede unmittelbare Einwirkung (Übertragung, Belastung, Änderung, Aufhebung) auf ein bestehendes Recht verstanden. Verfügungen sind

63 Vgl. BGH BB 1968, 769, 770.
64 BGHZ 56, 47; **a. A.** *Jülicher*, AcP 175 (1975), 143, 147 ff.
65 H. M.; MünchKomm/*Heldrich*, § 2038 Rdnr. 51 m. N.
66 H. M.; *Soergel/Wolf*, § 2038 Rdnr. 12; zu den Voraussetzungen der Notverwaltung vgl. BGHZ 6, 76, 83 und Rdnr. 494 ff.

also z. B. auch Kündigung[67], Anfechtung, Widerruf, Aufrechnung, Annahme als Erfüllung oder Verzicht.

b) Das Handeln der Erbengemeinschaft wird durch die Notwendigkeit des Zusammenwirkens aller Miterben bei Verfügungen sehr *schwerfällig*.

Allerdings ist auch hier nicht ein zeitlich gemeinschaftliches Handeln aller oder gar eine einheitliche Erklärung erforderlich. Die Erklärungen der Einzelnen müssen nur ein einheitliches Verfügungsgeschäft ergeben. Verfügen also Miterben über einen Nachlassgegenstand, ohne zu wissen, dass zur Erbengemeinschaft noch andere Miterben gehören, so wird die Verfügung durch die Genehmigung der anderen wirksam (zu **Fall f**)[68].

Hinsichtlich der Vertretung und der Genehmigung des Handelns Nichtberechtigter gelten die allgemeinen Vorschriften (§§ 164 ff., 182 ff.). Die Ausübung von Gestaltungsrechten durch einen Teil der Miterben kann zur Unsicherheit des Erklärungsempfängers über die Wirksamkeit der Erklärung führen. Er hat daher das Recht, eine einseitige Verfügung zurückzuweisen, wenn sie nicht von allen Miterben gemeinsam erklärt oder die Einwilligung der Abwesenden schriftlich vorgelegt wird (§§ 180, 182 III, 111 Satz 2[69]).

507 c) *Verfügungen* über Nachlassgegenstände werden häufig zur *ordnungsgemäßen Verwaltung* des Nachlasses erforderlich sein, können also im Innenverhältnis mit Stimmenmehrheit beschlossen werden. Zum Vollzug dieses Beschlusses ist gleichwohl – anders als bei den Verpflichtungsgeschäften – vor allem im Interesse der Rechtssicherheit grundsätzlich die *Mitwirkung aller Miterben* beim Abschluss des Verfügungsgeschäftes erforderlich. § 2040 I geht als Spezialnorm dem § 2038 vor[70]. Ausnahmsweise reicht Stimmenmehrheit aus, wenn durch die Verfügung zur ordnungsmäßigen Nachlassverwaltung die auf den Erhalt des Nachlassbestandes gerichteten Interessen der anderen Miterben nicht beeinträchtigt werden[71].

d) Für Notverfügungen gilt § 2038 I 2, 2. Halbs.[72] (zu den Voraussetzungen siehe Rdnr. 494 ff.). Die Vorschrift gibt dem einzelnen Miterben eine gesetzliche Vertretungsmacht für solche Geschäfte, auch für Verfügungen, die zur Erhaltung des Nachlasses notwendig sind.

67 BGH NJW 2007, 150, 151 (unter Aufgabe der entgegengesetzten Ansicht von BGH NJW 1952, 111); MünchKomm/*Heldrich*, § 2040 Rdnr. 8; *Palandt/Edenhofer*, § 2038 Rdnr. 7 und § 2040 Rdnr. 2; *Soergel/Wolf*, § 2040 Rdnr. 3.

68 Vgl. BGHZ 19, 138.

69 RGZ 146, 314.

70 Wie hier: BGH NJW 2007, 150, 151 f.; BGHZ 56, 47, 50; *Erman/Schlüter*, § 2040 Rdnr. 3; *Lange/Kuchinke*, § 43 III 6c m.w.N.; *v. Lübtow*, 806; MünchKomm/*Heldrich*, § 2038 Rdnr. 53; *Palandt/Edenhofer*, § 2040 Rdnr. 4; **a. A.** *Kipp/Coing*, § 114 IV 2c; *Lipp*, Examens-Repetitorium Erbrecht, Rdnr. 523; *Soergel/Wolf*, § 2038 Rdnr. 5; *Wieser*, Festschrift f. Heinr. Lange, 1970, 325, 334.

71 BGH NJW 2007, 150, 151 f.

72 H. M.; *Erman/Schlüter*, § 2040 Rdnr. 6; *Palandt/Edenhofer*, § 2038 Rdnr. 13.

e) Keine Verfügungsgeschäfte über Nachlassgegenstände sind die *Erwerbsgeschäfte der Miterben* für den Nachlass. Hier wird zwar verfügt, aber nicht über Nachlassgegenstände. Nach § 2041 gehört der erworbene Gegenstand zum Nachlass, wenn sich das Erwerbsgeschäft auf den Nachlass bezieht (Rdnr. 608).

4. *Geltendmachung von Nachlassansprüchen* 508

Jeder Miterbe allein ist berechtigt, Nachlassansprüche geltend zu machen. Er kann allerdings nach § 2039 nur die Leistung an alle Miterben, die Hinterlegung für alle Miterben oder die Ablieferung an einen gerichtlich bestellten Verwahrer verlangen. Diese Vorschrift enthält eine *gesetzliche Ermächtigung* des einzelnen Miterben zur Wahrnehmung aller Rechte, die zur Geltendmachung des Anspruchs erforderlich sind.

Das bedeutet eine Einschränkung der §§ 2038, 2040, soweit diese Vorschriften Verwaltungs- und Verfügungsgeschäfte an die Mitwirkung aller oder der Mehrheit der Miterben binden. Diese Bindungen gelten nicht, soweit es nur um die Geltendmachung von Ansprüchen geht.

a) Als Anspruch, den jeder Miterbe geltend machen kann, ist jedes *Recht auf Leistung* (§ 194 I) anzusehen.

Regelmäßig wird es sich um Zahlungs-, Überweisungs- und Herausgabeansprüche handeln. Auch Unterlassungs-, Abwehr- (§ 1004), Berichtigungs- (§ 894) und Auseinandersetzungsansprüche kommen in Betracht. Feststellungsklagen können ebenfalls unter § 2039 fallen[73]. Ferner gehört die Aufnahme und Fortführung eines durch den Tod des Erblassers unterbrochenen Prozesses zu den Befugnissen jedes Miterben, wenn er damit einen jetzt zum Nachlass gehörenden Anspruch verfolgt[74].

Zur Ausübung von Gestaltungsrechten ist der einzelne Miterbe nicht befugt. Er kann nicht allein kündigen, anfechten, zurücktreten, mindern usw. In diesen Fällen gilt § 2040 I[75]. Dasselbe trifft zu, wenn in der Geltendmachung des Anspruchs eine Genehmigung zu sehen ist, welche die Anspruchsgrundlage erst schafft. Das ist ein Verwaltungsgeschäft, zu dem der Einzelne nur unter den Voraussetzungen der Notverwaltung befugt ist (§ 2038). Dagegen ist der Miterbe berechtigt, einen Anfechtungsanspruch nach dem AnfG allein zu verfolgen, weil dieser auf eine Leistung gerichtet ist.

b) Zu den Ansprüchen, deren Erfüllung jeder Miterbe verlangen kann, zählen 509
alle Nachlassansprüche, auch solche, die sich gegen einen anderen *Miterben* richten.

Miterbenschuldner müssen regelmäßig bei Fälligkeit leisten. Lässt sich allerdings zweifelsfrei absehen, dass die Miterbenschuld aus dem Miterbenanteil gedeckt wird, so kann

73 BGH LM Nr. 2 zu § 2039 BGB.
74 BGHZ 14, 251.
75 RGZ 107, 238; 151, 304.

die Einziehung rechtsmissbräuchlich sein[76]. Das trifft jedoch nicht zu, wenn der Nachlass gerade bei Fälligkeit der Miterbenschuld zur ordnungsgemäßen Verwaltung flüssige Mittel benötigt. Der verklagte Miterbe kann nur mit einem Anspruch gegen den Nachlass aufrechnen, nicht mit einem Anspruch gegen den Kläger.

c) Zum *Geltendmachen* gehören alle gerichtlichen und außergerichtlichen Rechtshandlungen, die erforderlich sind, um die Erfüllung des Anspruchs herbeizuführen:

Mahnungen, alle Prozesshandlungen bei Feststellungs- und Leistungsklagen[77], Anträge, Rechtsmittel, Maßnahmen der Zwangsvollstreckung, Anträge auf einstweilige Verfügungen. Hat der Miterbe einen Anwalt mit der Verfolgung des Nachlassanspruchs beauftragt, ist er selbst zur Tragung der Anwaltskosten verpflichtet.

510 d) Das *Einziehungsrecht* des einzelnen Miterben ist ein *eigenes* Recht, nicht ein Fall der Vertretung, sondern der *Prozessstandschaft* für den Nachlass.

Deshalb ist im Prozess nur der klagende Miterbe Partei. Das gilt auch, wenn mehrere Miterben klagen; sie sind dann keine notwendigen Streitgenossen, und die Rechtskraft des Urteils wirkt nicht für und gegen die übrigen Miterben. Lediglich wenn alle Miterben als Erbengemeinschaft als Kläger auftreten, liegt notwendige Streitgenossenschaft vor (Gesamthandsklage). [78].

Da die Anspruchsverfolgung für den Nachlass ein eigenes Recht des Miterben ist, kann er sie auch *gegen den Willen anderer Miterben* betreiben.

Das gilt sogar für die Vollstreckung aus einem gemeinsam erwirkten Urteil gegen den Einspruch der anderen Miterben[79]. Für das Innenverhältnis ist jedoch erforderlich, dass der vollstreckende Miterbe dabei im Rahmen der ordnungsgemäßen Verwaltung, also objektiv im Interesse der Erhaltung des Nachlasses handelt. Andernfalls haftet er gegenüber den anderen Gesamthändern für den aus der Vollstreckung entstehenden Schaden.

511 V. Zusammenfassung

Im *Innenverhältnis* bedarf nur die nicht ordnungsmäßige Verwaltung der Mitwirkung aller Miterben. Über die ordnungsmäßige Verwaltung entscheidet die Stimmenmehrheit. Der einzelne Miterbe ist zur Mitwirkung bei der ordnungsmäßigen Verwaltung verpflichtet. Das ist besonders für Verfügungen über Nach-

76 BGH FamRZ 1971, 644.

77 RG HRR 1935, Nr. 1602; MünchKomm/*Heldrich*, § 2039 Rdnr. 18 ff.

78 MünchKomm/*Heldrich*, § 2032 Rdnr. 36 und § 2039 Rdnr. 20; *Soergel/Wolf*, § 2039 Rdnr. 12. Zu Fragen der Streitgenossenschaft und der Rechtskraft siehe ferner BGHZ 23, 207, 212; RGZ 75, 26 f.; 93, 127, 129; 119, 163, 168; OGHZ 3, 242, 244; *Blomeyer*, AcP 159, 385; *Schwab*, Festschrift f. Lent, 271 ff.

79 KG NJW 1957, 1154; zustimmend MünchKomm/*Heldrich*, § 2039 Rdnr. 28; *Soergel/Wolf*, § 2039 Rdnr. 8.

lassgegenstände wichtig, da diese nur gemeinschaftlich getroffen werden können. Notwendige Erhaltungsmaßregeln kann und muss jeder Miterbe allein treffen.

Im *Außenverhältnis* gilt für Verpflichtungsgeschäfte dasselbe wie im Innenverhältnis. Im gültigen Beschluss der Mehrheit liegt zugleich die Vollmacht zur Eingehung der Verpflichtung. Verfügungen setzen dagegen die Mitwirkung aller Miterben voraus; eine Ausnahme gilt für Notverfügungen. Nachlassansprüche kann jeder Miterbe im eigenen Namen geltend machen, und zwar auch gegen den Willen der übrigen.

Miterbengemeinschaft
Verwaltung des Nachlasses

I. Innenverhältnis
1. Erforderliche Maßnahmen zur ordnungsmäßigen Verwaltung: Stimmenmehrheit (§§ 2038 II, 745 I)
2. Maßnahmen außerhalb der ordnungsmäßigen Verwaltung: Einstimmigkeit (§ 2038 I 1)
3. Notverwaltung: Alleinentscheidungsrecht des einzelnen Miterben (§ 2038 I 2, 2. Halbs.)

II. Außenverhältnis
1. Verpflichtungsgeschäfte
   a) gemeinschaftliches Handeln aller Miterben (§ 2038 I 1)
   b) bei ordnungsmäßiger Verwaltung: gemeinschaftliches Handeln der Mehrheit (§§ 2038 II, 745 I)
   c) bei Notverwaltung oder rechtsgeschäftlicher Bevollmächtigung: Handeln durch einzelnen Miterben (§ 2038 I 2, 2. Halbs.)
2. Verfügungsgeschäfte
   a) gemeinschaftliches Handeln aller Miterben (§ 2040 I)
   b) bei Notverwaltung oder Genehmigung: Handeln durch einzelnen Miterben (§§ 2038 I 2, 2. Halbs., 164 ff. 182 ff.)
3. Geltendmachung von Nachlassansprüchen: durch jeden Miterben, aber nicht an sich, sondern nur an alle Miterben (§ 2039)

§ 31 Die Auseinandersetzung 512

Schrifttum: *Bartholomeyczik*, Die Miterbengemeinschaft, 4. Denkschrift, 1940, 120, 215; *Bengel*, Zur Rechtsnatur des vom Erblasser verfügten Erbteilungsverbots, ZEV 1995, 178; *Bürger*, Einzelzuwendungen an Erben, MDR 1986, 371; *Coing*, Vorausvermächtnis und Teilungsanordnung, JZ 1962, 529; *Damrau*, Die Abschichtung, ZEV 1996, 361; *Dieck-*

mann, Bemerkungen zur »wertverschiebenden« Teilungsanordnung, Festschrift f. Coing, Bd. II, 1982, 53; *Dütz*, Das Zurückbehaltungsrecht des § 273 Abs. 1 BGB bei Erbauseinandersetzungen, NJW 1967, 1105; *Ebenroth/Bacher/Lorz*, Dispositive Wertbestimmungen und Gestaltungswirkungen bei Vorempfängen, JZ 1991, 277; *Eberl-Borges*, Die Erbauseinandersetzung, 2000; *Eidenmüller*, Vorausvermächtnis und Teilungsanordnung, JA 1991, 150; *P. Emmerich*, Teilungsanordnung und Vorausvermächtnis – BGHZ 36, 115, JuS 1962, 269; *Gergen*, Begünstigung und Begünstigungswille als Abgrenzung zwischen Vorausvermächtnis und Teilungsanordnung – zur Kritik der Rechtsprechung seit BGHZ 36, 115, Jura 2005, 185; *Grunsky*, Zur Abgrenzung der Teilungsanordnung gegenüber dem Vorausvermächtnis, JZ 1963, 250; *Kapp/Ebeling/Grune*, Handbuch der Erbengemeinschaft und Erbauseinandersetzung im Zivil- und Steuerrecht (Loseblattausgabe), 5. Aufl., 1996; *Kegel*, Nemo minus iuris transferre potest, quam ipse habet, oder warum Erbteilungsverbote so kraftlos sind, Festschrift f. R. Lange, 1976, 927; *Keller*, Ausscheiden eines Miterben aus der Erbengemeinschaft durch »Abschichtung«?, ZEV 1998, 281; *Kerschner/Tank*, Zuwendungen an Kinder zur Existenzgründung: Die »Ausstattung« als ausgleichpflichtiger Vorempfang, ZEV 1997, 354; *Krenz*, Die Auseinandersetzung der Erbengemeinschaft, AcP 195, 361; *Kues*, Die Pflegevergütung naher Angehöriger, ZEV 2000, 443; *Loritz*, Teilungsanordnung und Vorausvermächtnis, NJW 1988, 2697; *Meincke*, Das Recht der Nachlaßbewertung im BGB, 1973; *Mohr*, Ausgleichung und Anrechnung bei Schenkungen, ZEV 1999, 257; *Petersen*, Die Beweislast bei der Ausgleichspflicht unter Miterben nach § 2057a BGB, ZEV 2000, 432; *Reimann*, Erbauseinandersetzung durch Abschichtung, ZEV 1998, 213; *Sarres*, Auskunftspflichten zwischen Miterben über lebzeitige Zuwendungen gemäß § 2057 BGB, ZEV 2000, 349; *ders.*, Aufschub und Ausschluss der Erbauseinandersetzung, ZEV 2005, 191; *Schmitz*, Ausgleichung unter Miterben, 2005; *W. Weimar*, Rechtsfragen zur Ausgleichungspflicht unter Miterben, JR 1967, 97; *Werkmüller*, Aufgaben und Funktionen der Bank in der Erbauseinandersetzung, ZEV 2001, 340; *Wesser/Saalfrank*, Formfreier Grundstückserwerb durch Miterben, NJW 2003, 2937; *Winkler*, Verhältnis von Erbteilsübertragung und Erbauseinandersetzung – Möglichkeiten der Beendigung der Erbengemeinschaft, ZEV 2001, 435.

Fälle:

a) Nach der Anordnung des Erblassers soll sein ältester Sohn unter Anrechnung auf seinen Erbteil das väterliche Stammhaus erhalten. Können die Miterben wirksam beschließen, dass die jüngere Schwester das Haus bekommt? **(Rdnr. 515)**

b) Der Großvater finanziert seinem Enkel das juristische Studium. Auf der Heimfahrt von der Examensfeier verunglücken Vater und Großvater des jungen Juristen. Der Vater ist sofort tot, der Großvater stirbt auf dem Weg in das Krankenhaus. Können die Brüder des Vaters als Miterben den Ausgleich der Studiengelder verlangen? **(Rdnr. 529)**

c) E hinterlässt seiner Frau, mit der er im gesetzlichen Güterstand lebte, und seinen drei Kindern A, B und C einen Nachlass im Wert von 100 000,– €. A hat eine Aussteuer im Wert von 20 000,– € und B denselben Betrag als ausgleichspflichtigen Zuschuss kraft Anordnung des E erhalten. Was können die einzelnen Miterben bei der Auseinandersetzung verlangen? **(Rdnr. 537)**

d) Im Fall c hat C wegen Pflege des E nach § 2057a ein Ausgleichsrecht in Höhe von 12 000,– €. **(Rdnr. 540)**

I. Begriff

Auseinandersetzung bedeutet Liquidation der Erbengemeinschaft. Der Begriff umfasst die Abwicklung aller Rechtsbeziehungen der Gesamthand im Innen- und Außenverhältnis, also die Befriedigung der Nachlassgläubiger, Erledigung aller Rechtsgeschäfte der Gesamthand mit Dritten, auch mit Miterben, Ausgleichung von Vorempfängen sowie Teilung des verbleibenden Restes unter den Miterben. Unter *Teilung* des Nachlasses versteht man die Übertragung der Nachlassgegenstände aus dem Sondervermögen in das ungebundene Privatvermögen der einzelnen Miterben.

II. Anspruch auf Auseinandersetzung 513

1. Grundsatz

Die Erbengemeinschaft ist auf Auflösung gerichtet, also eine geborene *Liquidationsgemeinschaft*. Regelmäßig kann jeder Miterbe daher jederzeit die Auseinandersetzung verlangen (§ 2042 I). Das gilt sogar, wenn der Zeitpunkt für dic Auseinandersetzung ungünstig ist und der die Liquidation Begehrende für sein Verlangen keinen wichtigen Grund hat (anders z. B. § 723 II). Schranken ergeben sich jedoch aus der Pflicht zur Rücksichtnahme auf die Miterben (Rdnr. 492 f.). Wird hiergegen ohne hinreichenden Grund verstoßen, kann das Auseinandersetzungsverlangen rechtsmissbräuchlich sein[80].

Ein Miterbe kann grundsätzlich nicht verlangen, dass eine persönlich auf ihn beschränkte Teilauseinandersetzung stattfindet. Dem steht der Zweck einer Auseinandersetzung, in einem einzigen Verfahren alle Abwicklungsfragen zu klären, entgegen[81].

2. Ausnahmen 514

Von der Regel des § 2042 I gibt es folgende Ausnahmen:

a) Vereinbarung der Miterben

Die Miterben können die Auseinandersetzung einstimmig auf Zeit oder auf Dauer ausschließen. Die Aufhebung ist dann, solange sie vertraglich ausgeschlossen ist, wie bei allen Dauerrechtsverhältnissen, nur aus wichtigem Grunde möglich (§§ 2042 II, 749 II, III, 750, 751 Satz 1).

Eine solche Vereinbarung wirkt auch gegen den Sonderrechtsnachfolger (z. B. Erbteilskäufer), nicht aber gegen den Gläubiger eines Miterben, der dessen Anteil auf Grund eines nicht nur vorläufig vollstreckbaren Titels gepfändet hat (§ 751 Satz 2).

80 RGZ 65, 5, 10; *Soergel/Wolf*, § 2042 Rdnr. 17.
81 BGH NJW 1985, 51, 52.

Durch den vertraglichen Ausschluss der Auseinandersetzung kann sich u. U. der Zweck der Erbengemeinschaft ändern.

Führen die Miterben ein Unternehmen des Erblassers fort und widmen sie ihm ihre ganze Kraft, so schließen sie konkludent die Auseinandersetzung aus. Es handelt sich dann nicht mehr um eine auf Liquidation gerichtete Erbengemeinschaft, sondern um ein personenrechtliches Verhältnis werbenden Charakters, auf das Gesellschaftsrecht (OHG), nicht Erbrecht anzuwenden ist[82].

515 *b) Anordnung des Erblassers*

Der Erblasser kann die Auseinandersetzung durch letztwillige Verfügung (auch durch erbvertragliche Verfügung[83]) bis zur Dauer von 30 Jahren ausschließen oder von einer Kündigung bzw. von anderen Voraussetzungen (etwa Mehrheitsbeschluss der Miterben) abhängig machen (§ 2044).

Die Anordnung wirkt nur obligatorisch, berührt also die Verfügungsmacht der Miterben nicht (§§ 2040 I, 137)[84]. Diese können sich demnach über eine solche Verfügung des Erblassers durch Vereinbarung aller (nicht durch Mehrheitsbeschluss) hinwegsetzen (**Fall a**). Gegenüber den Gläubigern der Miterben wirkt das Auseinandersetzungsverbot des Erblassers ebenso wenig wie die entsprechende Vereinbarung der Miterben (§§ 2044 I 2; 751 Satz 2).

Die Schranke des § 137 gegenüber dem Auseinandersetzungsverbot des Erblassers gilt auch dann, wenn er einen Testamentsvollstrecker einsetzt. Verfügungen, die entgegen dem Verbot von Testamentsvollstrecker und allen Miterben gemeinsam getroffen werden, sind wirksam[85]. Der Testamentsvollstrecker allein kann eine Aufhebung der Verfügungen des Erblassers durch das Nachlassgericht nur erreichen, wenn ihre Ausführung den Nachlass erheblich gefährden würde (§ 2216 II).

516 *c) Unbestimmtheit der Erbteile*

Solange die Erbteile, etwa wegen der zu erwartenden Geburt eines Miterben oder aus anderen, im Gesetz genannten Gründen, noch unbestimmt sind, ist die Auseinandersetzung gesetzlich ausgeschlossen (§ 2043).

Der Ausschluss wirkt nur insoweit, als die Erbteile unbestimmt sind. Ist nur die Person eines Erben (etwa innerhalb eines Stammes), nicht aber die Größe der Erbteile unbestimmt, so kann die Auseinandersetzung vorgenommen werden. Dasselbe gilt, wenn die Zahl der Erben innerhalb eines von mehreren Stämmen noch unsicher ist. Soweit die Erbteile der anderen Stämme feststehen, ist die Auseinandersetzung möglich. Der auf den fraglichen Stamm entfallende Erbteil ist nach Beseitigung der Unbestimmtheit gegebenenfalls erneut zu teilen.

82 Vgl. BGH LM Nr. 5 zu § 2038 BGB mit Anm. *Johannsen*; *Staudinger/Werner*, § 2042 Rdnr. 29.

83 Vgl. *Staudinger/Werner*, § 2044 Rdnr. 10.

84 BGHZ 40, 115, 117.

85 BGHZ 40, 115, 118; 56, 275, 278; BGH NJW 1984, 2464, 2465.

III. Verfahren der Auseinandersetzung 517

Das Gesetz sieht für die Frage, in welcher Weise die Auseinandersetzung stattfinden soll, verschiedene Möglichkeiten vor:

1. Testamentsvollstrecker

Hat der Erblasser einen Testamentsvollstrecker eingesetzt (§§ 2197 ff.; Rdnr. 385 ff.), so hat dieser auch die Auseinandersetzung unter den Miterben zu bewirken (§ 2204).

Der Testamentsvollstrecker stellt den Auseinandersetzungsplan auf und hat die Miterben vor der Ausführung zu hören (§ 2204 II). Er muss die gesetzlichen Auseinandersetzungsregeln beachten, soweit er nicht an Anordnungen des Erblassers gebunden ist. Auf diese Bindung ist § 2216 II entsprechend anzuwenden, so dass er sie bei Gefährdung des Nachlasses beseitigen lassen kann. Vereinbarungen der Miterben binden ihn, soweit sie die Fortsetzung der Miterbengemeinschaft betreffen[86] und nicht gegen Anordnungen des Erblassers verstoßen. Auch sie wirken nur obligatorisch[87]. Entgegenstehende Verfügungen des Testamentsvollstreckers sind wirksam, können ihn aber ersatzpflichtig machen.

2. Auseinandersetzungsvertrag 518

Die Mitglieder der Erbengemeinschaft können die Auseinandersetzung – ganz oder teilweise – vertraglich nach ihren Wünschen regeln[88]. Der Vertrag ist grundsätzlich formfrei. Ein Formzwang kann sich jedoch aus dem Gegenstand der Auseinandersetzung ergeben (z. B. § 311 b I).

Durch den Vertrag wird die Teilung geregelt. Er bildet den Rechtsgrund für die Übernahme der (geteilten) Nachlassgegenstände durch die Miterben, kann zugleich deren Pflichten bei der Abwicklung bestimmen und oft auch die dinglichen Erfüllungsgeschäfte enthalten. Dabei sind die jeweils vorgeschriebenen Übertragungsformen (z. B. §§ 873, 925) zu beachten.

Übernimmt ein Miterbe einzelne Nachlassstücke gegen eine Abfindung, so ist auf dieses Austauschverhältnis das Recht der gegenseitigen Verträge, gegebenenfalls auch Kaufrecht, anzuwenden[89].

86 RG Warn 1934, Nr. 21.
87 KGJ 52, 113, 117; *Erman/Schlüter*, § 2204 Rdnr. 2; MünchKomm/*Zimmermann*, § 2204 Rdnr. 22.
88 Vgl. BGHZ 40, 115.
89 BGH LM Nr. 2 zu § 2040 BGB.

519 *3. Vereinigung aller Erbteile*

Übertragen die Miterben *alle* Erbteile auf *eine* Person (meist auf einen Gesamthänder, möglich aber auch auf einen Dritten), so *erlischt* die Erbengemeinschaft.

Soweit das Grundgeschäft eine Abfindung der Veräußerer durch den Erwerber vorsieht, wird darin teilweise ein Erbteilskauf gesehen, der notariell beurkundet sein müsste (§§ 2371, 1922 II)[90]. Sieht man jedoch zutreffend einen formfreien Auseinandersetzungsvertrag als mögliche causa der Erbteilsübertragung an, bedarf nur der Verfügungsvertrag der Form des § 2033 I[91].

520 *4. Klage auf Auseinandersetzung*

a) Jeder Gesamthänder kann vor dem Prozessgericht gegen die übrigen *auf Zustimmung* zu einem von ihm vorgelegten Auseinandersetzungsplan *klagen* (Zuständigkeit: § 27 ZPO).

b) Der *Auseinandersetzungsplan* muss allen bindenden Teilungsregeln entsprechen, also entsprechende Anordnungen des Erblassers (§ 2048; Rdnr. 523 f.), wirksame Vereinbarungen der Miterben (Rdnr. 518) und die gesetzlichen Auseinandersetzungsvorschriften (Rdnr. 526 f.) berücksichtigen; andernfalls ist die Klage nicht begründet.

Die Aufstellung des Auseinandersetzungsplans durch den Kläger ist besonders schwierig, wenn erhebliche Nachlassschulden zu befriedigen sind (§ 2046) und deshalb ein Teil des Nachlasses verwertet werden muss. Die Auseinandersetzungsklage birgt für den Kläger, der die gesamte Abwicklung rechtlich unangreifbar vorschlagen muss, ein nicht geringes Risiko.

Die Klage ist ausschließlich auf die Zustimmung der verklagten Gesamthänder gerichtet, sie ist also eine *Leistungsklage* auf Abgabe einer Willenserklärung. Für die Vollstreckung gilt § 894 ZPO.

c) Dem Richter ist jeder gestaltende Eingriff in den Abwicklungsplan verwehrt. Er kann nur über den Antrag des Klägers entscheiden[92] (beachte aber § 139 ZPO).

521 *5. Vermittlungsverfahren*

Jeder Gesamthänder oder sein Pfandgläubiger kann ein Vermittlungsverfahren vor dem Nachlassgericht beantragen, wenn kein Testamentsvollstrecker einge-

90 *Patschke*, NJW 1955, 444; *Kipp/Coing*, § 118 III 3.

91 Ebenso MünchKomm/*Heldrich*, § 2042 Rdnr. 36 f.

92 KG NJW 1961, 733; zustimmend *Erman/Schlüter*, § 2042 Rdnr. 16; *Palandt/Edenhofer*, § 2042 Rdnr. 16.

setzt und weder Nachlassverwaltung noch -insolvenzverfahren eingeleitet worden ist. Das Vermittlungsverfahren gehört zur freiwilligen Gerichtsbarkeit (§§ 86 ff. FGG).

Das Nachlassgericht darf nur *vermitteln, nicht entscheiden*. Es kann Auseinandersetzungsvorschläge machen. Diese werden jedoch nur verbindlich, wenn *alle* Gesamthänder zustimmen. Der Widerspruch eines Miterben lässt das Vermittlungsverfahren scheitern.

Ein mittelbarer Zwang auf nicht zum Termin erscheinende Miterben besteht allerdings darin, dass das Gericht den Vorschlägen der Erschienenen zu folgen hat (§ 91 FGG) und deren Auseinandersetzungsplan den Säumigen aufzwingen kann, wenn diese nicht fristgerecht einen neuen Termin beantragen und dazu auch erscheinen (§§ 93, 91 III FGG).

Der vom Nachlassgericht *bestätigte Auseinandersetzungsplan* wirkt mit Rechtskraft des Bestätigungsbeschlusses wie ein *Auseinandersetzungsvertrag* der Gesamthänder (§ 97 I FGG). Er kann Verpflichtungen und Verfügungen enthalten und ist zugleich Vollstreckungstitel (§ 98 FGG).

Das Vermittlungsverfahren vor dem Nachlassgericht steht der Auseinandersetzungsklage vor dem Prozessgericht (Rdnr. 520) im Range nach. Es ist daher ausgeschlossen bzw. auszusetzen, sobald eine solche Klage rechtshängig ist. Das gilt allerdings nur, solange das Vermittlungsverfahren nicht durch rechtskräftigen Bestätigungsbeschluss beendet ist.

Besondere *landesrechtliche* Vermittlungsverfahren sind nach dem Vorbehalt des § 192 FGG zulässig, unterliegen aber dann auch den §§ 88–98 FGG.

6. *Zuweisung durch das Landwirtschaftsgericht* 522

Gehört zum Nachlass einer durch gesetzliche Erbfolge entstandenen Erbengemeinschaft ein landwirtschaftlicher Betrieb, so kann das Landwirtschaftsgericht diesen auf Antrag eines Miterben ungeteilt einem Gesamthänder zuweisen (§§ 13 ff. des Grundstückverkehrsgesetzes v. 28. 7. 1961[93]).

IV. Auseinandersetzungsregeln 523

1. *Auseinandersetzungsanordnungen des Erblassers*

Der Erblasser kann durch Verfügung von Todes wegen bestimmen, wie die Auseinandersetzung vorgenommen werden soll (§ 2048). Er kann auch anordnen, dass die Auseinandersetzung nach dem billigen Ermessen eines Dritten zu erfolgen hat. Die Auseinandersetzungsanordnungen können sowohl in einem Testament als auch in einem Erbvertrag enthalten sein. Im Erbvertrag wird es sich regelmäßig um einseitige, nicht vertragsmäßige Verfügungen handeln. Das muss

93 BGBl. I, 1091.

aber nicht so sein. Solche Anordnungen können zugleich Vermächtnisse oder Auflagen sein und als solche auch erbvertraglich getroffen werden (§ 2278 II[94]).

524 *a) Schuldrechtliche Wirkung*

Die Auseinandersetzungsanordnung des Erblassers ist darauf gerichtet, eine bestimmte vom Erblasser gewollte Verteilung des Nachlasses unter den Miterben zu bewirken. Sie hat doppelt *verpflichtende* Wirkung: Der mit der Zuweisung eines bestimmten Nachlassgegenstandes bedachte Miterbe kann eine entsprechende Aufnahme im Teilungsplan verlangen; zugleich wird er zur Übernahme des Gegenstandes verpflichtet. Gegen unerwünschte Zuweisungen des Erblassers kann sich der Miterbe wehren, wenn sein Pflichtteilsrecht dadurch geschmälert wird (§ 2306 I 1).

Die Auseinandersetzungsanordnung kann auch Lasten verteilen, etwa einem Miterben bestimmte Nachlassschulden auferlegen[95]. Auch insoweit ist der Belastete bis zur Grenze seines Pflichtteils gebunden.

Der Wert des in der Auseinandersetzungsanordnung einem Miterben zugeteilten Nachlassgegenstandes wird auf seinen Erbteil angerechnet. Der Erblasser kann jedoch anders verfügen.

525 *b) Abgrenzungsfragen*

Die rechtliche Einordnung von Anordnungen des Erblassers zur Auseinandersetzung kann schwierig sein[96]. Entscheidend ist der durch Auslegung zu ermittelnde *Wille des Erblassers*[97].

(1) Handelt es sich nur um *unverbindliche Erwägungen* oder *Ratschläge* des Erblassers, so fehlt die verpflichtende Wirkung.

(2) Die Auslegung kann auch ergeben, dass die *Vereinbarung aller* oder sogar ein *Mehrheitsbeschluss der Miterben* den *Vorrang* vor den Weisungen des Erblassers haben soll. Das ist z. B. der Fall, wenn die Weisungen erkennbar nur von der Absicht getragen sind, Streit bei der Teilung zu verhüten, der bei einer von allen getroffenen Vereinbarung ohnehin ausscheidet.

(3) Ein *Vorausvermächtnis* (Rdnr. 323, 436) ist anzunehmen, wenn der Erblasser einem der Miterben einen *besonderen Vermögensvorteil zuwenden wollte*[98]. Die Rechtslage ist für den Bedachten erheblich günstiger als bei der bloßen

94 BGHZ 36, 115.
95 BGH LM Nr. 2 zu § 138 [Cd] BGB.
96 Vgl. *Gergen*, Jura 2005, 185; *Coing*, JZ 1962, 529; *P. Emmerich*, JuS 1962, 269; *Grunsky*, JZ 1963, 250; *Kipp/Coing*, § 44 II 4; *Mattern*, DNotZ 1963, 450; *Natter*, JZ 1959, 151.
97 Vgl. z. B. BGH LM Nr. 5a zu § 2048 BGB.
98 BGHZ 36, 115; vgl. aber auch BGH LM Nr. 5 zu § 2048 BGB.

Teilungsanordnung, weil die Zuwendung nicht auf seinen Erbteil angerechnet wird und er das Vermächtnis ausschlagen kann (§ 2180). Ob beim gemeinschaftlichen Testament oder Erbvertrag der überlebende Teil an seine Verfügung gebunden ist (vgl. Rdnr. 157 ff., 192 ff.), kann davon abhängen, ob es sich dabei um ein Vorausvermächtnis oder um eine bloße Teilungsanordnung handelt; nur bei einem Vorausvermächtnis kommt eine Bindung in Betracht.

Die Abgrenzung zwischen Teilungsanordnung und Vorausvermächtnis ist schwierig, wenn der Erblasser einem Erben Gegenstände zuweist, die wertmäßig den Erbteil übersteigen. Darin kann eine Teilungsanordnung nur dann gesehen werden, wenn vorgesehen ist, dass der Bedachte den seine Erbquote übersteigenden Wert (z. B. durch Geldzahlung) ausgleicht[99].

Die Auslegung der Verfügung wird noch schwieriger, wenn der Erblasser die Zuteilung eines Nachlassgegenstandes mit einer Anrechnungspflicht verbindet.

Entspricht der angeordnete Anrechnungsbetrag unter Berücksichtigung des Erbteils des Bedachten etwa dem Verkehrswert des zugeteilten Gegenstandes, so kann eine Teilungsanordnung vorliegen. Ist die Anrechnung niedriger, so ist in der Regel bis zur Höhe des Betrages eine Teilungsanordnung, für die Differenz zum Verkehrswert jedoch ein Vorausvermächtnis anzunehmen[100]. Ist der Anrechnungsbetrag nach der Anordnung des Erblassers höher als der Verkehrswert, so liegen darin neben der Teilungsanordnung *Vorausvermächtnisse für die übrigen Miterben*. Der von der Zuteilung Betroffene ist zur Übernahme verpflichtet, soweit nicht sein Pflichtteilsrecht verletzt wird.

(4) Eine *Auflage* zu Lasten aller Miterben ist anzunehmen, wenn der Erblasser sie an seine Auseinandersetzungsanordnung soweit binden will, dass auch die Vereinbarung aller Miterben sie nicht ausräumen kann.

Ihre Vollziehung ist in diesen Fällen regelmäßig nur dann sicher, wenn der Erblasser zugleich einen Ersatzerben für den Fall des Verstoßes gegen seine Anordnung eingesetzt hat (vgl. § 2194).

2. *Gesetzliche Auseinandersetzungsregeln* **526**

Die gesetzlichen Bestimmungen über die Auseinandersetzung sind nicht zwingend. Anordnungen des Erblassers oder Vereinbarungen der Miterben haben also Vorrang. Soweit solche letztwilligen oder vertraglichen Bestimmungen fehlen, gilt folgende Regelung:

a) Berichtigung der Nachlassverbindlichkeiten

Das Sondervermögen dient zunächst der Befriedigung der Gläubiger (§ 2046 I 1). Diese Bestimmung regelt nur das Innenverhältnis der Miterben; sie behandelt allein Rechte und Pflichten der Miterben untereinander.

99 Vgl. BGHZ 82, 274, 279; BGH NJW 1985, 51, 52; FamRZ 1990, 396.
100 RGZ 108, 83 f.; 170, 163, 170; vgl. auch OGHZ 1, 161, 165.

Das Gesetz ordnet den Verkauf des Nachlasses an, soweit er erforderlich ist (§ 2046 III). Nach den §§ 2042 II, 753 gelten dafür die Vorschriften über den Pfandverkauf (§§ 1233 ff.); Grundstücke werden zwangsversteigert (§§ 180 ff. ZVG[101]). Soll der Gegenstand auf Grund einer Auseinandersetzungsanordnung oder Vereinbarung nicht an Dritte veräußert werden, so wird er unter den Miterben versteigert (§ 753 I 2).

Die Auswahl der zu verkaufenden Gegenstände ist kein Akt der *ordnungsgemäßen* (erhaltenden) Verwaltung, der von der Mehrheit beschlossen werden könnte (§§ 2038 II 1, 745); vielmehr ist die Zustimmung aller Miterben erforderlich[102].

Soweit die Miterben nach außen als Gesamtschuldner für eine Forderung haften, die sie untereinander nach § 748 anteilig zu tragen haben, kann jeder Miterbe bei der Auseinandersetzung Berichtigung aus dem Nachlass verlangen (§§ 2042 II, 755).

Forderungen eines Miterben gegen einen anderen Miterben, die auf der Erbengemeinschaft beruhen, sind auf Verlangen des Gläubigers aus dem Auseinandersetzungsguthaben des Schuldners zu befriedigen (§§ 2042 II, 756).

Jeder Miterbe kann verlangen, dass für nicht fällige oder streitige Nachlassverbindlichkeiten das zur Berichtigung Erforderliche zurückbehalten wird (§ 2046 I 2). Nachlassverbindlichkeiten, die nur einen Teil der Miterben treffen, sind aus deren Auseinandersetzungsguthaben zu befriedigen (§ 2046 II).

527 *b) Teilung*

Was nach Berichtigung aller Nachlassschulden übrig bleibt, ist unter den Miterben nach dem Verhältnis ihrer Erbteile (§ 2047 I) und unter Berücksichtigung ihrer Ausgleichungspflichten (§§ 2050 ff.) zu verteilen. Teilung bedeutet also anteilsmäßige Übertragung der Nachlassgegenstände aus dem Sondervermögen des Nachlasses in das Privatvermögen der Miterben. Dabei ist die jeweils vorgeschriebene Form (z. B. §§ 873, 925) zu beachten.

Bei einer Auseinandersetzung, an der ein Minderjähriger und sein gesetzlicher Vertreter beteiligt sind, ist für den Minderjährigen ein Pfleger zu bestellen, es sei denn, § 181 greift nicht ein[103].

(1) Die *Teilung in Natur* hat den Vorrang (§§ 2042 II, 752), soweit sich die Nachlassgegenstände ohne Wertminderung in gleichartige, den Erbteilen der Gesamthänder entsprechende Anteile zerlegen lassen.

Die Teilbarkeit bestimmter Nachlassstücke ist wirtschaftlich zu beurteilen. Bei Geld und Vorratsware (Zucker, Kohlen) entstehen keine Schwierigkeiten. Auch Hypotheken[104] und Wertpapiere (soweit Stückelung möglich)[105] sind regelmäßig teilbar. Dasselbe gilt für

101 ZVR Rdnr. 984 ff.
102 *Staudinger/Werner*, § 2046 Rdnr. 17.
103 BGHZ 21, 229.
104 RGZ 59, 314, 318.
105 RGZ 69, 36, 42; 91, 416.

einen zum Nachlass gehörenden Anteil an einer anderen Erbschaft[106]. Die Naturalteilung ist nach § 752 nur dann vorzunehmen, wenn sie nicht zu einer Wertminderung führt. Der addierte Wert der Teile muss auch nach der Teilung dem Wert des Ganzen entsprechen. Eine Naturalteilung ist jedoch auch dann geboten, wenn bei der sonst erforderlichen Veräußerung (§ 753) ein dem wirklichen Wert entsprechender Preis nicht annähernd zu erwarten ist.

(2) Soweit eine Teilung in Natur ausscheidet, ist der Nachlass zu *verkaufen* (§ 753) und der Erlös nach dem Verhältnis der Erbteile (§ 2047) zu teilen.

Bei der Teilung des Überschusses sind alle noch nicht berichtigten Ansprüche, etwa die eines Miterben auf Aufwendungsersatz aus ordnungsgemäßer Verwaltung oder solche des Nachlasses gegen Miterben auf Schadensersatz wegen Verletzung der Miterbenpflichten, vorweg zu berücksichtigen. Dasselbe gilt für Ausgleichungspflichten (§ 2050).

(3) *Persönliche und familiäre Urkunden* des Erblassers bleiben Gesamthandseigentum, wenn sich die Miterben nicht über ihre Zuteilung einigen (§ 2047 II). Der einzelne Miterbe hat insoweit keinen Auseinandersetzungsanspruch.

3. *Ausgleich von Vorempfängen* 528

Bei der gesetzlichen Erbfolge sind bestimmte Vorempfänge, die ein Abkömmling des Erblassers bereits zu dessen Lebzeiten von diesem erhalten hat (z. B. Übereignung eines Hauses an die heiratende Tochter), bei der Auseinandersetzung zu berücksichtigen (§§ 2050 ff.).

a) Zweck

Das BGB will die Abkömmlinge des Erblassers in der gesetzlichen Erbfolge gleichbehandeln; denn der Erblasser hätte bei abweichendem Willen von Todes wegen verfügen können. Um die Gleichbehandlung der Abkömmlinge gleichen Grades möglichst vollkommen zu erreichen, bezieht das Gesetz gewisse Zuwendungen des Erblassers an seine Abkömmlinge zu seinen Lebzeiten in die Berechnung des Auseinandersetzungsguthabens ein (§§ 2050–2057a). Die gesetzliche Regelung verwirklicht den vermuteten Erblasserwillen (die gleichmäßige Verteilung seines Vermögens unter seine Abkömmlinge) auch für den Fall, dass ein Teil seines Vermögens bereits zu seinen Lebzeiten durch Rechtsgeschäfte unter Lebenden mit bestimmtem Zweck einzelnen Abkömmlingen zugewendet worden ist.

Die Empfänger solcher Zuwendungen müssen sich deren Wert auf ihren Erbteil anrechnen lassen.

106 BGH NJW 1963, 1610.

529 *b) Verpflichtete und Berechtigte*

(1) *Ausgleichungspflichtig* sind die *Abkömmlinge* des Erblassers, wenn ihr Erbrecht auf *gesetzlicher Erbfolge* beruht (§ 2050 I). Gleiches gilt im Zweifel, wenn eine Verfügung von Todes wegen die gesetzliche Erbfolge nur bestätigt (§ 2052).

Eine Ausgleichsvorschrift für die übrigen Fälle der gewillkürten Erbfolge fehlt, weil der Gesetzgeber davon ausgeht, dass der Erblasser hier in Kenntnis der Vorempfänge über sein Vermögen verfügt hat und diese dabei berücksichtigen konnte.

Gelangt ein Abkömmling nicht zur gesetzlichen Erbfolge (etwa durch Enterbung, Tod vor dem Erbfall, Erbverzicht, Ausschlagung, Erbunwürdigkeit), so ist wegen der ihm gemachten Zuwendungen der an seine Stelle tretende Abkömmling zur Ausgleichung verpflichtet (§ 2051 I). Dasselbe gilt im Zweifel für einen vom Erblasser für den Wegfallenden eingesetzten Ersatzerben, der nicht Abkömmling ist (§ 2051 II).

Die gesetzliche Regelung der Ausgleichungspflicht ist insgesamt auf den mutmaßlichen Willen des Erblassers gerichtet. Deshalb sieht das Gesetz eine Ausgleichspflicht nicht vor, wenn der Erblasser die Zuwendung zu einer Zeit machte, als der betreffende Abkömmling noch nicht zu dem Kreis der vermutlichen gesetzlichen Erben gehörte (§ 2053). Der Erblasser gibt mit der Zuwendung im Zweifel zu erkennen, dass er das Zugewendete nicht den gesetzlichen Erben zugedacht hat.

Im **Fall b** ist der Enkel daher nicht ausgleichungspflichtig. Er wäre es nur, wenn der Erblasser die Ausgleichung bei der Zuwendung angeordnet hätte (§ 2053).

(2) *Ausgleichungsberechtigt* sind die durch gesetzliche Erbfolge zu Miterben berufenen Abkömmlinge. Die gewillkürte Erbfolge steht der gesetzlichen gleich, wenn sie nur zur Bestätigung des gesetzlichen Erbrechts dient. Auch der Ersatzerbe eines gesetzlichen Erben ist ausgleichsberechtigt[107].

Der Ehegatte des Erblassers gehört als Miterbe weder zu den Verpflichteten noch zu den Berechtigten der Ausgleichung von Vorempfängen.

Gehören zur Erbengemeinschaft Miterben, die nicht ausgleichsberechtigt oder -verpflichtet sind, so findet die Ausgleichung unabhängig davon nur unter den dazu berechtigten und verpflichteten Abkömmlingen statt.

530 *c) Auszugleichende Zuwendungen*

§ 2050 nennt verschiedene Gruppen von Zuwendungen, die auszugleichen sind. Alle müssen vom Erblasser zu dessen Lebzeiten gemacht worden sein. Die Ausgleichungspflicht setzt keine *unentgeltliche* Zuwendung – etwa im Sinne

107 H. M.; *Staudinger/Werner*, § 2050 Rdnr. 14.

einer Schenkung – voraus[108]. Jeder wirtschaftliche Vorteil, dem keine entsprechende Gegenleistung gegenübersteht, genügt.

Die gesetzlichen Ausgleichsvorschriften sind nicht zwingend. Dem *Erblasser* steht es frei, die gesetzliche Ausgleichspflicht durch eine entsprechende Anordnung *bei* der Zuwendung formlos, auch stillschweigend, oder nach der Zuwendung durch Verfügung von Todes wegen[109] auszuschließen oder einzuschränken. Allerdings darf dadurch das Pflichtteilsrecht nicht beeinträchtigt werden (vgl. § 2316 III).

Durch Rechtsgeschäft unter Lebenden *nach* der Zuwendung kann der Erblasser die entstandene Ausgleichspflicht nicht mehr aufheben[110], da sonst die zwingenden Formvorschriften über Verfügungen von Todes wegen umgangen werden könnten. Die *Miterben* können die *gesetzlichen* Ausgleichungsvorschriften abbedingen[111]. Erforderlich ist eine Vereinbarung aller, die an der Ausgleichung beteiligt sind.

Auszugleichen sind: 531
(1) die *Ausstattung*, die der Abkömmling vom Erblasser erhalten hat (§ 2050 I).

Dazu gehört alles, was der Erblasser seinem Abkömmling im Hinblick auf dessen Heirat oder zur Begründung oder Erhaltung einer selbstständigen Lebensstellung zuwendet (§ 1624)[112]. Ausstattung kann auch vorliegen, wenn regelmäßige Zahlungen geleistet werden, die nicht als Einkünfte, sondern nur zur Begründung oder Erhaltung der selbstständigen Lebensstellung des Empfängers verwendet werden sollen. Meist werden solche Zahlungen jedoch unter § 2050 II fallen; sie sind dann auszugleichen, wenn sie als übermäßig anzusehen sind[113].

Für die Beurteilung einer Zuwendung als Ausstattung ist es gleichgültig, ob sie in Erfüllung einer Verpflichtung (Unterhalt) gegeben wird und ob sie übermäßig ist.

(2) *Zuschüsse*, die als Einkünfte dienen sollen, sind nur insoweit auszugleichen, als sie das den Vermögensverhältnissen des Erblassers entsprechende Maß überstiegen haben (§ 2050 II). 532

Die h. M. rechnet dazu nur solche Zahlungen, deren Wiederholung beabsichtigt war, ohne dass jedoch dazu eine Rechtspflicht bestehen müsste. Ein einmaliger Zuschuss, z. B. zu einer Badereise, wäre danach trotz möglichen Übermaßes nicht auszugleichen[114].

(3) *Aufwendungen für die Vorbildung zu einem Beruf* sind wie die Zuschüsse nur auszugleichen, wenn sie als *übermäßig* anzusehen sind (§ 2050 II). 533

108 Vgl. Mot. V, 704; RGZ 67, 306, 308; 73, 372, 377.
109 RGZ 90, 419, 422; *Erman/Schlüter*, § 2050 Rdnr. 11; MünchKomm/*Heldrich*, § 2050 Rdnr. 21; *Soergel/Wolf*, § 2050 Rdnr. 19, 22.
110 RGZ 90, 419, 422; MünchKomm/*Heldrich*, § 2050 Rdnr. 21; *Soergel/Wolf*, § 2050 Rdnr. 19, 22.
111 RGZ 149, 129, 131; zustimmend *Erman/Schlüter*, § 2050 Rdnr. 10; MünchKomm/*Heldrich*, § 2050 Rdnr. 22; *Soergel/Wolf*, § 2050 Rdnr. 23.
112 Zur Ausgleichung einer Aussteuer vgl. aber BGH NJW 1982, 575, 577.
113 RGZ 79, 266 f.
114 *Erman/Schlüter*, § 2050 Rdnr. 7; MünchKomm/*Heldrich*, § 2050 Rdnr. 24; *Soergel/Wolf*, § 2050 Rdnr. 14; *Staudinger/Werner*, § 2050 Rdnr. 25 m. w. N.

Nicht hierher gehören die Kosten des Besuchs einer höheren Schule, da sie zur allgemeinen Schulbildung, nicht zur Berufsvorbildung gehören. Dazu zählen aber meistens die Aufwendungen für Fachschulen, Hochschulen, Kosten der Promotion etc. Die Beschaffung der zur Ausübung eines Berufes erforderlichen Gegenstände (Instrumente des Arztes, Kanzleieinrichtung des Anwalts) ist dagegen Ausstattung (§ 2050 I).

534 Zu (2) und (3): Die Beurteilung des *Übermaßes* für Zuschüsse und Aufwendungen nach § 2050 II richtet sich regelmäßig nach dem Vermögensstand des Erblassers bei der Zuwendung. Wesentlich ist die Frage, ob der Erblasser glauben konnte, die Aufwendung ohne Beeinträchtigung des gleichen Rechts seiner anderen Kinder machen zu können.

Der Rückgriff auf den Stamm des Vermögens rechtfertigt die Annahme des Übermaßes allein nicht, kann aber ein Hinweis sein. Entscheidend sind die Umstände des Einzelfalles. So sind z. B. bei einer ernstlichen Notlage eines Kindes besondere Zuschüsse und bei besonderer Begabung erhöhte Ausbildungskosten nicht übermäßig[115].

535 (4) Für *andere Zuwendungen*, die nicht kraft Gesetzes auszugleichen sind, kann der Erblasser die Ausgleichspflicht formlos *bei* der Zuwendung (§ 2050 III) oder durch Verfügung von Todes wegen *nach* der Zuwendung anordnen.

Dem Empfänger wird damit die Möglichkeit gegeben, die Zuwendung unter Lebenden im Hinblick auf die angeordnete Ausgleichungspflicht zurückzuweisen[116]. Die nachträgliche Anordnung durch Verfügung von Todes wegen beschwert den Ausgleichungspflichtigen mit einem Vermächtnis. Er kann nur wählen, ob er die Erbschaft annehmen oder ausschlagen will. Der Erblasser erhält durch § 2050 III ein Korrektiv für den Ausgleich von Geschenken oder anderen Ausgaben, die nicht unter § 2050 I und II fallen. Auch diese Zuwendungen müssen nicht unentgeltlich gewesen sein, und der Erblasser kann mit ihnen einer gesetzlichen Pflicht genügt haben[117].

Zuwendungen an Minderjährige mit Anrechnungsbestimmung nach § 2050 III bedürfen nicht der Zustimmung des gesetzlichen Vertreters, weil durch die Anrechnungsbestimmung keine schuldrechtliche Verpflichtung begründet wird[118].

536 *d) Rechtsnatur der Ausgleichung*

Die Ausgleichungspflicht besagt, dass der Verpflichtete gehalten ist, in der Auseinandersetzung der Anrechnung auszugleichender Zuwendungen zuzustimmen. Ausgleichung ist also ein gesetzlich angeordneter besonderer Teil der Auseinandersetzung. Ausgleichungsrecht und -pflicht umschreiben ein an die Miterbenanteile gebundenes gesetzliches Schuldverhältnis unter den aktiv und

115 MünchKomm/*Heldrich*, § 2050 Rdnr. 26.
116 RGZ 67, 306, 308.
117 RGZ 73, 372, 377.
118 BGHZ 15, 168; MünchKomm/*Heldrich*, § 2050 Rdnr. 31; **a. A.** *Heinr. Lange*, NJW 1955, 1339, 1343.

passiv Beteiligten[119]. Die Ausgleichsbeteiligung hängt mit dem Erbteil der Abkömmlinge untrennbar zusammen, so dass sie auch auf den Erwerber (§§ 2033 I, 2372) und Erben (§ 1922 I) des Erbteils eines Abkömmlings übergeht.

e) *Durchführung* 537

Die Ausgleichung der Vorempfänge wird in folgender Weise vorgenommen: Die Erbteilswerte der an der Ausgleichung *nicht beteiligten* Miterben (z. B. Ehegatte des Erblassers, der von den §§ 2050 ff. nicht betroffen ist) werden *vorweg* nach dem *vorhandenen* Nachlass berechnet[120]. Die Ausgleichung findet danach als zweiter Teil der Auseinandersetzung nur unter den ausgleichsbeteiligten Miterben (Abkömmlinge) statt. Der Wert sämtlicher auszugleichender Zuwendungen wird dem Wert des Nachlassteiles zugerechnet, der den ausgleichsbeteiligten Miterben insgesamt zukommt (§ 2055 I 2).

Die Wertberechnung richtet sich nach dem *Zeitpunkt der Zuwendung*, nicht nach dem der Auseinandersetzung (§ 2055 II). Härten, die sich aus zufälligem Untergang des zugewendeten Gegenstandes ergeben, sind vom Bedachten hinzunehmen, da er diese Zufallsgefahr als Eigentümer tragen muss[121]. Besonderheiten können sich jedoch bei Geldwertverfall und Währungsreform ergeben[122]. – Bei einer Zuwendung aus dem Gesamtgut der Gütergemeinschaft ist § 2054 zu beachten.

Aus dem Gesamtwert des »Ausgleichungs-Nachlasses« werden nach dem Verhältnis der Erbteile der ausgleichsbeteiligten Miterben die diesen zustehenden Wertquoten berechnet. Auf die so errechneten Erbteilswerte der Einzelnen muss sich jeder das anrechnen lassen, was er auszugleichen hat (§ 2055 I 1).

Im **Fall c** erhält also die Ehefrau als gesetzlichen Erbteil ¹/₄ und als Zugewinnausgleich ¹/₄ = insgesamt 50 000,– €. Zu den verbleibenden 50 000,– € sind die auszugleichenden Zuwendungen an die Tochter A (20 000,– €) und den Sohn B (20 000,– €) hinzuzurechnen, so dass sich unter den Kindern ein Ausgleichungsnachlass von 90 000,– € ergibt. Jedem stünden davon nach dem Verhältnis der gleichen Erbteile 30 000,– € zu. A und B müssen sich jedoch je 20 000,– € anrechnen lassen. Danach erhalten beide nur noch 10 000,– €, während C 30 000,– € zustehen.

Eine *Rückgewährpflicht* für Vorempfänge kennt das BGB nicht.

Das gilt auch für den Fall, dass ein Miterbe durch auszugleichende Zuwendungen mehr erhalten hat, als ihm bei der Auseinandersetzung zukäme. Diese Regelung ist von der Vermutung getragen, der Erblasser habe ohne besondere Anordnung die Zuwendung als endgültig gewollt. Der betreffende Miterbe braucht nichts herauszugeben.

119 Zu dem unfruchtbaren Streit über die Rechtsnatur vgl. die Nachweise bei *Staudinger/Werner*, § 2050 Rdnr. 4 ff.
120 Vgl. BGHZ 96, 177.
121 Mot. V, 708.
122 Vgl. die Hinweise bei *Staudinger/Werner*, § 2055 Rdnr. 6 ff.; *Kohler*, NJW 1963, 225.

Auch ein Pflichtteilsanspruch nach § 2316 besteht gegen ihn nicht. Der Pflichtteilsergänzungsanspruch (§ 2325) ermöglicht nur bei Schenkungen, nicht aber bei anderen Zuwendungen, eine gewisse Korrektur[123]. Bei der Verteilung des Nachlasses scheidet ein solcher Miterbe aus. Sowohl der Wert der von ihm empfangenen Zuwendungen als auch sein Erbteil bleiben außer Ansatz.

Hat A im **Fall c** 50 000,– € auszugleichen, so entfällt auf sie nur ein Erbteilswert von 120 000 : 3 = 40 000,– €. Sie erhält also nichts mehr. Zwischen B und C beträgt der Ausgleichsnachlass 50 000 + 20 000 = 70 000,– €, der Erbteilswert je 35 000,– €. Danach erhält B 15 000,– €, C dagegen 35 000,– €.

Die Miterbenstellung (Stimmrecht bei der Verwaltung, Haftung usw.) bleibt von der Ausgleichspflicht grundsätzlich unberührt. Die Ausübung der Rechte kann jedoch nach Treu und Glauben beschränkt sein.

Zur Erleichterung der Ausgleichung ordnet das Gesetz in § 2057 eine *Auskunftspflicht* jedes Miterben über die von ihm empfangenen auszugleichenden Zuwendungen an. Auskunftsberechtigt ist jeder einzelne ausgleichsbeteiligte Miterbe.

538 *4. Ausgleich für besondere Leistungen*

Hatte ein Abkömmling etwa durch Mitarbeit im elterlichen Haushalt oder Betrieb dem Erblasser besondere Leistungen zugewandt, ohne dafür ein (angemessenes) Entgelt zu erhalten, so kann er nach § 2057a von den Abkömmlingen, die mit ihm gesetzliche Erben sind, einen Ausgleich verlangen.

539 *a) Voraussetzungen*

(1) Das Ausgleichsrecht besteht nur unter den *Abkömmlingen*, die gesetzliche Erben sind. Diesen stehen im Zweifel diejenigen Abkömmlinge gleich, die durch Verfügung von Todes wegen auf den gesetzlichen Erbteil eingesetzt sind (§§ 2057a I 1, 2052). Unerheblich ist es, ob es sich um Kinder oder Kindeskinder (vgl. § 1924) handelt.

Dagegen gehört der überlebende Ehegatte des Erblassers nicht zu den Berechtigten und Verpflichteten, da er im gesetzlichen Güterstand durch § 1371, bei Gütertrennung durch § 1931 IV berücksichtigt wird.

(2) Ausgleichungsberechtigt ist der Abkömmling, der *in besonderem Maße dazu beigetragen hat, das Vermögen des Erblassers zu erhalten oder zu vermehren* (§ 2057a I). Das kann durch eine während längerer Zeit geleistete Mitarbeit im Haushalt (vgl. § 1619; auch Pflegedienste, § 2057a I 2), im Beruf (z. B. als Arzt) oder Geschäft (z. B. Gaststätte, Landwirtschaft) sowie durch erhebliche Geldleistungen oder in anderer Weise (z. B. Warenlieferung, Bürgschaft) geschehen.

123 RGZ 77, 282.

Ist für die Leistung ein angemessenes Entgelt gewährt oder vereinbart worden oder hat der Abkömmling aus einem anderen Grund (z. B. §§ 683 f., 812 ff.) einen Anspruch, dann ist die Ausgleichung ausgeschlossen (§ 2057a II 1). In diesen Fällen hat der Abkömmling entweder das Entgelt schon erhalten oder eine Nachlassforderung gegen die Erbengemeinschaft (vgl. § 1967 II), so dass er keines Schutzes bedarf. Kann der Abkömmling aber seine Forderung (etwa wegen Verjährung) nicht durchsetzen, greift nach seinem Schutzzweck § 2057a ein[124].

(3) Die *Höhe des Ausgleichsbetrages* ist nach Billigkeitsgesichtspunkten zu bemessen; dabei sind einerseits Dauer sowie Umfang der Leistungen und andererseits der Wert des Nachlasses zu berücksichtigen (§ 2057a III). Durch diese großzügige Regelung sollen eine kleinliche Berechnung bis auf Cents und im Streitfall eine umfangreiche Beweisaufnahme vermieden werden.

b) Durchführung 540

Die Ausgleichung wird nach § 2057a IV folgendermaßen durchgeführt:

(1) Vorweg sind die Erbteilswerte der an der Ausgleichung nicht beteiligten Miterben nach dem tatsächlichen Nachlasswert zu berechnen und vom Nachlasswert abzuziehen.

Im **Fall d** erbt F zu $^1/_2$. Der Wert ihres Erbteils beträgt 50 000,– €, so dass 50 000,– € für die Kinder verbleiben (vgl. Rdnr. 537).

(2) Von der Restsumme ist der nach § 2057a auszugleichende Betrag abzuziehen (§ 2057a IV 2); die nach §§ 2050 ff. auszugleichenden Beträge sind hinzuzurechnen (§ 2055 I 2).

Im **Fall d** sind von den verbleibenden 50 000,– € die 12 000,– € (für C) abzuziehen sowie 20 000,– € (Aussteuer für A) und 20 000,– € (auszugleichender Zuschuss für B) zu addieren, so dass sich ein Betrag von 78 000,– € ergibt.

(3) Von dem sich ergebenden Betrag sind die Erbteile der an der Ausgleichung beteiligten Erben zu berechnen.

Im **Fall d** erben A, B und C zu gleichen Teilen. Also beträgt der Erbteilswert eines jeden Kindes 78 000 : 3 = 26 000,– €.

(4) Zu dem errechneten Erbteilswert ist bei einem nach § 2057a ausgleichsberechtigten Miterben der Ausgleichungsbetrag hinzuzurechnen (§ 2057a IV 1) und bei jedem nach §§ 2050 ff. ausgleichungspflichtigen Miterben der auszugleichende Betrag abzuziehen (§ 2055 I 1).

Im **Fall d** erhält C 26 000 + 12 000 = 38 000,– €, während A und B je 26 000 – 20 000 = 6000,– € bekommen.

124 *Soergel/Wolf*, § 2057a Rdnr. 15; *Staudinger/Werner*, § 2057a Rdnr. 23; h. M.

541 V. Zusammenfassung

Die Miterbengemeinschaft ist zur Auflösung bestimmt. Darum kann jeder Miterbe jederzeit die Auseinandersetzung beantragen, wenn diese nicht vom Erblasser oder durch Vereinbarung der Miterben ausgeschlossen ist.

Das Gesetz stellt neben dem Regelfall des Auseinandersetzungsvertrages verschiedene Verfahren zur Abwicklung der Miterbengemeinschaft bereit: Testamentsvollstreckung, Vermittlungsverfahren, Auseinandersetzungsklage.

Die materiellen Auseinandersetzungsregeln können vom Erblasser durch Auseinandersetzungsanordnungen oder von den Miterben durch Vertrag bestimmt werden. Hilfsweise hält das Gesetz eine Regelung bereit. Danach sind zunächst alle Nachlassverbindlichkeiten zu berichtigen. Der verbleibende Rest ist unter den Miterben zu verteilen. Mit der Teilung werden die Nachlassgegenstände aus dem Sondervermögen in das Eigenvermögen der Miterben überführt.

Die Kinder des Erblassers müssen sich bestimmte Vorempfänge auf ihren Erbteil anrechnen lassen (§§ 2050 ff.).

Die Auseinandersetzung der Miterbengemeinschaft

I. Anspruch auf Auseinandersetzung
1. Grundsatz: jeder Miterbe jederzeit (§ 2042 I)
2. Ausnahmen:
   a) Aufschub oder Ausschluss durch Vereinbarung der Miterben
   b) Aufschub oder Ausschluss durch Anordnung des Erblassers (§ 2044)
   c) Aufschub wegen Unbestimmtheit der Erbteile (§ 2043)

II. Verfahren der Auseinandersetzung
1. Durchführung durch Testamentsvollstrecker (§ 2204)
2. Auseinandersetzungsvertrag zwischen den Miterben
3. Auseinandersetzungsklage auf Zustimmung zu Auseinandersetzungsplan
4. Antrag auf Vermittlungsverfahren des Nachlassgerichts (§§ 86 ff. FGG)

III. Auseinandersetzungsregeln
1. Anordnungen des Erblassers (Teilungsanordnungen, § 2048; Vorausvermächtnis)
2. Auseinandersetzungsvertrag zwischen den Miterben
3. Gesetzliche Auseinandersetzungsregeln (subsidiär)
   a) Berichtigung von Nachlassverbindlichkeiten (§ 2046 I 1)
   b) Teilung des Restes
      – in Natur (§§ 2042 II, 752)
      – durch Verkauf oder Teilung des Erlöses (§§ 2047, 2042 II, 753)

c) Ausgleich von Vorempfängen (§§ 2050 ff.)
  aa) Ausgleichspflichtig: Abkömmlinge als gesetzliche Erben (§§ 2050 I, 2052)
  bb) Ausgleichsberechtigt: Abkömmlinge als gesetzliche Miterben (§§ 2050 ff.)
  cc) Ausgleichspflichtige Zuwendungen: Ausstattung, Zuschüsse, Aufwendungen für die Vorbildung zu einem Beruf, sonstige Zuwendungen bei Anordnung des Erblassers: (§ 2050 I–III)
  dd) Durchführung
    – Vorweg Bestimmung der Erbteile der nicht an der Ausgleichung beteiligten Miterben
    – Zurechnung aller auszugleichenden Zuwendungen zum Wert des verbleibenden Nachlasses (»Ausgleichungs-Nachlass«; § 2055 I 2)
    – Berechnung der Wertquoten der ausgleichsbeteiligten Miterben nach dem »Ausgleichs-Nachlass«
    – Anrechnung der auszugleichenden Zuwendungen bei den jeweils ausgleichspflichtigen Miterben (§ 2055 I 1)
    – ggf. Ausgleichung für besondere Leistungen eines Miterben (§ 2057a)

V. Abschnitt

§ 32 Das Pflichtteilsrecht

542

Hinweis: Dem überlebenden Lebenspartner steht ab 1. 8. 2001 ein Pflichtteilsanspruch zu, wie wenn er ein überlebender Ehegatte wäre (§ 10 VI LPartG).

Schrifttum: *W. Baumann*, Die Pflichtteilsbeschränkung »in guter Absicht«, ZEV 1996, 121; *Behmer*, Neues zur Zehnjahresfrist beim Pflichtteilsergänzungsanspruch, FamRZ 1999, 1254; *Bengel*, Die Pflichtteilsproblematik beim Tod des Nacherben vor Eintritt des Nacherbfalls, ZEV 2000, 388; *Bestelmeyer*, Das Pflichtteilsrecht der entfernteren Abkömmlinge und Eltern des Erblassers im Anwendungsbereich des § 2309 BGB, FamRZ 1997, 1124; *ders.*, Das Pflichtteilsrecht im Schenkungszeitpunkt als Voraussetzung für den Pflichtteilsergänzungsanspruch, FamRZ 1998, 1152; *ders.*, Zur Anwendbarkeit des § 2306 Abs. 2 BGB bei angeordneter aufschiebend bedingter oder auflösend bedingter Nacherbfolge, Rpfleger 2007, 1; *Coing*, Zur Auslegung des § 2314 BGB, NJW 1983, 1298; *Cornelius*, Auskunfts- und Wertermittlungsverlangen des enterbten Pflichtteilsberechtigten bei pflichtteilsergänzungsrechtlich relevanten Veräußerungen, ZEV 2005, 286; *Dauner-Lieb*, Bedarf es einer Reform des Pflichtteilsrechts?, DNotZ 2001, 460; *Dingerdissen*, Pflichtteilsergänzung bei Grundstücksschenkung unter Berücksichtigung der neueren Rechtsprechung des BGH, JZ 1993, 402; *Draschka*, Vorweggenommene Erbfolge und Pflichtteilsergänzung, 1992; *ders.*, Unbenannte Zuwendungen und der erbrechtliche Schutz gegen unentgeltliche Vermögensverfügungen, DNotZ 1993, 100; *Ebenroth/Bacher/Lorz*, Dispositive Wertbestimmungen und Gestaltungswirkungen bei Vorempfängen, JZ 1991, 277; *Everts*, Pflichtteilsklauseln in Überlassungsverträgen mit minderjährigen Erwerbern, Rpfleger 2005, 180; *Gerken*, Pflichtteilsrecht zwischen Testierfreiheit und Familienerbfolge, Rpfleger 1989, 45; *ders.*, Pflichtteilsergänzungsansprüche – Entstehung und Durchsetzung, Rpfleger 1991, 443; *Gotthardt*, Zur Entziehung des Pflichtteils eines Abkömmlings wegen Führens eines ehrlosen oder unsittlichen Lebenswandels (§ 2333 Nr. 5 BGB), FamRZ 1987, 757; *Haas*, Ist das Pflichtteilsrecht verfassungswidrig?, ZEV 2000, 249; *Henrich*, Testerfreiheit versus Pflichtteilsrecht, 2000; *Hohloch*, Wertermittlung des pflichtteilsberechtigten Erben auf eigene Kosten, JuS 1994, 76; *Kanzleiter*, Verwirkungsklausel zu Lasten eines Erben, dem ein belasteter Erbteil in Höhe des Pflichtteils (oder weniger) zugewendet ist?, DNotZ 1993, 780; *Kasper*, Anrechnung und Ausgleichung im Pflichtteilsrecht, 1999; *Keller*, Die Pflichtteilsberechtigung im Zeitpunkt der Schenkung als Voraussetzung eines Pflichtteilsergänzungsanspruchs, ZEV 2000, 268; *Kleensang*, Zur »historischen Auslegung« der Pflichtteilsentziehungsvorschriften des BGB, DNotZ 2005, 509; *ders.*, Familienerbrecht versus Testierfreiheit – Das Pflichtteilsentziehungsrecht auf dem Prüfstand des Bundesverfassungsgerichts, ZEV 2005, 277; *Klingelhöffer*, Pflichtteilsrecht, 2. Aufl., 2003; *ders.*, Die Stundung des Pflichtteilsanspruchs, ZEV 1998, 121; *ders.*, Testamentsvollstreckung und Pflichtteilsrecht, ZEV 2000, 261; *Kochendörfer*, Das Pflichtteilsrecht des Schlusserben – Rechtliche Beurteilung und testamentarische Gestaltungsmöglichkeiten, JA 1998, 713; *Kornexl*, Die Schenkung an den Ehegatten in der Pflichtteilsergänzung: Teleologische Reduktion des § 2325 BGB bei Rückabwicklung, Rückschenkung und Weiterschenkung, ZEV 2003, 196; *Kuchinke*, Der Pflichtteilsanspruch als Gegenstand des Gläubigerzugriffs, NJW 1994, 1769; *Kummer*, Klage des Pflichtteilsberechtigten auf Feststellung der Unwirksamkeit des Pflichtteilsentzugs, ZEV 2004, 274; *Leisner*, Pflichtteilsentziehungsgründe nach § 2333 ff. BGB verfassungswidrig? BVerfG lässt eine wichtige Frage offen, NJW 2001, 126; *Lenz*, Verjährungsbeginn von Pflichtteilsergänzungsansprüchen, JuS 1995, 280; *Ludewig*, Pflichtteilskürzung durch Schenkung an den Pflichtteilsberechtigten beim Erbvertrag?, MDR 1985, 372; *v. Lübtow*, Die Methode der Gesetzesanwendung, erläutert am § 2325 BGB, Festschrift f. Bosch, 1976, 573; *Marotzke*, Das Wahlrecht des pflichtteilsberechtigten Erben bei ungünstigem Testament, AcP 191, 563; *J. Mayer*, Wertermittlung des Pflichtteilsanspruchs: Von gemeinen, inneren und anderen Werten, ZEV 1994, 331; *ders.*, Der beschränkte Pflichtteilsverzicht, ZEV 2000, 263; *N. Mayer*, Probleme der Pflichtteilsergänzung bei Überlassungen im Rahmen einer vorweggenommenen Erbfolge, FamRZ 1994, 739; *U. Mayer*, Erbteil oder Pflichtteil? Frist läuft, DNotZ 1996, 422; *Meincke*, Das Recht der Nachlassbewertung im BGB, 1973; *Meyding*, Schenkung unter Nießbrauchsvorbehalt und Pflichtteilsergänzungsanspruch, ZEV 1994, 202; *Oechsler*, Pflichtteil und Unternehmensnachfolge von Todes wegen, AcP 2000, 603; *v. Olshausen*, Die Verteidigung des Erbenpflichtteils gegen Pflichtteils- und Vermächtnisansprüche, FamRZ 1986, 524; *ders.*, Analoge Anwendung des § 2325 III Hs. 2 BGB auf vor der Eheschließung vorgenommene Schenkungen an den späteren Ehegatten?, FamRZ 1995, 717; *Otte*, Um die Zukunft des Pflichtteilsrechts, ZEV 1994, 193; *Chr. Paulus*, Pflichtteilsergänzungsanspruch bei Grundstücksschenkungen, Rpfleger 1986, 206, 423; *Pawlytta*, Erbrechtliches Schiedsgericht und Pflichtteilsrecht, ZEV 2003, 89; *Pentz*, Pflichtteilsergänzung bei »gemischten« Schenkungen, FamRZ 1997, 724; *ders.*, Pflichtteilsergänzung nur bei Pflichtteilsrecht auch im Schenkungszeitpunkt, MDR 1997, 717; *ders.*, Die Pflichtteilslast des Ersatzmannes nach § 2320 BGB, MDR 1998, 1391; *Rawert/Katschinski*, Stiftungserrichtung und Pflichtteilsergänzung, ZEV 1996, 161; *Röthel*, Pflichtteil und Stiftungen: Generationengerechtigkeit versus Gemeinwohl?, ZEV 2006, 8; *Sarres*, Auskunftsansprüche des Pflichtteilsberechtigten, ZEV 1998, 4; *Schiffer*, Die Dresdner Frauenkirche, die Stiftung und der Pflichtteil, NJW 2004, 1565; *Schindler*, Pflichtteilsverzicht und Pflichtteilsverzichtsaufhebungsvertrag – oder: die enttäuschten Schlusserben, DNotZ 2004, 824; *ders.*, Fristlauf bei pflichtteilsergänzungsrechtlichen Schenkungen, ZEV 2005, 290; *Schlitt*, Zur Anrechnung aufschiebend bedingter Vermächtnisses auf den Pflichtteil, NJW 1992, 28; *ders.*, Der mit einem belasteten Erbteil und einem Vermächtnis bedachte Pflichtteilsberechtigte, ZEV 1998, 216; *ders.*, Aufteilung der Pflichtteilslast zwischen Erbe und Vermächtnisnehmer, ZEV 1998, 91; *Schlüter*, Die Änderung der Rolle des Pflichtteilsrechts im sozialen Kontext, in: 50 Jahre Bundesgerichtshof, Festgabe der Wissenschaft, Band I, 2000, 1047; *ders.*, Die Anrechnung von Zuwendungen unter Ehegatten auf den Zugewinnausgleich und den Pflichtteil, Festschrift für Kollhosser, 2004; *Schmidt-Kessel*, Erbrecht in der Rechtsprechung des Bundesgerichtshofes 1985 bis 1987, WM 1988, Sonderbeil. 8, 14; *Schröder*, Pflichtteilsrecht, DNotZ 2001, 465; *Seibel*, Zur Anwendbarkeit der 10-Jahres-Frist nach § 2325 Abs. 3 BGB auf »Eigengeschenke« des Pflichtteilsberechtigten (§ 2327 BGB), Rpfleger 2006, 300; *Siebert*, Grenzen und Schutzbereich des Pflichtteilsergänzungsanspruchs, NJW 2006, 2948; *Speckmann*, Der Beginn der Zehnjahresfrist für die Berücksichtigung von Schenkungen beim Pflichtteilsergänzungsanspruch, NJW 1978, 358; *Stüber*, BVerfG zum Pflichtteilsrecht: Kein Beitrag zu mehr Klarheit!, NJW 2005, 2122; *Sturm/Sturm*, Zur Ausgleichung beim Pflichtteilsergänzungsanspruch nach § 2325 BGB, Festschrift f. v. Lübtow, 1991, 291;

Sudhoff, Vorweggenommene Erbfolge und Pflichtteilsanspruch, DB 1971, 225; *Tiedtke*, Die Voraussetzungen des Pflichtteilsergänzungsanspruchs, DNotZ 1998, 85; *Wegmann*, Ehevertragliche Gestaltung zur Pflichtteilsreduzierung, ZEV 1996, 201; *ders.*, Gesellschaftsvertragliche Gestaltungen zur Pflichtteilsreduzierung, ZEV 1998, 135; *Weirich*, Der gegenständlich beschränkte Pflichtteilsverzicht, DNotZ 1986, 5; *Winkler*, Reduzierung der Ansprüche der bei der Gesellschafter-Nachfolge übergangenen Pflichtteilsberechtigten durch gesellschaftsvertragliche Abfindungsklauseln?, BB 1997, 1697.

Fälle:

a) E, der seine Schwester S und seine Kinder A und B als Erben zu je 1/3 eingesetzt hat, hinterlässt seine Frau F, seine Kinder A, B und C und seinen Vater V. F hatte auf ihr Erbrecht verzichtet. A schlägt die Erbschaft aus. B wird für erbunwürdig erklärt. Wer ist in welcher Höhe pflichtteilsberechtigt? **(Rdnr. 543, 545, 548)**

b) E hat seine Frau F zur Alleinerbin eingesetzt und seine Kinder A, B, C nicht bedacht. A verlangt einen Pflichtteil in Höhe von 1/8 des Nachlasswertes. F will nur 1/12 zahlen. **(Rdnr. 551)**

c) E hinterlässt seine Frau F und die Kinder A, B und C. X ist Alleinerbe. Es sind 44 000,– € vorhanden, davon 4000,– € in der Ehe erzielter Zugewinn. Was können F, A, B und C beanspruchen? **(Rdnr. 552)**

d) E, der den X zum Alleinerben eingesetzt hat, hinterlässt seine Frau F und die Kinder A, B und C. Vor seinem Tode hatte er an A 5000,– €, an B 1000,– € und an C ebenfalls 1000,– € gezahlt. A und B haben ihre Beträge auszugleichen, C muss sich die 1000,– € anrechnen lassen. Wie hoch sind die Pflichtteile, wenn der Nachlass 8000,– € beträgt? Wie ist es, wenn C die 1000,– € dazu noch auszugleichen hat? **(Rdnr. 559)**

e) E hinterlässt seine Frau F, mit der er in Gütertrennung lebte, und die Kinder A, B und C. Er hat die F zu 3/4, den A zu 1/4 zu Erben eingesetzt. Vor seinem Tode hat er im Jahre 2002 dem X 28 000,– €, im Jahre 2003 dem B 4000,– € geschenkt. In welcher Höhe haben F, A, B und C Ansprüche gegen wen, wenn ein Nachlass von 8000,– € vorhanden ist? **(Rdnr. 563)**

I. Bedeutung

Auf Grund der Testierfreiheit kann der Erblasser seine nächsten Angehörigen enterben. Um ihren völligen Ausschluss von der Teilhabe am Vermögen des Erblassers zu vermeiden, sieht das Gesetz für diesen Personenkreis in den §§ 2303 ff. ein Pflichtteilsrecht vor. Diese Regelung beruht auf dem Gedanken, dass den Erblasser eine über den Tod hinausgehende Sorgepflicht für seine nahen Angehörigen trifft. Das Pflichtteilsrecht gibt einen *schuldrechtlichen Anspruch gegen die Erben auf Zahlung eines Geldbetrages*; es verschafft dem Berechtigten keine Erbenstellung und keinen Anspruch auf bestimmte Nachlassgegenstände.

543 II. Gläubiger und Schuldner des Pflichtteilsanspruchs

1. Gläubiger des Pflichtteilsanspruchs

Den Pflichtteilsanspruch haben nach § 2303 bestimmte nahe Angehörige des Erblassers, wenn sie durch Verfügung von Todes wegen von der Erbfolge ausgeschlossen sind.

a) Pflichtteilsberechtigt sind gem. § 2303 I 1, II 1 nur die *Abkömmlinge, der Ehegatte und die Eltern des Erblassers.* Gleiches gilt gem. § 10 VI 1 LPartG für den *Lebenspartner.* Dieser ist (auch bei der Berechnung der Pflichtteilsansprüche der anderen Berechtigten sowie bei der Frist für pflichtteilsergänzungsrelevante Schenkungen nach § 2325 III) wie ein Ehegatte zu behandeln (§ 10 VI 2 LPartG).

Nach § 2309 werden entferntere Abkömmlinge durch nähere und Eltern als gesetzliche Erben zweiter Ordnung (§ 1925 I) durch pflichtteilsberechtigte Erben erster Ordnung (§ 1924 I) insoweit verdrängt, als diese den Pflichtteil verlangen können oder eine Zuwendung annehmen. Damit sind für das Pflichtteilsrecht durch § 2309 wie für das Erbrecht durch die §§ 1924 II, 1930 gleichzeitige Ansprüche mehrerer voneinander abstammender Personen oder Personen verschiedener Ordnungen ausgeschlossen.

Im Fall a hat also der Vater V des E neben dessen Kindern keinen Pflichtteilsanspruch.

544 b) Die genannten Personen müssen durch Verfügung von Todes wegen *von der Erbfolge ausgeschlossen* sein. Der Ausschluss ist auf verschiedene Weise möglich (Rdnr. 271): Der Erblasser kann ausdrücklich die Enterbung aussprechen oder denjenigen, den er übergehen will, mit keinem Wort erwähnen. Auch durch Zuwendung eines Vermächtnisses oder Verweisung auf den Pflichtteil kann der Erblasser zu verstehen geben, dass eine Enterbung gewollt ist.

Bestimmt der Erblasser in seinem Testament, dass er jemandem den Pflichtteil zuwendet, so braucht darin nicht in jedem Fall eine Verweisung auf den Pflichtteil zu liegen. Vielmehr muss die Auslegung ergeben, ob Verweisung auf den Pflichtteil, Erbeinsetzung in Höhe der Pflichtteilsquote oder Zuwendung eines Vermächtnisses im Werte des Pflichtteils gewollt ist (Rdnr. 271). Die grundlegenden Abgrenzungsmerkmale sind aus dem Sinn, der Bedeutung und den Kennzeichen von Erbschaft, Vermächtnis und Pflichtteil zu entnehmen. Will der Erblasser den Pflichtteilsberechtigten möglichst ausschließen und wendet er ihm nur deshalb den Pflichtteil zu, so liegt eine Enterbung vor. Andernfalls ist entweder eine Erbeinsetzung oder eine Vermächtnisanordnung anzunehmen[1].

Bleibt nach der Auslegung zweifelhaft, ob Erbeinsetzung oder Verweisung auf den Pflichtteil gewollt ist, so ist nach § 2304 Letzteres anzunehmen.

545 c) Wer sich selbst durch Ausschlagung um die Erbschaft bringt, hat nur unter den Voraussetzungen der §§ 2306 I 2, 2303 II 2 i.V.m. § 1371 III den Pflicht-

1 RGZ 113, 234, 236 f.

teilsanspruch; das gilt auch bei der Ausschlagung durch den Lebenspartner. Der ausschlagende Vermächtnisnehmer dagegen ist immer pflichtteilsberechtigt (§ 2307).

Der Verlust des Ehegattenerbrechts nach § 1933 und des Lebenspartnererbrechts nach § 10 III LPartG, der Entzug des Pflichtteils (§§ 2333 ff.), die Erklärung der Pflichtteilsunwürdigkeit (§ 2345 II) und der Verzicht auf Erb- oder Pflichtteilsrecht (§ 2346) stehen der Pflichtteilsberechtigung entgegen.

Im **Fall a** scheiden auch F, A und B als Pflichtteilsberechtigte aus. Allein C ist pflichtteilsberechtigt.

2. Schuldner des Pflichtteilsanspruchs **546**

Schuldner des Pflichtteilsanspruchs ist der Erbe (§ 2303 I 1; Ausnahme: § 2329; Rdnr. 562); mehrere Erben haften als Gesamtschuldner (§§ 2058 ff.). Ein selbst pflichtteilsberechtigter Miterbe kann nach der Teilung den Pflichtteilsberechtigten insoweit an die anderen Miterben verweisen, als ihm sonst sein eigener Pflichtteil nicht verbliebe (§ 2319).

Vor der Teilung wird der einzelne Miterbe durch § 2059 geschützt.

III. Berechnung des Pflichtteils **547**

Der Pflichtteilsanspruch geht nach § 2303 I 2 auf die *Hälfte des Wertes des gesetzlichen Erbteils*. Um den Geldbetrag zu berechnen, dessen Zahlung der einzelne Pflichtteilsberechtigte beanspruchen kann, muss die Pflichtteilsquote ermittelt und mit dem Nachlasswert multipliziert werden.

1. Berechnung der Pflichtteilsquote **548**

Die Pflichtteilsquote beträgt 1/2 des gesetzlichen Erbteils.

Es ist also festzustellen, zu welcher Quote der Pflichtteilsberechtigte Erbe wäre, wenn die gesetzliche Erbfolge gelten würde. Das richtet sich nach den §§ 1924 ff. (Rdnr. 60 ff.).

Bei dieser Feststellung sind auch solche Personen mitzuzählen, die wegen Enterbung, Erbausschlagung oder Erbunwürdigkeit keine Erben werden (§ 2310 Satz 1). Dagegen wird nicht berücksichtigt, wer durch Erbverzicht von der Erbfolge ausgeschlossen ist (§ 2310 Satz 2); der Gesetzgeber geht davon aus, dass der Verzichtende regelmäßig schon vor dem Verzicht abgefunden worden ist[2].

2 Prot. V, 612, 613.

Die Zahl der bei der Pflichtteilsberechnung zu berücksichtigenden Personen ist daher unter Umständen größer, aber niemals kleiner als die Zahl der im Einzelfall tatsächlich Pflichtteilsberechtigten. Infolgedessen kann die Summe aller Pflichtteilsansprüche unter die Hälfte des Nachlasswertes absinken, sie jedoch nicht überschreiten.

Im **Fall a** scheidet bei der Berechnung der Pflichtteilsquote des C der V aus, weil dieser neben C nicht Erbe oder Pflichtteilsberechtigter sein kann (§§ 1930, 2309). F ist nach § 2310 Satz 2 nicht mitzuzählen. A und B sind dagegen nach § 2310 Satz 1 zu berücksichtigen. Der gesetzliche Erbteil des C beträgt nach § 1924 IV neben A und B $^1/_3$, sein Pflichtteil nach § 2303 I 2 mithin $^1/_6$ des Nachlasswertes.

549 *2. Berechnung des Pflichtteilsbetrages*

Der Nachlasswert, der der Berechnung des Pflichtteils zu Grunde zu legen ist, wird für den Zeitpunkt des Erbfalls nach den §§ 2311–2313 ermittelt. Er ergibt sich nach Abzug der Passiven von den Aktiven. Zu den Passiven gehören die Erblasserschulden und die meisten Erbfallschulden (Rdnr. 655 ff.), wie Beerdigungskosten und Kosten der Nachlassverwaltung.

Auch der vom Ehegatten oder Lebenspartner in den Fällen des § 1371 II, III beanspruchte Zugewinnausgleich ist vor der Berechnung der Pflichtteile abzuziehen, da andernfalls die Abkömmlinge daran beteiligt würden, obwohl er nach § 1371 II dem Ehegatten zustehen soll.
Besonderheiten gelten für die Berechnung des Pflichtteils bei Rückgabe von DDR-Grundstücken an die Erben[3].

Bei der Berechnung des Pflichtteils eines Abkömmlings und der Eltern des Erblassers wird nach § 2311 I 2 nur der Voraus vom Nachlasswert abgezogen. Im Übrigen bleiben die Auflagen und testamentarischen sowie gesetzlichen Vermächtnisse (§§ 1371 IV, 1969) bei der Berechnung des Pflichtteils unberücksichtigt. Dieser Regelung liegt der Gedanke zu Grunde, dass es zu einer zu weitgehenden Entlastung des Erben von Pflichtteilsansprüchen führen würde, wenn bei der Berechnung des Nachlasswertes die Vermächtnisse abzuziehen wären und der Erbe dann noch einen Teil der Pflichtteilslast nach § 2318 auf den Vermächtnisnehmer abwälzen könnte.

550 IV. Berechnung des Pflichtteils bei Zugewinngemeinschaft

Der gesetzliche Erbteil des Ehegatten oder des Lebenspartners, der im gesetzlichen Güterstand der Zugewinngemeinschaft lebte, erhöht sich zur Ausgleichung des Zugewinns um ein Viertel (§ 1371 I; Rdnr. 75, 77d). Es fragt sich, wie sich der Pflichtteil der Abkömmlinge bzw. des überlebenden Gatten/Partners berechnet, wenn diese weder Erben noch Vermächtnisnehmer werden. Das

3 BGH NJW 1993, 2176. Dazu: *Dressler*, NJW 1993, 2519.

richtet sich nach den §§ 1371, 2303 II 2, um deren Auslegung ein heftiger Streit entbrannt war. Er ist jedoch durch zwei für die Rechtspraxis grundlegende Entscheidungen des BGH[4] abgeschlossen.

1. *Auswirkung des § 1371 I auf den Pflichtteil der Abkömmlinge* 551

Ist der überlebende Ehegatte/Lebenspartner Alleinerbe und verlangt das Kind des Erblassers den Pflichtteil, so stellt sich das Problem, ob bei Ermittlung der Pflichtteilsquote von dem gesetzlichen Erbteil der Mutter in Höhe von $1/4$ (§ 1931 I 1) oder von dem erhöhten gesetzlichen Erbteil von $1/4 + 1/4 = 1/2$ (§ 1371 I) auszugehen ist. Eine Meinung wollte dem § 1371 I keinerlei Einfluss auf das Pflichtteilsrecht zubilligen[5], eine zweite § 1371 I nur bei gesetzlicher Erbfolge eingreifen lassen und bei Erbeinsetzung des Ehegatten auch die Pflichtteile der übergangenen Pflichtteilsberechtigten nach dem nicht erhöhten gesetzlichen Erbteil des Ehegatten berechnen[6]. Die dritte und heute nahezu einhellig vertretene Meinung wendet § 1371 I ohne Rücksicht darauf an, ob die gesetzliche oder testamentarische Erbfolge eintritt[7]. Dieser herrschenden Meinung zu folgen: § 2303 II 2 verweist allgemein auf § 1371, nicht etwa nur auf § 1371 III. Dem Wortlaut des § 1371 I ist, wenngleich der gesetzliche Erbteil die Berechnungsgrundlage für den Pflichtteil bildet, keine Beschränkung dahin zu entnehmen, dass die Vorschrift nur bei gesetzlicher Erbfolge eingreifen soll. Die Entstehungsgeschichte spricht eindeutig für die hier vertretene Auffassung[8].

Im **Fall b** beträgt der gesetzliche Erbteil der F $1/2$ und der der Kinder je $1/6$ (§§ 1931 I, 1924 IV), der Pflichtteil der Kinder demnach je $1/12$[9]. Die abgelehnten Ansichten kämen zu gesetzlichen Erbteilen von je $1/4$ und damit zu Pflichtteilen von je $1/8$.

2. *Auswirkung des § 1371 II auf den Pflichtteil des Ehegatten/Lebenspartners* 552

Ist der überlebende Ehegatte/Lebenspartner des Erblassers weder Erbe noch Vermächtnisnehmer, kann er nach § 1371 II den Zugewinnausgleich (§§ 1373 ff.) und den nach dem nicht erhöhten gesetzlichen Ehegattenerbteil berechneten Pflichtteil (den *kleinen* Pflichtteil) verlangen. Nach der von der h. M. vertretenen *Einheitstheorie*[10] richtet sich der Pflichtteilsanspruch immer nur nach dem

4 BGHZ 37, 58; 42, 182.
5 *Niederländer*, NJW 1960, 1737, 1740.
6 Nachweise: BGHZ 37, 58, 59.
7 BGHZ 37, 58, 60 m.w.N.; *Erman/Schlüter*, § 2303 Rdnr. 8; MünchKomm/*Lange*, § 2303 Rdnr. 25.
8 BT-Drucks. 2. WP, Nr. 3409, Anl. S. 17.
9 BGHZ 37, 58.
10 Im Anschluss an *D. Reinicke*, DB 1965, 1351, 1354 f. BGHZ 42, 182, 185 f. m.N.; BGH FamRZ 1982, 571 m.N.

nicht erhöhten gesetzlichen Ehegattenerbteil. Das gilt selbst dann, wenn mangels Zugewinns ein Zugewinnausgleichsanspruch nicht besteht oder wenn der überlebende Ehegatte von der Möglichkeit, den Zugewinnausgleich zu verlangen, keinen Gebrauch macht.

Demgegenüber gibt die von einer Mindermeinung vertretene *Wahltheorie*[11] dem überlebenden Ehegatten/Lebenspartner ein Wahlrecht: Er kann wählen zwischen dem Zugewinnausgleich und dem kleinen Pflichtteil einerseits und dem großen Pflichtteil (berechnet nach dem erhöhten gesetzlichen Ehegattenerbteil) andererseits.

Die Wahltheorie fasst das »in diesem Fall« im 2. Halbs. des § 1371 II so auf, dass der kleine Pflichtteil nicht schon dann zu gewähren ist, wenn der Ehegatte den Zugewinnausgleich verlangen kann, sondern nur, wenn er ihn tatsächlich verlangt. Beansprucht er ihn nicht, soll ihm der große Pflichtteil zustehen.

Der herrschenden Einheitstheorie ist zu folgen. Sie hält sich nicht nur enger an den Wortlaut des § 1371 II[12], sondern entspricht auch dem Willen des Gesetzgebers. Das ergibt sich aus der Entstehungsgeschichte: Bei den Beratungen zu § 1371 II ist von einem Wahlrecht des überlebenden Ehegatten nicht die Rede gewesen. Vielmehr ging man davon aus, dass dem Ehegatten, der nicht Erbe oder Vermächtnisnehmer ist, in jedem Falle nur der kleine Pflichtteil und der Zugewinnausgleich zustehen soll[13]. Ein Wahlrecht des überlebenden Ehegatten würde zu einer beträchtlichen Rechtsunsicherheit führen, da es zeitlich unbegrenzt wäre; der von der Mindermeinung vorgeschlagene Weg einer analogen Anwendung des § 2307 II ist nicht allgemein anerkannt.

Bei der Einheitstheorie treten in Grenzfällen gewisse *Härten* auf, wie die Gegenüberstellung der beiden folgenden **Beispiele** zeigt: Hat der vermögende Erblasser seinen Ehegatten mit einem Vermächtnis bedacht, dessen Wert geringer ist als die Hälfte des gesetzlichen Erbteils, so steht dem überlebenden Ehegatten selbst dann, wenn kein Zugewinn erzielt worden ist, neben dem Vermächtnis nach § 2307 I 2 der Pflichtteilsanspruch in Höhe des Unterschiedes zwischen dem großen Pflichtteil und dem Vermächtnis zu. Auf den kleinen Pflichtteil ist der Überlebende in diesem Fall nur verwiesen, wenn er das Vermächtnis ausschlägt (§ 1371 III). Der überlebende Ehegatte wird jedoch in dieser Situation regelmäßig das Vermächtnis nicht ausschlagen, weil ihm wegen des fehlenden Zugewinns kein Anspruch auf Zugewinnausgleich zusteht, er also bei Annahme des Vermächtnisses und Geltendmachung des »Zusatzpflichtteils« nach § 2307 I 2 besser steht. Hat dagegen der vermögende Erblasser seinen Ehegatten enterbt und wurde kein Zugewinn erzielt, dann ist der Überlebende nach der Einheitstheorie stets auf den kleinen Pflichtteil verwiesen; nach der Wahltheorie könnte er sich jedoch auch in diesem Fall für den großen Pflichtteil entscheiden. Die Einheitstheorie hat also zur Folge, dass der Erblasser durch Zuwendung eines noch so geringen Vermächtnisses dem überlebenden Ehegatten die Möglichkeit verschafft, entweder den großen Pflichtteil oder – nach Ausschla-

11 Nachweise: BGHZ 42, 182, 185 f.; *Heinr. Lange*, NJW 1965, 369.
12 BGHZ 42, 182, 186.
13 Dazu *D. Reinicke*, BB 1958, 575, 577 f.

gung des Vermächtnisses – den kleinen Pflichtteil und den Ausgleich eines etwaigen Zugewinns zu verlangen. Dies muss jedoch hingenommen werden; denn nur die Einheitstheorie wird dem Willen des Gesetzgebers, eine schematische Regelung des Zugewinnausgleichs zu schaffen, hinreichend gerecht.

Im **Fall c** berechnen sich die Pflichtteile nach der Einheitstheorie folgendermaßen: F kann den Zugewinnausgleich von 2000,– € (§ 1378 I) und den kleinen Pflichtteil von 1/8 (= Hälfte des nicht erhöhten gesetzlichen Erbteils von 1/4) verlangen. Der Nachlasswert beträgt 42 000,– € (die Zugewinnausgleichsforderung der F ist vor der Pflichtteilsberechnung abzuziehen). 1/8 von 42 000,– € ist 5250,– €. F bekommt also 5250,– und 2000,– €, zusammen 7250,– €. A, B und C erhalten als Pflichtteil gleichfalls 1/8 (gesetzlicher Erbteil 1/4; §§ 1931 I, 1924 IV), d. h. je 5250,– €.

3. Regelung des § 1371 III, IV 553

a) § 1371 III gibt dem überlebenden Ehegatten/Lebenspartner (§ 6 Satz 2 LPartG) auch bei der Ausschlagung der Erbschaft den Anspruch auf den Zugewinnausgleich und den kleinen Pflichtteil. Diese Vorschrift enthält damit eine Ausnahme zu § 2303 II 1. Dadurch soll erreicht werden, dass der überlebende Ehegatte/Lebenspartner stets in den Genuss des Zugewinnausgleichs kommen kann, ohne den kleinen Pflichtteil zu verlieren.

§ 1371 III greift nicht ein, wenn der überlebende Ehegatte/Lebenspartner durch Vertrag mit dem anderen auf sein gesetzliches Erbrecht oder sein Pflichtteilsrecht verzichtet hat. Dann ist der überlebende Teil nicht schutzwürdig, da er seinem Gatten/Partner vertraglich die volle Verfügungsfreiheit auch hinsichtlich seines Pflichtteilsrechts eingeräumt hat.

Dass der Ehegatte/Lebenspartner auch bei Ausschlagung des Vermächtnisses den Pflichtteil verlangen kann, ergibt sich schon aus § 2307 I.

b) Erhöht sich nach § 1371 I der Erbteil des Ehegatten/Lebenspartner, so hat dieser aus dem zusätzlich gewährten Anteil die Stiefkinder nach § 1371 IV/§ 6 Satz 2 LPartG) zu versorgen (Rdnr. 75).

V. Schutz gegen Beeinträchtigung des Pflichtteils 554

Es gibt Fälle, in denen eine Anwendung der bisher genannten Regeln den Zweck des Pflichtteilsrechts verfehlen würde, einen billigen Ausgleich für die übergangenen nächsten Angehörigen zu schaffen. Deshalb enthält das Gesetz drei Gruppen von Vorschriften, mit denen eine ungerechtfertigte Beeinträchtigung des Pflichtteilsanspruchs möglichst verhindert werden soll:

1. Gruppe: §§ 2305–2308; Pflichtteilsanspruch bei zu geringem oder belastetem Erbteil sowie bei Vermächtnis (Rdnr. 555 ff.).

2. Gruppe: §§ 2315, 2316; Anrechnung und Ausgleichung der Zuwendungen des Erblassers und der in § 2057a genannten Leistungen der Abkömmlinge auf den Pflichtteil (Rdnr. 559 ff.).

3. Gruppe: §§ 2325–2331; Berücksichtigung von Schenkungen, die der Erblasser zu seinen Lebzeiten gemacht hat, für den Pflichtteilsanspruch (Rdnr. 562 f.).

555 *1. Vervollständigung des Pflichtteils*

Die erste Gruppe (§§ 2305–2308) schafft einerseits einen Ausgleich für den Fall, dass der Erblasser das Pflichtteilsrecht des Berechtigten dadurch ausschließt, dass er ihn als Erben einsetzt (vgl. § 2301 I 1), den Erbteil aber so gering hält oder so stark belastet, dass der Erbe weniger erhält, als ihm im Falle der Enterbung bei Geltendmachung des Pflichtteilsanspruchs zustünde (§§ 2305, 2306). Andererseits soll ein Vermächtnisnehmer, dem nach § 2303 I 1 ein Pflichtteilsanspruch zusteht, nicht das Vermächtnis und zusätzlich den Pflichtteil beanspruchen können (§ 2307).

556 a) § 2305 gewährt dem Erben, dem weniger als die Hälfte des gesetzlichen Erbteils zugewandt ist, einen Anspruch auf Vervollständigung bis zur Höhe des Pflichtteils (*Pflichtteilsrestanspruch*).

Beispiel: Ist die Tochter des Erblassers als Erbin in Höhe von $^1/_6$ eingesetzt, so kann sie, wenn ihr Pflichtteil $^1/_4$ des Nachlasswertes beträgt, über § 2305 zu dem Sechstel noch den Wert von $^1/_{12}$ verlangen.

557 b) § 2306 unterscheidet zwei Fälle: Um dem Pflichtteilsberechtigten den Pflichtteil ungeschmälert in der durch § 2303 I 2, II 2 bestimmten Höhe zukommen zu lassen, gelten nach § 2306 I 1 Beschränkungen und Beschwerungen als nicht angeordnet, sofern der Erbteil die Hälfte des gesetzlichen Erbteils nicht übersteigt. Wird dagegen die Hälfte überschritten und ist der Erbteil z. B. mit einem Vermächtnis (andere Fälle: § 2306 I 1, II) belastet, so gibt § 2306 I 2 dem Pflichtteilsberechtigten ein Wahlrecht zwischen belasteter Erbschaft und dem Pflichtteil.

Um den Pflichtteil verlangen zu können, muss der Erbe den Erbteil ausschlagen; die Ausschlagungsfrist beginnt erst mit der Kenntnis des Pflichtteilsberechtigten von der Beschränkung oder Beschwerung[14]. Hat der Pflichtteilsberechtigte ausgeschlagen, weil er Beschränkungen oder Beschwerungen als vorliegend annahm, die in Wirklichkeit zur Zeit der Ausschlagung weggefallen waren, so kann er die Ausschlagung nach § 2308 anfechten.

Aus den §§ 2305, 2306 I folgt im Umkehrschluss, dass kein Pflichtteilsanspruch besteht, wenn der Pflichtteilsberechtigte wenigstens zur Hälfte seines

14 Dazu BGHZ 112, 229.

gesetzlichen Erbteils zum unbeschränkten und unbeschwerten Erben eingesetzt ist, er aber die Erbschaft ausschlägt.

c) Ist dem Pflichtteilsberechtigten ein Vermächtnis zugewandt, so steht ihm der Pflichtteilsanspruch in voller Höhe nur dann zu, wenn er das Vermächtnis ausschlägt (§ 2307 I 1[15]). Schlägt er nicht aus, so mindert sich der Pflichtteilsanspruch auf den Unterschied zwischen der Hälfte des gesetzlichen Erbteils und dem geringeren Vermächtnis (§ 2307 I 2). Er entfällt ganz, wenn das Vermächtnis die Hälfte des gesetzlichen Erbteils erreicht oder übersteigt. 558

2. *Anrechnung und Ausgleichung* 559

Die zweite Gruppe von Vorschriften (§§ 2315 f.) richtet sich vor allem gegen eine Doppelbeteiligung des Pflichtteilsberechtigten am Vermögen des Erblassers und eine damit verbundene Minderung der Ansprüche anderer Pflichtteilsberechtigter: Bestimmte Zuwendungen, die zu Lebzeiten des Erblassers erfolgt sind, werden vom Pflichtteilsanspruch abgezogen (Ausnahme: §§ 2016 I 1, 2057a). Das Gesetz unterscheidet anzurechnende und auszugleichende Zuwendungen.

a) Anrechnung 560

Nach § 2315 hat der Pflichtteilsberechtigte sich rechtsgeschäftliche Zuwendungen des Erblassers anrechnen zu lassen, wenn dieser das *vor* oder *bei* der Zuwendung bestimmt hat.

Die Anrechnung kann *nach* der Zuwendung nur noch durch einen in der Form des § 2348 geschlossenen Vertrag bestimmt werden, da sie einen wenigstens teilweisen Pflichtteilsverzicht darstellt (§ 2346 II).

Die Anrechnung erfolgt in der Weise, dass bei der Berechnung des Pflichtteils des zur Anrechnung Verpflichteten – aber auch nur bei ihm – der Nachlass um den anzurechnenden Betrag erhöht (§ 2315 II 1) und anschließend die anzurechnende Zuwendung von dem sich auf diese Weise ergebenden Pflichtteil wieder abgezogen wird. Über die Höhe des anzurechnenden Betrages entscheidet der Wert im Zeitpunkt der Zuwendung.

Im **Fall d** ergäben sich, wenn Ausgleichungspflichten nicht bestünden, folgende Pflichtteilsquoten: F, A und B erhalten je $^1/_8$ von 8000 = 1000,– €; C erhält $^1/_8$ von 9000 = 1125,– €. Er muss sich die 1000,– € nunmehr anrechnen lassen und erhält noch einen Rest von 125,– €.

15 BGHZ 80, 263, 265.

561 *b) Ausgleichung*

(1) Unter *Ausgleichungspflicht* versteht man, dass eine Ausstattung, die ein Abkömmling zu Lebzeiten des Erblassers erhalten hat, bei der Berechnung der Pflichtteile der Abkömmlinge zu berücksichtigen ist (§§ 2316 I 1, 2050 ff.).

Beispiele: Geschäftsausstattung; eine die Vermögensverhältnisse des Erblassers übersteigende Berufsausbildung, §§ 2050 II, 2316 I 1.

Ausgleichungspflichtig ist der Abkömmling, der die Ausstattung erhalten hat. Da nur unter Abkömmlingen auszugleichen ist, ziehen nur sie Vorteile aus Ausgleichungen anderer Abkömmlinge. Der überlebende Ehegatte/Lebenspartner ist weder selbst ausgleichungspflichtig noch wirken sich Ausgleichungspflichten von Abkömmlingen in einer Erhöhung seines Pflichtteils aus.

Die Ausgleichung braucht im Gegensatz zur Anrechnung nicht vom Erblasser bestimmt zu sein, sondern hängt nach § 2316 I 1 davon ab, ob bei gesetzlicher Erbfolge nach den §§ 2050 ff. (Rdnr. 528 ff.) eine Ausgleichungspflicht bestünde. Ist sie gegeben, so kann sie der Erblasser nicht zum Nachteil eines Pflichtteilsberechtigten ausschließen (§ 2316 III).

Für den Ehegatten/Lebenspartner kann sich zwar nach § 2315 eine Anrechnungspflicht ergeben; doch ist er weder ausgleichungspflichtig noch kann er aus Ausgleichungspflichten anderer Vorteile ziehen. Demnach ist der Berechnung seines Pflichtteils der nicht um die auszugleichenden Beträge erhöhte Nachlasswert zugrunde zu legen.

Während der anrechnungspflichtige Betrag dem Nachlass nur bei der Berechnung des Pflichtteils des zur Anrechnung Verpflichteten zugerechnet wird, ist der Nachlass bei der Berechnung der Pflichtteile der Abkömmlinge um die Summe aller auszugleichenden Beträge zu erhöhen. Bei der *Anrechnung* wird der anzurechnende Betrag erst *nach* der Berechnung des Pflichtteilsanspruchs, bei der *Ausgleichung* schon *vor* der abschließenden Berechnung des Pflichtteils von dem Wert abgezogen, der dem gesetzlichen Erbteil entspricht (vgl. §§ 2315, 2316 I 1, 2055 I).

Beispiel: E enterbt seine Söhne A und B, die einzigen Pflichtteilsberechtigten. Beträgt der Nachlass 10 000,– € und hat B 2000,– € auszugleichen, so beträgt der Pflichtteil des A $1/4$ x (10 000 + 2000) = 3000,– €. B erhielte als Erbteil $1/2$ x (10 000 + 2000) = 6000,– €. Davon ist der auszugleichende Betrag von 2000,– € abzuziehen. Von den verbleibenden 4000,– € beträgt der Pflichtteil die Hälfte, also 2000,– €.

Hat B die 2000,– € anzurechnen, so erhält A $1/4$ von 10 000 = 2500,– €; B bekommt $1/4$ x (10 000 + 2000) – 2000 = 1000,– € als Pflichtteil.

Besonderheiten ergeben sich in folgenden Fällen: Stellt sich bei der Berechnung des Pflichtteils eines Ausgleichungspflichtigen heraus, dass der Verpflichtete *mehr* erhalten hat, als er zu beanspruchen hatte, so scheidet er bei der Berechnung des Pflichtteils der übrigen Berechtigten aus; er ist jedoch zur Herausgabe des zu viel Erhaltenen nicht verpflichtet. Die auszugleichende Summe des Ausscheidenden bleibt dann bei der Berechnung des Pflichtteils der übrigen pflichtteilsberechtigten Abkömmlinge außer Ansatz; der ausgleichungspflichtige Pflichtteilsberechtigte gilt für die Berechnung der übrigen

Pflichtteile als nicht vorhanden (§§ 2316 I 1, 2056). § 2316 II passt die Vervollständigung des Pflichtteils (§§ 2305 ff.) der Ausgleichspflicht an.

Ist eine Zuwendung sowohl anzurechnen als auch auszugleichen, so wird nach Berechnung des unter Berücksichtigung der Ausgleichspflicht ermittelten Pflichtteils der anzurechnende Betrag nicht in voller Höhe, sondern nur zur Hälfte abgezogen (§ 2316 IV). Betreffen aber die Anrechnung und Ausgleichung verschiedene Zuwendungen, bleibt es bei der Berechnung nach den allgemeinen Grundsätzen. Das führt dazu, dass der »Ausgleichsnachlass«, der als Berechnungsgrundlage dient, einen höheren Wert aufweist als der Nachlass, nach dem die Pflichtteile der nicht anrechnungspflichtigen Abkömmlinge berechnet werden[16].

Lösung des **Falles d**:

F: Sie hat sich nichts anrechnen zu lassen. Anrechnungspflichten Anderer berühren ihren Pflichtteil nicht. Auszugleichen ist nur unter den Abkömmlingen. Gesetzlicher Erbteil: § 1371 II = $^1/_4$; Pflichtteil: $^1/_8$ von 8000 = 1000,– €.

Kinder: Auf sie entfiele bei gesetzlicher Erbfolge ein Nachlass von 6000,– €.

A: Nachlass: 6000 + 5000 (eigener auszugleichender Betrag) + 1000 (auszugleichender Betrag des B) = 12 000,– €. Gesetzlicher Erbteil: $^1/_3$ des auf die Kinder entfallenden Nachlasses = 4000,– €. Ausgleichung: 4000 – 5000 = –1000,– €. §§ 2316 I 1, 2056: A erhält nichts, braucht nichts zurückzuzahlen und scheidet bei der Berechnung der Pflichtteile von B und C aus.

B: Nachlass: 6000 + 1000 (eigener auszugleichender Betrag) = 7000,– €. Gesetzlicher Erbteil: nach Wegfall des A neben C die Hälfte des auf die Kinder entfallenden Nachlasses = 3500,– €. Ausgleichung: 3500 – 1000 = 2500,– €. Pflichtteil: $^1/_2$ x 2500 = 1250,– €.

C: Nachlass: 8000 + 1000 (anzurechnender Betrag des C) = 9000,– €. Abzüglich 2250 € (gesetzlicher Erbteil der F) = 6750 € (Ausgleichsnachlass) + 1000 (auszugleichender Betrag des B) = 7750 €. Gesetzlicher Erbteil: $^1/_2$ x 7750 = 3875 €. Ausgleichung: keine. Pflichtteil: $^1/_2$ x 3875 = 1937,50 €. Anrechnung: 1937,50 – 1000 = 937,50 €.

Hat C sich die 1000,– € nicht nur *anrechnen* zu lassen, sondern sie *auch auszugleichen*, so ergibt sich Folgendes:

F: $^1/_8$ x 8000 = 1000,– € als Pflichtteil.

A: Nachlass: 6000 + 5000 + 1000 + 1000 = 13 000,– €. Gesetzlicher Erbteil: $^1/_3$ dieses Betrages: 4333,33 €. Ausgleichung: 4333,33 – 5000 = –666,67 €. §§ 2316 I 1, 2056: A erhält wiederum nichts und scheidet aus.

B: Nachlass: 6000 + 1000 + 1000 = 8000,– € (A scheidet aus). Gesetzlicher Erbteil: (nach Ausscheiden des A) $^1/_2$ x 8000 = 4000,– €. Ausgleichung: 4000 – 1000 = 3000,– €. Pflichtteil: $^1/_2$ x 3000 = 1500,– €.

C: Nachlass: 6000 + 1000 + 1000 = 8000,– €. Gesetzlicher Erbteil: $^1/_2$ x 8000 = 4000,– €. Ausgleichung: 4000 – 1000 = 3000,– €. Pflichtteil: $^1/_2$ x 3000 = 1500,– €. Anrechnung (§ 2316 IV): 1500 – 500 = 1000,– €.

Aus dem schwer verständlichen § 2316 ist nicht zu folgern, dass eine Ausgleichung nur stattfinden soll, wenn mehrere (also mindestens zwei) Abkömmlinge

16 Vgl. MünchKomm/*Lange*, § 2316 Rdnr. 22; *Soergel/Dieckmann*, § 2316 Rdnr. 24.

auch Pflichtteilsansprüche haben, und dass sich die Vorschrift – wie § 2315 – nur zum Nachteil eines Pflichtteilsberechtigten auswirkt.

Dann schiede § 2316 aus, wenn der Erblasser z. B. seinem Sohn A eine Geschäftsausstattung zugewandt und ihn im Testament als seinen Alleinerben bestimmt hat, während dem Sohn B nur ein Pflichtteilsrecht zusteht.

Aus der Entstehungsgeschichte[17] und dem Zweck des § 2316 ergibt sich, dass bei der Berechnung des dem Pflichtteil zu Grunde zu legenden Erbteils eines Abkömmlings die bei gesetzlicher Erbfolge in Betracht kommenden Ausgleichungsrechte und -pflichten zu berücksichtigen sind. Demnach ist § 2316 anwendbar, wenn neben dem pflichtteilsberechtigten Abkömmling noch mindestens ein weiterer Abkömmling den Erblasser überlebt hat; dabei ist es gleichgultig, ob dieser weitere Abkömmling allein oder neben Fremden Erbe oder ob er Pflichtteilsberechtigter geworden ist[18].

Die Ausgleichung führt auch nicht immer zu einer Minderung des Pflichtteilsanspruchs. Wie die Entstehungsgeschichte zeigt, wurde u. a. die Frage diskutiert, welche Zuwendungen unter Lebenden beim Pflichtteil berücksichtigt werden sollten, und zwar zu Lasten des Pflichtteilsberechtigten, wenn dieser der Zuwendungsempfänger war, oder zu seinen Gunsten, wenn andere in den Genuss der Zuwendung gekommen waren. Daraus folgt, dass auch jeder Abkömmling, der nichts vorempfangen hat, einen Pflichtteil in Höhe des halben Wertes eines nach §§ 2316 I, 2055 berechneten Erbteils erhält.

Im **Beispielsfall** ist zu dem Nachlasswert der Wert der dem A gemachten ausgleichungspflichtigen Zuwendung hinzuzurechnen. Von diesem fiktiven Nachlasswert entfiele bei gesetzlicher Erbfolge auf jeden der beiden Söhne die Hälfte. Die Hälfte dieses sog. Ausgleichungserbteils ergibt die Höhe des Pflichtteilsanspruchs des B (sog. Ausgleichungspflichtteil).

(2) Die *Ausgleichungspflicht* wird zu Gunsten des pflichtteilsberechtigten Abkömmlings des Erblassers *erweitert*: Hat ein Abkömmling durch Mitarbeit im Haushalt, Beruf oder Geschäft des Erblassers während längerer Zeit, durch erhebliche Geldzuwendungen oder in anderer Weise in besonderem Maße dazu beigetragen, dass das Vermögen des Erblassers erhalten oder vermehrt wurde oder hat der Abkömmling unter Verzicht auf berufliches Einkommen den Erblasser während längerer Zeit gepflegt, wäre er als Miterbe ausgleichungsberechtigt (§ 2057a; Rdnr. 538 ff.). Der Ausgleichungsbetrag ist nach § 2316 I 1 auch beim Pflichtteil zu berücksichtigen. Er wird vom Nachlasswert abgezogen. Von dem sich ergebenden Betrag wird der Erbteilswert berechnet; dem Erbteilswert des Begünstigten wird der Ausgleichungsbetrag hinzugerechnet. Die Hälfte dieser Summe ist der Pflichtteil.

17 Vgl. Prot. V, 523 ff., VI, 102 f.
18 So z. B. MünchKomm/*Lange*, § 2316 Rdnr. 2; RGRK/*Johannsen*, § 2316 Rdnr. 1.

Beispiel: E hat von seinen drei Söhnen den A als Alleinerben seines Nachlasses (Wert: 60 000,– €) eingesetzt. B und C sind pflichtteilsberechtigt. Zu Gunsten des B sind 12 000,– € zur Ausgleichung zu bringen. Vom Nachlasswert sind 12 000,– € abzuziehen. Der Erbteilswert jedes Sohnes betrüge 1/3 von 48 000,– € = 16 000,– €. Bei B sind die 12 000,– € hinzuzuzählen, so dass sich ein Erbteilswert von 28 000,– € ergibt. Der Pflichtteil beträgt die Hälfte, also 14 000,– €. Der Pflichtteil des C beläuft sich auf 16 000 : 2 = 8000,– €.

3. *Pflichtteilsergänzung* 562

Die dritte Gruppe von Vorschriften (§§ 2325 ff.) soll verhindern, dass der Erblasser durch unentgeltliche Zuwendungen vor seinem Tode die Pflichtteilsansprüche aushöhlt.

a) Voraussetzung des Ergänzungsanspruchs ist, dass der Erblasser innerhalb der letzten zehn Jahre vor dem Erbfall einem anderen eine Schenkung gemacht hat, die keiner sittlichen Pflicht oder Rücksichtnahme auf den Anstand entsprach (§§ 2325, 2330).

Zu den Schenkungen i.S.d. § 2325 zählen auch die gemischte und die verschleierte Schenkung. Dass die Parteien eine unentgeltliche Zuwendung gewollt haben, muss der Pflichtteilsberechtigte beweisen[19]. Bei einem großen Missverhältnis zwischen der Leistung des Erblassers und der Gegenleistung des Vertragspartners spricht jedoch eine tatsächliche Vermutung dafür, dass beim Vertragsschluss über die Unentgeltlichkeit der dem anderen Teil zugewandten Bereicherung Einigkeit bestand[20].

Die Zehnjahresfrist des § 2325 III beginnt erst, wenn der Erblasser einen Zustand geschaffen hat, dessen Folgen er selbst noch zehn Jahre lang zu tragen hat und der ihn schon im Hinblick auf diese Folgen von einer »böslichen« Schenkung abhalten kann[21]. Demnach beginnt bei der Grundstücksschenkung die Frist erst mit der Eintragung des Beschenkten im Grundbuch zu laufen[22]. Wenn der Erblasser sich bei der Schenkung eines Grundstücks jedoch den Nießbrauch uneingeschränkt vorbehält, liegt eine Leistung des verschenkten Gegenstandes i.S.d. § 2325 III trotz Umschreibung im Grundbuch nicht vor, weil er den »Genuss« des verschenkten Gegenstandes nicht aufgibt[23].

Für Schenkungen an den Ehegatten, zu denen auch objektiv unentgeltliche ehebezogene Zuwendungen gehören[24], läuft die Zehnjahresfrist vor Auflösung der Ehe nicht (§ 2325 III, 2. Halbs.); Zuwendungen aus dem Gesamtgut gelten in der Regel als von jedem Ehegatten zur Hälfte gemacht (§ 2331 I 1). Entsprechendes gilt für Schenkungen an Lebenspartner (§ 10 VI 2 LPartG).

19 BGH NJW 1981, 2458.
20 BGHZ 59, 132 = LM Nr. 7 zu § 2325 m. Anm. v. *Johannsen*.
21 So zu Recht BGHZ 98, 226 unter Aufgabe der früheren Rechtsprechung.
22 BGHZ 102, 289.
23 BGH NJW 1994, 1791.
24 BGHZ 116, 170.

Anspruchsberechtigt sind alle Personen, die beim Tode des Erblassers pflichtteilsberechtigt sind; es kommt nicht darauf an, ob sie schon zur Zeit der Schenkung vorhanden waren[25].

Schuldner des Ergänzungsanspruchs ist regelmäßig der *Erbe*. Nur im Falle des § 2329 I muss der *Beschenkte* das Geschenk zum Zwecke der Befriedigung herausgeben; doch kann er die Herausgabe durch Zahlung des fehlenden Betrages abwenden (§ 2329 II). Wenn der Beschenkte verstorben ist, richtet sich der Anspruch gegen seine Erben[26].

Sind verbrauchbare Sachen (§ 92) geschenkt oder solche nicht verbrauchbaren Sachen zugewendet worden, bei denen zwischen Schenkung und Erbfall eine Wertsteigerung eingetreten ist, so ist die Zuwendung mit dem Wert im Zeitpunkt der Schenkung anzusetzen; in allen anderen Fällen ist der Wert im Zeitpunkt des Erbfalls maßgebend (§ 2325 II)[27].

Bei dem Wertvergleich ist der Kaufkraftschwund des Geldes zu berücksichtigen[28].

Der pflichtteilsberechtigte Erbe, der den vom Erblasser Beschenkten auf Pflichtteilsergänzung in Anspruch nimmt, kann gegen diesen einen Anspruch auf Wertermittlung aus § 242 haben; allerdings muss er die Kosten für die Wertermittlung selbst tragen[29]. Dieser Wertermittlungsanspruch setzt nicht voraus, dass der mögliche Pflichtteilsergänzungsanspruch des pflichtteilsberechtigten Erben dem Grunde nach bereits feststeht[30].

563 b) Die §§ 2326–2329 sollen eine möglichst gleichmäßige Behandlung der Pflichtteilsberechtigten sicherstellen.

(1) § 2326 bestimmt, dass auch derjenige, dem die Hälfte oder mehr als die Hälfte des gesetzlichen Erbteils hinterlassen ist, die Differenz verlangen kann, um die der Pflichtteil wegen der Berücksichtigung der Schenkungen höher ist als das ihm tatsächlich Zugewandte.

Im **Fall e** stünde der F ein Pflichtteilsanspruch von $^1/_8$ x 8000 = 1000,– €, ein Pflichtteilsergänzungsanspruch von $^1/_8$ x (28 000 + 4000) = 4000,– € zu. Da sie aber eine Erbschaft im Werte von $^3/_4$ x 8000 = 6000,– € erhält, hat sie weder einen Pflichtteils- noch einen Pflichtteilsergänzungsanspruch. A erhielte einen Pflichtteil von $^1/_8$ x 8000 = 1000,– €. Sein Pflichtteilsergänzungsanspruch beträgt $^1/_8$ x (28 000 + 4000) = 4000,– €. Zusammen erhält er demnach 5000,– €. Da der Wert der Erbschaft nur $^1/_4$ von 8000 = 2000,– € beträgt, hat A noch einen Pflichtteilsergänzungsanspruch von 3000,– €.

(2) Ist der Pflichtteilsberechtigte selbst beschenkt, darf sich die Schenkung nicht zu seinen Gunsten bei der Bestimmung seines Pflichtteils auswirken. Deshalb muss er sich die Schenkung vom Ergänzungsanspruch abziehen lassen

25 *D. Reinicke*, NJW 1973, 597; MünchKomm/*Lange*, § 2325 Rdnr. 6; **a. M.** BGH NJW 1973, 40; 1997, 2676.
26 BGHZ 80, 205, 210.
27 Vgl. BGHZ 118, 49.
28 BGHZ 65, 75, 77; 85, 274, 282 f.
29 BGHZ 108, 393.
30 BGH NJW 1993, 2737.

(§ 2327 I 1). Hat er nach dem Abzug noch etwas zu beanspruchen, so ist das der Ergänzungsanspruch. Überschreitet dagegen die Schenkung den Ergänzungsanspruch, so verbleibt ihm der Überschuss, es sei denn, er würde von anderen Ergänzungsberechtigten nach den §§ 2329, 2328 in Anspruch genommen.

Im Fall eines Berliner Testaments (§ 2269; Rdnr. 187 ff.) muss sich der Pflichtteilsberechtigte nach dem Tode des längstlebenden Ehegatten nur das Geschenk anrechnen lassen, das er von dem längstlebenden Ehegatten erhalten hatte. Ein Geschenk vom Erstverstorbenen bleibt dagegen unberücksichtigt[31]. Das ergibt sich aus dem Wortlaut des § 2327; danach muss der Erblasser mit dem Schenker identisch sein. Außerdem hat der Abkömmling der Eheleute schon nach dem Tode des Erstverstorbenen einen Pflichtteilsanspruch; dabei muss er sich das Geschenk des Erstverstorbenen anrechnen lassen.

Im **Fall e** steht dem B ein Pflichtteilsanspruch von $^1/_8$ x 8000 = 1000,– €, ein Pflichtteilsergänzungsanspruch von $^1/_8$ x (28 000 + 4000) = 4000,– € zu. Von dem Pflichtteilsergänzungsanspruch hat er sich nach § 2327 das Geschenk von 4000,– € abziehen zu lassen, so dass ihm nur der Pflichtteilsanspruch von 1000,– € verbleibt.

(3) Ist ein Pflichtteilsberechtigter Alleinerbe, so ist er zur Erfüllung der Pflichtteilsansprüche der anderen Pflichtteilsberechtigten unbegrenzt verpflichtet; denn da alle Pflichtteilsansprüche allenfalls die Hälfte des gesetzlichen Erbteils ausmachen, verbleibt dem Erben immer noch mehr als sein eigener Pflichtteil. Anders kann es sich bei den Pflichtteilsergänzungsansprüchen verhalten, die sich auch dann zunächst gegen den Erben richten, wenn ein Dritter beschenkt ist. Damit der Erbe in diesen Fällen nicht schlechter steht, als wenn er enterbt und deshalb pflichtteils- und pflichtteilsergänzungsberechtigt wäre, kann er die Erfüllung der Ergänzungsansprüche insoweit verweigern, als ihm Pflichtteils- und Pflichtteilsergänzungsanspruch sonst nicht verblieben (§ 2328). Im Übrigen haftet der Beschenkte dem Ergänzungsberechtigten nach den Vorschriften über die ungerechtfertigte Bereicherung (§ 2329 I 2). Der Anspruch geht nicht auf Zahlung, sondern auf Duldung der Zwangsvollstreckung in den geschenkten Gegenstand[32]. Unter mehreren Beschenkten haftet der zuletzt Beschenkte zuerst (§ 2329 III)[33]. Ist der Beschenkte selbst pflichtteilsberechtigt, soll ihm analog § 2328 soviel verbleiben, wie sein eigener Pflichtteil ausmacht[34].

Endergebnis im **Fall e**: F hat weder einen Pflichtteils- noch einen Pflichtteilsergänzungsanspruch. A kann eine Ergänzung von 3000,– €, B den ordentlichen (= nicht ergänzten) Pflichtteil von 1000,– € beanspruchen. C erhält $^1/_8$ x 8000 = 1000,– € als ordentlichen Pflichtteil, $^1/_8$ x (28 000 + 4000) = 4000,– € als Ergänzung. B und C müssen sich mit ihrem ordentlichen Pflichtteilsanspruch an die Erben F und A halten. Auch die Ergänzungsansprüche von A und C richten sich zunächst gegen die Erben F bzw. A. Da A jedoch selbst

31 BGHZ 88, 102, 104 ff.; MünchKomm/*Lange*, § 2327 Rdnr. 4; *Erman/Schlüter*, § 2327 Rdnr. 2.
32 BGHZ 25, 274, 282.
33 Vgl. BGHZ 17, 336.
34 BGHZ 85, 274, 284.

ergänzungsberechtigt ist, kann er nach § 2328 nicht in Anspruch genommen werden. F braucht gem. § 2328 nur 1000,– € zu zahlen, da ihr von dem Wert ihres Erbteils, 6000,– €, der ergänzte Pflichtteil, 5000,– €, verbleiben muss. Im Übrigen müssen sich A und C mit ihren Ergänzungsansprüchen an den zuletzt Beschenkten B halten (§ 2329 I, III, für den aber wiederum § 2328 gilt). An seine Stelle tritt der vor ihm Beschenkte X.

564 VI. Entstehung, Verwirklichung und Stundung

1. Entstehung

Der Pflichtteilsanspruch entsteht mit dem Erbfall (§ 2317 I).

Er ist vererblich und übertragbar (§ 2317 II). – Vor dem Erbfall sind Verträge über den Pflichtteil nur unter künftigen gesetzlichen Erben (§ 311 b V) zulässig. – Die Pfändung des Pflichtteilsanspruchs ist erst möglich, wenn er durch Vertrag anerkannt oder rechtshängig geworden ist (§ 852 I ZPO).

565 *2. Auskunftsanspruch*

Der Pflichtteilsberechtigte ist vielfach nicht in der Lage, selbst die Höhe seines Anspruchs zu ermitteln, da er den Nachlass und dessen Wert nicht kennt. Das Gesetz hilft ihm, diese Unsicherheit über die Höhe seines Anspruchs zu beseitigen, indem es ihm einen Anspruch auf Auskunftserteilung gibt (§§ 2314, 260).

Der Auskunftsanspruch des § 2314 steht nur dem Pflichtteilsberechtigten zu, der nicht selbst Erbe ist (§ 2314 I 1). Der Auskunftsanspruch des mit einem Vermächtnis bedachten Pflichtteilsberechtigten hängt nicht davon ab, dass dieser das Vermächtnis ausschlägt oder dass es den Wert des Pflichtteils übersteigt[35]. Ein Auskunftsbegehren ist aber im Allgemeinen unbegründet, wenn der Pflichtteilsanspruch selbst verjährt ist und der Erbe die Verjährungseinrede erhoben hat[36].

Nach § 2314 I steht dem Pflichtteilsberechtigten ein Auskunftsanspruch nur gegen den Erben zu, also nicht gegen den Beschenkten im Falle des § 2329. Die Bestimmung ist jedoch, sofern ein Anspruch gegen den Beschenkten nach § 2329 in Betracht kommt, auf das Verhältnis eines Pflichtteilsberechtigten, der nicht Erbe ist, zum Beschenkten entsprechend anwendbar[37]. Denn auch in diesem Fall ist der Pflichtteilsberechtigte, da er nicht am Nachlass beteiligt ist und keinen Zugang zu ihm hat, zur Wahrnehmung seiner Rechte darauf angewiesen, durch eine entsprechende Auskunft des Beschenkten Klarheit über den Bestand und den Umfang seines Anspruchs zu erhalten. Dagegen kommt eine analoge Anwendung des § 2314 I nicht in Betracht, wenn der Pflichtteilsberechtigte zugleich Erbe ist[38].

35 BGHZ 28, 177.
36 BGH NJW 1985, 384, 385.
37 BGHZ 55, 378; 58, 237.
38 BGHZ 61, 180, 185; *Palandt/Edenhofer*, § 2314 Rdnr. 4; **a. M.** noch *v. Lübtow*, 602 f.; *Speckmann*, NJW 1973, 1869.

Die Auskunft hat sich nach dem Gesetzeswortlaut auf den Bestand des Nachlasses zu beziehen. Aus dem Sinn der Vorschrift, dem Pflichtteilsberechtigten die Ermittlung der Höhe seines Anspruchs zu ermöglichen, ist zu entnehmen, dass der Anspruch auf Auskunftserteilung sehr weit geht und sich auf alle Tatsachen und Rechtsverhältnisse beziehen muss, die die Höhe des Pflichtteils beeinflussen[39]. Sogar schon dann, wenn Gegenstände unter Umständen veräußert wurden, die eine Schenkung vermuten lassen, besteht der Auskunftsanspruch[40]. Der auskunftspflichtige Erbe muss sich auch über sein eigenes Wissen hinaus die zur Auskunftserteilung notwendigen Kenntnisse verschaffen. Dazu gehört, dass er eigene Auskunftsansprüche gegen Dritte (z. B. gegen die Bank des Erblassers) geltend macht[41].

Außerdem hat der Pflichtteilsberechtigte einen Anspruch auf Ermittlung des Wertes der Nachlassgegenstände (§ 2314 I 2). Damit er den Pflichtteil ungeschmälert erhält und nicht noch die Kosten der Wertermittlung zu tragen hat, fallen diese nach § 2314 II dem Nachlass zur Last.

Der Wertermittlungsanspruch hinsichtlich eines nicht mehr zum Nachlass gehörenden Gegenstandes ist allerdings im Gegensatz zu dem Auskunftsanspruch nicht schon bei dem begründeten Verdacht einer nach § 2325 ergänzungspflichtigen Schenkung gegeben, sondern erst dann, wenn deren Vorliegen feststeht[42].

Prozessual empfiehlt sich eine Stufenklage (§ 254 ZPO): 1. Auskunft, 2. Versicherung an Eides statt, 3. Zahlung.

3. *Stundung* 566

Pflichtteilsansprüche können die Erben in Bedrängnis bringen, wenn zur Erfüllung etwa wirtschaftliche Einheiten zerschlagen werden müssen und dadurch den Erben die Existenzgrundlage genommen wird. Um diesen Gefahren wenigstens bei den nächsten Angehörigen des Erblassers vorzubeugen, gibt § 2331a den selbst pflichtteilsberechtigten Erben das Recht, Stundung des Pflichtteilsanspruchs zu verlangen, wenn die sofortige Erfüllung des gesamten Anspruchs die Erben wegen der Art der Nachlassgegenstände ungewöhnlich hart treffen würde. Als Beispiele für solche Härten nennt das Gesetz die Aufgabe der Familienwohnung und die Veräußerung eines Wirtschaftsgutes, das die wirtschaftliche Lebensgrundlage für den Erben und seine Familie bildet. Es ist jedoch auch zu prüfen, ob und inwieweit die Stundung dem Pflichtteilsberechtigten zugemutet werden kann; es hat eine Abwägung der beiderseitigen Interessen zu erfolgen (§ 2331a I 2).

Ist der Pflichtteilsanspruch streitig, so entscheidet das Prozessgericht auch über das Stundungsverlangen durch Urteil (§ 2331a II 2 i.V.m. § 1382 V). Bei nichtstreitigem An-

39 Vgl. z. B. BGHZ 33, 373.
40 Vgl. z. B. BGHZ 33, 373.
41 BGH NJW 1989, 1601.
42 BGHZ 89, 24, 28 ff.

spruch ist beim Nachlassgericht der Stundungsantrag zu stellen (§ 2331a II 1), über den der Rechtspfleger im Rahmen der freiwilligen Gerichtsbarkeit entscheidet (§ 3 Nr. 2c RPflG; § 83a FGG).

567 VII. Ausschluss des Pflichtteilsrechts

1. Verlust des Erbrechts

Es liegt nahe, auch das Pflichtteilsrecht auszuschließen, wenn das Erbrecht durch Gründe, die in der Person des gesetzlichen Erben liegen, ausgeschlossen ist. Diese Folgerung zieht das Gesetz in § 2345 II (Erbunwürdigkeit, Rdnr. 274 ff.) und § 2346 I 2 (Erbverzicht, Rdnr. 292 ff.). Dem Ehegatten des Erblassers steht unter den Voraussetzungen des § 1933 (Scheidungsantrag oder Aufhebungsantrag) nur der Anspruch auf den Zugewinnausgleich, nicht aber ein Pflichtteil zu. Entsprechendes gilt unter den Voraussetzungen des § 10 III LPartG für den Lebenspartner (Rdnr. 77a).

Auf den Pflichtteil kann durch einen Vertrag, der notariell beurkundet werden muss (§§ 2346 II, 2348), verzichtet werden[43].

568 *2. Entziehung des Pflichtteils*

Das Gesetz geht mit der Schaffung des Pflichtteilsrechts davon aus, dass übergangene nahe Angehörige des Erblassers an seinem Vermögen teilhaben sollen, mag die Enterbung auf Willkür des Erblassers beruhen oder durch das Verhalten der Übergangenen verursacht worden sein. Erst wenn besondere Gründe vorliegen, darf der Erblasser auch den Pflichtteil entziehen. Die Entziehungsgründe sind für den Abkömmling in § 2333, für den Elternteil in § 2334 und für den Ehegatten/Lebenspartner des Erblassers in § 2335 erschöpfend aufgezählt. Es handelt sich um besonders schwere Verfehlungen gegen den Erblasser (oder seinen Ehegatten).

So setzt die Entziehung des Pflichtteils eines Abkömmlings wegen vorsätzlicher körperlicher Misshandlung des Erblassers gem. § 2332 Nr. 2 eine schwere Verletzung der diesem geschuldeten familiären Achtung (»schwere Pietätsverletzung«) voraus[44].

Die Entziehung kann auf die vom Gesetz genannten Gründe nur dann wirksam gestützt werden, wenn sie durch eine Verfügung von Todes wegen erfolgt, in welcher der Entziehungsgrund, der bei ihrer Errichtung bestehen muss, angegeben ist (§ 2336 I, II).

43 Vgl. BGHZ 22, 364.

44 BGHZ 109, 306; ganz h. M.

Nach BGH[45] soll es für die Angabe des Grundes der Pflichtteilsentziehung nicht ausreichen, wenn im Testament lediglich auf andere, nicht formgerechte Erklärungen verwiesen wird; der Kern des konkreten Sachverhalts müsse sich aus dem Testament selbst ergeben. Damit folgt der BGH auch in diesem Zusammenhang der Andeutungstheorie; sie ist abzulehnen (dazu Rdnr. 200). Für § 2336 II genügt es, wenn die Angaben im Testament zusammen mit den außerhalb der Urkunde liegenden Umständen einen Grund zur Pflichtteilsentziehung ergeben[46].

Im Prozess hat die Beweislast für das Vorliegen des Entziehungsgrundes derjenige, der die Entziehung geltend macht (§ 2336 III).

Unwirksam wird die Entziehung des Pflichtteils, wenn der Abkömmling, bei dem die Voraussetzungen des § 2333 Nr. 5 vorlagen, sich zur Zeit des Erbfalls von dem ehrlosen oder unsittlichen Lebenswandel dauernd abgewendet hat (§ 2336 IV). Im Übrigen erlischt das Recht zur Pflichtteilsentziehung durch Verzeihung (§ 2337).

3. Beschränkung in guter Absicht 569

Zwischen dem Anspruch auf den vollen Pflichtteil und der Entziehung des Pflichtteils steht die Pflichtteilsbeschränkung in guter Absicht. Durch sie kann der Erblasser einem Abkömmling, der in hohem Maße verschwenderisch lebt oder verschuldet ist, Beschränkungen auferlegen (§ 2338). Damit wird ein doppelter Zweck verfolgt: Einmal wird dem Abkömmling der Unterhalt gesichert, zum anderen wird der Pflichtteil vor Verschwendung und Verschuldung geschützt.

Der Erblasser kann den Pflichtteilsberechtigten den Verfügungsbeschränkungen eines Vorerben oder eines Vermächtnisnehmers unterwerfen (§§ 2338 I 1, 2112 ff.). Ferner kann er die Verwaltung des Pflichtteils durch einen Testamentsvollstrecker anordnen (§ 2338 I 2). – Bei der Zwangsvollstreckung ist § 863 ZPO zu beachten[47].

4. Verjährung 570

Nach dem Tode des Erblassers soll die Auseinandersetzung des Nachlasses nicht durch Ungewissheit über Pflichtteilsansprüche verzögert werden. Deshalb verjährt der Pflichtteilsanspruch schon in drei Jahren nach Kenntniserlangung vom Erbfall und von der den Pflichtteilsberechtigten beeinträchtigenden Verfügung, spätestens jedoch in 30 Jahren (§ 2332 I).

Als beeinträchtigende Verfügungen kommen etwa das Testament, das den Pflichtteilsberechtigten von der Erbfolge ausschließt, sowie eine Schenkung, die den Pflichtteilsberechtigten zur Geltendmachung des Ergänzungsanspruchs berechtigt, in Betracht. Liegen so-

45 BGHZ 94, 36, 40 ff.
46 Vgl. auch *Lange/Kuchinke*, § 37 XII 3 FN 681.
47 ZVR Rdnr. 601.

wohl eine beeinträchtigende Verfügung von Todes wegen als auch eine beeinträchtigende Schenkung vor, laufen die Verjährungsfristen für den Pflichtteils- und den Pflichtteilsergänzungsanspruch getrennt[48].

Kennt der Pflichtteilsberechtigte zwar das ihn enterbende Testament, erfährt er aber später von einer weiteren letztwilligen Verfügung, wodurch die Enterbung allem Anschein nach wieder aufgehoben worden ist, hat er keine Veranlassung mehr, den Pflichtteilsanspruch geltend zu machen. Deshalb ist der bis dahin bereits abgelaufene Teil der Verjährungsfrist bei einer späteren Beanspruchung des Pflichtteils als nicht abgelaufen anzusehen[49]. Die Verjährung wird also unterbrochen; sie beginnt neu zu laufen, sobald der Pflichtteilsberechtigte keine ernstlichen Zweifel mehr an der Gültigkeit der sein Erbrecht ausschließenden Verfügung haben kann.

Dem Lauf der Verjährungsfrist steht nicht entgegen, dass der Pflichtteilsberechtigte sich wegen einer unrichtigen Testamentsauslegung über das Ausmaß seiner Beeinträchtigung irrt[50].

Der Ergänzungsanspruch verjährt, soweit er sich gegen den Beschenkten richtet, in drei Jahren nach dem Erbfall, ohne dass es auf die Kenntnis des Berechtigten ankommt (§ 2332 II). Das gilt auch, wenn der Beschenkte zugleich Miterbe ist; denn auch dann besteht das Interesse des Beschenkten, möglichst bald zu wissen, ob er das Geschenk behalten darf[51].

Für den Auskunftsanspruch bestimmt das Gesetz keine besondere Verjährungsfrist. Aus seinem Charakter als Hilfsanspruch folgt jedoch, dass er nicht später verjährt als der Pflichtteilsanspruch selbst[52].

571 VIII. Verteilung der Pflichtteilslast

Schuldner des Pflichtteilsanspruchs ist gegenüber dem Pflichtteilsberechtigten regelmäßig der Erbe (Rdnr. 546; Außenverhältnis). Damit ist noch nicht gesagt, dass er auch im Verhältnis zu Miterben und Vermächtnisnehmern letztlich die Pflichtteilslast zu tragen hat (Innenverhältnis). Die Verteilung der Pflichtteilslast im Innenverhältnis ist in den §§ 2318 ff. geregelt:

Unter *Miterben* richtet sich die Verteilung der Pflichtteilslast nach dem Verhältnis ihrer Erbquoten. Jedoch bürdet § 2320 dem Miterben, der an Stelle des Pflichtteilsberechtigten Erbe wird, die gesamte Pflichtteilslast auf. Entsprechend muss derjenige, dem ein vom Pflichtteilsberechtigten ausgeschlagenes Vermächtnis zu Gute kommt, in Höhe des Vorteils die Pflichtteilslast tragen (§ 2321). Dem nach den §§ 2320 f. an die Stelle des Pflichtteilsberechtigten Ge-

48 BGH NJW 1988, 1667.
49 BGHZ 95, 76.
50 BGH MDR 1995, 719; *Ebenroth/Koos*, ZEV 1995, 233.
51 BGH NJW 1986, 1610.
52 BGHZ 33, 373, 379.

tretenen steht jedoch seinerseits wiederum eine Befugnis zur Kürzung von Beschwerungen zu (vgl. § 2322).

Im Verhältnis des *Erben* zum *Vermächtnisnehmer* oder *Auflagenbegünstigten* kann der Erbe die Erfüllung der Vermächtnisse und Auflagen so weit verweigern, dass die Pflichtteilslast von ihm und dem Vermächtnisnehmer (Auflagebegünstigten) verhältnismäßig getragen wird (§ 2318 I). Wenn die §§ 2320–2322 eingreifen, ist eine Kürzung unzulässig (§ 2323). Einem pflichtteilsberechtigten Vermächtnisnehmer muss sein eigener Pflichtteil belassen werden (§ 2318 II). Zu einer im Vergleich zu § 2318 I höheren Kürzung von Vermächtnis und Auflage ist der Erbe dann berechtigt, wenn ihm bei anteiliger Kürzung weniger als der eigene Pflichtteil verbliebe (§ 2318 III); das gilt auch bei einer Erbenmehrheit[53].

Der Erblasser kann die Verteilung der Pflichtteilslast im Innenverhältnis weitgehend abweichend regeln (vgl. § 2324).

IX. Zusammenfassung 572

Das Pflichtteilsrecht verhindert, dass der Erblasser auf Grund seiner Testierfreiheit seinen Ehegatten/Lebenspartner, seine Abkömmlinge und seine Eltern bei der Erbfolge leer ausgehen lässt. Der Pflichtteilsanspruch ist ein Geldanspruch in Höhe der Hälfte des gesetzlichen Erbteils; er richtet sich gegen den Erben (Ausnahme: § 2329).

Pflichtteilsrestansprüche, Pflichtteilsergänzungsansprüche sowie Anrechnungs- und Ausgleichspflichten verhindern eine Umgehung oder die Aushöhlung des Pflichtteilsanspruchs. Den Ausschluss des Pflichtteilsrechts hat das Gesetz an strenge Voraussetzungen geknüpft (§§ 2333 ff.).

Das Pflichtteilsrecht

I. Der Pflichtteilsanspruch

1. Gläubiger: Abkömmlinge, Ehegatte, Eltern des Erblassers (§ 2303 I, II) und dessen Lebenspartner (§ 10 VI 1 LPartG)
2. Schuldner: Erbe (§ 2303 I 1)
3. Höhe: Hälfte des gesetzlichen Erbteils (§ 2303 I 2)
   - Regeln für die Ermittlung des gesetzlichen Erbteils: § 2310
   - Regeln für die Bestimmung des Nachlasswertes: §§ 2311–2313
4. Berechnung des Pflichtteils bei Zugewinngemeinschaft
   a) überlebender Ehegatte ist Alleinerbe: Pflichtteil der Abkömmlinge richtet sich nach §§ 1931 I 1, 1371 I

53 BGHZ 95, 222, 225 ff.

b) überlebender Ehegatte ist nicht Erbe: Pflichtteil des Ehegatten berechnet sich nach dem nicht erhöhten Erbteil (= kleiner Pflichtteil);
hinzu kommt Anspruch auf Zugewinnausgleich (§ 1371 II)
c) überlebender Ehegatte schlägt Erbschaft aus: kleiner Pflichtteil und Anspruch auf Zugewinnausgleich (§ 1371 III)

II. Schutz gegen ungerechtfertigte Beeinträchtigung des Pflichtteils

1. Vervollständigung des Pflichtteils
   a) bei geringem Erbteil unter der Pflichtteilsgrenze (§ 2305 = Pflichtteilsrestanspruch)
   b) bei Beschränkungen und Belastungen des Erbteils bis unter die Grenze des Pflichtteils (§ 2306)
   c) bei Ausschlagung eines Vermächtnisses oder Vermächtnis unter der Pflichtteilsgrenze (§ 2307)
2. Anrechnung und Ausgleichung
   a) Anrechnung von Zuwendungen des Erblassers durch Rechtsgeschäft unter Lebenden auf den Pflichtteil (§ 2315)
   b) Ausgleichung = Berücksichtigung von bestimmten Zuwendungen des Erblassers und Leistungen an den Erblasser bei der Berechnung der Pflichtteile (§§ 2316, 2050 ff., 2057a)
3. Pflichtteilsergänzung bei Aushöhlung des Pflichtteilsanspruchs durch Schenkungen des Erblassers an Dritte (§§ 2325 ff. = Pflichtteilsergänzungsanspruch)

III. Ausschluss des Pflichtteilsanspruchs

1. bei Verlust des Erbrechts
   wegen Erbunwürdigkeit (§ 2345 II), Erbverzicht (§ 2346 I 2), Scheidungs- oder Aufhebungsantrag (§ 1933)
2. bei Entziehung des Pflichtteils durch Verfügung von Todes wegen (§ 2336 I, II) aus den Gründen der §§ 2333–2335
3. bei Verjährung (§ 2332)

VI. Abschnitt Der Schutz des Erben, der Erbschaft und des Rechtsverkehrs

§ 33 Der Erbschaftsanspruch 573

Schrifttum: *Gursky*, Zur Rechtsnatur des Erbschaftsanspruchs, Festschrift f. v. Lübtow, 1991, 221; *Reif*, Erbschaftsanspruch, 4. Denkschrift, 1940, 107; *Olzen*, Der Erbschaftsanspruch, JuS 1989, 374; *ders.*, Der Erbschaftsanspruch, §§ 2018 ff. BGB, Jura 2001, 223; *Sarres*, Auskunftsansprüche gegen den Erbschaftsbesitzer, ZEV 1998, 298; *ders.*, Auskunftsansprüche des Erben gegen den Hausgenossen, ZEV 1998, 422; *Tiedtke*, Beweislast beim Anspruch des Erben gegen den Erbschaftsbesitzer, DB 1999, 2352; *Walker*, Der Vollzug der Arbeitgebererbfolge mit einem vermeintlichen Erben, 1985; *W. Weimar*, Der Erbschaftsanspruch und die Einzelansprüche des Erben, MDR 1976, 728; *Wendt*, Die Bedeutung des Erbschaftsanspruchs, Festschrift f. v. Lübtow, 1991, 229; *Wieling*, Hereditatis petitio und res judicata, JZ 1986, 5.

Fälle:

E, der mit B zusammengewohnt hat, hinterlässt bei seinem Tod seinen Neffen N als einzigen Verwandten. Bevor das Erbrecht des N festgestellt wird, nimmt B den gesamten Nachlass des E in Besitz und führt Geschäfte für die Erbschaft. B hält sich auf Grund eines formnichtigen Testaments des E schuldlos für den wahren Erben.

a) N möchte die Erbschaft von B herausverlangen, kennt aber die einzelnen Nachlassgegenstände nicht. Wie muss er vorgehen? **(Rdnr. 591, 593)**

b) B hat mit Erbschaftsmitteln von V ein Grundstück erworben und für sich im Grundbuch eintragen lassen. N will das Grundstück haben. **(Rdnr. 579)**

c) B erntet im Garten des E Äpfel. Auf einem Gut des E, das B noch nie besucht hat, fohlt eine Stute. Wer ist Eigentümer der Äpfel und des Fohlens? Stehen dem N Herausgabeansprüche zu? **(Rdnr. 580, 587)**

d) B hat im Vertrauen auf die Wirksamkeit des Testaments von seinen eigenen Ersparnissen eine kostspielige Vergnügungsreise bezahlt. Kann er diese Kosten gegenüber dem Herausgabeverlangen des N als Wegfall der Bereicherung geltend machen? **(Rdnr. 581)**

I. Einführung

Nach dem Eintritt eines Erbfalls ist der Erbe regelmäßig daran interessiert, die Habe des Erblassers ausgehändigt zu erhalten. Besitzt ein anderer als der Erbe Nachlassgegenstände, kann der Erbe, da er in die Rechtsstellung des Erblassers eingetreten ist, die ererbten Einzelrechte geltend machen, z. B. Herausgabeansprüche des Erblassers aus Eigentum, unerlaubter Handlung, ungerechtfertigter Bereicherung.

Darüber hinaus kann der Erbe von jedem, der auf Grund eines ihm in Wirklichkeit nicht zustehenden Erbrechts etwas aus der Erbschaft erlangt hat, die Herausgabe des Erlangten verlangen (§ 2018). Nach der Vorstellung des Gesetzgebers soll dieser Erbschaftsanspruch es dem wahren Erben erleichtern, den Nachlass vollständig zu erlangen, ohne auf eine Vielzahl von Einzelklagen angewiesen zu sein[1].

574 II. Gläubiger des Erbschaftsanspruchs

Gläubiger des Erbschaftsanspruchs ist nach § 2018 der Erbe. Sein Erbrecht bestimmt daher Art und Inhalt der Anspruchsberechtigung.

So kann der *Miterbe* den Anspruch für die Erbengemeinschaft erheben (§ 2039), da der Erbschaftsanspruch zum Nachlass gehört. Der *Vorerbe* hat den Anspruch bis zum Eintritt des Nacherbfalls; danach steht er dem Nacherben zu (§§ 2100, 2139). Der *Erwerber eines Miterbenanteils* (§ 2033) erlangt den gesamthänderisch gebundenen Anspruch des Miterben. Der *Erbschaftskäufer* kann den Erbschaftsanspruch erst geltend machen, wenn dieser ihm vom Verkäufer abgetreten worden ist (§§ 398, 413, 2374). Der verwaltende *Testamentsvollstrecker* (§§ 2205, 2209; Rdnr. 400 ff.), der *Nachlassverwalter* (§ 1985; Rdnr. 691) sowie der *Insolvenzverwalter* (§ 80 I InsO; Rdnr. 698) sind statt des Erben anspruchsberechtigt, da sie für die Dauer ihres Amtes zur Verwaltung des Nachlasses befugt und verpflichtet sind.

Umstritten ist, ob auch dem Nachlasspfleger (§ 1960; Rdnr. 636) der Erbschaftsanspruch zusteht. Dies wird zum Teil bejaht[2] und dem Nachlasspfleger damit die Möglichkeit eingeräumt, den Erbschaftsanspruch sogar mit Erfolg gegen den geltend zu machen, der sich später als der wahre Erbe erweist. Die Gegenmeinung lehnt die Anwendung des § 2018 ab, gibt dem Nachlasspfleger jedoch aus § 1960 einen Herausgabeanspruch, auf den die Vorschriften über den Erbschaftsanspruch allerdings nicht anwendbar sein sollen[3]. Der BGH[4] nimmt einen vermittelnden Standpunkt ein. Nach ihm steht dem Nachlasspfleger ein Herausgabeanspruch gegen den Erbschaftsbesitzer zu, ohne dass er dessen Nichtberechtigung zu beweisen braucht. Den Anspruch kann der Nachlasspfleger auch gegen den wahren Erben geltend machen, solange dessen Erbrecht dem Nachlasspfleger gegenüber noch nicht rechtskräftig festgestellt ist. Der Herausgabeanspruch soll sich jedoch unmittelbar aus dem Recht des Nachlasspflegers ergeben, weil die Wahrnehmung seiner Aufgaben voraussetze, dass er den gesamten Nachlass in Besitz nehmen könne. Der BGH ist aber der Auffassung, dass auf den Herausgabeanspruch des Nachlasspflegers § 2022, der die Rechte des Erbschaftsbesitzers wegen Verwendungen regelt, entsprechend anwendbar sei. Nachdem damit die analoge Anwendung der §§ 2019 ff. anerkannt ist, besteht bezüglich des Ergebnisses zwischen der eingangs geschilderten Auffassung und

1 Mot. V, 576 f.

2 RG JW 1931, 44; *Erman/Schlüter*, § 2018 Rdnr. 1; *Lange/Kuchinke*, § 40 II 1 a; *v. Lübtow*, S. 1048 f.; MünchKomm/*Helms*, § 2018 Rdnr. 13; *Staudinger/Gursky*, § 2018 Rdnr. 3.

3 RGRK/*Kregel*, § 2018 Rdnr. 3.

4 BGH NJW 1972, 1752; 1983, 226.

der des BGH kein wesentlicher Unterschied mehr. Denn auch diejenigen, die dem Nachlasspfleger den Erbschaftsanspruch geben und damit eine unmittelbare Anwendung der §§ 2018 ff. bejahen, verlangen nicht, dass der Nachlasspfleger die Nichtberechtigung des Erbschaftsbesitzers beweist.

Der Erbschaftsanspruch kann außer durch Abtretung (§§ 398, 413) und Erbfolge (§ 1922) im Wege der Zwangsvollstreckung auf einen anderen übergehen (§§ 829, 835, 857 ZPO).

(Zum Scheinerbfall vgl. § 2031)

III. Schuldner des Erbschaftsanspruchs 575

Der Erbschaftsanspruch richtet sich nach § 2018 gegen den Erbschaftsbesitzer.

1. Erbschaftsbesitzer

Erbschaftsbesitzer ist derjenige, der Erbschaftsgegenstände unter Berufung auf sein vermeintliches Erbrecht dem wirklichen Erben vorenthält. Gleichgültig ist dabei, ob die Anmaßung des Erbrechts gut- oder bösgläubig erfolgt.

Wer seinen Besitz auf andere Rechte stützt oder wer eine Sache rechtsgrundlos erlangt hat und sich nicht eines Erbrechts berühmt, kommt daher als Erbschaftsbesitzer nicht in Betracht.

Es kommt nicht darauf an, wie der Erbschaftsbesitzer die Nachlassgegenstände erhalten hat. Der Erbschaftsbesitz kann daher begründet werden durch eigenmächtiges, einseitiges Verhalten, durch Handlungen Dritter und selbst durch ein Vorgehen des wirklichen Erben, wenn dieser das vom Erbschaftsbesitzer geltend gemachte Erbrecht zunächst irrtümlich anerkannt hat.

Beispiel: Der Erbe verlangt ein bisher dem Erblasser E gehörendes Auto vom Besitzer heraus. Beruft sich dieser auf eine in Wirklichkeit unwirksame Übereignung durch E, so kommt § 985 und nicht § 2018 in Betracht. Beruft er sich dagegen auf ein in Wirklichkeit nichtiges Testament des E, ist auch § 2018 anwendbar.

Erbschaftsbesitzer ist auch, wer bereits zu Lebzeiten des Erblassers etwas aus dessen Vermögen erlangt hat, was er nach dem Erbfall als vermeintlicher Erbe zurückhält, mag auch der Wortlaut des § 2018 auf das Erlangen »aus dem Nachlass« abstellen.

Wer einmal Erbschaftsbesitzer war, nachdem er auf Grund angemaßten Erbrechts einen Nachlassgegenstand erlangt hat, bleibt selbst dann aus § 2018 verpflichtet, wenn er die Herausgabe an den Erben nicht mehr unter Berufung auf sein vermeintliches Erbrecht verweigert[5]. Würde man in diesem Fall einen Erb-

5 BGH NJW 1985, 3069, 3070; MünchKomm/*Helms*, § 2018 Rdnr. 17; **anders:** RGRK/*Kregel*, § 2018 Rdnr. 6.

schaftsanspruch verneinen, weil lediglich noch eine mit anderen Rechten oder eine überhaupt nicht mehr begründete Herausgabeverweigerung gegeben ist, so könnte der Schuldner sich allein durch seine Erklärung dem lästigen Surrogatsanspruch (§ 2019) und der Verpflichtung zur Herausgabe aller Nutzungen (§ 2020) entziehen. Das widerspräche den Wertungen des Gesetzes zu Gunsten des Erben; ohne die Anwendung der §§ 2018 ff. würde der Schuldner nämlich nur nach den nicht so weitgehenden Bestimmungen über das Verhältnis des Eigentümers zum unrechtmäßigen Besitzer (§§ 987 ff.) haften.

Erbschaftsbesitzer ist weiterhin derjenige, der ohne Erbrechtsanmaßung Gegenstände aus dem Nachlass erlangt hat, die er später als Erbe beansprucht.

Schließlich wird eine im Testament als Erbe eingesetzte Person durch Anfechtung der Verfügung rückwirkend zum Erbschaftsbesitzer[6]. Entsprechendes muss gelten, wenn der Erbe für erbunwürdig erklärt wird.

Ein *Miterbe*, der sich ein weitergehendes Erbrecht anmaßt, als ihm in Wahrheit zusteht, ist nur dann Erbschaftsbesitzer, wenn er unter Berufung auf dieses angemaßte Erbrecht andere Miterben vom Besitz an den Nachlassgegenständen ausschließt. Solange der Nachlass im gesamthänderischen Mitbesitz aller Erben verbleibt, ist § 2018 nicht anwendbar. Die anderen Miterben können in diesem Fall lediglich Feststellung des Erbteils verlangen.

576 *2. Dem Erbschaftsbesitzer gleichstehende Personen*

Nach § 2030 steht einem Erbschaftsbesitzer gleich, wer von diesem die Erbschaft durch Vertrag erwirbt. Es sind damit die Fälle gemeint, in denen jemand auf Grund eines einheitlichen Verpflichtungsgeschäfts über den ganzen Nachlass (§§ 2371, 2385) oder einen Erbteil (§§ 1922 II, 2033) im Wege einzelner Verfügungsgeschäfte Erbschaftsgegenstände an sich bringt.

Aus dem Sinn dieser Gleichstellung ergibt sich: Verpflichtungs- und Verfügungsgeschäfte brauchen nicht wirksam zu sein. Der Anspruch entsteht, sobald der Erwerber einen Erbschaftsgegenstand tatsächlich erlangt hat; die Vorschriften über den gutgläubigen Erwerb (vgl. §§ 932, 892, 2365 ff.) finden keine Anwendung[7]. – Da der Erwerber dem Erbschaftsbesitzer gleichsteht, aber nicht dessen Verpflichtung übernimmt, müssen die Voraussetzungen einer verschärften Haftung (§§ 2024, 2025; Rdnr. 583 f.) in der Person des Erwerbers gegeben sein.

577 *3. Kein Erbschaftsbesitzer*

Nach § 2018 haftet nicht, wer eine ihm angefallene Erbschaft *ausschlägt* (§ 1953). Er haftet vielmehr nach der besonderen, schärferen Regelung des § 1959 wie ein Geschäftsführer ohne Auftrag (§§ 677 ff.). Das gilt auch, wenn er

6 BGH NJW 1985, 3068, 3069 m.w.N.
7 Prot. V, 723.

die Ausschlagung zu Unrecht nicht als wirksam gelten lassen will; denn dann besteht für ihn vor der endgültigen Klarstellung der Erbfolge Grund zu besonderer Vorsicht[8].

Aus demselben Grund ist der *Vorerbe* nur nach der schärferen Bestimmung des § 2130 verantwortlich, selbst wenn er den Eintritt des Nacherbfalls bestreitet. Es kommt hinzu, dass es nicht sinnvoll erscheint, vom Eintritt des Nacherbfalls an lediglich im Hinblick auf eine subjektive Einstellung des Vorerben eine schwächere Haftung eintreten zu lassen[9].

Testamentsvollstrecker, Nachlasspfleger sowie *Nachlass- und Insolvenzverwalter* sind im Verhältnis zu dem Erben, dessen Nachlass ihrer Verwaltung untersteht, keine Erbschaftsbesitzer, da sie insoweit kein Erbrecht an diesem Nachlass beanspruchen, sondern den Nachlass auf Grund ihrer Verwaltungsaufgabe besitzen[10]. Der Erbe kann jedoch gem. § 256 ZPO gegen die genannten Personen Klage auf Feststellung seines Erbrechts erheben, wenn diese das Erbrecht bestreiten[11]. Haben sie aber etwas ihrer Verwaltung unterstellt, was zu Unrecht für eine schon dem Erblasser angefallene Erbschaft gehalten wird, so sind sie im Verhältnis zu jenem anderen Erben, dessen Erbschaft ihrer Verwaltung nicht unterliegt, Erbschaftsbesitzer, da sie das Erbrecht jenes wahren Erben durch Erbrechtsanmaßung verletzen[12].

IV. Herausgabepflicht des Erbschaftsbesitzers 578

Der Erbschaftsanspruch richtet sich in erster Linie auf die Herausgabe dessen, was der Erbschaftsbesitzer erlangt hat (§ 2018). Hierzu gehören auch die Gegenstände, die mit Mitteln der Erbschaft erlangt sind (§ 2019), und die Nutzungen (§ 2020).

1. Ursprünglich Erlangtes

Erlangt sein kann der Besitz an Sachen, die Eigentum des Erblassers waren oder an denen diesem ein zum Besitz berechtigendes schuldrechtliches oder dingliches Nutzungsrecht zustand, z. B. Miete oder Nießbrauch.

8 *Palandt/Edenhofer*, § 2018 Rdnr. 6.

9 BGH NJW 1983, 2374, 2375; *Erman/Schlüter*, § 2018 Rdnr. 2; *Lange/Kuchinke*, § 40 II 2 FN 30; MünchKomm/*Helms*, § 2018 Rdnr. 19; **a. M.** *Soergel/Harder/Wegmann*, § 2130 Rdnr. 6.

10 Prot. V, 708; RGZ 81, 151.

11 Vgl. BGH NJW 1951, 559.

12 MünchKomm/*Helms*, § 2018 Rdnr. 20; *Soergel/Dieckmann*, § 2018 Rdnr. 8; *Staudinger/Grusky*, § 2018 Rdnr. 13; **a. A.** *Lange/Kuchinke*, § 40 II 2 FN 32.

Bei Forderungen und sonstigen Rechten des Erblassers, die auf den Erben übergegangen sind, kann der Erbschaftsbesitzer die das Recht verkörpernden Urkunden (z. B. Wechsel, Aktien) oder Beweismittel (Schuldscheine, Beweismarken) an sich gebracht haben.

Da die Herausgabepflicht nach § 2018 umfassend angeordnet ist, beschränkt sie sich nicht auf den Besitz. Vielmehr umfasst sie auch jeden anderen Vorteil, so etwa unrichtige Eintragungen im Grundbuch oder Handelsregister, die der Erbschaftsbesitzer zu seinen Gunsten herbeigeführt hat.

Hat der durch einen unrichtigen Erbschein ausgewiesene Erbschaftsbesitzer eine Nachlassforderung gegen eine Forderung wirksam aufgerechnet, die ein Nachlassgläubiger gegen ihn persönlich hatte, so ist der Erbschaftsbesitzer von seiner Schuld befreit (§§ 2365, 2367). Er muss den Forderungsbetrag an den wahren Erben zahlen, da dieser die Nachlassforderung verloren hat.

579 *2. Surrogate*

Die Herausgabepflicht erstreckt sich nach § 2019 auf die Ersatzstücke, die der Erbschaftsbesitzer durch Rechtsgeschäft mit Mitteln der Erbschaft erwirbt (sog. rechtsgeschäftliche Surrogate; **Fall b**). Die sog. gesetzlichen Surrogate werden dagegen von § 2019 nicht erfasst; sie stehen dem Erben aber aus anderen Gründen zu (vgl. Rdnr. 601 ff.).

580 *3. Nutzungen*

Die Herausgabepflicht umfasst schließlich nach § 2020 alle aus Erbschaftsgegenständen gezogenen Nutzungen (§§ 99, 100), einschließlich der Früchte, an denen der Erbschaftsbesitzer gem. § 955 das Eigentum erworben hat.

Damit gleicht die Stellung des Erbschaftsbesitzers der des gutgläubigen, unentgeltlichen Besitzers im Eigentümer-Besitzer-Verhältnis. Beide haften bis zum Eintritt der Rechtshängigkeit nur nach den Vorschriften über die ungerechtfertigte Bereicherung (vgl. §§ 988; 2020, 2021, 2023). Diese Gleichstellung ist deshalb berechtigt, weil der Erbschaftsbesitzer den Besitz an den Nachlassgegenständen im Regelfall unentgeltlich erworben hat. Eine umfassende Herausgabe der Nutzungen ist zudem im Interesse des Erben und der Nachlassgläubiger geboten[13].

Im **Fall c** erwirbt B nach § 955 Eigentum an den Äpfeln. Eigentümer des Fohlens wird N (§ 953); § 955 greift hier nicht ein, weil B noch keinen Eigenbesitz hatte. Nach § 2020 steht dem N hinsichtlich der Äpfel ein schuldrechtlicher Anspruch auf Eigentumsübertragung und Besitzverschaffung zu; bezüglich des Fohlens hat N gem. § 2020 einen dinglichen Herausgabeanspruch. – Bei nichtherausgabefähigen Nutzungen (z. B. bei Gebrauchsvorteilen) besteht ein schuldrechtlicher Wertersatzanspruch des Erben (§§ 2020 f.).

13 Mot. III, 401; V, 586.

V. Haftung des Erbschaftsbesitzers

581

Die Haftung des Erbschaftsbesitzers richtet sich danach, ob dieser gut- oder bösgläubig, verklagt oder nicht verklagt ist.

1. Unverklagter gutgläubiger Besitzer

Wenn der gutgläubige und nicht verklagte Erbschaftsbesitzer dasjenige, was er nach den §§ 2018–2020 schuldet, nicht mehr herausgeben kann, so haftet er gem. § 2021 nach den Vorschriften über die ungerechtfertigte Bereicherung.

Aus welchem Grund die Herausgabe in Natur unmöglich geworden ist, kann dabei auf sich beruhen. Die Bezugnahme auf die Vorschriften über die Herausgabe einer ungerechtfertigten Bereicherung ist lediglich als Beschränkung einer bereits vorhandenen Verpflichtung zu verstehen. Die Verweisung erstreckt sich also nur auf die §§ 818 ff., so dass die besonderen Voraussetzungen eines Bereicherungsanspruchs nicht gegeben zu sein brauchen (Rechtsfolgenverweisung)[14]. Der Anspruch aus § 2021 geht demnach auf Wertersatz (§ 818 II). Er erlischt mit dem Wegfall der Bereicherung (§ 818 III). Wenn der Erbschaftsbesitzer den erlangten Gegenstand einem Dritten geschenkt hat, so ist dieser zur Herausgabe verpflichtet (§ 822).

Ein Wegfall der Bereicherung liegt etwa vor, wenn Nachlassgegenstände untergegangen sind oder der Erbschaftsbesitzer sie verbraucht hat. Da die Bereicherung nach wirtschaftlichen Gesichtspunkten zu beurteilen ist, muss jedoch geprüft werden, ob sich der Wert eines nicht mehr vorhandenen Nachlassgegenstandes noch ganz oder teilweise im Vermögen des Erbschaftsbesitzers befindet. Veräußert dieser beispielsweise Nachlassgegenstände und bezahlt er mit dem Erlös eine kostspielige Vergnügungsreise, die er sonst nicht unternommen hätte, ist er allein um die ersparten normalen Lebenshaltungskosten bereichert. Dasselbe muss im **Fall d** gelten, da es wirtschaftlich keinen Unterschied macht, ob B im Vertrauen auf die Wirksamkeit des Testaments das Geld für die Reise sofort aus dem Nachlass oder zunächst aus eigenen Ersparnissen nimmt[15]. Als Wegfall der Bereicherung sind auch Verwendungen auf den Nachlass zu berücksichtigen. Dagegen können Aufwendungen, die für den Erwerb des herauszugebenden Gegenstandes gemacht worden sind, nicht abgezogen werden; denn der Erbschaftsbesitzer ist nur insoweit schutzwürdig, als ihm die Nachteile wegen seines Vertrauens auf die Endgültigkeit des Erwerbs entstanden sind. Deshalb sind auch die Kosten für einen unrichtigen Erbschein oder für einen vom Erbschaftsbesitzer zur Erlangung der Erbschaft geführten Rechtsstreit nicht abzugsfähig[16].

14 RGZ 139, 17, 22.

15 MünchKomm/*Helms*, § 2021 Rdnr. 5; *Soergel/Dieckmann*, § 2021 Rdnr. 4.

16 *Erman/Schlüter*, § 2021 Rdnr. 2; MünchKomm/*Helms*, § 2021 Rdnr. 5; *Staudinger/Gursky*, § 2021 Rdnr. 9.

582 *2. Verklagter Besitzer*

Nach dem Eintritt der Rechtshängigkeit des Erbschaftsanspruchs (§§ 253, 261 ZPO) haftet der Erbschaftsbesitzer verschärft nach den Vorschriften, die für das Verhältnis zwischen dem Eigentümer und dem unrechtmäßigen Besitzer von dem Eintritt der Rechtshängigkeit des Eigentumsanspruchs an gelten (§ 2023 i.V.m. §§ 987 II, 989).

Diese Verweisung ist gerechtfertigt, da der Erbschaftsbesitzer von der Rechtshängigkeit an sein vermeintliches Erbrecht vor Gericht bestritten sieht und daher mit der Möglichkeit rechnen muss, dass es sich bei den Gegenständen der Erbschaft um für ihn fremde Güter handelt. Der Bereicherungsanspruch des Erben aus § 2021 richtet sich nach den allgemeinen Vorschriften (§ 818 IV); das sind die Bestimmungen der §§ 291, 292, 987 ff., so dass nur ein nicht zu vertretender Wegfall der Bereicherung den Erbschaftsbesitzer entlastet.

583 *3. Bösgläubiger Besitzer*

Der bösgläubige Erbschaftsbesitzer ist dem Erbschaftsbesitzer nach Rechtshängigkeit gleichgestellt (§ 2024 Satz 1). Der Erbschaftsbesitzer ist nicht gutgläubig, wenn er bei der Begründung des Erbschaftsbesitzes weiß oder infolge grober Fahrlässigkeit nicht weiß, dass er nicht Erbe ist (vgl. § 932 II), oder wenn er dies später erfährt (§ 2024 Satz 2). Dabei ist der späteren Kenntnis die vorsätzliche Vermeidung der Kenntnisnahme vom fehlenden Erbrecht gleich zu achten, so z. B. wenn der Erbschaftsbesitzer es ablehnt, ein ihm vorgelegtes Testament zu lesen[17]. Eine allgemeine Prüfungspflicht trifft den Erbschaftsbesitzer also nur bei der Besitzbegründung, während er sich später lediglich einer nahe liegenden Aufklärung nicht bewusst verschließen darf.

Ist der Erbschaftsbesitzer hinsichtlich seines Erbrechts bösgläubig, nimmt er jedoch bezüglich eines einzelnen Erbschaftsgegenstandes gutgläubig ein Recht zum Besitz an, dann ist er insoweit wie ein gutgläubiger Erbschaftsbesitzer zu behandeln. Das gilt allerdings nur dann, wenn er die Sache wegen des vermeintlichen Erbrechts für sich in Anspruch genommen hat[18].

Die Gleichstellung des bösgläubigen Erbschaftsbesitzers mit dem Erbschaftsbesitzer nach Rechtshängigkeit durch § 2024 bezieht sich auf schuldrechtliche sowie dingliche Ansprüche; deswegen gilt hier nicht die Verschiedenheit zwischen dem Bereicherungsanspruch, der auf Kenntnis abstellt (§ 819), und dem Eigentumsanspruch, bei dem schon grobfahrlässige Unkenntnis bei Besitzerwerb schadet (§ 990)[19].

Gerät der bösgläubige Erbschaftsbesitzer in *Verzug*, so haftet er verschärft nach dem Recht des Schuldnerverzuges (§ 2024 Satz 3 i.V.m. §§ 280 I, II, 286).

17 MünchKomm/*Helms*, § 2024 Rdnr. 3; *Staudinger/Gursky*, § 2024 Rdnr. 5.

18 *Erman/Schlüter*, § 2024 Rdnr. 2.

19 Vgl. Prot. V, 719.

Da diese Steigerung der Verantwortung nicht für den gutgläubigen Erbschaftsbesitzer gilt, schadet der leicht fahrlässige Irrtum über die Erbberechtigung niemals.

4. Deliktischer Besitzer 584

Hat der Erbschaftsbesitzer einen Erbschaftsgegenstand durch eine mit Strafe bedrohte Handlung, z. B. durch Vorlage eines gefälschten Erbscheins oder durch verbotene Eigenmacht (§ 858) erlangt, so haftet er nach den Regeln über den Schadensersatz bei unerlaubten Handlungen (§ 2025). Dabei ist aus der Bezugnahme auf die Deliktsvorschriften (§§ 823 ff.) zu entnehmen, dass wie bei § 992 hinsichtlich der verbotenen Eigenmacht auch Verschulden vorliegen muss[20]. Art und Umfang der Deliktshaftung richten sich nach den §§ 823 ff., 848–850, 249 ff. Das Ersetzungsprinzip (§ 2019) ist dabei nicht ausgeschlossen, so dass ein Schaden nur insoweit anzunehmen ist, als er durch die Ersatzgegenstände nicht gedeckt wird.

Anders als beim Eigentumsanspruch nach § 992 erstreckt sich die Haftungsverschärfung nach § 2025 nicht nur auf Sachen, sondern auf alle herauszugebenden Erbschaftsgegenstände einschließlich der Nutzungen, soweit es sich nicht um bloße Gebrauchsvorteile (§ 100) oder ins Eigentum des Erbschaftsbesitzers gefallene Früchte handelt (§§ 2018, 2019, 2020, 953). Vorteile, die nicht gegenständlich in den Nachlass gelangen, wie Gebrauchsvorteile oder vom Erbschaftsbesitzer zu Eigentum erworbene Früchte oder durch unrichtigen Erbschein mit Aufrechnung von Nachlassforderungen bewirkte persönliche Schuldbefreiungen, fallen zwar nicht unter § 2025, unterliegen aber unmittelbar den Deliktsregeln, wenn sie durch strafbare Handlungen erlangt werden.

Da der Besitz ohne Rücksicht auf den Wechsel der tatsächlichen Sachherrschaft (§ 854) kraft Gesetzes auf den Erben übergeht (§ 857), begeht bereits derjenige verbotene Eigenmacht (§ 858), der vor der tatsächlichen Inbesitznahme durch den Erben ohne dessen Willen einen Erbschaftsgegenstand erlangt. Daher wäre auch der gutgläubige Erbschaftsbesitzer der Deliktshaftung ausgesetzt, wenn er nur leicht fahrlässig an sein vermeintliches Erbrecht glaubt. Dieses unbillige Ergebnis vermeidet § 2025 Satz 2. Danach ist ein gutgläubiger Erbschaftsbesitzer wegen verbotener Eigenmacht nach Deliktsrecht nur dann verantwortlich, wenn der Erbe den Besitz der Sachen bereits tatsächlich ergriffen hatte.

VI. Verwendungen des Erbschaftsbesitzers 585

Wegen der auf die Erbschaft gemachten Verwendungen stehen dem Erbschaftsbesitzer Rechte gegen den Erben zu. Unter Verwendungen sind vermögenswerte Maßnahmen und Ausgaben zu verstehen, die einer Sache zugute kommen sollen[21].

20 H. M.; MünchKomm/*Helms*, § 2025 Rdnr. 4; vgl. aber: *Brox*, JZ 1965, 517 f.
21 Vgl. BGHZ 10, 171, 177; 41, 157.

1. Unverklagter gutgläubiger Besitzer

Der gutgläubige und nicht verklagte Erbschaftsbesitzer braucht den Erbschaftsanspruch gem. § 2022 nur zu erfüllen, wenn der Erbe ihm alle Verwendungen ersetzt, soweit sie nicht bereits durch Anrechnung auf die gem. § 2021 geschuldete Bereicherung gedeckt werden. Es kommt also nicht darauf an, ob es sich um notwendige, nützliche, überflüssige oder überhaupt um werterhöhende Verwendungen handelt.

Zu den Verwendungen gehören gem. § 2022 II auch die Aufwendungen, die der Erbschaftsbesitzer zur Bestreitung von Lasten der Erbschaft oder zur Berichtigung von Nachlassverbindlichkeiten macht. Der Verwendungsersatzanspruch entsteht also sowohl wegen der auf einzelne Nachlassgegenstände als auch wegen der auf die Erbschaft als Ganzes gemachten Verwendungen. Bei der Begleichung von Nachlassverbindlichkeiten kann ein Erstattungsanspruch allerdings nur entstehen, wenn der Erbschaftsbesitzer mit eigenen Mitteln wirksam geleistet hat, da bei der Begleichung mit Erbschaftsmitteln nur eine Minderung der nach § 2021 geschuldeten Bereicherung eintritt. Hat der Erbschaftsbesitzer irrtümlich eine vermeintliche Nachlassschuld bezahlt, so steht der Rückzahlungsanspruch bei Leistung aus dem Nachlass unmittelbar dem Erben zu (§ 2019). Bei Zahlung mit eigenen Mitteln muss der Erbschaftsbesitzer seine Leistung selbst zurückverlangen, da die Zahlung der Erbschaft nicht zu Gute gekommen ist. Wird der Erbschaftsbesitzer hingegen nicht im Sinne von § 2022 auf die Herausgabe von bestimmten Erbschaftsgegenständen, sondern auf die Herausgabe der Bereicherung im Sinne von § 2021 in Anspruch genommen, so kann er den Wert der Zahlung bei gleichzeitiger Abtretung seines eigenen Bereicherungsanspruchs als Minderung der Bereicherung verrechnen.

Nach dem Wortlaut des Gesetzes soll der Verwendungsersatzanspruch aus § 2022 nur dem gutgläubigen Erbschaftsbesitzer vor Rechtshängigkeit zustehen, der mit einem Erbschaftsanspruch dinglicher Natur in Anspruch genommen wird (»Herausgabe der *zur Erbschaft gehörenden Sachen*«). Die umfassende Anordnung des Verwendungsersatzes muss jedoch ihrem Sinn nach auch für den schuldrechtlichen Anspruch auf Herausgabe der Früchte gelten, die Eigentum des Erbschaftsbesitzers geworden sind (vgl. §§ 2020, 955), zumal der bösgläubige Erbschaftsbesitzer sonst besser gestellt wäre als der gutgläubige und nicht verklagte[22]. Hinsichtlich der für die Gewinnung von Früchten gemachten Ausgaben geht § 2022 als Sondervorschrift den Bestimmungen der §§ 102 und 998 vor. Gegenüber dem schuldrechtlichen Bereicherungsanspruch des Erben aus § 2021 besteht hingegen kein Anspruch des Erbschaftsbesitzers auf Verwendungsersatz, sondern allenfalls die Möglichkeit, bestimmte Aufwendungen als Wegfall der Bereicherung zu verrechnen.

Da der gutgläubige und nicht verklagte Erbschaftsbesitzer alle Verwendungen ersetzt verlangen kann, ist er besser gestellt als ein der Eigentumsklage ausgesetzter Besitzer (vgl. § 996).

586 Nach § 2022 I 2 finden auf den Verwendungsersatzanspruch des Erbschaftsbesitzers die Vorschriften der §§ 1000–1003 Anwendung. Danach besteht für den Erbschaftsbesitzer zunächst ein Zurückbehaltungsrecht (§ 1000) wegen al-

22 H. M.; MünchKomm/*Helms*, § 2022 Rdnr. 2.

ler sich noch in seinem Besitz befindlichen Nachlasssachen, auch wenn die Verwendungen nur bestimmten oder nicht mehr vorhandenen Sachen oder dem gesamten Nachlass zu Gute gekommen sind.

Dem gutgläubigen Erbschaftsbesitzer ist entsprechend den §§ 997, 258 ein Wegnahmerecht einzuräumen, da er sonst schlechter gestellt wäre als der bösgläubige oder verklagte Erbschaftsbesitzer.

Soweit der Erbschaftsbesitzer Aufwendungen nicht auf bestimmte einzelne Sachen, sondern etwa auf die Erbschaft insgesamt gemacht, insbesondere Nachlassverpflichtungen beglichen hat, behält er neben den Rechten aus den §§ 1000–1003 seine gegen den Erben nach den allgemeinen Vorschriften begründeten Ansprüche auf Ersatz in weiterem Umfang (§ 2022 III).

Bei der Begleichung von Nachlassverbindlichkeiten zahlt der Erbschaftsbesitzer auf eine vermeintlich eigene Schuld. Gegen den Nachlassgläubiger steht ihm daher die Leistungskondiktion zu. Stattdessen kann er aus Geschäftsführung ohne Auftrag gegen den wahren Erben vorgehen, wenn er nach Kenntnis seines fehlenden Erbrechts erklärt, die Zahlung solle für den wahren Erben gelten.

2. *Verklagter und bösgläubiger Besitzer* **587**

Für die Verwendungen des gutgläubigen Erbschaftsbesitzers nach Rechtshängigkeit und für die des bösgläubigen Erbschaftsbesitzers gelten die Vorschriften des Eigentümer-Besitzer-Verhältnisses (§§ 2023 II, 2024, 994–1003). Danach kann nur nach den Regeln über die Geschäftsführung ohne Auftrag (§§ 677 ff.) Ersatz für notwendige Verwendungen verlangt werden (§§ 994–996, 998).

Ersatzpflichtige notwendige Verwendungen müssen also dem wirklichen bzw. mutmaßlichen Willen des Erben entsprochen haben oder von ihm genehmigt worden sein oder aber noch eine ungerechtfertigte Bereicherung des Erben darstellen (§§ 683 ff.). Daraus ist weiter zu entnehmen, dass der Erbschaftsbesitzer Ersatz für die Berichtigung von Erbschaftsschulden nur beanspruchen kann, soweit er die hier entsprechend anwendbaren Vorschriften der §§ 1978–1980, 1991 beachtet hat[23]. Gleichgültig ist hingegen, ob die notwendigen Verwendungen auf die herauszugebenden Sachen oder auf andere Erbschaftsgegenstände oder den Nachlass insgesamt gemacht wurden, da der Erbschaftsanspruch immer als einheitlicher Gesamtanspruch zu verstehen ist (**Fall c**; Rdnr. 596). Ferner ist § 2022 III anwendbar, soweit er Bereicherungsansprüche ohne die Beschränkung der §§ 1000–1003 gewährt. Die Bestimmung des § 997 gewährt im Umfang des Verwendungsersatzes ein beschränktes Wegnahmerecht.

23 MünchKomm/*Helms*, § 2023 Rdnr. 6; *Staudinger/Gursky*, § 2023 Rdnr. 9; **a. A.** RGRK/*Kregel*, § 2023 Rdnr. 7.

588 *3. Deliktischer Besitzer*

Hat der Erbschaftsbesitzer Nachlassgegenstände durch eine strafbare Handlung oder eine schuldhaft verbotene Eigenmacht erlangt, so kann er, auch wenn er gutgläubig im Hinblick auf das Erbrecht gewesen ist[24], nicht alle Verwendungen ersetzt verlangen. Gem. § 2025 steht ihm vielmehr nur eine Vergütung für die notwendigen und nützlichen Verwendungen zu (§§ 850, 994–1003). Ein Zurückbehaltungsrecht entfällt, wenn der Erbschaftsbesitz durch eine vorsätzlich begangene unerlaubte Handlung erlangt wurde (§ 1000 Satz 2).

589 **VII. Auskunftsansprüche**

1. Anspruch gegen den Erbschaftsbesitzer

a) Der Erbe und die anderen Gläubiger des Erbschaftsanspruchs kennen den Nachlass regelmäßig nicht genau. Darum gewährt das Gesetz ihnen in § 2027 I gegen die Schuldner des Erbschaftsanspruchs Auskunftsrechte, damit der Erbschaftsanspruch durchgesetzt werden kann. Diese Auskunftsrechte gehören zum Nachlass.

590 b) Da der Erbschaftsbesitzer die Gesamtheit der Nachlassgegenstände herauszugeben hat, ist er bereits nach § 260 verpflichtet, dem Erben ein Verzeichnis der zur Erbschaft gehörenden einzelnen Gegenstände vorzulegen und es unter Umständen durch eine eidesstattliche Versicherung zu bestätigen. Darüber hinaus verpflichtet § 2027 I den Erbschaftsbesitzer oder seine Erben[25], besondere Auskünfte zu erteilen über den Bestand der Erbschaft, den Verbleib von Erbschaftsgegenständen, ihre Verschlechterung, ihren Untergang sowie ihre Surrogate. Im Ergebnis kann das eine Pflicht zur Rechenschaftslegung über die Nachlassverwaltung bedeuten. Die Auskunftspflicht beschränkt sich, anders als das Inventar (vgl. § 2001), auf den positiven Bestand der Erbschaft und seine Veränderungen, umfasst daher nicht Wertangaben und Nachlassverbindlichkeiten[26].

Der Erblasser kann die Auskunftspflicht nicht im Voraus erlassen, da sie ihm nie zugestanden hat. Jedoch kann der Erbe auf seinen Auskunftsanspruch verzichten[27].

591 c) Der Erbe kann auf Auskunftserteilung vor dem Gericht klagen, bei dem der Erblasser zur Zeit seines Todes den allgemeinen Gerichtsstand gehabt hat (§ 27 ZPO). Hat der Erbe ein obsiegendes Urteil erlangt, so ist es gem.

24 Vgl. RGZ 81, 413.
25 Vgl. BGH NJW 1985, 3068, 3069 f.
26 RGSt 71, 360; *Staudinger/Gursky*, § 2027 Rdnr. 11.
27 MünchKomm/*Helms*, § 2027 Rdnr. 4.

§ 888 ZPO[28] zu vollstrecken. Ob eine nach der Verurteilung erteilte Auskunft genügt, ist auf eine Vollstreckungsabwehrklage hin (§ 767 ZPO[29]) zu prüfen. Dabei ist zu beachten, dass mehrere Teilverzeichnisse eine ausreichende Auskunft darstellen können[30]. Die Ergänzung einer unvollständigen Auskunft ist nur dann durch eine neue Klage zu erzwingen, wenn ein selbstständiger Nachlassteil oder eine bestimmte Mehrheit von Erbschaftsgegenständen nicht aufgeführt worden sind und deshalb insoweit überhaupt noch keine Auskunft vorgelegen hat[31]. Sonst kann eine Vervollständigung nur durch Verlangen der eidesstattlichen Versicherung unter den Voraussetzungen des § 260 erzwungen werden. Die Verurteilung zur Abgabe einer eidesstattlichen Versicherung wird nach § 889 ZPO vollstreckt. Eine freiwillige eidesstattliche Versicherung sieht § 163 FGG vor.

Der Auskunftsanspruch ist selbstständig einklagbar. Die Klage auf Auskunftserteilung unterbricht nicht die Verjährung des Erbschaftsanspruchs. Jedoch kann der Erbe nach § 254 ZPO im Wege der Stufenklage vorgehen und sich die bestimmte Bezeichnung der herausverlangten Gegenstände bis zum Vorliegen einer ausreichenden Auskunft vorbehalten (zu **Fall a**).

2. *Ansprüche gegen sonstige Besitzer von Nachlassgegenständen* 592

In gleicher Weise wie der Erbschaftsbesitzer ist derjenige auskunftspflichtig, der ohne Berufung auf ein Erbrecht Sachen aus dem Nachlass an sich genommen hat, bevor der Erbe den Besitz tatsächlich ergriffen hat (§ 2027 II).

Keine Auskunftspflicht nach § 2027 II trifft denjenigen, der den Besitz schon vor dem Erbfall erlangt hat oder der nach dem Eintritt des Erbfalls eine Sache in Besitz nimmt, die der Erblasser einem Dritten überlassen hatte, da dann nichts aus dem Nachlass entfernt wird[32].

Da die Auskunftspflicht dazu dient, Aufschluss über den wirklichen Bestand der Erbschaft zu geben, ist es unerheblich, aus welchen Gründen in den Nachlass eingegriffen wurde und ob die Inbesitznahme unbefugt oder berechtigt, eigennützig oder sogar zum Schutze des wahren Erben, gutgläubig oder bösgläubig erfolgte. Es kann daher auch nicht darauf ankommen, ob dem eigenmächtig Handelnden bekannt gewesen ist, dass er etwas aus einem Nachlass entnimmt[33].

Wer auf Grund eines besonderen Amtes Nachlassgegenstände an sich nimmt, ist nach Sondernormen rechenschaftspflichtig. Daher gilt § 2027 II nicht gegenüber dem Testamentsvollstrecker, Nachlassverwalter und Nachlasspfleger.

28 Dazu ZVR Rdnr. 1076 ff.
29 Dazu ZVR Rdnr. 1312 ff.
30 BGH NJW 1962, 1499.
31 RGZ 84, 41, 44; BGH LM Nr. 1 zu § 260 BGB.
32 BGH LM Nr. 1 zu § 1421 BGB.
33 H. M.; MünchKomm/*Helms*, § 2027 Rdnr. 10; *Palandt/Edenhofer*, § 2027 Rdnr. 3.

Der Gerichtsstand des § 27 ZPO gilt nach seinem Sinn und Zweck auch für den Auskunftsanspruch aus § 2027 II[34].

593 *3. Ansprüche gegen Hausgenossen des Erblassers*

Auskunftspflichtig ist ferner jeder, der sich zur Zeit des Erbfalls mit dem Erblasser in häuslicher Gemeinschaft befunden hat (§ 2028 I). Der Begriff der häuslichen Gemeinschaft ist weit auszulegen. Zur Begründung einer Auskunftspflicht nach dieser Vorschrift genügt es, dass jemand nach seinen räumlichen und persönlichen Beziehungen zum Erblasser Gelegenheit hatte, erbschaftliche Geschäfte zu führen oder sonst auf den Nachlass einzuwirken[35]. Nicht erforderlich ist dagegen Zugehörigkeit zum Hausstand (vgl. § 1619), Familienzugehörigkeit oder Unterhaltsbezug (vgl. § 1969). Als auskunftspflichtige Personen kommen somit vornehmlich in Betracht: Angehörige, Hausangestellte, Pflegepersonal, Gastgeber, Zimmernachbarn (**Fall a**).

Von Bedeutung ist vor allem die Verpflichtung zur Auskunft darüber, ob überhaupt erbschaftliche Geschäfte geführt worden sind. Denn soweit bekannt ist, dass der Hausgenosse derartige Geschäfte vorgenommen hat, ist er schon nach den §§ 681, 666, 259, 260 auskunftspflichtig.

594 **VIII. Verjährung und Ersitzung**

Die Beziehung zwischen Verjährung und Ersitzung wird in § 2026 geregelt. Diese Bestimmung ist notwendig, da der Erbschaftsanspruch erst in 30 Jahren verjährt (§ 197 I Nr. 2), während bewegliche Sachen bereits mit Ablauf von 10 Jahren ersessen werden können (§ 937 I). Für Grundstücke hat § 2026 keine Bedeutung, da die Buchersitzung ebenfalls erst nach 30 Jahren eintritt (§ 900), so dass sich insoweit die Fristen für Verjährung und Ersitzung decken. Eine Ersitzung oder Verjährung der Erbschaft insgesamt oder des Erbrechts kennt das Gesetz nicht.

1. Verjährung

Die Vorschrift des § 2026 stellt zunächst klar, dass der Erbschaftsanspruch insgesamt einheitlich verjährt. Die Verjährung beginnt für den gesamten Erbschaftsanspruch, sobald der Erbschaftsbesitzer erstmals etwas aus dem Nachlass erlangt (§ 198), mag er auch später noch weitere Nachlassgegenstände hinzu er-

34 OLG Nürnberg OLGZ 1981, 115, 116 f.; *Erman/Schlüter*, § 2027 Rdnr. 3; *Palandt/Edenhofer*, § 2027 Rdnr. 5; *Soergel/Dieckmann*, § 2027 Rdnr. 5; **a. A.** MünchKomm/*Helms*, § 2027 Rdnr. 14 m. N.

35 Vgl. BGH LM Nr. 1 zu § 2028 BGB.

halten[36]. Es gilt die besondere Verjährungsfrist von 30 Jahren (§§ 194, 197 I Nr. 2). Soweit der Erbschaftsbesitzer allerdings nach Deliktsrecht verantwortlich ist, muss infolge der umfassenden Verweisung auf das Recht der unerlaubten Handlung in § 2025 Satz 1 auch die in § 195 vorgesehene Verjährungsfrist von drei Jahren Anwendung finden[37].

Wenn dem Erben ein Erbrecht erst durch Anfechtung zufallen kann (vgl. §§ 2078, 2079; 2340), so beginnt die Verjährung des Erbschaftsanspruchs gem. § 200 mit der Zulässigkeit der Anfechtung ohne Rücksicht auf den Zeitpunkt der Anfechtung und die Kenntnis des Berechtigten vom Anfechtungsgrund. – Geht der Erbschaftsbesitz insgesamt auf einen anderen über (§ 2030), dann kommt dem Rechtsnachfolger die gegenüber dem Erbschaftsbesitzer verstrichene Verjährungsfrist nach § 198 zustatten.

Nach Vollendung der Verjährung ist der Erbschaftsbesitzer lediglich berechtigt, die Herausgabe der Erbschaftsgegenstände zu verweigern (§ 214 I). Er erhält nicht die Rechtsstellung eines Erben, so dass er weder Nachlassgegenstände von anderen Personen herausverlangen kann noch für die Nachlassverbindlichkeiten einzustehen hat.

2. *Ersitzung* 595

Der gutgläubige Erbschaftsbesitzer ist Eigenbesitzer der Erbschaftsgegenstände, ihrer Surrogate (§ 2019), der ins Eigentum der Erben fallenden Nutzungen (§ 2020) und schließlich auch der im Eigentum Dritter stehenden Sachen, die er für Bestandteile der Erbschaft hält. Bei fortbestehender Gutgläubigkeit wird er nach zehn Jahren durch Ersitzung Eigentümer dieser Sachen (§ 937). § 2026 ordnet jedoch an, dass er sich dem Erben gegenüber während des Laufes der Verjährungsfrist nicht auf eine Ersitzung berufen kann.

Handelt es sich um eine schon dem Erblasser gehörende Sache, so gilt die Ersitzung vor Vollendung der Verjährung im Verhältnis zwischen dem Erben und dem Erbschaftsbesitzer als wirkungslos; gegenüber Dritten ist hingegen allein der Erbschaftsbesitzer zur unbeschränkten Geltendmachung des Eigentums befugt. Nach Ablauf der Verjährungsfrist wirkt die Ersitzung auch gegenüber dem Erben. Gehörte die Sache einem Dritten, so kann sich der Erbschaftsbesitzer gleichfalls im Verhältnis zum Erben nicht auf einen Ersitzungserwerb berufen; sofern der Erbe insoweit mit Erfolg seinen Erbschaftsanspruch erhebt, gilt die Ersitzung rückwirkend unmittelbar zu Gunsten des Erben, und zwar ohne Rücksicht darauf, ob der Erbe gutgläubig war. Es handelt sich um einen dem Erben gegenüber relativ unwirksamen Ersitzungserwerb des Erbschaftsbesitzers[38]. Soweit ein dinglich unbeschränkter Erwerb des Erbschaftsbesitzers angenommen wird[39], bleibt unbeachtet, dass eine nur schuldrechtliche Verpflichtung zur Rechtsübertragung den Inte-

36 *Schlüter*, Rdnr. 631; **a. M.** *Lange/Kuchinke*, § 40 IV 7.
37 *Erman/Schlüter*, § 2025 Rdnr. 4; *Staudinger/Gursky*, § 2025 Rdnr. 13.
38 *Kipp/Coing*, § 106 VII 2; *Jauernig/Stürner*, § 2026 Rdnr. 1.
39 *Palandt/Edenhofer*, § 2026 Rdnr. 1; *Schlüter*, Rdnr. 613.

ressen des Erben und der Nachlassgläubiger namentlich bei einem Vermögensverfall des Erbschaftsbesitzers nicht gerecht wird.

Erlangt der Erbe eine rechtlich nicht zum Nachlass gehörende Sache vor Ablauf der Ersitzungszeit vom Erbschaftsbesitzer, so kommt ihm der Teil der Ersitzungszeit zustatten, der zu Gunsten des Erbschaftsbesitzers verstrichen ist (§ 944). Voraussetzung ist dabei ein guter Glaube des Erben und des Erbschaftsbesitzers hinsichtlich der Zugehörigkeit der Sache zum Nachlass, während es auf den guten Glauben des Erbschaftsbesitzers an sein Erbrecht nicht ankommt[40].

596 IX. Rechtliche Einordnung des Erbschaftsanspruchs

Der Erbschaftsanspruch ist nicht nur eine Bezeichnung für eine unter erbrechtlichen Gesichtspunkten modifizierte Zusammenfassung der verschiedenen Einzelansprüche. Er ist vielmehr als einheitlicher erbrechtlicher Gesamtanspruch zu verstehen, der sich unmittelbar aus der Verletzung des Erbrechts selbst ergibt und auf die Herausgabe der ganzen Erbschaft oder einzelner Gegenstände als Bestandteile des Nachlasses gerichtet ist. Der Erbschaftsanspruch besteht also als eigenständiger Anspruch neben den Einzelansprüchen z. B. aus Eigentum, unerlaubter Handlung.

Der Erbschaftsanspruch ist ein besonderer erbrechtlicher Anspruch. Soweit der vom Erbschaftsbesitzer herauszugebende Gegenstand zum Vermögen des Erben gehört (z. B. Eigentum des Erben), hat der Anspruch dinglichen Charakter. Befindet sich das Erlangte hingegen im Vermögen des Erbschaftsbesitzers (z. B. in dessen Eigentum), so steht dem Erben lediglich ein schuldrechtlicher Anspruch auf Verschaffung des jeweiligen Rechts zu (z. B. §§ 2021, 818 II; § 2020 Satz 2).

Nur bei dinglicher Wirkung besteht in der Zwangsvollstreckung ein Widerspruchsrecht i.S.v. § 771 ZPO[41] und im Insolvenzverfahren ein Aussonderungsrecht nach § 47 InsO.

597 X. Konkurrenzen und Prozessuales

1. Konkurrenzen

Neben dem Erbschaftsanspruch stehen dem Erben die Einzelansprüche zu: die Besitzschutzansprüche (§§ 861, 862 i.V.m. § 857), der Anspruch aus früherem Besitz (§ 1007), die dinglichen Herausgabeansprüche (§§ 985, 1065, 1227; § 11 I ErbbRVO), der Grundbuchberichtigungsanspruch (§ 894), die Ansprüche aus ungerechtfertigter Bereicherung und unerlaubter Handlung (§§ 812, 823 ff.).

40 MünchKomm/*Helms*, § 2026 Rdnr. 9; *Staudinger/Gursky*, § 2026 Rdnr. 19; **a. A.** *Erman/Ebbing*, § 944 Rdnr. 4.

41 Dazu ZVR Rdnr. 1396 ff.

– Als besondere erbrechtliche Rechtsbehelfe sind in diesem Zusammenhang noch die Klagen des Erben gegen den Besitzer eines unrichtigen Erbscheins auf dessen Herausgabe und auf Auskunft zu nennen (§ 2362).

Nach § 2029 bestimmt sich die Haftung des Erbschaftsbesitzers auch »gegenüber den Ansprüchen, die dem Erben in Ansehung der einzelnen Erbschaftsgegenstände zustehen, nach den Vorschriften über den Erbschaftsanspruch«. Diese Regelung stellt sicher, dass bei einer Konkurrenz von Erbschaftsanspruch und Einzelansprüchen die Haftung sich stets nach den §§ 2018 ff. richtet. Damit wird aber nur der Inhalt der Einzelansprüche beeinflusst, ohne dass diese Ansprüche in ihrem Bestand berührt werden.

Auf die Einzelansprüche sind nach § 2029 alle Vorschriften über die Verantwortlichkeit des Erbschaftsbesitzers anzuwenden, die den Inhalt seiner Verpflichtung bestimmen. Damit ist zunächst eine Schlechterstellung verbunden, da auch der gutgläubige Erbschaftsbesitzer über § 993 hinaus alle Nutzungen (§ 2020) und Surrogate (§ 2019) herauszugeben hat und sich nur beschränkt auf einen Ersitzungserwerb berufen kann (§ 2026). Der bösgläubige Erbschaftsbesitzer hat entgegen § 819 bereits für ein grobfahrlässiges Nichtwissen einzustehen (§ 2024 Satz 1). Andererseits liegt eine Besserstellung darin, dass der Erbschaftsbesitzer nicht schlechthin zur Herausgabe verpflichtet ist, sondern nur insoweit, als er durch den Besitz von Nachlassgegenständen insgesamt noch bereichert ist (§ 2021) und Ersatz für *alle* seine Verwendungen erhält (§ 2022). In diesem Umfang besteht ferner ein Zurückbehaltungsrecht, wenn der Erbschaftsbesitzer gutgläubig ist und der Erbe den Besitz noch nicht tatsächlich ergriffen hatte, da auch beim Gesamtanspruch dem Zurückbehaltungsrecht der Einwand einer Verantwortlichkeit aus unerlaubter Handlung zur Herstellung des früheren Zustandes entgegensteht (§§ 2025, 823 ff., 249). Das Zurückbehaltungsrecht des Erbschaftsbesitzers besteht trotz des in § 863 grundsätzlich vorgesehenen Ausschlusses petitorischer Einwendungen auch gegenüber den Besitzklagen des Erben (§§ 861, 862). Ohne die Anwendung des § 2029 auf die Besitzschutzansprüche würde die gesetzliche Sonderregelung des Erbschaftsanspruchs gegen den gutgläubigen Erbschaftsbesitzer weitgehend keine Bedeutung mehr haben, da der Erbe auf die Klagen aus Besitz zurückgreifen könnte.

Umgekehrt kann der Erbschaftsbesitzer gegenüber dem Gesamtanspruch alle Einzeleinwendungen erheben, die ihren Grund in Rechtsbeziehungen finden, welche sich nur auf einzelne Nachlassgegenstände erstrecken. Es handelt sich dabei um Einwände, die auch dem Erblasser gegenüber bestanden hätten. So kann der Erbschaftsbesitzer sich z. B. auf einen Erwerb vom Erblasser oder einen Vertrag mit diesem berufen, der ihm ein Besitz- oder Nutzungsrecht gibt, das den Tod des Erblassers überdauert hat (Leihe, Miete, Pacht usw.).

598 *2. Prozessuales*

Der Erbe kann den Gesamtanspruch und die Einzelansprüche in einer Klage verbinden (§ 260 ZPO). Bei einem Übergang des Erben vom Erbschaftsanspruch zu den Einzelansprüchen wird das Gericht weitgehend eine sachdienliche Klageänderung annehmen (§ 263 ZPO). Der besondere Gerichtsstand des § 27 ZPO gilt nicht für die Klagen aus Einzelansprüchen.

Obwohl es sich bei dem Erbschaftsanspruch um einen Gesamtanspruch handelt, sind die herausverlangten Gegenstände einzeln im Klageantrag aufzuführen (§ 253 II Nr. 2 ZPO). Diese Bestimmtheit ist erforderlich zur eindeutigen Umgrenzung von Rechtshängigkeit und Rechtskraft sowie zur Durchführung der Zwangsvollstreckung (§ 883 ZPO). Die genaue Bezeichnung des Streitgegenstandes wird dem Erben durch die Gewährung der Auskunftsansprüche (§§ 2027 f.) ermöglicht. Eine während des Prozesses vorgenommene nachträgliche Ergänzung der im Klageantrag bezeichneten Gegenstände stellt keine Klageänderung, sondern eine zulässige Klageerweiterung dar (§ 264 Nr. 2 ZPO); Auskunfts- und Herausgabeklagen können auch miteinander verbunden werden (Stufenklage, § 254 ZPO). Geschieht das, so darf die bestimmte Angabe der Leistung bis zum Vorliegen der Auskunft bzw. der eidesstattlichen Versicherung vorbehalten bleiben.

Rechtshängigkeit und Rechtskraft erstrecken sich nur auf die im Urteil benannten Gegenstände. Insbesondere umfasst die Rechtskraft eines Urteils, das über den Erbschaftsanspruch ergeht, nicht das Erbrecht selbst, da dies nur eine Vorfrage des Rechtsstreits bildet (§ 322 ZPO)[42]. Will der Erbe eine rechtskräftige Entscheidung auch über sein Erbrecht herbeiführen, so muss er eine entsprechende Feststellungs- oder Zwischenfeststellungsklage erheben (§ 256 I, II ZPO); ein Feststellungsinteresse liegt in der Regel vor, weil das Leistungsbegehren keine verbindliche Aussage über das Erbrecht selbst nach sich zieht.

Da es sich bei dem Erbschaftsanspruch um einen besonderen *erbrechtlichen* Anspruch handelt, kann er außer im allgemeinen Gerichtsstand des Erbschaftsbesitzers im Gerichtsstand der Erbschaft (§§ 13 ff., 27 ZPO), nicht aber im dinglichen Gerichtsstand (§ 24 ZPO) geltend gemacht werden.

599 XI. Zusammenfassung

Mit dem als Gesamtanspruch ausgestalteten Erbschaftsanspruch kann der Erbe Erbschaftsgegenstände von demjenigen herausverlangen, der sie ihm unter Berufung auf ein angebliches eigenes Erbrecht vorenthält. Der Erbschaftsanspruch besteht neben den Einzelansprüchen. Regelmäßig vermag der Erbe mit dem Erbschaftsanspruch nicht mehr Rechte geltend zu machen, als mit den durch § 2029 modifizierten Einzelansprüchen.

42 *Brox*, JuS 1962, 121.

Der Erbschaftsanspruch (§§ 2018 ff.)

I. Gläubiger:
- Erbe (Allein-, Mit-, Vor-, Nacherbe) (§ 2018)
- ggf. statt des Erben: Nachlassverwalter, Testamentsvollstrecker, Insolvenzverwalter, Nachlasspfleger

II. Schuldner:
- Erbschaftsbesitzer (§ 2018)
- rechtsgeschäftlicher Erbschaftserwerber (§ 2030)

III. Inhalt
1. Herausgabe des ursprünglich Erlangten (§ 2018)
2. Herausgabe der Surrogate (§ 2019)
3. Herausgabe der Nutzungen einschließlich der Früchte (§ 2020)

IV. Haftung des Erbschaftsbesitzers
1. Unverklagter gutgläubiger Erbschaftsbesitzer:
   Haftung nach Bereicherungsrecht (§ 2021; Rechtsfolgenverweisung)
2. Verklagter Erbschaftsbesitzer:
   verschärfte Haftung aus EBV (§§ 2023, 987 II, 989)
3. Bösgläubiger Erbschaftsbesitzer:
   verschärfte Haftung nach EBV (§§ 2024, 2023, 987 II, 989)
4. Deliktischer Erbschaftsbesitzer:
   verschärfte Haftung aus u.H. (§§ 2025, 823 ff., 848 ff.)

V. Gegenanspruch des Erbschaftsbesitzers auf Verwendungs- und Aufwendungsersatz
1. Unverklagter gutgläubiger Erbschaftsbesitzer: wegen aller Verwendungen (§ 2022)
2. Verklagter und bösgläubiger Erbschaftsbesitzer: nur wegen der notwendigen Verwendungen nach GoA (§§ 2023 II, 2024, 994–1003, 677 ff.)
3. Deliktischer Besitzer: nur wegen notwendiger und nützlicher Verwendungen (§§ 2025, 850, 994 ff.)

VI. Verjährung
1. Grundsatz: 30 Jahre ab Besitzerlangung (§§ 2026, 197 I Nr. 2, 198)
2. bei deliktischer Haftung: 3 Jahre (§§ 2025 Satz 1, 195)
3. keine Ersitzung vor Verjährung des Erbschaftsanspruchs (§ 2026)

VII. Konkurrenzen
1. Neben Ansprüchen aus §§ 861 f., 1007, 985, 894, 812 ff., 823 ff.
2. Haftung des Erbschaftsbesitzers auch bei Einzelansprüchen nach §§ 2018 ff. modifiziert (§ 2029)

600
§ 34 Ersetzungsgrundsatz im Erbrecht

Schrifttum: *Bartholomeyczik*, Erbeinsetzung, andere Zuwendungen und Erbschein, 5. Denkschrift, 1942, 52, 238; *Coester-Waltjen*, Die dingliche Surrogation, Jura 1996, 24; *Gross*, Zur Anwendung des § 166 Abs. 2 BGB im Rahmen des § 2041 Satz 1 BGB, MDR 1965, 443; *Lange/Karpe*, Die Regelung der Erbenhaftung, 3. Denkschrift, 1939, 89, 128; *Lange/Reif*, Erwerb, Sicherung und Abwicklung der Erbschaft, 4. Denkschrift, 1940, 115, 117; *Strauch*, Mehrheitlicher Rechtsersatz, 1972; *Wieser*, Ersatzleistungen an Miterben bei Sachschäden, Festschrift f. Heinr. Lange, 1970, 325; *M. Wolf*, Prinzipien und Anwendungsbereich der dinglichen Surrogation, JuS 1975, 643, 710; 1976, 32, 104; *ders.*, Dingliche Surrogation und Wertersatz bei der Nacherbschaft – BGH, NJW 1977, 163, JuS 1981, 14.

Fälle:

a) A übereignet ein von ihm an den Erblasser verkauftes Auto an den durch unrichtigen Erbschein ausgewiesenen B. Was kann der wahre Erbe unternehmen, wenn ein Gläubiger des B das Auto pfänden lässt? **(Rdnr. 603)**

b) B, der auf Grund einer Erbrechtsanmaßung den Nachlass in Besitz genommen hat, findet auf dem Erbschaftsgrundstück einen Schatz. Wer ist Eigentümer des Fundes? **(Rdnr. 604)**

c) B erwirbt mit Geld aus der Erbschaft eine beschränkte persönliche Dienstbarkeit. Welche Rechte hat der wahre Erbe? **(Rdnr. 605)**

d) B, der die Erbschaft – ohne einen Erbschein zu haben – in Besitz genommen hat, tauscht ein vom Erblasser hinterlassenes Bild gegen eine Plastik des C. Der wirkliche Erbe möchte die Plastik haben. **(Rdnr. 605)**

e) Ein Vorerbe macht gegenüber einem Nachlassgläubiger die Erschöpfungseinrede (§ 1990) geltend und ist bereit, die Zwangsvollstreckung in die Nachlassgegenstände zuzulassen. Der Gläubiger möchte in ein Auto vollstrecken, das der Vorerbe mit Nachlassmitteln erworben hat. **(Rdnr. 606)**

f) Ein Miterbe ersteht mit geliehenem Geld einen Pkw zur Führung des vom Erblasser hinterlassenen Geschäfts. Wer ist der Eigentümer des Wagens? **(Rdnr. 608)**

I. Allgemeines

Damit die Erbschaft dem Berechtigten möglichst ungeschmälert und gesondert erhalten bleibt[43], sieht das BGB in einzelnen erbrechtlichen Vorschriften eine Ersetzung vor (Surrogationsprinzip). Danach gehören alle Gegenstände, die unter gesetzlich näher bestimmten Voraussetzungen im Hinblick auf den Nachlass erworben werden, ohne weiteres zum Nachlass. Es kommt dabei nicht darauf an, ob der Handelnde für sich oder mit Wirkung für den Nachlass handeln wollte und wie er nach außen hin aufgetreten ist[44]. Der Ersetzungsgrundsatz gilt für den Erbschaftsbesitzer (§ 2019), die Miterben (§ 2041) und den Vorerben (§ 2111); die genannten Bestimmungen sind im Wege der Rechtsanalogie nach richtiger Ansicht auch auf den Testamentsvollstrecker anzuwenden[45].

43 Mot. V, 583; Prot. VI, 324.
44 Vgl. Prot. VI, 325.
45 Vgl. *Lange/Kuchinke*, § 41 VI 3.

Diese so genannte dingliche Ersetzung knüpft an den dinglichen Erwerbsakt an. Der zu Grunde liegende schuldrechtliche Vertrag, der vom Handelnden regelmäßig im eigenen Namen abgeschlossen wird, hat insoweit keine Bedeutung. Vertragspartner und damit auch der aus dem schuldrechtlichen Geschäft Verpflichtete bleibt stets der Handelnde.

Die gesetzlichen Bestimmungen unterscheiden verschiedene Arten des Ersetzungserwerbs. Durch einfachen Ersetzungserwerb gehört zum Nachlass, was auf Grund eines zum Nachlass gehörenden Rechts oder als Ersatz für die Zerstörung, Beschädigung oder Entziehung eines Nachlassgegenstandes erworben wird (§§ 2041, 2111 I). Auf Grund rechtsgeschäftlichen Ersetzungserwerbs gehört zum Nachlass, was durch ein Rechtsgeschäft mit Nachlassmitteln (§§ 2019 I, 2111 I) oder durch ein Rechtsgeschäft, das sich auf den Nachlass bezieht (§ 2041), erworben wird. Schließlich gibt es Ersetzungsfälle, bei denen der Erwerb nicht von der Herkunft der verwendeten Mittel und Rechte oder der Art des Erwerbsgeschäfts abhängt (§ 2111 II).

II. Einfacher Ersetzungserwerb 601

1. Gesetzliche Fälle

Den einfachen Ersetzungserwerb ordnet das Gesetz ausdrücklich beim Miterben und beim Vorerben an (§§ 2041, 2111 I). Vom Ersetzungserwerb unberührt bleibt allerdings, was dem Vorerben als Nutzung gebührt (§ 2111 I 1).

In § 2041 ist die Rede vom Nachlass und Nachlassgegenstand, in § 2111 von Erbschaft und Erbschaftsgegenstand, ohne dass insoweit ein sachlicher Unterschied besteht.

Für den Erbschaftsbesitzer besteht in § 2019 keine ausdrückliche Regelung des einfachen Ersetzungserwerbs. Gleichwohl besteht Einigkeit darüber, dass dem Erben auch die gesetzlichen Ersatzvorteile im Verhältnis zum Erbschaftsbesitzer zustehen.

Es ist ohne Bedeutung, ob man dies schon aus der Stellung des Erben als Eigentümer und Eigenberechtigten des Nachlasses herleitet[46] oder die Geltung der einfachen Surrogation auf Grund der weiten Fassung von § 2018 und des in § 2021 für anwendbar erklärten § 818 folgert[47].

2. Umfang 602

Der einfache Ersetzungserwerb umfasst zunächst, was auf Grund eines zum Nachlass gehörenden Rechts erworben wird.

46 *Lange/Kuchinke*, § 41 II 3; *Kipp/Coing*, § 107 II 3; RGRK/*Kregel*, § 2019 Rdnr. 3.
47 *Erman/Schlüter*, § 2019 Rdnr. 2.

Darunter fallen z. B. Zahlungen auf eine Nachlassforderung, Gewinnanteile von Wertpapieren. In diesen Fällen wird nicht mit Erbschaftsgegenständen etwas erworben, sondern ein zur Erbschaft gehörendes Recht geltend gemacht.

Die einfache Surrogation erstreckt sich ferner auf den Ersatz für die Zerstörung, Beschädigung oder Entziehung eines Nachlassgegenstandes.

Dazu gehören insbesondere Schadensersatz-, Entschädigungs- und Bereicherungsansprüche, die gerade auf der Beeinträchtigung der Erbschaftsgegenstände beruhen, z. B. bei Sachversicherungen der Anspruch auf die Versicherungsleistung. Nicht hierher zu zählen sind daher Ansprüche, die auf Rückgabe des ursprünglichen Erbschaftsgegenstandes gehen, z. B. der Herausgabeanspruch nach § 985 oder der rechtsgeschäftliche Anspruch auf Bezahlung eines veräußerten Gegenstandes.

603 *3. Wirkung*

Nach dem Ersetzungsgrundsatz stehen alle Gegenstände, auf die sich die Ersetzung erstreckt, dem Berechtigten oder dem geschützten Vermögen unmittelbar, d. h. ohne Durchgangserwerb des Betroffenen, zu. Eigentum, beschränkte dingliche Rechte, schuldrechtliche Ansprüche werden unmittelbar erworben.

Im **Fall a** hat A wegen § 2367 (Rdnr. 619) den Kaufvertrag durch Übereignung des Autos an B wirksam erfüllt. Eigentümer ist jedoch der wahre Erbe geworden. Er hat gegen den pfändenden Gläubiger die Drittwiderspruchsklage (§ 771 ZPO[48]). Im Insolvenzverfahren des B steht dem Erben ein Aussonderungsrecht (§ 47 InsO) zu. – Gläubiger des Anspruchs auf die Leistung aus der Sachversicherung ist bei Zerstörung eines versicherten Erbschaftsgegenstandes sofort der Erbe. Wird an den Erbschaftsbesitzer wirksam geleistet (§ 2019 II), so erwirbt der Erbe sofort Eigentum an dem Geld.

604 *4. Bedeutung*

Die praktische Bedeutung der einfachen Ersetzung liegt in der unmittelbaren Zuordnung der erfassten Gegenstände zum Vermögen des Begünstigten, d. h. ohne Zwischenerwerb des tatsächlichen Inhabers der Nachlassgegenstände und ohne weitere Übertragungsakte. Die Ersetzung spielt keine Rolle, wenn eine solche Zuordnung bereits nach anderen Vorschriften eintritt.

Um das Verhältnis des einfachen Ersetzungsgrundsatzes zu den allgemeinen Rechtsregeln zu verstehen, muss man sich vergegenwärtigen, dass dem Alleinerben und den Miterben die Nachlassgegenstände bereits gehören, während dem Nacherben lediglich eine rechtlich gesicherte Anwartschaft zusteht (Rdnr. 356 ff.). Soweit das Gesetz schon nach allgemeinen Regeln dem jeweiligen Rechtsinhaber einen unmittelbaren Rechtserwerb zuspricht, kann der Ersetzungsgrundsatz sich nicht mehr auswirken. So erwirbt z. B. im **Fall b** der Alleinerbe beim Schatzfund bereits auf Grund seines Eigentums am Nachlassgrundstück anteilig Eigentum am Schatz (§ 984). Entsprechendes gilt für den an der Erbengemeinschaft beteiligten

48 Dazu ZVR Rdnr. 1396 ff.

Miterben. Für das Verhältnis vom Vorerben zum Nacherben hingegen bleibt in einem solchen Fall die einfache Ersetzung (§ 2111 I 1) von Bedeutung. Der Ersatzgegenstand fällt also durch die Ersetzung in den Nachlass und nicht in das sonstige Eigenvermögen des Vorerben.

Es gibt aber auch Fälle, in denen der Ersetzungsgrundsatz durch andere Vorschriften ausgeschlossen wird. Früchte, die der Vorerbe und der Erbschaftsbesitzer zu Eigentum erwerben, bleiben vom Ersetzungsgrundsatz ausgenommen (Rdnr. 374). Dafür gewähren die §§ 2020, 2133 einen schuldrechtlichen Ausgleich.

III. Rechtsgeschäftlicher Ersetzungserwerb 605

1. *Erwerb mit Mitteln der Erbschaft (Mittelsurrogation)*

Nach den §§ 2019, 2111 ist zum Nachlass zu rechnen, was Erbschaftsbesitzer und Vorerbe durch Rechtsgeschäfte mit Mitteln der Erbschaft erwerben.

a) Voraussetzungen

(1) Der rechtsgeschäftliche Ersetzungserwerb kann sich auf alle rechtlichen oder tatsächlichen *Vorteile* beziehen, z. B. auf bewegliche und unbewegliche Sachen, dingliche oder persönliche Rechte, Schuldbefreiung, Besitz, Gebrauchsüberlassungen (etwa Miete), unrichtige Grundbucheintragungen.

Zu beachten ist allerdings, dass unter Umständen ein Erwerb nur in der Person des Handelnden möglich ist: aus rechtlichen Gründen z. B. bei höchstpersönlichen Rechten (Nießbrauch, § 1059; beschränkte persönliche Dienstbarkeit, § 1092; **Fall c**); aus tatsächlichen Gründen z. B. bei völligem Aufgehen des Erworbenen im Vermögen des Handelnden (Bezahlung einer Schuld des Handelnden mit Nachlassmitteln). In diesen Fällen ist eine Ersetzung ausgeschlossen. Der Ausgleich erfolgt nach den allgemeinen Vorschriften (z. B. §§ 812 ff.).

(2) Der Erwerb muss durch ein *Rechtsgeschäft und mit Erbschaftsmitteln* erfolgen.

(a) §§ 2019, 2111 setzen stets ein Rechtsgeschäft voraus.

Bringt ein Vorerbe Nachlassgegenstände als seine Einlage in eine Kommanditgesellschaft ein und wird er Kommanditist, dann gehört seine Rechtsstellung als Kommanditist als Surrogat zum Nachlass[49].

Dagegen ist § 2111 seinem Wortlaut nach nicht anwendbar, wenn ein Vorerbe mit Erbschaftsmitteln einen Gegenstand in der Zwangsversteigerung erwirbt, da dieser Erwerb nicht auf einem Rechtsgeschäft, sondern auf dem Zuschlag (staatlicher Hoheitsakt) beruht. Dennoch ist § 2111 nach seinem Schutzzweck entsprechend anzuwenden[50].

49 BGHZ 109, 214.

50 *Kipp/Coing*, § 49 II 2 a; MünchKomm/*Grunsky*, § 2111 Rdnr. 13; **a. A.** RGZ 136, 353; *Palandt/Edenhofer*, § 2111 Rdnr. 3.

Auf den Zweck, den der Handelnde mit dem Rechtsgeschäft verfolgt, kommt es nach dem Grundgedanken der Mittelsurrogation nicht an. So fällt auch ein Gebiss, das sich ein Erbschaftsbesitzer mit Nachlassmitteln anfertigen lässt, in den Nachlass.

(b) Für den Erwerb müssen Erbschaftsmittel hingegeben werden. Zu diesen Mitteln zählen alle Vorteile, die dem Erblasser zugestanden haben. Die Ersetzung erstreckt sich also nicht auf Gegenstände, die der Handelnde mit eigenen Mitteln erwirbt, mag er sie auch für den Nachlass erworben haben, z. B. als Zubehör für eine Nachlasssache. Bei Erwerb mit Eigen- und Nachlassmitteln entsteht Miteigentum im Verhältnis der Anteile (§§ 741 ff., 1008 ff.).

Von einer Kettensurrogation spricht man, wenn der Handelnde mit dem Ersatzgegenstand erneut einen anderen Gegenstand erwirbt.

Die Verfügung des Handelnden über die Erbschaftsmittel muss wirksam sein oder durch Genehmigung des Erben wirksam werden.

Im **Fall d** kann der Erbe nach § 2019 vom Erbschaftsbesitzer B die Plastik herausverlangen, wenn er die nach §§ 857, 935 unwirksame Verfügung über das Bild genehmigt (§ 185). Regelmäßig ist in dem Herausgabeverlangen die Genehmigung der unwirksamen Verfügung zu erblicken, allerdings bedingt durch die tatsächliche Herausgabe.

(c) Zwischen dem Erwerb und der Aufwendung von Nachlassmitteln durch Rechtsgeschäft muss ein *Zusammenhang* bestehen. Dabei muss es sich nicht um eine rechtliche Verknüpfung handeln[51]. Eine enge wirtschaftliche Beziehung genügt[52]. Praktisch wird diese Frage vor allem dann, wenn für verschenkte Nachlasssachen Gegengeschenke empfangen werden. Da die Ersetzung die durch Hingabe von Nachlassmitteln erworbenen Gegenstände erfassen soll, fallen nur die schon bei der Schenkung vereinbarten Gegengeschenke darunter[53].

606 *b) Wirkung*

(1) Auch die Ersetzung auf Grund rechtsgeschäftlichen Erwerbs mit Mitteln der Erbschaft kommt regelmäßig dem Nachlass ohne Zwischenerwerb des Handelnden unmittelbar zugute. So fällt bei der Veräußerung eines Nachlassgegenstandes der Erlös sofort mit dinglicher Wirkung in den Nachlass, so dass die am Nachlass berechtigten Personen den Erlös unmittelbar erwerben[54].

Dieser unmittelbare Erwerb tritt jedoch nur dann ein, wenn die Leistungsgeschäfte von beiden Seiten gleichzeitig vorgenommen werden. Fallen sie, wie insbesondere beim Kreditgeschäft, zeitlich auseinander, so kann es zum Durchgangserwerb des Handelnden kommen: Bewirkt der Handelnde z. B. erst zwei Monate nach Abschluss des Verpflichtungsgeschäfts die ihm obliegende Leistung mit Nachlassmitteln, fällt damit zunächst der

51 So aber noch *Planck/Flad*, § 2019, 3.

52 MünchKomm/*Helms*, § 2019 Rdnr. 13; *Staudinger/Gursky*, § 2019 Rdnr. 15.

53 *Lange/Kuchinke*, § 41 III 2 d FN 45.

54 H. M.; *Staudinger/Gursky*, § 2019 Rdnr. 3.

schuldrechtliche Anspruch, der bis dahin dem Handelnden zustand, in den Nachlass. Erfolgt dann die Gegenleistung des Vertragspartners, so gelangt sie unmittelbar in die Erbschaft. Erbringt hingegen der Partner als Erster seine Leistung, so erwirbt zunächst der Handelnde, da in diesem Zeitpunkt noch gar nicht zu übersehen ist, ob der Erwerb mit Erbschaftsmitteln bewirkt wird oder nicht. Erst wenn dies geschieht, geht das Ersatzstück kraft Gesetzes aus dem Vermögen des Handelnden in den Nachlass über[55].

(2) Die Ersetzungswirkung dient dem Schutz der am Nachlass Berechtigten, nicht dem der Nachlassgläubiger.

Im **Fall e** ist der Vorerbe dem Nachlassgläubiger daher nur gem. §§ 1991 I, 1978 schuldrechtlich verantwortlich. In das Auto kann der Nachlassgläubiger wegen einer Nachlassschuld nicht vollstrecken[56]. Auf § 2111 können sich die Nachlassgläubiger auch deswegen nicht berufen, weil diese Bestimmung nur zu Gunsten des Nacherben und erst nach Eintritt des Nacherbfalls zur Anwendung kommt[57]. Vollstrecken die Nachlassgläubiger trotzdem, so kann der Vorerbe nach den §§ 781, 784 I, 785, 767 ZPO[58] vorgehen.

c) Bedeutung 607

Die besondere Bedeutung der Mittelsurrogation liegt – wie bei der einfachen Surrogation – in der unmittelbaren Begünstigung des Nachlasses, die regelmäßig ohne Zwischenerwerb des Handelnden eintritt. Praktisch wird diese Erwerbsart vor allem, wenn Erbschaftsbesitzer oder Vorerbe (vgl. §§ 2112, 2136) zwar unbefugt gegenüber dem Erben bzw. Nacherben, aber wirksam im Verhältnis zum Erwerber über Nachlassgegenstände verfügt. Das ist möglich, sofern sie einen unrichtigen Erbschein besitzen, der ihnen ein unbeschränktes Erbrecht bestätigt (vgl. §§ 2366, 2367), oder wenn sie mit Geld erwerben, das zum Nachlass gehört (vgl. §§ 857, 935 II). Im Übrigen verhindern bei beweglichen Sachen die unmittelbare Besitzvererbung (vgl. §§ 935 I, 857) und bei Grundstücken der grundbuchrechtliche Formzwang (§§ 35, 39, 40 GBO) schon eine Entwertung der Erbschaft durch unberechtigte Verfügungen.

Auch bei der rechtsgeschäftlichen Verwendung von Erbschaftsmitteln kann der mit dem Ersetzungsgrundsatz angestrebte Erfolg u. U. bereits nach allgemeinen Vorschriften eintreten.

Bezahlt der Erbschaftsbesitzer mit Erbschaftsmitteln eine Nachlassschuld, für die an einem Nachlassgrundstück eine Hypothek bestellt ist, so steht die Hypothek nach allgemeinen Regeln dem Erben als Grundstückseigentümer zu (§§ 1163 I 2, 1177). Beim Vorerben ist demgegenüber zu beachten, dass er bis zum Eintritt des Nacherbfalls selbst Grundstückseigentümer ist. Begleicht er mit Nachlassmitteln, so würde die Hypothek

55 Ebenso: MünchKomm/*Helms*, § 2019 Rdnr. 14; **a. A.** *Soergel/Dieckmann*, § 2019 Rdnr. 1.

56 Vgl. *Erman/Schlüter*, § 1978 Rdnr. 3; RGRK/*Johannsen*, § 1978 Rdnr. 6; *Planck/Flad*, § 1978, 2 b; unentschieden: RGZ 134, 259.

57 RG Recht 1913, Nr. 2308.

58 Dazu ZVR Rdnr. 1378 ff.

ohne den Ersetzungsgrundsatz in sein freies Eigenvermögen fallen. Zahlt er mit eigenen Mitteln, so gehört die Hypothek zu seinem freien Vermögen[59].

608 *2. Erwerb mit Beziehung auf den Nachlass*

Gem. § 2041 gehört zum Nachlass, was Miterben durch ein Rechtsgeschäft erwerben, das sich auf den Nachlass bezieht.

a) Voraussetzungen

Wann ein Rechtsgeschäft eine Beziehung zum Nachlass hat, ist umstritten[60]. Der Meinungsstreit geht um die Frage, ob zur Nachlassbezogenheit immer objektive und subjektive Elemente gehören oder ob eines der beiden Kriterien ausreicht.

Nach einer früher vertretenen Ansicht muss der Erwerb objektiv mit dem Nachlass zusammenhängen und der handelnde Miterbe stets subjektiv für den Nachlass und nicht für sich persönlich erwerben wollen[61]. Die heute vorherrschende Auffassung will ohne Rücksicht auf den Erwerbswillen eine Beziehung zum Nachlass jedenfalls dann annehmen, wenn das Erwerbsgeschäft mit Nachlassmitteln durchgeführt wird[62]. Beim Erwerb mit nachlassfremden Mitteln wird überwiegend verlangt, dass die Nachlassbezogenheit sich aus dem Willen des Miterben ergebe, aber auch durch objektive Kriterien gestützt werde (z. B. Erwerb eines Grundstücks, um ein bereits zum Nachlass gehörendes Grundstück besser nutzen zu können)[63].

(1) Um *objektive Umstände* handelt es sich immer bei Erwerbsgeschäften mit Nachlassmitteln, ohne dass es auf den Willen des Handelnden ankommt. Der Schutzzweck der Ersetzung, den Nachlass weitgehend wertmäßig zu erhalten, verlangt, dass der Erwerb mit Nachlassmitteln ohne Rücksicht auf die Willensrichtung des Handelnden als nachlassbezogenes Geschäft gilt. Das dürfte weitgehend unstreitig sein.

Auch bei Erwerbsgeschäften mit nachlassfremden Mitteln können *objektive Umstände* eine eindeutige Beziehung zum Nachlass herstellen, z. B. die Anschaffung von Zubehörstücken für Gegenstände des Nachlasses. In diesen Fällen ist u. E. ebenfalls ein entgegenstehender Wille des Handelnden unbeachtlich[64].

59 *Palandt/Edenhofer*, § 2111 Rdnr. 3; *Erman/Schmidt*, § 2111 Rdnr. 4; **a. A.** *Planck/Flad*, § 2126, 2, die hier den Gedanken der einfachen Ersetzung anwenden und dem Vorerben Ersatzansprüche gegen den Nacherben zubilligen.
60 Überblick zum Meinungsstand z. B. bei MünchKomm/*Heldrich*, § 2041 Rdnr. 12 ff.
61 OGHZ 2, 226.
62 BGH NJW 1968, 1824; *Kipp/Coing*, § 114 III 2 a; *Soergel/Wolf*, § 2041 Rdnr. 8; *Staudinger/Werner*, § 2041 Rdnr. 6.
63 *Erman/Schlüter*, § 2041 Rdnr. 4; *Palandt/Edenhofer*, § 2041 Rdnr. 2; *Soergel/Wolf*, § 2041 Rdnr. 11.
64 *Erman/Schlüter*, § 2041 Rdnr. 4; *Palandt/Edenhofer*, § 2041 Rdnr. 2; *Soergel/Wolf*, § 2041 Rdnr. 11; **a. A.** MünchKomm/*Heldrich*, § 2041 Rdnr. 25.

(2) Ergibt sich die Beziehung zum Nachlass nicht aus den objektiven Umständen, so reicht allein ein subjektiv begründeter Nachlassbezug nach den soeben genannten Ansichten für die Anwendung des § 2041 nicht aus. Dagegen sollte u.E. in diesen Fällen die *Willensrichtung* des Handelnden darüber entscheiden, ob das Geschäft auf den Nachlass bezogen ist. Diese Fälle werden allerdings selten vorkommen

Im **Fall f** erwirbt der Miterbe den Pkw mit nachlassfremden Mitteln; objektive Umstände, die eine Beziehung zum Nachlass ergeben, sind nicht festzustellen. Also kommt es auf den Willen des Miterben an. Da dieser den Pkw zur besseren Führung des Geschäfts erworben hat, sind die Miterben nach § 2041 Eigentümer des Wagens.

b) Wirkung und Bedeutung 609

Die Ersetzungswirkung bei nachlassbezogenen Geschäften entspricht derjenigen bei der Mittelsurrogation. Entscheidend ist der Zeitpunkt der beiderseitigen Leistungsgeschäfte.

Auch die Bedeutung dieser Ersetzungsart ist weitgehend mit den Auswirkungen der Mittelsurrogation zu vergleichen. Zu beachten ist jedoch, dass der Kreis der erfassten Geschäfte verschieden ist. Von der Ersetzung nach § 2041 können – anders als bei der Mittelsurrogation – auch Geschäfte erfasst werden, die mit nachlassfremden Mitteln getätigt worden sind. Diese Regelung verletzt keine schutzwürdigen Interessen des handelnden Miterben; dieser hat Ersatzansprüche gegen die Miterben nach den §§ 670, 683 f.

IV. Ersetzung durch Inventarzuwachs 610

Nach § 2111 II gehört zur Erbschaft, was der Vorerbe dem Inventar eines erbschaftlichen Grundstückes einverleibt. Eine Einverleibung von Inventarstücken liegt regelmäßig vor, wenn eine zweckentsprechende räumliche Beziehung der Gegenstände zum Grundstück hergestellt ist.

§ 2111 II will verhindern, dass eine wirtschaftliche Einheit willkürlich zerschlagen wird. Deshalb gehören einverleibte Inventargegenstände auch dann zum Nachlass, wenn sie weder an die Stelle ausgeschiedener Inventarstücke noch mit Erbschaftsmitteln angeschafft werden, sondern zum bisherigen Inventar hinzukommen. Erfolgt der Erwerb mit Erbschaftsmitteln, so greift ohnehin schon § 2111 I ein.

Etwaige Ersatzansprüche des Vorerben beim Eintritt des Nacherbfalls richten sich nach den §§ 2124, 2125. Ferner hat der Vorerbe gem. § 2125 II ein Wegnahmerecht[65]. Er muss allerdings nach § 258 die Kosten der Durchführung tragen.

65 *Bamberger/Roth/Litzenburger*, § 2125 Rdnr. 2; *Kipp/Coing*, § 49 II 3; MünchKomm/*Grunsky*, § 2125 Rdnr. 3; **a. A.** *Erman/Schmidt*, § 2125 Rdnr. 2; *Palandt/Edenhofer*, § 2125 Rdnr. 2; *Staudinger/Avenarius*, § 2125 Rdnr. 4 f.

611 V. Zusammenfassung

Der Ersetzungsgrundsatz (Surrogationsprinzip) gilt im Erbrecht beim Erbschaftsbesitzer, Miterben und Vorerben. Es gibt den einfachen und den rechtsgeschäftlichen Ersetzungserwerb sowie Ersetzungsfälle, bei denen der Erwerb nicht von der Herkunft der verwendeten Mittel oder der jeweiligen Art des Erwerbsgeschäfts abhängt. Ein Erwerb, der dem Ersetzungsgrundsatz unterliegt, gehört regelmäßig ohne Zwischenerwerb des Handelnden unmittelbar zum Nachlass. Dadurch soll der Nachlass dem Berechtigten möglichst ungeschmälert erhalten bleiben.

Ersetzungsgrundsatz im Erbrecht (Surrogationsprinzip)

I. Bedeutung
Unmittelbare Zuordnung der erfassten Gegenstände zum Nachlass ohne Zwischenerwerb des Handelnden

II. Arten
1. Einfacher Ersetzungserwerb
   a) Erfasste Gegenstände: alles, was auf Grund eines zum Nachlass gehörenden Rechts oder als Ersatz für Zerstörung, Beschädigung oder Entziehung eines Nachlassgegenstandes erworben wird
   b) Anwendungsfälle
      aa) Erwerb durch Miterben (§ 2041)
      bb) Erwerb durch Vorerben (§ 2111 I)
      cc) Erwerb durch Erbschaftsbesitzer
2. Rechtsgeschäftlicher Ersetzungserwerb
   a) Erwerb mit Mitteln der Erbschaft
      aa) Erfasste Gegenstände: alles, was durch Rechtgeschäft mit Erbschaftsmitteln erworben wird
      bb) Anwendungsfälle
         (1) Erwerb durch Erbschaftsbesitzer (§ 2019)
         (2) Erwerb durch Vorerben (§ 2111 I)
   b) Erwerb mit Beziehung auf den Nachlass
      aa) Erfasste Gegenstände: alles, was durch ein Rechtsgeschäft erworben wird, das sich auf den Nachlass bezieht
      bb) Anwendungsfall: Erwerb durch Miterben (§ 2041)
3. Ersetzung durch Inventarzuwachs (§ 2111 II)

§ 35 Der Erbschein 612

Schrifttum: *Bartholomeyczik*, Erbeinsetzung, andere Zuwendungen und Erbschein, 5. Denkschrift, 1942, 248; *Edenfeld*, Der deutsche Erbschein nach ausländischem Erblasser, ZEV 2000, 482; *Firsching/Graf*, Nachlassrecht, 8. Aufl., 2000; *Herminghausen*, Auswirkungen von einander inhaltlich widersprechenden Erbscheinen, NJW 1986, 571; *Hohloch*, Nachlassspaltung und Zuständigkeitsbegrenzung für Erbscheinserteilung durch das Nachlassgericht, JuS 1997, 467; *Kammerlohr*, Grundzüge der freiwilligen Gerichtsbarkeit anhand des Erbscheinsverfahrens, JA 2003, 143; *Keidel/Kuntze/Winkler*, Freiwillige Gerichtsbarkeit, 14. Aufl., 1999; *Keim*, Erbnachweis gegenüber Banken ohne Erbschein?, WM 2006, 753; *Kiefner*, Der Vorbescheid im Erbscheinserteilungsverfahren – ein Produkt prozessualen Gewohnheitsrechts?, Festschrift f. Lukes, 1989, 701; *Köster*, Vor- und Nacherbschaft im Erbscheinsverfahren, Rpfleger 2000, 90, 133; *Kuchinke*, Grundfragen des Erbscheinsverfahrens und des Verkehrsschutzes bei Verfügungen des Scheinerben über Erbschaftsgegenstände, Jura 1981, 281; *Lindacher*, Vermutungswirkung und öffentlicher Glaube bei einander widersprechenden Erbscheinen, DNotZ 1970, 93; *ders.*, Die vorläufige Erbscheinseinziehung, NJW 1974, 20; *Medicus*, Besitz, Grundbuch und Erbschein als Rechtsscheinträger, Jura 2001, 294; *Parodi*, Die Maßgeblichkeit der Kenntnis vom Erbschein für einen gutgläubigen Erwerb einer beweglichen Sache nach § 2366 BGB, AcP 185, 362; *Pentz*, Der Vorbescheid im Erbscheinsverfahren, NJW 1996, 2559; *Scheer*, Der Erbschein, 1988; *Schopp*, Keine vorläufige Erbscheinseinziehung, Rpfleger 1983, 264; *Schröder/Meyer*, Eröffnetes notarielles Testament versus Erbschein, NJW 2006, 3252; *Tiedtke*, Gutgläubiger Erwerb im bürgerlichen Recht, im Handels- und Wertpapierrecht sowie in der Zwangsvollstreckung, 1985, 197; *Weithase*, Geltungsvermerke im allgemeinen Erbschein, Rpfleger 1985, 267; *Wiegand*, Der öffentliche Glaube des Erbscheins, JuS 1975, 283; *Zimmermann*, Das Erbscheinsverfahren und seine Ausgestaltung, ZEV 1995, 275; *ders.*, Erbschein, Einziehungsanordnung und Kraftloserklärung – Rechtsmittel, ZEV 1994, 376.

Fälle:

a) K hat einen Erbteil von dem durch Erbschein ausgewiesenen Miterben M erworben. G, dem M den Miterbenanteil bereits vorher verpfändet hatte, vollstreckt nunmehr auf Grund seines Pfandrechts. K wendet sich dagegen und beruft sich auf den Erbschein des M, der keine Angaben über das Pfandrecht enthält. Mit Recht? **(Rdnr. 616)**

b) Im Nachlass des X befindet sich ein dem A gehörender Ring, den A dem X geliehen hatte. Der Scheinerbe S hat einen Erbschein erlangt und veräußert den Ring an K. Unter welchen Voraussetzungen erwirbt K Eigentum? **(Rdnr. 618)**

c) Erwirbt K im Fall b Eigentum, wenn X den Ring dem A gestohlen hatte? **(Rdnr. 618)**

d) Ein Erbschein stellt sich nachträglich als unrichtig heraus. Der wirkliche Erbe legt Beschwerde gegen die Erbscheinserteilung ein. Zulässig? Wie kann er sonst noch seine Rechte wahren? Muss der Nachlassrichter von Amts wegen einschreiten, auch wenn ihm später lediglich Zweifel wegen der Richtigkeit des Erbscheins kommen? **(Rdnr. 623, 624)**

e) A, B und C streiten, wer Erbe des E ist. A hat gegen B ein rechtskräftiges Feststellungsurteil erstritten, dass er E beerbt hat. Ist das Nachlassgericht an das Urteil gebunden, wenn A, B oder C einen Erbscheinsantrag stellen? – A hat einen Erbschein erlangt. Jetzt klagt B gegen C auf Feststellung seines Erbrechts. Darf das Prozessgericht abweichend vom Erbschein entscheiden? **(Rdnr. 625)**

I. Überblick

Der Erbschein (Beispiel: Rdnr. 812) ist ein auf Antrag erteiltes Zeugnis über die erbrechtlichen Verhältnisse (§ 2353). Er wird vom Nachlassgericht auf Grund eines amtlichen Ermittlungsverfahrens ausgestellt (§§ 2354–2360) und gibt die Person des Erben, den Umfang seines Erbrechts sowie die Anordnung einer Nacherbfolge oder einer Testamentsvollstreckung (§§ 2363, 2364) an. Der Erbschein begründet wie das Grundbuch eine Vermutung für die Richtigkeit und Vollständigkeit seines Inhalts (§ 2365). Auf Grund seines öffentlichen Glaubens werden gutgläubige Dritte geschützt, die mit dem durch einen Erbschein Ausgewiesenen Verfügungsgeschäfte abschließen (§§ 2366, 2367).

Mit seiner Rechtswirkung erfüllt der Erbschein dringende Bedürfnisse des Rechtsverkehrs: Die Erben haben häufig ihre Gesamtnachfolge in das Vermögen des Erblassers zu beweisen. Behörden benötigen vor allem zur Führung öffentlicher Bücher und Register einen zuverlässigen Nachweis über die Erbfolge (vgl. z. B. § 35 GBO). Das Geschäftsleben ist auf ein verkehrssicheres Zeugnis über die Berechtigung des Erben angewiesen. Die Einrichtung des Erbscheins macht es überflüssig, in jedem Einzelfall die Gesamtnachfolge eines Erben jeweils erneut prüfen und feststellen zu lassen.

613 II. Inhalt und Arten des Erbscheins

1. Inhalt des Erbscheins

Der Erbschein weist das Erbrecht, die Erbteilsgröße und die erbrechtlichen Beschränkungen aus (§§ 2353, 2357, 2363, 2364). Andere Angaben dürfen nicht aufgenommen werden[66].

Eine Bezugnahme auf andere Urkunden ist unzulässig; der Erbschein muss vielmehr für sich allein verständlich sein. Maßgebend sind grundsätzlich die erbrechtlichen Verhältnisse zur Zeit des Erbfalls. Daher werden spätere Veränderungen, z. B. Erbteilsveräußerung, Eröffnung des Nachlassinsolvenzverfahrens, nicht berücksichtigt. Zu beachten sind hingegen Umstände, die für die Erbfolge bedeutsam sind (z. B. Testamentsanfechtung, Erbausschlagung).

a) *Gesamtnachfolge*: Im Erbschein sind Erblasser und Erbe so genau zu bezeichnen, dass Verwechslungen ausgeschlossen sind; außerdem ist die Todeszeit des Erblassers anzugeben.

b) *Erbteilsgröße*: Der Erbschein bezeichnet das Erbrecht des Erben; bei mehreren Erben muss die Erbteilsgröße in Bruchteilen angegeben werden (§§ 2353,

66 Vgl. Mot. V, 565.

2357). Es sind daher nicht bestimmte Gegenstände oder Geldsummen aufzuführen; ferner ist nicht auf den Umfang des Nachlasses einzugehen.

Ist trotz Zuwendung bestimmter Gegenstände eine Erbeinsetzung anzunehmen, so bestimmt sich die Größe des Erbanteils nach dem Wert der Gegenstände (Rdnr. 321). In besonderen Fällen kann im Erbschein ein Mindesterbanteil oder ein der Größe nach noch unbestimmter Erbteil angegeben werden (Rdnr. 614).

c) *Beschränkungen*: Der Erbschein bezeugt die Verfügungsbefugnis des Erben über den Nachlass. Daher sind Verfügungsbeschränkungen des Erben mit ihrem Umfang anzugeben, insbesondere Nacherbfolge (§ 2363) und Testamentsvollstreckung (§ 2364). Schuldrechtliche Verpflichtungen des Erben (Beschwerungen wie Teilungsanordnungen, Vermächtnisse, Pflichtteilsansprüche) werden hingegen nicht angeführt. Haben sich die Verfügungsbeschränkungen in der Zeit zwischen dem Erbfall und der Erbscheinserteilung erledigt, so ist dies aus Vereinfachungsgründen zu berücksichtigen[67].

Im Erbschein des Vorerben sind somit anzugeben (§ 2363): Anordnung der Nacherbfolge, deren Eintrittsvoraussetzungen (z. B. Tod des Vorerben), Person des Nacherben bzw. deren möglichst genaue Beschreibung, wenn die Person noch ungewiss ist (z. B. der zuerst geborene Enkel); Bestimmung der Unvererblichkeit des Nacherbenrechts[68]; Befreiung von Beschränkungen (vgl. §§ 2136, 2137); Bestellung eines Nacherbentestamentsvollstreckers (§ 2222).

Da der Erbschein ein Ausweis über das Erbrecht ist, nicht aber einen bestellten Testamentsvollstrecker legitimieren soll (Testamentsvollstreckerzeugnis; Rdnr. 626), ist nur die Anordnung der Testamentsvollstreckung, nicht aber der Name des Testamentsvollstreckers anzugeben[69]. Umstritten ist, ob die Beschränkung der Testamentsvollstreckung nur im Zeugnis des Testamentsvollstreckers[70] oder auch im Erbschein anzugeben ist[71].

d) *Andere Angaben*: Werden außer der Bezeichnung des Erben, der Erbteilsgröße und der erbrechtlichen Beschränkungen noch weitere Angaben in den Erbschein aufgenommen, so nehmen sie jedenfalls nicht an den Wirkungen der §§ 2365–2367 teil. Im Einzelfall ist zu prüfen, ob der Erbschein ungültig oder zumindest anfechtbar ist. Entsprechendes gilt, wenn der Erbschein nicht die gesetzlichen Erfordernisse enthält.

2. *Erbscheinsarten* **614**

Das Gesetz sieht den Alleinerbschein, den gemeinschaftlichen Erbschein, den Teilerbschein und den gegenständlich beschränkten Erbschein vor. Die Rechtsprechung hat darüber hinaus den Gruppenerbschein, den gemeinschaftlichen

67 *Staudinger/Schilken*, § 2353 Rdnr. 81 m. N.; **a. A.** wohl *Kipp/Coing*, § 128 III 3 c.
68 Vgl. § 2108 II; RGZ 154, 330; *Staudinger/Schilken*, § 2363 Rdnr. 16.
69 *Erman/Schlüter*, § 2364 Rdnr. 1; h. M.
70 So KG OLG 40, 155; *Erman/Schlüter*, § 2364 Rdnr. 1; RGRK/*Kregel*, § 2064 Rdnr. 1.
71 So *Lange/Kuchinke*, § 39 V 2; *Soergel/Zimmermann*, § 2364 Rdnr. 1.

Teilerbschein und den vereinigten Erbschein entwickelt. Schließlich gibt es noch Erbscheine für besondere Fälle, z. B. Hoffolgezeugnis und Erbschein über hoffreies Vermögen, Erbscheine für besondere Verfahren (z. B. Wiedergutmachungs- und Lastenausgleichsverfahren).

a) *Alleinerbschein* (§ 2353, 1. Fall): Er ist ein Ausweis über das Erbrecht des Allein- oder Universalerben.

b) *Teilerbschein* (§ 2353, 2. Fall): Er ist eine Urkunde über das Erbrecht eines von mehreren Miterben. Der Teilerbschein kann von dem einzelnen Miterben sowohl über das eigene Erbrecht als auch über das Erbrecht eines anderen Miterben derselben Erbengemeinschaft beantragt werden.

c) *Gemeinschaftlicher Erbschein* (§ 2357): Er bezeugt bei Erbenmehrheit die Erbfolge in den gesamten Nachlass. Daher bezeichnet der gemeinschaftliche Erbschein alle Miterben und die Größe ihrer Erbanteile. Antragsberechtigt ist jeder einzelne Miterbe.

Es steht dem einzelnen Miterben frei, ob er einen gemeinschaftlichen Erbschein, einen Teilerbschein oder beides beantragt.

Die gesetzliche Forderung, beim Miterben die Erbanteile anzugeben (§§ 2353, 2357 II), kann zu Schwierigkeiten führen, wenn zwar die Erben bekannt sind, die Höhe aller oder einzelner Erbteile aber noch ungewiss ist. In diesen Fällen lassen die Rechtsprechung[72] und die h.M.[73] einen vorläufigen Erbschein zu, in dem eine noch ungewisse Erbschaftsquote oder ein Mindesterbteil angegeben wird. Es darf dabei ein Teilerbschein oder ein gemeinschaftlicher Erbschein ausgestellt werden[74]. Ein gemeinschaftlicher Erbschein mit unbestimmtem Inhalt kann zwar nicht Grundlage einer Erbauseinandersetzung sein, wohl aber eine Verfügung über den ganzen Nachlass ermöglichen. Dabei ist für einen bereits Erzeugten ein Pfleger zu bestellen (§ 1960); als vorläufiger Erbschein mit jedenfalls teilweise unbestimmtem Inhalt ist er nach Klärung der Ungewissheit einzuziehen.

615 d) *Gruppenerbschein*: In ihm sind mehrere Teilerbscheine in einer Urkunde zusammengefasst. Er steht damit zwischen dem Teilerbschein und dem gemeinschaftlichen Erbschein, da er das Erbrecht mehrerer, aber nicht aller Miterben bescheinigt. Als Antragsteller müssen beim Gruppenerbschein alle aufgeführten Miterben auftreten[75].

Der Gruppenerbschein kommt kaum noch vor, seitdem die Rechtsprechung den gemeinschaftlichen Teilerbschein zulässt.

72 Vgl. KGJ 42, 128; OLG Hamm Rpfleger 1969, 299.

73 *Lange/Kuchinke*, § 39 IV 2; MünchKomm/*Mayer*, § 2357 Rdnr. 16; *Soergel/Zimmermann*, § 2357 Rdnr. 4.

74 Vgl. KGJ 42, 128; zustimmend MünchKomm/*Mayer*, § 2357 Rdnr. 16 f.; *Soergel/Zimmermann*, § 2357 Rdnr. 4.

75 KGJ 41, 90; MünchKomm/*Mayer*, § 2353 Rdnr. 12; *Palandt/Edenhofer*, Überbl v § 2353 Rdnr. 2.

e) *Gemeinschaftlicher Teilerbschein*: Er unterscheidet sich vom Gruppenerbschein nur dadurch, dass er schon auf Antrag eines einzigen Miterben erteilt werden kann[76].

Ein Bedürfnis für die Erteilung eines gemeinschaftlichen Teilerbscheins besteht insbesondere, wenn mehrere Stämme an der Erbfolge beteiligt sind, aber z. B. die Erbberechtigung innerhalb eines einzelnen Stammes noch ungeklärt oder ungewiss ist.

f) *Sammelerbschein (zusammengefasster oder vereinigter Erbschein)*: Er ist eine Zusammenfassung mehrerer Erbscheine über mehrere, aufeinander folgende Erbfälle[77].

g) *Gegenständlich beschränkter Erbschein* (§ 2369): Die Erbfolge richtet sich regelmäßig nach dem Recht des Staates, dem der Erblasser zur Zeit seines Todes angehört (Art. 25 EGBGB; Rdnr. 28).

Richtet sich die Erbfolge eines Ausländers nach deutschem Erbrecht, so ist nach den allgemeinen Regeln (§ 2353) ein unbeschränkter Erbschein zu erteilen (sog. *Eigenrechtserbschein*). Gilt für den Erbfall eines Ausländers hingegen materielles ausländisches Recht, so begründet § 2369 eine sog. internationale Zuständigkeit des deutschen Nachlassgerichts zur Erteilung eines Erbscheins über das zur Zeit der Antragstellung im Inland befindliche Nachlassvermögen (sog. *Fremdrechtserbschein*); sachliche und örtliche Zuständigkeit bestimmen sich auch hier nach den §§ 72, 73 FGG.

Auch der gegenständlich beschränkte Erbschein bezeugt für die im Inland befindlichen Nachlassgegenstände nur das Erbrecht, nicht hingegen die Zugehörigkeit bestimmter Gegenstände zum Nachlass. Einzelne Nachlasssachen sind daher auch in einem gegenständlich beschränkten Erbschein nicht aufzuführen. Hinzuweisen ist aber auf die für das Inlandsvermögen beschränkte Geltung und auf das für die Erbfolge maßgebende sachliche Recht. Die Erbscheinserteilung richtet sich immer nach deutschem Verfahrensrecht.

Das BGB kennt nur den gegenständlich beschränkten Erbschein des § 2369 und lässt eine ausdehnende Anwendung auf andere Fälle nicht zu[78].

h) Im November 2006 hat das Europaparlament einen Bericht verabschiedet, **615a**
in dem Maßnahmen zur Erleichterung grenzüberschreitender Erbfälle gefordert werden. In dem Bericht wird u.a. die Einführung eines *Europäischen Erbscheins* angeregt. Grund dafür ist die zunehmende Anzahl grenzüberschreitender Erbfälle (in der EU angeblich jährlich bis zu 100 000), bei denen der Erblasser etwa Konten bei ausländischen Banken, Ferienimmobilien oder einen zweiten Wohn-

76 KG JFG 13, 43; DFG 1940, 26; MünchKomm/*Mayer*, § 2353 Rdnr. 12; *Palandt/Edenhofer*, Überbl v § 2353 Rdnr. 2.

77 KGJ 44, 99; BayObLGZ 1951, 690, 695; MünchKomm/*Mayer*, § 2353 Rdnr 14; *Palandt/Edenhofer*, Überbl v § 2353 Rdnr. 2.

78 BGHZ 1, 15; h. M.; siehe aber auch BGHZ 52, 123; *Staudinger/Schilken*, § 2369 Rdnr. 1.

sitz (z. B. Altersruhesitz) im Ausland hat. Hier hilft ein deutscher Erbschein nicht weiter. Die Erben müssen sich vielmehr an die nach dem jeweiligen nationalen Recht zuständige Behörde wenden, um dort einen geeigneten Nachweis zu erlangen, damit sie die geerbten Vermögensgegenstände in Besitz nehmen können. Diese kosten- und zeitintensive Belastung der Erben soll durch Schaffung eines einheitlichen europäischen Erbscheins, der in allen Mitgliedstaaten anerkannt wird, abgebaut werden.

Nach den Vorstellungen des Europaparlaments soll der Europäische Erbschein Angaben zum geltenden Recht enthalten, ferner die ausstellende Stelle, den Erblasser, den oder die Erben und gegebenenfalls ihre Erbquoten sowie sonstige verfügungsberechtigte Personen (Testamentsvollstrecker) bezeichnen und die Errichtung einer formgültigen Verfügung von Todes wegen bestätigen. Der Europäische Erbschein soll eine Legitimations-, eine Gutglaubens- und eine Beweiswirkung (dazu sogleich Rdnr. 616 ff.) erhalten.

616 III. Rechtswirkungen des Erbscheins

Der Erbschein hat eine doppelte Wirkung. Sie besteht einmal in der Vermutung für das Erbrecht des im Erbschein Bezeichneten (§ 2365) und zum anderen im Schutz gutgläubiger Dritter bei Verfügungsgeschäften mit dem als Erben Ausgewiesenen (§§ 2366, 2367). Vermutung und öffentlicher Glaube des Erbscheins sind dem Verkehrsschutz des Grundbuchs (§§ 891–893) nachgebildet.

Die Rechtswirkungen des Erbscheins beginnen mit seiner Erteilung und enden mit seiner Einziehung, Kraftloserklärung oder Herausgabe (§§ 2361, 2362); ein einfacher Verlust des Erbscheins schadet hingegen nicht.

1. Vermutung des § 2365

Es wird vermutet, dass der im Erbschein Bezeichnete wirklich Alleinerbe oder Miterbe zum ausgewiesenen Anteil ist und dass keine anderen als die angegebenen erbrechtlichen Verfügungsbeschränkungen bestehen (§ 2365).

a) *Umfang der Vermutung*: Die Vermutung beschränkt sich auf den gesetzlich vorgeschriebenen Inhalt des Erbscheins; über die Richtigkeit anderer Angaben wird hingegen nichts ausgesagt. Positiv wird demnach nur das bezeichnete Erbrecht zur angegebenen Größe vermutet und negativ nur, dass andere als die angegebenen Nacherbschaften und Testamentsvollstreckungen nicht bestehen.

Es besteht keine *positive* Vermutung für den Berufungsgrund (Gesetz, Testament, Erbvertrag), die Person des Testamentsvollstreckers und die Zugehörigkeit bestimmter Sachen zum Nachlass, soweit der Erbschein hierüber regelwidrig Angaben enthält, ferner nicht für die Geschäftsfähigkeit oder Verfügungsmacht des Erben (z. B. Pfandfreiheit des Erbteils, Fall a) oder für das Eigentum des Erblassers an den im Nachlass befindlichen Sachen. Der für den Vorerben erteilte Erbschein (§ 2363; Rdnr. 613) begründet nicht die positive Vermutung, dass die im Erbschein als Nacherbe genannte Person auch Nacherbe ist; denn das steht bei Ausstellung des Erbscheins noch nicht fest[79]. Die *negative* Vermutung umfasst nicht das Fehlen erbrechtlicher Beschwerungen (z. B. Auflage, Vermächtnis, Pflichtteil) sowie den Nichteintritt von Nachlassverwaltung und Nachlassinsolvenzverfahren. Ferner erstreckt sich die Vermutung nur negativ auf das Fehlen von nicht angegebenen Beschränkungen des Erben, nicht positiv auf das Entstehen und Fortbestehen der bezeichneten Nacherbfolgen und Testamentsvollstreckungen[80].

In Verbindung mit § 857 ist nach § 2365 zu vermuten, dass der Besitz an den Nachlasssachen auf Grund eines bestehenden Erbrechts auf denjenigen übergegangen ist, der im Erbschein als Erbe bezeichnet ist, so dass diesem deswegen die Besitzschutzrechte der §§ 859 ff. zustehen.

Die Vermutung des § 2365 wirkt für und gegen jeden, also auch den im Erbschein Bezeichneten, so z. B. zu seinen Gunsten bei der Geltendmachung von zur Erbschaft gehörenden Rechten und zu seinen Ungunsten etwa bei seiner Inanspruchnahme aus Nachlassverbindlichkeiten.

b) *Wirkung der Vermutung*: Der durch einen Erbschein Ausgewiesene gilt im bezeugten Umfang als Erbe, solange die Erbscheinsvermutung nicht ausgeräumt ist.

(1) Die durch den Erbschein begründete Rechtsvermutung ist mit allen Beweismitteln widerlegbar. Der von der Tatsachenvermutung handelnde § 292 ZPO ist für die auf Grund eines Erbscheins bestehende Rechtsvermutung entsprechend anwendbar. Da das Prozessgericht nicht an die Entscheidung des Nachlassgerichts gebunden ist (Rdnr. 625), kann der Beweis des Gegenteils auch mit den Beweismitteln geführt werden, die schon bei der Erbscheinserteilung dem Nachlassgericht bekannt waren[81].

Die Erbscheinsvermutung ist ferner durch die Beseitigung des Erbscheins (§§ 2361, 2362) auszuräumen. Dabei ist wesentlich, dass § 2361 nicht den Nachweis der Unrichtigkeit verlangt, sondern die Erschütterung der nach § 2359 erforderlichen Überzeugung des Gerichts genügen lässt (Rdnr. 624). Daher kann für den Gegner des Erbscheinserben die Anregung des Einziehungsverfahrens günstiger und zugleich billiger sein als ein Prozess.

(2) Soweit nicht besondere Bestimmungen etwas anderes anordnen, kann die Legitimation des Erben nicht nur durch einen Erbschein, sondern auch in anderer geeigneter Weise geschehen (vgl. § 35 GBO).

Das Erbrecht kann durch Klage festgestellt werden (§ 256 ZPO). Eine Geltendmachung des Erbschaftsanspruchs (§ 2018) setzt keinen Erbschein voraus.

Nachlassschuldner dürfen nicht bis zur Vorlage eines Erbscheins die Leistung verweigern, wenn das Erbrecht auf andere Weise ausreichend nachgewiesen wird[82] und der Erb-

79 BGHZ 84, 196, 199 ff.

80 *Erman/Schlüter*, § 2365 Rdnr. 3; h. M.

81 RGZ 92, 68, 71; RG DR 1942, 977; MünchKomm/*Mayer*, § 2365 Rdnr. 8; *Soergel/Zimmermann*, § 2365 Rdnr. 2.

82 Prot. V, 728.

lasser keine entgegenstehenden vertraglichen Absprachen (z. B. Bank- oder Lebensversicherungsbedingungen) eingegangen ist.

617 *2. Öffentlicher Glaube des Erbscheins (§§ 2366, 2367)*

Im Umfang der Vermutung des § 2365 begründen die §§ 2366, 2367 einen öffentlichen Glauben des Erbscheins: Der Inhalt des Erbscheins gilt danach gegenüber einem Gutgläubigen als richtig, der von dem im Erbschein Bezeichneten durch Rechtsgeschäft einen Erbschaftsgegenstand, ein dingliches Recht an einem solchen Gegenstand oder die Befreiung von einem dinglichen oder persönlichen Nachlassrecht erwirbt (§ 2366). Entsprechendes gilt, wenn ein Gutgläubiger mit dem im Erbschein als Erbe Bezeichneten andere Verfügungsgeschäfte über Erbschaftsgegenstände abschließt oder wenn ein Gutgläubiger an den Erbscheinserben eine Leistung auf Grund eines Nachlassrechts bewirkt (§ 2367).

Der öffentliche Glaube ist beschränkt auf den gesetzlichen Inhalt des Erbscheins (Rdnr. 613). Somit besteht ein Rechtsschein nur für das bezeichnete Erbrecht im angegebenen Umfang und das Fehlen nicht aufgeführter Nacherbfolgen und Testamentsvollstreckungen. Enthält der Erbschein weitere Angaben, so besteht insoweit kein Schutz gutgläubiger Dritter.

Sind von verschiedenen Nachlassgerichten mehrere Erbscheine erteilt worden, so entfällt eine Erbscheinswirkung, soweit ein Widerspruch zwischen den Urkunden besteht[83]. Es bleibt allerdings zu erwägen, ob der auf einen ihm vorgelegten, unrichtigen Erbschein Vertrauende nach allgemeinen Rechtsscheinsgrundsätzen Schutz verdient.

Der Erbschein ersetzt nur das fehlende Erbrecht des Ausgewiesenen, nicht die Zugehörigkeit eines Gegenstandes zum Nachlass. Betrifft das Rechtsgeschäft des Erbscheinserben einen im Nachlass befindlichen Gegenstand, der dem Erblasser nicht gehörte, so ist neben den §§ 2366, 2367 Raum für die Anwendung anderer Bestimmungen über gutgläubigen Erwerb (z. B. §§ 405, 932 ff., 892 f.).

618 *a) Erwerbsgeschäfte*

(1) Unter die Bestimmung des § 2366 fallen nur rechtsgeschäftliche Verfügungen des Erbscheinserben über einzelne Nachlassgegenstände. Der Schutz umfasst also nicht schuldrechtliche Geschäfte, rechtsgeschäftliche Gesamtnachfolgen, Rechtserwerb kraft Gesetzes sowie Vollstreckungshandlungen.

Es besteht somit keine Wirkung gegen den wirklichen Erben, wenn der Erbscheinserbe z. B. einen Erbschaftsgegenstand verpachtet, sich zur Übereignung einer Nachlasssache verpflichtet, einen Miterbenanteil veräußert (vgl. auch § 2030) oder über den Nachlass

83 BGHZ 33, 314.

von Todes wegen verfügt. Gleiches gilt, wenn beim Tod des Erbscheinserben gesetzliche Erbfolge eintritt oder wenn der Erbscheinserbe verklagt und auf Grund eines gegen ihn erstrittenen Urteils in den Nachlass vollstreckt wird (Ausnahme: § 894 ZPO[84]). Im Übrigen werden jedoch alle rechtsgeschäftlichen Einzelverfügungen erfasst, auch wenn sich ihre Wirkung auf das Schuldrecht beschränkt, z. B. Forderungsabtretung oder Schuldübernahme.

Der öffentliche Glaube des Erbscheins erstreckt sich *gegenständlich* auf den gesamten Nachlass, also auf alle Erbschaftsgegenstände, mag es sich um Sachen oder Rechte handeln. Erfasst werden somit auch Gegenstände, bei denen ein gutgläubiger Erwerb nach anderen Bestimmungen nicht möglich ist.

Vom Erbscheinserben können daher z. B. auch Forderungen des Erblassers gutgläubig erworben werden, obwohl die Voraussetzungen von § 405 nicht gegeben sind, ferner der Geschäftsanteil an einer GmbH. – Bewegliche Nachlasssachen, deren Besitz gem. § 857 auf den wirklichen Erben übergegangen ist, vermag ein Dritter auf Grund des Erbscheins trotz des § 935 zu erwerben, da der Erbscheinserbe gem. § 2366 auch als Besitzer der Erbschaftssachen gilt.

(2) Ein gutgläubiger Erwerb nach § 2366 kommt jedoch nur in Betracht, wenn der Erwerber davon ausgeht, der Veräußerer verfüge als Erbe über einen Nachlassgegenstand.

§ 2366 greift also nicht ein, wenn der Erwerber annimmt, der Veräußerer verfüge als Berechtigter über einen Gegenstand, den er nicht durch den Erbfall, sondern auf andere Weise erworben habe. In diesen Fällen ist ein gutgläubiger Erwerb allein nach den allgemeinen Vorschriften möglich.

(3) Der Erbschein schützt nur den Gutgläubigen. Bösgläubig ist lediglich, wer die Unrichtigkeit des Erbscheins kennt oder weiß, dass das Nachlassgericht die Rückgabe des Erbscheins wegen Unrichtigkeit verlangt hat (§ 2366); es kommt nicht darauf an, ob die Anordnung des Gerichts zu Recht ergangen ist. Selbst grobfahrlässige Unkenntnis begründet daher noch keinen bösen Glauben.

Die Kenntnis nur der Tatsachen, die eine Unrichtigkeit des Erbscheins ergeben, beseitigt den guten Glauben noch nicht[85]; es besteht dann jedoch ein Anscheinsbeweis für eine Bösgläubigkeit. Der Kenntnis von der Unrichtigkeit des Erbscheins stehen gleich die Kenntnis der rechtskräftigen Verurteilung des Erbscheinserben zur Herausgabe (§ 2362 I) und die Kenntnis von der Anfechtbarkeit der maßgebenden Verfügung von Todes wegen (§ 142 II).

Die Gutgläubigkeit entfällt lediglich bei Kenntnis. Voraussetzung des gutgläubigen Erwerbs ist nicht, dass auf Grund des Erbscheins tatsächlich ein Vertrauen im Rechtsverkehr hervorgerufen worden ist. Wer vom Erbscheinserben

84 Dazu Prot. V, 684 f.
85 Prot. V, 685.

erwirbt, braucht daher nicht zu wissen, dass überhaupt ein Erbschein ausgestellt ist. Entscheidend ist allein, dass ein Erbschein erteilt ist[86].

Zeitlich gesehen muss Gutgläubigkeit noch bei Vollendung des Rechtserwerbs vorliegen. Die Bestimmung des § 892 II ist auf den Erbschein nicht entsprechend anwendbar.

Ist bei einem Grundstücksgeschäft jedoch der Erblasser fälschlich im Grundbuch eingetragen, so gilt für einen Erwerb vom Erbscheinserben außer § 2366 auch § 892; soweit es daher auf die Kenntnis von der Unrichtigkeit des Grundbuchs ankommt, ist § 892 II zu beachten.

(4) Wer als Gutgläubiger Erwerbsgeschäfte mit dem Erbscheinserben abschließt, wird demnach im Rahmen der Fiktion des § 2366 so behandelt, als hätte er vom wirklichen Erben erworben. War der Erblasser also Inhaber einer Forderung oder Eigentümer einer Sache, erwirbt ein gutgläubiger Dritter vom Erbscheinserben die Forderung gem. §§ 398, 2366, eine bewegliche Sache nach §§ 929 ff., 2366 und ein Grundstück gem. §§ 873, 925, 2366. Der gutgläubige Erwerber wird jedoch durch den Erbschein nicht besser gestellt, als wenn er das Rechtsgeschäft mit dem wirklichen Erben getätigt hätte. War also bereits der Erblasser Nichtberechtigter, so kommt ein gutgläubiger Erwerb nur in Betracht, wenn sowohl die Voraussetzungen des § 2366 als auch der Tatbestand einer allgemeinen Gutglaubensvorschrift (z. B. §§ 932 ff., 892) erfüllt sind.

Im **Fall b** gehört der Ring nicht zum Nachlass. Ist K gutgläubig in Bezug auf das Eigentum des Erblassers X, greift zu seinen Gunsten § 932 ein. Hält er außerdem den Erbscheinserben S für den wirklichen Erben des X, fingiert § 2366, dass S Erbe des X sei. – Im **Fall c** steht § 935 einem gutgläubigen Erwerb des K entgegen; K hätte auch vom Erblasser oder von dessen wirklichen Erben das Eigentum an dem Ring nicht erwerben können.

Bei einem unrichtigen Grundbuch kommt ein gutgläubiger Erwerb vom Erbscheinserben nach §§ 892, 2366 in Betracht, wenn der Erblasser fälschlich im Grundbuch steht. Ist der wirkliche Erbe im Grundbuch eingetragen, so geht der öffentliche Glaube des Grundbuchs wegen seiner spezielleren Bedeutung einem anders lautenden Erbschein vor.

(5) Soweit ein Rechtsgeschäft auf Grund des Erbscheins gegenüber dem wahren Erben wirksam ist, kann dieser in erster Linie nach den §§ 2018 ff., 816 Ausgleich vom Erbscheinserben beanspruchen; außerdem wird er durch die Surrogationsbestimmung des § 2019 geschützt (Rdnr. 600 ff.); es kommen auch Ansprüche des wahren Erben nach den §§ 823 ff. und § 822 in Betracht.

86 Mot. V, 569; BGHZ 33, 317.

b) Leistungs- und andere Verfügungsgeschäfte 619

Die Bestimmung des § 2366 wird durch § 2367 ergänzt. Es besteht zwischen diesen Vorschriften ein entsprechendes Verhältnis wie zwischen den § 892 und § 893.

Nach § 2367 wird der gutgläubige Dritte geschützt, der wegen eines obligatorischen oder dinglichen Nachlassrechts Leistungen an den im Erbschein als Erben Bezeichneten bewirkt.

Bezahlt z. B. ein gutgläubiger Schuldner eine zur Erbschaft gehörende Forderung an den Erbscheinserben, so erlischt die Forderung auch mit Wirkung gegen den wirklichen Erben; dieser kann sich nur an den Erbscheinserben halten.

Unter § 2367 fallen Leistungsgeschäfte, die entweder an den durch Erbschein ausgewiesenen Nichterben erbracht werden oder an den wirklichen Erben, dessen Erbschein aber angeordnete Verfügungsbeschränkungen (Nacherbfolgen oder Testamentsvollstreckungen) nicht enthält.

Ein Gutgläubiger kann daher trotz bestehender Testamentsvollstreckung wirksam an den Erben leisten, wenn dem Erben ein Erbschein erteilt ist, der über die Testamentsvollstreckung nichts aussagt.

Schließlich schützt § 2367 einen Gutgläubigen, der Verfügungsgeschäfte gegenüber dem durch Erbschein Ausgewiesenen vornimmt, die nicht schon als Erwerbsgeschäfte unter § 2366 fallen. Dazu gehören ebenfalls einseitige Rechtsgeschäfte mit Verfügungswirkung, z. B. Kündigung, Anfechtung.

Auch § 2367 setzt voraus, dass es sich um Rechtsgeschäfte handelt. Erfasst werden daher nicht Prozesshandlungen und Rechtswirkungen, die unmittelbar kraft Gesetzes eintreten.

Soweit aber als Folge einer rechtsgeschäftlichen Leistung ein gesetzlicher Rechtsübergang stattfindet, kommt er nach dem Zweck der gesetzlichen Bestimmungen (vgl. z. B. §§ 268, 426, 774, 1143, 1163) auch dem Schuldner zu Gute, der wirksam an den Erbscheinserben leistet.

IV. Erbscheinsverfahren 620

1. Erteilung des Erbscheins

a) *Zuständigkeit*: Der Erbschein wird auf Antrag (Beispiel: Rdnr. 811) vom Nachlassgericht (§ 2353) im Verfahren über die Angelegenheiten der Freiwilligen Gerichtsbarkeit (§§ 72 ff. FGG) ausgestellt. Die Aufgaben des Nachlassgerichts nimmt das Amtsgericht wahr (§ 72 FGG). Örtlich zuständig ist regelmäßig das Amtsgericht, in dessen Bezirk der Erblasser seinen letzten Wohnsitz hatte (§ 73 FGG).

Liegt eine Verfügung von Todes wegen vor, ist der Erbschein vom Richter zu erteilen. Das gilt auch für den gegenständlich beschränkten Erbschein (§ 2369). In allen übrigen Fällen wird der Rechtspfleger tätig (§§ 3 Nr. 2 c, 16 I Nr. 6 RPflG). In Baden-Württemberg sind die Notariate zuständig (Art. 147 EGBGB, §§ 1 I, II, 38 LFGG).

b) *Antragsrecht*: Antragsberechtigt sind nach § 2353 der (Allein- oder Mit-) Erbe, der Vorerbe bis zum Eintritt des Nacherbfalles, danach der Nacherbe. Die Antragsbefugnis folgt für Testamentsvollstrecker, Nachlass- und Nachlassinsolvenzverwalter sowie Abwesenheitspfleger aus ihrer Stellung und ihrem Aufgabenbereich. Nicht antragsberechtigt ist hingegen der Nachlasspfleger (§ 1960), da er keinen bestimmten Erben vertritt. Die Gläubiger des Erben, die den Erbschein für die Zwangsvollstreckung benötigen, sind gem. §§ 792, 896 ZPO zur Antragstellung befugt. Erbteilserwerber und Erbeserben können den Erbschein für sich auf den Namen des Erben beantragen.

Die Erbscheinserteilung setzt die Annahme der Erbschaft voraus (vgl. § 2357 III 1). Eine Annahmeerklärung des Erben ist in der Antragstellung zu erblicken.

621 c) *Darlegungspflicht des Antragstellers*: Der Antragsteller hat dem Nachlassgericht die in den §§ 2354, 2355 aufgeführten Angaben zu machen.

Mitzuteilen sind die Todeszeit des Erblassers, Rechtsstreitigkeiten über das geltend gemachte Erbrecht und die Umstände, durch die eine Person weggefallen ist, die den Antragsteller von der Erbfolge ausgeschlossen oder seinen Erbteil gemindert hätte (§§ 2354 I Nr. 1, 5, II; 2355, 2356 II). Der *durch Verfügung von Todes wegen berufene Erbe* hat ferner die Verfügung, aus der er sein Erbrecht herleitet, zu bezeichnen sowie anzugeben, ob und welche sonstigen Verfügungen von Todes wegen der Erblasser hinterlassen hat (§ 2355). Der *gesetzliche Erbe* muss weiter das Verhältnis angeben, auf dem sein Erbrecht beruht (Ehegattenverhältnis und Güterstand, verwandtschaftliche Beziehung, Fiskus), ferner vorhandene oder vorhanden gewesene Personen, die für den Ausschluss oder die Minderung seines Erbrechts von Bedeutung sind, schließlich sämtliche Verfügungen des Erblassers von Todes wegen (§ 2354 I Nr. 2–4). – Bezieht sich der Antrag nicht allein auf das eigene Erbrecht des Antragstellers, so muss unter Beweis gestellt werden, dass alle Erben die Erbschaft angenommen haben (§ 2357 III).

Der Antragsteller hat die in § 2356 genannten Beweismittel und Urkunden beizubringen.

Die Todeszeit des Erblassers, der Berufungsgrund bei gesetzlicher Erbfolge sowie die Umstände, die den Wegfall anderer Erben begründen, sind durch öffentliche Urkunden (§ 415 ZPO; z. B. §§ 60 f. PStG) nachzuweisen. Bei gewillkürter Erbfolge muss die Verfügung von Todes wegen vorgelegt werden (§ 2356 I 1). Die Angabe anderer Beweismittel (z. B. Fotokopie der Urschrift)[87] genügt, wenn diese Urkunden nicht oder nur mit unverhältnismäßigen Schwierigkeiten zu beschaffen sind (§ 2356 I 2). Im Übrigen reicht die eidesstattliche Versicherung aus; das Nachlassgericht kann jederzeit nach pflichtgemäßem Ermessen von dieser Versicherung absehen (§ 2356 II). Offenkundige Tatsachen (§ 291

87 BayObLG NJW-RR 1992, 1358 m. N.

ZPO, z. B. Ausschlagungserklärung) brauchen weder bewiesen noch glaubhaft gemacht zu werden (§ 2356 III).

d) *Amtsermittlung*: Das Nachlassgericht darf den Erbschein nur erteilen, wenn es von der Richtigkeit der Tatsachen überzeugt ist, die zur Begründung des Antrags erforderlich sind (§ 2359). Es hat zu diesem Zweck *von Amts wegen* die erforderlichen Ermittlungen anzustellen und die geeignet erscheinenden Beweise zu erheben (§ 2358; §§ 12, 15 FGG). Das Erbscheinsverfahren wird somit zwar auf Antrag eingeleitet, ist aber ein Amtsermittlungsverfahren. **622**

Das Gericht ist also nicht auf die Prüfung des Vorbringens der Beteiligten beschränkt. Möglich ist sogar eine öffentliche Aufforderung zur Anmeldung der Rechte anderer Erbanwärter (§ 2358 II; §§ 946 ff. ZPO). Das Nachlassgericht hat auf die Stellung sachdienlicher Anträge hinzuwirken, darf aber nicht von den gestellten Anträgen abweichen (Antragsverfahren). Es ist nicht an Vergleiche oder Anerkenntnisse der Beteiligten über die Erbfolge gebunden (Ausnahme: Rdnr. 625). In einigen Fällen verlangt das Gesetz die Anhörung anderer Personen (§ 2360).

e) *Entscheidung des Nachlassgerichts*: Sieht das Nachlassgericht den Antrag als begründet an, so erteilt es den Erbschein; anderenfalls weist es den Antrag durch zu begründenden Beschluss zurück. In welcher Form der Erbschein erteilt wird, richtet sich nach Landesrecht. Bewirkt ist die Erteilung des Erbscheins mit der Aushändigung oder Zustellung an den Antragsteller[88].

In der Praxis der Gerichte hat es sich durchgesetzt, bei zweifelhafter Rechtslage einen sog. Vorbescheid zu erlassen. Es handelt sich dabei um die Ankündigung in Beschlussform, dass ein beantragter Erbschein bestimmten Inhalts erteilt werde, falls nicht binnen festgesetzter Frist gegen diesen Ankündigungsbeschluss Beschwerde eingelegt werde[89].

2. *Unrichtiger Erbschein und Rechtsmittel* **623**

a) Rechtsmittel gegen die Entscheidung des Nachlassgerichts

(1) Gegen die *Verweigerung des Erbscheins* sind einfache Beschwerde und einfache weitere Beschwerde gegeben (§§ 19, 27 FGG). Bei einer Entscheidung des Rechtspflegers kommt zunächst die Erinnerung in Betracht (§ 11 RPflG).

Praktische Erwägungen sprechen dafür, dass außer dem Antragsteller (§ 20 II FGG) auch derjenige beschwerdeberechtigt ist, der den Antrag ebenfalls hätte stellen können[90].

(2) Der *Vorbescheid* des Nachlassgerichts mit der Ankündigung, einen bestimmten Erbschein zu erteilen, kann ebenfalls mit der Beschwerde angefochten

88 *Soergel/Zimmermann*, § 2353 Rdnr. 35.
89 Vgl. BGHZ 20, 255.
90 Vgl. dazu schon *Baur*, FG, § 29 A III 2 e; ferner *Keidel/Kuntze/Winkler*, FGG, Teil A, § 20, 12 ff.; *Staudinger/Schilken*, § 2353 Rdnr. 88.

werden. Ferner ist nach der Rechtsprechung schon die richterliche Anordnungsverfügung, den beantragten Erbschein zu erteilen, beschwerdefähig, solange der Erbschein selbst noch nicht ausgehändigt ist[91].

(3) Gegen die *Erteilung des Erbscheins* gibt es keine Beschwerde. Mit seiner Erteilung treten die Wirkungen des Erbscheins im Rechtsverkehr ein (§§ 2365–2367). Auch das Gericht kann daher die Erteilung nicht durch einfache Aufhebung oder Änderung des Erbscheins wieder rückgängig machen (vgl. § 11 II 1 RPflG). Eine hierauf gerichtete Beschwerde ist deswegen unzulässig. – Da das Nachlassgericht jedoch einen unrichtigen Erbschein einzuziehen oder für kraftlos zu erklären hat (§ 2361), ist eine Beschwerde mit dem Antrag auf Anweisung des Nachlassgerichts zur Einziehung oder Kraftloserklärung zulässig[92]. Ein seinem Wortlaut nach unzulässiges Beschwerdebegehren wird vielfach als Anregung an das Nachlassgericht auszulegen sein, den erteilten Erbschein einzuziehen, verbunden mit dem Antrag, einen Erbschein mit anderem Inhalt auszustellen[93] (**Fall d**). Beschwerdeberechtigt ist jeder, der durch die angefochtene Entscheidung für den Fall ihrer Unrichtigkeit in seinen Rechten betroffen wird (§ 20 I FGG).

624 *b) Einziehung, Kraftloserklärung und Herausgabeanspruch*

(1) Das Nachlassgericht hat auch nach der Erteilung von Amts wegen die Richtigkeit des Erbscheins zu überprüfen, sofern ein Anlass dafür besteht; ein unrichtiger Erbschein ist *einzuziehen* (§ 2361). Unrichtig ist ein Erbschein, dessen Inhalt (Rdnr. 613) der wirklichen Rechtslage nicht oder nicht mehr (z. B. infolge einer Testamentsanfechtung) entspricht. Es reicht dabei aus, dass die Überzeugung des Gerichts, die § 2359 für die Erteilung des Erbscheins voraussetzt, nach abgeschlossenen Ermittlungen erschüttert ist[94].

Die Unrichtigkeit braucht also nicht festzustehen. Andererseits genügen nicht schon bloße Zweifel; diese können aber Anlass zu weiteren Nachforschungen geben (§ 2361 III; **Fall d**).

Eine Verletzung verfahrensrechtlicher Vorschriften begründet eine Unrichtigkeit des Erbscheins i.S.d. §§ 2361 f. nur, wenn der Erbschein auf Grund eines unzulässigen Verfahrens ausgestellt worden ist, z. B. Erbscheinserteilung ohne Antrag, abweichend vom gestellten Antrag oder auf Antrag eines Nichtberechtigten, falls nicht der Antragsberechtigte die Erteilung genehmigt[95].

91 BayOblGZ 1951, 598, 601; 1953, 120, 122; **a. A.** *Lange/Kuchinke*, § 39 II 6 a.
92 MünchKomm/*Mayer*, § 2361 Rdnr. 31.
93 BayObLG FamRZ 1996, 1113; MünchKomm/*Mayer*, § 2353 Rdnr. 127; *Soergel/Zimmermann*, § 2353 Rdnr. 51.
94 BGHZ 40, 54.
95 BGHZ 40, 54.

Der vom örtlich unzuständigen Gericht erteilte Erbschein ist wirksam (§ 7 FGG), aber auf die Beschwerde ist seine Einziehung auch bei inhaltlicher Richtigkeit anzuordnen[96]; auch im Beschwerdeverfahren ist die Zuständigkeit von Amts wegen zu prüfen[97].

Offenbare Unrichtigkeiten wie Schreibversehen oder Rechenfehler sind in sinngemäßer Anwendung des § 319 ZPO auch von Amts wegen zu berichtigen.

Der Erbschein ist wirkungslos, sobald sämtliche Ausfertigungen eingezogen sind (§ 2361 I 2).

Die *Verweigerung der Einziehung* kann mit der *Beschwerde* von demjenigen angefochten werden, der durch die Wirkung des Erbscheins im Falle seiner Unrichtigkeit betroffen wird (§ 20 I FGG), z. B. der wirkliche Erbe[98] oder der Nachlassgläubiger, der einen Vollstreckungstitel erlangt hat[99]. Die *Beschwerde gegen die Einziehungsanordnung* steht dem Antragsteller und allen anderen Antragsberechtigten zu. Nach dem Vollzug der Einziehung des Erbscheins kann mit der Beschwerde nur noch die Neuerteilung des eingezogenen Erbscheins erstrebt werden[100].

(2) Kann der unrichtige Erbschein nicht sofort aus dem Verkehr gezogen werden, so hat ihn das Nachlassgericht *für kraftlos zu erklären* (§ 2361 II; § 204 ZPO). Gegen die Kraftloserklärung gibt es keine Beschwerde (§ 84 Satz 1 FGG).

Die Rechtsprechung lässt jedoch die Beschwerde vor der öffentlichen Bekanntmachung (§ 2361 II 2) zu, da § 84 FGG lediglich aus Gründen der Rechtssicherheit die Wirkung einer öffentlichen Verlautbarung schützen soll[101].

(3) Unabhängig vom Einziehungsverfahren hat der wirkliche Erbe gegen den Besitzer eines unrichtigen Erbscheins einen *Anspruch auf Herausgabe* an das Nachlassgericht (§ 2362 I; **Fall d**).

Der Anspruch ist mit der Klage vor dem ordentlichen Gericht geltend zu machen. Der Erbschein wird kraftlos mit der Herausgabe an das Nachlassgericht. – Auch anderen Personen steht dieser Anspruch zu (vgl. §§ 2363 II, 2364 II, 2370 II).

Wer einen unrichtigen Erbschein erlangt hat, ist dem wirklichen Erben ferner auskunftspflichtig (§§ 2362 II, 260).

96 BayObLG Rpfleger 1981, 112.
97 OLG Hamm Rpfleger 1972, 102.
98 RGZ 61, 273, 277.
99 OLG München JFG 23, 154; MünchKomm/*Mayer*, § 2361 Rdnr. 49; *Soergel/Zimmermann*, § 2361 Rdnr. 29.
100 BGHZ 30, 220; 40, 54.
101 BayObLGZ 1958, 364; zustimmend MünchKomm/*Mayer*, § 2361 Rdnr. 47; *Soergel/Zimmermann*, § 2361 Rdnr. 32.

625 *3. Erbscheinsverfahren und Erbrechtsprozess*

Erbscheinsverfahren vor dem Nachlassgericht und streitiges Verfahren über die Erbberechtigung vor dem Prozessgericht (z. B. Erbrechtsfeststellungsklage, § 256 ZPO; Erbschaftsklage, § 2018) sind grundsätzlich voneinander unabhängig. Das Nachlassgericht kann die Beteiligten insbesondere nicht zur Klärung von Streitpunkten auf den Prozessweg verweisen. Es gibt jedoch Berührungspunkte zwischen beiden Verfahren.

a) *Anhörung und Aussetzung*: Ist ein Rechtsstreit über das Erbrecht anhängig, so hat das Nachlassgericht vor der Erteilung des Erbscheins den Gegner des Antragstellers zu hören (vgl. § 2360; Art. 103 I GG).

Ein Rechtsstreit i.S.v. § 2360 I setzt nicht voraus, dass das Erbrecht Streitgegenstand ist. Es genügt vielmehr, dass über das Erbrecht als Vorfrage entschieden wird (z. B. beim Erbschaftsanspruch, Rdnr. 573 ff.).

Das Nachlassgericht wird das Erbscheinsverfahren bis zur Entscheidung eines anhängigen Erbrechtsprozesses aussetzen, sofern vom Ausgang des Rechtsstreits weitere Aufklärung zu erwarten ist (vgl. § 12 FGG). Dagegen darf das Prozessgericht den Rechtsstreit nicht bis zum Abschluss des Erbscheinsverfahrens aussetzen, da hierfür die Voraussetzungen des § 148 ZPO nicht gegeben sind.

b) *Bindungswirkungen*: Urteile des Prozessgerichts, die einen der Rechtskraft fähigen Ausspruch über das Erbrecht enthalten, binden den Erbscheinsrichter innerhalb der persönlichen und sachlichen Grenzen der Rechtskraft (§§ 322, 325 ZPO)[102]. Zu diesen Urteilen gehören insbesondere solche, die eine Feststellung des Erbrechts enthalten (§ 256 ZPO). Dagegen entfaltet die Entscheidung des Nachlassgerichts keine Bindungswirkung für das Prozessgericht.

Im **Fall e** erstreckt sich die Rechtskraft des Feststellungsurteils zu Gunsten des A nur auf A und B. Das Nachlassgericht kann also nicht dem B, wohl aber dem C einen Erbschein erteilen, wenn es diesen für den Erben hält. – Falls A schon einen Erbschein erlangt hat und nunmehr C auf Feststellung seines Erbrechts klagt, ist das Prozessgericht an die Entscheidung des Nachlassgerichts im Erbscheinsverfahren nicht gebunden; denn der Erbschein hat keine Rechtskraftwirkung, und er kann gem. § 2361 jederzeit eingezogen werden, wenn sich seine Unrichtigkeit herausstellt.

102 H. M., *Staudinger/Schilken*, § 2360 Rdnr. 11 ff.

Der Erbschein (§§ 2353 ff.)

I. Inhalt
1. Genaue Bezeichnung von Erblasser und Erben (§ 2353)
2. Bei mehreren Erben Angabe der Erbteilsgröße in Bruchteilen (§ 2353)
3. Beschränkungen wie Nacherbfolge (§ 2363) und Testamentsvollstreckung (§ 2364)

II. Arten
- Alleinerbschein (§ 2353, 1. Fall)
- Teilerbschein (§ 2353, 2. Fall)
- gemeinschaftlicher Erbschein (§ 2357)
- sonstige (Gruppenerbschein, gemeinschaftlicher Teilerbschein, Sammelerbschein, gegenständlich beschränkter Erbschein)
- geplant: Europäischer Erbschein

III. Rechtswirkungen
1. Vermutung der Richtigkeit des Inhalts (§ 2365)
2. öffentlicher Glaube des Erbscheins
   a) gutgläubiger Erwerb vom Erbscheinserben (§ 2366)
   b) Wirksamkeit von Leistungen eines gutgläubigen Dritten auf Grund eines zum Nachlass gehörenden Rechts an den Erbscheinserben (§ 2367)

IV. Erbscheinsverfahren
1. Antrag des Allein- oder Miterben (§ 2353) mit dem Inhalt der §§ 2354, 2355 und der Beibringung der in § 2356 genannten Urkunden und Beweismittel
2. Zuständigkeit: Amtsgericht als Nachlassgericht (§ 2353; §§ 72 ff. FGG)
3. Amtsermittlung durch das Nachlassgericht (§§ 2358, 2361 III)
4. Entscheidung durch das Nachlassgericht: Erteilung des Erbscheins oder Zurückweisung des Antrags durch Beschluss
5. Rechtsmittel:
   a) gegen die Verweigerung des Erbscheins: Beschwerde und weitere Beschwerde (§§ 19, 27 FGG); Rechtspflegererinnerung (§ 11 RPflG)
   b) gegen die Erteilung des Erbscheins: Nur Beschwerde mit dem Antrag auf Anweisung des Nachlassgerichts zur Einziehung (§ 2361 I) oder Kraftloserklärung (§ 2361 II) des Erbscheins
6. Verhältnis zum Erbrechtsprozess
   a) Anhörung des Antragsgegners (§ 2360) und ggf. Aussetzung des Erbscheinsverfahrens (arg.e § 12 FGG)
   b) Bindung des Nachlassgerichts an Urteile des Prozessgerichts

626 V. Anhang: Testamentsvollstreckerzeugnis

1. Allgemeines

Das Testamentsvollstreckerzeugnis (§ 2368; Beispiel: Rdnr. 813) ist ein amtliches Zeugnis über die rechtliche Stellung des zum Testamentsvollstrecker Berufenen. Die Vorschriften über den Erbschein gelten beim Testamentsvollstreckerzeugnis entsprechend (§ 2368 III). Für den Grundbuchverkehr ist § 35 II GBO zu beachten.

Die Ausstellung des Zeugnisses kann der Testamentsvollstrecker beantragen (§ 2368 I 1), nach Annahme des Amtes auch ein Nachlassgläubiger (§§ 792, 896 ZPO), ebenso der Erbe, da er als Betroffener beteiligt ist[103]. Zur Ausstellung des Zeugnisses ist nur der Richter befugt (§ 16 I Nr. 6 RPflG). – Ist die Ernennung des Testamentsvollstreckers nicht in einer dem Nachlassgericht vorliegenden öffentlichen Urkunde enthalten, so soll vor der Erteilung des Zeugnisses der Erbe über die Gültigkeit der Ernennung gehört werden, soweit dies tunlich ist (§ 2368 II).

2. Inhalt

Im Testamentsvollstreckerzeugnis sind Erblasser und Testamentsvollstrecker so zu bezeichnen, dass Verwechslungen ausgeschlossen werden. Die Befugnisse des Testamentsvollstreckers sind nur insoweit anzugeben, wie sie von der gewöhnlichen Regelung des Gesetzes abweichen und rechtliche Wirkung gegenüber Dritten äußern. § 2368 I 2, der dazu nur die Beschränkung des Vollstreckers in der Nachlassverwaltung und die Anordnung des Erblassers über die Freiheit des Vollstreckers in der Eingehung von Verbindlichkeiten nennt, enthält nach dem Legitimationszweck des Zeugnisses keine abschließende Aufzählung.

Aufzuführen sind daher im Testamentsvollstreckerzeugnis auch andere Bestimmungen des Erblassers, welche die Rechtsmacht des Vollstreckers abweichend vom gesetzlichen Regelfall einschränken oder erweitern, z. B. eine Verwaltungsübertragung gem. § 2209, eine besondere Regelung der Verwaltungsdauer nach § 2210, die Ernennung mehrerer Testamentsvollstrecker mit von § 2224 abweichenden Befugnissen (vgl. im Einzelnen die §§ 2207–2210, 2222–2224). Aus dem Sinn des Testamentsvollstreckerzeugnisses ergibt sich ferner, dass interne Verwaltungsanordnungen des Erblassers, die keine Wirkung gegenüber Dritten haben, im Zeugnis nicht anzugeben sind (z. B. Maßregeln zur Überprüfung der dem Erben verbleibenden Befugnisse).

103 *Lange/Kuchinke*, § 39 VIII 2; MünchKomm/*Mayer*, § 2368 Rdnr. 6; *Soergel/Zimmermann*, § 2368 Rdnr. 7; **a. A.** OLG Hamm FamRZ 2000, 487, 488; *Palandt/Edenhofer*, § 2368 Rdnr. 5; *Schlüter*, Rdnr. 878; *Staudinger/Schilken*, § 2368 Rdnr. 4.

3. Rechtswirkungen des Testamentsvollstreckerzeugnisses 627

Wie der Erbschein, so hat auch das Testamentsvollstreckerzeugnis eine doppelte Wirkung, die sich in einer Vermutung für das Amt des Bezeichneten und in einem Verkehrsschutz zu Gunsten Gutgläubiger äußert. Diese Rechtswirkung beschränkt sich auf den gesetzlich zulässigen Inhalt des Zeugnisses.

a) Nach den §§ 2368 III, 2365 wird vermutet, dass der im Zeugnis Bezeichnete Testamentsvollstrecker mit den gesetzlichen Regelbefugnissen geworden ist und andere als die angegebenen Beschränkungen und Erweiterungen seines Amtes nicht bestehen. Dagegen erstreckt sich die Vermutung nicht auf den Fortbestand des Amtes über seine Beendigung hinaus[104].

b) Während der öffentliche Glaube des Erbscheins sich nur auf Verfügungsgeschäfte erstreckt, umfasst der Verkehrsschutz des Testamentsvollstreckerzeugnisses auch Verpflichtungsgeschäfte, die nach dem gesetzlichen Regelfall oder dem ausgewiesenen Umfang zum Amtsbereich des Testamentsvollstreckers gehören. Das folgt aus § 2368 I 2.

Ist z. B. im Testamentsvollstreckerzeugnis angegeben, dass der Vollstrecker in der Eingehung von Verbindlichkeiten für den Nachlass nicht beschränkt ist, so haftet der Erbe gutgläubigen Dritten gegenüber für alle vom Testamentsvollstrecker eingegangenen Verpflichtungen als Nachlassverbindlichkeiten, auch wenn sich nachträglich die Nichtigkeit des Testaments und damit auch der Anordnung einer Testamentsvollstreckung herausstellt.

4. Dauer der Zeugniswirkung

Endet das Amt des Testamentsvollstreckers, so wird auch das Testamentsvollstreckerzeugnis kraftlos (§ 2368 III). Es braucht daher zur Aufhebung seiner Rechtswirkungen – anders als der Erbschein – nicht eingezogen oder für kraftlos erklärt zu werden; das Nachlassgericht hat es jedoch aus Gründen der Verkehrssicherheit zu den Akten zurück zu fordern[105].

Ein guter Glaube an das Fortbestehen des Testamentsvollstreckeramtes nach seiner Beendigung wird regelmäßig nicht geschützt. Beruht das Ende der Testamentsvollstreckung jedoch auf einer Anordnung des Erblassers, dann verlangt die Rechtsprechung insoweit eine im Zeugnis zu vermerkende Beschränkung, so dass Gutgläubige, die auf die gewöhnliche Dauer des Amtes vertrauen, geschützt werden[106]; diese Auslegung verdient zum Schutz der Verkehrssicherheit Zustimmung.

104 BGHZ 41, 23.
105 BayObLGZ 1953, 357; OLG Köln Rpfleger 1986, 261; *Erman/Schlüter*, § 2368 Rdnr. 4; *Palandt/Edenhofer*, § 2368 Rdnr. 10.
106 RGZ 83, 348, 352; *Erman/Schlüter*, § 2368 Rdnr. 4; MünchKomm/*Mayer*, § 2368 Rdnr. 44; *Palandt/Edenhofer*, § 2368 Rdnr. 10.

628 VI. Anhang: Öffentlicher Glaube bei Todeserklärung und Feststellung der Todeszeit

Nach § 2370 I sind die §§ 2366, 2367 auch anzuwenden, wenn jemand, der für tot erklärt oder dessen Todeszeit festgestellt ist (§§ 2 ff., 39 ff. VerschG), die angenommene Todeszeit überlebt hat oder vor diesem Zeitpunkt gestorben ist. In diesen Fällen sind daher Verfügungsgeschäfte desjenigen, der bei Richtigkeit der Todeserklärung oder Todeszeitfeststellung Erbe des für tot Erklärten gewesen wäre, gegenüber Gutgläubigen wirksam. Bösgläubig ist, wer die Unrichtigkeit der Todeserklärung oder Feststellung der Todeszeit kennt oder von ihrer Aufhebung (§§ 30 ff., 40 VerschG) weiß. Diese Regelung greift ein, wenn kein Erbschein erteilt ist.

Ist aber ein Erbschein ausgestellt, so gilt sein Rechtsschein. Lebt der zu Unrecht für tot Erklärte noch, so hat er wegen des unrichtigen Erbscheins gem. § 2370 II 1 die Rechte aus § 2362. Entsprechendes gilt, wenn der Tod einer Person ohne Verfahren nach dem VerschG irrtümlich angenommen worden ist (§ 2370 II 2), z. B. infolge Fälschung einer Sterbeurkunde.

629 VII. Zusammenfassung

Der in einem amtlichen Ermittlungsverfahren ausgestellte Erbschein bezeugt die Person des Erben, den Umfang seines Erbrechts sowie das Fehlen anderer als der angegebenen Nacherbfolgen und Testamentsvollstreckungen. Insoweit besteht eine Rechtsvermutung und ein öffentlicher Glaube für Verfügungsgeschäfte mit dem Scheinerben. Einen unrichtigen Erbschein hat das Nachlassgericht einzuziehen oder für kraftlos zu erklären; der wirkliche Erbe kann seine Herausgabe verlangen.

Das Testamentsvollstreckerzeugnis weist die Person des Testamentsvollstreckers aus und seine Befugnisse, soweit sie vom gesetzlichen Regelfall abweichen. Es erstreckt sich auch auf Verpflichtungsgeschäfte des Testamentsvollstreckers. Im Übrigen entspricht es in seiner rechtlichen Ausgestaltung dem Erbschein.

630 § 36 Die staatlichen Aufgaben im Erbrecht

Schrifttum: *Firsching/Graf*, Nachlassrecht, 8. Aufl., 2000; *Haegele*, Einzelfragen zur Testaments-Eröffnung, Rpfleger 1968, 137; *Lange/Ohr*, Erwerb, Sicherung und Abwicklung der Erbschaft, 4. Denkschrift, 1940, 82; *Möhring/Beisswingert/Klingelhöffer*, Vermögensverwaltung in Vormundschafts- und Nachlaßsachen, 7. Aufl., 1992; *Primozic*, Kann der Nachlasspfleger zum Nachlass gehörende Pflichtteilsansprüche geltend machen?, NJW 2000, 711; *Tidow*, Die Anordnung der Nachlaßpflegschaft gemäß § 1960 BGB, Rpfleger

1991, 400; *Zimmermann*, Vergütung und Ersatz von Aufwendungen des Nachlasspflegers, ZEV 1999, 329.

Fälle:

a) A hat ein mit dem PC geschriebenes und ausgedrucktes Testament des E in Verwahrung. Nach dem Tode des E verweigert er die Ablieferung an das Nachlassgericht mit der Begründung, das Testament sei ohnehin unwirksam und brauche daher nicht eröffnet und verkündet zu werden. **(Rdnr. 631)**

b) Die Eheleute M und F haben ein gemeinschaftliches Testament errichtet, in dem sie den Überlebenden von ihnen zum Vorerben, ihre Töchter A und B zu Nacherben einsetzen und ihren Sohn C enterben. Die Töchter sollen auch Erben des Längstlebenden sein. M stirbt zuerst. Wie ist das Testament zu verkünden? **(Rdnr. 633)**

c) Erblasser E hat als Nachlass ein Bankguthaben von 20 000,– € hinterlassen. Es ist unbekannt, wer Erbe ist und ob dieser die Erbschaft annimmt. Was kann zur Sicherung des Nachlasses geschehen, wenn die Gefahr besteht, dass Nichtberechtigte Geld abheben? **(Rdnr. 635)**

Das BGB beschränkt die Mitwirkung des Staates im Erbrecht im Wesentlichen auf Eröffnungs-, Verkündungs-, Feststellungs-, Fürsorge-, Legitimations- und Sicherungsaufgaben. Der Staat erfüllt diese Aufgaben regelmäßig durch das Nachlassgericht.

Zur Tätigkeit des Nachlassgerichts bei der Feststellung des Staatserbrechts siehe Rdnr. 80, bei der Erteilung eines Erbscheins und Testamentsvollstreckerzeugnisses Rdnr. 620 ff.

I. Zuständigkeit und Verfahren des Nachlassgerichts

1. Zuständigkeit

a) *Sachlich* zuständig ist nach § 72 FGG für die dem Nachlassgericht obliegenden Verrichtungen das Amtsgericht.

Art. 147 EGBGB lässt jedoch eine landesrechtlich geregelte Zuständigkeit anderer als gerichtlicher Behörden unangetastet.

b) *Örtlich* zuständig ist das Amtsgericht, in dessen Bezirk der Erblasser seinen letzten Wohnsitz hatte, beim Fehlen eines Wohnsitzes im Inland das Amtsgericht des letzten Aufenthalts (§ 73 I FGG).

Hatte der Erblasser zur Zeit des Erbfalles weder seinen Wohnsitz noch seinen Aufenthalt im Inland, so ist für einen deutschen Erblasser das Amtsgericht Berlin-Schöneberg Nachlassgericht (§ 73 II FGG). Für einen Ausländer als Erblasser sind die Amtsgerichte zuständig, in deren Bezirk sich Nachlassgegenstände befinden (§ 73 III FGG). Wird die deutsche Gerichtsbarkeit durch das nach § 73 I FGG an sich zuständige Nachlassgericht nicht mehr ausgeübt, so ist die Zuständigkeit nach den §§ 7, 21 des Zuständigkeitsergänzungsgesetzes vom 7. 8. 1952[107] zu bestimmen.

c) *Funktionell* gilt für die Aufgabenverteilung zwischen Richter und Rechtspfleger das Prinzip der Vorbehaltsübertragung: Soweit Nachlass- und Teilungssachen nicht nach § 16 RPflG dem Richter vorbehalten sind, ist nach § 3 Nr. 2 c RPflG der Rechtspfleger zuständig.

2. *Verfahren*

Das Verfahren des Nachlassgerichts in Nachlass- und Teilungssachen gehört zur freiwilligen Gerichtsbarkeit (§§ 72 ff. FGG). Die wichtigsten Besonderheiten dieses Verfahrens gegenüber dem Zivilprozess sind: Das Verfahren wird von Amts wegen oder auf Antrag eingeleitet. Es gilt der Untersuchungsgrundsatz (§ 12 FGG). An die Stelle von Parteien treten Beteiligte.

631 II. Eröffnung und Verkündung der Verfügungen von Todes wegen

Nach dem Tode des Erblassers besteht ein Bedürfnis danach, dass der Inhalt einer vorhandenen Verfügung von Todes wegen amtlich festgestellt wird. Das Gesetz enthält daher in den §§ 2259–2264 Vorschriften darüber, wie nach dem Tod des Erblassers mit dem Testament zu verfahren ist, und wandelt diese Bestimmungen für das gemeinschaftliche Testament in § 2273 und für den Erbvertrag in den §§ 2300, 2300a etwas ab (Beispiel: Rdnr. 809).

1. *Eröffnung von Testamenten*

a) *Zuständigkeit*: Für die Eröffnung des Testaments, das sich im Besitz einer Privatperson oder in der amtlichen Verwahrung einer nicht gerichtlichen Behörde oder des Nachlassgerichts befindet, ist das Nachlassgericht zuständig (vgl. § 2259 f.).

Hat dagegen ein anderes Gericht als das Nachlassgericht das Testament in amtlicher Verwahrung, so eröffnet das verwahrende Gericht (vgl. § 2261 Satz 1).

b) *Voraussetzungen der Eröffnung*: Das zuständige Gericht kann das Testament nur eröffnen, wenn ihm der Eintritt des Erbfalls bekannt ist (Ausnahme: § 2263 a) und ihm die Testamentsurkunde vorliegt.

Soweit nicht eine Mitteilung von privater Seite erfolgt, erlangt das zuständige Gericht auf folgendem Wege Kenntnis vom Erbfall:

107 BGBl. I, 407.

Die Stelle, die ein Testament in Verwahrung nimmt, teilt dem Standesamt des Geburtsortes des Erblassers mit, dass ein Testament verwahrt werde. Wird später das Standesamt vom Tod des Erblassers benachrichtigt, so macht es nunmehr seinerseits der verwahrenden Stelle Mitteilung.

Auch ohne vom Tod des Erblassers erfahren zu haben, darf das verwahrende Gericht eröffnen, wenn die Verwahrung schon 30 Jahre lang andauert und die nach dieser Zeit anzustellenden Ermittlungen über Leben oder Tod des Erblassers nicht zur Feststellung seines Fortlebens geführt haben (§ 2263a).

Sofern das Testament sich nicht schon in amtlicher Verwahrung eines Gerichts befindet, ist es an das Nachlassgericht abzuliefern (§ 2259 I, II 1). Das Nachlassgericht hat, wenn es von dem Testament Kenntnis erlangt, die Ablieferung zu veranlassen.

Zur Auffindung von Testamenten kann das Nachlassgericht von bestimmten Personen die Abgabe einer eidesstattlichen Versicherung über den Verbleib verlangen (vgl. § 83 II FGG). Verweigert jemand die Ablieferung, kann das Nachlassgericht gegen ihn Ordnungsstrafen verhängen und Zwang anwenden (§§ 83, 33 FGG). Die Verweigerung der Ablieferung ist auch dann nicht berechtigt, wenn der Verwahrer das Testament, und sei es auch zu Recht, für unwirksam hält; denn die Feststellung der Wirksamkeit ist nicht Aufgabe des Verwahrers (**Fall a**).

Wer das Testament unterdrückt, kann sich strafbar machen (§ 274 I Nr. 1 StGB), sich um sein gesetzliches Erbrecht bringen, das er mit der Unterdrückung zu wahren bestrebt war (§ 2339 I Nr. 4), und sich den testamentarischen Erben gegenüber schadensersatzpflichtig machen (§ 823 II i.V.m. § 274 I Nr. 1 StGB; § 826).

Zu den Voraussetzungen der Eröffnung gehört *nicht*, dass der Erblasser mit ihr einverstanden war: Das Gesetz erklärt Anordnungen des Erblassers, durch die er die Eröffnung des Testaments nach seinem Tode hinausschieben oder ganz ausschließen will, für nichtig (§ 2263).

c) *Eröffnungsverfahren*: Das Nachlassgericht setzt den Eröffnungstermin an **632**
und lädt zu ihm, soweit tunlich, die gesetzlichen Erben und die sonstigen Beteiligten (z. B. Testamentserben, Testamentsvollstrecker, Vermächtnisnehmer; § 2260 I 2). Der Rechtspfleger (§ 3 Nr. 2 c RPflG) öffnet das Testament, verkündet seinen Inhalt – ohne ihn rechtlich zu werten, da dies nicht seine Aufgabe ist – und legt den Anwesenden das Testament auf Verlangen vor (§ 2260 II 1). Über die Eröffnung ist eine Niederschrift aufzunehmen (§ 2260 III 1).

Besonderheiten: § 2260 II 2, 3, III 2.

d) *Mitteilungen*: Den Inhalt des Testaments zu erfahren, ist vor allem für die Erben, die Enterbten, die Vermächtnisnehmer und den Testamentsvollstrecker bedeutsam. Auch das Nachlassgericht muss, wenn es nicht selbst eröffnet, zur Wahrnehmung seiner übrigen Aufgaben den Inhalt des Testaments kennen. Deshalb hat das eröffnende Gericht den bei der Eröffnung nicht erschienenen Beteiligten den Inhalt des Testaments mitzuteilen, soweit er sie betrifft (§ 2262).

Zur Eröffnung durch ein anderes Gericht vgl. § 2261.

e) *Einsicht und Abschriften* können gem. § 2264 verlangt werden.

f) *Rechtsfolgen der Nichteröffnung*: Die Eröffnung des Testaments ist nicht Wirksamkeitsvoraussetzung für die in ihm enthaltenen Verfügungen.

633 2. *Eröffnung von gemeinschaftlichen Testamenten*

Durch die Eröffnung der Verfügungen von Todes wegen und die Verkündung ihres Inhalts soll nur der letzte Wille der schon verstorbenen, nicht auch einer noch lebenden Person bekannt werden. Deshalb dürfen gemeinschaftliche Testamente (§ 2265) nur dann sogleich in ihrem gesamten Inhalt verkündet werden, wenn beide Ehegatten schon vor der ersten Eröffnung verstorben sind. Von dieser Ausnahme abgesehen, muss dem Erfordernis Rechnung getragen werden, dass einerseits der Wille des Erblassers offenbar werden, andererseits aber der des Überlebenden noch nicht in Erscheinung treten soll. Das ist in § 2273 berücksichtigt.

Im **Fall b** ist demnach zu verkünden, dass M die F zur Vorerbin und A und B zu Nacherben eingesetzt hat. C weiß dann, dass er nicht Erbe des E wird und kann den Pflichtteil verlangen. Die Kinder dürfen aber über die Erbfolge nach ihrer Mutter noch nichts erfahren.

Da das Testament wieder zu verschließen und zur Aufbewahrung für den zweiten Erbfall in amtliche Verwahrung zurückzubringen ist (§ 2273 II 2), andererseits aber der letzte Wille des schon verstorbenen Ehegatten ersichtlich bleiben muss, ist von seinen Verfügungen eine beglaubigte Abschrift anzufertigen (§ 2273 II 1). § 2273 II gilt nicht, wenn das Testament nur Anordnungen für den schon eingetretenen Erbfall enthält (§ 2273 III).

634 3. *Eröffnung von Erbverträgen*

Für die Erbverträge gilt das für die gemeinschaftlichen Testamente Ausgeführte entsprechend; doch ist § 2273 II, III nur bei Erbverträgen anzuwenden, die sich in besonderer amtlicher Verwahrung befinden (§ 2300).

Die Eröffnungsfrist beträgt beim Erbvertrag 50 (§ 2300 a), nicht wie beim Testament 30 Jahre (§ 2263a).

635 III. Sicherung des Nachlasses

1. *Voraussetzungen*

Nach dem BGB gibt es zwar keine Erbschaft ohne Erben. Gleichwohl kann der Nachlass ohne Verwalter sein, wenn etwa der Erbe die Erbschaft noch nicht angenommen hat, er unbekannt ist oder Ungewissheit über die Annahme besteht (§ 1960 I). Ergibt sich in diesen Fällen ein Bedürfnis für Sorgemaßnahmen durch das Nachlassgericht, so hat es nach pflichtgemäßem Ermessen geeignete Maßnahmen zu treffen, von denen einige in § 1960 II beispielhaft aufgezählt sind.

Im **Fall c** kann das Nachlassgericht z. B. einen Nachlasspfleger bestellen und (oder) das Bankkonto sperren lassen[108].

Unter den Voraussetzungen des § 1960 I ist die Bestellung eines Nachlasspflegers zwingend vorgeschrieben, wenn ein Nachlassgläubiger es zur gerichtlichen Geltendmachung eines Anspruchs beantragt (§ 1961).

Die Bestellung eines Pflegers für den nasciturus kommt aus zwei Gründen in Betracht: Einmal kann das Vormundschaftsgericht unter den Voraussetzungen des § 1912 einen Pfleger zur Wahrung der künftigen Rechte der Leibesfrucht bestellen. Zum anderen kann das Nachlassgericht, da der Erbe noch unbekannt ist, unter den Voraussetzungen des § 1960 I, II einen Nachlasspfleger einsetzen.

2. *Rechtsstellung des Nachlasspflegers* 636

Die Nachlasspflegschaft ist eine Pflegschaft i.S.d. §§ 1909 ff., auf die nach § 1915 I die Vorschriften über die Vormundschaft entsprechend anzuwenden sind. Nur tritt an die Stelle des Vormundschaftsgerichts das Nachlassgericht (§ 1962).

Das bedeutet im Einzelnen: Das Nachlassgericht bestellt den Nachlasspfleger (§§ 1962, 1915 I, 1789, 1791), beaufsichtigt ihn (§§ 1915 I, 1837), genehmigt die Geschäfte, die er allein nicht vornehmen kann (§§ 1915 I, 1821 f.), und setzt seine Vergütung fest (§§ 1915 I, 1836). Der Nachlasspfleger hat die Erben zu ermitteln sowie im Übrigen den Nachlass in Besitz zu nehmen (vgl. Rdnr. 574) und zu verwalten, wie es das Vormundschaftsrecht für das Vermögen des Mündels vorschreibt. Mit derselben Maßgabe kann er Ansprüche[109], die zum Nachlass gehören, gerichtlich geltend machen. Auch können Nachlassgläubiger schon vor Annahme der Erbschaft gegen ihn als Vertreter der Erben vorgehen (vgl. § 1960 III). Er hat dem Nachlassgericht Rechnung zu legen (§§ 1915 I, 1840 ff., 1962) und haftet den Erben für Pflichtverletzungen (§§ 1915 I, 1833). Entfällt der Grund für die Anordnung der Nachlasspflegschaft, so hat das Nachlassgericht sie aufzuheben (§§ 1962, 1919).

IV. Zusammenfassung 637

Im Erbrecht des BGB sind die Aufgaben des Staates auf ein Mindestmaß beschränkt. Sie bestehen darin, Verfügungen von Todes wegen zu eröffnen und zu verkünden, das Erbrecht des Fiskus festzustellen, dem Erben einen Erbschein,

108 Vgl. RGZ 154, 110, 114; KG Rpfleger 1982, 184.
109 Auch Pflichtteilsansprüche; *Primozic*, NJW 2000, 711 f.

dem Testamentsvollstrecker ein Testamentsvollstreckerzeugnis zu erteilen und erforderlichenfalls für die Sicherung des Nachlasses zu sorgen.

Der Staat nimmt nahezu alle ihm obliegenden Aufgaben durch das Nachlassgericht wahr, dessen Zuständigkeit und Verfahren sich nach dem Gesetz über die freiwillige Gerichtsbarkeit richten.

Die staatlichen Aufgaben im Erbrecht
(Wahrnehmung durch Amtsgerichte als Nachlassgerichte, §§ 72 f. FGG)

I. Eröffnung von Testamenten (§§ 2260–2264), gemeinschaftlichen Testamenten (§ 2273) und Erbverträgen (§§ 2300 f.)

II. Erteilung von Erbscheinen (Rdn. 612 ff.)

III. Ausstellung eines Testamentsvollstreckungszeugnisses (Rdn. 626 f.)

IV. Sicherung des Nachlasses durch
- Bestellung eines Nachlasspflegers (§§ 1960 II, 1961, 1909 ff.)
- sonstige Sicherungsanordnungen nach § 1960 II

VII. Abschnitt Die Erbenhaftung

§ 37 Grundfragen der Erbenhaftung 638

Schrifttum: *Börner*, Das System der Erbenhaftung, JuS 1968, 53; *Christmann*, Die Geltendmachung der Haftungsbeschränkung zugunsten Minderjähriger, ZEV 1999, 416; 2000, 45; *Gaa*, Die Vererbung von Unterlassungspflichten, AcP 161, 433; *Graf*, Möglichkeiten der Haftungsbeschränkung für Nachlassverbindlichkeiten ZEV 2000, 125; *Hambitzer*, Zur Bindungswirkung von Unterhaltsvereinbarungen gem. § 1586b BGB gegenüber den Erben, FamRZ 2001, 200; *Harder/Müller-Freienfels*, Grundzüge der Erbenhaftung, JuS 1980, 876; *Hoepfner*, Grundzüge der Erbenhaftung, Jura 1982, 169; *Joachim*, Die Haftung des Erben, ZEV 2005, 99; *Heinr. Lange*, Die Regelung der Erbenhaftung, 3. Denkschrift, 1939; *Noack*, Vollstreckung gegen Erben, JR 1969, 8; *Olzen*, Die Erbenhaftung, Jura 2001, 520; *Raape*, Das Haftungsgestaltungsrecht der Erben, JherJb 72, 293; *Reuter*, Die handelsrechtliche Erbenhaftung (§ 27 HGB), ZHR 1971, 511; *Säcker*, Die handelsrechtliche Haftung für Altschulden bei Übertragung und Vererbung von Handelsgeschäften, ZGR 1973, 261; *Schindler*, Problem der Vererblichkeit der Unterhaltspflicht nach § 1586b I S. 3 BGB, FamRZ 2004, 1527; *Schröder*, Zum Übergang variabler Verpflichtungen auf den Erben, JZ 1978, 379; *Widmann*, Zur Bedeutung des § 1968 BGB als Anspruchsgrundlage, FamRZ 1988, 351.

I. Übergang der Schulden

Mit dem Erbfall geht das Vermögen des Erblassers auf den oder die Erben über (§ 1922 I). Der Erblasser kann nach seinem Tod nicht mehr Träger von Rechten und Pflichten sein; deshalb tritt der Erbe an seine Stelle. Auf ihn gehen nicht nur die Aktiva des Vermögens des Erblassers, sondern auch die Passiva, also die Schulden, über.

Auf die Streitfrage, ob der Begriff »Vermögen« i. S. d. § 1922 I auch die Verbindlichkeiten umfasst oder nicht[1], braucht nicht eingegangen zu werden; denn jedenfalls ergibt sich aus § 1967 I eindeutig, dass auch die Schulden auf den Erben übergehen[2].

Gem. § 1967 I »haftet« der Erbe für die Nachlassverbindlichkeiten. Der Wortlaut deutet darauf hin, dass keine Schuld (= Leistensollen des Schuldners), sondern nur eine Haftung des Erben in dem Sinne besteht, dass das Vermögen des Erben dem Vollstreckungszugriff der Nachlassgläubiger unterworfen ist.

1 Dazu: MünchKomm/*Leipold*, § 1922 Rdnr. 16 f.
2 *Staudinger/Marotzke*, § 1967 Rdnr. 5.

Gemeint ist aber, dass der Erbe persönlich an Stelle des Erblassers Schuldner der Verbindlichkeit wird[3]. Der Erbe schuldet und haftet.

639 II. Haftungssysteme

Mit dem Erbfall ist der Erbe Träger zweier Vermögensmassen. Einmal ist er nach wie vor Inhaber seines *persönlichen (Eigen-)Vermögens*. Zum anderen wird er mit dem Erbfall Träger des Vermögens des Erblassers, also des *Nachlasses*. Da auch die Schulden des Erblassers auf den Erben übergehen, stehen diesem zwei Gruppen von Gläubigern gegenüber, nämlich die persönlichen Gläubiger und die Nachlassgläubiger.

Persönlicher Gläubiger des Erben ist z. B. derjenige, der aus einem vor dem Erbfall mit dem Erben geschlossenen Vertrag eine Kaufpreisforderung hat. Nachlassgläubiger ist etwa derjenige, dem aus einem Vertrag mit dem Erblasser eine Forderung zusteht.

Bei dieser Sachlage lassen sich folgende Haftungssysteme denken, die rechtsgeschichtliche Vorbilder haben und in den einzelnen Rechtsordnungen kombiniert vorkommen:

640 *1. Einheit der beiden Vermögensmassen*

Beide Vermögensmassen verschmelzen haftungsrechtlich zu einer Einheit, so dass der Erbe seinem persönlichen Gläubiger und dem Gläubiger der Nachlassverbindlichkeit sowohl mit dem Eigenvermögen als auch mit dem Nachlass haftet. Die Haftung des Erben für Nachlassverbindlichkeiten ist hier also nicht auf den Nachlass beschränkt; es handelt sich vielmehr um eine *unbeschränkte Haftung* mit Nachlass und Eigenvermögen.

641 *2. Gegenständliche Trennung der beiden Vermögensmassen*

Beide Vermögensmassen bleiben haftungsrechtlich getrennt; dem persönlichen Gläubiger des Erben haftet nur das Eigenvermögen des Erben, dem Gläubiger einer Nachlassverbindlichkeit dagegen nur der Nachlass. Die Haftung des Erben für Nachlassverbindlichkeiten ist hier eine *gegenständlich beschränkte Haftung* mit dem Nachlass. Der Erbe haftet nach einer Bezeichnung im späten gemeinen Recht »cum viribus hereditatis«. Der Gläubiger einer Nachlassverbindlichkeit kann nur in den Nachlass vollstrecken.

3 Vgl. Mot. V, 604; *Kipp/Coing*, § 91 II 2; *Staudinger/Marotzke*, § 1967 Rdnr. 7.

3. *Wertmäßige (rechnerische) Trennung* 642

Die beiden Vermögensmassen verschmelzen miteinander, so dass eine Trennung nicht mehr möglich ist. Der Wert des Nachlasses bleibt jedoch insofern von rechtlicher Bedeutung, als der Erbe mit seinem ganzen (Eigen- und Nachlass-) Vermögen für eine Nachlassverbindlichkeit haftet, allerdings nur bis zur Höhe des Wertes des Nachlasses. Diese *rechnerisch beschränkte Haftung*, die im gemeinen Recht als Haftung »pro viribus hereditatis« bezeichnet wurde, ist in Wahrheit eine Beschränkung der Schuld, der Leistungspflicht[4].

III. Interessenlage 643

Bei der Erbenhaftung stehen sich widerstreitende Interessen der Gläubiger des Erblassers, des Erben und der Gläubiger des Erben gegenüber.

Bei einer Erbenmehrheit sind außerdem die Interessen der einzelnen Miterben und bei Vor- und Nacherbschaft die des Vorerben und die des Nacherben zur berücksichtigen. Diese Besonderheiten bleiben hier zunächst außer Betracht.

1. *Nachlassgläubiger* 644

Durch den Tod des Erblassers hat dessen Gläubiger den Schuldner verloren. Schuldner wird mit dem Erbfall an Stelle des Erblassers der Erbe, der im Einzelfall weniger vertrauenswürdig als der Erblasser sein kann. Die Arbeitskraft des Erblassers, die eine Grundlage für den Kredit des Gläubigers gewesen sein mag, ist weggefallen. Ferner verschmelzen regelmäßig Nachlass und Eigenvermögen des Erben sehr schnell, so dass schwer erkennbar ist, was zum Nachlass und was zum Eigenvermögen gehört. Der Erbe ist in der Lage, den Nachlass zu verkleinern, indem er etwa Nachlassgegenstände weggibt, verbraucht oder vernichtet. Deshalb entspricht es den Interessen des Gläubigers des Erblassers (Nachlassgläubigers), dass ihm nicht nur der Nachlass, sondern auch das Eigenvermögen des Erben haftet (= unbeschränkte Haftung).

Wenn aber der Erbe dem Nachlassgläubiger nur mit dem Nachlass haften soll (= gegenständlich beschränkte Haftung), dann muss im Interesse des Nachlassgläubigers wenigstens gewährleistet sein, dass der Nachlass möglichst ungeschmälert erhalten bleibt. Das kann dadurch erreicht werden, dass der Nachlass vom Eigenvermögen des Erben getrennt bleibt, der Erbe nicht (z. B. durch Verfügungen über Nachlassgegenstände) auf den Nachlass einwirken kann und schließlich auch persönliche Gläubiger des Erben nicht in den Nachlass zu vollstrecken vermögen.

4 *Boehmer*, Erbfolge und Erbenhaftung, 78 ff.

Nicht alle Nachlassgläubiger sind in gleicher Weise schutzwürdig. Zu den Nachlassgläubigern gehört z. B. auch der Gläubiger eines vom Erblasser ausgesetzten Vermächtnisses. Dieser Gläubiger verdient in der Regel weniger Schutz als etwa der Gläubiger einer vom Erblasser eingegangenen Verbindlichkeit (z. B. Gläubiger einer Kaufpreisforderung). Der Vermächtnisgläubiger erwirbt unentgeltlich; sonstige Nachlassgläubiger erwerben regelmäßig entgeltlich (z. B. bei gegenseitigen Verträgen des Erblassers). Stünden Vermächtnisgläubiger den sonstigen Nachlassgläubigern gleich, so hätte es der Erblasser in der Hand, durch Vermächtnisse auf Kosten der sonstigen Nachlassgläubiger großzügig zu sein. Deshalb ist es berechtigt, die Interessen bestimmter Nachlassgläubiger (z. B. der Vermächtnisnehmer) den Interessen anderer Nachlassgläubiger nachzuordnen.

645 *2. Erbe*

Für den Erben wäre es am besten, wenn er für Nachlassverbindlichkeiten nur mit dem Nachlass zu haften hätte. Eine solche gegenständlich beschränkte Haftung ist für ihn vor allem dann günstig, wenn die Passiva des Nachlasses dessen Aktiva übersteigen. Hier entspricht es den Interessen des Erben, dass er den Nachlassgläubigern nicht auch mit seinem Eigenvermögen haftet.

646 *3. Eigengläubiger des Erben*

Dem Eigengläubiger des Erben käme es am meisten entgegen, wenn er nicht nur auf das Eigenvermögen des Erben, sondern zusätzlich auf den Nachlass zugreifen könnte. Haftet ihm auch der Nachlass, kann das jedoch zu einer Benachteiligung der Nachlassgläubiger führen. Das Interesse des Eigengläubigers an einer Haftung des Nachlasses verdient keinen Schutz, da er ohne den Erbfall auch nur auf das Eigenvermögen des Erben hätte zurückgreifen können.

Wenn den Nachlassgläubigern auch das Eigenvermögen haftet, können daraus Nachteile für den Eigengläubiger entstehen, weil sich damit der Kreis der auf das Eigenvermögen zugriffsbefugten Gläubiger vergrößert.

647 IV. Gesetzliche Interessenbewertung

1. Verhältnis des Erben zum Nachlassgläubiger

a) Grundsatz der unbeschränkten Erbenhaftung

Das BGB hält die Interessen des Nachlassgläubigers für schutzwürdiger als die des Erben. Deshalb geht es zu Gunsten des Nachlassgläubigers vom Grundsatz der unbeschränkten Erbenhaftung aus. Dieser Grundentscheidung ist zuzustimmen; denn die Interessen des Nachlassgläubigers (Rdnr. 644) sind vor allem durch die Vermengung von Nachlass und Eigenvermögen und durch eine Verkleinerung des Nachlasses gefährdet.

b) Grundsatz der beschränkbaren Erbenhaftung **648**

Auf der anderen Seite räumt das Gesetz dem Erben die Möglichkeit ein, die Haftung für Nachlassschulden auf den Nachlass zu beschränken (Grundsatz der beschränkbaren Erbenhaftung).

(1) Eine solche Haftungsbeschränkung kann durch *Nachlassverwaltung* und *Nachlassinsolvenzverfahren* (§§ 1975 ff., §§ 315 ff. InsO) herbeigeführt werden. In beiden Fällen wird ein Verwalter bestellt und eine *Absonderung* des Nachlasses vom Eigenvermögen erreicht. Dem Erben wird die Möglichkeit genommen, den Nachlass zu verkleinern. Damit sind die Nachlassgläubiger hinreichend geschützt.

(2) Nachlassverwaltung und Nachlassinsolvenzverfahren kosten Geld. Liegt ein *dürftiger Nachlass* vor, bei dem sich die Verwaltung mangels Masse nicht lohnt, so hat der Erbe die Möglichkeit, die beschränkte Erbenhaftung herbeizuführen (§§ 1990 f.). Er wickelt dann – wie ein Verwalter – selbst den Nachlass ab (vgl. § 1991) und kann im Prozess mit dem Nachlassgläubiger die Dürftigkeitseinrede erheben (§ 1990). Die Nachlassgläubiger sind in diesem Falle weniger geschützt. **649**

(3) Es gibt Fälle, in denen der Erbe einzelnen Nachlassgläubigern nur mit dem Nachlass haftet, da diese weniger schutzwürdig sind. **650**

Einmal kann der Nachlassgläubiger sich mit dem Erben darüber *vertraglich einigen*, dass dieser ihm nur mit dem Nachlass haftet[5].

Der Nachlassgläubiger ist ferner dann nicht schutzwürdig, wenn er sich *im Aufgebotsverfahren nicht gemeldet* hat (§ 1973; Rdnr. 663 ff.). Der Erbe kann die Befriedigung eines solchen Gläubigers verweigern, sofern der Nachlass durch Befriedigung der nicht ausgeschlossenen Gläubiger erschöpft ist. Im Übrigen ist die Haftung des Erben auf die Bereicherung beschränkt (§ 1973 II). Der Erbe brauchte nämlich mit diesem (ausgeschlossenen) Nachlassgläubiger nicht mehr zu rechnen; der Gläubiger hätte seine Forderung anmelden sollen. Dieselbe Interessenlage besteht, wenn das *Nachlassinsolvenzverfahren* durch Verteilung der Masse oder durch einen *Insolvenzplan beendet* worden ist (§ 1989).

Dem im Aufgebotsverfahren Ausgeschlossenen wird derjenige Nachlassgläubiger gleichgestellt, der seine Forderung *später als fünf Jahre nach dem Erbfall* dem Erben gegenüber *geltend macht*, es sei denn, dass dem Erben diese Forde-

5 RGZ 146, 343, 346; *Soergel/Stein*, vor § 1967 Rdnr. 8.

rung vor Ablauf der Frist bekannt war oder dass sie im Aufgebotsverfahren angemeldet worden ist (§ 1974).

Schließlich sind *Vermächtnisnehmer und Auflagenbegünstigte* weniger stark geschützt, da solche Verbindlichkeiten auf einer Freigebigkeit des Erblassers beruhen. Deshalb kann der Erbe ihnen gegenüber bei einer auf Vermächtnissen und Auflagen beruhenden Überschuldung des Nachlasses die *Nachlassüberschwerung* geltend machen (vgl. § 1992), auch wenn der Nachlass nicht dürftig i. S. d. § 1990 ist.

651 *c) Verlust des Rechts auf Haftungsbeschränkung*

(1) Der Erbe kann sein Recht zur Beschränkung der Haftung *allen Nachlassgläubigern gegenüber* verwirkt haben. Das ist der Fall, wenn er das Inventar nicht oder nicht sorgfältig errichtet. Dann soll er mit dem Nachlass und seinem Eigenvermögen unbeschränkt und unbeschränkbar haften. Im Einzelnen gilt:

Ist dem Erben auf Antrag eines Nachlassgläubigers eine Frist zur Errichtung eines Inventars (eines Verzeichnisses des Nachlasses; Rdnr. 669 ff.) vom Nachlassgericht bestimmt und lässt er die *Frist ohne Inventarerrichtung verstreichen, so haftet* er nach Fristablauf *allen Nachlassgläubigern gegenüber unbeschränkt* (absolut unbeschränkte Haftung, § 1994 I 2). Da der Erbe nicht dargelegt hat, was zum Nachlass gehört und damit Haftungsobjekt für die Nachlassforderung ist, fordert der Schutz der Nachlassgläubiger, dass er auch mit seinem privaten Vermögen für die Nachlassverbindlichkeiten haftet.

Das Gleiche gilt, wenn der Erbe absichtlich ein erheblich unvollständiges Inventar errichtet oder in der Absicht, Nachlassgläubiger zu benachteiligen, die Aufnahme einer nicht bestehenden Nachlassverbindlichkeit bewirkt (*Inventaruntreue*, vgl. § 2005). Auch in diesen Fällen gibt der Erbe den Nachlassgläubigern keine sichere Unterlage über den Bestand des Nachlasses; deshalb müssen die Gläubiger besonders geschützt werden.

Die Inventarerrichtung führt nach unserem Recht aber keine beschränkte Erbenhaftung herbei. Vielmehr bewirken die Nichterrichtung sowie die Inventaruntreue, dass der Erbe allen Nachlassgläubigern unbeschränkt und nicht mehr beschränkbar haftet (§ 2013; Rdnr. 675).

652 (2) *Dem einzelnen Nachlassgläubiger gegenüber* verliert der Erbe das Recht der Haftungsbeschränkung in folgenden Fällen:

Der Erbe hat durch *Vertrag* mit dem Nachlassgläubiger diesem gegenüber auf die Haftungsbeschränkung verzichtet[6].

Der Erbe kann aus *prozessualen* Gründen dem Prozessgegner gegenüber die Haftung nicht mehr beschränken (vgl. §§ 780, 781, 785, 767 ZPO; Einzelheiten: Rdnr. 712 f.).

6 RGZ 146, 343, 346.

Der Erbe *verweigert* die von einem Nachlassgläubiger verlangte eidesstattliche Versicherung, dass er im Inventar nach bestem Wissen die Nachlassgegenstände so vollständig angegeben habe, wie er dazu imstande sei. Dann haftet er dem Antragsteller unbeschränkt und unbeschränkbar (relativ unbeschränkte Haftung; § 2006 III[7]).

2. Stellung des Eigengläubigers **653**

Vor dem Erbfall haftet dem Eigengläubiger des Erben nur dessen Eigenvermögen. Von der Annahme der Erbschaft an haftet ihm außerdem noch der Nachlass. Das führt möglicherweise zu einer Benachteiligung der Nachlassgläubiger, wenn ein Eigengläubiger des Erben in den Nachlass vollstreckt (vgl. § 778 II ZPO). Der Nachlassgläubiger kann das verhindern, indem er eine Trennung der Vermögensmassen durch Nachlassinsolvenzverfahren (vgl. § 317 InsO) oder Nachlassverwaltung (vgl. § 1981 II) herbeiführt.

Selbst der Erbe, der seine Haftung für Nachlassverbindlichkeiten nicht mehr auf den Nachlass zu beschränken vermag (also unbeschränkbar haftet), kann noch die Eröffnung des Nachlassinsolvenzverfahrens beantragen (§§ 316 f. InsO), um seine Eigengläubiger vom Nachlass abzuwehren. Er ist jedoch gem. § 2013 I 1 nicht mehr in der Lage, die Nachlassverwaltung herbeizuführen.

Kommen Nachlassinsolvenzverfahren und Nachlassverwaltung wegen Dürftigkeit des Nachlasses nicht in Betracht (§ 1990), so können allerdings die Eigengläubiger auch in den Nachlass vollstrecken.

Der Eigengläubiger des Erben kann durch den Erbfall auch zu Gunsten der Nachlassgläubiger benachteiligt werden, nämlich dann, wenn die Nachlassgläubiger auch in das Privatvermögen des Erben vollstrecken. Durch eine Trennung der Vermögensmassen kann das verhindert werden; jedoch hat der Eigengläubiger nicht das Recht, Nachlassverwaltung oder Nachlassinsolvenzverfahren zu beantragen.

V. Arten der Nachlassverbindlichkeiten **654**

Haftet der Erbe für Nachlassverbindlichkeiten unbeschränkt, so kommt es nicht darauf an, ob es sich um eine Nachlassverbindlichkeit oder um eine eigene Verbindlichkeit des Erben handelt. Haftet er dagegen für Nachlassverbindlichkeiten nur beschränkt mit dem Nachlass, ist es von entscheidender Bedeutung, ob die Verbindlichkeit zu den Nachlassverbindlichkeiten gehört. Bei der Definition der verschiedenen in Betracht kommenden Verbindlichkeiten ist manches streitig.

7 Zur Begründung vgl. Prot. V, 757 f.

655 *1. Erblasserschulden*

Zu den Nachlassverbindlichkeiten gehören die »vom Erblasser herrührenden Schulden« (§ 1967 II), soweit sie vererblich sind.

Nicht vererblich sind z. B. die Pflicht zur Dienstleistung (§ 613), zur Leistung von Unterhalt (§§ 1615 I, 1360 a III; beachte aber § 1586 b), zur Zahlung einer schenkweise versprochenen Rente (§ 520).

Die vom Erblasser herrührenden Schulden können auf einem Rechtsgeschäft des Erblassers oder auf Gesetz beruhen.

Hat der Erblasser z. B. einen Kaufvertrag geschlossen, stammt die Schuld aus einem Rechtsgeschäft des Erblassers. Ist der Kaufvertrag nichtig und hat der Verkäufer die Leistung an den Erblasser bereits bewirkt, so ist der Anspruch aus § 812 I 1, 1. Fall eine gesetzliche Erblasserschuld.

Die Abgrenzung der Erblasserschuld von der Eigenschuld des Erben kann schwierig sein, wenn noch nicht alle Voraussetzungen für die Entstehung der Verbindlichkeit vor dem Erbfall erfüllt sind. Um eine Erblasserschuld handelt es sich, falls der wesentliche Entstehungstatbestand noch der Sphäre des Erblassers zuzurechnen ist.

Demnach rührt die Schuld auch dann vom Erblasser her, wenn er etwa eine aufschiebend bedingte (oder befristete) Verpflichtung eingegangen und die Bedingung (oder der Zeitpunkt) erst nach dem Erbfall eingetreten ist[8].

Hat z. B. der Erblasser mit einer Bank einen Bürgschaftsvertrag für einen dem S zu gewährenden Kredit geschlossen und wird der Kredit erst nach dem Erbfall gewährt, so ist die Verpflichtung aus dem Bürgschaftsvertrag eine Erblasserschuld. Nimmt der Erbe einen von der Bank dem Erblasser eingeräumten Kredit weiter in Anspruch[9], so handelt es sich auch um eine Erblasserschuld, da der Vertrag bereits mit dem Erblasser geschlossen wurde. Außerdem haftet der Erbe, da er insoweit selbständig gehandelt hat, persönlich (Nachlasserbenschuld; Rdnr. 658).

Ist jemand auf der schadhaften Treppe in einem zum Nachlass gehörenden Haus zu Fall gekommen und dadurch geschädigt worden, so liegt ausschließlich eine Erblasserschuld vor, wenn der Erblasser trotz Kenntnis die Treppe nicht reparieren ließ und der Erbe schuldlos die Schadhaftigkeit nicht kannte. Dagegen haftet der Erbe auch persönlich, wenn er es schuldhaft unterließ, den Schaden beseitigen zu lassen. Schließlich kommt nur eine eigene Schuld des Erben in Betracht, wenn die Treppe erst nach dem Tod des Erblassers schadhaft wurde.

Besonders deutlich wird der »Übergang des Pflichtlebens des Erblassers auf den Erben«[10] bei Dauerschuldverhältnissen.

8 BGH BB 1968, 152.
9 RGZ 146, 343.
10 *Boehmer*, RG-Festgabe, III. Bd., 216.

Kündigt z. B. der Erbe eines Mieters das Mietverhältnis zum ersten zulässigen Termin (§ 564), so sind die Mietzahlungsverpflichtungen Erblasserschulden. Kündigt der Erbe nicht und setzt er das Mietverhältnis fort, weil er die gemieteten Räume zur Aufbewahrung von Nachlassgegenständen benutzt, sind die nunmehr fälligen Mieten Nachlasserbenschulden. Zieht er später mit seiner Familie in die Räume ein, begründet er Eigenschulden, für die nur noch sein Eigenvermögen haftet[11].

2. Erbfallschulden 656

Zu den Nachlassverbindlichkeiten gehören auch »die den Erben als solchen treffenden Verbindlichkeiten« (§ 1967 II). Dabei handelt es sich *nicht* um Verbindlichkeiten, die in der Person des Erblassers entstanden und mit dem Erbfall auf den Erben übergegangen sind. Vielmehr sind es Schulden, die aus Anlass des Erbfalls in Bezug auf den Nachlass erst mit dem Erbfall in der Person des Erben entstanden sind.

Zu den Erbfallschulden gehören zunächst die Verbindlichkeiten aus Pflichtteilsrechten, (gesetzlichen oder gewillkürten) Vermächtnissen und Auflagen (§ 1967 II), ferner die Kosten der standesgemäßen Bestattung des Erblassers (§ 1968).

Unter die Bestattungskosten fallen regelmäßig nicht die Kosten für die Reise naher Angehöriger zur Beerdigung[12] und nicht die Aufwendungen für die Grabpflege[13].

Erbfallschulden sind auch: der Unterhaltsanspruch der werdenden Mutter, welche die Geburt eines Erben erwartet und außerstande ist, sich selbst zu unterhalten (vgl. § 1963), die Zugewinnausgleichsforderung (§ 1371 II, III)[14], die Erbschaftsteuer (§ 9 ErbStG) sowie die Kosten der Todeserklärung (§ 34 II VerschG).

3. Nachlasskostenschulden 657

Schulden, die erst nach dem Tode durch Nachlassabwicklung oder Geschäfte für den Nachlass entstehen, werden in der Literatur meist als Nachlasskostenschulden bezeichnet[15]. Manche verwenden dafür auch den Begriff Erbschaftsverwaltungskosten[16]; andere unterscheiden zwischen Nachlasskosten und Nachlassverwaltungskosten[17]. U. E. sollte man diese Gruppe von Schulden zu

11 Vgl. *Soergel/Stein*, § 1967 Rdnr. 2; *Staudinger/Marotzke*, § 1967 Rdnr. 24.
12 BGHZ 32, 72.
13 RGZ 160, 255 f.; BGHZ 61, 238; OLG Oldenburg DNotZ 1993, 135; a. A. *Damrau*, ZEV 2004, 456.
14 BGHZ 37, 58, 64.
15 *Schlüter*, Rdnr. 1060; *Boehmer*, Erbfolge und Erbenhaftung, 117.
16 *Schlüter*, Rdnr. 1060.
17 *Lange/Kuchinke*, § 47 IV; *v. Lübtow*, 1097.

den Erbfallschulden zählen[18]; denn in den Rechtsfolgen ergeben sich keine Unterschiede. Es handelt sich stets um Verbindlichkeiten, die erst in der Person des Erben entstehen und für die der Nachlass haftet.

Zu den Nachlasskostenschulden werden gezählt: Kosten der Eröffnung einer Verfügung von Todes wegen (§§ 2260, 2300), der gerichtlichen Nachlasssicherung (§ 1960), des Nachlassgläubigeraufgebots (§§ 1970 ff.), der Inventarerrichtung (§§ 1993 ff.), der Nachlasspflegschaft (§ 1961), der Nachlassverwaltung (§§ 1975 ff.), des Nachlassinsolvenzverfahrens (§ 1975, §§ 315 ff. InsO).

Ferner sind die Verpflichtungen zu nennen, die sich aus der ordnungsgemäßen Verwaltung des vorläufigen Erben, des endgültigen Erben bei Nachlassabsonderung sowie des Vorerben ergeben. Hierher gehören schließlich auch die Verpflichtungen aus Geschäften des Nachlasspflegers, -verwalters, -insolvenzverwalters und Testamentsvollstreckers.

658 *4. Nachlasserbenschulden*

Verbindlichkeiten, für die sowohl der Nachlass als auch das Eigenvermögen des Erben haften, werden als Nachlasserbenschulden oder Nachlasseigenschulden bezeichnet[19]. Der Gläubiger einer solchen Schuld hat also den Vorteil, sowohl in den Nachlass als auch in das Eigenvermögen des Erben vollstrecken zu können. Gegenüber einer Vollstreckung ins Eigenvermögen kann somit der Erbe nicht mit Erfolg die beschränkte Erbenhaftung geltend machen.

Hauptfälle der Nachlasserbenschulden sind diejenigen, in denen der Erbe eine Nachlassverbindlichkeit eingeht und dabei eine Haftung auch mit dem eigenen Vermögen nicht ausschließt.

Beispiele: Schließt der Erbe einen Vertrag über eine notwendige Dachreparatur an einem zum Nachlass gehörenden Haus, so ist der geschuldete Werklohn eine Nachlassverbindlichkeit. Als Vertragspartei haftet der Erbe auch mit seinem Eigenvermögen, wenn er nicht mit dem Werkunternehmer vereinbart, dass für die Schuld nur der Nachlass haften soll. Zahlt der Erbe aus dem Eigenvermögen, kann er unter den Voraussetzungen des § 1978 III (Rdnr. 686) Ersatz aus dem Nachlass verlangen. – Eine Nachlasserbenschuld ist auch eine solche Verbindlichkeit, die der Vorerbe in ordnungsmäßiger Verwaltung des Nachlasses eingegangen ist[20].

Zu Nachlasserbenschulden können im Einzelfall aber auch Erblasserschulden (Rdnr. 655) und Erbfallschulden (Rdnr. 656) werden.

Das ist beispielsweise der Fall, wenn der Erbe eine solche Schuld vertraglich anerkennt und aus dem Vertrage zu entnehmen ist, dass er für diese Schuld auch mit seinem Eigenvermögen einstehen will. Macht der Erbe sich bei der Erfüllung einer Nachlassverbindlichkeit schadensersatzpflichtig (§§ 280 ff.), so handelt es sich um eine persönliche Schuld

18 So auch MünchKomm/*Siegmann*, § 1967 Rdnr. 10 a.E.

19 MünchKomm/*Siegmann*, § 1967 Rdnr. 15 ff.; *Palandt/Edenhofer*, § 1967 Rdnr. 8; *Soergel/Stein*, § 1967 Rdnr. 8; *Staudinger/Marotzke*, § 1967 Rdnr. 5 ff.

20 BGHZ 110, 176; KG NJW 2006, 2561 f.

und um eine Nachlassverbindlichkeit. Ist dagegen der Erbe für eine Handlung des Testamentsvollstreckers, Nachlasspflegers usw. schadensersatzpflichtig, so haftet er nicht persönlich, da die genannten Verwalter nur zu Lasten des Nachlasses handeln[21].

5. *Geschäftsverbindlichkeiten* 659

a) Gehört zum Nachlass ein *Handelsgeschäft*, so haftet der Erbe für die früheren Geschäftsschulden wie auch sonst für Erblasserschulden, nämlich unbeschränkt, aber beschränkbar.

Führt der Erbe aber die frühere Firma mit oder ohne einen das Nachfolgeverhältnis andeutenden Zusatz fort, so muss er sich so behandeln lassen, als ob er ein Handelsgeschäft unter Lebenden erworben und die bisherige Firma fortgeführt hätte (§ 27 I HGB). Er haftet dann für die Geschäftsverbindlichkeiten auch mit seinem Privatvermögen, ohne die Haftung auf den Nachlass beschränken zu können.

In gleicher Weise haftet der Erbe, wenn die Übernahme der Verbindlichkeiten in handelsüblicher Weise bekannt gemacht worden ist oder ein sonstiger besonderer Verpflichtungsgrund vorliegt (§§ 27 I, 25 III HGB).

Dem Erben muss jedoch zu seinem Schutz eine Überlegungszeit gegeben werden. Deshalb tritt gem. § 27 II HGB die unbeschränkte Haftung des Erben nicht ein, wenn er innerhalb einer Frist von drei Monaten nach Kenntnis vom Anfall der Erbschaft den Geschäftsbetrieb aufgibt Ist nach Ablauf der drei Monate das Recht zur Ausschlagung der Erbschaft noch nicht verloren, so endet die Frist nicht vor Ablauf der Ausschlagungsfrist.

Die Bezugnahme in § 27 I HGB erstreckt sich auch auf § 25 II HGB. Dessen sinngemäße Anwendung gibt dem Erben die Möglichkeit, durch einseitige Erklärung, die im Handelsregister einzutragen und bekannt zu machen oder dem Dritten mitzuteilen ist, die unbeschränkte Haftung auszuschließen[22].

Die vom Erben eingegangenen Geschäftsschulden sind, wenn die Haftung nicht durch Vereinbarung auf den Nachlass beschränkt wird, Nachlasserbenschulden[23]; für sie haften also der Nachlass und das Eigenvermögen des Erben.

b) War der Erblasser *Gesellschafter einer offenen Handelsgesellschaft* und 660
wird bei seinem Tod die Gesellschaft mit den Erben des Verstorbenen fortgeführt (vgl. § 131 III Nr. 1 HGB: »abweichende vertragliche Bestimmung«), so können sich folgende Möglichkeiten ergeben (vgl. auch Rdnr. 779 ff.):

21 *Erman/Schlüter*, § 1967 Rdnr. 9; MünchKomm/*Siegmann*, § 1967 Rdnr. 25 (für den Nachlasspfleger); *Soergel/Stein*, § 1967 Rdnr. 18.

22 H. M.; *Baumbach/Hopt*, § 27 Rdnr. 8.MünchKomm/*Siegmann*, § 1967 Rdnr. 42; **a. M.** MünchKommHGB/*Lieb*, § 27 Rdnr. 50.

23 Vgl. *Erman/Schlüter*, § 1967 Rdnr. 12; str.

Wird der Erbe persönlich haftender Gesellschafter, dann haftet er wie ein Eintretender (§ 130 HGB) für frühere Gesellschaftsschulden persönlich und unbeschränkbar (arg. § 139 IV HGB). Das gilt auch für die neuen Geschäftsschulden (§ 128 HGB).

Der Erbe kann bis zum Verlust des Rechts zur Ausschlagung, jedenfalls aber innerhalb von drei Monaten nach Kenntnis vom Anfall der Erbschaft verlangen, Kommanditist zu werden (§ 139 I, III HGB). Dann haftet er gem. § 139 IV HGB für die früheren Gesellschaftsschulden als Erbe nach BGB mit dem Recht, die Haftung auf den Nachlass zu beschränken. Außerdem haftet er persönlich als Kommanditist bis zur Höhe seiner Einlage, soweit diese nicht geleistet ist (§ 171 I HGB). Für neue Gesellschaftsschulden hat der Erbe nur als Kommanditist einzustehen.

Nehmen die übrigen Gesellschafter den Antrag des Erben, Kommanditist zu werden, nicht an, so kann der Erbe aus der Gesellschaft ausscheiden (§ 139 II HGB). In diesem Fall haftet er für die früheren Gesellschaftsschulden nur nach den Vorschriften des BGB (§ 139 IV HGB), also unbeschränkt, aber beschränkbar.

661 c) War der Erblasser *Gesellschafter einer Kommanditgesellschaft*, so ist zu unterscheiden:

Hatte er die Stellung eines *persönlich haftenden Gesellschafters*, bleibt im gesetzlichen Regelfall die Gesellschaft bestehen, und der Gesellschafter scheidet aus (vgl. §§ 131 III Nr. 1, 161 II HGB). Dessen Erbe tritt nur auf Grund einer Nachfolgeklausel (Rdnr. 786 ff.) an seine Stelle.

War er *Kommanditist*, wird der Erbe an Stelle des Erblassers Kommanditist (§ 177 HGB). Für frühere Gesellschaftsschulden haftet der Erbe mit seinem Kommanditanteil und in Höhe der rückständigen Hafteinlage auch mit dem sonstigen Nachlass. Ob er auch mit seinem Eigenvermögen für die rückständige Hafteinlage haftet, hängt davon ab, ob § 173 HGB nur für den vertraglichen Eintritt oder auch für den Erbfall gilt. Letzteres ist mit der h. M. zu bejahen; die gesellschaftsrechtliche Haftung nach § 173 HGB unterliegt nicht der erbrechtlich möglichen Haftungsbeschränkung[24]. Für neue Gesellschaftsschulden haftet der Erbe mit seinem Anteil und bei rückständiger Hafteinlage auch persönlich ohne Haftungsbeschränkung auf den Nachlass (§§ 171, 172 HGB).

Wenn jedoch der Erbfall erst nach der Auflösung der Gesellschaft eingetreten ist, haftet der Erbe des Kommanditisten nur nach erbrechtlichen Grundsätzen, so dass er die Möglichkeit hat, seine Haftung auf den Nachlass zu beschränken; eine gesellschaftsrechtliche und damit unbeschränkbare Haftung besteht daneben weder im Außenverhältnis noch gegenüber der Gesellschaft[25].

24 RGZ 123, 366, 370; MünchKommHGB/*K. Schmidt*, § 173 Rdnr. 44; *Soergel/Stein*, vor § 1967 Rdnr. 32.

25 BGH NJW 1995, 3315.

VI. Zusammenfassung

662

1. Der Erbe haftet für Nachlassverbindlichkeiten *grundsätzlich unbeschränkt* (also mit dem Nachlass und dem Eigenvermögen).

2. Eine *beschränkte Erbenhaftung* (nur mit dem Nachlass) tritt *gegenüber allen Nachlassgläubigern* ein durch Nachlassverwaltung (§ 1975), Nachlassinsolvenzverfahren (§ 1975) oder Dürftigkeitseinrede (§ 1990).

3. Eine *beschränkte Erbenhaftung gegenüber dem einzelnen Nachlassgläubiger* erfolgt durch Erschöpfungseinrede gegenüber dem Nachlassgläubiger, der im Aufgebotsverfahren ausgeschlossen worden ist (§ 1973) oder der seine Forderung später als fünf Jahre nach dem Erbfall dem Erben gegenüber geltend macht (§ 1974).

4. Der Erbe *verliert das Recht*, die Haftung auf den Nachlass zu beschränken, *gegenüber allen Nachlassgläubigern* bei Versäumung der Inventarfrist und bei Inventaruntreue.

5. Der Erbe *verliert das Recht* der Haftungsbeschränkung *gegenüber dem einzelnen Nachlassgläubiger* durch Verweigerung der von dem Gläubiger beantragten eidesstattlichen Versicherung, durch vorbehaltslose Verurteilung und durch vertraglichen Verzicht auf die Haftungsbeschränkung.

6. Zu den *Nachlassverbindlichkeiten* gehören die Erblasserschulden, die Erbfallschulden, die Nachlasskostenschulden und die Nachlasserbenschulden. Für die drei erstgenannten Schulden haftet bei beschränkter Erbenhaftung nur der Nachlass. Für die Nachlasserbenschulden haften der Nachlass und das Eigenvermögen des Erben.

7. Handelsrechtliche Besonderheiten ergeben sich für die Haftung des Erben bei Geschäftsverbindlichkeiten (§§ 27, 139, 173, 177 HGB).

Erbenhaftung (§§ 1967 ff.)

I. Grundsatz der unbeschränkten Haftung für Nachlassverbindlichkeiten mit Nachlass und Eigenvermögen (§ 1967)

II. Grundsatz der beschränkbaren Erbenhaftung für Nachlassverbindlichkeiten

1. Beschränkungsmöglichkeiten auf den Nachlass
   a) gegenüber allen Nachlassgläubigern
      aa) Nachlassverwaltung (§§ 1975 ff.)
      bb) Nachlassinsolvenzverfahren (§§ 1975 ff., §§ 315 ff. InsO)
      cc) Dürftigkeitseinrede (§§ 1990 ff.)

b) gegenüber einzelnen Nachlassgläubigern
   aa) vertragliche Haftungsbeschränkung
   bb) gegenüber Gläubigern, die sich nicht im Aufgebotsverfahren oder später als 5 Jahre nach dem Erbfall gemeldet haben (§§ 1973 f.)
   cc) gegenüber Vermächtnisnehmern und Auflagenbegünstigten bei Nachlassüberschwerung (§ 1992)

2. Verlust des Rechts auf Haftungsbeschränkung
   a) Verwirkung gegenüber allen Nachlassgläubigern bei Versäumung der Inventarfrist (§ 1994 I 2) oder Inventaruntreue (§ 2005)
   b) Verlust gegenüber einzelnen Nachlassgläubigern bei Verzicht auf Haftungsbeschränkung, bei vorbehaltloser Verurteilung (§§ 780, 781, 785, 767 ZPO) und bei Verweigerung der eidesstattlichen Versicherung (§ 2006 III)

III. Arten von Nachlassverbindlichkeiten

1. Erblasserschulden = vom Erblasser begründet (§ 1967 II)
2. Erbfallschulden = entstehen in der Person des Erben mit dem Erbfall (§ 1967 II)
3. Nachlasskostenschulden = entstehen nach dem Erbfall mit der Nachlassabwicklung
4. Nachlasserbenschulden = Haftung mit dem Nachlass und dem Eigenvermögen

663

§ 38 Gläubigeraufgebot und Inventarerrichtung

Schrifttum: *Firsching/Graf*, Nachlassrecht, 8. Aufl., 2000; *Harder*, Die gerichtliche Zuständigkeit für das Nachlassgläubigeraufgebot, ZEV 2002, 90; *v. Venrooy*, Zum Sinn eines Nachlassinventars, AcP 1986, 356; *Weimar*, Risiken bei Inventarerrichtung für den Erben, MDR 1979, 726.

Fälle:

a) Der im Aufgebotsverfahren ausgeschlossene Nachlassgläubiger G macht seine Forderung auf Zahlung von 1000,– € gegen den Erben E geltend, nachdem dieser aus dem Nachlass die bekannten Nachlassgläubiger befriedigt, seinem Neffen N 2000,– € geschenkt und den Rest des Nachlasses (3000,– €) verspielt hat. **(Rdnr. 666)**

b) Nach Geltendmachung der Forderung des G erfüllt E noch ein Vermächtnis in Höhe von 500,– € an V. **(Rdnr. 665)**

c) Im Fall a war die Forderung des G durch ein Pfand gesichert, dessen Versteigerung 900,– € erbringt. **(Rdnr. 667)**

d) E hat das Inventar errichtet und soll auf Verlangen des G eine eidesstattliche Versicherung nach § 2006 abgeben. E weigert sich, weil kein entsprechendes Urteil gegen ihn vorliegt. **(Rdnr. 673)**

I. Aufgebot der Nachlassgläubiger

1. Bedeutung

Der Erbe hat ein Interesse daran, die Passiva des Nachlasses zu erfahren, weil er sich erst dann entscheiden kann, ob er eine Beschränkung der Haftung auf den Nachlass durch Nachlassverwaltung oder -insolvenzverfahren herbeiführen soll. Deshalb gibt das Gesetz ihm die Möglichkeit, in einem gerichtlichen Verfahren (§§ 946 ff., 989 ff. ZPO) die Nachlassgläubiger auffordern zu lassen, ihre Forderungen anzumelden (§ 1970).

Die Nachlassgläubiger sind nicht zur Anmeldung gezwungen. Meldet sich ein Gläubiger nicht, ist er durch das Aufgebotsverfahren ausgeschlossen. Dem ausgeschlossenen Gläubiger haftet der Erbe nur mit dem Nachlass (vgl. § 1973). Der Erbe läuft demnach nicht mehr Gefahr, dass unbekannte Gläubiger wegen ihrer Forderungen auf sein Eigenvermögen Zugriff nehmen. Stellt der Erbe nach Durchführung des Aufgebotsverfahrens fest, dass die Aktiva des Nachlasses zur Befriedigung der bekannten Gläubiger ausreichen, so kann er den Nachlass selbst abwickeln, ohne unliebsame Überraschungen durch unbekannte Gläubiger befürchten zu müssen.

2. Verfahren **664**

a) *Zuständig* ist das Nachlassgericht (§ 990 ZPO), in dessen Bezirk der Erblasser zur Zeit des Erbfalls seinen Wohnsitz, hilfsweise seinen Aufenthalt hatte (§ 73 FGG).

b) *Antragsberechtigt* sind: der Erbe nach Annahme der Erbschaft, sofern er nicht schon allen Nachlassgläubigern unbeschränkt haftet (§ 991 I, III ZPO), der verwaltende Nachlasspfleger, der Nachlassverwalter, der verwaltende Testamentsvollstrecker nach Annahme der Erbschaft (§ 991 II, III ZPO), der das Gesamtgut (mit-)verwaltende Ehegatte, wenn der Nachlass zum Gesamtgut gehört (§ 999 ZPO), und der Erbschaftskäufer (§ 1000 ZPO).

c) Der *Antrag* ist schriftlich oder zu Protokoll der Geschäftsstelle zu stellen (§ 947 I 1 ZPO; vgl. auch § 992 ZPO).

d) Der *Erlass des Aufgebots* erfolgt durch Beschluss des Rechtspflegers (§ 20 Nr. 2 RPflG; Einzelheiten: §§ 947 II, 948, 950, 994 ZPO).

e) Bei der *Anmeldung* hat der Gläubiger den Gegenstand und Grund der Forderung anzugeben (§ 996 I 1 ZPO), damit die Forderung im Ausschlussurteil eindeutig bezeichnet werden kann.

f) Das vom Richter in öffentlicher Sitzung auf Antrag zu verkündende Ausschlussurteil (§ 952 I ZPO) ist nur unter besonderen Voraussetzungen mit einer beim Landgericht zu erhebenden Anfechtungsklage angreifbar; ein Rechtsmittel gegen das Ausschlussurteil findet nicht statt (§ 957 ZPO).

665 *3. Wirkung des Ausschlussurteils*

a) Die Forderung des ausgeschlossenen Gläubigers erlischt nicht. Jedoch haftet der Erbe, der insoweit die Möglichkeit einer Haftungsbeschränkung noch nicht verloren hat, für eine solche Forderung nur mit dem Nachlass, obwohl keine Trennung der beiden Vermögensmassen erfolgt ist. Der Erbe darf bei seinen Maßnahmen in Bezug auf den Nachlass davon ausgehen, dass andere als die angemeldeten Forderungen nicht vorhanden sind. Macht der ausgeschlossene Gläubiger seine Forderungen gegen den Erben geltend, so hat dieser die *Ausschließungseinrede* (§ 1973 I 1), wenn er nachweist, dass der Nachlass durch Befriedigung der nicht ausgeschlossenen Gläubiger bereits erschöpft ist oder durch die noch ausstehende Befriedigung solcher Gläubiger erschöpft wird.

Ob die Einrede besteht, kann im Erkenntnisverfahren nachgeprüft werden. Liegen die Voraussetzungen vor, führt das zur Abweisung der Klage des ausgeschlossenen Gläubigers. Es besteht für das Gericht aber auch die Möglichkeit, den Erben ohne Nachprüfung der Einrede zu verurteilen und den Beschränkungsvorbehalt ins Urteil aufzunehmen; dann kann der Erbe die Einrede in der Zwangsvollstreckung geltend machen (vgl. §§ 780, 781, 785, 767 ZPO; Rdnr. 712).

b) Macht der ausgeschlossene Gläubiger seine Forderung geltend, so kann der Erbe die Ausschließungseinrede nicht mit Erfolg darauf stützen, der Nachlass werde erschöpft sein, wenn Verbindlichkeiten aus *Pflichtteilen, Vermächtnissen* oder *Auflagen* befriedigt seien. Denn die genannten Verbindlichkeiten gehen den Nachlassverbindlichkeiten gegenüber den ausgeschlossenen Gläubigern nach (§ 1973 I 2); der Erbe hat also den ausgeschlossenen Gläubiger, der seine Forderung gegenüber dem Erben geltend macht, z. B. vor dem Vermächtnisgläubiger zu befriedigen, andernfalls muss er dem Ausgeschlossenen Ersatz leisten (**Fall b**).

Hat der Erbe dagegen Pflichtteilsrechte usw. bereits erfüllt, wenn der ausgeschlossene Gläubiger seine Forderungen geltend macht, dann muss dieser das gegen sich gelten lassen, selbst wenn der Erbe die Forderung bereits vorher gekannt hat. § 1973 I 2 stellt nämlich auf das Geltendmachen durch den Gläubiger, nicht auf die Kenntnis des Erben ab. Jedoch steht dem ausgeschlossenen Gläubiger gegenüber dem befriedigten Pflichtteilsberechtigten ein Anfechtungsrecht zu (§ 322 InsO).

666 c) Hinsichtlich eines Überschusses haftet der Erbe dem ausgeschlossenen Gläubiger nach den Regeln der *ungerechtfertigten Bereicherung* (§§ 1973 II 1, 812 ff.). Ist er also nicht mehr bereichert, haftet er nicht, es sei denn, dass er die Forderung des Ausgeschlossenen kannte (§§ 818, 819).

Im **Fall a** kommt es also darauf an, ob E die Forderung des G kannte, als er Nachlassgegenstände verschenkte und verspielte. Kannte er sie nicht, kann G von E nichts fordern. G hat dann aber gegen N einen Anspruch aus § 822.

d) Sind noch Nachlassgegenstände vorhanden, hat der Erbe die Zwangsvollstreckung in diese Gegenstände zu dulden. Er kann sie aber durch Zahlung des Wertes abwenden (*Ersetzungsbefugnis*, § 1973 II 2). Der Erbe kann die Forderung eines ausgeschlossenen Gläubigers, über die ein rechtskräftiges Urteil vorliegt, anderen ausgeschlossenen Gläubigern gegenüber geltend machen, wie wenn er sie schon befriedigt hätte (§ 1973 II 3).

Kannte der Erbe die Forderung des später ausgeschlossenen Gläubigers bereits in dem Zeitpunkt, in dem er den Antrag zum Aufgebotsverfahren stellte, so hätte er sie in das dem Antrag beizufügende Verzeichnis der bekannten Gläubiger aufnehmen müssen (§ 992 ZPO). Unterließ er das schuldhaft, so ist er dem Gläubiger aus Pflichtverletzung schadensersatzpflichtig. Da der Gläubiger nach § 249 so zu stellen ist, wie er ohne die Pflichtverletzung gestanden hätte, darf der Erbe sich ihm gegenüber nicht auf die Ausschließungseinrede berufen[26].

4. *Vom Aufgebotsverfahren nicht betroffene Gläubiger* **667**

Bestimmte Nachlassgläubiger erleiden keinen Rechtsnachteil dadurch, dass sie sich im Aufgebotsverfahren nicht melden:

a) Dinglich Berechtigte (§ 1971)

Wenn Gläubiger dinglich gesichert sind, kann der Erbe, soweit es um die Befriedigung aus dem dinglichen Recht geht, sich nicht auf die Beschränkung seiner Haftung berufen.

Dinglich Berechtigte i.S.d. § 1971 sind Pfandgläubiger, diesen gleichstehende Gläubiger (Absonderungsberechtigte, §§ 49 ff. InsO), Gläubiger, die bei der Zwangsvollstreckung in das unbewegliche Vermögen ein Recht auf Befriedigung aus diesem Vermögen haben (Realberechtigte, § 10 ZVG), Gläubiger der durch eine Vormerkung gesicherten Ansprüche (§§ 883 f.) und Aussonderungsberechtigte (§§ 47 f. InsO).

Im **Fall c** steht dem G der Versteigerungserlös von 900,– € zu. Wegen des Restes von 100,– € kann G sich nicht an E halten, weil er insofern durch das Aufgebot betroffen wird (§ 1971 I 1) und dem E die Ausschließungseinrede (§ 1973) zusteht.

b) Pflichtteilsberechtigte, Vermächtnisnehmer, Auflagenbegünstigte (§ 1972)

Diese Rechte, die ohnedies gegenüber den Rechten der ausgeschlossenen Gläubiger zurückgesetzt sind (§ 1973 I 2), werden dem Erben aus der Verfügung von Todes wegen regelmäßig bekannt sein.

26 *Kipp/Coing*, § 95 III 6; *Staudinger/Marotzke*, § 1970 Rdnr. 11; str.

c) Gläubiger, denen der Erbe unbeschränkbar haftet (§ 2013 I)

Hier kommt eine Haftungsbeschränkung nicht in Betracht.

668 II. Gläubigerversäumnis

Ein Nachlassgläubiger, der seine Forderung erst *später als fünf Jahre* nach dem Erbfall gegenüber dem Erben *geltend macht*, steht einem ausgeschlossenen Gläubiger gleich (§ 1974 I 1). Diese Regelung schützt den Erben davor, dass er nach so langer Zeit noch bis dahin unbekannte Nachlassverbindlichkeiten zu befriedigen hat[27].

§ 1974 hat Bedeutung für die Fälle, in denen kein Aufgebotsverfahren stattgefunden oder der Gläubiger erst nach Ablauf der Anmeldefrist im Aufgebotsverfahren die Forderung erworben hat, sowie für die nach § 1972 durch das Aufgebot nicht betroffenen Personen.

Die Säumnis des Gläubigers ist unschädlich bei Nachlassverbindlichkeiten, die dem Erben schon vor Ablauf der fünf Jahre bekannt geworden oder die im Aufgebotsverfahren angemeldet worden sind (§ 1974 I 1), bei dinglich gesicherten Nachlassverbindlichkeiten (§§ 1974 III, 1971) und bei Nachlassverbindlichkeiten, für die der Erbe unbeschränkbar haftet.

669 III. Inventarerrichtung

1. Begriff

Das Inventar ist ein *Verzeichnis des Nachlasses*, und zwar der Aktiva und Passiva (vgl. § 2001). Das Gesetz versteht darunter nicht ein privat aufgestelltes Verzeichnis, sondern ein solches, bei dem zur Aufnahme durch den Erben eine zuständige Behörde, ein zuständiger Beamter oder ein Notar zugezogen wird (§ 2002) oder das vom Nachlassgericht selbst bzw. von einer zuständigen Behörde, einem zuständigen Beamten oder Notar aufgenommen wird (§ 2003).

Inventarerrichtung ist die *Einreichung eines solchen Inventars beim Nachlassgericht* (§ 1993, vgl. auch § 2004).

670 *2. Bedeutung*

a) Der *Erbe* kann mit der Inventarerrichtung zwar *nicht* seine beschränkte Haftung herbeiführen, weil die Inventarerrichtung nur eine »papierene« und deshalb nach Ansicht der Verfasser des BGB eine nicht genügende Absonde-

27 Prot. V, 795.

rung des Nachlasses vom Eigenvermögen bewirkt. Die Inventarerrichtung dient aber dem Erben zur Erhaltung des Rechts, die Haftung für Nachlassverbindlichkeiten auf den Nachlass zu beschränken. Im Übrigen begründet sie gegenüber den Nachlassgläubigern lediglich die *Vermutung*, dass zur Zeit des Erbfalls weitere Nachlassgegenstände als die angegebenen nicht vorhanden gewesen seien (§ 2009).

b) Der *Nachlassgläubiger* kann an dem Inventar interessiert sein, weil es ihm Aufschluss über den Bestand des Nachlasses gibt. Das hat Bedeutung für seine Entscheidung darüber, ob und in welche Gegenstände er vollstrecken oder ob er etwa ein Nachlassinsolvenzverfahren beantragen soll. Ferner kann dem Erben, der eine Haftungsbeschränkung herbeigeführt hat, anhand des Inventars leichter eine Veränderung des Nachlasses nachgewiesen und ein Ersatzanspruch gegen ihn begründet werden. Deshalb wird dieser bemüht sein, für die Erhaltung des Nachlasses zu sorgen.

Außerdem kann der Nachlassgläubiger durch seinen Antrag, dem Erben eine Inventarfrist zu bestimmen (§ 1994 I 1), möglicherweise eine unbeschränkbare Haftung des Erben erreichen, nämlich dann, wenn der Erbe nicht fristgerecht das Inventar errichtet (§ 1994 I 2) oder sich der Inventaruntreue schuldig macht (§ 2005).

3. Verfahren **671**

a) Für die *freiwillige Inventarerrichtung* gibt es folgende Möglichkeiten:

(1) Der Erbe errichtet das Inventar selbst unter Zuziehung einer zuständigen Behörde, eines zuständigen Beamten oder eines Notars (§ 2002) und reicht es beim örtlich zuständigen Nachlassgericht ein (§ 1993; § 73 FGG).

Nach Bundesrecht sind nur Notare zuständig (§ 20 I BNotO). Die Zuständigkeit von Behörden und Beamten richtet sich nach Landesrecht.

(2) Auf Antrag des Erben hat das Nachlassgericht das Inventar aufzunehmen. Das Gericht kann die Aufnahme einer zuständigen Behörde, einem zuständigen Beamten oder einem Notar übertragen (§ 2003 I 1). Der das Inventar Aufnehmende reicht das Inventar beim Nachlassgericht ein (§ 2003 III).

(3) Der Erbe erklärt gegenüber dem Nachlassgericht, dass ein dort befindliches, den §§ 2002, 2003 entsprechendes Inventar als von ihm eingereicht gelten soll (§ 2004).

Zu (1)–(3): In allen genannten Fällen soll das Inventar die beim Erbfall vorhandenen Nachlassgegenstände und die Nachlassverbindlichkeiten vollständig angeben sowie eine Beschreibung der Gegenstände, soweit das zur Bestimmung des Wertes erforderlich ist, und die Angabe des Wertes enthalten (§ 2001).

672 b) Bei der *beantragten Inventarerrichtung* ist außer dem Antrag eines Nachlassgläubigers (§ 1994 I 1) erforderlich, dass dessen Forderung glaubhaft gemacht wird (§ 1994 II 1). Das Gericht setzt dem Erben eine Inventarfrist (Einzelheiten: §§ 1994–2000). Verschiedenen Personen kann keine Inventarfrist bestimmt werden; sie sind den Nachlassgläubigern gegenüber zur Auskunft über den Bestand des Nachlasses verpflichtet (vgl. §§ 2011 f.; § 2000 Satz 2). Bei unvollständigem Inventar kann dem Erben eine neue Inventarfrist zur Ergänzung gesetzt werden (vgl. § 2005 II). Eine Pflicht des Erben zur Inventarerrichtung besteht in keinem Fall.

673 c) Der Erbe, der ein Inventar errichtet hat, muss auf Verlangen eines Nachlassgläubigers eine *eidesstattliche Versicherung* abgeben, dass er nach bestem Wissen die Nachlassgegenstände so vollständig angegeben habe, wie er dazu imstande sei (§ 2006 I). Ein Vollstreckungstitel des Nachlassgläubigers braucht nicht vorzuliegen (**Fall d**); es handelt sich nämlich nicht um eine eidesstattliche Versicherung des Schuldners im Rahmen der Zwangsvollstreckung (§§ 807, 883 II, III, 899 ff. ZPO). Es ist auch nicht erforderlich, dass der Erbe zur Abgabe einer eidesstattlichen Versicherung verurteilt worden ist (§ 889 ZPO). Vielmehr ist die Abnahme der eidesstattlichen Versicherung ein Akt der freiwilligen Gerichtsbarkeit (vgl. § 79 FGG).

Die eidesstattliche Versicherung ist vor dem Nachlassgericht abzugeben (§ 2006 I). Zuständig ist der Rechtspfleger (§ 3 Nr. 1 b RPflG). Vorher kann der Erbe das Inventar vervollständigen (§ 2006 II). Auch zu der Versicherung kann der Erbe nicht gezwungen werden.

674 *4. Folge der rechtzeitigen Inventarerrichtung*

Ist das Inventar rechtzeitig errichtet worden, wird im Verhältnis zwischen dem Erben und den Nachlassgläubigern vermutet, dass zur Zeit des Erbfalls weitere Nachlassgegenstände als die angegebenen nicht vorhanden gewesen seien (§ 2009). Diese Bestimmung schützt den Erben, wenn er seine Verwaltung gegenüber den Nachlassgläubigern zu verantworten (vgl. § 1978) oder den Nachlass herauszugeben hat (z. B. §§ 1973 II 1, 1974).

Die Vermutung hat lediglich negativen Inhalt und bezieht sich nur auf die Aktiva des Nachlasses, nicht auf die Wertangaben und erst recht nicht auf die Passiva. Sie gilt nur im Verhältnis zu den Nachlassgläubigern, nicht z. B. gegenüber Eigengläubigern oder Nacherben. Sie wird insoweit widerlegt, als der Nachlassgläubiger den Beweis erbringt, dass vorhandene Nachlassgegenstände nicht im Inventar enthalten sind. Wird dagegen dem Erben eine Inventaruntreue (§ 2005; Rdnr. 646) nachgewiesen, ist die Vermutung in vollem Umfange beseitigt[28].

28 Vgl. Prot. V, 756; *Palandt/Edenhofer*, § 2009, 2; *Soergel/Stein*, § 2009 Rdnr. 1; *Staudinger/Marotzke*, § 2009 Rdnr. 7.

5. Folgen der nicht rechtzeitigen Inventarerrichtung 675

Die nicht rechtzeitige Inventarerrichtung führt zu einer *allen Nachlassgläubigern gegenüber unbeschränkbaren Haftung* des Erben (§ 1994 I 2). Er haftet also mit dem Nachlass und seinem Eigenvermögen.

Im Einzelnen bedeutet das (vgl. § 2013 I):

a) Der Erbe kann kein Nachlassgläubigeraufgebot (§§ 1970 ff.) mehr beantragen (§ 991 I ZPO).

b) Der Erbe kann die Ausschließungseinrede (§ 1973) und die Verschweigungseinrede (§ 1974) nicht mehr mit Erfolg erheben, wenn erst nach Eintritt der unbeschränkten Haftung das Ausschließungsurteil ergangen oder die Fünfjahresfrist abgelaufen ist.

Demgegenüber ist die Einrede dann gegeben, wenn die unbeschränkte Haftung erst nach dem Ausschließungsurteil bzw. nach Ablauf der fünfjährigen Frist eingetreten ist (§ 2013 I 2).

c) Der Erbe kann keine Nachlassverwaltung beantragen (§§ 1981 I, 2013 I 1).

Dem Erben bleibt das Recht, die Eröffnung des Nachlassinsolvenzverfahrens zu beantragen (§ 316 I InsO). Die Nachlassgläubiger behalten ihr Antragsrecht für Nachlassverwaltung und -insolvenzverfahren (§ 1981 II, arg. § 2013 I 1; § 317 InsO). Jedoch führen diese Verfahren jetzt nicht mehr eine Haftungsbeschränkung des Erben herbei; § 1975 ist nicht anwendbar (§ 2013 I 1).

d) Eine Aufrechnung des Nachlassgläubigers, die gem. § 1977 I nach Anordnung der Nachlassverwaltung oder Eröffnung des Nachlassinsolvenzverfahrens als nicht erfolgt anzusehen wäre, bleibt wirksam (siehe Rdnr. 681).

e) Der Erbe kann trotz Nachlassverwaltung oder Nachlassinsolvenzverfahrens nicht mit Erfolg die Aufhebung einer Maßregel der Zwangsvollstreckung verlangen, die zu Gunsten eines Nachlassgläubigers in das Eigenvermögen betrieben wird (§ 784 I a. E. ZPO).

Wohl kann der Nachlassverwalter Maßregeln der Zwangsvollstreckung von persönlichen Gläubigern des Erben in den Nachlass aufheben lassen (§ 784 II ZPO).

f) Die Bestimmungen über eine Verantwortlichkeit des Erben (§§ 1978–1980) bleiben außer Betracht, da der Erbe ohnehin auch mit seinem Privatvermögen haftet.

g) Die Ausschließungseinrede nach Beendigung des Nachlassinsolvenzverfahrens durch Verteilung der Masse oder durch Insolvenzplan (§ 1989), die Dürftigkeitseinrede (§ 1990) und die Einrede wegen Nachlassüberschwerung durch Vermächtnisse und Auflagen (§ 1992) stehen dem Erben nicht zu, da sie zu einer beschränkten Haftung führen würden.

h) Die aufschiebenden Einreden der §§ 2014, 2015 (Rdnr. 702 ff.) hat der Erbe ebenfalls nicht mehr (§ 2016 I), da sie ihm dazu dienen sollen, die Haftungsbeschränkung vorzubereiten; dazu besteht bei einem schon unbeschränkbar haftenden Erben kein Grund.

i) Der Erbe hat nicht mehr die Möglichkeit, die Zwangsversteigerung eines Nachlassgrundstückes zu beantragen (§ 175 II ZVG).

Das Antragsrecht steht ihm sonst gem. § 175 I ZVG zu, wenn ein Nachlassgläubiger für seine Forderung ein Befriedigungsrecht aus dem Grundstück hat. Damit soll der Erbe feststellen können, ob der Gläubiger einen Ausfall erleidet und deshalb eine persönliche Haftung in Betracht kommt. Dieser Grund entfällt, wenn der Erbe schon unbeschränkt haftet.

Die geschilderten Folgen einer unbeschränkbaren Haftung treten außer bei nicht rechtzeitiger Inventarerrichtung auch bei Inventaruntreue (§ 2005 I) und beim Verzicht des Erben auf die Haftungsbeschränkung gegenüber allen Nachlassgläubigern (§ 311 I, arg. § 2012 I 3) ein.

676 *6. Folgen der Verweigerung der eidesstattlichen Versicherung*

Verweigert der Erbe die Abgabe der eidesstattlichen Versicherung, so führt das zur *unbeschränkten Haftung des Erben gegenüber dem antragstellenden Gläubiger* (§ 2006 III 1).

Der Verweigerung steht es gleich, wenn der Erbe weder im Termin zur Abgabe der eidesstattlichen Versicherung noch in einem auf Antrag des Gläubigers bestimmten neuen Termin erscheint, es sei denn, dass das Nichterscheinen genügend entschuldigt wird (§ 2006 III 2).

Aus der Tatsache, dass nach § 2006 III 1 der Erbe nur gegenüber dem antragstellenden Gläubiger unbeschränkbar haftet, folgt, dass den übrigen Gläubigern gegenüber die Möglichkeiten der Haftungsbeschränkungen nicht verloren gehen (§ 2013 II).

Eine unbeschränkbare Haftung des Erben gegenüber einem einzelnen Nachlassgläubiger tritt außer im Falle der Verweigerung der eidesstattlichen Versicherung auch beim Verzicht auf die Haftungsbeschränkung gegenüber einem Gläubiger und bei einer vorbehaltslosen Verurteilung des Erben (§ 780 ZPO) ein.

677 *7. Inventaruntreue*

Die Inventaruntreue des Erben führt dessen unbeschränkbare Haftung gegenüber allen Nachlassgläubigern herbei (§§ 2005 I, 2013 I).

Der Tatbestand der Inventaruntreue liegt vor:

a) wenn der Erbe absichtlich eine erhebliche Unvollständigkeit der im Inventar enthaltenen Angabe der Nachlassgegenstände herbeiführt.

Objektiv ist erforderlich, dass eine erhebliche Unvollständigkeit der Angabe der Aktiva des Nachlasses (nicht der Wertangabe oder der Beschreibung) vorliegt. Subjektiv muss Absicht des Erben gegeben sein. Sie ist mehr als Vorsatz; es muss mit der Unvollständigkeit etwas bezweckt werden, z. B. das Finanzamt oder andere Personen zu täuschen. Eine Absicht, die Nachlassgläubiger zu benachteiligen, reicht zwar aus, ist aber hier nicht erforderlich.

b) wenn der Erbe die Aufnahme einer nicht bestehenden Nachlassverbindlichkeit in der Absicht bewirkt, die Nachlassgläubiger zu benachteiligen.

Nicht bestehende Schulden werden angegeben oder bestehende Schulden werden als größer dargestellt. Es reicht nicht aus, dass eine bestehende Verbindlichkeit nicht angegeben wird; denn in diesem Falle wird der Eindruck eines größeren Nachlasses bezweckt. Subjektiv ist die Absicht erforderlich, die Nachlassgläubiger zu benachteiligen.

Häufiger Fall: Schulden werden erdichtet, um den Nachlass möglichst geringwertig erscheinen zu lassen und dadurch eine für den Erben möglichst günstige Vereinbarung mit den Nachlassgläubigern herbeizuführen.

c) wenn der Erbe bei der Aufnahme des Inventars durch eine amtliche Stelle (§ 2003) die Auskunft verweigert oder absichtlich in erheblichem Maße verzögert (§ 2005 I 2).

Die Verweigerung setzt eine Aufforderung der Amtsperson voraus. Sie erfordert eine ausdrückliche Ablehnung; darin kommt die Absicht, die Auskunft nicht zu erteilen, zum Ausdruck.

Bei Verweigerung und Verzögerung handelt es sich sachlich nicht um Inventaruntreue, sondern um Inventarversäumung. Deshalb ist dieser Tatbestand nur erfüllt, wenn ein Nachlassgläubiger einen Antrag auf Bestimmung einer Inventarfrist gestellt hat, und nicht, wenn der Erbe freiwillig ein Inventar errichtet. Dagegen kann Inventaruntreue in den Fällen des § 2005 I 1 auch dann vorliegen, wenn es sich um eine freiwillige Inventarerrichtung handelt.

IV. Zusammenfassung 678

Das *Aufgebot der Nachlassgläubiger* bezweckt, die Passiva des Nachlasses festzustellen. Der Nachlassgläubiger ist nicht verpflichtet, seine Forderung anzumelden. Wird er aber infolge der Nichtanmeldung ausgeschlossen, verliert er zwar seine Forderung nicht, jedoch hat der Erbe ihm gegenüber die Ausschließungseinrede, wenn der Nachlass durch Befriedigung der nicht ausgeschlossenen Gläubiger erschöpft wird. Mit einem Überschuss haftet der Erbe dem Ausgeschlossenen nur nach Bereicherungsrecht. Bestimmte Gläubiger werden vom Aufgebotsverfahren nicht betroffen.

Die *Inventarerrichtung* bewirkt für den Erben keine Haftungsbeschränkung, sondern die Vermutung gegenüber den Nachlassgläubigern, dass weitere Nachlassgegenstände als die angegebenen z. Z. des Erbfalls nicht vorhanden gewesen sind. Der Nachlassgläubiger kann den Erben eine Frist zur Inventarerrichtung bestimmen lassen, damit er den Umfang des Nachlasses erfährt. Auf Antrag eines Nachlassgläubigers hat der Erbe die Vollständigkeit des Nachlasses eidesstattlich zu versichern. Errichtet der Erbe das Inventar nicht fristgemäß oder macht er sich einer Inventaruntreue schuldig, so haftet er allen Nachlassgläubigern gegenüber unbeschränkbar. Verweigert er die Abgabe der eidesstattlichen Versicherung, verliert er die Haftungsbeschränkung gegenüber dem Gläubiger, der den Antrag auf Abgabe der eidesstattlichen Versicherung gestellt hat.

679
§ 39 Nachlassverwaltung und Nachlassinsolvenzverfahren

Schrifttum: *Bork*, Einführung in das neue Insolvenzrecht, 3. Aufl. 2002; *Fahrenkamp*, Bis zu welchem Zeitpunkt kann der Erbe seinen Antrag auf Nachlaßverwaltung zurücknehmen?, NJW 1975, 1673; *Firsching/Graf*, Nachlaßrecht, 8. Aufl., 2000; *Möhring/Beisswingert/Klingelhöffer*, Vermögensverwaltung in Vormundschafts- und Nachlaßsachen, 7. Aufl., 1992; *D. Reinicke*, Der Rang der Ausgleichsforderung des überlebenden Ehegatten im Güterstand der Zugewinngemeinschaft, DB 1960, 1267.

Fälle:

a) X hat eine Darlehensforderung gegen den Erblasser E und schuldet dem Alleinerben A aus einem Kaufvertrag den Kaufpreis. Kann X nach dem Erbfall gegenüber A aufrechnen? Wirkung nach Anordnung der Nachlassverwaltung? Ändert sich das Ergebnis, wenn der Erbe mit der Aufrechnung einverstanden war? **(Rdnr. 681)**

b) Y hat eine Mietforderung gegen A und schuldet dem Erblasser E einen Werklohn. Kann Y nach dem Erbfall aufrechnen, wenn A Alleinerbe ist? Wirkung nach Eröffnung des Nachlassinsolvenzverfahrens, wenn der Erbe mit der Aufrechnung einverstanden war? **(Rdnr. 681)**

c) Nach Eröffnung des Nachlassinsolvenzverfahrens verkauft und veräußert der Erbe das zum Nachlass gehörende Klavier an K. Dieser weigert sich, das Klavier dem Insolvenzverwalter herauszugeben; hilfsweise verlangt er Schadensersatz wegen Nichterfüllung. Wie ist die Rechtslage, wenn K an L weiterveräußert hat? Wie bei Veräußerung eines Nachlassgrundstückes? **(Rdnr. 689)**

I. Gemeinsamkeiten von Nachlassverwaltung und Nachlassinsolvenzverfahren

1. Trennung der Vermögensmassen

Nachlassverwaltung und Nachlassinsolvenzverfahren trennen rückwirkend auf den Erbfall das Eigenvermögen des Erben rechtlich vom Nachlass. Das dient einmal dem Erben; sofern er das Recht zur Haftungsbeschränkung noch nicht verloren hat, haftet er nämlich den Nachlassgläubigern nur mit dem Nachlass und nicht mit seinem Eigenvermögen (vgl. § 1975). In der Regel kommt die Sonderung der beiden Gütermassen auch den Nachlassgläubigern zugute, da der Erbe und dessen Eigengläubiger vom Nachlass fern gehalten werden. Den Eigengläubigern haftet nur das Eigenvermögen.

a) Bedeutung für Konfusion und Konsolidation 680

Ist mit dem Erbfall ein Rechtsverhältnis durch Vereinigung von Recht und Verbindlichkeit (Konfusion) oder von Recht und Belastung (Konsolidation) erloschen, so gilt es wegen der Trennung der Vermögensmassen bei Anordnung der Nachlassverwaltung oder Eröffnung des Nachlassinsolvenzverfahrens *rückwirkend als nicht erloschen* (§ 1976, vgl. auch § 326 I InsO).

Beispiel: Die Darlehensforderung des Erblassers gegen den Alleinerben erlischt beim Erbfall. Mit der Anordnung der Nachlassverwaltung gilt die Forderung jedoch als nicht erloschen. Der Nachlassverwalter kann sie gegen den Erben einklagen. Sicherungsrechte (Bürgschaft, Pfandrecht), die wegen ihrer Akzessorietät mit dem Erlöschen der Forderung beim Erbfall ebenfalls erloschen waren, leben mit der Nachlassverwaltung rückwirkend wieder auf; eine Hypothek, die wegen Erlöschens der Forderung Eigentümergrundschuld geworden war, wird bei Anordnung der Nachlassverwaltung rückwirkend wieder Fremdhypothek.

b) Bedeutung für die Aufrechnung 681

Bei der Aufrechnung ist zunächst danach zu unterscheiden, ob sie vor oder nach der Anordnung der Nachlassverwaltung oder der Eröffnung des Nachlassinsolvenzverfahrens erfolgt. Wird die Aufrechnung vor der Trennung der beiden Vermögensmassen erklärt, so ist weiter wesentlich, ob ein Nachlassgläubiger oder ein Eigengläubiger des Erben aufrechnet.

(1) Ein Gläubiger des Erblassers, der zugleich Schuldner des Erben ist, kann nach dem Erbfall mit seiner Nachlassforderung gegen die Forderung des Erben aufrechnen; denn der Erbe ist nunmehr Schuldner der Nachlassforderung, so dass die für die Aufrechnung erforderliche Gegenseitigkeit gegeben ist (§ 387; **Fall a**). Wird nach der Aufrechnung die Nachlassverwaltung angeordnet oder das Nachlassinsolvenzverfahren eröffnet, so ist sie wegen der Trennung der Vermögensmassen gem. § 1977 I als nicht erfolgt anzusehen. Diese Bestimmung schützt den Erben davor, dass eine Nachlassverbindlichkeit mit Mitteln seines Eigenvermögens getilgt wird. Der Erbe kann auf diesen Schutz verzichten. Deshalb bleibt die Aufrechnung trotz Anordnung der Nachlassverwaltung oder der Eröffnung des Nachlassinsolvenzverfahrens wirksam, wenn der Gläubiger mit Zustimmung des Erben aufgerechnet hat (**Fall a**). Die Aufrechnung erfolgt hier zum Nutzen des Nachlasses und zum Nachteil des Eigenvermögens (zum Anspruch des Erben gegen den Nachlass: vgl. §§ 1979, 1978 III). Haftet der Er-

be unbeschränkbar, bleibt die Aufrechnung wirksam (§ 2013 I 1); in diesem Fall verdient der Erbe nicht den Schutz des § 1977 I.

(2) Auch dann, wenn der Eigengläubiger des Erben gegen eine Nachlassforderung nach dem Erbfall zulässigerweise aufgerechnet hat (**Fall b**), ist die Aufrechnung, sofern Nachlassverwaltung angeordnet oder das Nachlassinsolvenzverfahren eröffnet wird, gem. § 1977 II als nicht erfolgt anzusehen. Diese Vorschrift soll den Nachlass und damit die Nachlassgläubiger schützen. Bliebe die Aufrechnung in diesem Fall wirksam, so würde eine Nachlassforderung erlöschen und damit der Nachlass zum Vorteil des Eigenvermögens des Erben geschmälert. Da § 1977 II nicht dem Schutz des Erben dienen soll, kann es auch nicht auf dessen Zustimmung ankommen. Diese Bestimmung greift ebenfalls ein, wenn der Erbe aufgerechnet hat. Die Nachlassgläubiger sind durch § 1977 II auch dann geschützt, wenn der Erbe unbeschränkbar haftet; deshalb gilt § 2013 I entgegen seinem Wortlaut nicht für § 1977 II[29].

682 (3) § 1977 behandelt nicht die Fälle, in denen die Aufrechnungserklärung erst *nach* Anordnung der Nachlassverwaltung oder Eröffnung des Nachlassinsolvenzverfahrens abgegeben wird. Hier fehlt es wegen der Trennung der beiden Vermögensmassen an der Gegenseitigkeit[30], so dass eine Aufrechnung mit einer Eigenforderung des Erben gegen eine Nachlassschuld sowie mit einer Nachlassforderung gegen eine Eigenschuld des Erben unwirksam ist. Rechnet der Erbe mit einer Eigenforderung gegen die Forderung eines Nachlassgläubigers auf, so ist die Aufrechnung trotz fehlender Gegenseitigkeit wirksam, wenn der Gläubiger damit einverstanden ist.

c) Bedeutung für die Geschäfte des Erben

Hat der Erbe vor Anordnung der Nachlassverwaltung oder vor Eröffnung des Nachlassinsolvenzverfahrens Nachlassgegenstände veräußert, verändert, beschädigt oder vernichtet, so kann das trotz der Rückwirkung der Anordnung bzw. der Eröffnung auf den Erbfall nicht ungeschehen gemacht werden. Außerdem muss der Erwerber eines Nachlassgegenstandes geschützt werden. Auf der anderen Seite muss im Interesse der nicht ausgeschlossenen Nachlassgläubiger (§§ 1973 f.) der Nachlass möglichst ungeschmälert erhalten bleiben. Das Gesetz erreicht dies dadurch, dass es den Erben rückwirkend wie einen Verwalter eines fremden Vermögens (des Nachlasses) ansieht und eine Haftung des Erben für die Verwaltung des Nachlasses bestimmt (§ 1978). Diese Haftungsregelung gilt allerdings nicht, wenn der Erbe unbeschränkbar haftet (§ 2013 I).

Die Haftung nach § 1978 ist verschieden geregelt, je nachdem, ob die Tätigkeit des Erben in Bezug auf den Nachlass in die Zeit vor oder nach Annahme der Erbschaft fällt.

29 H. M.; *Erman/Schlüter*, § 1977 Rdnr. 4.
30 Vgl. *Erman/Schlüter*, § 1977 Rdnr. 2.

(1) *Vor Annahme der Erbschaft* braucht der Erbe sich nicht um den Nachlass zu kümmern. Besorgt er erbschaftliche Geschäfte, haftet er Nachlassgläubigern gegenüber wie ein *Geschäftsführer ohne Auftrag* (§ 1978 I 2).

Vgl. dazu die entsprechende Rechtsstellung des vorläufigen Erben, der später form- und fristgemäß ausschlägt, gegenüber dem Erben (§ 1959 I; Rdnr. 316).

Nach § 677 muss das Geschäft u. a. dem wirklichen oder mutmaßlichen Willen des Geschäftsherrn entsprechen. Das kann hier nicht bedeuten, dass es auf den Willen einzelner Nachlassgläubiger ankommt; es muss vielmehr genügen, dass der Erbe sein Verhalten auf die objektive Wahrung der Interessen der Nachlassgläubiger einstellt[31]. – Eine Schadensersatzpflicht des Erben ergibt sich aus § 678; bestimmte Nebenpflichten folgen aus §§ 681, 666–668.

(2) Für sein Verhalten *nach Annahme der Erbschaft* haftet der Erbe den Nachlassgläubigern strenger. Er hat die Stellung eines *Beauftragten* (§ 1978 I 1). **683**

Demnach hat er für veräußerte oder verbrauchte Nachlassgegenstände Ersatz zu leisten, das Erlangte herauszugeben (§ 667), Auskunft zu erteilen (vgl. § 666) und für sich verwendete Gelder zu verzinsen (§ 668). Der Erbe haftet für jedes eigene Verschulden nach § 276. Für das Verschulden eines Nachlasspflegers sowie eines Testamentsvollstreckers hat er nach § 278 mit dem Nachlass einzustehen[32].

Eine Schadensersatzpflicht des Erben gegenüber den Nachlassgläubigern besteht auch, wenn der Erbe bei Kenntnis der Überschuldung des Nachlasses oder fahrlässiger Unkenntnis nicht unverzüglich die Eröffnung des Nachlassinsolvenzverfahrens beantragt (Näheres: § 1980).

(3) Hat der Erbe vor oder nach Annahme der Erbschaft eine *Nachlassverbindlichkeit aus Nachlassmitteln berichtigt*, so kann er wegen der Minderung des Nachlasses den Nachlassgläubigern gem. § 1978 ersatzpflichtig sein. Das bedeutet eine Härte für den Erben, wenn er nach Prüfung der Aktiva und Passiva des Nachlasses den Umständen nach ohne Fahrlässigkeit annehmen durfte, dass der Nachlass zur Berichtigung aller Nachlassverbindlichkeiten ausreiche. Für diesen Fall bestimmt deshalb § 1979, dass die Nachlassgläubiger die Berichtigung der Nachlassverbindlichkeiten als für Rechnung des Nachlasses erfolgt gelten lassen müssen. **684**

Liegen die besonderen Voraussetzungen des § 1979 nicht vor, bleibt es bei der Regelung des § 1978.

Hat der Erbe die Nachlassverbindlichkeit *aus eigenen Mitteln* berichtigt, so hat er, wenn die Voraussetzungen des § 1979 vorliegen, insoweit einen Aufwendungsersatzanspruch (§ 1978 III), der im Nachlassinsolvenzverfahren Masseverbindlichkeit ist (§ 324 I Nr. 1 InsO). Greift aber § 1979 nicht ein, so tritt der Erbe im Nachlassinsolvenzverfahren an die Stelle des befriedigten Gläubigers (§ 326 II InsO); er erhält also nur die entsprechende Quote, die sonst der Gläubiger erhalten würde. Außerhalb des Insolvenzverfahrens hat der Erbe nur einen Bereicherungsanspruch (§§ 1978 III, 684).

31 *Staudinger/Marotzke*, § 1978 Rdnr. 5.
32 *Erman/Schlüter*, § 1978 Rdnr. 4.

685 (4) Die den Nachlassgläubigern gem. § 1978 I zustehenden Ansprüche gegen den Erben als Träger seines Privatvermögens gelten als zum Nachlass gehörend (§ 1978 II). Deshalb können sie während der Verwaltung oder des Insolvenzverfahrens nur von dem Verwalter, nicht von dem einzelnen Nachlassgläubiger, geltend gemacht werden (vgl. § 1984 I 1; § 80 I InsO).

686 (5) Hat der Erbe *Aufwendungen aus dem Eigenvermögen* gemacht, so richtet sich der Ersatzanspruch danach, ob es sich um eine Aufwendung vor oder nach Annahme der Erbschaft handelt (vgl. § 1978 III). Für eine Aufwendung *vor* der Annahme gelten die Regeln der Geschäftsführung ohne Auftrag (also §§ 683 f.); bei einer solchen *nach* der Annahme richtet sich der Anspruch nach Auftragsrecht (also § 670).

Der Ersatzanspruch, den der Erbe als Träger seines Privatvermögens gegen den Nachlass hat, ist gegen den Verwalter geltend zu machen.

687 *2. Verwalter*

Trotz Nachlassverwaltung oder Nachlassinsolvenzverfahrens bleibt der Erbe Träger des Nachlasses. Er verliert aber die Befugnis, den Nachlass zu verwalten und über Nachlassgegenstände zu verfügen. Die Verwaltungs- und Verfügungsbefugnis geht auf den Nachlassverwalter oder Insolvenzverwalter über (§ 1984 I 1; § 80 I InsO).

a) Stellung

Der Verwalter hat nach h. M. nicht »die Stellung eines gesetzlichen Vertreters des Erben oder der Nachlassgläubiger oder beider zusammen, sondern die eines amtlich bestellten Organs zur Verwaltung einer fremden Vermögensmasse«[33].

Dieser Amtstheorie ist für den Insolvenzverwalter zuzustimmen; sie muss auch für den Nachlassverwalter gelten, obwohl die Nachlassverwaltung in § 1975 als eine Nachlasspflegschaft zum Zwecke der Befriedigung der Nachlassgläubiger angesehen wird und der Nachlasspfleger sonst nach einhelliger Meinung Vertreter ist[34]. Im Prozess ist der Verwalter Partei kraft Amtes; der Erbe kann als Zeuge vernommen werden.

688 *b) Ernennung, Aufsicht, Vergütung*

(1) Die Anordnung der Nachlassverwaltung und die Ernennung des Nachlassverwalters erfolgen durch Beschluss des Nachlassgerichts (§ 1981 I).

Nachlassgericht ist das Amtsgericht, in dessen Bezirk der Erblasser zur Zeit des Erbfalls seinen Wohnsitz bzw. Aufenthalt hatte (vgl. §§ 1981 I, 1975, 1962; §§ 72 f.; 75 FGG). In

33 RGZ 135, 305, 307.

34 BGH NJW 1983, 226; *Erman/Schlüter*, § 1960 Rdnr. 19; MünchKomm/*Leipold*, § 1960 Rdnr. 29; *Soergel/Stein*, § 1960 Rdnr. 25.

Abweichung vom Vormundschafts- und Pflegschaftsrecht (§§ 1785, 1915) besteht keine Verpflichtung zur Übernahme des Amtes (§ 1981 III).

Die Anordnung ist vom Nachlassgericht durch das für seine Bekanntmachungen bestimmte Blatt zu veröffentlichen (§ 1983; keine Wirksamkeitsvoraussetzung).

Durch Beschluss des Insolvenzgerichts wird das Insolvenzverfahren eröffnet und der Insolvenzverwalter bestellt (§ 27 InsO).

Insolvenzgericht ist das Amtsgericht, bei dem der Erblasser zur Zeit des Erbfalls den allgemeinen Gerichtsstand hatte (§ 315 InsO). Es besteht keine Pflicht zur Annahme des Amtes[35].

Der Eröffnungsbeschluss ist in dem dafür vorgesehenen Blatt zu veröffentlichen (§§ 30, 9 InsO). Die öffentliche Bekanntmachung genügt als Zustellung (vgl. § 9 III InsO).

(2) Der Nachlassverwalter untersteht der *Aufsicht* des Nachlassgerichts (§§ 1975, 1962, 1915 I, 1837 I), der Insolvenzverwalter der des Insolvenzgerichts (§ 58 I 1 InsO).

(3) Nachlassverwalter und Insolvenzverwalter haben einen Anspruch auf eine angemessene *Vergütung* ihrer Tätigkeit (§ 1987; § 63 InsO).

Die Höhe der Vergütung wird durch das Nachlass- bzw. Insolvenzgericht festgesetzt. Der Anspruch ist Nachlassverbindlichkeit, die vor dem Prozessgericht geltend zu machen ist; im Insolvenzverfahren ist sie Masseverbindlichkeit (§§ 55 I Nr. 1, 324 I Nr. 4, 6 InsO).

3. Verwaltungs- und Verfügungsbefugnis 689

Mit der Anordnung der Nachlassverwaltung bzw. der Eröffnung des Nachlassinsolvenzverfahrens verliert der Erbe die Befugnis, den Nachlass zu verwalten und über ihn zu verfügen (§ 1984 I 1 bzw. § 80 I InsO). Diese Befugnisse gehen auf den Verwalter über (vgl. § 1985 I; § 80 I InsO).

Damit der Nachlass nicht durch Rechtshandlungen des Erben beeinträchtigt wird, sind diese den Nachlassgläubigern gegenüber unwirksam (§ 81 I InsO; § 1984 I 2).

Im **Fall c** erwirbt K kein Eigentum am Klavier, selbst wenn er hinsichtlich der Veräußerungsbefugnis gutgläubig war. Der Insolvenzverwalter kann das Klavier also nach § 985 herausverlangen. Auch der Kaufvertrag ist eine in Bezug auf den Nachlass unwirksame Rechtshandlung des Erben; denn andernfalls würde der Nachlass durch Ersatzansprüche belastet. Soweit der Erbe dem Käufer schadensersatzpflichtig ist, haftet er mit seinem Eigenvermögen. Hat K den Kaufpreis bezahlt, so ist dieser aus dem Nachlass zurückzugewähren, falls Letzterer bereichert ist (§ 81 I 3 InsO; § 1984 I 2). – Hat K das Klavier an L weiterveräußert, hat dieser gem. § 932 das Eigentum erworben, wenn er gutgläubig den K für den Eigentümer hielt und das Klavier dem Verwalter nicht abhanden gekommen ist.

35 Vgl. MünchKommInsO/*Graeber*, § 56 Rdnr. 100.

Der öffentliche Glaube des Grundbuchs (§§ 892, 893) bleibt jedoch unberührt (§ 81 I 2 InsO; § 1984 I 2).

Hat der Erbe im **Fall c** ein Nachlassgrundstück an K veräußert, so wird dieser Eigentümer, wenn er die Anordnung der Nachlassverwaltung bzw. die Eröffnung des Nachlassinsolvenzverfahrens nicht kennt und Nachlassverwaltung bzw. Nachlassinsolvenzverfahren im Grundbuch nicht eingetragen ist. Um einen gutgläubigen Erwerb auszuschließen, ist der Verwalter verpflichtet, die Nachlassverwaltung bzw. das Nachlassinsolvenzverfahren im Grundbuch eintragen zu lassen (vgl. 32 InsO).

Leistet der Schuldner einer Nachlassforderung nach Anordnung der Nachlassverwaltung bzw. Eröffnung des Nachlassinsolvenzverfahrens an den Erben, so wird er von seiner Verbindlichkeit nur insoweit frei, als das Geleistete in den Nachlass gekommen ist (§ 82 InsO; § 1984 I 2). Der Schuldner wird auch befreit, wenn er von der Anordnung bzw. Eröffnung keine Kenntnis hatte (vgl. § 82 InsO; § 1984 I 2).

690 II. Besonderheiten der Nachlassverwaltung

1. Voraussetzungen für die Anordnung der Nachlassverwaltung

a) Die Anordnung der Nachlassverwaltung setzt einen Antrag an das Nachlassgericht voraus (§ 1981).

Antragsberechtigt sind:

(1) *der Erbe* (§ 1981 I), sofern er nicht allen Nachlassgläubigern unbeschränkbar haftet (vgl. § 2013 I 1, II). Auch vor der Annahme der Erbschaft muss man ihm ein Antragsrecht aus Gründen der Vorsorge zugestehen[36]; die Antragstellung kann normalerweise auch nicht als Annahme der Erbschaft gedeutet werden (Rdnr. 310).

Antragsberechtigt sind ferner: der Nacherbe nach Eintritt des Nacherbfalles (§ 2144 I), der Erbschaftskäufer (§ 2383), der Testamentsvollstrecker, dem die Verwaltung des Nachlasses zusteht (§ 317 I InsO). Miterben können den Antrag nur gemeinschaftlich und nur vor der Nachlassteilung stellen (§ 2062). – Der Nachlasspfleger (§ 1960 II) hat kein Antragsrecht, da zu seinen Aufgaben weder die Herbeiführung der Haftungsbeschränkung des Erben noch die Gläubigerbefriedigung gehören.

(2) der *Nachlassgläubiger* gem. § 1981 II. Da der Nachlassgläubiger mit dem Antrag eigene Interessen verfolgt, ist dieser auch dann zulässig, wenn der Erbe nicht mehr die Möglichkeit hat, seine Haftung zu beschränken. In diesem Falle bewirkt die Nachlassverwaltung zwar die Trennung der Vermögensmassen im Interesse der Nachlassgläubiger (vgl. § 1984 I, II); es bleibt aber bei der unbeschränkten Haftung des Erben.

36 *Erman/Schlüter*, § 1981 Rdnr. 2; MünchKomm/*Siegmann*, § 1981 Rdnr. 2; *Soergel/Stein*, § 1981 Rdnr. 3; *Palandt/Edenhofer*, § 1981 Rdnr. 2; **a. A.** *Staudinger/Marotzke*, § 1981 Rdnr. 11.

b) *Keine* Voraussetzung für die Anordnung der Nachlassverwaltung ist das Vorhandensein einer den Kosten des Verfahrens entsprechenden Masse. Das Gericht kann aber beim Fehlen einer solchen Masse die Anordnung der Nachlassverwaltung ablehnen (§ 1982). Dem Erben bleibt zur Haftungsbeschränkung die Einrede gem. § 1990.

2. Rechte des Nachlassverwalters 691

Der Nachlassverwalter hat die Befugnis, den Nachlass zu verwalten und darüber zu verfügen (§ 1985), soweit es sich nicht um höchstpersönliche Rechte des Erben handelt[37]. Er führt die Aktivprozesse für den Nachlass (arg. § 1984 I 1) und ist für Prozesse gegen den Nachlass legitimiert (§ 1984 I 3).

Vollstreckt ein Eigengläubiger des Erben in den Nachlass, so steht dem Nachlassverwalter die Vollstreckungsgegenklage offen (vgl. § 1984 II; §§ 784 II, I, 785, 767 ZPO).

Der Nachlassverwalter hat das Recht, den Nachlass in Besitz zu nehmen (arg. § 1986 I). Das darf nicht eigenmächtig geschehen (§ 858). Erforderlich ist ein Vollstreckungstitel.

Streitig ist, ob eine Herausgabeklage angestrengt werden muss[38] oder ob der Anordnungsbeschluss des Nachlassgerichts auf Wegnahme genau bezeichneter Gegenstände als Vollstreckungstitel i. S. d. § 794 I Nr. 3 ZPO ausreicht[39]. Die letztere Lösung ist praktikabler. Sie kommt aber nur für solche Gegenstände in Betracht, die unstreitig zum Nachlass gehören; denn es ist nicht Aufgabe des Nachlassgerichts, den Streit darüber zu schlichten, ob bestimmte Gegenstände zum Nachlass gehören. Das muss gegebenenfalls im Herausgabeprozess geklärt werden.

3. Pflichten des Nachlassverwalters 692

Der Nachlassverwalter hat die Pflicht, den Nachlass zu verwalten und vor allem die Nachlassverbindlichkeiten aus dem Nachlass zu berichtigen (§ 1985 I).

Dazu hat er den Nachlass und die Nachlassgläubiger festzustellen. Nachlassgläubiger darf er erst befriedigen, nachdem seine Prüfung ergeben hat, dass der Nachlass zur Erfüllung aller Verbindlichkeiten ausreicht[40]. Bei Überschuldung des Nachlasses muss er das Nachlassinsolvenzverfahren beantragen (§§ 1985 II, 1980). Nur soweit es zur Befriedigung der Nachlassverbindlichkeiten erforderlich ist, darf der Verwalter Nachlassgegenstände versilbern. Erst nach Befriedigung der bekannten Nachlassverbindlichkeiten darf er den verbleibenden Nachlass dem Erben überlassen (§ 1986 I). Bei streitigen Verbind-

37 BGHZ 47, 293.
38 So MünchKomm/*Siegmann*, § 1985 Rdnr. 3; *Palandt/Edenhofer*, § 1985 Rdnr. 5; *Staudinger/Marotzke*, § 1985 Rdnr. 13.
39 So *Bamberger/Roth/Lohmann*, § 1985 Rdnr. 3; *Erman/Schlüter*, § 1985 Rdnr. 2; RGRK/*Johannsen*, § 1985 Rdnr. 5.
40 BGH NJW 1985, 140.

lichkeiten muss er vom Erben Sicherheitsleistung verlangen (Näheres: § 1986 II). Im Einzelnen richten sich die Pflichten des Verwalters nach dem Vormundschaftsrecht (§§ 1985 I, 1915 I).

Zwischen dem Verwalter und dem Erben besteht ein gesetzliches Schuldverhältnis[41]. Der Nachlassverwalter haftet dem Erben für jede schuldhafte Pflichtverletzung (§§ 1985 I, 1915 I, 1833). Aber auch den Nachlassgläubigern ist er für die Verwaltung des Nachlasses verantwortlich (§ 1985 II 1). Etwaige Ersatzansprüche gegen den Verwalter gehören zum Nachlass (§§ 1985 II 2, 1978 II).

693 *4. Ende der Nachlassverwaltung*

a) Voraussetzungen

(1) Kraft Gesetzes endet die Nachlassverwaltung mit der Eröffnung des Nachlassinsolvenzverfahrens (§ 1988 I).

(2) Im Übrigen endet sie mit der Aufhebung durch das Nachlassgericht.

Im Normalfall wird die Nachlassverwaltung aufgehoben, wenn der Zweck der Verwaltung erreicht ist (vgl. § 1919), die Nachlassverbindlichkeiten also berichtigt und die noch vorhandenen Nachlassgegenstände an den Erben herausgegeben sind (§ 1986 I). Das Gericht kann die Verwaltung aufheben, wenn sich herausstellt, dass eine den Kosten entsprechende Masse nicht vorhanden ist (§ 1988 II). Daneben gibt es weitere Aufhebungsgründe[42].

694 *b) Folgen*

(1) Der Verwalter hat, sofern noch nicht geschehen, den Nachlass an den Erben bzw. an den Nachlassinsolvenzverwalter herauszugeben und über die Verwaltung *Rechenschaft abzulegen* (§§ 1915, 1890).

(2) *Haftungsrechtlich* ergeben sich keine Besonderheiten, wenn der Erbe unbeschränkbar haftet. Eigen- und Nachlassgläubiger können in das Vermögen des Erben, also in das Eigenvermögen und in Nachlassgegenstände, vollstrecken.

Hat der Erbe die Möglichkeit der Haftungsbeschränkung noch nicht verloren, so haftet er nach heute h. M. auch nach Beendigung der Nachlassverwaltung nur mit dem Nachlass[43]. Die Haftungsbeschränkung setzt also nicht voraus, dass der Erbe erneut eine Trennung der Vermögensmassen durch Nachlassverwaltung oder ein Nachlassinsolvenzverfahren herbeiführen muss, wie die früher h. M. annahm.

41 RGZ 150, 189 f.; OGHZ 4, 219.

42 Siehe *Staudinger/Marotzke*, § 1988 Rdnr. 10 ff.

43 BGH NJW 1954, 635 m.w.N.

III. Besonderheiten des Nachlassinsolvenzverfahrens 695

1. Voraussetzungen für die Eröffnung des Nachlassinsolvenzverfahrens

a) Das Insolvenzgericht (§ 315 InsO) wird nur auf *Antrag* tätig.

Der Antrag ist auch dann zulässig, wenn der Erbe die Erbschaft noch nicht angenommen hat oder bereits unbeschränkbar haftet (§ 316 I InsO). Im letzteren Falle bleibt es bei der unbeschränkten Haftung; das Insolvenzverfahren dient dann nur den Interessen der Nachlassgläubiger.

Antragsberechtigt sind nach § 317 InsO:

(1) jeder *Erbe*. Er ist als endgültiger Erbe bei Überschuldung des Nachlasses sogar zur Antragstellung verpflichtet, es sei denn, dass die Überschuldung auf Vermächtnissen und Auflagen beruht (vgl. § 1980). Für Nach- und Miterben sind die §§ 317 II, 316 II InsO zu beachten.

(2) der *Nachlasspfleger, Nachlassverwalter, verwaltende Testamentsvollstrecker*. Stellt der Testamentsvollstrecker den Antrag, ist der Erbe zu hören (§ 317 III InsO).

(3) jeder *Nachlassgläubiger* (vgl. §§ 317 I, 319, 14 I InsO).

(4) der *verwaltende Ehegatte* bei einem zum Gesamtgut gehörenden Nachlass (§ 318 InsO).

b) *Eröffnungsgründe* sind beim Nachlassinsolvenzverfahren die *Überschuldung* des Nachlasses und die *Zahlungsunfähigkeit* (§ 320 InsO).

Bei einer nicht kostendeckenden Masse kann der Antrag abgelehnt werden (§ 26 I InsO).

2. Folgen der Eröffnung des Nachlassinsolvenzverfahrens 696

a) Beim Nachlassinsolvenzverfahren ist Träger des Nachlasses *der Insolvenzschuldner*. Das ist der Erbe, der Nacherbe beim Nacherbfall (arg. § 329 InsO) und der Erbschaftskäufer mit dem Vertragsschluss (§ 330 I, III InsO).

b) Zur *Insolvenzmasse* gehört nicht das Eigenvermögen des Erben, sondern nur der im Zeitpunkt der Eröffnung des Verfahrens vorhandene Nachlass, soweit er der Zwangsvollstreckung unterliegt (vgl. § 35 InsO).

Ist auch über das Eigenvermögen des Erben das Insolvenzverfahren eröffnet (vgl. § 331 InsO), so sind Nachlassinsolvenzverfahren und Eigeninsolvenzverfahren zwei völlig getrennte Verfahren.

c) *Gläubiger* sind alle Nachlassgläubiger (§ 325 InsO). 697

Für Absonderungs-, Aufrechnungsberechtigte und Massegläubiger gelten die allgemeinen insolvenzrechtlichen Bestimmungen. Folgende Besonderheiten sind zu beachten: Abgesonderte Befriedigung kann nicht auf Grund einer nach dem Erbfall gegen den Nachlass erfolgten Zwangsvollstreckung oder Arrestvollziehung verlangt werden (§ 321 InsO). Der Kreis der Masseverbindlichkeiten ist über § 55 InsO hinaus erheblich erweitert (§ 324 InsO); dazu gehören z. B. die Kosten der standesgemäßen Beerdigung des Erblassers, der Sicherung des Nachlasses, der Nachlasspflegschaft, des Gläubigeraufgebots, der Inventarerrichtung, ferner die Verbindlichkeiten aus den vom Nachlasspfleger oder Testamentsvollstrecker vorgenommenen Rechtsgeschäften und die dem Erben aus dem Nachlass zu ersetzenden Aufwendungen (§§ 1978 f.).

Bei den Insolvenzgläubigern sind zwei Gruppen zu unterscheiden:

(1) Die *gewöhnlichen (= nichtnachrangigen) Insolvenzgläubiger* sind diejenigen Nachlassgläubiger, die nicht zu den minderberechtigten Gläubigern gehören.

(2) *Minderberechtigte (= nachrangige) Insolvenzgläubiger* sind die Gläubiger derjenigen Verbindlichkeiten, die in § 327 InsO aufgezählt sind. Diese werden erst nach allen übrigen Verbindlichkeiten berichtigt.

Erwähnenswert sind besonders die auf einer Verfügung von Todes wegen beruhenden Verbindlichkeiten (Pflichtteilsrechte, § 327 I Nr. 1 InsO; Vermächtnisse und Auflagen, § 327 I Nr. 2 InsO) sowie die Verbindlichkeiten gegenüber ausgeschlossenen und säumigen Gläubigern (§ 327 III InsO).

Bei der Befriedigung der Nachlassgläubiger ist nach der genannten Rangordnung vorzugehen. Es sind verschiedene Klassen aufgeführt, deren Reihenfolge bei der Berichtigung der Verbindlichkeiten zu beachten ist. Reicht der verbleibende Betrag für die Befriedigung der zu einer Klasse gehörenden Gläubiger nicht aus, so erfolgt unter den Gläubigern dieser Klasse eine anteilige Befriedigung nach dem Verhältnis der Beträge.

698 d) Der *Insolvenzverwalter* übt das Verwaltungs- und Verfügungsrecht über den Nachlass aus (§ 80 I InsO). Er hat den Nachlass in Besitz zu nehmen und zu verwerten (§§ 148 I, 159 InsO) sowie den Erlös zu verteilen (§ 187 InsO). Dem Verwalter steht das Prozessführungsrecht zu. Auch das Anfechtungsrecht im Insolvenzverfahren wird von ihm ausgeübt (§ 129 InsO).

Zu den allgemeinen Anfechtungsgründen (§§ 129 ff. InsO) kommt beim Nachlassinsolvenzverfahren noch ein zusätzlicher: Anfechtbar ist die Leistung des Erben, mit der dieser vor Eröffnung des Verfahrens Pflichtteilsansprüche, Vermächtnisse oder Auflagen aus dem Nachlass erfüllt hat (§ 322 InsO).

Zwischen dem Verwalter und den Beteiligten besteht ein gesetzliches Schuldverhältnis. Der Verwalter haftet für schuldhafte Pflichtverletzungen (§ 60 InsO).

Wird die Masse geschädigt, so kann ein neu bestellter Verwalter den Anspruch der Masse gegen den bisherigen Verwalter geltend machen.

3. Ende des Nachlassinsolvenzverfahrens 699

a) Beendigungsgründe

Regelmäßig endet das Verfahren durch *Aufhebungsbeschluss* nach Abhaltung des Schlusstermins oder nach rechtskräftiger Bestätigung des Insolvenzplanes (§§ 197, 200, 258 InsO).

Das Verfahren ist auf Antrag des Erben einzustellen, wenn die Gläubiger zustimmen (vgl. § 213 InsO).

b) Folgen 700

Bei Beendigung des Nachlassinsolvenzverfahrens haftet der Erbe, sofern er die Möglichkeit der Haftungsbeschränkung noch nicht verloren hat, den nicht befriedigten Nachlassgläubigern so, wie wenn diese im Aufgebotsverfahren ausgeschlossen worden wären (§§ 1989, 1973).

Bei Zustimmung aller Gläubiger zur Einstellung des Insolvenzverfahrens (§ 213 InsO) kommt es für die Haftung des Erben in erster Linie auf die Vereinbarungen an, die er mit den Gläubigern getroffen hat.

Im Übrigen kann § 1990 vorliegen, oder aber der Erbe muss, um eine Beschränkung der Haftung herbeizuführen, Nachlassverwaltung oder ein Nachlassinsolvenzverfahren beantragen.

IV. Zusammenfassung 701

Nachlassverwaltung und Nachlassinsolvenzverfahren führen eine Trennung des Nachlasses vom Eigenvermögen herbei (wichtig für Konfusion, Konsolidation, Aufrechnung). Für Nachlassverbindlichkeiten haftet der Nachlass, für Eigenverbindlichkeiten des Erben dessen Eigenvermögen. Die Verwaltungs- und Verfügungsbefugnis über den Nachlass stehen dem Nachlassverwalter bzw. Nachlassinsolvenzverwalter zu. Verfügt der Erbe dennoch, so wird der Dritte nur unter den in §§ 81, 82 InsO genannten Voraussetzungen geschützt. Der Erbe hat vor Annahme der Erbschaft die Stellung eines Geschäftsführers ohne Auftrag und nach Erbschaftsannahme die eines Beauftragten.

Nachlassverwaltung ist eine Nachlasspflegschaft zum Zwecke der Befriedigung der Nachlassgläubiger. Der Nachlassverwalter hat die Pflicht, den Nachlass zu verwalten und aus ihm die Nachlassverbindlichkeiten zu berichtigen. Die Nachlassverwaltung endet mit der Eröffnung des Nachlassinsolvenzverfahrens und sonst mit der Aufhebung durch das Nachlassgericht. Der Erbe haftet auch nach Beendigung der Nachlassverwaltung beschränkt nur mit dem Nachlass.

Das Nachlassinsolvenzverfahren setzt die Überschuldung des Nachlasses und den Antrag eines Antragsberechtigten voraus. Bei der Befriedigung der Nachlassgläubiger ist deren Rangordnung zu beachten. Nach Beendigung des Verfahrens durch Verteilung der Masse oder durch Insolvenzplan haftet der noch nicht unbeschränkbar haftende Erbe den noch nicht befriedigten Nachlassgläubigern wie den im Aufgebotsverfahren ausgeschlossenen Gläubigern.

Nachlassverwaltung und Nachlassinsolvenzverfahren

I. Sinn

1. Nachlassverwaltung: Verwaltung des Nachlasses und Berichtigung der Nachlassverbindlichkeiten aus dem Nachlass
2. Nachlassinsolvenzverfahren: Verwertung des Nachlasses und Befriedigung der Nachlassgläubiger

II. Voraussetzungen

1. Nachlassverwaltung: Antrag des Erben oder (bei Gefährdung der Gläubigerbefriedigung) eines Nachlassgläubigers an das Nachlassgericht (§ 1981 I, II)
2. Nachlassinsolvenzverfahren
   a) Antrag eines Erben, Nachlassgläubigers, Nachlassverwalters, Nachlasspflegers, Testamentsvollstreckers (§§ 315, 317 InsO)
   b) Überschuldung des Nachlasses oder Zahlungsunfähigkeit (§ 320 InsO)

III. Wirkungen

1. Trennung der Vermögensmassen in Nachlass (Haftung nur für Nachlassverbindlichkeiten) und Eigenvermögen (Haftung nur für Eigenverbindlichkeiten)
   a) Kein Erlöschen von Rechten durch Konfusion und Konsolidation (§ 1976)
   b) Kein Erlöschen von Forderungen durch Aufrechnung vor Anordnung der Nachlassverwaltung oder Eröffnung des Nachlassinsolvenzverfahrens
      aa) eines Nachlassgläubigers gegen eine nicht zum Nachlass gehörende Forderung (§ 1977 I)
      bb) eines Eigengläubigers gegen eine zum Nachlass gehörende Forderung (§§ 1977 II)
   c) Rückwirkende Haftung des Erben für die bisherige Verwaltung des Nachlasses
      aa) für Geschäfte vor Annahme der Erbschaft nach GoA-Regeln (§ 1978 I 2)
      bb) für Geschäfte nach Annahme der Erbschaft nach Auftragsrecht (§ 1978 I 1)

d) Verwendungsersatzansprüche des Erben
   aa) für Verwendungen vor Annahme der Erbschaft nach GoA-Regeln = §§ 683 f. (§ 1978 III)
   bb) für Verwendungen nach Annahme der Erbschaft nach Auftragsrecht = § 670 (§ 1978 III)

2. Übergang der Verwaltungs- und Verfügungsbefugnis vom Erben auf den Nachlassverwalter (§§ 1984 I 1, 1985 I) oder Insolvenzverwalter (§ 80 I InsO)

IV. Beendigung

1. Nachlassverwaltung: mit Eröffnung des Nachlassinsolvenzverfahrens (§ 1988 I) oder mit Aufhebung durch das Nachlassgericht
2. Nachlassinsolvenzverfahren: durch Aufhebungsbeschluss nach Verteilung der Masse oder Bestätigung des Insolvenzplanes (§§ 197, 200, 258 InsO)

§ 40 Die Einreden des Erben und ihre Bedeutung im Prozess 702

Schrifttum: *Behr*, Zwangsvollstreckung in den Nachlass, Rpfleger 2002, 2, 510; *Kretzschmar*, Beschränkung der Haftung des Erben in den Fällen der §§ 1990, 1992 BGB, SeuffBl. 74, 192; *Werner*, Der überschuldete Nachlaß, Jura 2001, 390; *Westphal*, Dürftigkeitseinrede statt Erbausschlagung, Rpfleger, 1997, 199.

Fälle:

a) Der Nachlassgläubiger G pfändet auf Grund eines Zahlungsurteils, in welchem dem Erben E wegen der von ihm erhobenen Aufgebotseinrede die beschränkte Erbenhaftung vorbehalten worden ist, einen Pkw. Muss E sich das gefallen lassen? Was ist zu tun, wenn der Vorbehalt im Urteil fehlt? **(Rdnr. 705)**

b) G verlangt außerdem von E Ersatz des durch die Erhebung der Einrede entstandenen Verzugsschadens. E meint, trotz Fälligkeit des Anspruchs und Mahnung habe er wegen der Aufgebotseinrede nicht in Verzug kommen können. **(Rdnr. 706)**

c) G klagt gegen E auf Zahlung einer Nachlassverbindlichkeit in Höhe von 10 000,– €. E erhebt die Einrede der beschränkten Erbenhaftung gem. § 1990. Wie entscheidet das Gericht, wenn es zum Ergebnis kommt, dass der Nachlass völlig erschöpft ist? Wie, wenn der Nachlass nur noch aus einem Fernsehgerät und einem Klavier besteht? **(Rdnr. 711)**

d) Nachdem der Erbe festgestellt hat, dass der Nachlass zur Befriedigung aller Nachlassgläubiger nicht ausreicht, befriedigt er aus dem Nachlass zunächst sich selbst wegen einer Forderung gegen den Erblasser, dann den G wegen einer Kaufpreisforderung gegen den Erblasser und den V wegen einer Vermächtnisforderung in Höhe von 2000,– €. Gegenüber dem H, der eine Werklohnforderung gegen den Erblasser von 500,– € hat, und gegenüber dem X, dem ein Vermächtnis von 1000,– € ausgesetzt ist, beruft er sich darauf, dass er den Nachlass unter die anderen Gläubiger verteilt habe und nichts mehr vorhanden sei. **(Rdnr. 714)**

I. Aufschiebende Einreden (§§ 2014–2017)

1. Bedeutung der Einreden

Der Erbe, der die Erbschaft angenommen hat, wird nach Klageantrag verurteilt, wenn der Kläger eine bestehende Nachlassverbindlichkeit einklagt. Aus dem Titel ist eine Vollstreckung gegen den Erben möglich. Das kann zu unbilligen Härten führen, wenn der Erbe noch damit beschäftigt ist, den Umfang des Nachlasses und der Nachlassverbindlichkeiten festzustellen, um sich schlüssig zu werden, ob er Maßnahmen zur Beschränkung der Haftung auf den Nachlass ergreifen soll oder muss. Kommt es später zu einer Trennung des Nachlasses vom Eigenvermögen des Erben, so wird sie erschwert, wenn zuvor schon ein Nachlassgläubiger aus einer der beiden Vermögensmassen im Wege der Zwangsvollstreckung befriedigt worden ist. Aus diesen Gründen werden dem Erben gewisse Schonfristen (§§ 2014 f.) eingeräumt. Die gesetzliche Regelung ist reichlich kompliziert. Ihr Sinn wird nur dann richtig erfasst, wenn man die Bestimmungen des BGB zusammen mit denen der ZPO (§§ 782 ff. ZPO[44]) betrachtet: Der Nachlass soll während der in den §§ 2014 f. genannten Fristen zusammengehalten, die Nachlassgläubiger sollen auch nicht aus dem Eigenvermögen befriedigt werden.

703 *2. Voraussetzungen der Einreden*

a) Als aufschiebende Einreden nennt das Gesetz die Dreimonatseinrede und die Aufgebotseinrede.

Dreimonatseinrede (§ 2014): Bis zum Ablauf von drei Monaten nach Annahme der Erbschaft kann der Erbe regelmäßig die Berichtigung einer Nachlassverbindlichkeit verweigern.

Der Erbe soll Zeit zur Unterrichtung über den Umfang des Nachlasses haben. Hat der Erbe jedoch das Inventar vor Ablauf der Frist errichtet, so fällt der Grund der Einrede weg (vgl. § 2014).

Aufgebotseinrede (§ 2015): Solange ein Aufgebotsverfahren schwebt, steht dem Erben ein Leistungsverweigerungsrecht zu.

Dem Erben soll so lange Zeit gelassen werden, bis die Nachlassgläubiger feststehen. Damit die Gläubiger nicht allzu lange auf eine Befriedigung warten müssen, setzt § 2015 I voraus, dass der Antrag auf Erlass eines Aufgebots binnen Jahresfrist nach Annahme der

44 Dazu ZVR Rdnr. 1388 ff.

Erbschaft gestellt ist; ferner verliert der Erbe die Einrede, wenn er den Abschluss des Verfahrens verzögert (vgl. § 2015 II). Besonderheit: § 2015 III.

Die beiden Einreden können auch vom Nachlasspfleger, der vor Annahme der Erbschaft zur Verwaltung des Nachlasses bestellt worden ist, geltend gemacht werden; die Fristen beginnen hier mit der Bestellung (§ 2017).

Gegen den Nachlasspfleger kann schon vor Annahme der Erbschaft vorgegangen werden (§ 1960 III). Deshalb müssen ihm im Interesse des Erben und der übrigen Nachlassgläubiger die Einreden zustehen, damit die Befriedigung eines einzelnen Nachlassgläubigers vorerst verhindert wird. Der Fristbeginn kann hier vorverlegt werden, da der verwaltende Nachlasspfleger von seiner Bestellung an den Umfang des Nachlasses zu ermitteln und den Erlass eines Gläubigeraufgebots zu beantragen vermag (§ 991 II ZPO).
Auch dem verwaltenden Testamentsvollstrecker stehen die Einreden zu. Die Frist des § 2015 beginnt hier wegen § 991 III ZPO aber erst mit Annahme der Erbschaft.

b) Die genannten Einreden können gegenüber bestimmten Gläubigern nicht erhoben werden, und zwar: 704

(1) gegenüber Gläubigern, denen der Erbe bereits unbeschränkbar haftet (§ 2016 I);

(2) gegenüber dinglich berechtigten Gläubigern (§§ 2016 II, 1971), soweit es um die dinglich gesicherten Ansprüche geht (vgl. Rdnr. 667).

Die Einrede versagt auch gegenüber einem Pfändungspfandgläubiger, es sei denn, dass das Pfandrecht erst nach dem Erbfall erlangt wurde. Im letzten Fall kann der Erbe nach §§ 782, 783, 785 ZPO vorgehen; wenn nämlich der Gläubiger das Pfandrecht verwerten könnte, würde er den anderen Gläubigern vorgezogen (vgl. die entspr. Wertung in § 321 InsO). Entsprechendes gilt bei einem durch Arrestvollziehung erlangten Recht und einer Vormerkung auf Grund einer einstweiligen Verfügung.

(3) gegenüber Gläubigern, deren Anspruch keinen Aufschub verträgt.

Diese Einschränkung folgt aus dem Zweck einiger Ansprüche. So würden etwa der Anspruch auf den Dreißigsten (§ 1969) und der Unterhaltsanspruch der Mutter eines bereits erzeugten Erben (§ 1963) entwertet, wenn der Erbe eine aufschiebende Einrede hätte. Gleiches gilt für einen Anspruch auf weitere Gebrauchsüberlassung.

3. Wirkungen der Einreden 705

a) Im *Erkenntnisverfahren* führt die Erhebung der Einrede bei begründeter Klage eines Nachlassgläubigers zu einer Verurteilung des Erben unter dem Vorbehalt der beschränkten Erbenhaftung (§§ 305, 780 I ZPO).

Dabei handelt es sich nicht um ein Vorbehaltsurteil i.S.d. §§ 302, 599 ZPO, das zu einem Nachverfahren führt. Die Bedeutung der Verurteilung unter Vorbehalt der beschränkten Erbenhaftung zeigt sich vielmehr bei der Zwangsvollstreckung.

b) Im *Zwangsvollstreckungsverfahren* hindert der Vorbehalt den Gläubiger nicht an der Pfändung und Verwertung des Pfandes (§ 781 ZPO). Der Erbe kann aber die Verwertung verhindern, indem er gegen den Gläubiger gem. §§ 782, 785, 767 ZPO Vollstreckungsgegenklage erhebt[45] (**Fall a**). Voraussetzung für die Klage ist der Vorbehalt im Urteil. Fehlt er, obwohl der Erbe die Einrede erhoben hat, kann dieser Ergänzung des Urteils begehren (§ 321 ZPO). Ansonsten vermag er gegen die Zwangsvollstreckung nichts zu unternehmen.

Ausnahmsweise ist der Vorbehalt nicht erforderlich (vgl. § 780 II ZPO; Rdnr. 712).

Ziel der Vollstreckungsgegenklage ist es, dass für die Dauer der Schonfrist die Versteigerung des gepfändeten Gegenstandes für unzulässig erklärt wird bzw. gepfändetes Geld hinterlegt wird. Es bleibt also bei der Sicherung des Gläubigers. Die Verwertung kann erfolgen, sobald die Schonfrist abgelaufen ist (Fristverlängerung: § 782 Satz 2 ZPO).

Die Vollstreckungsgegenklage ist abzuweisen, wenn der beklagte Gläubiger vorbringt und bei Bestreiten auch beweist, dass der Erbe inzwischen unbeschränkbar haftet (§ 2016 I).

Dem noch nicht unbeschränkbar haftenden Erben steht die Klage gem. den §§ 785, 767 ZPO auch dann zu, wenn ein Eigengläubiger in den Nachlass vollstreckt (§ 783 ZPO).

Hier ist selbstverständlich ein Vorbehalt im Urteil, das der Eigengläubiger gegen den Erben erstritten hat, nicht erforderlich; denn einen solchen Vorbehalt kann es hier gar nicht geben.

706 c) Eine *materiellrechtliche Wirkung* der aufschiebenden Einreden wird weitgehend verneint[46]. Danach kann der Erbe trotz der Einrede z. B. in Schuldnerverzug kommen (**Fall b**).

Dieser Auffassung kann nicht gefolgt werden[47]. Wenn das Gesetz dem Erben bestimmte Schonfristen einräumt, innerhalb derer er den Nachlassgläubiger nicht zu befriedigen braucht und eine zwangsweise Befriedigung des Gläubigers verhindern kann, so ist es schwer einzusehen, weshalb dem Erben aus dieser gesetzlich zugelassenen Weigerung ein Schuldvorwurf gemacht werden soll, der gem. § 286 IV Voraussetzung für den Schuldnerverzug ist. Dass die Einrede auch materiell-rechtlich von Bedeutung sein soll, entspricht dem Willen des Gesetzgebers. Das ergibt sich aus dem Wortlaut und der Entstehungsgeschichte der §§ 2014 f.

45 ZVR Rdnr. 1388 ff.

46 RGZ 79, 201, 204 ff.; *Lange/Kuchinke*, § 48 III 2; *v. Lübtow*, 1105; MünchKomm/*Siegmann*, § 2014 Rdnr. 5.

47 Wie hier *Kipp/Coing*, § 100 IV 1; RGRK/*Johannsen*, § 2014 Rdnr. 6 f.; *Staudinger/Marotzke*, § 2014 Rdnr. 8.

Nach dem Wortlaut ist der Erbe »berechtigt, die Berichtigung einer Nachlassverbindlichkeit ... zu verweigern«. Diese Formulierung entspricht dem ursprünglich vorgeschlagenen § 2130[48]. Sie wurde gewählt, um die materiell-rechtliche Wirkung der Einrede zum Ausdruck zu bringen. Wörtlich heißt es[49]: »Die materiell-rechtliche Wirkung der Einrede liegt insbesondere darin, dass der Erbe durch die Weigerung nicht in Verzug kommt.« Diese Bestimmung wurde »sachlich von keiner Seite beanstandet«[50].

II. Unzulänglichkeitseinreden (§§ 1990–1992) 707

1. Bedeutung der Einreden

Wenn eine Trennung des Nachlasses vom Eigenvermögen des Erben durch Nachlassverwaltung oder Nachlassinsolvenzverfahren nicht in Betracht kommt, weil die dafür erforderlichen Kosten aus dem Nachlass nicht gedeckt werden können, muss dem Erben dennoch die Möglichkeit der Haftungsbeschränkung auf den Nachlass eingeräumt werden. Das Gesetz hilft dem Erben dadurch, dass es ihm eine Einrede gewährt: Der Erbe kann die Befriedigung eines Nachlassgläubigers insoweit verweigern, als der Nachlass nicht ausreicht (§ 1990 I 1).

Es kommt hier also nicht zu einer Trennung der Vermögensmassen. Der Erbe behält die Verwaltungs- und Verfügungsbefugnis über den Nachlass. Eigengläubiger des Erben können in den Nachlass vollstrecken. Die Interessen des Nachlassgläubigers sind also bei weitem nicht so stark geschützt, wie es bei Nachlassverwaltung und -insolvenzverfahren der Fall ist.

2. Voraussetzungen der Einreden 708

Bei dürftigem Nachlass steht dem Erben die Unzulänglichkeitseinrede im engeren Sinne oder die Überschwerungseinrede zu. Haftet er allerdings bereits unbeschränkbar, kann er die Einreden nicht mit Erfolg erheben (§ 2013 I 1), weil er ohnehin auch mit seinem Eigenvermögen haftet.

a) Die *Unzulänglichkeitseinrede* im engeren Sinne (§ 1990) setzt voraus, dass die Anordnung der Nachlassverwaltung oder die Eröffnung des Nachlassinsolvenzverfahrens mangels einer den Kosten entsprechenden Masse nicht tunlich ist (vgl. § 1982; § 26 InsO) oder dass aus diesem Grunde die Nachlassverwaltung aufgehoben bzw. das Insolvenzverfahren eingestellt worden ist (vgl. § 1988 II; § 207 InsO).

Die Einrede ist also gegeben, wenn der Nachlass dürftig ist, ohne überschuldet zu sein, ferner, wenn der Nachlass dürftig und überschuldet ist, und schließlich, wenn kein Nach-

48 Prot. V, 744.
49 Prot. V, 785.
50 Prot. V, 787.

lassgegenstand mehr vorhanden ist. Für die Voraussetzungen des § 1990 kommt es nicht auf den Zeitpunkt des Erbfalls, sondern auf den der Entscheidung über die Einrede an; das ist der Zeitpunkt der letzten mündlichen Verhandlung in der letzten Tatsacheninstanz[51]. Selbst wenn also der Nachlass erst nach dem Erbfall unzulänglich geworden ist, steht dem Erben die Einrede zu. Zu prüfen ist jedoch, ob der Erbe gem. § 1978 ersatzpflichtig ist (§ 1991 I).

709 b) Die *Überschwerungseinrede* (§ 1992) ist schon dann gegeben, wenn die Überschuldung des Nachlasses auf Vermächtnissen und Auflagen beruht, ohne dass die Voraussetzungen des § 1990 vorzuliegen brauchen.

Es dürfte nicht dem mutmaßlichen Willen des Erblassers entsprechen, dass Vermächtnisnehmer oder diejenigen, die die Vollziehung einer Auflage fordern können, berechtigt sein sollen, das Nachlassinsolvenzverfahren herbeizuführen[52]. Der Erbe ist in einem solchen Fall auch nicht verpflichtet, das Nachlassinsolvenzverfahren zu beantragen (§ 1980 I 3). Deshalb muss der Erbe die Haftungsbeschränkung hier auch noch in anderer Weise geltend machen können[53], nämlich durch die Einrede gem. § 1992.

§ 1992 setzt voraus, dass die Überschuldung auf Vermächtnissen und Auflagen beruht; ohne Vermächtnisse und Auflagen muss der Nachlass zur Berichtigung von Nachlassverbindlichkeiten ausreichen[54]. Eine andere Meinung lässt es für eine Anwendung des § 1992 genügen, dass der Nachlass auch ohne die Vermächtnisse und Auflagen überschuldet ist[55]. Der erstgenannten Ansicht ist zu folgen. Beruht die Überschuldung auf anderen Gründen, ist der Erbe zum Antrag auf Eröffnung des Nachlassinsolvenzverfahrens verpflichtet (§ 1980 I 1); erfüllt er diese Pflicht nicht, ist kein Grund ersichtlich, ihm die Wohltat des § 1992 zu gewähren. Der Wille des Gesetzes ist auch aus dem Wortlaut des § 1992 und der Entstehungsgeschichte zu entnehmen (»lediglich« bzw. »nur«[56]).

Eine entsprechende Anwendung des § 1992 ist allerdings dann geboten, wenn die Überschuldung auf Forderungen anderer minderberechtigter Gläubiger (ausgeschlossener bzw. säumiger Gläubiger, §§ 1973 f.) beruht[57].

710 c) Die Einreden gem. den §§ 1990, 1992 stehen auch dem Nachlasspfleger[58] und dem Testamentsvollstrecker zu; der Nachlassverwalter kann sich auf § 1992 berufen[59].

51 BGHZ 85, 274, 280 f.
52 Prot. V, 762, 802 f.
53 Prot. V, 803.
54 RG JW 1912, 40; MünchKomm/*Siegmann*, § 1992 Rdnr. 5; *Palandt/Edenhofer*, § 1992 Rdnr. 1; *Soergel/Stein*, § 1992 Rdnr. 2; *Staudinger/Marotzke*, § 1992 Rdnr. 3.
55 *Erman/Schlüter*, § 1992 Rdnr. 2; *Kipp/Coing*, § 99 VI 1; *v. Lübtow*, 1176; RGRK/*Johannsen*, § 1992 Rdnr. 2.
56 Prot. V, 802, 816.
57 *Staudinger/Marotzke*, § 1992 Rdnr. 4.
58 Vgl. Prot. V, 816.

3. *Prozessuale Wirkung der Einreden* 711

a) Wird im *Erkenntnisverfahren* gegenüber dem Anspruch des Nachlassgläubigers auf Zahlung vom Erben die Einrede erhoben, ergeben sich für das Prozessgericht zwei Möglichkeiten[60]. Das Gericht prüft nach, ob die Einrede begründet ist. Kommt es zum Ergebnis, dass der Nachlass völlig erschöpft ist, weist es die Klage ab (**Fall c**, 1. Frage). Sind noch einzelne Nachlassgegenstände vorhanden (**Fall c**, 2. Frage), kommt es bei entsprechendem Klageantrag zu einer Verurteilung des Erben, die Zwangsvollstreckung in die genannten Gegenstände zu dulden (vgl. § 1990 I 2). Das Gericht braucht aber nicht so vorzugehen. Selbst wenn der beklagte Erbe Beweis für die Tatsachen, die die Einrede rechtfertigen, angetreten hat, kann das Gericht den Beklagten nach Klageantrag verurteilen und in den Urteilstenor den Satz aufnehmen: »Dem Beklagten wird die Beschränkung seiner Haftung auf den Nachlass vorbehalten«. In aller Regel verfahren die Gerichte dementsprechend. Das dient einer schnellen Beendigung dieses Prozesses. Die Prüfung der Frage der Haftungsbeschränkung wird damit in das Zwangsvollstreckungsverfahren verlagert.

Zu einer solchen Verurteilung unter Vorbehalt der beschränkten Erbenhaftung kommt es aber nur, wenn der Erbe die Einrede erhoben hat. Das muss bis zur letzten mündlichen Verhandlung der letzten Tatsacheninstanz geschehen[61]. Behauptet der Kläger gegenüber der Einrede des Beklagten Tatsachen, aus denen sich ergibt, dass der Erbe bereits unbeschränkbar haftet, muss das Gericht dem nachgehen[62]. Bestreitet der Beklagte die Tatsachen nicht oder werden sie vom Kläger bewiesen, so erfolgt eine Verurteilung ohne den entsprechenden Vorbehalt.

Bei begründeter Überschwerungseinrede kann dem Erben im Urteil vorbehalten werden, die Vollstreckung in Nachlassgegenstände durch Zahlung des Wertes abzuwenden (§ 1992 Satz 2).

b) Im *Zwangsvollstreckungsverfahren* wird zunächst der im Urteil enthaltene 712
Vorbehalt nicht beachtet. Der Gläubiger kann in das ganze Vermögen des Erben, also in den Nachlass und in das Eigenvermögen, vollstrecken. Wird aber vom Nachlassgläubiger in Gegenstände des Eigenvermögens vollstreckt, dann ist es Sache des Erben, sich dagegen zu wehren. Das geschieht durch Vollstreckungsgegenklage (§§ 780 I, 781, 785, 767 ZPO;)[63].

Voraussetzung ist, dass der Tenor des Urteils, aus dem vollstreckt wird, den Vorbehalt der Haftungsbeschränkung enthält (§ 780 I ZPO).

59 Vgl. dazu *Erman/Schlüter*, § 1990 Rdnr. 4 und § 1992 Rdnr. 5; *Lange/Kuchinke*, § 49 VIII 8 b FN 216.

60 Vgl. BGH NJW 1983, 2378, 2379; ZVR Rdnr. 1386.

61 Ausnahme: BGHZ 17, 69.

62 Vgl. aber *Stein/Jonas/Münzberg*, ZPO, 22. Aufl., § 780 Rdnr. 6.

63 ZVR Rdnr. 1378 ff.

Dieser Vorbehalt ist nach § 780 II ZPO ausnahmsweise nicht erforderlich, wenn der Fiskus als gesetzlicher Erbe verurteilt ist (Grund: Er haftet immer nur beschränkt) oder wenn das Urteil gegen einen Nachlasspfleger (-verwalter) bzw. einen verwaltenden Testamentsvollstrecker ergangen ist (Grund: Sie können auf eine Haftungsbeschränkung nicht verzichten). Auch dann, wenn aus einem gegen den Erblasser erstrittenen Urteil nach Umschreibung der Vollstreckungsklausel (§ 727 ZPO) vollstreckt wird, muss dem Erben die Vollstreckungsgegenklage zugestanden werden, ohne dass der Titel den Vorbehalt enthält; denn in dem Prozess gegen den Erblasser konnte die Einrede noch nicht erhoben werden.

Ziel der Vollstreckungsgegenklage ist es, dass die Zwangsvollstreckung in die nicht zum Nachlass gehörenden Gegenstände für unzulässig erklärt wird. In diesem Prozess muss der Erbe die Voraussetzungen der Einrede behaupten und beweisen.

Die Einreden greifen auch gegenüber einem solchen Nachlassgläubiger durch, der nach dem Erbfall ein dingliches Sicherungsrecht im Wege der Zwangsvollstreckung oder eine Vormerkung durch einstweilige Verfügung erlangt hat (§ 1990 II); denn oft treten die Voraussetzungen der Einreden erst ein oder werden erst dann offenbar, wenn bereits Vollstreckungsmaßnahmen gegen den Erben ergangen sind[64].

Ist von der Zwangsvollstreckungsmaßnahme das Eigenvermögen des Erben betroffen, so hat dieser die Vollstreckungsgegenklage gem. den §§ 785, 767 ZPO; auf diesen Fall ist nämlich § 784 I ZPO entsprechend anzuwenden. Diese Bestimmung gibt dem Erben die Vollstreckungsgegenklage, wenn Nachlassverwaltung angeordnet oder das Nachlassinsolvenzverfahren eröffnet ist; der Erbe darf aber dann nicht schlechter behandelt werden, wenn mangels Masse ein solches Verfahren nicht in Betracht kommt.

§ 1990 II kann aber auch eingreifen, wenn der Nachlassgläubiger in den Nachlass vollstreckt und dabei schon ein Sicherungsrecht erlangt hat. Zwar muss der Erbe nach § 1990 I 2 grundsätzlich die Vollstreckung in den Nachlass dulden. Soweit er jedoch die Befriedigung der Nachlassgläubiger nach § 1990 I 1 verweigern kann (weil z. B. die Vollstreckung die vom Erben nach § 1991 IV zu beachtende Rangfolge beeinträchtigt oder dem Erben selbst ein Aufwendungsersatzanspruch gegen den Nachlass zusteht, der sonst nicht befriedigt werden könnte), steht dem Erben auf Grund des § 1990 II die Vollstreckungsgegenklage zu[65].

Vollstreckt ein Eigengläubiger des Erben in den Nachlass, so kann bei Nachlassverwaltung der Verwalter dagegen mit der Vollstreckungsgegenklage vorgehen (§ 784 II ZPO). Dieses Recht steht richtiger Ansicht nach unter den Voraussetzungen der §§ 1990, 1992

64 *Staudinger/Marotzke*, § 1990 Rdnr. 25.

65 Vgl. dazu *Erman/Schlüter*, § 1990 Rdnr. 9; *Staudinger/Marotzke*, § 1990 Rdnr. 24 ff.

auch dem Erben in entsprechender Anwendung des § 784 II ZPO zu; denn in diesen Fällen fungiert der Erbe selbst als Verwalter des Nachlasses[66].

4. Materielle Wirkung der Einreden 713

a) Die Einreden führen nicht zu einer Trennung des Nachlasses vom Eigenvermögen des Erben, wie das bei Nachlassverwaltung und Nachlassinsolvenzverfahren der Fall ist. Wohl aber werden die beiden Vermögensmassen als getrennt behandelt, wenn der Erbe sich gegenüber dem Anspruch eines Nachlassgläubigers auf eine der Einreden beruft. Nach § 1991 II gelten die beim Erbfall durch Konfusion und Konsolidation erloschenen Rechtsverhältnisse (Rdnr. 680) im Verhältnis zwischen diesem Gläubiger und dem Erben als nicht erloschen.

Beruft sich der Erbe gegenüber einem Nachlassgläubiger auf § 1990, so ist bei der Feststellung des Nachlassbestandes eine durch Konfusion erloschene Forderung des Erben gegen den Erblasser zu den Passiva des Nachlasses zu rechnen. Aber im Verhältnis zu anderen Gläubigern des Erben bleibt es bei der Konfusion; diese Gläubiger können also die Forderung z. B. nicht pfänden.

Obwohl es bei der Einrede nicht zu einer Vermögenstrennung kommt, ist der Erbe im Verhältnis zum Nachlassgläubiger hinsichtlich seiner Verantwortlichkeit (Rdnr. 682 f.) und seines Aufwendungsersatzanspruches (Rdnr. 686) so zu behandeln, als ob es zu einer Trennung der Massen durch Nachlassverwaltung oder -insolvenzverfahren gekommen wäre (§ 1991 I).

Ersatzansprüche gegen den Erben sind zu den Aktiva, Aufwendungsersatzansprüche des Erben zu den Passiva des Nachlasses zu zählen.

b) Da der Erbe in den Fällen der §§ 1990, 1992 selbst als Verwalter des Nachlasses fungiert, fragt es sich, ob er bei der Befriedigung der Nachlassgläubiger eine bestimmte Reihenfolge einzuhalten hat. Das Gesetz stellt in § 1991 III, IV zwei Spezialregeln auf. Daraus folgt im Umkehrschluss, dass der Erbe im Regelfall nicht verpflichtet ist, die Gläubiger in einer bestimmten Reihenfolge zu befriedigen; dem wäre der Erbe meist nicht gewachsen[67]. 714

In folgenden Fällen muss der Erbe eine bestimmte Reihenfolge beachten:

(1) Die rechtskräftige Verurteilung des Erben zur Befriedigung eines bestimmten Gläubigers wirkt einem anderen Gläubiger gegenüber wie die Befriedigung (§ 1991 III). Der Erbe darf andere Gläubiger insoweit nicht befriedigen, als dadurch der titulierte Anspruch des Gläubigers beeinträchtigt wird. Somit

66 H. M.; vgl. *Jauernig/Stürner*, § 1990 Rdnr. 8; *Lange/Kuchinke*, § 49 VIII 8 e FN 230; *Stein/Jonas/Münzberg*, § 784 Rdnr. 5.

67 Vgl. Prot. V, 800.

hat der Gläubiger mit einem rechtskräftigen Titel den Vorrang vor den anderen Gläubigern[68].

Beachtet der Erbe den Vorrang nicht, macht er sich schadensersatzpflichtig und haftet mit seinem Eigenvermögen (§§ 1991 I, 1978)[69].

Dem Gläubiger nach § 1991 III ist der Erbe gleichzustellen, der selbst eine Forderung gegen den Nachlass hat; denn er kann sich selbst nicht verklagen.

(2) Für Pflichtteilsrechte, Vermächtnisse und Auflagen gilt die Regelung, die für das Insolvenzverfahren in § 327 I InsO getroffen ist (§ 1991 IV). Diese Verbindlichkeiten sind also erst nach den anderen in einer bestimmten Reihenfolge zu erfüllen, bei gleichem Rang im Verhältnis ihrer Beträge.

Eine Verpflichtung des Erben, diese Rangfolge zu beachten, besteht erst dann, wenn er weiß oder schuldhaft nicht weiß, dass der Nachlass nicht ausreicht. In diesem Fall macht sich der Erbe bei Nichtbeachtung des § 1991 IV schadensersatzpflichtig (§§ 1991 I, 1978). Die Leistung an den minderberechtigten Gläubiger ist wie eine unentgeltliche Verfügung des Erben anfechtbar (§ 5 AnfG). Der Erbe kann gegen den minderberechtigten Gläubiger auch einen Bereicherungsanspruch haben (§§ 812, 813, 814), wenn die Nachlassgläubiger die Befriedigung nicht gegen sich gelten zu lassen brauchen (vgl. § 1979).

Im **Fall d** hätte der Erbe zunächst die Forderung des H befriedigen müssen. Der Rest von 1500,– € hätte im Verhältnis von 2:1 unter die Vermächtnisnehmer V und X verteilt werden müssen. H und X haben also einen Schadensersatzanspruch von je 500,– € gegen E.

Die ausgeschlossenen und säumigen Gläubiger (§§ 1973 f.; Rdnr. 665 und 668) sind nach den übrigen Gläubigern, aber vor den in § 1991 IV genannten zu befriedigen[70].

715 III. Ausschließungs- und Verschweigungseinrede (§§ 1973, 1974)

Die Ausschließungseinrede (§ 1973) sowie die Verschweigungseinrede (§ 1974) können nur gegenüber dem Anspruch des Gläubigers erhoben werden, der im Aufgebotsverfahren ausgeschlossen worden ist oder der seinen Anspruch erst fünf Jahre nach dem Erbfall geltend macht. Wegen der Einzelheiten wird auf die Rdnr. 665 und 668 verwiesen.

68 **H. M.**; *Palandt/Edenhofer*, § 1991 Rdnr. 4; *Soergel/Stein*, § 1991 Rdnr. 7; **anders** *Lange/Kuchinke*, § 49 VIII 4 b FN 197.

69 RGZ 139, 199, 202.

70 *Palandt/Edenhofer*, § 1991 Rdnr. 4; MünchKomm/*Siegmann*, § 1991 Rdnr. 10.

IV. Zusammenfassung 716

Nach Annahme der Erbschaft können dem Erben aufschiebende Einreden, nämlich die Dreimonatseinrede und die Einrede des schwebenden Aufgebotsverfahrens zustehen. Sie führen bei Erhebung der Einrede zu einer Verurteilung unter Vorbehalt und hindern in der Zwangsvollstreckung eine Verwertung des Pfändungspfandrechts, wenn der Erbe Vollstreckungsgegenklage erhebt.

Die Unzulänglichkeitseinrede steht dem Erben zu, wenn Nachlassverwaltung und -insolvenzverfahren mangels einer den Kosten entsprechenden Masse nicht infrage kommen. Die Überschwerungseinrede greift ein, wenn die Überschuldung des Nachlasses nur auf Vermächtnissen und Auflagen beruht. Wird eine dieser Einreden im Prozess erhoben, kann das Gericht deren Begründetheit nachprüfen oder den Erben ohne Nachprüfung unter Vorbehalt der Haftungsbeschränkung auf den Nachlass verurteilen. Im letzten Fall ist es Sache des Erben, sich durch Vollstreckungsgegenklage gegen eine Zwangsvollstreckung des Nachlassgläubigers in das Eigenvermögen des Erben zu wehren.

Gegenüber einem im Aufgebotsverfahren ausgeschlossenen Gläubiger hat der Erbe die Ausschließungseinrede, gegenüber einem Gläubiger, der seine Forderung erst später als fünf Jahre nach dem Erbfall geltend macht, die Verschweigungseinrede. Das Gericht kann die Einrede im Prozess nachprüfen oder aber die Nachprüfung dem Zwangsvollstreckungsverfahren überlassen.

Die Einreden der Erben

I. Aufschiebende Einreden (§§ 2014–2017)
1. Arten
   a) Dreimonatseinrede (§ 2014)
   b) Aufgebotseinrede (§ 2015)
2. Wirkungen
   a) prozessual:
      aa) im Erkenntnisverfahren Verurteilung des Erben unter Vorbehalt der beschränkten Erbenhaftung (§§ 305, 780 I
      bb) in der Zwangsvollstreckung Verhinderung der Verwertung durch Vollstreckungsgegenklage (§§ 782, 785, 767 ZPO)
   b) materiell: vorübergehendes Recht, die Befriedigung von Nachlassverbindlichkeiten zu verweigern ⇒ kein Schuldnerverzug (str.)

II. Unzulänglichkeitseinreden
1. Arten
   a) Dürftigkeitseinrede (§ 1990)
   b) Überschwerungseinrede (§ 1992)

2. Wirkungen
   a) prozessual:
      aa) im Erkenntnisverfahren Klageabweisung oder Verurteilung zur Duldung der Zwangsvollstreckung in die noch vorhandenen Gegenstände oder Verurteilung unter dem Vorbehalt der beschränkten Erbenhaftung
      bb) in der Zwangsvollstreckung Verhinderung der Vollstreckung in das Eigenvermögen durch Vollstreckungsgegenklage (§§ 780 I, 781, 785, 767 ZPO)
   b) materiell:
      aa) Nachlass und Eigenvermögen werden als getrennt behandelt, wenn der Erbe sich auf eine der Einreden beruft (§ 1991 I, II)
      bb) besondere Regeln für die Befriedigung der Nachlassgläubiger (§ 1991 III, IV)

III. Ausschließungs- und Verschweigungseinrede (§§ 1973, 1974)

717
§ 41 Die Haftung der Miterben

Schrifttum: *Börner*, Das System der Erbenhaftung, JuS 1968, 108; *Harder/Müller-Freienfels*, Grundzüge der Erbenhaftung, JuS 1980, 879; *Hoepfner*, Grundzüge der Erbenhaftung, Jura 1982, 169; *H. P. Westermann*, Haftung für Nachlaßschulden bei Beerbung eines Personengesellschafters durch eine Erbengemeinschaft, AcP 173, 24.

Fälle:

a) E hinterlässt als Erben zu gleichen Teilen seine Söhne A, B und C. Der Nachlass ist bisher nicht auseinander gesetzt. Der Nachlassgläubiger X möchte wegen einer Forderung von 15 000,– € in den Nachlass vollstrecken; wie muss er vorgehen? Ändert sich etwas, wenn X den Erbanteil des A pfänden möchte? **(Rdnr. 723, 724)**

b) Im Fall a verspricht eine Vollstreckung in den Nachlass keinen Erfolg. Kann X sich an das Eigenvermögen des wohlhabenden B halten? Ist es von Bedeutung, ob B die Möglichkeit zur Haftungsbeschränkung schon verloren hat? **(Rdnr. 728)**

c) A hat vor der Teilung ein privates Aufgebotsverfahren betrieben. Gleichwohl hat X seine Nachlassforderung, von der C allerdings wusste, nicht angemeldet. Wie haften A und C dem X nach der Teilung? **(Rdnr. 731)**

I. Grundzüge

1. *Haftungsmöglichkeiten und Interessenlage*

a) Besonderheiten für die Erbenhaftung ergeben sich, wenn mehrere Personen erben. Hier taucht nicht nur das Problem auf, ob der einzelne Miterbe unbeschränkt oder beschränkt haftet. Hinzu kommt noch die Frage, ob der Miterbe als Gesamtschuldner auf das Ganze haftet oder ob nur eine Teilhaftung entsprechend der Erbquote in Betracht kommt.

Bei vier Erben mit gleicher Quote und einer Nachlassverbindlichkeit in Höhe von 4000,– € ergeben sich somit die Fragen, ob jeder Miterbe gesamtschuldnerisch 4000,– € schuldet oder teilschuldnerisch nur 1000,– €, und ferner, ob er nur mit seinem Anteil am Nachlass oder auch mit seinem Eigenvermögen haftet.

Denkbar sind vier Haftungsmöglichkeiten:
- unbeschränkt und gesamtschuldnerisch,
- beschränkt und gesamtschuldnerisch,
- unbeschränkt und teilschuldnerisch,
- beschränkt und teilschuldnerisch.

b) Ähnlich wie bei der Haftung des Alleinerben (Rdnr. 643 ff.) stehen sich 718
auch hier widerstreitende Interessen der Nachlassgläubiger, der Eigengläubiger und der Erben gegenüber. Die Eigengläubiger eines Miterben sind hinreichend geschützt, wenn ihnen das Eigenvermögen des Miterben haftet; zu diesem Vermögen gehört auch der gesamthänderische Anteil des Miterben am Nachlass. Die Interessen der Nachlassgläubiger sind genügend berücksichtigt, wenn diese sich wegen ihrer Nachlassforderung an den Nachlass und den Anteil eines jeden Miterben am Nachlass halten können. Das ist jedoch nur so lange möglich, wie der Nachlass noch nicht unter den Miterben aufgeteilt ist. Nach erfolgter Nachlassteilung sind die Nachlassgläubiger besonders schutzwürdig; hier wird eine gesamtschuldnerische und unbeschränkte Haftung jedes Miterben ihren Interessen am besten gerecht. Andererseits muss dem Miterben auch jetzt noch die Möglichkeit eingeräumt werden, seine Haftung zu beschränken, sofern er dieses Recht nicht schon verloren hat.

2. *Gesetzliche Interessenbewertung* 719

Das Gesetz unterscheidet zunächst danach, ob die Nachlassforderung gegen alle Miterben oder nur gegen einzelne Miterben gerichtet ist.

a) Handelt es sich um eine *gemeinschaftliche Nachlassverbindlichkeit aller Miterben*, geht § 2058 grundsätzlich davon aus, dass jeder Miterbe sowohl mit seinem Anteil am Nachlass als auch mit seinem Eigenvermögen haftet. Dieser

Grundsatz wird jedoch durchbrochen. Dabei kommt es je nach der Interessenlage darauf an, ob der Nachlass noch ungeteilt oder bereits geteilt ist.

(1) Bei *ungeteiltem Nachlass* geht das Gesetz davon aus, dass der Nachlass einerseits und die Eigenvermögen der Erben andererseits noch hinreichend voneinander abgesondert sind.

(a) Gegen alle Miterben in ihrer Gesamtheit hat der Nachlassgläubiger das Recht auf Befriedigung aus dem ungeteilten Nachlass (§ 2059 II).

(b) Der einzelne Miterbe kann erreichen, dass er dem Nachlassgläubiger bis zur Nachlassteilung nur mit seinem Anteil am Nachlass haftet (vgl. § 2059 I 1). Diese Haftung des Miterben reicht dem Gesetzgeber zum Schutz des Nachlassgläubigers aus, weil der einzelne Miterbe allein über Nachlassgegenstände nicht verfügen und somit den Nachlass nicht schmälern kann. Hat der Miterbe allerdings sein Recht, die Haftung zu beschränken, allen Nachlassgläubigern oder dem einzelnen Nachlassgläubiger gegenüber verloren, haftet er bis zur Nachlassteilung auch mit seinem gesamten Eigenvermögen, jedoch nur entsprechend seiner Erbquote (Teilhaftung; § 2059 I 2). Dem Gesetzgeber erscheint eine unbeschränkte und gesamtschuldnerische Haftung des Miterben vor der Nachlassteilung als unbillig streng, zumal der Nachlassgläubiger sich an den noch ungeteilten Nachlass halten kann.

(2) *Nach der Nachlassteilung* ist die Lage des Nachlassgläubigers schlechter, da der ungeteilte Nachlass als Haftungsobjekt weggefallen ist. Der einzelne Miterbe kann über die ihm zugefallenen Gegenstände frei verfügen. Deshalb ist der Nachlassgläubiger jetzt schutzwürdiger als vor der Teilung. Darum sieht das Gesetz eine unbeschränkte, aber beschränkbare und grundsätzlich gesamtschuldnerische Haftung des Miterben vor (vgl. § 2058). Ausnahmsweise, nämlich in den Fällen der §§ 2060, 2061, kommt nur eine Teilhaftung in Frage. Eine Nachlassverwaltung ist nicht mehr zulässig (§ 2062), da der Nachlass verteilt ist. Hat ein Miterbe ein Inventar errichtet, so kommt das auch jedem anderen Miterben zustatten, sofern er noch nicht unbeschränkbar haftet (§ 2063).

720 b) Sind nur *einige Miterben* mit einer Nachlassverbindlichkeit belastet (ist z. B. ein Vermächtnis oder eine Auflage nicht allen Miterben auferlegt; vgl. § 2046 II), scheidet eine Verpflichtung der davon nicht betroffenen Miterben aus.

Soweit für einzelne Miterben derselbe erbrechtliche Haftungsgrund eingreift, besteht nach § 2058 eine gesamtschuldnerische Haftung.

721 II. Haftung vor der Nachlassteilung

1. *Haftung bis zur Annahme der Erbschaft*

Bis zur Annahme der Erbschaft bestehen keine Besonderheiten gegenüber der Haftung des Alleinerben. Über Annahme und Ausschlagung bestimmt jeder

Erbe selbstständig. Vor der Annahme können Miterben ebenso wenig wie Alleinerben gerichtlich in Anspruch genommen werden (§ 1958).

Die Rechtsstellung des vorläufigen Miterben entspricht auch im Übrigen der des vorläufigen Alleinerben (vgl. Rdnr. 315).

2. *Haftung zwischen Annahme und Teilung der Erbschaft* 722

a) *Gesamtschuld- und Gesamthandsklage:*

(1) Die Miterben haften für gemeinschaftliche Nachlassverbindlichkeiten als Gesamtschuldner (§ 2058). Auch vor der Teilung kann daher ein Nachlassgläubiger jeden Miterben als Gesamtschuldner in Anspruch nehmen (*Gesamtschuldklage*). Als Gesamtschuldner haftet ein Miterbe grundsätzlich mit seinem Eigenvermögen, einschließlich seines Miterbenanteils (vgl. § 859 II ZPO[71]); jedoch hat er die Möglichkeit, seine Haftung auf den Erbanteil zu beschränken (§ 2059; Rdnr. 728). Mit der Gesamtschuldklage kann der Nachlassgläubiger auch mehrere oder alle Miterben gleichzeitig oder nacheinander belangen.

Mehrere gleichzeitig als Gesamtschuldner verklagte Miterben sind keine notwendigen Streitgenossen. Der als Gesamtschuldner in Anspruch genommene Miterbe kann von den anderen Miterben Ausgleichung verlangen nach dem Verhältnis der einzelnen Erbanteilsquoten und unter Berücksichtigung ausgleichspflichtiger Vorempfänge (§§ 426, 2050 ff.).

(2) Der Nachlassgläubiger kann auch alle Miterben gleichzeitig als Gesamthänder in Anspruch nehmen und Befriedigung aus dem ungeteilten Nachlass verlangen (§ 2059 II; *Gesamthandsklage*; **Fall a**). Während mit der Gesamtschuldklage das Eigenvermögen des einzelnen Miterben belangt wird, richtet sich also die Gesamthandsklage gegen den gesamthänderisch gebundenen Nachlass (vgl. § 747 ZPO). 723

Werden die Miterben gemeinschaftlich mit der Gesamthandsklage in Anspruch genommen, so sind sie notwendige Streitgenossen (§ 62 ZPO)[72].

(3) Dem Gläubiger steht es frei, ob er die Gesamtschuld- oder die Gesamthandsklage erhebt (**Fall a**). Er kann auch von einem Klagebegehren zum anderen übergehen (§ 264 Nr. 2 ZPO). Schließlich darf er mit beiden Klagen gleichzeitig vorgehen, da sie auf die Vollstreckung in verschiedene Vermögensmassen gerichtet sind (Eigenvermögen und Nachlass). 724

Welche von beiden Klagen vorliegt, ist durch Auslegung zu ermitteln. Zur Vollstreckung in den Nachlass genügt ein gegen alle Erben ergangenes Urteil (§ 747 ZPO), gleichgültig, ob es sich um ein Gesamthands- oder Gesamtschuldurteil handelt. Ferner reicht es aus, dass der Gläubiger gegen alle Erben in verschiedenen Prozessen obsiegende Urteile erlangt; denn wenn damit alle Erbteile der Vollstreckung zugänglich sind, so muss

71 ZVR Rdnr. 37, 785.
72 BGH NJW 1963, 1611.

dasselbe für die ganze Erbschaft gelten[73] (**Fall a**). Zur Vermeidung von Nachteilen empfiehlt es sich für den Erben immer, sich die Beschränkung seiner Haftung vorzubehalten (§ 780 ZPO), solange der Gläubiger nicht eindeutig beantragt, dass er lediglich die Duldung der Zwangsvollstreckung in den Nachlass oder bestimmte Miterbenanteile begehrt.

Vollstreckt der Gläubiger auf Grund eines Gesamthandstitels in den zum Eigenvermögen gehörenden Miterbenanteil, so hat der Miterbe die Erinnerung nach § 766 ZPO; denn zur Pfändung in Eigenvermögen ist ein Gesamtschuldtitel gegen den betroffenen Miterben erforderlich (vgl. § 859 II ZPO; **Fall a**). Umgekehrt ist § 766 ZPO auch gegeben, wenn lediglich auf Grund eines Gesamtschuldtitels gegen einzelne Miterben in den Nachlass vollstreckt wird (§ 747 ZPO[74]).

725 *b) Haftungsbeschränkung:*

Zum Verständnis der Haftungsbeschränkung im Verhältnis zwischen den Miterben und den Nachlassgläubigern ist davon auszugehen, dass die für den Alleinerben geltenden Haftungsbestimmungen (§§ 1967–2017) grundsätzlich auch für Miterben gelten. Die Regelung in den §§ 2058–2063 enthält für die Haftung der Miterben nur Ergänzungen. Soweit daher nichts Abweichendes vorgeschrieben ist, kann jeder Miterbe die Maßnahmen, die für die Haftungsbeschränkung eines Alleinerben vorgesehen sind, selbstständig ohne Mitwirkung der anderen Miterben ergreifen.

726 (1) Bei der *Verteidigung des Miterben gegenüber der Gesamthandsklage* ist zu berücksichtigen, dass der Gläubiger ohnehin nur die Duldung der Zwangsvollstreckung in den Nachlass verlangt (§ 2059 II). Deswegen sind gegenüber der Gesamthandsklage nur Einwände denkbar, die eine Haftung des Nachlasses abwehren, z. B. Erlöschen oder Verjährung der Nachlassforderung. Als erbrechtliche Besonderheiten sind hier allein die Schonungseinreden zu beachten: Auf Grund der *Dreimonatseinrede* und der *Aufgebotseinrede* kann der Miterbe bei einer Vollstreckung in den Nachlass die Verwertung mit aufschiebender Wirkung verhindern (§§ 2014–2017; §§ 782, 783, 785 ZPO[75]; Rdnr. 703 ff.).

Die Einleitung des Aufgebotsverfahrens kann jeder Miterbe beantragen, der noch nicht allen Nachlassgläubigern unbeschränkbar haftet (§ 991 I, III ZPO). Der Antrag kommt auch den übrigen Miterben zugute, soweit sie noch nicht unbeschränkbar haften (§ 997 I 1 ZPO).

727 (2) Bei der *Verteidigung des Miterben gegenüber der Gesamtschuldklage* ist entscheidend, dass der Miterbe grundsätzlich als Gesamtschuldner für die Nachlassverbindlichkeiten mit seinem Eigenvermögen einzustehen hat (§ 2058).

(a) Für die Beschränkung der Miterbenhaftung auf den Nachlass gelten zunächst die für den Alleinerben geltenden Regeln mit einigen Abweichungen:

73 H M.; MünchKomm/*Heldrich*, § 2059 Rdnr. 19.
74 ZVR Rdnr. 37, 1213.
75 ZVR Rdnr. 1388 ff.

Ohne Besonderheiten stehen auch dem Miterben die aufschiebenden Einreden der §§ 2014–2017, die Verschweigungseinrede (§ 1974) und die Unzulänglichkeitseinreden (§§ 1990–1992) zu. Die Ausschließungseinrede (§ 1973) besteht mit der Erweiterung, dass ein Ausschlussurteil zur beschränkten Haftung aller der Miterben führt, die noch nicht unbeschränkbar haften (§ 997 I 1 ZPO).

Die Inventarerrichtung hat bei Miterben die gleiche Wirkung wie beim Alleinerben (Rdnr. 674). Die Inventarfrist des § 1994 I 1 ist jedoch für jeden einzelnen Miterben gesondert zu bestimmen. Die Inventarerrichtung durch einen Miterben kommt auch den anderen Miterben zugute, soweit sie nicht schon unbeschränkbar für die Nachlassverbindlichkeiten haften (§ 2063 I). Inventarverfehlungen wirken nur in der Person des Erben, der sie begangen hat.

Die Eröffnung des Nachlassinsolvenzverfahrens kann jeder Miterbe beantragen. Das Gericht hat die anderen Miterben zu hören. Wird der Antrag nicht von allen Miterben gestellt, so ist die Überschuldung glaubhaft zu machen (§ 317 II 1 InsO).

(b) Neben diesen teilweise veränderten allgemeinen Bestimmungen gelten für 728
die Beschränkung der Haftung des Miterben bei der Gesamtschuldklage vor der Teilung die besonderen Vorschriften des § 2059 I:

Der einzelne Miterbe kann regelmäßig bis zur Nachlassteilung seine Haftung auf seinen Miterbenanteil beschränken (§ 2059 I 1; aufschiebende Einrede der beschränkten Miterbenhaftung). Der Nachlassgläubiger vermag also nur diesen Anteil zu pfänden und zu verwerten (§ 859 II ZPO[76]), dagegen nicht in das sonstige Eigenvermögen des Miterben zu vollstrecken (**Fall b**).

Haftet ein Miterbe aber bereits unbeschränkbar, so hat er darüber hinaus mit seinem Eigenvermögen für den Teil der Forderung einzustehen, der seinem Erbanteil entspricht (§ 2059 I 2; Teilhaftung). Ein Nachlassgläubiger kann also auf Grund der Gesamtschuldklage bis zur Teilung in den Erbanteil eines unbeschränkbar haftenden Miterben vollstrecken und außerdem in dessen Eigenvermögen bis zur Höhe des Bruchteils der gesamten Schuld, der dem Miterbenanteil entspricht (**Fall b**).

Bei den Rechten aus § 2059 I handelt es sich um Leistungsverweigerungsrechte, die der besonderen Geltendmachung durch den Miterben bedürfen.

Prozessual gelten für den Miterben gleichfalls die allgemeinen Bestimmungen über die Geltendmachung der beschränkten Erbenhaftung (§§ 780–785 ZPO). Der allgemeine Vorbehalt der Haftungsbeschränkung reicht auch im Fall des § 2059 I 1 aus; eine ausdrückliche Einschränkung, dass die Haftung bis zur Nachlassteilung auf den Miterbenanteil vorbehalten werde, ist nicht erforderlich, aber zulässig. Beschränkt der Nachlassgläubiger seinen Klageantrag bereits auf Duldung der Zwangsvollstreckung in den Miterbenanteil, so erübrigt sich ein Vorbehalt. Entsprechendes gilt, wenn der Gläubiger von vornherein nur einen Bruchteil der Nachlassforderung einklagt und dieser Bruchteil den Teil der Verbindlichkeit nicht übersteigt, für den der beklagte Miterbe nach § 2059 I 2

76 Einzelheiten: ZVR Rdnr. 785 ff.

mit seinem Eigenvermögen haften muss. Soweit Streit darüber besteht, ob der Nachlass noch ungeteilt ist, trifft den Erben die Beweislast.

729 **III. Haftung nach der Nachlassteilung**

1. Nachlassteilung

Der Nachlass ist als geteilt i.S.v. § 2059 anzusehen, wenn ein so erheblicher Teil der gesamthänderisch gebundenen Nachlassgegenstände in das Eigenvermögen der einzelnen Miterben übertragen ist, dass die Gesamthandsgemeinschaft der Miterben bei wirtschaftlicher Betrachtungsweise praktisch als aufgelöst erscheint. Maßgebend ist also weder die Verteilung nur einzelner, auch besonders wertvoller Gegenstände, noch ein Zurückbleiben weniger, bisher ungeteilter Sachen. Ob noch Nachlassverbindlichkeiten bestehen, ist unerheblich.

Sind erst einzelne Gegenstände verteilt, so gehören sie nicht mehr zum Nachlass, sondern zum Eigenvermögen der Miterben und sind damit gem. § 2059 I 1 vor der Teilung den Nachlassgläubigern entzogen. Die Gläubiger können nur auf die Ersatzansprüche aus den §§ 1978 II, 1991 I zurückgreifen[77].

730 *2. Gesamtschuldnerische Haftung*

Nach der Teilung des Nachlasses haften die Miterben gem. § 2058 als Gesamtschuldner mit ihrem Eigenvermögen für die verbliebenen gemeinschaftlichen Nachlassverbindlichkeiten. Die Nachlassgläubiger können sich also – von den Ausnahmen der §§ 2060, 2061 abgesehen – wegen der ganzen Forderung an jeden Miterben wenden (§ 421). Mit der Teilung gibt es keinen Nachlass und keine Miterbenanteile mehr. Dementsprechend entfällt auch eine Haftung der Gesamthand mit dem Nachlass (§ 2059 II) und eine beschränkte Haftung der Miterben mit ihren Erbanteilen (§ 2059 I 1); etwas anderes gilt nur für etwa noch ungeteilt verbliebene Gegenstände (vgl. auch § 2046 I 2).

731 *3. Haftungsbeschränkung*

a) Auch nach der Teilung des Nachlasses gelten zu Gunsten der Miterben grundsätzlich die *allgemeinen Bestimmungen*, die eine Haftungsbeschränkung des Alleinerben vorsehen. Einige Besonderheiten sind jedoch zu beachten: Bei dem Vorhandensein mehrerer Erben ist die Eröffnung des Insolvenzverfahrens auch nach der Teilung zulässig (§ 316 II InsO); zur Insolvenzmasse gehören hier insbesondere die noch nicht verteilten Erbschaftssachen sowie Ersatzan-

77 RGZ 89, 403, 408; *Palandt/Edenhofer*, § 2059 Rdnr. 3; **a. M.** MünchKomm/*Heldrich*, § 2059 Rdnr. 10 (Zugriff der Gläubiger auch auf die schon verteilten Gegenstände).

sprüche gegen einzelne Miterben aus den §§ 1978, 1980. Nachlassverwaltung scheidet nach der Teilung aus (§ 2062). Beruft sich ein Miterbe nach der Teilung auf die §§ 1990, 1992, so haftet er nur mit den Gegenständen, die er bei der Auseinandersetzung erhalten hat. Ersatzansprüche gegen einen Miterben aus den §§ 1991 I, 1978 gehören zu dem insoweit noch ungeteilten Nachlass.

b) Das Gesetz sieht durch besondere Vorschriften nach der Teilung eine Haftung des Miterben ausnahmsweise nur für den Teil einer Nachlassverbindlichkeit vor, der seinem Erbanteil entspricht. Diese Teilhaftung tritt ein ohne Rücksicht darauf, ob ein Miterbe noch beschränkbar oder bereits unbeschränkbar haftet.

Bei der Berechnung der Teilschuld eines Miterben sind Ausgleichungen gem. den §§ 2050 ff. unerheblich, da sie nur das Innenverhältnis zwischen den Miterben berühren.

(1) Ein Miterbe haftet anteilig in folgenden Fällen:

(a) gegenüber den durch *öffentliches Aufgebot des Nachlassgerichts* (§§ 1970–1973) ausgeschlossenen Nachlassgläubigern (§ 2060 Nr. 1). Das Ausschlussurteil muss vor der Teilung ergangen sein[78].

Das Aufgebot erstreckt sich hier auch auf die Gläubiger, denen der Miterbe unbeschränkbar haftet, ferner auf die Pflichtteilsberechtigten, Vermächtnisnehmer und Auflagebegünstigten. Im Aufgebot ist den Gläubigern die Teilhaftung besonders anzudrohen (§ 997 I 2 ZPO); dieses Aufgebot kann auch ein Miterbe beantragen, der unbeschränkbar haftet (§ 997 II ZPO).

(b) gegenüber allen Nachlassgläubigern, die auf das *öffentliche Privataufgebot eines Miterben* nicht binnen sechs Monaten ihre Forderung angemeldet haben und dem Erben zur Zeit der Teilung nicht bekannt sind (§ 2061).

Eine Teilhaftung setzt Aufgebot, Fristablauf und Teilung voraus; das Gesetz verlangt jedoch keine Durchführung des Aufgebotsverfahrens vor der Teilung (str.). – Anders als § 2060 Nr. 1 sieht § 2061 zwar nicht ausdrücklich vor, dass ein Privataufgebot auch die in § 1972 genannten Gläubiger (Pflichtteils-, Vermächtnis- und Auflagenberechtigte) ausschließt[79]. Die ausdrückliche Erwähnung in § 2060 Nr. 1 beruht aber lediglich darauf, dass diese Gläubiger von dem gerichtlichen Aufgebotsverfahren nach §§ 1970 ff. gem. § 1972 nicht erfasst werden. Für das private Aufgebotsverfahren gibt es keine dem § 1972 entsprechende Vorschrift, so dass hier eine besondere Erwähnung des der in § 1972 genannten Gläubiger entbehrlich ist. Deshalb erstreckt sich die Ausschlusswirkung des § 2061 nach h.M.[80] auch auf diese Gläubiger.

Das Privataufgebot eines Miterben kommt auch den Übrigen zugute (§ 2061 I 2). Gleichwohl kann eine unterschiedliche Haftung der Miterben eintreten, etwa wenn ein

78 *Bamberger/Roth/Lohmann*, § 2060 Rdnr. 4; MünchKomm/*Heldrich*, § 2060 Rdnr. 8; *Palandt/Edenhofer*, § 2060 Rdnr. 2; *Soergel/Wolf*, § 2060 Rdnr. 4; **a. M.** *Erman/Schlüter*, § 2060 Rdnr. 4; *Staudinger/Marotzke*, § 1960 Rdnr. 68.

79 *Lange/Kuchinke*, § 48 V.

80 MünchKomm/*Heldrich*, § 2061 Rdnr. 6; *Palandt/Edenhofer*, § 2061 Rdnr. 2; *Staudinger/Marotzke*, § 2061 Rdnr. 11.

Miterbe eine Nachlassforderung bei der Teilung kennt und demgemäß als Gesamtschuldner für die ganze Forderung haftet, während die Schuld den anderen unbekannt bleibt, so dass sie insoweit nur anteilig haften (**Fall c**).

(c) gegenüber den Gläubigern, die ihre *Forderung erst fünf Jahre nach dem Erbfall geltend machen*, außer wenn die Forderung in dieser Frist im Aufgebotsverfahren angemeldet oder den Miterben bekannt geworden ist (§ 2060 Nr. 2).

Die dinglich gesicherten Gläubiger des § 1971 werden nicht betroffen, wohl aber die aus Pflichtteilen, Vermächtnissen oder Auflagen Berechtigten i.S.d. § 1972.

(d) gegenüber allen Nachlassgläubigern bei *Durchführung des Nachlassinsolvenzverfahrens* infolge Masseverteilung oder durch einen Insolvenzplan (§ 2060 Nr. 3).

Nach h. M.[81] setzt die Teilhaftung eine Eröffnung des Nachlassinsolvenzverfahrens vor der Teilung voraus[82]. § 2060 Nr. 3 gilt entsprechend nach Beendigung der Nachlassverwaltung[83].

(2) Die Teilhaftung gem. den §§ 2060, 2061 tritt kraft Gesetzes ein und bewirkt unmittelbar eine beschränkte Haftung der Miterben. Die Miterben brauchen sich daher im Prozess nicht ausdrücklich darauf zu berufen. Es handelt sich um eine Einwendung, nicht um eine Einrede. Ist eine Teilhaftung bereits bis zum Schluss der letzten mündlichen Verhandlung gegeben, so darf nur eine anteilige Verurteilung ausgesprochen werden; ein Vorbehalt gem. § 780 ZPO kommt daher nicht in Betracht[84]. Treten die Voraussetzungen einer Teilhaftung später ein, so ist Vollstreckungsgegenklage gegen das unbeschränkt verurteilende Erkenntnis zu erheben (§ 767 ZPO).

Die Teilhaftung passt nur für teilbare Nachlassverbindlichkeiten. Bei unteilbarer Schuld entsteht entweder ein Schadensersatzanspruch wegen Nichterfüllung, oder es ist § 45 InsO sinngemäß anzuwenden[85].

732 IV. Haftung gegenüber einem Miterben als Nachlassgläubiger

Ist ein Miterbe Nachlassgläubiger, so fragt es sich, wie sich ihm gegenüber die Haftung der übrigen Miterben gestaltet. Die besondere Problematik, die der Gesetzgeber nicht gesehen hat, liegt in der Doppelstellung des Gläubigers: Er ist Nachlassgläubiger und gleichzeitig Miterbe.

81 MünchKomm/*Heldrich*, § 2060 Rdnr. 15; *Palandt/Edenhofer*, § 2060 Rdnr. 4; *Soergel/Wolf*, § 2060 Rdnr. 4, 9.

82 **A. A.** *Erman/Schlüter*, § 2060 Rdnr. 6; RGRK/*Kregel*, § 2060 Rdnr. 9.

83 *Lange/Kuchinke*, § 50 V 4 a d FN 76; MünchKomm/*Heldrich*, § 2060 Rdnr. 60.

84 H. M.; MünchKomm/*Heldrich*, § 2060 Rdnr. 3; **a. A.** *Lange/Kuchinke*, § 50 IV 2 e FN 53.

85 *Lange/Kuchinke*, § 50 V 4 b; MünchKomm/*Heldrich*, § 2060 Rdnr. 3.

1. *Vor der Nachlassteilung*

Vor der Nachlassteilung soll nach einer früher vertretenen Ansicht dem Erben nicht die Gesamtschuldklage, wohl aber die Gesamthandsklage und das Recht, die Miterben als Ausgleichungspflichtige (§ 426) in Anspruch zu nehmen, zustehen[86]. Die Gesamtschuldklage wurde mit der Begründung ausgeschlossen, dass im Innenverhältnis unter den Miterben nur eine anteilige Haftung stattfinde. Demgegenüber ist aber zu betonen, dass der den Anspruch erhebende Miterbe in seiner Eigenschaft als Nachlassgläubiger klagt, so dass ihm wie auch jedem sonstigen Nachlassgläubiger das Recht zusteht, die übrigen Miterben als Gesamtschuldner (auch durch Einzelklagen) zu belangen[87]. Allerdings darf dabei seine Miterbenstellung nicht außer Betracht bleiben[88]. Deshalb muss er von der Nachlassforderung den Betrag abziehen, der entsprechend seinem Erbteil auf ihn entfällt. Außerdem kann der Klageforderung ganz oder teilweise die Arglisteinrede entgegenstehen.

Beispiele für Arglisteinrede: Es entstünden besondere Verluste, weil es an bereiten Zahlungsmitteln fehlt, und das Zuwarten kann dem Miterben-Gläubiger zugemutet werden. Oder es besteht noch eine Schuld des Miterben gegenüber anderen Miterben, die in ihrer Höhe die Nachlassforderung erreicht[89].

Dem Miterben-Gläubiger gegenüber kann sich der Miterbe immer auf seine Haftungsbeschränkung berufen (§ 2063 II).

2. *Nach der Nachlassteilung*

Nach der Nachlassteilung steht dem Miterben-Gläubiger die Gesamtschuldklage zu. Das wurde auch von der früher vertretenen Ansicht zugestanden, die diese Klage vor der Teilung nicht zulassen wollte[90].

V. Zusammenfassung 733

Miterben haften für gemeinschaftliche Nachlassverbindlichkeiten als Gesamtschuldner. Vor der Nachlassteilung kann ein Nachlassgläubiger sowohl Befriedigung aus dem ungeteilten Nachlass verlangen (Gesamthandsklage) als auch jeden Miterben als Gesamtschuldner in Anspruch nehmen (Gesamtschuldkla-

86 RGZ 93, 196 f.; RG JW 1929, 584; *Planck/Ebbecke*, § 2039 Rdnr. 3.
87 BGH NJW-RR 1988, 710; BGH NJW 1963, 1611; *Kipp/Coing*, § 121 III 3; MünchKomm/*Heldrich*, § 2058 Rdnr. 28; RGRK/*Kregel*, § 2058 Rdnr. 7.
88 Vgl. dazu BGH NJW-RR 1988, 710 f.; *Schlüter*, Rdnr. 1212; *Staudinger/Marotzke*, § 2058 Rdnr. 43.
89 Vgl. BGH LM Nr. 1 zu § 2046 BGB.
90 RGZ 150, 344; siehe aber auch *Lange/Kuchinke*, § 50 VII 2 c.

ge). Bis zur Teilung haftet ein Miterbe jedoch grundsätzlich nur beschränkt mit seinem Erbanteil; hat er die Möglichkeit zur Haftungsbeschränkung bereits verloren, so ist er mit seinem sonstigen Eigenvermögen außerdem bis zur Höhe des Bruchteils der Gesamtschuld verantwortlich, der seinem Erbanteil entspricht. Nach der Teilung kann jeder Miterbe durch verschiedene Maßnahmen herbeiführen, dass er nur entsprechend seiner Erbberechtigung gesamtschuldnerisch haftet, gleichgültig, ob er bereits die Möglichkeit zur Haftungsbeschränkung verloren hat. Im Übrigen gelten die Bestimmungen über die Haftung des Alleinerben mit einigen Abweichungen.

Die Haftung der Miterben für gemeinschaftliche Nachlassverbindlichkeiten

I. Haftung vor der Teilung

1. bis zur Annahme der Erbschaft: keine gerichtliche Inanspruchnahme durch Nachlassgläubiger (§ 1958)
2. zwischen Annahme und Teilung der Erbschaft:
   a) Haftung für Nachlassverbindlichkeiten als Gesamtschuldner mit Eigenvermögen und Miterbenanteil (§ 2058) = Gesamtschuldhaftung
   aber: Möglichkeit der Haftungsbeschränkung auf den eigenen Anteil am Nachlass (§ 2059 I)
   b) gemeinsame Haftung aller Miterben mit dem ungeteilten Nachlass (§ 2059 II) = Gesamthandshaftung

II. Haftung nach der Teilung

1. Grundsatz: gesamtschuldnerische Haftung mit dem Eigenvermögen (§ 2058)
2. Ausnahme: Haftung nur für einen Teil der Nachlassverbindlichkeiten entsprechend dem Erbteil (§ 2060)

III. Haftung gegenüber einem Miterben als Nachlassgläubiger

1. Haftung vor der Teilung
   Gesamthandshaftung und (str.) Gesamtschuldhaftung unter Abzug des auf den eigenen Anteil entfallenden Betrages und mit Möglichkeit der Haftungsbeschränkung (§ 2063 II)
2. Haftung nach der Teilung
   gesamtschuldnerische Haftung

§ 42 Die Haftung von Vor- und Nacherben 734

Schrifttum: *Börner*, Das System der Erbenhaftung, JuS 1968, 108, 112.

Fälle:

a) Der Erblasser hat V zum Vorerben und N zum Nacherben eingesetzt. Nachlassgläubiger G will vor Eintritt des Nacherbfalls, aber nach Annahme der Nacherbschaft den N in Anspruch nehmen. **(Rdnr. 736)**

b) Vor Eintritt des Nacherbfalls hat V eine Nachlasserbenschuld gegenüber G begründet. Wer haftet dem G nach Eintritt des Nacherbfalls? **(Rdnr. 738)**

c) N hat die Haftung beschränkt, weil sich im Nachlass nur noch 1000,– € befanden. Was kann Nachlassgläubiger G tun, der dem Erblasser ein Darlehen von 2000,– € gegeben hatte, wenn V seine Haftung nicht beschränkt hatte? **(Rdnr. 738)**

Die allgemeinen Bestimmungen über die Erbenhaftung sind auf den Regelfall zugeschnitten, dass derjenige, der einmal Erbe geworden ist, auch Erbe bleibt. Sie sind deshalb nicht ohne weiteres auf die Haftung von Vor- und Nacherben anwendbar, weil die Erbschaft vor dem Eintritt des Nacherbfalls dem Vorerben und danach dem Nacherben zusteht. Hier haftet für die Nachlassverbindlichkeiten regelmäßig zunächst der Vorerbe und nach dem Nacherbfall der Nacherbe. Ausnahmen ergeben sich aus den §§ 2144–2146.

I. Haftung vor Eintritt des Nacherbfalls 735

1. Haftung des Vorerben

Für den Vorerben gelten vor dem Nacherbfall die Vorschriften über die Haftung des Alleinerben uneingeschränkt. Mehrere Vorerben haften wie Miterben.

Der Vorerbe haftet allerdings nicht für Vermächtnisse und Auflagen, mit denen der Erblasser nur den Nacherben beschwert hat.

2. Haftung des Nacherben 736

Der Nacherbe haftet vor dem Nacherbfall nicht. Die zu dieser Zeit bestehenden Beschränkungen des Vorerben und Rechte des Nacherben dienen der Erhaltung des Nachlasses für den Nacherben, verschaffen ihm aber noch nicht den Nachlass selbst, der die Haftungsgrundlage für Nachlassverbindlichkeiten bilden soll.

Das gilt auch dann, wenn der Nacherbe die Erbschaft schon vor Eintritt des Nacherbfalls annimmt. Im **Fall a** kann daher G nur V, nicht N in Anspruch nehmen. Auch für die dem Nacherben auferlegten Vermächtnisse und Auflagen tritt die Haftung erst mit dem Nacherbfall ein.

737 II. Haftung nach Eintritt des Nacherbfalls

1. *Haftung des Nacherben*

Nach Eintritt des Nacherbfalls haftet regelmäßig der Nacherbe wie ein Alleinerbe; mehrere Nacherben haften wie Miterben.

Für die Nachlassgläubiger ist es von erheblicher Bedeutung, von dem Eintritt des Nacherbfalls zu erfahren, da die Person des Schuldners wechselt. Deshalb hat der Vorerbe den Eintritt der Nacherbfolge dem Nachlassgericht anzuzeigen (§ 2146 I). Seine Anzeige wird durch die des Nacherben ersetzt (§ 2146 I 2). In dem praktisch häufigen Fall, dass der Nacherbfall mit dem Tode des Vorerben eintritt, trifft die Anzeigepflicht den Erben des Vorerben, nicht den Nacherben.

a) *Haftungsgrundlage*: Für die Haftung des Nacherben bestimmt das Gesetz zunächst die Grundlage neu, da die Verwaltung des Nachlasses durch den Vorerben den Bestand des Nachlasses erheblich verändert haben kann. Der Nacherbe haftet nicht mit dem Nachlass, wie dieser dem Vorerben angefallen ist, sondern mit dem, was er aus der Erbschaft erlangt, einschließlich der Ansprüche, die der Nacherbe gegen den Vorerben in dessen Eigenschaft als Vorerben erlangt (§ 2144 I). Gemeint sind die Ansprüche aus den §§ 2130, 2134, 2138 II.

b) *Haftungsbeschränkung*: Der Nacherbe kann die Haftung für Nachlassverbindlichkeiten nach den allgemeinen Vorschriften beschränken (§ 2144 I). Ordnungsgemäße Maßnahmen, die der Vorerbe zur Beschränkung der Erbenhaftung durchgeführt hat, kommen dem Nacherben zugute.

Das Gesetz bestimmt in § 2144 II zwar nur, dass die Inventarerrichtung durch den Vorerben dem Nacherben zustatten kommt. Doch dauern auch die übrigen haftungsbeschränkenden Maßnahmen fort. Für das Aufgebotsverfahren gelten die §§ 998, 997 I ZPO. Der Eintritt des Nacherbfalls ist allein kein Aufhebungsgrund für ein laufendes Insolvenzverfahren über den Nachlass. Die Nachlassverwaltung wird allerdings nur fortgesetzt, wenn ein Nachlassgläubiger sie beantragt hatte und Verhalten oder Vermögenslage des Nacherben die Fortdauer veranlassen (vgl. § 1981 II 1)[91]. Hat der Vorerbe haftungsbeschränkende Maßnahmen schon abgeschlossen und damit die Haftung beschränkt, so richtet sich die Haftung des Nacherben nach § 1973 (vgl. § 998 ZPO).

Hat der Vorerbe das Recht zur Haftungsbeschränkung bereits verloren, so wirkt das nicht gegen den Nacherben.

c) *Haftung im Verhältnis Vorerbe – Nacherbe*: Im Verhältnis zum Vorerben kann sich der Nacherbe auch dann auf die Beschränkung der Haftung berufen, wenn er den übrigen Nachlassgläubigern unbeschränkbar haftet (§ 2144 III). Denn der Vorerbe hätte selbst ein Inventar errichten können.

91 MünchKomm/*Grunsky*, § 2144 Rdnr. 5 f.

2. Haftung des Vorerben 738

Nach Eintritt des Nacherbfalls haftet der Vorerbe regelmäßig nicht mehr. Doch gelten weitreichende Ausnahmen.

a) *Alleinige Haftung des Vorerben*: Abgesehen von den Eigenverbindlichkeiten haftet der Vorerbe auch für die Nachlassverbindlichkeiten (Vermächtnisse und Auflagen) allein, mit denen der Erblasser nur ihn beschwert hat.

b) *Gesamtschuldnerische Haftung neben dem Nacherben*: Der Nachlassgläubiger kann wegen einer Nachlassschuld sowohl den Vorerben als auch den Nacherben in Anspruch nehmen, wenn vor Eintritt des Nacherbfalls der Vorerbe nach den allgemeinen Vorschriften unbeschränkbar haftete. Diese unbeschränkbare Haftung erlischt nach richtiger Ansicht nicht mit dem Nacherbfall[92]. Das ordnet zwar das Gesetz nicht ausdrücklich an; eine solche Haftung wird aber von § 2145 II als selbstverständlich vorausgesetzt.

Vorerbe und Nacherbe haften auch gesamtschuldnerisch für Verbindlichkeiten, die der Vorerbe im Verhältnis zum Nacherben zu tragen hat (z. B. Grundsteuern eines Nachlassgrundstücks für die Zeit vor dem Nacherbfall)[93].

Gleiches gilt schließlich für Verbindlichkeiten, die der Vorerbe vor dem Eintritt des Nacherbfalls als Nachlassverbindlichkeiten und zugleich als Eigenverbindlichkeiten begründet hatte. Hierzu zählen vor allem die Schulden, die im Rahmen der ordnungsgemäßen Verwaltung des Nachlasses begründet worden sind und für die der Vorerbe den Gläubigern gegenüber die persönliche Haftung nicht ausgeschlossen hat[94].

Im **Fall b** haften also V und N nebeneinander. – Wer im Innenverhältnis zwischen dem Vor- und dem Nacherben die Haftung zu übernehmen hat, richtet sich nach den §§ 2124 ff., 426.

c) *Subsidiäre Haftung nach dem Nacherben*: Soweit der Nacherbe nicht haftet, hat der Vorerbe auch nach Eintritt des Nacherbfalls für die Nachlassverbindlichkeiten einzustehen (§ 2145 I 1).

Das ist vor allem bedeutsam, wenn, wie im **Fall c**, der Nacherbe nur beschränkt haftet. V hat die 1000,– € zu zahlen, mit denen G bei einem Vorgehen gegen N ausfällt. Für den Fall, dass der Nacherbe zwar unbeschränkt haftet, er aber tatsächlich nichts hat, sieht das Gesetz eine subsidiäre Haftung des Vorerben nicht vor. Doch ist sie auch hier insoweit zu bejahen, als dem Vorerben Vorteile des Nachlasses verblieben sind.

92 *Soergel/Harder/Wegmann*, § 2145 Rdnr. 3; *Staudinger/Avenarius*, § 2145 Rdnr. 2; **a. A.** *Kipp/Coing*, § 52, vor I.
93 Vgl. *Palandt/Edenhofer*, § 2145 Rdnr. 1.
94 Vgl. *Erman/Schmidt*, § 2145 Rdnr. 4.

d) *Haftungsgegenstand*: Der Vorerbe haftet, wenn seine Haftung beschränkt ist, nur mit dem, was ihm aus dem Nachlass zusteht (§ 2145 II 1); die Erhebung der Dürftigkeitseinrede ist möglich (§ 2145 II 2).

739 III. Zusammenfassung

Die Haftung von Vor- und Nacherben für Nachlassverbindlichkeiten

I. Haftung vor Eintritt des Nacherbfalles
1. unbeschränkte, aber beschränkbare Haftung des Vorerben
2. keine Haftung des Nacherben

II. Haftung nach Eintritt des Nacherbfalles
1. unbeschränkte, aber beschränkbare (§ 2144) Haftung des Nacherben
2. Haftung des Vorerben
   a) Grundsatz: keine Haftung mehr
   b) Ausnahmen
      aa) alleinige Forthaftung für nur ihn betreffende Nachlassverbindlichkeiten
      bb) gesamtschuldnerische Haftung neben dem Nacherben in Sonderfällen
      cc) subsidiäre Haftung, soweit der Nacherbe nicht haftet (§ 2145)

VIII. Abschnitt

§ 43 Zuwendungen auf den Todesfall durch Rechtsgeschäfte unter Lebenden 740

Schrifttum: *Bartholomeyczik*, Erbeinsetzung, andere Zuwendungen und Erbschein, 5. Denkschrift, 1942, 168; *Boehmer*, Der Übergang des Pflichtlebens auf den Erben, RG-Festschrift, Bd. III, 1929, 289; *Bork*, Schenkungsvollzug mit Hilfe einer Vollmacht, JZ 1988, 1059; *Brun*, Die »postmortale Willenserklärung«, Jura 1994, 291; *Bühler*, Die Rechtsprechung des BGH zur Drittbegünstigung im Todesfall, NJW 1976, 1727; *Damrau*, Zuwendungen unter Lebenden auf den Todesfall, JurA 1970, 716; *Finger*, Der Vertrag zugunsten Dritter auf den Todesfall – BGHZ 46, 198, JuS 1969, 309; *ders.*, Die Formfrage beim Vertrag zugunsten Dritter auf den Todesfall, WM 1970, 374; *Hager*, Neuere Tendenzen beim Vertrag zu Gunsten Dritter auf den Todesfall, Festschrift f. v. Caemmerer, 1978, 127; *Harder*, Zuwendungen unter Lebenden auf den Todesfall, 1968; *ders.*, Das Valutaverhältnis beim Vertrag zugunsten Dritter auf den Todesfall, FamRZ 1976, 418; *Harder/Welter*, Drittbegünstigung im Todesfall durch Insichgeschäft, NJW 1977, 1139; *Henrich*, Die Anknüpfung von Spar- und Depotverträgen zugunsten Dritter auf den Todesfall, Festschrift f. Lorenz, 1991, 379; *Hopt*, Die Auswirkungen des Todes des Vollmachtgebers auf die Vollmacht und das zugrundeliegende Rechtsverhältnis, ZHR 1970, 305; *Imgrund/Reese*, Grundfälle zur gewillkürten Erbfolge, Jura 2006, 565; *Kegel*, Zur Schenkung auf den Todesfall, 1972; *Kuchinke*, Das versprochene Bankguthaben auf den Todesfall und die zur Erfüllung des Versprechens erteilte Verfügungsvollmacht über den Tod hinaus, FamRZ 1984, 109; *Kümpel*, Konto und Depot zugunsten Dritter auf den Todesfall, WM 1977, 1186; *Leipold*, Zuwendungen durch Vertrag zugunsten Dritter auf den Todesfall und Probleme im Valutaverhältnis, ZEV 2004, 121; *Martinek/Röhrborn*, Der legendäre Bonifatius-Fall – Nachlese zu einer reichsgerichtlichen Fehlentscheidung, JuS 1994, 473; *J. Mayer*, Ausgewählte erbrechtliche Fragen des Vertrages zu Gunsten Dritter, DNotZ 2000, 905; *Muscheler*, Vertrag zugunsten Dritter auf den Todesfall und Erbenwiderruf, WM 1994, 921; *Olzen*, Die vorweggenommene Erbfolge, 1984; *ders.*, Lebzeitige und letztwillige Rechtsgeschäfte, Jura 1987, 16, 116; *Otte*, Der Bonifatiusfall – RGZ 83, 223 ff. –, Jura 1993, 643; *D. Reinicke*, Die Bewirkung der schenkweise versprochenen Leistung, NJW 1970, 1447; *M. Reinicke*, Die unmittelbaren Schenkungen von Todes wegen, Diss. Münster, 1979; *Reischl*, Zur Schenkung von Todes wegen, 1996; *Schmidt-Kessel*, Wohin entwickelt sich die unbedingte, auf den Tod des Erblassers befristete Schenkung?, Festschrift f. Schippel, 1996, 317; *Schreiber*, Unentgeltliche Zuwendungen auf den Todesfall, Jura 1995, 159; *Seif*, Die postmortale Vollmacht, AcP 200, 192; *Vollkommer*, Erbrechtliche Gestaltung des Valutaverhältnisses beim Vertrag zugunsten Dritter auf den Todesfall, ZEV 2000, 10.

Fälle:

a) E verspricht seiner Haushälterin H in einer notariellen Urkunde, dass er ihr seine Wertpapiere schenke, damit sie und ihre Familie ein gutes Auskommen hätten. Die Übereignung soll erst nach dem Tod des E erfolgen. Hat H nach dem Tod des E gegen dessen Erben einen Anspruch auf Übereignung der Wertpapiere? **(Rdnr. 742)**

b) Kunstmaler E sendet seinem allein stehenden Freund F einen maschinengeschriebenen Brief: »Mein Bild ›Schwanensee‹; soll dir gehören, damit du stets eine Erinnerung an mich hast. Lass es mir, solange ich lebe, damit ich es auf Ausstellungen schicken kann.« F dankt postwendend. Nach dem Tod des E wollen dessen Erben dem F das Bild nicht geben, weil der Brief keine formgültige Vermächtnisanordnung enthalte. **(Rdnr. 746)**

c) Der schwer kranke Pfarrer E übergibt seinem Amtsbruder B verschiedene Wertpapiere zur Weiterleitung an Weihbischof W, der Vorstand des Bonifatius-Vereins ist. E erklärt dabei, die Papiere sollten nach seinem Tod dem Verein gehören. Am nächsten Tag stirbt E. Erst eine Woche später kommt B seinem Auftrag nach. Die Erben des E verlangen vom Bonifatius-Verein Herausgabe des Erhaltenen. **(Rdnr. 748, 749, 751, 752)**

d) E legt ein Sparkonto bei der Bank B an und nimmt jahrelang Einzahlungen und Abhebungen vor. Das Sparbuch ist auf den Namen seiner Schwester D ausgestellt, was diese nicht weiß. Nach dem Tod des E streiten dessen Kinder und D darüber, wem das Sparguthaben zusteht. **(Rdnr. 762, 765, 766, 772)**

e) Wie ist die Rechtslage, wenn E im **Fall d** mit B ausdrücklich vereinbart hat, dass der D nach seinem Tod ein Forderungsrecht gegen die Bank zustehen soll? **(Rdnr. 762, 765, 768)**

I. Überblick

Mit dem Ausdruck »Rechtsgeschäfte unter Lebenden (lebzeitige Zuwendungen, lebzeitige Verfügungen) auf den Todesfall« werden in Schrifttum und Rechtsprechung die Rechtsgeschäfte bezeichnet, welche tatbestandlich den § 2301 oder die §§ 331, 330 erfüllen, sowie jene Rechtsgeschäfte, auf die § 2301 nur deshalb nicht unmittelbar anwendbar ist, weil keine schenkweise Zuwendung vorliegt.

Mit einer lebzeitigen Zuwendung auf den Todesfall verfolgt der Zuwendende denselben *Zweck* wie mit der Verfügung von Todes wegen (Testament, Erbvertrag): Er ordnet seine Rechtsverhältnisse für die Zeit nach seinem Tod. Dabei bedient er sich jedoch der Mittel, die das BGB für Rechtsgeschäfte unter Lebenden zur Verfügung stellt, nämlich etwa des Schenkungsvertrages oder eines Vertrages zu Gunsten Dritter. Hierin liegt für ihn eine Erleichterung, da er sich dem (zum Teil) strengeren Form- und Typenzwang des Rechtsgeschäfts von Todes wegen entziehen kann.

Ob die Zuwendung unter Lebenden auf den Todesfall ein eigenes Rechtsinstitut ist oder ob sich unter der genannten Bezeichnung einmal ein Rechtsgeschäft unter Lebenden, ein andermal eine Verfügung von Todes wegen verbirgt, kann offen bleiben.

Die lebzeitigen Zuwendungen auf den Todesfall können sich wirtschaftlich als Zuwendungen aus dem Nachlass darstellen. Ist das der Fall, werden möglicherweise die Interessen von Nachlassgläubigern, Erben, Pflichtteilsberechtigten, Vermächtnisnehmern und Auflagenbegünstigten beeinträchtigt. Diese Problematik hat der Gesetzgeber nicht in ihrer ganzen Tragweite erkannt und daher eine nur unzulängliche Regelung geschaffen.

Lediglich § 2301 I setzt ausdrücklich rechtliche Schranken. Die Bestimmung unterstellt das zu Lebzeiten des Erblassers nicht vollzogene Schenkungsversprechen auf den Todesfall den Vorschriften über die Verfügung von Todes wegen. Das wirkt sich insbesondere wegen der strengen erbrechtlichen Formvorschriften (Rdnr. 758) auf die Wirksamkeit der Schenkung aus.

II. Schenkungen auf den Todesfall 741

Die Wirksamkeitsvoraussetzungen und Rechtsfolgen der Schenkungen auf den Todesfall sind verschieden, je nachdem, ob die Schenkung zu Lebzeiten des Erblassers vollzogen oder nicht vollzogen ist. Nach § 2301 II sind erstere als Schenkungen unter Lebenden zu behandeln; nach § 2301 I unterstehen Letztere dem Erbrecht. Voraussetzung für die Anwendung von § 2301 ist jedoch stets, dass die Schenkung auf den Todesfall erfolgt.

1. Begriff

a) Eine Schenkung auf den Todesfall liegt vor, wenn das Wirksamwerden eines Schenkungsversprechens durch den Tod des Zuwendenden befristet und durch das Überleben des Leistungsempfängers bedingt ist (vgl. § 2301 I 1).

Die rechtsgeschäftliche Leistungsverpflichtung muss also erstens durch den Tod des Leistenden aufschiebend befristet (vgl. § 163) und zweitens entweder durch das Überleben des Bedachten aufschiebend oder durch seinen Tod zu Lebzeiten des Verpflichteten auflösend bedingt sein (*Überlebensbedingung*)[1].

Ob die Leistungsverpflichtung durch das Überleben des Bedachten bedingt ist, muss durch Auslegung ermittelt werden. Ein solcher Wille des Erblassers liegt meist vor, wenn er den Gegenstand nur dem Bedachten zuwenden will[2]. Soll der Gegenstand auch den Erben des Bedachten zukommen, so steht das Rechtsgeschäft nicht unter der Bedingung des Überlebens des Zuwendungsempfängers. Regelmäßig wird eine Schenkung aber den Charakter einer höchstpersönlichen Zuwendung tragen[3].

b) Ist die Schenkung nicht im genannten Sinn befristet und bedingt, so handelt es sich um eine Schenkung unter Lebenden, auf die § 2301 nicht anwendbar ist. Diese Bestimmung greift also in folgenden Fällen *nicht* ein: 742

1 **H. M.**; z. B. *Bamberger/Roth/Litzenburger*, § 2301 Rdnr. 4; *Erman/Schmidt*, § 2301 Rdnr. 5; *Lange/Kuchinke*, § 33 II 1 a; *Palandt/Edenhofer*, § 2301 Rdnr. 3; *Staudinger/Kanzleiter*, § 2301 Rdnr. 10b; **a. M.** *Lipp*, Examens-Repetitorium Erbrecht, Rdnr. 162; MünchKomm/*Musielak*, § 2301 Rdnr. 9 (nur aufschiebende Bedingung).

2 Vgl. BGHZ 99, 101; OLG Hamm NJW-RR 2000, 1389, 1390; *Jauernig/Stürner*, § 2301 Rdnr. 2.

3 *Lange/Kuchinke*, § 33 II 1 FN 50.

(1) Die Schenkung ist nicht durch das Überleben des Bedachten bedingt; doch soll die Leistung erst beim Tod des Zuwendenden fällig sein (*betagte Schenkung*). Der Unterschied zur lebzeitigen Schenkung auf den Todesfall besteht darin, dass der Gegenstand dem Beschenkten nicht höchstpersönlich zugewandt werden soll.

Im **Fall a** liegt eine solche betagte Schenkung vor, da auch die Familie in den Genuss der Wertpapiere kommen soll; § 2301 greift nicht ein. H kann von den Erben die Übereignung der Wertpapiere verlangen (§§ 518 I 1, 516 I, 1967).

(2) Der Zuwendende will *zu seinen Lebzeiten eine Handschenkung* machen. Dazu bedient er sich eines Mittlers (z. B. eines Boten, Vertreters). Bevor dieser das Angebot zur Handschenkung (z. B. zur Übereignung der Sache) abgibt, stirbt der Zuwendende. In einem solchen Fall fehlen sowohl die für die Anwendung des § 2301 erforderliche Bedingung als auch die Befristung.

Beispiele: Der Zuwendende hatte seinem Schuldner in einem Brief schenkweise Erlass der Forderung angeboten. Hier kann der Zuwendungsempfänger das nach § 130 II weiterhin wirksame Einigungsangebot annehmen (vgl. § 153). Damit ist der Erlassvertrag zustande gekommen, die Forderung erloschen (§ 397) und die Leistung i.S.d. § 518 II bewirkt. – Entsprechendes gilt, wenn eine bewegliche Sache mittels Boten übereignet werden soll. Mit Annahme der Übereignungsofferte (§§ 929 Satz 1; 130; 153) und Besitzübertragung wird der Zuwendungsempfänger Eigentümer; auf einen möglicherweise entgegenstehenden Willen der Erben kommt es nicht an (dazu Rdnr. 752).

Zu (1) und (2): Zum Schutz der Pflichtteilsberechtigten und der Nachlassgläubiger vgl. Rdnr. 774 f.

743 2. *Vollzogene Schenkung auf den Todesfall*

Für die noch zu Lebzeiten des Erblassers vollzogene Schenkung auf den Todesfall gelten nach § 2301 II die Vorschriften über die Schenkung (§§ 516 ff.). Das bedeutet zunächst, dass mit dem Vollzug nach § 518 II Heilung des nicht in der nach § 518 I erforderlichen Form vorgenommenen Schenkungsvertrages erfolgt, der Zuwendungsempfänger also mit Rechtsgrund erwirbt.

Die unmittelbare Anwendung des § 518 II ist also nicht identisch mit derjenigen über § 2301 II[4]. Bei der Schenkung unter Lebenden kommt eine Heilung des Formmangels nach § 518 II auch noch durch eine Leistung (des Erben oder eines postmortalen Vertreters) nach dem Tod des Schenkers in Betracht. Dagegen kann die Schenkung auf den Todesfall gem. §§ 2301 II, 518 II nur durch Vollzug zu Lebzeiten des Zuwendenden geheilt werden; denn nachher gelten die Formvorschriften des Erbrechts.

4 BGH NJW 1987, 840.

Vollzug kommt sowohl dann in Betracht, wenn ihm ein Schenkungsversprechen auf den Todesfall vorausging, als auch dann, wenn der Vollzug mit dem Abschluss des Schenkungsvertrages zusammenfällt.

a) Voraussetzungen des Vollzugs **744**

In Rechtsprechung und Lehre ist umstritten, unter welchen Voraussetzungen ein Rechtsgeschäft i.S.d. § 2301 II vollzogen ist.

Nach dem Willen des Gesetzgebers liegt Vollzug vor, wenn der Zuwendende sein Vermögen »sofort und unmittelbar mindert«[5]. § 2301 will nach seinem Grundgedanken nur diejenigen lebzeitigen Verfügungen auf den Todesfall, die den Verfügungen von Todes wegen funktionell gleichartig sind, den Vorschriften des Erbrechts unterstellen. Die Verfügung von Todes wegen ist durch das Fehlen eines Vermögensopfers zu Lebzeiten des Erblassers gekennzeichnet. In den Fällen, in denen dieser zu seinen Lebzeiten sein Vermögen bereits gemindert hat, ist daher die Anwendung der Vorschriften über die Verfügungen von Todes wegen nicht gerechtfertigt.

Auch wenn man von diesem einfach klingenden Abgrenzungsmerkmal ausgeht, können die Anforderungen, die an den Vollzug einer lebzeitigen Verfügung auf den Todesfall zu stellen sind, im Einzelfall zweifelhaft sein; denn es bleibt zu klären, unter welchen Voraussetzungen eine unmittelbare Vermögensminderung vorliegt. Die Vermögensminderung muss einerseits ein Weniger gegenüber der unbedingten Übereignung an den Zuwendungsempfänger sein, da in diesem Fall schon eine wirksame Schenkung unter Lebenden vorliegt (§§ 516, 518). Sie muss andererseits in mehr als nur der schuldrechtlichen Verpflichtung zur Übereignung bestehen, wie die Regelung des § 2301 I, II zeigt.

Nach verbreiteter Formulierung wird ein Vollzug des Rechtsgeschäfts dann angenommen, wenn der Bedachte ein dingliches Anwartschaftsrecht auf den Erwerb der Sache erhalten hat; es soll genügen, dass der Dritte »eine Rechtsstellung erlangt, die der Schenker nicht mehr zerstören und beeinträchtigen kann«[6]. Richtiger erscheint es allerdings, dieses zutreffende Ergebnis nicht aus der Erwerbsperspektive des Zuwendungsempfängers zu formulieren, sondern mit den Motiven allein auf die Minderung des Vermögens des Erblassers nach Abschluss der Schenkung unter Lebenden auf den Todesfall und damit auf das Erfordernis des gegenwärtigen Vermögensopfers des Zuwendenden abzustellen[7].

In aller Regel führen beide unterschiedlichen Formulierungen nicht zu verschiedenen Ergebnissen; denn »das Vermögensopfer, das jener bringt, besteht eben in der für ihn bin-

5 Mot. V, 252.

6 OLG Hamburg NJW 1961, 76; ferner *Bamberger/Roth/Litzenburger*, § 2301 Rdnr. 13; *Staudinger/Kanzleiter*, § 2301 Rdnr. 23.

7 So *Kipp/Coing*, § 81 III 1 c; *G. und D. Reinicke*, NJW 1956, 1053, 1054.

denden dinglichen Erwerbsanwartschaft des Bedachten: Schon dadurch hat er endgültig sein Vermögen vermindert«[8].

Vollzug ist daher anzunehmen, wenn der Zuwendende (durch Einräumung eines Anwartschaftsrechts) sein Vermögen durch Beschränkung seiner Verfügungsmacht verringert. Die Rechtszuständigkeit braucht dabei noch nicht zu seinen Lebzeiten überzugehen.

Beispiel: Übereignung, die unter der aufschiebenden Bedingung und der Befristung des § 2301 I 1 erfolgt (vgl. § 161).

Selbst wenn die sachenrechtliche Güterzuordnung verändert wurde und die §§ 516, 518 nicht anwendbar sind, braucht kein Vollzug i.S.d. § 2301 II vorzuliegen.

So ist z. B. bei Übereignung einer Sache an einen fremdnützigen Verwaltungstreuhänder mit dem Auftrag, diese nach dem Tod des Erblassers einem Dritten schenkweise zu übereignen, das Vermögen des Erblassers wirtschaftlich noch nicht gemindert, da dieser, solange er lebt, von dem Treuhänder jederzeit die Rückübereignung an sich verlangen kann[9].

745 Zu weitgehend ist allerdings die sowohl in der Rechtsprechung[10] als auch im Schrifttum[11] anzutreffende Formulierung, eine Schenkung sei schon dann als vollzogen anzusehen, wenn sich der Rechtserwerb des Bedachten ohne weiteres Zutun des Erblassers oder des Erben von selbst vollendet.

Damit wird nämlich auf das Merkmal des gegenwärtigen Vermögensopfers des Erblassers verzichtet. So bleibt beim Vertrag zu Gunsten Dritter auf den Todesfall (Rdnr. 760 ff.), sofern nicht dem Dritten unwiderruflich das Recht zugewandt ist (vgl. § 328 II), dem Versprechensempfänger der wirtschaftliche Vermögenswert der Leistung des Versprechenden an den Dritten bis zu seinem Tod zugeordnet; von einem Vermögensopfer des Erblassers zu Lebzeiten kann folglich nicht gesprochen werden.

Als Formen des Vollzugs können solche unterschieden werden, bei denen ein Mittler beteiligt wird und solche, bei denen dies nicht geschieht.

746 *b) Vollzug ohne Beteiligung eines Mittlers*

(1) Nach dem oben Ausgeführten ist ein Vollzug stets zu bejahen, wenn der Zuwendende einen Gegenstand dem Empfänger unter der auflösenden oder aufschiebenden Bedingung sowie der Befristung des § 2301 I überträgt (heute wohl unstreitig).

8 Hk-BGB/*Hoeren*, § 2301 Rdnr. 32. Früher schon *Staudinger/Boehmer*, 11. Aufl., Einl. Erbrecht, S. 166, Nachtrag; zust. *Kipp/Coing*, § 81 III 1 c FN 33.

9 **A. M.** *Soergel/Wolf*, § 2301 Rdnr. 20.

10 BGH NJW 1970, 941 f., 1638; einschränkend: NJW 1974, 2319.

11 Vgl. *Palandt/Edenhofer*, § 2301 Rdnr. 8, 10 m. N.

Beispiele: A gibt seiner Haushälterin ein wertvolles Bild und erklärt, es soll ihr von seinem Tod an für immer gehören, wenn sie ihn überlebe (aufschiebende Bedingung), oder er sagt, es solle ihr zustehen, doch wenn sie vor ihm sterbe, wolle er es wiederhaben (auflösende Bedingung). – Im **Fall b** wollte E sich schon zu Lebzeiten binden. Daher enthält der Brief keine Vermächtnisanordnung, sondern ein Schenkungsversprechen. Aus den Umständen ergibt sich, dass F das Gemälde sofort übereignet werden sollte. Der Eigentumserwerb war jedoch nur dann als endgültig beabsichtigt, wenn F den E überlebte (§ 2301, auflösende Bedingung); denn das Bild sollte lediglich F – nicht auch seinen Erben – als Erinnerung gehören. Mit der Annahmeerklärung des F kam die auflösend bedingte Übereignung in der Form der §§ 929 Satz 1; 930 durch Vereinbarung einer Leihe zustande. Somit war die Schenkung vollzogen und der Mangel der Form geheilt (§§ 2301 II, 518 II). F kann z. B. nach § 985 das Bild herausverlangen; einer Arglisteinrede der Erben ist er nicht ausgesetzt, da er das Eigentum am Bild mit Rechtsgrund erworben hat und die Erben daher keinen Anspruch auf Rückübereignung aus ungerechtfertigter Bereicherung haben.

(2) Wollte der Zuwendende dem Zuwendungsempfänger einen Gegenstand schenkweise überlassen und hat er ihm lediglich Vollmacht erteilt, nach dem Tode des Zuwendenden die Rechtshandlungen vorzunehmen, die zum Erwerb erforderlich sind, so liegt *kein Vollzug* i.S.d. § 2301 II vor[12]. Der Zuwendende hat mit der – widerruflichen oder unwiderruflichen – Vollmachterteilung noch kein Vermögensopfer erbracht, da seine Verfügungsbefugnis nicht eingeschränkt wird. Eine die Verfügungsbefugnis des Zuwendenden verdrängende Vollmacht ist nach h. L. durch § 137 Satz 1 ausgeschlossen. Verpflichtet sich der Zuwendende zulässigerweise, über den Gegenstand nicht zu verfügen (§ 137 Satz 2), so liegt ebenfalls kein Schenkungsvollzug zu Lebzeiten vor: Der Gegenstand bleibt im Vermögen des Zuwendenden, und eine Schadensersatzpflicht wegen abredewidriger Verfügung träfe ohnehin nur die Erben.

(3) *Kein Vollzug* liegt ferner vor, wenn der Zuwendende sich schuldrechtlich verpflichtet, dem Bedachten einen Gegenstand schenkweise auf den Todesfall zuzuwenden. Gleiches gilt nach der ausdrücklichen Regelung des § 2301 I 2 für ein Schuldversprechen oder -anerkenntnis, das unter der Bedingung und Befristung des § 2301 I 1 erteilt wird.

Ob außer einer schuldrechtlichen Verpflichtung auch eine Verfügung getroffen wurde, kann insbesondere dann zweifelhaft sein, wenn es sich bei dem Zuwendungsgegenstand um eine Forderung handelt, die erlassen oder übertragen werden soll. Während bei Sachen die bedingte Übereignung regelmäßig mehr als eine Einigung verlangt, erfolgen Forderungsübertragung und Erlass unter einer Bedingung durch bloße Einigung. Da Verpflichtungs- und Verfügungsgeschäft hier regelmäßig in einem Akt erfolgen, ist oft kaum erkennbar, ob auch das Verfügungsgeschäft vorgenommen worden ist. Maßgeblich für die Feststellung des Vollzuges sind die Umstände des Einzelfalles. So kann etwa die

12 BGHZ 87, 19, 23.

Übergabe des Schuldscheins vom Schenker an den Beschenkten für den Abschluss eines Erlassvertrages sprechen[13].

747 *c) Vollzug bei Beteiligung eines Mittlers*

Die Frage nach dem Vollzug bereitet besondere Schwierigkeiten, wenn auf Seiten des Zuwendenden oder des Empfängers ein Mittler (Treuhänder, Stellvertreter, Bote) eingeschaltet ist.

(1) Der *Mittler auf Seiten des Zuwendungsempfängers kann dessen* Vertreter oder Empfangsbote sein.

(a) Gegenüber dem *Vertreter des Zuwendungsempfängers* ist das Rechtsgeschäft unter Lebenden vollzogen, sofern es bei direkter Vornahme gegenüber dem Bedachten vollzogen wäre. Das Zuwendungsangebot geht dem Zuwendungsempfänger mit Erklärung gegenüber seinem Vertreter zu[14] (vgl. § 164 III). Mit dessen Annahmeerklärung ist die Zuwendung vollzogen.

Das gilt auch für den Vertreter ohne Vertretungsmacht, dessen vollmachtloses Handeln der Bedachte genehmigt (§ 177). Die Genehmigung kann auch noch nach dem Tod des Zuwendenden erfolgen; wegen ihrer Rückwirkung ist die Rechtslage so, als sei der Vollzug im Zeitpunkt des Vertreterhandelns eingetreten.

(b) Hat der Mittler lediglich die Rechtsmacht, das dingliche Einigungsangebot des Zuwendenden entgegenzunehmen (*Empfangsbote*), dann kann ein Vollzug frühestens in Betracht kommen, wenn der Zuwendungsempfänger selbst die Annahme erklärt. Umstritten ist die Frage, welche Rechtsfolgen eintreten, falls der Zuwendende vor der Annahmeerklärung stirbt.

Nach allgemeinen Regeln ist die (Übereignungs- oder Abtretungs-) Offerte dem Zuwendungsempfänger durch Erklärung gegenüber dem Empfangsboten zu dem Zeitpunkt zugegangen, zu dem regelmäßig die Weiterleitung an ihn zu erwarten ist[15]. Gem. § 130 I 2 ist sie mit dem Zugang unwiderruflich, und wegen § 153 kann der Zuwendungsempfänger die Annahme – gegenüber den Erben – erklären (siehe aber auch § 151). Die Einigung ist damit zustande gekommen. Handelt es sich um die Übereignung einer beweglichen Sache und sieht man die Übergabe an den Empfangsboten als ausreichend i.S.d. § 929 an, so ist mit der Annahme die Übereignung erfolgt; die Bedingung des § 2301 ist bereits mit dem Tod des Zuwendenden eingetreten.

Gegen die Bejahung des Vollzugs könnte zwar sprechen, dass die Übereignung erst nach dem Tod des Zuwendenden wirksam wird. Der Zuwendende hat also zu Lebzeiten kein Vermögensopfer erbracht. Dennoch ist auch hier ein Vollzug anzunehmen. Wenn nämlich der Schenkungsvollzug im Falle des § 518 II wegen der Regelung des § 153 durch den – zufälligen – Tod nicht vereitelt wird

13 MünchKomm/*Musielak*, § 2301 Rdnr. 30 m.N.

14 AT Rdnr. 151.

15 AT Rdnr. 152.

(vgl. Rdnr. 742), dann darf dies auch bei der Schenkung auf den Todesfall nicht sein.

Für die Ansicht, die den Vollzug bereits bejaht, sofern sich der Rechtserwerb des Bedachten ohne weiteres Zutun des Erblassers oder des Erben von selbst vollendet, ergibt sich das hier vertretene Ergebnis bereits aus dem weiteren Vollzugsbegriff.

(2) Steht der *Mittler auf Seiten des Zuwendenden*, so ist die Lösung jener Fälle streitig, in denen der Mittler die zur Vollziehung der Schenkung auf den Todesfall auf Seiten des Zuwendenden erforderlichen Handlungen erst vorgenommen hat, nachdem der Zuwendende gestorben ist. **748**

Dabei kann der Tod zufällig in der Zwischenzeit eingetreten sein, wie etwa im **Fall c** (dem »Bonifatius«-Fall[16] nachgebildet). Der Zuwendende kann aber auch den Mittler angewiesen haben, die Vollzugsgeschäfte erst nach seinem – des Zuwendenden – Tod vorzunehmen.

(a) Die *Abgabe* der Schenkungs- und Übereignungsofferte (bzw. Übertragungsofferte bei Forderungen) liegt bereits in der Erklärung gegenüber dem Boten. Damit hat der Zuwendende zu Lebzeiten alles Erforderliche getan, die Erklärung auf den Weg zum Empfänger zu bringen. Die Wirkungen des § 130 II können also eintreten. Der Tod des Zuwendenden vor Zugang der Willenserklärung beim Empfänger bleibt daher ohne Einfluss auf die Wirksamkeit der Willenserklärung (**Fall c**). **749**

(b) Allerdings erfolgen der Zugang der Offerte beim Empfänger und dessen *Annahme* erst nach dem Tod des Zuwendenden. Bis zum Zugang kann der Erblasser (nach seinem Tod der Erbe) seine Willenserklärung gem. § 130 I 2 widerrufen; die einem Vertreter erteilte Vollmacht kann gem. § 168 widerrufen werden. Deshalb und aus weiteren Gründen wird zum Teil der Vollzug zu Lebzeiten verneint[17]. Der Erblasser habe noch nicht alles getan, was er zur Verschaffung des Rechts tun musste; der Rechtserwerb hänge noch von Handlungen des Zuwendenden bzw. seiner Erben ab. Für die Annahme des Vollzugs fehle die erforderliche Verschaffung eines Anwartschaftsrechts des Zuwendungsempfängers zu Lebzeiten des Zuwendenden. Lediglich dann, wenn der Zuwendende auf sein Recht verzichtet habe, den zwischen ihm und dem Stellvertreter oder Boten geschlossenen Auftrag, Werk- oder Geschäftsbesorgungsvertrag zu widerrufen, wird zum Teil ausnahmsweise ein Vollzug zu Lebzeiten bejaht[18]. **750**

Nach der hier vertretenen Auffassung kann zwar die Frage der Widerruflichkeit nicht ausschlaggebend sein. In beiden Fällen ist mit der Abgabe der Wil-

16 RGZ 83, 223.
17 Vgl. *Erman/Schmidt*, § 2301 Rdnr. 8; ferner die Nachweise bei *Damrau*, JurA 1970, 716, 723.
18 Vgl. z. B. *Schlüter*, Rdnr. 1252.

lenserklärung und der Erteilung einer Vollmacht noch keine Vermögensminderung beim Erblasser eingetreten.

Das Abstellen auf die Unwiderruflichkeit oder Widerruflichkeit führt auch zu zufälligen Ergebnissen. Bei einer unwiderruflichen Vollmacht wäre der Vollzug stets zu bejahen, bei einer widerruflichen nur dann, wenn der Erblasser nicht vor Zugang und Annahme der Offerte gestorben ist. – Richtig ist allerdings, dass die Erwerbschance des möglichen Zuwendungsempfängers bei Unwiderruflichkeit größer ist; für die Frage des Vollzugs kann hieraus aber nichts entnommen werden.

Aber aus einem anderen Grund muss die Möglichkeit des Vollzugs bejaht werden. Das BGB geht davon aus, dass eine Willenserklärung wirksam bleiben kann, wenn der Erklärende vor ihrem Zugang stirbt (vgl. § 130 II, 153), und dass eine Vollmacht im Zweifel nicht mit dem Tod des Vollmachtgebers erlischt (vgl. §§ 168, 672). Wegen dieser Fortwirkung kann der Erblasser für die Zeit nach seinem Tod Verpflichtungen begründen, deren Erfüllung dem Erben obliegt, und wirksame Verfügungen vornehmen. Das einzige Mittel der Erben gegen solche Maßnahmen ist der Widerruf (§§ 130 I 2; 168 Satz 2; 671). Es bleibt letztlich nur die Frage, ob diese allgemeine Regelung wegen § 2301 für unentgeltliche Zuwendungen nicht gelten soll. Dies ist zu verneinen[19]. Wegen der Regelung der §§ 130 II, 153, 168 muss daher auch hier Vollzug bejaht werden, obwohl die Vermögensminderung erst nach dem Tod der Zuwendenden eintritt (**Fall c**). Im Ergebnis begründen die §§ 130 II, 153, 168 eine Ausnahme von der Notwendigkeit eines lebzeitigen Vollzugs nach § 2301 II. Die Erben haben allerdings die Möglichkeit, durch rechtzeitige Ausübung ihres Widerrufs (d. h. bis zu dem Zugang der Willenserklärung bzw. bis zu ihrer Abgabe durch den Vertreter) den Eintritt des Vollzugs zu verhindern[20].

751 (c) Besonderheiten gelten allerdings, wenn der Zuwendende *nicht zufällig* zwischen Einschaltung des Mittlers und dessen Vollzugshandlung gestorben ist, sondern der Mittler *weisungsgemäß* die Offerte erst nach dem Tod des Zuwendenden überbracht hat.

Ist der Mittler *Bote* des Zuwendenden, ist seine Erklärung unwirksam, da § 130 II nicht eingreift[21].

Diese Bestimmung will nur verhindern, dass eine »in Gang gesetzte« Willenserklärung durch den zufälligen Tod des Erklärenden ihre Wirkungen verliert. Sie erfasst aber nicht solche Fälle, in denen der Erklärende den Zugang bewusst bis nach seinem Tod aufschiebt.

19 Str.; wie hier Hk-BGB/*Hoeren*, § 2301 Rdnr. 37 f.; *Jauernig/Stürner*, § 2301 Rdnr. 4; MünchKomm/*Musielak*, § 2301 Rdnr. 24; *Harder*, 43 f.

20 BGH NJW 1975, 382.

21 Ebenso: Hk-BGB/*Hoeren*, § 2301 Rdnr. 37; MünchKomm/*Musielak*, § 2301 Rdnr. 24; *Soergel/Wolf*, § 2301 Rdnr. 18; **str.**; kritisch zu dieser Begründung *Lipp*, Examens-Repetitorium Erbrecht, Rdnr. 172 f.

Ist der Mittler dagegen *Vertreter* des Zuwendenden und soll er erst nach dessen Tod die erforderlichen Erklärungen abgeben, dann fragt sich, ob diese »postmortale« Vollmacht zulässig ist.

Aus den §§ 168, 672 kann zur Beantwortung dieser Frage nichts entnommen werden (str.), da dort lediglich die Fortgeltung einer bereits vor dem Tod des Vollmachtgebers bestehenden Vollmacht angesprochen wird. Mit Rechtsprechung[22] und Lehre[23] wird man grundsätzlich die Zulässigkeit der Vollmacht auf den Todesfall bejahen können; die gegen die postmortale Vollmacht vorgebrachten Bedenken, es bestehe die Gefahr einer Umgehung der Bestimmungen über die Testamentsvollstreckung, überzeugen nicht. Lediglich die unwiderrufliche postmortale Vollmacht ist wegen der zu weit gehenden Bindung der Erben nach § 138 nichtig[24]. Soweit auf Grund der postmortalen Vollmacht nach dem Tode des Vollmachtgebers Schenkungen vorgenommen werden sollen, wird jedoch meist von der Unwirksamkeit solcher Schenkungen ausgegangen, da § 2301 I zumindest entsprechend anwendbar sein soll[25]; anderer Ansicht sind offenbar diejenigen Autoren, die bereits in der Erteilung der Vollmacht einen Vollzug i.S.d. § 2301 sehen.

U. E. ist in diesen Fällen die Wirksamkeit des auf Grund der postmortalen Vollmacht geschlossenen Geschäftes zu verneinen, da nicht ersichtlich ist, dass das BGB insoweit eine Ausnahme von dem Erfordernis des lebzeitigen Vollzugs machen will. Die Situation ist anders als im Falle der §§ 130, 153 und 672 i.V.m. § 168. Nach den genannten Bestimmungen sollen gewisse angebahnte Rechtsbeziehungen nicht wegen des zufälligen Todes eines Beteiligten nicht zur Vollendung kommen. Das bedeutet, dass auch der Vollzug nach § 2301 II nicht deshalb verneint werden darf, weil die Vollzugshandlungen zufälligerweise erst nach dem Tode des Zuwendenden erfolgten. Bei einer bewussten Verzögerung fehlt dagegen ein schutzwürdiges Interesse des Zuwendenden an dieser Rechtsfolge. Er kann sich für die Zuwendung der Formen des Erbrechts bedienen.

(d) Ein weiteres Problem tritt auf, wenn eine bewegliche Sache mittels Boten übereignet werden soll. Überbringt dieser die Sache erst nach dem Tod des Zuwendenden und gibt er dabei die Übereignungsofferte ab, so fragt sich, welche Bedeutung ein der Übereignung entgegenstehender Wille der Erben hat. Die h. M. folgert insbesondere aus dem Wortlaut des § 929 Satz 1 (Einigsein im Zeitpunkt der Übergabe des Besitzes), dass ein Widerruf der einmal erklärten Einigung bis zur Übergabe der Sache möglich ist[26]. **752**

Früher wurde teilweise[27] bereits bei jeder nach außen in Erscheinung getretenen Abkehr von der dinglichen Einigung das für § 929 erforderliche Einigsein im Zeitpunkt der Übergabe verneint. Diese Abkehr sollte nach Auffassung des Reichsgerichts schon dann erkennbar vorliegen, wenn der Erbe nicht den Willen zur Eigentumsübertragung habe, weil er von den gesamten Vorgängen nichts weiß. Danach hätte der Bonifatius-Verein im

22 Vgl. z. B. BGH NJW 1969, 1245.
23 *Staudinger/Reimann*, Vorbem. zu § 2197 Rdnr. 53 ff.
24 Dagegen RGZ 114, 351.
25 *Staudinger/Schilken*, § 168 Rdnr. 30; *Lipp*, Examens-Repetitorium Erbrecht, Rdnr. 177.
26 Vgl. *Palandt/Bassenge*, § 929 Rdnr. 6.
27 RGZ 83, 223, 230; *Wolf/Raiser*, Sachenrecht, § 66 I 4.

Fall c kein Eigentum erworben[28]. Diese Auffassung widersprach aber anerkannten anderen Interessenbewertungen. Der Widerruf einer Willenserklärung ist wirkungslos, wenn er nicht vor dem Zugang der Willenserklärung gegenüber dem Erklärungsempfänger erfolgte. So ist ein erst nach Übergabe der Ware an den Käufer einseitig erklärter Eigentumsvorbehalt unwirksam, auch wenn der Lieferschein, auf dem der Eigentumsvorbehalt erklärt ist, bereits vor Übergabe ausgestellt und nur irrtümlich später überbracht wurde.

Es ist indes keine gesetzgeberische Wertung erkennbar, nach der das dingliche Übereignungsangebot über § 130 I 2 hinaus widerruflich sein soll[29].

Im **Fall c** spielt der Unterschied zwischen der h. M. und der hier vertretenen Auffassung keine Rolle, da der Zugang der Übereignungsofferte zeitlich mit der Übergabe zusammentraf, so dass der Bonifatius-Verein Eigentum erworben hat. Unterschiede ergeben sich, wenn die Ereignisse in folgender Reihenfolge ablaufen: Einigung über die Übereignung der Sache zwischen Zuwendendem und Zuwendungsempfänger – Absendung der Sache an den Zuwendungsempfänger – Tod des Zuwendenden – Widerruf der Einigung durch Erklärung seiner Erben gegenüber dem Zuwendungsempfänger – Ankunft der Sache. Die h. M. würde hier, u. E. zu Unrecht, den Eigentumsübergang verneinen.

753 (e) Übt der Erbe sein Widerrufsrecht (z. B. nach §§ 130 I 2, 672, 168) aus, so kann das entsprechend dem allgemeinen Rechtsgedanken des § 534 als unzulässige Rechtsausübung zurückzuweisen sein, wenn der Erblasser durch die Zuwendung »einer sittlichen Pflicht oder einer auf den Anstand zu nehmenden Rücksicht« nachkommen wollte.

754 (f) *Ergebnis*: Will der Zuwendende einen Gegenstand durch Vermittlung eines Dritten schenkweise auf den Todesfall übertragen, so kann auch nach seinem Tod noch ein Vollzug i.S.d. § 2301 II erfolgen. Die Erben haben allerdings regelmäßig die Möglichkeit, es durch einen Widerruf nach § 130 I 2 bzw. durch Widerruf des Grundverhältnisses zwischen dem Zuwendenden und dem Vertreter – und damit der Vollmacht – zu verhindern. Vollzug scheidet dagegen stets aus, wenn der Zuwendende veranlasst hat, dass das Vollzugsgeschäft erst nach seinem Tod durch den Mittler vorgenommen wird.

755 *d) Rechtsfolgen der vollzogenen Schenkung auf den Todesfall*

Auf die vollzogene Schenkung auf den Todesfall sind gem. § 2301 II die Vorschriften über Rechtsgeschäfte unter Lebenden anzuwenden. Zwar unterliegt das Schenkungsversprechen der Formvorschrift des § 518 I (notarielle Beurkundung); aber nach § 518 II ist ein Formmangel des Schenkungsversprechens mit der vollzogenen Zuwendung geheilt, so dass der Zuwendungsempfänger den Gegenstand mit Rechtsgrund (Schenkung nach § 516) erwirbt.

Von den sonstigen Folgen sind einige wegen ihrer Bedeutung für den Erben und den Gläubiger des Erblassers zu erwähnen. Dem *Vertragserben* steht bei

28 So RGZ 83, 223.

29 *Westermann*, Sachenrecht, § 38 Rdnr. 4.

sog. böswilligen Schenkungen nach Anfall der Erbschaft ein Rückforderungsanspruch gegen den Beschenkten zu (§ 2287). *Pflichtteilsberechtigte Erben* werden durch den zeitlich und inhaltlich beschränkten Pflichtteilsergänzungsanspruch (§ 2325) geschützt. Die *Gläubiger des Erblassers* haben unter den Voraussetzungen der §§ 130 ff. InsO ein Anfechtungsrecht.

3. *Nicht vollzogene Schenkung auf den Todesfall* 756

Nach § 2301 I 1 finden auf das Schenkungsversprechen auf den Todesfall die Vorschriften über Verfügungen von Todes wegen Anwendung.

In dieser Bestimmung ist die gesetzliche Umdeutung eines Schenkungsversprechens in eine Verfügung von Todes wegen zu sehen[30].

a) Voraussetzungen 757

(1) § 2301 I 1 setzt ein lebzeitiges Schenkungsversprechen auf den Todesfall voraus.

Dieses Versprechen, die Erklärung des Zuwendenden, kann Bestandteil eines Schenkungsvertrages sein; für die Anwendung des § 2301 I 1 reicht jedoch auch die noch nicht angenommene Erklärung des Schenkers aus[31]. Dem Schenkungsversprechen gleichgestellt sind Schuldversprechen und Schuldanerkenntnis, wenn sie unter der Befristung und Bedingung des § 2301 I 1 erfolgen (§ 2301 I 2).

(2) Da die Vorschriften über die Verfügungen von Todes wegen Anwendung finden, ist das nicht vollzogene Schenkungsversprechen nur wirksam, wenn es in der *Form* dieser Verfügungen erfolgt. Umstritten ist, auf welche Formvorschrift es ankommt: 758

Eine verbreitete Ansicht fordert wegen der Vertragsnatur des Schenkungsversprechens stets die Einhaltung der Erbvertragsform, also die Niederschrift eines Notars bei gleichzeitiger Anwesenheit beider Teile (§ 2276)[32]. Bei Nichteinhaltung der Form soll aber eine Umdeutung in ein eigenhändiges Testament in Betracht kommen[33].

Gegen diese Ansicht spricht jedoch, dass § 2301 I nicht lediglich auf die Vorschriften über den Erbvertrag verweist. Auch geht die Bestimmung nicht vom Schenkungsvertrag, sondern vom »Schenkungsversprechen« aus, lässt also eine einseitige Erklärung genügen, die nicht im Erbvertrag, sondern im Testament ihre Parallele hat. Deshalb ist zu unterscheiden: Die für vertragsmäßige Zuwen-

30 *Harder*, 95 ff.

31 Ebenso: MünchKomm/*Musielak*, § 2301 Rdnr. 5 f.; str.

32 *Jauernig/Stürner*, § 2301 Rdnr. 9; *Kipp/Coing*, § 81 III 2 a; *Palandt/Edenhofer*, § 2301 Rdnr. 6; RGRK/*Kregel*, § 2301 Rdnr. 7; *Staudinger/Kanzleiter*, § 2301 Rdnr. 3.

33 Vgl. dazu *Kipp/Coing*, § 81 III 2 a; *Palandt/Edenhofer*, § 2301 Rdnr. 6; *Schlüter*, Rdnr. 1254.

dungen geltende Form des Erbvertrags (§ 2276) ist maßgeblich, wenn der Zuwendungsempfänger das Schenkungsangebot – wie in § 2276 vorgeschrieben – angenommen hat. In den übrigen Fällen reicht die Form des (öffentlichen, eigenhändigen) Testaments (§§ 2231 ff.) aus[34].

759 *b) Rechtsfolgen*

Ist die Form eingehalten, so muss die versprochene Leistung als Zuwendung aus dem Nachlass behandelt werden, und zwar als Vermächtnis. Bei einer Zuwendung des gesamten Vermögens oder von Bruchteilen hiervon nimmt die h. A.[35] eine Erbeinsetzung an. Dem kann nicht gefolgt werden. Der Zuwendende, der schenken will, beabsichtigt weder, dem Zuwendungsempfänger eine unmittelbare Rechtsstellung am Nachlass einzuräumen, noch, ihn etwa der Erbenhaftung auszusetzen. Falls er das möchte, ist das »Schenkungsversprechen« in Wahrheit eine Erbeinsetzung durch Verfügung von Todes wegen.

Die sonstigen Folgen des formgültigen Schenkungsversprechens sind die der Vermächtnisanordnung auf Grund Erbvertrags oder Testaments.

Ist das Schenkungsversprechen formnichtig (§ 125) und hat der Zuwendungsempfänger etwas erlangt, so ist er nach den Vorschriften über die ungerechtfertigte Bereicherung zur Herausgabe bzw. zum Wertersatz verpflichtet (§§ 812 ff.).

Schenkung auf den Todesfall (§ 2301)

I. Begriff
Schenkungsversprechen durch Tod des Zuwendenden befristet und durch Überleben des Leistungsempfängers bedingt (Überlebensbedingung)

II. Die zu Lebzeiten des Erblassers vollzogene Schenkung (§ 2301 II)
1. Voraussetzungen des Vollzugs (str.): sofortige und unmittelbare Minderung des Vermögens des Zuwendenden = Vermögensopfer zu Lebzeiten des Erblassers
   a) Beispiele: Vermögensminderung durch bedingte Übereignung oder Einräumung eines Anwartschaftsrechts
   b) Vollzug bei zufälligem Tod des Zuwendenden zwischen Abgabe und Zugang seiner WE beim Zuwendungsempfänger (+), §§ 130 II, 153 (h. M.)

34 Wie hier RGZ 83, 223, 227; *Erman/Schmidt*, § 2301 Rdnr. 6; *Harder*, 103 ff.; *Lange/Kuchinke*, § 33 II 1 a; MünchKomm/*Musielak*, § 2301 Rdnr. 13; *Seif*, AcP 2000, 192, 218

35 Vgl. z. B. *Bamberger/Roth/Litzenburger*, § 2301 Rdnr. 9; *Damrau*, JurA 1970, 716, 718; *Erman/Schmidt*, § 2301 Rdnr. 6; *Palandt/Edenhofer*, § 2301 Rdnr. 7.

c) Vollzug bei Beteiligung eines Mittlers (eines Boten oder Vertreters)
   aa) Mittler auf Seiten des Zuwendungsempfängers (Empfangsbote oder -vertreter); Vollzug (+), wenn Zuwendungsangebot vor Tod des Zuwendenden durch Zugang unwiderruflich geworden ist (§ 130 I 1) und nach dem Tod vom Zuwendungsempfänger angenommen wird (§ 153)
   bb) Mittler auf Seiten des Zuwendenden (Erklärungsbote, Vertreter): Vollzug (+) bei zufälligem Tod des Zuwendenden zwischen der Erklärung gegenüber dem Mittler und anschließender Übermittlung an den Empfänger und dessen Annahme (arg. e §§ 130 II, 153, 168, 672)
   Ausnahme: rechtzeitiger Widerruf durch die Erben (§§ 130 I 2, 168 Satz 2)

2. Wirksamkeit bei Einhaltung der Form für Schenkungen (§§ 2301 II, 518)
   ⇒ Heilung eines Formmangels durch den Vollzug der Schenkung (§ 518 II)

III. Die zu Lebzeiten des Erblassers nicht vollzogene Schenkung (§ 2301 I 1)

1. Wirksamkeit nur bei Einhaltung der Form des Erbvertrages (§ 2276 I) oder des Testaments (§§ 2231 ff. – str.)
2. Wirksames Schenkungsversprechen ist wie Vermächtnis zu behandeln und aus dem Nachlass zu erfüllen.

III. Verträge zu Gunsten Dritter auf den Todesfall 760

Hier ist zu unterscheiden zwischen solchen Verträgen zu Gunsten Dritter auf den Todesfall, bei denen der Versprechende schuldrechtlich verpflichtet ist, ein eigenes Recht auf den Dritten zu übertragen (schuldrechtliche Verträge) und solchen, bei denen das Recht des Versprechensempfängers ohne Zwischenerwerb des Versprechenden auf den Dritten übergehen soll (verfügungsrechtliche Verträge).

1. Schuldrechtliche Verträge 761

Der Vertrag zu Gunsten Dritter (§§ 328 ff.) ist kein eigenständiger Vertragstyp neben den im besonderen Teil des Schuldrechts geregelten Vertragstypen. Vielmehr ist jeder (typische oder atypische) Vertrag ein Vertrag zu Gunsten Dritter, sofern in ihm einem am Vertragsschluss unbeteiligten Dritten »unmittelbar«,

d. h. auch ohne dessen Wissen und Mitwirkung[36], entweder sofort mit Vertragsschluss oder zu einem festgelegten späteren Zeitpunkt ein Recht zugewandt wird. Soll der Dritte das Recht erst mit dem Tod des Versprechensempfängers erwerben, so liegt ein Vertrag zu Gunsten Dritter auf den Todesfall vor (§§ 331, 330).

Die Zulässigkeit dieses Vertrages wird in den §§ 330 f.; §§ 166 f. VVG vorausgesetzt. Er darf daher nicht schon deswegen allgemein wegen Umgehung zwingender erbrechtlicher Vorschriften für nichtig erklärt werden, weil mit seiner Hilfe die Wirkung einer Verfügung von Todes wegen erreicht werden kann.

762 Beim Vertrag zu Gunsten Dritter auf den Todesfall ist – wie auch sonst bei Verträgen zu Gunsten Dritter – zwischen dem Deckungsverhältnis und dem Valutaverhältnis zu unterscheiden.

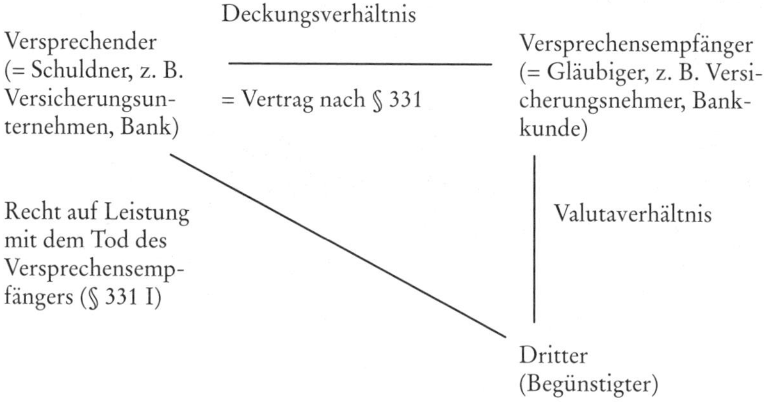

a) Deckungsverhältnis

Unter dem Deckungsverhältnis versteht man die Rechtsbeziehung zwischen dem Versprechenden und dem Versprechensempfänger[37].

(1) Der Vertrag zu Gunsten Dritter bedarf jedenfalls dann der *Form*, wenn das Gesetz dies (ausnahmsweise) für das Rechtsgeschäft vorschreibt, das zwischen dem Versprechenden und dem Versprechensempfänger abgeschlossen wird (z. B. § 311 b I). Fraglich ist, ob ein Vertrag zu Gunsten Dritter auch dann der Form bedarf, wenn er zur Deckung eines formbedürftigen Rechtsgeschäfts im Verhältnis des Versprechensempfängers zum Dritten (Valutaverhältnis) dient. Diese Frage ist möglicherweise beim (unentgeltlichen) Vertrag zu Gunsten Dritter auf den Todesfall von Bedeutung, weil hier im Valutaverhältnis eine

36 Mot. II, 268.

37 Einzelheiten: AS § 32 Rdnr. 7 ff.

Schenkung (§§ 516 ff., 2301) oder ein erbrechtliches Rechtsgeschäft vorliegen kann. Da sich die Rechtsstellung des Dritten gegenüber dem Versprechenden jedoch nach dem Deckungsverhältnis bestimmt und der Vertrag zu Gunsten Dritter keine Regelung des Valutaverhältnisses enthält, kann für die Form nur das Deckungsverhältnis maßgebend sein[38]. Weder § 2301 noch andere im Valutaverhältnis maßgebliche Formvorschriften schlagen auf das Deckungsverhältnis durch.

(2) Beim Tode des Versprechensempfängers ist der Versprechende verpflichtet, an den Dritten zu leisten. Ob der Dritte ein eigenes Forderungsrecht hat (berechtigender Vertrag zu Gunsten Dritter), ist auch beim Vertrag zu Gunsten Dritter auf den Todesfall durch Auslegung zu ermitteln (vgl. § 328 II). Nach der Auslegungsregel des § 330 muss dies bei den dort genannten Fällen im Zweifel angenommen werden.

Der Gesetzgeber geht hier mit Recht davon aus, dass bei Verträgen, welche die Versorgung eines Dritten bezwecken, diesem in der Regel ein eigener Anspruch gegen den Versprechenden eingeräumt werden soll.

Für die in § 330 nicht erwähnten Verträge auf den Todesfall fehlt eine Auslegungsregel; § 331 I geht von dem berechtigenden Vertrag zu Gunsten Dritter auf den Todesfall aus und betrifft nur den Zeitpunkt des Rechtserwerbs. Dennoch wird man auch hier im Zweifel ein Forderungsrecht des Dritten annehmen können, sofern der Dritte die Zuwendung zu seiner Versorgung erhält.

Im **Fall d** sprechen die Umstände zwar dafür, dass E mit B einen – schuldrechtlichen (s. aber Rdnr. 772) – Vertrag zu Gunsten der D abgeschlossen hat. Das bedeutet aber noch nicht, dass das Guthaben schon von der Anlegung des Sparbuchs an der D zugewendet sein sollte. Da E weiterhin das Buch behielt, keine Mitteilung an D machte und über das Konto verfügte, zeigte sich sein Wille, zu Lebzeiten das Verfügungsrecht zu behalten. Es kann daher nur ein Vertrag zu Gunsten der D auf den Todesfall vorliegen[39]. Die weitere Frage ist, ob es sich hierbei um einen berechtigenden Vertrag zu Gunsten der D handelte. Die Ausstellung des Sparbuchs auf den Namen der D ist hierfür lediglich Beweisanzeichen. Gegen die Annahme eines berechtigenden Vertrages spricht entscheidend, da weitere Indizien fehlen, die Unkenntnis der D von den gesamten Vorgängen[40]. – Im **Fall e** ist die Berechtigung ausdrücklich vereinbart.

b) Valutaverhältnis **763**

Unter dem Valutaverhältnis versteht man die Rechtsbeziehungen zwischen dem Versprechensempfänger und dem Dritten[41].

38 H. M.; vgl. BGHZ 46, 198; 54, 145; BGH WM 1983, 1355; *Palandt/Edenhofer*, § 2301 Rdnr. 18.
39 Vgl. BGH JZ 1967, 26.
40 Vgl. BGH NJW 1970, 1181.
41 AS § 32 Rdnr. 12.

(1) Der Dritte kann beim Vertrag zu Gunsten Dritter auf den Todesfall – wie bei jedem Vertrag zu Gunsten Dritter – das ihm zugewandte Recht nur dann endgültig behalten, wenn hierfür in den Beziehungen zwischen ihm und dem Versprechensempfänger ein Rechtsgrund enthalten ist (heute wohl allgemeine Meinung). Fehlt eine – wirksame – Vereinbarung im Valutaverhältnis, so ist die Leistung rechtsgrundlos erfolgt und kann von den Erben des Versprechensempfängers nach den §§ 812 ff. (Leistungskondiktion) zurückgefordert werden.

Das RG vertrat für den Vertrag zu Gunsten Dritter auf den Todesfall zunächst eine andere Auffassung[42]. Es sah diesen Vertrag als Mittel an, eine auch schuldrechtlich bestandskräftige, »den Formen der Schenkung nicht unterworfene freigebige Zuwendung zu machen«. Damit verzichtete es – anders als bei seiner Rechtsprechung zu den übrigen Verträgen zu Gunsten Dritter – auf eine besondere »causa« im Valutaverhältnis. Eine solche Sonderstellung in Ansehung des Valutaverhältnisses hat das BGB den Verträgen zu Gunsten Dritter auf den Todesfall in den §§ 330, 331 jedoch nicht eingeräumt. Diese Vorschriften sind lediglich Auslegungsregeln, und zwar § 331 für die Frage, wann der Dritte die Forderung erwirbt[43], § 330 für die Frage, ob ein berechtigender Vertrag zu Gunsten Dritter vorliegt. In einer späteren Entscheidung[44] änderte das Reichsgericht daher zu Recht seine Meinung und verlangte einen (besonderen) Rechtsgrund für die Zuwendung.

764 (2) Zwar besteht heute weitgehend Einigkeit darüber, dass der Dritte das Zugewendete beim Vertrag zu Gunsten Dritter auf den Todesfall nur dann endgültig erwirbt, wenn im Valutaverhältnis ein Rechtsgrund vorliegt. Umstritten ist jedoch, ob dieser Rechtsgrund schuldrechtlicher (§§ 516 ff.) oder erbrechtlicher Art ist. Von der Beantwortung dieser Frage hängen Form und Wirkung des für das Valutaverhältnis erforderlichen Rechtsgeschäfts ab.

765 (a) Die Rechtsprechung[45] und ihr folgend die h. M.[46] nehmen an, dass der Versprechensempfänger dem Dritten unter Lebenden schenke (§§ 516 ff.). Soweit zwischen diesen Personen nicht bereits ein Schenkungsvertrag geschlossen wurde, komme er wie folgt zustande: Der Versprechensempfänger erkläre mit dem Abschluss des berechtigenden Vertrages zu Gunsten Dritter das Angebot zum Schenkungsvertrag gegenüber dem Versprechenden mit dem Auftrag, es nach seinem Tod an den Dritten weiterzuleiten. Nach dem Willen des Versprechensempfängers erlösche der Auftrag nicht durch dessen Tod (vgl. § 672). Der Dritte nehme das wegen § 130 II noch wirksame Schenkungsangebot an (vgl. § 153), wenn der Versprechende ihm von der Begünstigung Kenntnis gebe. Eine Erklärung der Annahme könne wegen § 151 unterbleiben. Da der Dritte ein Forderungsrecht aus dem Vertrag zu Gunsten Dritter erhalte, sei die Schenkung

42 Vgl. RGZ 19, 276, 279, zuletzt RGZ 106, 1.

43 Vgl. Prot. I, 759.

44 RGZ 128, 187; ihr folgend BGHZ 41, 95.

45 RGZ 128, 187; BGHZ 41, 95; 46, 198; 66, 12; NJW 1984, 480, 481; NJW 2004, 767, 768.

46 Nachw. MünchKomm/*Gottwald*, § 331 Rdnr. 4 FN 21.

vollzogen (§ 518 II) und der Formmangel geheilt[47]. Allerdings gehe das Recht des Versprechensempfängers, den Auftrag bzw. das Schenkungsangebot zu widerrufen, auf die Erben über. Solange dem Dritten das Schenkungsangebot von dem Versprechenden noch nicht übermittelt sei, könnten die Erben daher den Auftrag und das Schenkungsangebot widerrufen[48].

Für die Anwendung des § 518 spricht, dass der Gesetzgeber den Vertrag zu Gunsten Dritter auf den Todesfall im Schuldrecht und nicht im Erbrecht geregelt hat. Dem Gedanken, Umgehungsgeschäfte zu verhindern, wird die Ansicht des BGH jedoch nicht gerecht. Auch die rechtliche Konstruktion erweckt Zweifel. Der Versprechende wird häufig nicht wissen, dass er als Bote für den Versprechensempfänger tätig werden soll. Zudem ist es bedenklich, die §§ 130 II, 153 anzuwenden; diese Vorschriften wollen nicht solche Fälle erfassen, in denen der Zugang der Willenserklärung bewusst bis nach dem Tode des Erklärenden hinausgezögert wurde. Zu unbilligen Ergebnissen führt auch das Widerrufsrecht der Erben. Hier kommt es darauf an, wer schneller ist, der Versprechende (die Bank) mit der Übermittlung des Schenkungsangebots oder die Erben mit ihrem Widerruf. Zudem wird die Abwicklung von Verträgen zu Gunsten Dritter auf den Todesfall meist deshalb erschwert, weil der Versprechende nicht weiß, an wen er zu leisten hat: Trotz Widerrufs der Erben kann er mit befreiender Wirkung nur an den Dritten leisten, wenn diesem das Schenkungsangebot schon zu Lebzeiten des Versprechensempfängers übermittelt worden ist. – Im **Fall e** wäre nach der Ansicht des BGH die Schenkung vollzogen, da D ein Forderungsrecht erwarb, so dass D Gläubigerin der Bank ist. Anders ist es im **Fall d**, da hier nur ein unechter Vertrag zu Gunsten Dritter vorliegt.

(b) Nach einer anderen Auffassung[49] ist im Valutaverhältnis § 2301 anzuwenden, da sonst durch den Vertrag zu Gunsten Dritter die erbrechtlichen Vorschriften umgangen würden; außerdem könnten die Nachlassgläubiger benachteiligt werden. Der Dritte darf den zugewandten Gegenstand nur dann endgültig behalten, wenn die Zuwendung noch zu Lebzeiten des Versprechensempfängers vollzogen ist (§§ 2301 II, 518) oder der Versprechensempfänger dem Dritten gegenüber ein Schenkungsversprechen in der nach § 2301 I erforderlichen Form abgegeben hat. Fehlt die erforderliche Form, so haben die Erben einen Bereicherungsanspruch nach §§ 812 ff.; dieser kann aber im Einzelfall an § 814 scheitern. **766**

Diese Auffassung hat den Vorzug, dass sie bei einer unentgeltlichen Zuwendung auf den Todesfall, die in der Form des Vertrages zu Gunsten Dritten erfolgt, denselben Ausgangspunkt (§ 2301) wählt wie bei einer unmittelbaren Schenkung auf den Todesfall. In den Fällen der §§ 330, 331 wird jedoch kaum jemals vor dem Tode des Versprechenden ein Vollzug im hier vertretenen Sinn (vgl. Rdnr. 744) vorliegen; die Versuche, aus der vertraglichen Bindung des Versprechensempfängers zur Bejahung eines Vollzuges zu kommen, überzeugen nicht. Da auch die nach § 2301 einzuhaltende Form regelmäßig fehlen würde,

47 BGH NJW 1975, 382, 1360; 1976, 749.
48 BGH NJW 1975, 382.
49 Z. B. *Kipp/Coing*, § 81 V 1; *Medicus*, Bürgerliches Recht, Rdnr. 396 ff.; *Olzen*, Jura 1987, 22.

wäre der Anwendungsbereich der §§ 330, 331 sehr klein. – Wendet man § 2301 an, so ist weder im **Fall d** noch im **Fall e** vollzogen; da die Form des § 2301 nicht eingehalten ist, wurde nicht D, sondern wurden die Erben des E Forderungsinhaber (§ 1922).

767 (c) Schließlich wird auch vertreten, der Vertrag zu Gunsten Dritter auf den Todesfall enthalte im Valutaverhältnis eine testamentarische Sondererbfolge, auf welche die Formvorschriften des Erbrechts nicht anwendbar seien[50], bzw. eine einseitige Zuwendung von Todes wegen besonderer Art, die hinsichtlich ihrer Wirkung zum Teil den Vermächtnisregeln unterliege[51].

Hiergegen bestehen zwar nicht die Bedenken, welche gegen die bisher geschilderten Meinungen anzuführen sind. Dem BGB ist jedoch die Einrichtung einer Sondererbfolge – Erbfolge in Ansehung eines abgesonderten Vermögensteils – fremd. Soweit in anderen Gesetzen (etwa den Höfeordnungen) eine Sondererbfolge zugelassen ist, handelt es sich um Fälle, die zum Teil historisch erklärbar sind und deren Besonderheiten in dem zu vererbenden Gegenstand liegen. Gegen ein gewillkürtes Vermächtnis eigener Art, das nicht in erbrechtlichen Formen angeordnet werden muss, spricht die abschließende Regelung des BGB.

768 (d) Die Entscheidung der geschilderten Streitfrage hängt letztlich davon ab, ob man den Vertrag zu Gunsten Dritter auf den Todesfall als eine dem Erblasser zusätzlich eröffnete Möglichkeit ansieht, das Schicksal seines Vermögens nach dem Tode zu bestimmen, oder ob man in ihm den Versuch der Umgehung zwingender erbrechtlicher Bestimmungen erblickt. U. E. wäre die Anwendung des § 2301 im Valutaverhältnis sachgerecht. Für die Praxis ist die Frage jedoch im Sinne der ständigen Rechtsprechung des BGH entschieden. Diese Rechtsprechung wird bereits seit langem als gewohnheitsrechtlich verfestigt angesehen[52] und ist immer wieder bestätigt worden[53].

769 *c) Wirkungen gegenüber Erben, Pflichtteilsberechtigten und Nachlassgläubigern*

Nimmt man mit der Rechtsprechung an, dass im Valutaverhältnis eine Schenkung unter Lebenden vorliegt, dann haben die Erben und die Gläubiger des Erblassers dieselben Herausgabe- (§ 2287), Pflichtteilsergänzungs- (§ 2325) und Anfechtungsansprüche (§ 134 InsO) wie im Falle des § 2301 II (vgl. Rdnr. 755).

Für Versicherungsverträge auf den Todesfall, insbesondere den *Lebensversicherungsvertrag*, bestehen hier Besonderheiten. Fraglich ist, ob sich das Anfechtungsrecht (und entsprechend der Herausgabeanspruch und das Recht auf Pflichtteilsergänzung) auf Auszahlung der vollen Versicherungssumme oder nur auf Rückgewähr der gezahlten Prämien richtet und zu welchem Zeitpunkt die

50 So *Finger*, WM 1970, 374, 377 ff.
51 *Harder*, 154 ff.
52 So schon *G. und D. Reinicke*, NJW 1956, 1053, 1054; OLG Stuttgart NJW 1956, 1073.
53 BGH NJW 2004, 767, 768.

Schenkung vorgenommen wurde. Im Zusammenhang mit dem Anfechtungsrecht nach § 134 InsO hat der BGH[54] folgende Regeln entwickelt und damit einen früheren Meinungsstreit[55] entschieden:

aa) Der Anfechtungsanspruch gegen den Dritten richtet sich nach dem Eintritt des Versicherungsfalls auf Auszahlung der vom Versicherer geschuldeten *Versicherungssumme*, nicht nur auf Rückgewähr der vom Schuldner gezahlten Prämien[56]. Darin besteht die unentgeltliche Leistung des Versprechensempfängers. Die durch Zwischenschaltung eines Versprechenden (Versicherungsunternehmen) vom Versprechensempfänger (Schuldner) mittelbar gewährte Leistung wird so behandelt, als habe der Versprechende an den Versprechensempfänger und dieser an den Dritten geleistet. Diese Grundsätze lassen sich auf den Inhalt des Herausgabeanspruchs nach § 2287 und denjenigen des Pflichtteilsergänzungsanspruchs nach § 2325 übertragen[57]. Der Erblasser wendet dem Dritten schenkweise den Anspruch auf Auszahlung der Versicherungssumme zu, der sonst in den Nachlass gefallen wäre.

bb) Bei Erteilung einer *widerruflichen* Zuwendung gilt die Schenkung erst dann als vorgenommen, wenn der Versicherungsfall eingetreten ist[58]. Bis dahin hat der Dritte auf Grund des Widerrufsrechts weder einen Anspruch aus dem Versicherungsvertrag noch eine Anwartschaft, sondern nur eine ungesicherte Aussicht auf einen künftigen Anspruch erhalten. Der Eintritt des Versicherungsfalls ist deshalb für die Berechnung der Anfechtungsfrist aus § 134 I maßgeblich. Gleiches dürfte für die Frist des § 2325 III beim Pflichtteilsergänzungsanspruch gelten.

cc) Die Einräumung eines *unwiderruflichen* Bezugsrechts ist bereits die vollzogene Schenkung. Ab diesem Zeitpunkt gehört die Zuwendung zum Vermögen des begünstigten Dritten[59]. Lag dieser Zeitpunkt außerhalb der Anfechtungsfrist (§ 134 I InsO: 4 Jahre vor Antrag auf [Nachlass-] Insolvenzeröffnung) oder der für den Pflichtteilsergänzungsanspruch maßgeblichen Frist (§ 2325 III: 10 Jahre vor dem Erbfall), scheidet eine Anfechtung bzw. Pflichtteilsergänzung aus.

54 BGH NJW 2004, 214.
55 Dazu 21. Aufl. Rdnr. 769.
56 BGH NJW 2004, 214 Leitsatz 1 und 216.
57 *Elfring*, NJW 2004, 483, 485.
58 BGH NJW 2004, 214 Leitsatz 2 und 216.
59 BGH NJW 2003, 2679; *Elfring*, NJW 2004, 483, 484; *Palandt/Grüneberg*, § 330 Rdnr. 6.

770 2. *Verfügungsrechtliche Verträge*

Bei den bisher behandelten Verträgen zu Gunsten Dritter auf den Todesfall war der Versprechende stets Rechtsinhaber; der Dritte sollte mit dem Tode des Versprechensempfängers einen schuldrechtlichen Anspruch gegen den Versprechenden auf Übertragung des Gegenstandes erwerben. Es gibt jedoch auch Fälle, in denen der Versprechensempfänger Inhaber des Rechts bleibt und mit dem Vertrag eine unmittelbare Rechtsübertragung auf den Dritten anstrebt.

Beispiel: E gibt seine Wertpapiere bei der Bank in Sonder- oder Sammelverwahrung (§§ 2, 5 DepotG) und vereinbart, dass die Wertpapiere nach seinem Tod dem D gehören sollen. Hier bleibt E weiterhin (Mit-)Eigentümer der Papiere, anders als bei der unregelmäßigen Verwahrung (Girosammelverwahrung; § 15 DepotG, § 700), bei der das Eigentum auf den Verwahrer übergeht.

Umstritten ist, ob in solchen Fällen der Dritte lediglich auf Grund des Vertrages im Zeitpunkt des Todes des Versprechensempfängers Rechtsinhaber werden kann (verfügungsrechtlicher Vertrag zu Gunsten Dritter auf den Todesfall).

771 a) Die Rechtsprechung wendet die §§ 328 ff. wegen ihrer Stellung im BGB und des auf Forderungen beschränkenden Wortlauts von § 328 I auf dingliche Rechtsgeschäfte weder direkt noch entsprechend an[60]. Der Dritte hat danach in allen Fällen der §§ 328, 331 lediglich einen schuldrechtlichen Anspruch gegen den Versprechenden auf Übertragung des Rechts. Ist der Versprechensempfänger Rechtsinhaber geblieben, muss der Versprechende also als dessen Stellvertreter, Bote oder als zur Verfügung nach § 185 Ermächtigter dem Dritten gegenüber z. B. eine Übereignungsofferte abgeben und ihm, soweit erforderlich, Besitz verschaffen. Die Erben des Versprechensempfängers haben die dingliche Rechtsverschiebung endgültig hinzunehmen, wenn die Rechtsbeziehungen zwischen dem Versprechensempfänger und dem Dritten (Valutaverhältnis) hierfür den rechtlichen Grund enthalten. Ist eine unentgeltliche Zuwendung gewollt, so muss dies ein formgültiger Schenkungsvertrag oder eine vollzogene Schenkung sein. Die Frage nach dem Vollzug ist hier in derselben Weise zu beantworten wie bei den schuldrechtlichen Verträgen zu Gunsten Dritter auf den Todesfall.

772 b) Mit der h. M. im Schrifttum[61] ist ein verfügungsrechtlicher Vertrag zu Gunsten Dritter für zulässig zu halten. Aus der Stellung der §§ 328 ff. im allgemeinen Teil des Schuldrechts lassen sich hiergegen keine Bedenken herleiten; auch Abtretung und Schuldübernahme sind als verfügungsrechtliche Tatbestände im allgemeinen Teil des Schuldrechts geregelt. Ebensowenig steht der Wortlaut des § 328 bei Forderungen und sonstigen auf eine Duldung oder Leistung gerichteten Rechten (z. B. Hypothek) einer Übertragung auf einen am Vertrag unbeteiligten Dritten entgegen. Bei solchen Rechten bejaht daher das überwie-

60 Vgl. z. B. RGZ 98, 279; BGHZ 41, 95; BGH JZ 1965, 361.

61 Vgl. *Staudinger/Jagmann*, vor § 328 Rdnr. 82; *Wolf*, Sachenrecht, Rdnr. 400.

gende Schrifttum die Zulässigkeit von dinglichen Verfügungen zu Gunsten Dritter[62].

Es ist nicht einzusehen, warum die Zuordnungswirkung des § 328 auf schuldrechtliche und sachenrechtliche Leistungsansprüche beschränkt bleiben soll. In entsprechender Anwendung des § 328 sind daher sämtliche Verfügungen zu Gunsten Dritter als wirksam zu betrachten[63].

Eine Ausnahme gilt nur für die Eigentumsübertragung bei Grundstücken. Dort würde der Rechtsgedanke des § 925 II einem Schwebezustand, wie er durch das zeitlich begrenzte Zurückweisungsrecht nach § 333 entstünde, widersprechen.

Zu beachten ist jedoch, dass § 328 nur die Drittwirkung der Einigung ermöglicht. Ein für die sachenrechtliche Verfügung wesentlicher zusätzlicher Übertragungstatbestand (z. B. Übergabe bei beweglichen Sachen) muss in der Person des Dritten verwirklicht werden.

Die Konsequenzen dieser Auffassung zeigen sich bei der Beantwortung der Frage, ob der Zuwendungsempfänger im Verhältnis zu den Erben das Zugewendete endgültig behalten darf. Ist die Übertragung einer *Forderung* des Versprechensempfängers gegen den Versprechenden oder der Erlass einer Forderung des Versprechensempfängers gegen den Dritten Zuwendungsgegenstand, so liegt stets eine vollzogene Schenkung vor; der Rechtserwerb erfolgt mit dem Tod des Versprechensempfängers, da ein weiterer Erwerbsakt nicht erforderlich ist. Bei diesem Ergebnis spielt es keine Rolle, ob man § 518 II oder § 2301 II im Valutaverhältnis anwendet und welche Anforderungen man an den Vollzug stellt. Es ist stets Vollzug anzunehmen. Im Wege des verfügungsrechtlichen Vertrages könnte auch die Schenkung einer Forderung gegen die Bank (vgl. **Fall d**) problemlos erfolgen; überwiegend werden jedoch dem Versprechensempfänger die Vorstellung und der Wille fehlen, eine bedingte Verfügung vorzunehmen. Bei *beweglichen Sachen* dagegen (etwa im Beispielsfall des Wertpapierdepots) findet der Eigentumserwerb erst mit der Übergabe an den Dritten statt. Da mit der dinglichen Einigung – auch wenn man sie als bindend ansieht – noch keine Verfügungsbeschränkung des Versprechensempfängers eintritt, bestehen hier hinsichtlich des Vollzugs dieselben Probleme wie beim schuldrechtlichen Vertrag zu Gunsten Dritter auf den Todesfall.

62 *Baur/Stürner*, Sachenrecht, § 5 Rdnr. 28; *Esser/Schmidt*, Schuldrecht I, § 36 IV.
63 Ebenso u. a. *Larenz*, Schuldrecht I, § 17 IV; *Westermann*, Sachenrecht, § 3 II 4.

Verträge zu Gunsten Dritter auf den Todesfall

I. Begriff

Verträge zwischen Versprechendem und Versprechensempfänger, bei denen der Dritte das Recht erst mit dem Tod des Versprechensempfängers erwerben soll (§ 331 I)

II. Deckungsverhältnis zwischen Versprechendem und Versprechensempfänger (§ 331)

1. Form:
   - nicht formbedürftig nach § 2301 (im Deckungsverhältnis kein erbrechtlicher Vertrag)
   - eventuelles Formerfordernis aus Valutaverhältnis gilt nicht für Deckungsverhältnis
2. Inhalt: Eigenes Forderungsrecht des Dritten
   - durch Auslegung zu ermitteln (§ 328 II)
   - bei Lebensversicherungsverträgen Auslegungsregel des § 330

III. Valutaverhältnis zwischen Versprechensempfänger und Drittem

= Rechtsgrund für Behaltendürfen der Leistung (sonst: §§ 812 ff.)

1. H. M.: Schenkungsvertrag, Zustandekommen:
   - vor dem Tod des Versprechensempfängers: Einhaltung der Form des § 518 I oder Heilung des Formmangels nach § 518 II erforderlich
   - nach dem Tod des Versprechensempfängers: Übermittlung des konkludenten Angebotes des Versprechensempfängers durch den Versprechenden an den Dritten und Annahmeerklärung des Dritten (Zugang nach § 151 entbehrlich) ⇒ dadurch sofortige Heilung des Formmangels (§ 518 II)
     Ausnahme: rechtzeitiger Widerruf des Angebotes durch die Erben
2. A. M.: Vertrag nach § 2301
   ⇒ erbrechtliche Form (§ 2301 I) oder Vollzug der Zuwendung zu Lebzeiten des Versprechensempfängers (§§ 2301 II, 518 II) erforderlich

IV. Sonderfall: Verfügungsrechtliche Verträge zu Gunsten Dritter auf den Todesfall

1. Rechtsprechung: §§ 328 ff. nicht anwendbar
   ⇒ kein unmittelbarer Erwerb des Dritten möglich; Rechtsübertragung durch den Versprechenden als Mittler erforderlich
2. Schrifttum: §§ 328 ff. analog anwendbar
   ⇒ unmittelbarer Erwerb des Dritten beim Tod des Versprechensempfängers

IV. Sonstige Zuwendungen unter Lebenden auf den Todesfall 773

Es bleibt zu klären, ob über den Wortlaut des § 2301 I 1 hinaus alle zu Lebzeiten des Erblassers nicht vollzogenen Rechtsgeschäfte unter Lebenden auf den Todesfall den Vorschriften des Erbrechts zu unterwerfen sind. Dies hätte zur Folge, dass zu Lebzeiten des Erblassers nicht vollzogene, der Testaments- oder Erbvertragsform nicht genügende Rechtsgeschäfte aus dem Gesichtspunkt der Umgehung der Erbrechtsvorschriften nichtig wären.

Bei den Rechtsgeschäften kann es sich um entgeltliche Zuwendungen und um solche unentgeltlichen Zuwendungen handeln, die nicht den Schenkungsvorschriften unterliegen. Zu Letzteren zählt nach § 517 z. B. das Unterlassen eines Vermögenserwerbs oder der Verzicht auf ein angefallenes Recht; nach h. M. kann die Anwendung der §§ 516 ff. ebenfalls ausscheiden, wenn ein Gegenstand zum unentgeltlichen Gebrauch oder zur unentgeltlichen Nutzung überlassen wird[64].

1. *Unentgeltliche Rechtsgeschäfte* 774

Eine entsprechende Anwendung des § 2301 I auf sonstige unentgeltliche Rechtsgeschäfte unter Lebenden auf den Todesfall, die nicht vollzogen sind, ist gerechtfertigt, wenn sie dem Zweck der Bestimmung und den Interessen der Beteiligten entspricht. Zur Feststellung dieser Interessen sind die Folgen zu vergleichen, die sich aus lebzeitigen Verfügungen und aus Verfügungen von Todes wegen ergeben.

a) Der Erblasser kann zu *Lebzeiten* sein Vermögen grundsätzlich nach seinem Belieben verwenden; er kann es vernichten oder verschleudern. Selbst der erbvertraglich gebundene Erblasser ist in seiner Freiheit, durch Rechtsgeschäft unter Lebenden sein Vermögen nach seinem Tod zu verteilen, rechtlich nicht beschränkt (vgl. § 2286). Dem Vertragserben steht nach Anfall der Erbschaft lediglich bei böswilligen Schenkungen ein Rückforderungsanspruch gegen den Beschenkten zu (§ 2287).

Das geltende Recht schützt die Erben, soweit sie pflichtteilsberechtigt sind, gegen lebzeitige Verfügungen des Erblassers nur durch den Pflichtteilsergänzungsanspruch (§ 2325). Die Gläubiger des Erblassers sind bei lebzeitigen Verfügungen des Erblassers unter den Voraussetzungen der §§ 130 ff. InsO, §§ 3 f. AnfG geschützt.

b) Bedient sich der Erblasser der *Verfügung von Todes wegen*, um die Verteilung seines Vermögens nach seinem Tode zu regeln, so sind seinem Willen durch die Bestimmungen des Pflichtteilsrechts (§§ 2303 ff.) gesetzliche Schranken gesetzt. Die Gläubiger des Erblassers sind durch die Vorschriften über die Erbenhaftung gesichert und haben bei der Befriedigung aus dem Nachlass den

64 Vgl. MünchKomm/*Kollhosser*, § 516 Rdnr. 3; siehe aber auch BGH NJW 1970, 941.

Vorrang vor den Pflichtteilsberechtigten und Vermächtnisnehmern (vgl. § 327 InsO; §§ 1991 IV, 1973 I 2, 1974 II, 1989).

775 c) Vergleicht man nunmehr beide Möglichkeiten, so ergibt sich für die lebzeitige Zuwendung auf den Todesfall:

Die Nachlassgläubiger können diese Zuwendungen, soweit diese unentgeltlich sind, nach § 134 InsO bzw. nach § 4 AnfG anfechten. Die jeweiligen Gegenstände sind ihnen nach § 143 I InsO oder § 11 I AnfG zurückzugewähren, bei Gutgläubigkeit des Empfängers allerdings nur in Höhe der noch vorhandenen Bereicherung (§ 143 II InsO; § 7 II AnfG). Wendet man dagegen nicht Schenkungsrecht, sondern Erbrecht an, so besteht bei Formnichtigkeit regelmäßig auch nur ein Bereicherungsanspruch auf Rückgewähr der Sache.

Die Nachlassgläubiger werden somit bei Anwendung der allgemeinen schuldrechtlichen Vorschriften auf die lebzeitigen Zuwendungen auf den Todesfall nicht benachteiligt. Die Pflichtteilsberechtigten sind bei Zuwendung an einzelne Erben durch die Ausgleichspflicht der §§ 2316, 2050 f., bei Leistungen an Dritte durch den Pflichtteilsergänzungsanspruch gegen den Erben (§ 2325; Rdnr. 562), hilfsweise durch den Bereicherungsanspruch gegen den Bedachten (§ 2329) geschützt. Bei Anwendung der Vorschriften des Erbrechts auf die lebzeitige Vergabe auf den Todesfall ergibt sich für die Pflichtteilsberechtigten kein wirksamerer Schutz[65].

Aus dem Gesagten folgt, dass die Interessen der Nachlassgläubiger und Pflichtteilsberechtigten, soweit sie gesetzlich anerkannt sind, durch lebzeitige Zuwendungen auf den Todesfall nicht berührt werden, gleichgültig, ob man diese an den schuldrechtlichen oder an den erbrechtlichen Vorschriften misst. Die Heranziehung erbrechtlicher Wertungen, um lebzeitige Zuwendungen den Vorschriften des Erbrechts zu unterwerfen, dient somit ausschließlich den Erben. Deren gesetzlich nicht geschütztes Interesse rechtfertigt aber nicht die entsprechende Anwendung des § 2301 I 1 auf sämtliche Arten des unentgeltlichen Rechtsgeschäfts unter Lebenden auf den Todesfall[66].

776 2. *Entgeltliche Rechtsgeschäfte*

Das Gesagte gilt auch für die entgeltlichen Rechtsgeschäfte unter Lebenden auf den Todesfall, obwohl hier weder eine Schenkungsanfechtung noch eine Pflichtteilsergänzung in Betracht kommt. Die rechtlichen Unterschiede zwischen entgeltlichen und unentgeltlichen Zuwendungen sind jedoch zu groß, als dass eine entsprechende Anwendung des § 2301 gerechtfertigt wäre[67]. Denn die nach § 2301 I eingreifenden Vorschriften über die Verfügungen von Todes we-

65 Vgl. *Bartholomeyczik*, 5. Denkschrift, 195 f.

66 H. M.; vgl. BGHZ 8, 23; **a. A.** etwa *Medicus*, Bürgerliches Recht, Rdnr. 394 ff.

67 Vgl. auch *Staudinger/Kanzleiter*, § 2301 Rdnr. 5.

gen gehen in aller Regel von der Unentgeltlichkeit der Zuwendungen aus[68]; zudem fließt das Entgelt dem Nachlass zu.

V. Zusammenfassung 777

Eine Schenkung auf den Todesfall liegt vor, wenn das Wirksamwerden durch den Tod des Zuwendenden befristet und durch das Überleben des Leistungsempfängers bedingt ist. Wird die Schenkung zu Lebzeiten des Schenkers vollzogen, ist nach § 2301 II das Schenkungsrecht des BGB anwendbar; wird sie zu Lebzeiten nicht vollzogen, untersteht sie nach § 2301 I dem Erbrecht.

Vollzug liegt vor, wenn der Zuwendende sein Vermögen sofort und unmittelbar mindert. Abzustellen ist auf ein gegenwärtiges Vermögensopfer des Zuwendenden; dabei genügt, dass dieser seiner Verfügungsmacht durch Einräumung eines Anwartschaftsrechts an den Empfänger eingeschränkt hat. Besonders schwierig ist der Vollzug zu beurteilen, wenn auf Seiten des Empfängers ein Mittler (Treuhänder, Stellvertreter, Bote) eingeschaltet ist. Hier muss wegen §§ 130, 168 die Möglichkeit des Vollzugs bejaht werden; allerdings haben die Erben die Möglichkeit, durch rechtzeitige Ausübung ihres Widerrufsrechts den Eintritt des Vollzugs zu verhindern. Hat jedoch der Mittler weisungsgemäß die Offerte erst nach dem Tod des Zuwendenden überbracht, ist die Erklärung unwirksam, da § 130 II nicht eingreift.

Ein Vertrag zu Gunsten Dritter auf den Todesfall liegt vor, wenn der Dritte das Recht erst mit dem Tod des Versprechensempfängers erwerben soll. Bei dem Vertrag zwischen dem Versprechenden und dem Versprechensempfänger (Deckungsverhältnis) handelt es sich um ein Rechtsgeschäft unter Lebenden. Streitig ist, ob im Verhältnis zwischen dem Versprechensempfänger und dem Dritten (Valutaverhältnis) Schenkungsrecht gem. § 516 ff. gilt oder § 2301 anzuwenden ist. Nach h. M. ist auch ein verfügungsrechtlicher Vertrag zu Gunsten Dritter zulässig; auf Grund eines solchen Vertrages kann der Dritte im Zeitpunkt des Todes des Versprechensempfängers Rechtsinhaber werden.

68 *Harder*, 47.

IX. Abschnitt

§ 44 Erbrecht und Gesellschaftsrecht 778

Schrifttum: *Bratke*, Gesellschaftsvertragliche Abfindungsklauseln und Pflichtteilsansprüche, ZEV 2000, 16; *Brox*, Zweckmäßige Gestaltung der Erbfolge im Unternehmen, JA 1980, 561; *Buchner*, Die Kommanditistenhaftung bei Rechtsnachfolge in Gesellschaftsanteile, DNotZ 1988, 467; *Damrau*, Die Fortführung des von einem Minderjährigen ererbten Handelsgeschäfts, NJW 1985, 2236; *V. Emmerich*, Die Haftung des Gesellschaftserben nach § 139 HGB, ZHR 1986, 193; *Robert Fischer*, Fortführung eines Handelsgeschäfts durch eine Erbengemeinschaft, ZHR 1980, 1; *Flick*, Widerspruch zwischen Testament und Gesellschaftsvertrag, ZEV 1994, 34; *Heckelmann*, Abfindungsklauseln in Gesellschaftsverträgen, 1973; *Herfs*, Haftung des Erben als Nachfolger eines Kommanditisten, DB 1991, 1713; *ders.*, Haftung des Erben als Nachfolger eines Komplementärs bei Umwandlung des Komplementäranteils in einen Kommanditanteil, DB 1991, 2121; *Heydn*, Die erbrechtliche Nachfolge in Anteile an Partnerschaftsgesellschaften, ZEV 1998, 161; *Hoppe*, Haftungsfalle für Erben von GmbH-Anteilen?, ZEV 2004, 226; *A. Hueck*, Das Recht der offenen Handelsgesellschaft, 4. Aufl., 1971, § 28; *Hüffer*, Die Fortführung des Handelsgeschäfts in ungeteilter Erbengemeinschaft und das Problem des Minderjährigenschutzes, ZGR 1986, 603; *Ivo*, Erbteilsverfügung bei Sondererbfolge in Anteile von Personengesellschaften, ZEV 2004, 499; *Keller*, Die Problematik des § 2306 BGB bei der Sondererbfolge in Anteile an Personengesellschaften, ZEV 2001, 297; *Klein*, Tod des Gesellschafters, 7. Kapitel in Münchener Handbuch des Gesellschaftsrechts, Band 1, 2. Aufl., 2004; *R. Kohl*, Ausschluß und Beschränkung von Abfindungsansprüchen nach dem Tod eines Personengesellschafters gegen Pflichtteilsrecht und Zugewinnausgleich, MDR 1995, 865; *Konzen*, Der vermeintliche Erbe der OHG, ZHR 1981, 29; *Kuchinke*, Die Firma in der Erbfolge, ZIP 1987, 681; *Martinek*, Der Kommanditanteil als Nachlaßsurrogat – ein neuer Konflikt zwischen Erb- und Gesellschaftsrecht? –, ZGR 1991, 74; *J. Mayr*, Rechtsnachfolge bei Freiberufler-Gesellschaften, ZEV 1996, 321; *Michalski*, Gesellschaftsrechtliche Gestaltungsmöglichkeiten zur Perpetuierung von Unternehmen, 1980; *Proppe*, Die Erbfolge in Beteiligungen an Personengesellschaften, JA 1999, 581; *Reimann*, Gesellschaftsvertragliche Abfindung und erbrechtlicher Ausgleich, ZEV 1994, 7; *ders.*, Die qualifizierte Nachfolgeklausel – Gestaltungsmittel und Störfaktor, ZEV 2002, 487; *Reuter*, Probleme der Unternehmensfolge, ZGR 1991, 467; *Rüthers*, Die privatautonome Gestaltung der Vererbung des Anteils an einer OHG durch eine beschränkte Nachfolgeklausel, AcP 168, 263; *Säcker*, Gesellschaftsvertragliche und erbrechtliche Nachfolge in Gesamthandsmitgliedschaften, 1970; *Schaub*, Die Rechtsnachfolge von Todes wegen im Handelsregister bei Einzelunternehmen und Personengesellschaften, ZEV 1994, 71; *K. Schmidt*, Handelsrecht, 5. Aufl., 1999; *ders.*, Gesellschaftsrecht, 4. Aufl., 2002, 1096 ff.; *ders.*, Gesellschaftsrechtliche Abfindungsklauseln im Schnittpunkt von Gesellschafts-, Vollstreckungs-, Familien- und Erbrecht, FamRZ 1974, 518; *ders.*, Zur kombinierten Nachfolge- und Umwandlungsklausel bei OHG- oder Komplementäranteilen, BB 1989, 1702; *Schörnig*, Die Bedeutung des § 139 HGB bei der Gesellschafternachfolge, ZEV

2001, 129; *Schwarz*, Die Stiftung als Instrument für die mittelständische Unternehmensnachfolge, BB 2001, 23811; *M. Siegmann*, Personengesellschaftsanteil und Erbrecht, 1992; *ders.*, Zur Fortbildung des Rechts der Anteilsvererbung, NJW 1995, 481; *Strothmann*, Einzelkaufmännisches Unternehmen und Erbenmehrheit im Spannungsfeld von Handels-, Gesellschafts-, Familien- und Erbrecht, ZIP 1985, 969; *Tiedau*, Die Abfindungs- und Ausgleichsansprüche der von der gesellschaftlichen Nachfolge ausgeschlossenen Erben, NJW 1980, 2446; *ders.*, *P. Ulmer*, Probleme der Vererbung von Personengesellschaftsanteilen – BGH, NJW 1986, 2431, JuS 1986, 856; *Ulmer/Schäfer*, Die Zugriffsmöglichkeiten der Nachlaß- und Privatgläubiger auf den durch Sondervererbung übergegangenen Anteil an einer Personengesellschaft, ZHR 160, 413; *Weipert*, Die Erbengemeinschaft als Mitglied einer Personengesellschaft, ZEV 2002, 300; *Westermann*, in: Handbuch der Personengesellschaften, I. Teil, Gesellschaftsrecht, 4. Aufl., 1994, Rdnr. 452 ff.

Fälle:

a) E ist von seiner Frau F und seinem minderjährigen Sohn S beerbt worden. Diese führten das zum Nachlass gehörende Handelsgeschäft unter der bisherigen Firma fort; die ungeteilte Erbengemeinschaft wurde antragsgemäß als Inhaber ins Handelsregister eingetragen. F kaufte bei V im Namen der Firma »in ungeteilter Erbengemeinschaft« Waren. Später verlangt V von S persönlich Zahlung des Kaufpreises. **(Rdnr. 778)**

b) Der Gesellschaftsvertrag einer OHG enthält die Bestimmung: »Nach dem Tode eines Gesellschafters soll dessen ältester Sohn das Recht haben, an Stelle seines Vaters in die Gesellschaft einzutreten. Die überlebenden Gesellschafter sind verpflichtet, mit ihm einen Aufnahmevertrag abzuschließen.« Nachdem der Gesellschafter G verstorben ist, streiten sich seine gesetzlichen Erben, nämlich die Ehefrau F, Sohn S und Tochter T, wer Gesellschafter geworden ist. **(Rdnr. 782, 784)**

c) Im Gesellschaftsvertrag einer OHG ist bestimmt: »Beim Tode eines Gesellschafters wird die OHG mit dessen Erben fortgesetzt. Erben, die der Gesellschafter von der Nachfolge in die Gesellschaft ausgeschlossen hat, stehen keine Abfindungsansprüche gegen die Gesellschaft zu.« A hinterlässt folgendes Testament: »Meine Frau F und meine Kinder X und Y sollen sich mein Vermögen nach den Vorschriften über die gesetzliche Erbfolge teilen. Meine Nachfolger in der OHG sollen X und Y werden.« Der Wert des Nachlasses (ohne den Gesellschaftsanteil) beträgt 40 000,– €, der Wert des Gesellschaftsanteils 60 000,– €. Bei der Erbauseinandersetzung beansprucht F den Nachlass ohne Gesellschaftsanteil und verlangt ferner von X und Y die Zahlung von je 5000,– €. **(Rdnr. 781, 791, 794)**

I. Fortführung eines Einzelhandelsgeschäfts

Aus den §§ 22 I, 27 I HGB ergibt sich, dass das Handelsgeschäft eines Einzelkaufmanns vererblich ist und von dem (oder den) Erben fortgeführt werden kann. Diese Bestimmungen behandeln aber nur firmen- und haftungsrechtliche Fragen bei der Fortsetzung eines zum Nachlass gehörenden Handelsgeschäfts; dagegen fehlt eine Regelung darüber, in welcher Rechtsform das Geschäft bei einer Mehrheit von Erben weiterzuführen ist. Zweifelhaft ist, ob auch eine ungeteilte Erbengemeinschaft das Handelsgeschäft weiterbetreiben kann. Bedenken bestehen vor allem deshalb, weil die Erbengemeinschaft nicht über handlungsfähige Organe verfügt und keine rechtliche Selbständigkeit hat, wie sie § 124 HGB für die OHG vorsieht. Deshalb wird die Ansicht vertreten, in der Fortführung eines Unternehmens nach Ablauf der Dreimonatsfrist des § 27 II HGB liege ein gesellschaftlicher Zusammenschluss der Miterben in Form einer OHG[1]. Demgegenüber hält die ganz h. M. die Fortführung des Handelsgeschäfts durch eine Erbengemeinschaft für zulässig[2]. Dafür werden Gründe der Praktikabilität angeführt; die fehlende organschaftliche Ausstattung der ungeteilten Erbengemeinschaft steht dem nicht entgegen. Haben demnach die Miterben die Wahlmöglichkeit, ob sie das Geschäft in Form einer Handelsgesellschaft oder als ungeteilte Erbengemeinschaft weiterbetreiben, dann kann nicht in jeder Geschäftsfortführung der (konkludente) Abschluss eines Gesellschaftsvertrages gesehen werden.

Im **Fall a** fehlen Anhaltspunkte für den Abschluss eines Gesellschaftsvertrages. Vielmehr spricht die Eintragung der Erbengemeinschaft in das Handelsregister dafür, dass ein Wille zur Geschäftsfortführung als OHG nicht bestand. Deshalb kann S nicht gem. § 128 Satz 1 HGB für eine Gesellschaftsschuld in Anspruch genommen werden.

S ist aber auch nicht gem. § 2058 als Gesamtschuldner zur Zahlung verpflichtet. Zwar stand der F nach dem Tode des E die elterliche Sorge über ihren minderjährigen Sohn (§ 1680 I) und damit die gesetzliche Vertretungsmacht gem. § 1629 I 3 allein zu. Deshalb konnte sie zur Verwaltung des Nachlasses (vgl. § 2038 I 1) zugleich im eigenen und im Namen des S rechtsgeschäftlich verbindliche Erklärungen abgeben. Da F aber bei Abschluss des Kaufvertrages für die Firma in ungeteilter Erbengemeinschaft gehandelt hat, war für V erkennbar, dass sie Geschäfte nur für den Nachlass vornehmen wollte. Deshalb ist eine Beschränkung der Haftung auf den Nachlass als vereinbart anzunehmen[3]. S ist also nur mit dem Sondervermögen verpflichtet worden und kann nicht mit seinem Privatvermögen in Anspruch genommen werden.

II. Nachfolge in den Anteil an einer Personengesellschaft 779

1. *Gesetzliche Regelung*

a) Für Personengesellschaften sind die persönlichen Beziehungen der Gesellschafter zueinander meist von wesentlicher Bedeutung. Deshalb wird durch den Tod des persönlich haftenden Gesellschafters nach § 727 I die *BGB-Gesellschaft* aufgelöst, »sofern nicht aus dem Gesellschaftsvertrag sich ein anderes ergibt«. Daraus folgt, dass der Gesellschaftsanteil grundsätzlich nicht vererblich ist. Gesetzlicher Regelfall ist bei der *BGB-Gesellschaft* vielmehr die Auflösung. Bei ihr verwandelt sich die werbende Gesellschaft in eine Liquidationsgesellschaft zum Zweck der Verteilung des vorhandenen Vermögens nach Bezahlung der Schul-

1 *Fischer*, ZHR 1980, 1 ff. m.w.N.
2 BGHZ 92, 259, 264; vgl. auch *Baumbach/Hopt*, § 22 Rdnr. 2; *K. Schmidt*, NJW 1985, 2785, 2787 ff. und Handelsrecht, 5. Aufl., § 5 I 3 b.
3 Vgl. BVerfG NJW 1986, 1859; BGH BB 1968, 769, 770; Rdnr. 504.

den. Die Erben des verstorbenen Gesellschafters werden gem. den §§ 1922, 2032 ff. in ihrer gesamthänderischen Verbundenheit als Miterbengemeinschaft Mitglied dieser Abwicklungsgesellschaft. Sie treten in die Rechtsbeziehungen des Erblassers zur Gesellschaft ein und sind berechtigt, im Rahmen des Abwicklungszwecks die Verwaltungsrechte des Erblassers auszuüben.

b) War der Verstorbene *persönlich haftender Gesellschafter einer Personenhandelsgesellschaft (oHG, KG)*, so gilt seit dem Handelsrechtsreformgesetz v. 22. 6. 1998[4] folgende Regelung: Gesetzlicher Regelfall (vgl. §§ 131 III Nr. 1, 161 II HGB) ist, dass im Falle des Todes eines Gesellschafters dieser ausscheidet und die Handelsgesellschaft ohne den verstorbenen Gesellschafter fortgesetzt wird. Auch hier ist also der Gesellschaftsanteil grundsätzlich nicht vererblich. Durch die Fortsetzungsregelung kann eine wirtschaftliche Einheit vor der u. U. sinnlosen Zerschlagung bewahrt werden. Nur im Ausnahmefall, nämlich durch eine abweichende vertragliche Bestimmung, ist es möglich, die Auflösung der Gesellschaft beim Tod eines Gesellschafters vorzusehen (vgl. § 131 III HGB).

c) Aus diesen gesetzlichen Regelungen können sich sowohl für die überlebenden Gesellschafter als auch für die Erben des verstorbenen Gesellschafters unerwünschte wirtschaftliche Folgen ergeben. Deshalb besteht oft ein Bedürfnis nach *abweichenden gesellschaftsvertraglichen Vereinbarungen*, durch die erreicht wird, dass die BGB-Gesellschaft oder die Personenhandelsgesellschaft mit allen, mit einzelnen oder mit einem von mehreren Erben fortgesetzt wird. Schwierigkeiten bereiten dabei die Konstruktion der Nachfolge und die Frage der wertmäßigen Einbeziehung des Gesellschaftsanteils in den Nachlass (dazu Rdnr. 782 ff.). Praktisch und rechtlich bedeutsam sind drei Vertragsgestaltungen, nämlich die Fortsetzungsklausel (nur bei der BGB-Gesellschaft), die Eintrittsklausel und die Nachfolgeklausel.

780 *2. Fortsetzungsklausel*

Bestimmt das Gesetz (bei OHG und KG) oder der Gesellschaftsvertrag (bei der BGB-Gesellschaft), dass die Gesellschaft beim Tod eines Gesellschafters unter den Überlebenden fortgesetzt wird (*Fortsetzungsklausel*), so wächst dessen Anteil den übrigen Gesellschaftern an (§ 738 I 1; § 105 III HGB).

781 a) Enthält der Gesellschaftsvertrag bei einer Fortsetzungsklausel *keine Regelung über die Abfindungsansprüche*, so steht den Erben nach § 738 I 2 ein schuldrechtlicher Anspruch auf Abfindung in Höhe des Kapitalwerts der Mitgliedschaft gegen die Gesellschaft zu[5].

4 BGBl. I, 1474.
5 MünchKomm/*Leipold*, § 1922 Rdnr. 52.

b) Da die Vorschriften über die Abfindung (§§ 738 I 2, 3, II; 740) abdingbar sind, kann der Anspruch durch eine Vereinbarung im Gesellschaftsvertrag gekürzt oder pauschaliert werden. Auch ein völliger *Ausschluss des Abfindungsanspruchs* der Erben ist zulässig (**Fall c**). Bedenken, dass eine solche Regelung wegen Verkürzung des Pflichtteilsanspruchs nach § 138 sittenwidrig sein könnte, bestehen hiergegen nicht[6]. Problematisch ist die Wirksamkeit des Ausschlusses jedoch im Hinblick auf § 2301.

(1) Gilt der Ausschluss des Abfindungsanspruchs für den Fall des Todes eines *jeden* Gesellschafters, so findet § 2301 I 1 keine Anwendung. Die Zuwendung des Gesellschaftsanteils beruht nicht auf einer Schenkung, sondern auf einer entgeltlichen, gegenseitigen Verpflichtung der Gesellschafter; denn der Chance jedes Gesellschafters, seinen Anteil zu vergrößern, steht das Risiko des Anteilsverlustes im Todesfall gegenüber[7].

(2) Ist der Abfindungsanspruch nur für den Fall des Todes *einzelner* Gesellschafter ausgeschlossen, so liegt eine Schenkung nach § 2301 zu Gunsten jener Gesellschafter vor, bei denen die Abfindungsansprüche der Erben gegen die Gesellschaft nicht ausgeschlossen sind.

Ob die Schenkung noch zu Lebzeiten des Erblassers vollzogen ist (§ 2301 II), hängt davon ab, ob zugleich mit dem schuldrechtlichen Schenkungsversprechen auch ein dinglicher Erlassvertrag zustande gekommen ist (vgl. Rdnr. 746 a. E.).

Liegt eine vollzogene Schenkung vor, so können Pflichtteilsergänzungs- (§§ 2325 ff.) und Zugewinnausgleichsansprüche (§ 1390) sowie ein Recht auf Schenkungsanfechtung (§§ 134 InsO, 4 AnfG) bestehen.

3. *Eintrittsklausel* **782**

Für den Fall, dass die Gesellschaft bei Ausscheiden eines Gesellschafters durch Tod mit einem oder mehreren Nachfolgern fortgesetzt werden soll, bieten sich zwei Möglichkeiten an: Bei der *Eintrittsklausel* wird dem Nachfolger ein Recht auf Eintritt eingeräumt; bei der *Nachfolgeklausel* (Rdnr. 786) wird der Gesellschaftsanteil des Erblassers als solcher dem Nachfolger zugewendet.

a) Begriff und Wirkung der Eintrittsklausel

Als Eintrittsklausel bezeichnet man eine Vereinbarung unter den Gesellschaftern, wonach beim Tod eines Gesellschafters der Erbe oder eine andere Person berechtigt sein soll, in die Gesellschaft einzutreten (**Fall b**). Es handelt sich also nicht um einen Erwerb kraft Erbrechts. Die Mitgliedschaft des Nachfolgers soll vielmehr durch Rechtsgeschäft unter Lebenden neu begründet werden. Prak-

6 Vgl. BGH WM 1971, 1338; *Lange/Kuchinke*, § 5 VI 3 a.
7 RGZ 22, 186, 194; MünchHdb.GesR I/*Klein*, § 79 Rdn. 6; *Staudinger/Kanzleiter*, § 2301 Rdnr. 51; **a. M.** *Heckelmann*, 68 ff., 89.

tisch bedeutsam ist hierbei vor allem, dass mit der Eintrittsklausel die Möglichkeit besteht, einem Dritten, der nicht Erbe wird, ein Eintrittsrecht einzuräumen[8].

Bei dem Erwerbsvorgang ist ein schuldrechtlicher und ein vollziehender Teil zu unterscheiden:

(1) Durch die Eintrittsklausel verpflichten sich die Gesellschafter, mit dem Dritten einen Aufnahmevertrag zu schließen (*schuldrechtlicher Teil*).

Erforderlich ist nicht, dass der Dritte im Gesellschaftsvertrag bereits bestimmt ist; die genaue Bezeichnung kann sich der Altgesellschafter für einen späteren Zeitpunkt vorbehalten. Im **Fall b** hätte G also die Bestimmung, welcher seiner Erben in die Gesellschaft eintreten soll, nicht im Gesellschaftsvertrag treffen müssen.

Die Eintrittsklausel stellt einen Vertrag *zu Gunsten Dritter auf den Todesfall* (§§ 328 ff., 331) dar, wobei der Dritte regelmäßig ein eigenes Forderungsrecht auf Abschluss des Aufnahmevertrages erwirbt (Eintrittsrecht; **Fall b**); eine Pflicht zum Eintritt besteht jedoch nicht[9].

(2) Während der Dritte das Eintrittsrecht ohne seinen Willen erwirbt, ist zum Vollzug seine Mitwirkung erforderlich (*vollziehender Teil*). Der Vollzug liegt in dem *Abschluss eines neuen Gesellschafts- oder Beitrittsvertrages*, den die verbleibenden Gesellschafter in Erfüllung ihrer Verpflichtung aus dem Gesellschaftsvertrag mit dem Eintretenden abschließen[10]. Mit der Aufnahme in die Gesellschaft wächst dem Eintretenden ein Gesellschaftsanteil zu.

Im **Fall b** ist S erst nach Abschluss eines Gesellschaftsvertrages mit den verbleibenden Gesellschaftern Mitglied der Gesellschaft.

Die Einzelheiten der Rechtsstellung des Nachfolgers ergeben sich aus den Vereinbarungen der Gesellschafter im bisherigen Gesellschaftsvertrag (vgl. Rdnr. 785). Es kann z. B. vereinbart sein, dass der Eintritt zum vollen Wert des Kapitalanteils des Erblassers oder nur in der Höhe der Miterbenquote des Eintretenden oder ohne jede kapitalmäßige Beteiligung erfolgen soll.

§ 139 HGB gilt im Fall der Eintrittsklausel nicht[11]. Diese Bestimmung setzt voraus, dass ein Erbe lediglich auf Grund seiner Erbenstellung und der gesellschaftsvertraglichen Vereinbarung Gesellschafter werden soll. Bei der Eintrittsklausel hängt die Aufnahme in die Gesellschaft jedoch von einer Erklärung des Dritten und – meist – vom Abschluss eines Aufnahmevertrages ab; zudem ist die Erbenstellung nicht erforderlich.

(3) Im Einzelfall kann in der Eintrittsklausel selbst bereits ein bindendes Vertragsangebot an den Nachfolger auf Aufnahme in die Gesellschaft gesehen wer-

8 Vgl. BGHZ 68, 225, 233.
9 BGHZ 68, 225, 233.
10 MünchKommHGB/*K. Schmidt*, § 139 Rdnr. 29.
11 *Baumbach/Hopt*, HGB, § 139 Rdnr. 6; MünchHdb.GesR I/*Klein*, § 79 Rdnr. 77; MünchKommHGB/*K. Schmidt*, § 139 Rdnr. 62; zweifelnd *Hueck*, OHG, § 28 II 1 a.

den (Optionsrecht)[12]. In diesem Fall kommt mit der Annahme des Angebotes durch den zum Eintritt Berechtigten der neue Gesellschaftsvertrag zustande.

Ob eine solche Gestaltung gewollt wurde, ist eine Frage der Auslegung. Für ein Optionsrecht kann sprechen, dass nach den Umständen den verbleibenden Gesellschaftern kein Spielraum für zusätzliche Vereinbarungen mit dem Eintretenden verbleiben soll. Im **Fall b** bestehen keine entsprechenden Anhaltspunkte.

Ob der Erwerb des Eintrittsrechts oder des Opitionsrechtes mit Rechtsgrund erfolgt, hängt davon ab, ob man im Valutaverhältnis eine vollzogene Schenkung annimmt (vgl. Rdnr. 763 ff.).

b) Rechtslage im Übergangsstadium **783**

Streitig ist der Rechtsstatus der Gesellschaft in dem Schwebezustand[13] bis zur Entscheidung des Bedachten über seinen Eintritt in die Gesellschaft. Nach h. L. wird die Gesellschaft bis zur Ausübung bzw. bis zum Verfall des Rechts unter den übrigen Gesellschaftern vorläufig fortgeführt[14]; nach anderer Ansicht[15] soll die Gesellschaft zunächst als Liquidationsgesellschaft fortbestehen und sich mit der Ausübung des Optionsrechts wieder in eine werbende Gesellschaft verwandeln.

Statt einer solchen Einheitslösung empfiehlt sich folgende Differenzierung: Soll nach dem Gesellschaftsvertrag die Gesellschaft im Falle des Nichteintritts des Dritten aufgelöst werden, so ist die Beschränkung der Gesellschaftstätigkeit auf den Liquidationszweck bereits in der Übergangszeit gerechtfertigt. Der Erbe bzw. die Miterbengemeinschaft wird mit dem Tod des Erblassers (allerdings auflösend bedingt durch den Eintritt des Bedachten) Mitglied dieser Abwicklungsgesellschaft; der aus § 738 I 2 begründete Abschichtungsanspruch in Höhe des Kapitalwerts der Mitgliedschaft fällt vorbehaltlich einer abweichenden gesellschaftsvertraglichen Bestimmung endgültig in den Nachlass, wenn das Eintrittsrecht des Bedachten erloschen ist.

Der verschiedentlich vertretenen Meinung, auch im Falle des Nichteintritts des Bedachten werde dieser (nicht die Erben) Mitglied der Abwicklungsgesellschaft, kann nicht gefolgt werden. Die Ausschaltung der Erben von der Nachfolge in die Gesellschaft erfolgt regelmäßig im Interesse der Gesellschaft an einem geeigneten Nachfolger. Dieses Interesse besteht bei Auflösung der Gesellschaft nicht. Die Zuwendung des Kapitalwertes der Mitgliedschaft an einen Dritten kann aus der Eintrittsklausel allein nicht gefolgert werden.

Soll die Gesellschaft dagegen auch im Fall des Nichteintritts des Bedachten fortgeführt werden, bleibt sie werbende Gesellschaft; insoweit kann hier nichts

12 Vgl. *Rüthers*, AcP 168, 263, 268 m.w.N.; MünchHdb.GesR I/*Klein*, § 79 Rdnr. 81; MünchKommHGB/*K. Schmidt*, § 139 Rdnr. 27.

13 RGZ 170, 98, 108.

14 *Hueck*, OHG, § 28 II 1 a, FN 8; *Schlegelberger/Geßler*, § 139 Rdnr. 6.

15 *Liebisch*, 129.

anderes gelten als bei der Vereinbarung einer Fortsetzung der Gesellschaft unter den überlebenden Gesellschaftern. Allerdings sollten sich die Gesellschafter bis zur Entscheidung des Eintrittsberechtigten aller Maßnahmen enthalten, welche dessen Rechtsstellung beeinträchtigen könnten[16].

784 *c) Rechtslage nach Aufnahme des Begünstigten in die Gesellschaft*

Wenn der Begünstigte sein Optionsrecht ausübt bzw. der Aufnahmevertrag mit ihm zustande kommt, wird er Mitglied der Gesellschaft (**Fall b**).

(1) Zweck der Eintrittsklausel ist jedoch regelmäßig, dass der Eintretende auch den Kapitalanteil des verstorbenen Gesellschafters ganz oder teilweise erhält[17]. Es muss daher ein Weg gefunden werden, ihm den Kapitalanteil des Verstorbenen zu verschaffen.

(a) Ist der Eintretende Alleinerbe, dann steht ihm auch der Abfindungsanspruch (§ 738 I 2) zu. Er kann von den übrigen Gesellschaftern verlangen, dass dieser Anspruch in einen Kapitalanteil umgewandelt wird. Der Abfindungsanspruch kann dem Eintrittsberechtigten auch durch Vermächtnis zugewandt werden[18].

(b) Eine Umwandlung des Abfindungsanspruchs scheidet aus, wenn dem eintretenden Miterben der Abfindungsanspruch nicht auf Grund einer Verfügung von Todes wegen zugewiesen wurde oder der Eintretende überhaupt nicht Erbe ist. In diesem Fall bestehen verschiedene Möglichkeiten, dem Eintretenden den Kapitalanteil zu verschaffen[19].

Steht der Begünstigte bereits fest, so bietet sich eine bedingte Abtretung des Abfindungsanspruchs an. Die zugrunde liegende Schenkung ist mit der bedingten Abtretung vollzogen (vgl. Rdnr. 744).

Ein anderer Weg ist die Zuwendung des Abfindungsanspruchs an den Eintrittsberechtigten durch verfügungsrechtlichen Vertrag zu Gunsten Dritter, wobei die Person des Eintrittsberechtigten im Zeitpunkt des Vertragsschlusses noch nicht festzustehen braucht (str.; vgl. dazu Rdnr. 771 f.). Als Rechtsgrund kommt im Valutaverhältnis ein Schenkungsvertrag zwischen Erblasser und Eintrittsberechtigtem in Betracht. Ist das Angebot zum Schenkungsvertrag aber nicht vor dem Tode des Erblassers übermittelt, so kommt nach der hier vertretenen Auffassung zu § 130 II (Rdnr. 751) der Schenkungsvertrag nicht zustande. Folgt man dieser Auffassung nicht, so liegt eine vollzogene Schenkung vor.

Schließlich besteht noch die Möglichkeit, dass der ausscheidende Gesellschafter Abfindungsansprüche der Erben ausschließt (siehe oben Rdnr. 780) und durch Vertrag zu Gunsten Dritter die verbleibenden Gesellschafter zur Über-

16 MünchHdb.GesR I/*Klein*, § 79 Rdnr. 94.
17 Vgl. MünchHdb.GesR I/*Klein*, § 79 Rdnr. 82; *Westermann*, Rdnr. 555 ff.
18 BGH NJW 1978, 264, 265; MünchHdb.GesR I/*Klein*, § 79 Rdnr. 82.
19 Vgl. *Westermann*, Rdnr. 558.

tragung des Kapitalanteils an den Eintretenden verpflichtet. In diesem Fall wird dem Eintrittsberechtigten also neben dem Recht auf Eintritt auch ein Anspruch auf Übertragung des Kapitalanteils zugewiesen. Ob diese Zuwendung im Valutaverhältnis mit Rechtsgrund erfolgt, hängt – wie beim Eintrittsrecht selbst (Rdnr. 782) – davon ab, ob eine vollzogene Schenkung vorliegt (Rdnr. 763 ff.).

Zur Frage der Ausgleichspflicht des in die Gesellschaft eintretenden Miterben sowie zu den Pflichtteilsergänzungsansprüchen vgl. Rdnr. 794, 791.

(2) Der Inhalt der Rechtsstellung, die der in die Gesellschaft eintretende Erbe **785**
erlangt, richtet sich im Innen- wie im Außenverhältnis nach Gesellschaftsrecht. Durch Auslegung des Gesellschaftsvertrages ist zu ermitteln, ob und in welchem Umfang der Gesellschafter-Erbe zur Geschäftsführung und Vertretung der Gesellschaft berechtigt ist. Grundsätzlich werden dem Nachfolger die gleichen gesellschaftsrechtlichen Verwaltungsrechte zustehen wie dem Erblasser, sofern dessen Rechte zur Geschäftsführung und Vertretung nicht auf einem besonderen personengebundenen Vertrauensverhältnis der übrigen Gesellschafter zu diesem beruhten[20]. Ein solches wird in aller Regel zu verneinen sein, wenn die Regelung der Vertretung und Geschäftsführungsbefugnis im Gesellschaftsvertrag nicht von den gesetzlichen Bestimmungen (§§ 114 ff., 125 HGB; §§ 709, 714) abweicht[21].

4. Nachfolgeklausel **786**

a) Begriff und Wirkung

Als Nachfolgeklausel bezeichnet man eine gesellschaftsvertragliche Vereinbarung, nach der beim Tode eines Gesellschafters dessen Erben, einer der Miterben oder ein Dritter ohne weiteres als Rechtsnachfolger in die Gesellschafterstellung einrücken soll. Im Gegensatz zur Eintrittsklausel wird also dem Nachfolger nicht nur ein Anspruch bzw. ein Optionsrecht auf Eintritt zugewandt, sondern der Gesellschaftsanteil selbst.

Die rechtliche Konstruktion der Nachfolgeklausel und die damit verbundenen Konsequenzen sind umstritten. Hält man eine solche Rechtsnachfolge im Todesfall allein auf Grund gesellschaftsvertraglicher Vereinbarung für möglich, so kann jemand auch ohne Erbeinsetzung begünstigt werden (Rdnr. 787). Verlangt man dagegen das Zusammenwirken von Gesellschaftsvertrag und Verfügung von Todes wegen, so können nur Erben als Begünstigte in Betracht kommen (Rdnr. 788 ff.).

20 BGH LM Nr. 2 zu § 139 HGB; MünchHdb.GesR I/*Klein*, § 79 Rdnr. 94.
21 Einzelheiten: *Hueck*, OHG, § 28 II 1 b.

787 *(1) Gesellschaftsrechtliche Lösung*

Während die Deutung der Eintrittsklausel als eines Vertrages zu Gunsten Dritter auf den Todesfall allgemein anerkannt ist, wird die Nachfolgeklausel ganz überwiegend nicht als ein solcher Vertrag angesehen. Begründet wird dies damit, dass Verfügungen zu Gunsten Dritter unzulässig seien und die Zuwendung einer Gesamthandsmitgliedschaft für den Bedachten nicht nur Rechte, sondern auch Pflichten, insbesondere die Übernahme der persönlichen Haftung für die Gesellschaftsschulden, mit sich bringe. Daher liege nicht nur ein Vertrag zu Gunsten, sondern gleichzeitig auch ein unzulässiger Vertrag zu Lasten Dritter vor[22].

Wie oben (Rdnr. 770 ff.) dargelegt, sind zwar nach hier vertretener Ansicht Verfügungen zu Gunsten Dritter wirksam. Zutreffend ist allerdings der Einwand, dass Verträge zu Lasten Dritter dem geltenden Rechtssystem fremd sind. Gegen die Anerkennung eines solches Vertrages spricht, dass grundsätzlich ein am Vertragsschluss unbeteiligter Dritter gegen seinen Willen nicht mit einer Rechtspflicht belastet werden darf, von der er sich nur durch Entfaltung eigener Aktivität, nämlich durch Ausübung des Zurückweisungsrechts analog § 333, befreien kann. Bei der Zuwendung von Rechten kann im Regelfall von dem Einverständnis des Bedachten ausgegangen werden; für die Zuwendung von Pflichten gilt dies nicht. Hier wäre es unerträglich, den Dritten zunächst für verpflichtet zu erklären, bis er gem. § 333 die Belastung zurückgewiesen hat.

788 *(2) Erbrechtliche Lösung*

Ist somit die o. a. (allein) gesellschaftsrechtliche Lösung abzulehnen, so kann die Nachfolge in den Gesellschafteranteil nur über das Erbrecht erfolgen. Aber auch hier ist eine gesellschaftsvertragliche Nachfolgeklausel Voraussetzung; sie macht den eigentlich unvererblichen Anteil vererblich[23]. Diese erbrechtliche Lösung entspricht heute der ganz h. M. im Schrifttum und in der Rechtsprechung[24]. Folgende Fälle sind zu unterscheiden:

789 (a) Bestimmt der Gesellschaftsvertrag, dass der *Alleinerbe* des verstorbenen Gesellschafters Nachfolger werden soll (*einfache Nachfolgeklausel*), so wird er mit dem Erbfall sofort Gesellschafter. Seine Rechtsstellung entspricht regelmäßig der des Erblassers (vgl. Rdnr. 785).

Gegen die Vererblichkeit der gesamten Gesellschafterstellung gem. § 1922 bestehen hier keine durchgreifenden Bedenken. Das Gesetz geht zwar von der Regel der Nichtvererb-

22 So z. B. BGHZ 68, 225, 231; 78, 369, 374 f.; MünchKomm/*Ulmer*, § 727 Rdnr. 50; *Rüthers*, AcP 168, 263, 273 f.; *Schlüter*, Rdnr. 1274.

23 BGHZ 68, 225, 229; *Baumbach/Hopt*, § 139 Rdnr. 10; MünchKomm/*Leipold*, § 1922 Rdnr. 55; *Schlüter*, Rdnr. 1274.

24 BGHZ 22, 186, 191 f.; 68, 225, 229; 98, 48, 50; 108, 187, 194 f.; 119, 346, 354; *Baumbach/Hopt*, § 139 Rdnr. 10; *K. Schmidt*, Gesellschaftsrecht, § 45 V 4 b m. N.

lichkeit der Mitgliedschaft aus. Dies geschieht zum Schutz der Gesellschafter, denen kein neuer Gesellschafter aufgedrängt werden soll. Wo jedoch, wie bei der Nachfolgeklausel, die Gesellschafter selbst die Neuaufnahme wollen, muss Vererblichkeit angenommen werden (h. M.). Die Tatsache, dass die Gesellschafterstellung auch Nichtvermögensrechte umfasst, ist demgegenüber ohne Bedeutung.

(b) Sollen *sämtliche Miterben* nach der (einfachen) Nachfolgeklausel Gesell- 790
schafter werden, müsste nach allgemeinen Erbrechtsprinzipien die Miterbengemeinschaft in gesamthänderischer Verbundenheit die Mitgliedschaft erwerben. Nach ganz herrschender Ansicht kann jedoch die Miterbengemeinschaft nicht Gesellschafterin sein[25]. Im Falle der Nachfolgeklausel erhält danach jeder Erbe die Gesellschafterposition, und zwar mit einem Kapitalanteil, der seiner Erbquote entspricht[26].

Die Erbengemeinschaft kann deshalb nicht Mitglied der Gesellschaft werden, weil sie weder im Rechtsverkehr als geschlossene Einheit auftreten noch eine unbeschränkte Haftung für ihre Mitglieder übernehmen kann[27]. Zudem geht § 139 HGB von der unabhängigen Entscheidungsmöglichkeit jedes einzelnen Miterben und damit von einem Verzicht auf das Gesamthandsprinzip bei der Nachfolge eines Miterben in die OHG aus. Die früher gegen diese Lösung vorgebrachten Argumente[28] haben sich nicht durchgesetzt. Vielmehr hat die von der Rechtsprechung entwickelte Lösung, bei einer Nachfolgeklausel zu Gunsten mehrerer Erben finde eine Einzelnachfolge statt, längst gewohnheitsrechtliche Geltung[29].

(c) Sind im Gesellschaftsvertrag *nicht alle, sondern nur einer oder einzelne der* 791
Miterben zur Nachfolge berufen (**Fall c**), spricht man von einerqualifizierten Nachfolgeklausel.

Nach heute ganz h. M. im Schrifttum[30] und nach Ansicht des BGH[31] erwerben die Nachfolger-Erben den Anteil des Erblassers nicht nur in Höhe ihrer Erbquote, sondern unmittelbar im Ganzen (im **Fall c** also einen Kapitalanteil von je 30 000,– €). Die Erbquoten haben nämlich nicht den Sinn, dass die Erben keinen über ihre Erbquote hinausgehenden Teil des Gesellschaftsanteils erwerben können; sie dienen vielmehr als Grundlage für die Berechnung der Ansprü-

25 Ständige Rspr., z. B. BGHZ 22, 186, 192; BGH NJW 1983, 2376.

26 BGHZ 22, 196, 198; NJW 1983, 2376; *Erman/Westermann*, § 727 Rdnr. 8; MünchKomm/*Ulmer*, § 727 Rdnr. 33.

27 Z. B. BGHZ 22, 186, 192; 108, 187, 194; *Baumbach/Hopt*, § 139 Rdnr. 14; MünchKomm/*Leipold*, § 1922 Rdnr. 60; MünchKommHGB/*K. Schmidt*, § 139 Rdnr. 13.

28 Zur Kritik der h. M. vgl. insbesondere *Börner*, AcP 166 (1966), 426 ff.; 21.Aufl. Rdnr. 790.

29 *Rüthers*, AcP 168, 263, 276.

30 *Baumbach/Hopt*, § 139 Rdnr. 17; MünchKomm/*Leipold*, § 1922 Rdnr. 66; MünchKomm/*Ulmer*, § 727 Rdnr. 44; MünchKommHGB/*K. Schmidt*, § 139 Rdnr. 18; *K. Schmidt*, Gesellschaftsrecht, § 45 V 5 b; *Soergel/Stein*, § 1922 Rdnr. 66.

31 BGHZ 68, 225, 237 f. (unter Aufgabe der noch in BGHZ 22, 186, 195 vertretenen gegenteiligen Ansicht); BGH NJW 1983, 2376; BGHZ 108, 187, 192.

che auf Wertausgleich unter den Miterben. Der Gesellschaftsanteil ist aber trotz dieser Sonderrechtsnachfolge als Bestandteil des Nachlasses anzusehen[32]. Er steht damit dem Zugriff der Gesellschaftsgläubiger offen. Außerdem ist er wertmäßig bei der Berechnung des Pflichtteils (§ 2311) zu berücksichtigen und für den Ausgleich der Erben untereinander von Bedeutung.

792 (e) Bezeichnet die Klausel als Nachfolger *andere Personen als die Erben* des verstorbenen Erblassers, so kommt eine erbrechtliche Nachfolge nicht in Betracht. Die Nachfolgeklausel geht dann ins Leere. Hier bleibt nur die Umdeutung in eine Eintrittsklausel[33].

793 *b) Rechte des Erben nach § 139 HGB*

Der Erbe, der Gesellschafter einer OHG wird, kann nach § 139 I HGB sein Verbleiben in der Gesellschaft davon abhängig machen, dass ihm die Stellung eines Kommanditisten eingeräumt wird. Das Gesetz will dem Erben damit die Möglichkeit geben, sein Haftungsrisiko als Gesellschafter zu begrenzen, ohne die gesamte Erbschaft ausschlagen zu müssen.

Erforderlich für die Einräumung der Kommanditistenstellung ist ein Antrag des Erben innerhalb der Frist des § 139 III HGB an die Gesellschafter sowie die Annahme (§ 139 II HGB). Lehnen die Altgesellschafter den Antrag ab, kann der Erbe zwischen seinem Verbleiben in der Gesellschaft als persönlich haftender Gesellschafter und dem Ausscheiden wählen (§ 139 II HGB). Selbst wenn der Alleinerbe oder sämtliche zur Nachfolge berufenen Miterben sich für das Ausscheiden entschließen, wird die Gesellschaft nach h. M. unter den übrigen Gesellschaftern fortgesetzt, sofern sich aus dem Gesellschaftsvertrag nichts anderes ergibt[34]. – Die im Zusammenhang mit § 139 HGB auftauchenden Fragen, wie etwa die nach der Berechnung der Kommanditeinlage, gehören im Wesentlichen zum Gesellschaftsrecht[35].

794 *c) Rechtsstellung der vom Eintritt in die Gesellschaft ausgeschlossenen Miterben*

Der in die Gesellschaft eintretende Miterbe muss sich bei der Erbauseinandersetzung den Wert der ihm zugewandten Mitgliedschaft anrechnen lassen, wenn der Erblasser bei der Zuwendung die Ausgleichung angeordnet hat[36].

32 BGH 98, 48, 50 ff.; MünchKomm/*Ulmer*, § 727 Rdnr. 40; *Schlüter*, Rdnr. 1276; Aus § 727 folgt, dass der Gesellschaftsanteil grundsätzlich nicht vererblich ist. *Staudinger/Marotzke*, § 1922 Rdnr. 102.

33 BGHZ 68, 225, 233; BGH NJW 1978, 264 f.; MünchHdbGesR I/*Klein*, § 79 Rdnr. 112; MünchKomm/*Ulmer*, § 727 Rdnr. 42, 62; MünchKommHGB/*K. Schmidt*, § 139 Rdnr. 17, 21.

34 Vgl. *Baumbach/Hopt*, § 139 Rdnr. 43; *Hueck*, OHG, § 28 IV 2 m.w.N.

35 Siehe daher z. B. *Baumbach/Hopt*, § 139 Rdnr. 41; *Hueck*, OHG, § 28 III; MünchKommHGB/*K. Schmidt*, § 139 Rdnr. 71 ff.

36 H. L.; *Baumbach/Hopt*, § 139 Rdnr. 18; MünchKomm/*Ulmer*, § 727 Rdnr. 45; MünchKomm/*K. Schmidt*, § 139 Rdnr. 20.

Die Rechtsgrundlage für die *Anrechnungspflicht* ist umstritten. Zum Teil wird sie dem § 242[37], zum Teil dem § 1978[38] entnommen. Näher liegt die analoge Anwendung der §§ 2050 ff.[39]. Von einer Ausgleichungsanordnung gem. § 2050 III kann immer dann ausgegangen werden, wenn der Erblasser die Mitgliedschaft als Bestandteil des erst mit seinem Tod zur Verteilung gelangenden Vermögens ansieht und in die Erbauseinandersetzung mit einbezogen wissen will.

Fraglich ist, ob der bevorzugte Miterbe auch zur *Ausgleichszahlung* verpflichtet ist, wenn der Wert der Mitgliedschaft höher ist als der Betrag, der ihm auf Grund seiner Erbquote zusteht.

Im **Fall c** gebührt der F ein Anteil in Höhe von 50 000,– €, X und Y dagegen nur ein Anteil von je 25 000,– €; denn aus dem Testament geht hervor, dass A die Mitgliedschaft in der OHG bei der Aufteilung seines Vermögens unter seinen Erben berücksichtigt wissen will. X und Y müssen sich daher den Wert des ihnen zugewandten Gesellschaftsanteils in Höhe von je 30 000,– € anrechnen lassen. Dieser Betrag übersteigt um je 5000,– € die Summe, die ihnen bei der Auseinandersetzung zukäme.

Der Zahlungsverpflichtung des Miterben scheint § 2056 Satz 1 als Hindernis entgegenzustehen. Die Rechtsprechung hat jedoch schon früh stillschweigend von einer Anwendung dieser Norm abgesehen[40]. Im Ergebnis ist dem zu folgen[41]. § 2056 Satz 1 liegt die Erwägung zu Grunde, dass der zu Lebzeiten des Erblassers Bedachte nicht mit einer u. U. erst Jahrzehnte später fällig werdenden Zahlungspflicht bei der Erbauseinandersetzung belastet sein soll. Erfolgt die Zuwendung jedoch erst im Todeszeitpunkt durch Rechtsgeschäft unter Lebenden auf den Todesfall, so trifft § 2056 angesichts der Gleichzeitigkeit der lebzeitigen wie der letztwilligen Zuwendung seinem Zweckgedanken nach nicht zu. Es spricht vielmehr eine Vermutung dafür, dass der Erblasser die Zuwendung nicht als eine Art »Vorausvermächtnis«, sondern als Nachlassbestandteil gewertet wissen wollte. Der Bedachte muss daher den Mehrbetrag, der ihm auf Grund seiner Erbquote nicht gebührt, an die übrigen Erben auszahlen[42] (**Fall c**).

37 BGHZ 22, 186, 196 f.
38 Vgl. MünchKomm/*Ulmer*, § 727 Rdnr. 45.
39 Vgl. MünchKomm/*Heldrich*, § 2032 Rdnr. 60; MünchKomm/*Ulmer*, § 727 Rdnr. 45.
40 Vgl. BGH NJW 1957, 181; RGZ 170, 98, 107.
41 Wie hier MünchKomm/*Heldrich*, § 2032 Rdnr. 60; MünchKomm/*Ulmer*, § 727 Rdnr. 45.
42 BGHZ 22, 186, 196 f.; MünchKomm/*K. Schmidt*, § 139 Rdnr. 20.

Nachfolge in den Anteil an einer Personengesellschaft beim Tod eines Gesellschafters

I. Gesetzliche Regelung

1. GbR: Auflösung (§ 727 I)
2. OHG, KG: Fortsetzung der Gesellschaft ohne den verstorbenen Gesellschafter (§§ 131 III Nr. 1, 161 II HGB)

II. Gesellschaftsvertragliche Gestaltungen

1. Fortsetzungsklausel (nur von Bedeutung bei der GbR): Fortsetzung der Gesellschaft ohne den verstorbenen Gesellschafter
   ⇒ Abfindungsanspruch der Erben nach § 738 I 2 (abdingbar)
2. Eintrittsklausel: Fortsetzung der Gesellschaft und Recht eines/einiger/aller Erben zum Eintritt in die Gesellschaft (= Erwerb der Mitgliedschaft durch Rechtsgeschäft [Beitrittsvertrag] unter Lebenden)
3. Nachfolgeklausel: Fortsetzung der Gesellschaft und Zuwendung des Anteils des verstorbenen Gesellschafters an einen Nachfolger
   a) Arten
      aa) einfache Nachfolgeklausel: Bestimmung des Alleinerben oder aller Miterben als Nachfolger
      bb) qualifizierte Nachfolgeklausel: Bestimmung eines oder einiger von mehreren Miterben als Nachfolger
   b) Konstruktion der Nachfolge (h.M.)
      aa) keine Nachfolge allein auf Grund des Gesellschaftsvertrages (gesellschaftsrechtliche Lösung), weil sonst Vertrag zu Lasten Dritter
      bb) Nachfolge kraft Zuwendung von Todes wegen (erbrechtliche Lösung): Vererbung des Anteils, der auf Grund der Nachfolgeklausel vererblich ist

795 **III. Vererbung von Kommanditanteilen und Anteilen an einer Kapitalgesellschaft**

Die Beteiligung eines Kommanditisten ist gem. § 177 HGB ebenso vererblich wie die Mitgliedschaftsposition des GmbH-Gesellschafters (§ 15 I GmbHG) oder des Aktionärs[43]. Hier gibt es keine solche persönliche Bindung des Anteilsinhabers an die Gesellschaft, die einer erbrechtlichen Gesamtrechtsnachfolge entgegenstehen würde.

43 MünchKomm/*Leipold*, § 1922 Rdnr. 43.

Wird der GmbH-Gesellschafter oder Aktionär von mehreren Personen beerbt, so entsteht nach den §§ 2032 ff. eine gesamthänderische Mitberechtigung; die Mitgliedschaftsrechte können nur gemeinschaftlich ausgeübt werden (vgl. §§ 17 VI, 18 I GmbHG; § 69 I AktG). Der Kommanditanteil wird dagegen nach ganz h. M.[44] entsprechend der Behandlung des OHG-Anteils im Wege der Sondererbfolge vererbt. Allerdings kann der Gesellschaftsvertrag eine Vertreterklausel enthalten, wonach die Gesellschafterrechte nur einheitlich durch einen gemeinsamen Vertreter ausgeübt werden können[45].

IV. Zusammenfassung 796

Die Rechtsstellung eines unbeschränkt persönlich haftenden Mitglieds einer Gesamthandsgemeinschaft ist grundsätzlich auf den Erben übertragbar. Sie kann entweder auf Grund einer gesellschaftsvertraglichen Eintrittsklausel durch Ausübung des Eintrittsrechts auf den Erben übergehen oder auf Grund einer gesellschaftsvertraglichen Nachfolgeklausel durch Verfügung von Todes wegen auf ihn übertragen werden. Die Abfindungsansprüche der von dem Eintritt in die Gesellschaft ausgeschlossenen Miterben können durch entsprechende Bestimmung im Gesellschaftsvertrag abbedungen werden. Die Kommanditanteile sowie die Anteile an einer Kapitalgesellschaft sind vererblich (vgl. § 177 HGB; § 15 I GmbHG).

44 Vgl. BGHZ 108, 187, 192; KG NJW-RR 2000, 1704, 1705; *Baumbach/Hopt*, § 177 Rdnr. 3; MünchKomm/*Leipold*, § 1922 Rdnr. 72; MünchKommHGB/*K. Schmidt*, § 177 Rdnr. 16 f.

45 BGHZ 46, 291; MünchKomm/*Leipold*, § 1922 Rdnr. 72; MünchKommHGB/*K. Schmidt*, § 177 Rdnr. 17.

X. Abschnitt

§ 45 Der Erbschaftskauf 797

Schrifttum: *Bartholomeyczik*, Erbeinsetzung, andere Zuwendungen und Erbschein, 5. Denkschrift, 1942, 208; *Keller*, Die Heilung eines formnichtigen Erbteilskaufvertrages oder ähnlichen Vertrages im Sinne von § 2385 Abs. 1 BGB, ZEV 1995, 427; *Mauch*, Zur Sicherungsproblematik beim Erbteilskauf, BWNotZ 1993, 134; *Schlüter*, Durchbrechung des Abstraktionsprinzips über § 139 BGB und Heilung eines formnichtigen Erbteilskaufs durch Erfüllung – BGH, NJW 1967, 1128, JuS 1969, 10.

Fälle:

a) Alleinerbe A hat dem B formgerecht die Erbschaft verkauft. Nach Abschluss des Kaufvertrages, aber noch vor dessen Erfüllung, wird ein zum Nachlass gehörendes Gemälde gestohlen. Wer trägt den Nachteil? **(Rdnr. 801)**

b) Nach Verkauf der Erbschaft stellt sich heraus, dass Erblasser E dem V ein Vermächtnis zugewandt hatte und ein zum Nachlass gehörendes Fernsehgerät mit einem Sachmangel behaftet ist. Muss B den vereinbarten Kaufpreis in voller Höhe zahlen? **(Rdnr. 801)**

c) An wen kann sich der Nachlassgläubiger G wegen seiner Darlehnsforderung halten? Wer hat im Verhältnis von A und B zu zahlen? **(Rdnr. 802, 803)**

Das Gesetz gibt dem Erben die Möglichkeit, die Erbschaft insgesamt zu verkaufen (§ 2371). Der Erbschaftskauf ist ein Kaufvertrag. Doch macht die Erbschaft als Kaufgegenstand gewisse Abweichungen von den allgemeinen Vorschriften der §§ 433 ff. erforderlich (§§ 2371 ff.).

Die Vorschriften über den Erbschaftskauf finden auf den Weiterverkauf einer Erbschaft und andere Verträge, die auf die Veräußerung einer Erbschaft gerichtet sind, entsprechende Anwendung (§ 2385 I). – Bei der Erbschaftsschenkung sind die Besonderheiten des § 2385 II zu beachten.

I. Vertragsgegenstand 798

Der Alleinerbe kann die gesamte Erbschaft, der Miterbe seinen Erbanteil verkaufen (§ 2371). Verkauft wird damit nur die Erbschaft als Summe der zum Nachlass gehörenden *Vermögens*werte (z. B. Grundstücke, bewegliche Sachen, Forderungen) oder der Erbteil als *Vermögens*gegenstand. Der Verkäufer bleibt auch nach Abschluss und Erfüllung des Erbschaftskaufvertrages Erbe.

Sofern nichts anderes vereinbart ist, wird die Erbschaft in dem Zustand verkauft, in dem sie sich zur Zeit des Vertragsabschlusses befindet: Der spätere Wegfall von Vermächtnissen, Auflagen und Ausgleichungspflichten kommt dem

Käufer zugute (§ 2372). Andererseits verbleibt ein Erbteil, der dem Verkäufer nach Abschluss des Vertrages durch Eintritt der Nacherbfolge oder durch Wegfall eines Miterben anfällt, im Zweifel dem Verkäufer (§ 2373).

Auch ein dem Verkäufer zugewendetes Vorausvermächtnis sowie Familienpapiere und Familienbilder sind nicht mitverkauft, wenn der Vertrag nichts anderes bestimmt (§ 2373).

799 II. Form des Vertrages

Der Erbschaftskauf bedarf der notariellen Beurkundung (§ 2371). Der Erbe soll damit vor einem unüberlegten Vertragsschluss geschützt werden. Außerdem kommt die Form dem Interesse der Vertragsparteien und der Nachlassgläubiger an Abschluss- und Inhaltsklarheit des Vertrages entgegen[1].

Wird die Form nicht eingehalten, ist der Vertrag nach § 125 Satz 1 nichtig. Der Formmangel wird beim Verkauf einer *ganzen Erbschaft* nicht durch Erfüllung geheilt. § 311 b I 2 ist nicht entsprechend anwendbar. Diese Bestimmung geht davon aus, dass der Warnfunktion des § 311 b I 1 durch die bei der Vertragserfüllung zu beachtende Form hinreichend Genüge getan ist. Für den Erbschaftskauf kann dieser Gedanke nicht herangezogen werden; denn die Einschaltung des Notars, der den Verkäufer warnen könnte, ist bei der Übertragung der einzelnen Nachlassgegenstände (abgesehen etwa von Grundstücken) nicht vorgeschrieben. – Beim Kauf eines *Erbteils ist die Heilung analog § 311 b I 2 dagegen umstritten. Hier ist die Situation insofern anders, als* das Erfüllungsgeschäft der Form bedarf (§ 2033 I 2), so dass der Verkäufer von der Urkundsperson gewarnt werden kann. Die Interessenlage entspricht also durchaus derjenigen bei § 311 b I 2. Zudem zeigt die Entstehungsgeschichte, dass die Formvorschrift des § 2033 erst später als der jetzige § 2371 eingeführt worden ist[2]. Der Gesetzgeber hat bei § 2371 die besondere Problematik der Formheilung des Erbteilskaufs nicht gesehen. Es besteht also insoweit eine mit der Wertung des § 311 b I 2 ausfüllbare Lücke, so dass durch die Übertragung des Erbteils der Formmangel des Kaufvertrages geheilt wird[3]. Die Gegenansicht, die eine analoge Anwendung des § 311 b I 2 ablehnt, leugnet dagegen eine ausfüllungsbedürftige Regelungslücke. Im BGB gelte der Grundsatz, dass formnichtige Rechtsgeschäfte nicht durch Erfüllung geheilt werden; deshalb scheide eine analoge Anwendung von Ausnahmevorschriften aus[4].

1 Prot. II, 114 ff.
2 Prot. V, 839.
3 Vgl. *Erman/Schlüter*, § 2371 Rdnr. 5; *Lange/Kuchinke*, § 45 II 2; *Schlüter*, JuS 1969, 10; *Soergel/Zimmermann*, § 2371 Rdnr. 22; *Staudinger/Olshausen*, § 2371 Rdnr. 27.
4 BGH NJW 1967, 1128, 1131; DNotZ 1971, 37; *Bamberger/Roth/Mayer*, § 2371 Rdnr. 3; MünchKomm/*Musielak*, § 2371 Rdnr. 7; *Palandt/Edenhofer*, § 2371 Rdnr. 3.

III. Rechtsbeziehungen zwischen den Vertragspartnern 800

1. Hauptpflichten

a) Im Erbschaftskaufvertrag verpflichtet sich der *Alleinerbe*, die Erbschaftsgegenstände, einschließlich der in § 2374 genannten Ersatzgegenstände, an den Käufer zu übereignen. Hat der Verkäufer vor dem Verkauf Erbschaftsgegenstände verbraucht, verschenkt oder unentgeltlich belastet, so muss er dem Käufer, der den Verbrauch oder die unentgeltliche Verfügung nicht kennt, Ersatz leisten (§ 2375).

Im Übrigen sind Ersatzansprüche wegen eines zwischen Erbfall und Vertragsschluss eingetretenen Untergangs, einer Verschlechterung oder Unmöglichkeit ausgeschlossen (§ 2375 II).

b) Hat ein *Miterbe* seinen Erbteil verkauft, so hat er, da er zwar über seinen Erbteil, nicht aber über seinen Anteil an den einzelnen Nachlassgegenständen verfügen kann (§ 2033 II), den Erbteil in der Form des § 2033 I 2 zu übertragen. Demnach ist die Erfüllung regelmäßig einfacher als beim Verkauf der Erbschaft durch einen Alleinerben, der alle Gegenstände einzeln übertragen muss.

Der Erwerber eines Erbteils ist allerdings gesamthänderisch gebunden und muss daher die mit der Auseinandersetzung verbundenen Mühen auf sich nehmen, ohne selbst Miterbe zu sein.

c) Der *Käufer* ist beim Kauf der gesamten Erbschaft und beim Kauf eines Erbteils zur Zahlung des vereinbarten Kaufpreises verpflichtet.

2. Gefahrübergang und Mängelhaftung 801

Als wichtigste Abweichung von den allgemeinen Kaufvorschriften der §§ 433 ff. sind die Regelungen über Gefahrübergang und Gewährleistung zu nennen (§§ 2376, 2380).

a) Die *Gefahr des zufälligen Untergangs* und einer zufälligen Verschlechterung von Erbschaftsgegenständen trägt der Käufer vom Abschluss des Erbschaftskaufvertrages an (§ 2380 Satz 1).

Im **Fall a** geht daher der Diebstahl zu Lasten des B. Er muss den vollen Kaufpreis zahlen.

b) Im Unterschied zu den §§ 434 ff. besteht *keine Haftung für Sachmängel* der zur Erbschaft gehörenden Gegenstände (§ 2376 II). Auch die Haftung für *Rechtsmängel* weicht beim Erbschaftskauf stark von den §§ 433 I 2, 435 Satz 1 ab: Der Verkäufer haftet ausschließlich dafür, dass ihm das Erbrecht zusteht, keine Nacherbschaft oder Testamentsvollstreckung angeordnet ist, keine Vermächtnisse, Auflagen, Pflichtteilslasten, Ausgleichspflichten oder Teilungsanordnungen bestehen und keine unbeschränkte Haftung gegenüber den Nachlassgläubigern eingetreten ist (§ 2376 I).

Demnach steht im **Fall b** dem B ein Minderungsrecht wegen des Sachmangels nicht zu. Dagegen haftet A ihm für das Nichtbestehen des Vermächtnisses.

802 *3. Sonstige Folgen*

a) Einige Vorschriften zeigen, dass der Käufer möglichst so gestellt werden soll, als hätte er vermögensrechtlich selbst mit dem *Erbfall* die Rechtsnachfolge des Erblassers angetreten: So gilt eine mit dem Erbfall eingetretene *Konfusion* im Verhältnis Käufer – Verkäufer als nicht erfolgt (§ 2377 Satz 1).

Da eine erloschene Verbindlichkeit nicht von selbst auflebt, hat der Verkäufer den Käufer so zu stellen, als wäre sie nicht erloschen (§ 2377 Satz 2).

Die *Nachlassverbindlichkeiten* hat der Käufer im Verhältnis zum Verkäufer zu tragen, soweit dieser nicht für ihr Nichtbestehen haftet (§ 2378 I). Hat der Verkäufer eine Nachlassverbindlichkeit erfüllt, so kann er vom Käufer Ersatz verlangen; das gilt auch für die Erfüllung vor Vertragsschluss (§ 2378 II).

Im **Fall c** muss daher B im Verhältnis zu A die Nachlassverbindlichkeiten tragen (Verhältnis zu Nachlassgläubigern: Rdnr. 803).

Vor dem Kauf gemachte notwendige *Verwendungen* des Verkäufers auf die Erbschaft hat der Käufer immer zu ersetzen (§ 2381 I), andere als notwendige Verwendungen jedoch nur dann, wenn eine durch sie herbeigeführte Wertsteigerung der Erbschaft beim Abschluss des Erbschaftskaufvertrages noch vorhanden ist (§ 2381 II).

b) Wenn das Gesetz auch bestrebt ist, den Käufer so zu stellen wie er stehen würde, wenn er unmittelbar in die Vermögensrechte des Erblassers eingetreten wäre, so muss doch andererseits berücksichtigt werden, dass dem Verkäufer die Erbschaft tatsächlich für einige Zeit zugestanden hat. Deshalb bestimmt das Gesetz, dass vor *Abschluss des Kaufvertrages* der Verkäufer und *nachher* der Käufer die Nutzungen erhält und die Lasten zu tragen hat (§§ 2379 Satz 1, 2; 2380 Satz 2). Nur bestimmte außerordentliche Lasten, die schon vor Vertragsschluss bestanden, treffen den Käufer (§ 2379 Satz 3).

803 IV. Rechtsbeziehungen der Parteien zu den Nachlassgläubigern

Der Käufer der Erbschaft haftet gem. § 2382 I den Nachlassgläubigern vom Abschluss des Kaufvertrages an für Nachlassverbindlichkeiten, und zwar auch insoweit, als der Käufer sie dem Verkäufer gegenüber nach den §§ 2378, 2379 nicht zu erfüllen braucht. Daneben besteht die Haftung des Verkäufers fort (§ 2382 I; **Fall c**).

Der BGH wendet § 2382 gegenüber einem Erbteilskäufer auch zu Gunsten eines Miterben an, der durch Abschluss eines Auseinandersetzungsvertrages einen schuldrechtlichen Anspruch auf bestimmte Nachlassgegenstände erworben hat[5].

Käufer und Verkäufer können keine Haftungsbeschränkungen des Käufers mit Wirkung gegen die Nachlassgläubiger vereinbaren (§ 2382 II).

Der Käufer kann seine Haftung nach den Vorschriften über die Beschränkung der Erbenhaftung begrenzen (§§ 2383 I 1, 1975 ff.); doch muss er eine bereits beim Verkäufer eingetretene unbeschränkte Haftung hinnehmen (§ 2383 I 2; zur Inventarerrichtung: § 2383 II). Ist seine Haftung auf die Erbschaft beschränkt, so muss er die Vollstreckung in seine Ansprüche gegen den Verkäufer dulden (§ 2383 I 3).

Der Verkäufer ist den Nachlassgläubigern gegenüber verpflichtet, den Verkauf und den Namen des Erwerbers dem Nachlassgericht anzuzeigen (§ 2384 I 1).

Die entsprechende Anzeige des Käufers ersetzt die Anzeige des Verkäufers (§ 2384 I 2). Die Einsichtnahme in die Anzeige regelt § 2384 II.

V. Zusammenfassung 804

Der Alleinerbe kann die Erbschaft, der Miterbe seinen Erbteil verkaufen. Die Erfüllung des Vertrages erfolgt, wenn eine Erbschaft verkauft ist, durch Übertragung der einzelnen Erbschaftsgegenstände, wenn ein Miterbenanteil verkauft ist, durch Übertragung des Erbteils. Die wichtigsten Besonderheiten des Erbschaftskaufs gegenüber dem Kaufrecht der §§ 433 ff. bestehen in der Formbedürftigkeit des Vertrages, der abweichenden Rechtsmängel- und fehlenden Sachmängelhaftung sowie in der Vorverlegung des Gefahrübergangs. Im Verhältnis zu den Nachlassgläubigern haften die Kaufvertragspartner nebeneinander.

5 BGHZ 38, 187, 193 ff.; zustimmend *Bamberger/Roth/Mayer*, § 2382 Rdnr. 6; *Erman/Schlüter*, § 2382 Rdnr. 1; MünchKomm/*Musielak*, § 2382 Rdnr. 8.

Der Erbschaftskauf (§§ 2371 ff.)

I. Vertragsgegenstand: gesamte Erbschaft oder Erbanteil eines Miterben

II. Form: notarielle Beurkundung
(nach h. M. keine Heilung analog § 311b I 2 möglich)

III. Rechtsbeziehungen zwischen den Vertragsparteien

1. Hauptpflichten:
   a) Verkäufer: Übereignung der Erbschaftsgegenstände und Ersatzgegenstände (§ 2374) oder Wertersatzpflicht (§ 2375) bzw. Übertragung des Erbteils in der Form des § 2033 I 2
   b) Käufer: Zahlung des vereinbarten Kaufpreises
2. Gefahrübergang schon ab Abschluss des Kaufvertrages (§ 2380 Satz 1)
3. keine Haftung für Sachmängel und eingeschränkte Haftung für Rechtsmängel (§ 2376)
4. Haftung des Käufers im Innenverhältnis für Nachlassverbindlichkeiten (§ 2378)
5. Verwendungsersatzanspruch des Verkäufers gegen den Käufer (§ 2381)

IV. Rechtsbeziehungen der Parteien zu den Nachlassgläubigern

- Haftung des Käufers im Außenverhältnis für Nachlassverbindlichkeiten ab Abschluss des Kaufvertrages (§§ 2382 f.)
- Forthaftung des Verkäufers (§ 2382 I)

XI. Abschnitt

§ 46 Erbschaftsteuerrecht 805

Schrifttum: *Birk*, Steuern auf Erbschaft und Vermögen 1999; *Gerken*, Steuergestaltung bei Schenkung und Erbschaft, 2002; *Engler*, Handlungsbedarf bei Sachvermächtnissen und Verbindlichkeiten im Nachlass aus erbschaftsteuerrechtlicher Sicht, NJW 2006, 649; *Handzik*, Erbschaft- und Schenkungsteuer, 5. Aufl., 2002; *Kapp/Ebeling*, Erbschaftsteuer- und Schenkungsteuergesetz, 2005; *Meincke*, Erbschaftsteuer- und Schenkungsteuergesetz, 14. Aufl., 2004; *Moench/Albrecht*, Erbschaftsteuer, 2005; *Ramb*, Grundzüge des Erbschaft- und Schenkungsteuerrechts, SteuerStud 2003, 540, 568, 638; 2004, 27, 78, 172, 226; *Schmidt*, EStG, Kommentar, 25. Aufl., 2006; *Söffing/Völkers/Weinmann*, Erbschaft- und Schenkungsteuerrecht, 2. Aufl., 2003; *Troll/Gebel/Jülicher*, Erbschaftsteuer- und Schenkungsteuergesetz, Loseblatt-Kommentar, 2005; *Viskof/Geier/Hübner*, Erbschaftsteuer- und Schenkungsteuergesetz, Bewertungsgesetz, Kommentar, 2001.

I. Praktische Bedeutung

Die praktische Bedeutung der Erbschaftsteuer führt immer wieder zu politischen Kontroversen. Das Erbschaft- und Schenkungsteueraufkommen soll im Jahr 2004 über 4 Milliarden Euro betragen haben. Einerseits führt die Erhebung dieser Steuer dem Staat (den Bundesländern) Mittel zu. Andererseits mindert sie den Wert des Erwerbs von Todes wegen. Deshalb werden von den Inhabern großer Vermögen verschiedene Gestaltungen zur Steuervermeidung praktiziert. Dabei geht es unter anderem um die Flucht ins (steuergünstigere) Ausland und um frühzeitige Vermögensübertragungen unter Lebenden unter mehrfacher Ausnutzung von Steuerfreibeträgen.

Die Erbschaftsteuer kann auch die Unternehmensnachfolge erschweren und Arbeitsplätze gefährden; denn für die Zahlung der Steuer müssen die Erben oft Mittel aus dem Unternehmen entnehmen. Deshalb soll nach dem Koalitionsvertrag zwischen CDU, CSU und SPD vom 11.11.2005 das Erbschaftsteuerrecht mit dem Ziel reformiert werden, Unternehmensnachfolgen zu erleichtern. Danach soll die Generationenfolge in Unternehmen von der Erbschaft- und Schenkungsteuer entlastet werden, wenn das von Todes wegen oder zu Lebzeiten unentgeltlich übergehende Unternehmen von dem Nachfolger mindestens über zehn Jahre in vergleichbarem wirtschaftlichem Umfang fortgeführt wird. Bis zum Ablauf dieser zehn Jahre soll die Erbschaftsteuer zinslos gestundet werden. Das Inkrafttreten der Reform ist für 2007 geplant.

806 **II. Rechtsgrundlagen**

Die Pflicht zur Zahlung von Erbschaftsteuer ergibt sich aus dem Erbschaftsteuer- und Schenkungsteuergesetz (ErbStG) vom 17.4.1974[1] in der Fassung der Bekanntmachung vom 27.2.1997[2]. Es besteht aus 40 Paragraphen. Für die Bewertung des steuerpflichtigen Erwerbs gelten ergänzend die Allgemeinen Bewertungsvorschriften des Bewertungsgesetzes (§ 12 I ErbStG).

807 **III. Steuerpflichtige Vorgänge**

Der Erbschaftsteuer unterliegen u.a. jeder Erwerb von Todes wegen sowie Schenkungen unter Lebenden (vgl. § 1 I Nr. 1, 2 ErbStG). Besteuert wird also nicht der Nachlass als Ganzes, sondern der jeweilige Erwerb bei dem einzelnen Empfänger.

Als *Erwerb von Todes wegen* gilt nach § 3 ErbStG nicht nur der Erwerb durch Erbanfall (§ 1922), sondern z. B. auch der Erwerb durch Vermächtnis (§§ 2147 ff.; Rdnr. 423 ff.) und auf Grund eines geltend gemachten Pflichtteilsanspruchs (§§ 2303 ff.; Rdnr. 542 ff.). Das Gesetz nennt ferner u. a. den Erwerb durch Schenkung auf den Todesfall (§ 2301; Rdnr. 740 ff.) und den auf einem Gesellschaftsvertrag beruhenden Übergang des Anteils (oder eines Teils davon) eines Gesellschafters bei dessen Tod auf einen anderen oder die Gesellschaft (Rdnr. 779 ff.), soweit der Wert dieses Anteils die Abfindungsansprüche Dritter übersteigt. Schließlich unterliegt der Erbschaftsteuer auch der Vermögensvorteil auf Grund eines vom Erblasser geschlossenen Vertrages zu Gunsten eines Dritten, den dieser beim Tod des Erblassers unmittelbar erwirbt (z. B. Anspruch auf Zahlung der Lebensversicherungssumme, der nicht zur Erbschaft gehört; vgl. Rdnr. 769).

Da § 7 ErbStG Schenkungen unter Lebenden und § 8 ErbStG Zweckzuwendungen erfassen, kann die Steuerpflicht grundsätzlich nicht dadurch vermieden werden, dass der Erblasser schon zu seinen Lebzeiten seinen späteren Erben unentgeltliche Zuwendungen macht. Er kann jedoch durch mehrere, in bestimmten zeitlichen Abständen vorgenommene Schenkungen die Steuerfreibeträge mehrfach in Anspruch nehmen. Dabei ist zu beachten, dass für die Besteuerung jeweils alle Schenkungen der letzten zehn Jahre zusammengerechnet werden (vgl. § 14 ErbStG).

Eine Erbschaftsteuer wäre nicht zu zahlen, wenn jemand sein Vermögen in eine Familienstiftung oder einen Familienverein eingebracht hätte; denn die Stiftung oder der Verein stirbt nicht. Auf diese Weise brauchten viele Generationen keine Erbschaftsteuer zu entrichten. Jedoch soll das Vermögen einer solchen Stiftung und eines solchen Vereins in jeder Generation einmal der Erbschaftsteuer unterliegen. Deshalb entsteht die Steuer in Zeitabständen von 30 Jahren seit dem Zeitpunkt des ersten Übergangs des Vermögens auf

1 BGBl. I, 933.
2 BGBl. I, 378.

die Stiftung oder den Verein (vgl. §§ 1 I Nr. 4, 9 I Nr. 4 ErbStG; sog. Ersatzerbschaftsteuer). Lag der erste Vermögensübergang vor 1954, entstand nach § 9 I Nr. 4 Satz 2 ErbStG die Steuer erstmals am 1. 1. 1984. Diese Regelung ist mit der Verfassung vereinbar[3].

IV. Steuerpflichtiger Erwerb 808

Der steuerpflichtige Erwerb ist in § 10 ErbStG definiert. Als solcher gilt gem. § 10 I 1 ErbStG die *Bereicherung* des *Erwerbers, soweit diese nicht steuerfrei* ist (§§ 5, 13, 13 a, 16–18 ErbStG).

1. Bereicherung

Bereichert ist der Erwerber nur um die Aktiva, nicht um die Schulden. Deshalb sind gem. § 10 V, VI–IX ErbStG die vom Erben zu begleichenden *Nachlassverbindlichkeiten abzugsfähig*; denn sie mindern die Bereicherung. Dazu gehören die vom Erblasser herrührenden Schulden nach Maßgabe des § 10 V Nr. 1, ferner die Verbindlichkeiten aus Vermächtnissen, Auflagen sowie geltend gemachten Pflichtteilen und Erbersatzansprüchen (§ 10 V Nr. 2 ErbStG). Abgezogen werden können aber auch die Kosten der Bestattung des Erblassers, für ein angemessenes Grabdenkmal, für die übliche Grabpflege mit ihrem Kapitalwert für eine unbestimmte Dauer sowie die Kosten, die im Zusammenhang mit der Abwicklung, Regelung, Verteilung des Nachlasses oder mit der Erlangung des Erwerbs entstehen. Für alle diese Kosten wird ohne Nachweis ein Pauschalbetrag von 10 300,– € abgezogen (§ 10 V Nr. 3, S. 2 ErbStG). (Einzelheiten: § 10 VI–IX ErbStG)

2. Steuerbefreiungen 809

Bei der Ermittlung der Bereicherung sind solche Erwebsgegenstände nicht zu berücksichtigen, die kraft Gesetzes von der Steuer befreit sind.

Nach § 5 ErbStG ist der Zugewinnausgleich des überlebenden Ehegatten gem. § 1371 von der Erbschaftsteuer befreit.

Der Grund dafür liegt darin, dass der Zugewinn während der Ehe gemeinsam erwirtschaftet wurde und keinen unentgeltlichen Erwerb von Todes wegen darstellt.

§ 13 I Nr. 1–18 ErbStG enthält einen umfangreichen Katalog von besonderen Gegenständen, die steuerfrei bleiben.

So sind steuerfrei z. B.:
Hausrat (einschließlich Wäsche und Kleidungsstücke) bei Erwerb durch Personen der Steuerklasse I (also etwa: Ehegatte, Kinder, Enkel, Eltern; vgl. § 15 ErbStG) bis zum Wert

3 BVerfGE 63, 312.

von insgesamt 41 000,– € und durch andere Personen bis zum Wert von 10 300,– € (§ 13 I Nr. 1 ErbStG);

Grundbesitz, Kunstgegenstände, kunst- und wissenschaftliche Sammlungen, Bibliotheken und Archive, deren Erhaltung im öffentlichen Interesse liegt und die in gewissem Umfang der Forschung und der Volksbildung nutzbar gemacht werden (mit 60 % des Wertes, unter bestimmten weiteren Voraussetzungen vollständig steuerfrei, § 13 I Nr. 2 ErbStG);

Erwerb durch Eltern oder Großeltern des Erblassers, sofern diese als erwerbsunfähig anzusehen sind und der Erwerb zusammen mit dem übrigen Vermögen des Erwerbers 41 000,– € nicht übersteigt (§ 13 I Nr. 6 ErbStG);

Zuwendungen an Religionsgemeinschaften, Personenvereinigungen, die nach ihrer Verfassung und tatsächlichen Geschäftsführung ausschließlich und unmittelbar kirchlichen, gemeinnützigen oder mildtätigen Zwecken dienen (§ 13 I Nr. 16 ErbStG).

Betriebsvermögen, land- und forstwirtschaftliches Vermögen sowie Anteile an Kapitalgesellschaften sind nach Maßgabe des § 13a ErbStG steuerfrei.

810 *3. Freibeträge*

Von dem Betrag, der nach Berücksichtigung der Steuerbefreiungen verbleibt, sind noch die allgemeinen und besonderen Freibeträge abzuziehen.

a) § 16 ErbStG bestimmt für jeden Erwerber einen *allgemeinen Freibetrag*, der von dem Nachlasswert abzuziehen ist; nur der Betrag, der den Freibetrag übersteigt, muss versteuert werden. Die Höhe des Freibetrages richtet sich nach der Steuerklasse (§ 15 ErbStG) des Erwerbers.

Ehegatte: 307 000,– €; Kinder, Stiefkinder und Kinder verstorbener Kinder: 205 000,– €; Eltern und Voreltern (bei Erwerb von Todes wegen): 51 200,– €; Personen der Steuerklasse II: 10 300,– €; Personen der Steuerklasse III: 5200,– €. Vgl. im Einzelnen: § 16 ErbStG. Zu den Steuerklassen: Rdnr. 814.

811 b) § 17 ErbStG sieht für den überlebenden Ehegatten und die Kinder neben dem allgemeinen Freibetrag noch einen *besonderen Versorgungsfreibetrag* vor.

Für den überlebenden Ehegatten beträgt der Versorgungsfreibetrag 256 000,– €. Wenn dem Ehegatten allerdings Versorgungsbezüge zustehen, die nicht der Erbschaftsteuer unterliegen (z. B. Witwenrente aus der Sozialversicherung, beamtenrechtliche Versorgungsbezüge), wird der Versorgungsfreibetrag um den Kapitalwert dieser Bezüge gekürzt (§ 17 I ErbStG).

Lebte der Erblasser mit seinem Ehegatten bis zu seinem Tod im gesetzlichen Güterstand der Zugewinngemeinschaft und wird die erbrechtliche Lösung (dazu: Rdnr. 75) gewählt, so gilt beim überlebenden Ehegatten der Betrag, den er nach § 1371 II als Ausgleichsforderung geltend machen könnte, nicht als Erwerb von Todes wegen (§ 5 I ErbStG); denn bei der Ausgleichsforderung handelt es sich nicht um eine unentgeltliche Zuwendung des Erblassers.

Der Versorgungsfreibetrag der *Kinder* des Erblassers ist nach dem Alter gestaffelt (§ 17 II ErbStG).

Bis zu 5 Jahren 52 000,– €, von mehr als 5 bis zu 10 Jahren: 41 000,– €, von mehr als 10 bis zu 15 Jahren: 30 700,– €, von mehr als 15 bis zu 20 Jahren: 20 500,– €, von mehr als 20 Jahren bis zur Vollendung des 27. Jahres: 10 300,– € (Einzelheiten: § 17 II 2 ErbStG).

V. Höhe der Erbschaftsteuer 812

Die Höhe der zu zahlenden Erbschaftsteuer drückt § 19 ErbStG in Steuersätzen (Prozentsätzen) aus. Diese hängen von dem Wert des steuerpflichtigen Erwerbs und von der Steuerklasse des Erwerbers ab.

1. Bewertung des steuerpflichtigen Erwerbs

Zunächst ist der nach §§ 10, 5, 13, 13a, 16–18 ErbStG ermittelte steuerpflichtige Erwerb zu bewerten. Für die Wertermittlung ist der Zeitpunkt der Entstehung der Steuer maßgebend (§ 11 ErbStG), also grundsätzlich der Todestag des Erblassers (§ 9 I Nr. 1 ErbStG; z. B. Kurswert der Aktien an diesem Tag). Die Bewertung richtet sich nach den allgemeinen Bewertungsvorschriften des Bewertungsgesetzes (§ 12 I ErbStG), soweit § 12 II–VI ErbStG nicht etwas anderes bestimmt. Zugrunde zu legen ist regelmäßig der gemeine Wert des einzelnen Vermögensgegenstandes (§ 9 BewG); das ist der Preis, der im gewöhnlichen Geschäftsverkehr nach der Beschaffenheit des Gegenstandes bei einer Veräußerung zu erzielen wäre.

Für Grundvermögen, zu dem u. a. auch das Zubehör, das Erbbaurecht und 813
das Wohnungseigentum gehören (§ 68 I BewG), gelten ebenso wie für Betriebsvermögen, Anteilen an Kapitalgesellschaften und land- und forstwirtschaftlichen Betrieben zur Zeit noch abweichende Bewertungsregeln. Sie führen zu einer Bewertung, die deutlich unter dem tatsächlichen Verkehrswert liegt.

Bei *bebauten* Grundstücken ist grundsätzlich das Ertragswertverfahren anzuwenden. Dabei ist von dem 12,5 fachen der durchschnittlichen Jahresnettokaltmiete der letzten drei Jahre unter Berücksichtigung von altersbedingten Wertminderungen auszugehen (§ 146 II, IV BewG).

Der Wert *unbebauter* Grundstücke bestimmt sich nach ihrer Fläche und den um 20 % ermäßigten Bodenrichtwerten; diese sind von den Gutachterausschüssen nach dem Baugesetzbuch auf den 1. 1. 1996 zu ermitteln und den Finanzämtern mitzuteilen (§ 145 III BewG).

Besonderheiten gelten auch für land- und forstwirtschaftliches Vermögen und für Grundstücke, die zum Betriebsvermögen gehören (§§ 33, 48a, 51a, 99, 140 ff. BewG).

Durch diese besonderen Bewertungsregeln werden die Erben von Grundvermögen, Betriebsvermögen, Anteilen an Kapitalgesellschaften und land- und forstwirtschaftlichen Betrieben steuerlich besser gestellt als die Erben von anderen Vermögenswerten, die mit ihrem Verkehrswert bewertet werden. Wegen dieser Ungleichbehandlung hat das BVerfG durch Beschluss v. 7. 11. 2006 auf Vorlagebeschluss des BFH[4] die bisherigen Bewertungsverfahren bei der Ermittlung der Bemessungsgrundlage für die Erbschaft- und Schenkungsteuer für verfassungswidrig erklärt[5]. Auf Grund dieser Entscheidung muss der Gesetzgeber bei diesen Steuern die vererbten und verschenkten Gegenstände in gleicher Weise realitätsgerecht bewerten. Zwar kann er für bestimmte Vermögensgegenstände, die z. B. für die Schaffung von Arbeitsplätzen von Bedeutung sind, durchaus Verschonungsregeln (z. B. Freibeträge, niedrigerer Steuersatz) vorsehen, aber nicht über Differenzierungen bei der Bewertung. Der Gesetzgeber ist nach der Entscheidung des BVerfG verpflichtet, eine Neuregelung spätestens bis zum 31. Dezember 2008 zu treffen. Bis dahin ist das bisherige Bewertungs- und Erbschaftsteuerrecht weiter anzuwenden.

814 *2. Steuerklasse*

Die *Steuerklasse* richtet sich nach dem *persönlichen Verhältnis des Erwerbers zum Erblasser.* § 15 ErbStG unterscheidet drei Steuerklassen:

Es gehören:
- zur Steuerklasse I: Ehegatte, Kinder und Stiefkinder, Abkömmlinge der genannten Kinder und Stiefkinder sowie die Eltern und Voreltern (bei Erwerben von Todes wegen);
- zur Steuerklasse II: Eltern und Voreltern (soweit sie nicht zur Steuerklasse I gehören), Geschwister, Abkömmlinge 1. Grades von Geschwistern, Stiefeltern; Schwiegerkinder, Schwiegereltern sowie der geschiedene Ehegatte;
- zur Steuerklasse III: alle übrigen Erwerber und die Zweckzuwendungen.

815 *3. Höhe des Steuersatzes*

Innerhalb der drei Steuerklassen ist der Steuersatz der zu zahlenden Erbschaftsteuer um so höher, je größer der *Wert des steuerpflichtigen Erwerbs ist. Er reicht von 7 % bei einem Wert von 52 000 € in der Steuerklasse I bis zu 50 % bei einem Wert über 25 565 000 € in der Steuerklasse III.*

4 BFH NJW 2002, 3197.
5 BVerfG WM 2007, 316.

§ 19 I ErbStG enthält dazu folgende **Tabelle**:

Wert des steuerpflichtigen Erwerbs (§ 10 ErbStG) bis einschließlich ... €	**Vomhundertsatz in der Steuerklasse**		
	I	II	III
52 000	7	12	17
256 000	11	17	23
512 000	15	22	29
5 113 000	19	27	35
12 783 000	23	32	41
25 565 000	27	37	47
über 25 565 000	30	40	50

VI. Steuerfestsetzung und Erhebung 816

Die Festsetzung der Erbschaftssteuer erfolgt durch das nach § 35 ErbStG zuständige Finanzamt. Steuerschuldner ist in der Regel der Erwerber (§ 20 I ErbStG). Bei mehreren Erben haftet bis zur Auseinandersetzung der Nachlass für die Steuer aller am Erbfall Beteiligten (§ 20 III ErbStG). Die durch Vorerbschaft veranlasste Steuer hat der Vorerbe aus Nachlassmitteln zu entrichten (§ 20 IV ErbStG).

Die Steuerfestsetzung setzt voraus, dass das Finanzamt von dem steuerpflichtigen Erwerb von Todes wegen Kenntnis erlangt. Deshalb sieht § 30 ErbStG vor, dass der Erwerber binnen einer Frist von drei Monaten dem zuständigen Finanzamt den steuerpflichtigen Erwerb schriftlich anzuzeigen hat. Neben dem Erwerber sind auch Vermögensverwahrer, Vermögensverwalter und Versicherungsunternehmer (§ 33 ErbStG) sowie Gerichte, Behörden, Beamten und Notare (§ 34 ErbStG) zur Anzeige an das zuständige Finanzamt verpflichtet.

VII. Zusammenfassung 817

Erbschaftsteuerrecht

I. Steuerpflichtige Vorgänge
Jeder Erwerb von Todes wegen (§ 1 I Nr. 1 ErbStG)

II. Steuerpflichtiger Erwerb (§ 10 I 1 ErbStG)
1. Bereicherung des Erwerbers: Aktiva abzüglich der Nachlassverbindlichkeiten (§ 10 V Nr. 1–3 ErbStG)

2. Berücksichtigung der Steuerbefreiungen
   - Zugewinnausgleich (§ 5 ErbStG)
   - Hausrat u.a. (§ 13 ErbStG)
   - Betriebsvermögen (§ 13a ErbStG)
3. Abzug von Freibeträgen
   a) allgemeiner Freibetrag (§ 16 ErbStG)
   b) besonderer Versorgungsfreibetrag für Ehegatten und Kinder (§ 17 ErbStG)

III. Höhe der Erbschaftsteuer

1. Bewertung des steuerpflichtigen Erwerbs (§ 12 ErbStG i.V.m. BewG)
2. Steuersätze gestaffelt nach Steuerklasse (§ 15 ErbStG) und Wert des steuerpflichtigen Erwerbs (Tabelle in § 19 ErbStG)

IV. Steuerfestsetzung und -erhebung

1. Zuständiges Finanzamt (§ 35 ErbStG)
2. Anzeigepflichten gegenüber dem Finanzamt
   a) für den Erwerber (§ 30 ErbStG)
   b) für Verwalter, Gerichte, Behörden und Notare (§§ 33, 34 ErbStG)

XII. Abschnitt

§ 47 Das internationale Erbrecht 818

Schrifttum: *Bengel/Reimann*, Der deutsche Erblasser mit Auslandsvermögen, ZNotP 2002, 206; *Coester*, Probleme des internationalen Erbrechts, JA 1979, 351; *Edenfeld*, Europäische Entwicklungen im Erbrecht, ZEV 2001, 457; *Ferid/Firsching/Lichtenberger*, Internationales Erbrecht, Loseblatt; *Flick/Piltz*, Der internationale Erbfall, 1999; *Klingelhöffer*, Kollisionsrechtliche Probleme des Pflichtteils, ZEV 1996, 258; *Leipold*, Europa und das Erbrecht, Festschrift Söllner, 2000, 647; *von Oetzen*, Praktische Handhabung eines Erbrechtsfalls mit Auslandsberührung, ZEV 1995, 167; *Rembert*, Die Rückverweisung im internationalen Erbrecht, ZEV 2000, 486; *Umstätter*, Gemeinschaftliche Testamente mit Auslandsberührung, DNotZ 1984, 532; *Werkmüller*, Der Nachlass mit Auslandsbezug – Aufgaben und Funktionen der Bank in der Erbauseinandersetzung, ZEV 2001, 480.

Fälle:

a) Der italienische Erblasser war mit einer deutschen Frau verheiratet und hat mit ihr und seinen zwei Kindern 15 Jahre in Deutschland gelebt. Er hinterlässt ein Grundstück, bewegliches Vermögen und ein Bankkonto in Deutschland sowie ein Grundstück in Italien. Er hat kein Testament errichtet. Nach welchem Recht ist der Erbfall auf Grund des deutschen internationalen Erbrechts zu beurteilen? Hätte der Erblasser das anzuwendende Recht durch Testament bestimmen können? **(Rdnr. 820, 825)**

b) Ein deutscher Staatsangehöriger und seine belgische Ehefrau lebten in Deutschland und haben dort ein gemeinschaftliches Testament errichtet. Darin haben sie sich gegenseitig zu Alleinerben und als Erben des Überlebenden ihre beiden Kinder (Sohn und Tochter) zu gleichen Teilen eingesetzt. Später erwarb die Ehefrau die deutsche Staatsangehörigkeit. Nach dem Tod der Ehefrau hat der Ehemann in einem weiteren Testament die Tochter als Alleinerbin bestimmt. Wer beerbt den Ehemann, wenn man unterstellt, dass nach belgischem Recht gemeinschaftliche Testamente unzulässig sind? **(Rdnr. 829)**

I. Erbfälle mit Auslandsbezug

Erbfälle mit Auslandsbezug nehmen zu. Das liegt an der wachsenden Mobilität der Menschen und des Kapitals. Es gibt immer mehr Ehen mit einem ausländischen Ehegatten, Familiemitglieder mit ausländischer Staatsangehörigkeit, deutsche Erblasser mit Wohnsitzen und/oder Vermögensgegenständen (Ferienimmobilien, Bankkonten) im Ausland und ausländische Staatsangehörige mit Wohnsitzen und/oder Vermögen im Inland. Der Auslandsbezug ergibt sich also im Wesentlichen aus der Staatsangehörigkeit und dem Wohnsitz des Erblassers sowie aus der Belegenheit des Vermögens.

819 II. Rechtliche Problematik

Bei Auslandsbezug werfen sowohl die Beantwortung erbrechtlicher Fragen nach eingetretenem Erbfall als auch die vorbeugende Gestaltung der Erbfolge besondere Schwierigkeiten auf. In allen Fällen mit Auslandsbezug stellt sich zunächst die Frage, ob deutsches Erbrecht oder das Erbrecht eines anderen Staates Anwendung findet. Im letztgenannten Fall muss das ausländische Recht erst einmal ermittelt werden, bevor es angewendet werden kann. Fremde Erbrechtsordnungen unterscheiden sich oft gravierend vom deutschen Erbrecht. Das gilt etwa für die Gewährung eines Pflichtteilsanspruchs sowie für die Anerkennung gemeinschaftlicher Testamente und Erbverträge. Daraus können sich Rechtsfolgen ergeben, die vom Erblasser nicht bedacht und nicht gewollt waren.

Wenn der Erblasser eine seinen Wünschen entsprechende Verteilung des Nachlasses auch unter Berücksichtigung eventuell anzuwendenden ausländischen Rechts sicherstellen will, sollte er rechtzeitig eine gut durchdachte Nachfolgeregelung durch Verfügung von Todes wegen oder durch Rechtsgeschäfte unter Lebenden treffen. Dabei sind neben den genannten erbrechtlichen Fragen auch solche des internationalen Steuerrechts zu bedenken[1]; die Besteuerung ist überall verschieden, und nicht immer wird eine Doppel- oder Mehrfachbesteuerung in verschiedenen Staaten durch entsprechende Abkommen ausgeschlossen. In aller Regel wird der Erblasser für eine rechtlich abgesicherte und steuerlich sinnvolle Nachfolgeregelung einen spezialisierten Berater benötigen.

820 III. Anwendbares Erbrecht

Das deutsche internationale Erbrecht ist in Art. 25, 26 EGBGB geregelt. Es ist Bestandteil des internationalen Privatrechts. Aus den Kollisionsnormen ergibt sich, welches Recht bei Erbfällen mit Auslandsbezug anwendbar ist.

Allerdings hat jeder Staat sein eigenes internationales Privatrecht. Die Rechtsordnungen sind insoweit nicht aufeinander abgestimmt. Deshalb können auf denselben Erbrechtsfall verschiedene Rechtsordnungen anwendbar sein, je nachdem, aus wessen Perspektive der Fall beurteilt wird. Das hat möglicherweise zur Folge, dass bei derselben Streitigkeit von einem deutschen Gericht deutsches Erbrecht angewendet wird, während ein ausländisches Gericht auf Grund seines internationalen Privatrechts sein ausländisches Recht anwendet.

1. Grundsatz: Anknüpfung an die Staatsangehörigkeit des Erblassers (Erbstatut)

a) Die Erbfolge unterliegt grundsätzlich dem Recht des Staates, dem der Erblasser im Zeitpunkt seines Todes angehörte (Art. 25 I EGBGB). Anknüpfungspunkt ist also die Person des Erblassers (Personalstatut), und zwar seine Staats-

1 Dazu ausführlich *Flick/Piltz*, Der internationale Erbfall, Rdnr. 1201 ff.

angehörigkeit (*Staatsangehörigkeitsprinzip*). Demnach ist für die Beerbung eines Deutschen deutsches Erbrecht und für die Beerbung eines Ausländers dessen Heimatrecht maßgebend. Auf den gewöhnlichen Aufenthaltsort des Erblassers und auf die Belegenheit seines Vermögens kommt es nach Art. 25 I EGBGB nicht an. Im **Fall a** ist deshalb nach deutschem internationalen Erbrecht das Erbrecht von Italien anwendbar.

Bei Personen mit mehrfacher Staatsangehörigkeit ist das Recht desjenigen Staates anzuwenden, mit dem der Erblasser insbesondere durch seinen Aufenthalt oder den Verlauf seines Lebens am engsten verbunden ist (Art. 5 I 1 EGBGB). Wenn der Erblasser allerdings auch Deutscher ist, geht diese Rechtsstellung vor (Art. 5 I 2 EGBGB); somit findet nach deutschem internationalen Erbrecht auf den Erbfall deutsches Erbrecht Anwendung. Bei einem staatenlosen Erblasser ist das an seinem (gewöhnlichen) Aufenthaltsort geltende Erbrecht maßgebend (Art. 5 II EGBGB). 821

b) Von der Grundregel, wonach für einen ausländischen Staatsangehörigen sein Heimaterbrecht Anwendung findet, gibt es allerdings *Ausnahmen*: 822

Gilt für einen ausländischen Staatsangehörigen gem. Art. 25 I EGBGB ausländisches Recht, ist zu prüfen, ob das Internationale Privatrecht des anderen Staates seinerseits auf deutsches Recht (*Rückverweisung*) oder auf ein anderes Recht (*Weiterverweisung*) verweist. Im Falle einer Rückverweisung ist deutsches Erbrecht anzuwenden (Art. 4 I 2 EGBGB). Das ist etwa der Fall, wenn das Heimatrecht des ausländischen Erblassers, der in Deutschland seinen Wohnsitz hatte, sich zum Domizilprinzip (= Maßgeblichkeit des Rechts des Aufenthaltsortes) bekennt.

Ferner ist eine Rechtsnorm eines anderen Staates nicht anzuwenden, wenn sie mit wesentlichen Grundsätzen des deutschen Rechts (*ordre public*) offensichtlich unvereinbar ist. Das gilt insbesondere, wenn die Anwendung mit den Grundrechten nicht vereinbar ist (Art. 6 EGBGB). 823

Nach der Rechtsprechung[2] muss das Ergebnis der Anwendung ausländischen Rechts im Einzelfall zu den Grundgedanken der deutschen Regelungen und den in ihnen liegenden Gerechtigkeitsvorstellungen in einem so krassen Widerspruch stehen, dass seine Anwendung für untragbar angesehen werden muss. **Beispiel**: Der Erblasser wird von seinem Sohn und seiner Tochter beerbt, und die gesetzliche Erbquote des Sohnes beträgt nach dem ausländischen Recht $^3/_4$, diejenige der Tochter $^1/_4$[3].

c) Grundsätzlich gilt nach Art. 25 I EGBGB für den gesamten Nachlass nur eine einzige Rechtsordnung (Prinzip der Nachlasseinheit). Ausnahmsweise kann es aber zu einer *Nachlassspaltung* kommen. Häufig werden bewegliches und unbewegliches Vermögen verschieden behandelt. In vielen Ländern wird die Erbfolge in unbewegliches Vermögen abweichend von der allgemeinen Regelung dem Recht desjenigen Staates unterworfen, in dem es liegt (lex rei sitae, 824

2 BGHZ 50, 370, 376.

3 *Flick/Piltz*, Der internationale Erbfall, Rdnr. 125.

Recht des Belegenheitsstaates). Da die Geltung des deutschen Rechts an den deutschen Staatsgrenzen endet, gilt insoweit das fremde Erbrecht (vgl. Art. 3 III EGBGB). Daraus folgt, dass dem deutschen Erbrecht nur diejenigen Vermögensgegenstände unterliegen, die sich in Deutschland befinden. – Ferner kommt es dann zu einer Nachlassspaltung, wenn die an den Wohnsitz des Erblassers anknüpfende Rückverweisung im ausländischen internationalen Privatrecht sich nur auf einen Teil des Vermögens, z. B. nur auf bewegliche Gegenstände, bezieht, während für Grundstücke das Recht des Belegenheitsstaates gilt.

825 *2. Beschränkte Rechtswahl bei im Inland belegenem unbeweglichem Vermögen*

Der Erblasser kann grundsätzlich nicht selbst in seiner Verfügung von Todes wegen bestimmen, welche Rechtsordnung anwendbar sein soll. Ein Ausnahmefall ist in Art. 25 II EGBGB geregelt. Danach ist es aus Gründen der Verkehrserleichterung dem ausländischen Erblasser gestattet, für die Nachfolge in im Inland belegenes unbewegliches Vermögen abweichend von dem Grundsatz des Art. 25 I EGBGB die Geltung des deutschen Rechts zu wählen. Diese beschränkte Rechtswahl muss in Form einer Verfügung von Todes wegen erfolgen. Sie muss sich nicht auf das gesamte im Inland belegene unbewegliche Vermögen beziehen, sondern kann auf einzelne Grundstücke beschränkt werden[4].

Im **Fall a** hätte der italienische Erblasser für sein in Deutschland belegenes Grundstück, nicht aber für seine anderen Vermögensgegenstände, in einem Testament die Anwendung deutschen Rechts bestimmen können. Auch die beschränkte Rechtswahl nach Art. 25 II EGBGB kann demnach zu einer Nachlassspaltung führen, wenn nämlich für das nicht im Inland belegene Vermögen oder für das im Inland belegene bewegliche Vermögen ausländisches Recht gilt. Der Nachlass besteht dann aus zwei Teilmassen, die verschiedenen Erbstatuten unterliegen.

826 *3. Sonderregelung für die Form von Verfügungen von Todes wegen und von Widerrufstestamenten (Formstatut)*

a) Für die *Form einer Verfügung von Todes wegen (Testamente, gemeinschaftliche Testamente, Erbverträge)* sieht Art. 26 I, III, IV EGBGB einen Katalog von Anknüpfungspunkten vor. Um dem Erblasserwillen nach Möglichkeit zur Geltung zu verhelfen, ist eine Verfügung von Todes wegen schon dann formgültig, wenn sie nach einem der Rechte formgültig ist, auf die Art. 26 EGBGB verweist. Die Einhaltung der Form wird also erleichtert. Nach Art. 26 I EGBGB reicht es aus, wenn die Form

- dem Recht des Staates entspricht, dem der Erblasser entweder bei Errichtung der letztwilligen Verfügung oder im Zeitpunkt seines Todes angehört hat (Nr. 1),

4 *Flick/Piltz*, Der internationale Erbfall, Rdnr. 214; MünchKomm/*Birk*, EGBGB Art. 25 Rdnr. 47 f.

- dem Recht des Ortes, an dem der Erblasser letztwillig verfügt hat (Nr. 2),
- dem Recht des Ortes, in dem der Erblasser bei Vornahme der letztwilligen Verfügung oder im Zeitpunkt seines Todes seinen Wohnsitz oder gewöhnlichen Aufenthalt hatte (Nr. 3),
- dem Recht des Ortes, an dem sich unbewegliches Vermögen befindet, das Gegenstand der Verfügung ist (Nr. 4),
- dem Recht, das auf die Rechtsnachfolge anzuwenden ist oder im Zeitpunkt der Verfügung anzuwenden wäre (Nr. 5).

Beispiel: Der Erblasser hat bei der Testamentserrichtung nicht die Form eingehalten, die sein Heimatrecht vorschreibt. Entspricht das Testament aber der Form, die das Recht des Errichtungsortes vorsieht, dann ist es formgültig (Nr. 2).

Zu den Formvorschriften im Sinne von Art. 26 I EGBGB zählt das Gesetz auch solche Regelungen, welche die für letztwillige Verfügungen zugelassenen Formen mit Beziehung auf das Alter, die Staatsangehörigkeit oder sonstige persönliche Eigenschaften des Erblassers (z. B. Schreibunfähigkeit, Blind-, Stumm- und Taubheit) beschränken (Abs. 3).

In Art. 26 I–III EGBGB wurden im Wesentlichen die entsprechenden Rege- **827**
lungen des schon vorher geltenden *Haager Testamentsformabkommens* vom 5.10.1961[5], das in Deutschland am 1.1.1966 in Kraft getreten ist[6], übernommen[7]. Deshalb stellt sich die Frage nach dem Verhältnis zwischen Art. 26 EGBGB und dem Haager Abkommen. Nach Art. 3 II 1 EGBGB gehen Regelungen in völkerrechtlichen Vereinbarungen, die unmittelbar anwendbares innerstaatliches Recht geworden sind, den Vorschriften des EGBGB vor. Deshalb werden die Absätze 1–3 des Art. 26 EGBGB weitgehend durch Art. 1 bis 5 Haager Abkommen verdrängt. Von Art. 26 EGBGB kommen unmittelbar nur Abs. 1 Nr. 5 sowie Abs. 4 und 5 zur Anwendung, weil diese über das Haager Abkommen hinaus gehen.

b) Die Formerleichterung des Art. 26 EGBGB (Art. 2 Haager Abkommen) **828**
gilt auch für *Widerrufstestamente* (Abs. 2). Der Katalog der für die Einhaltung der Form in Betracht kommenden Rechtsordnungen wird sogar noch erweitert: Nach Abs. 2 Satz 2 genügt es auch, wenn die Form einer der Rechtsordnungen entspricht, nach denen die widerrufene letztwillige Verfügung gültig war.

5 BGBl. 1965 II, 1145.
6 BGBl. 1966 II, 11.
7 Der Text des Haager Testamentsformabkommens ist mit Erläuterungen abgedruckt bei *Erman/Hohloch*, EGBGB Anh. zu Art. 26; MünchKomm/*Birk*, EGBGB Art. 26 Rdnr. 43 ff.

829 *4. Sonderregelung für die materielle Gültigkeit und Bindungswirkung der Verfügungen von Todes wegen*

Für die materielle Gültigkeit und für die Bindungswirkung der Verfügungen von Todes wegen enthält Art. 26 V 1 EGBGB eine besondere Kollisionsregel. Maßgeblich ist das Recht, das im Zeitpunkt der Verfügung auf die Rechtsnachfolge von Todes wegen anzuwenden wäre (*hypothetisches Erbstatut, Errichtungsstatut*). Der Sinn dieser Regelung liegt darin, das Vertrauen des Erblassers in den Bestand seiner Verfügung zu schützen. Er soll sich auf die Rechtslage nach seinem Heimatrecht verlassen können, die bei Errichtung der Verfügung galt.

Diese Regelung ist insbesondere dann von Bedeutung, wenn sich die Staatsangehörigkeit des Erblassers zwischen Errichtung der letztwilligen Verfügung und dem Erbfall ändert. Die Gültigkeit der letztwilligen Verfügung richtet sich dann nicht nach dem Erbstatut, sondern nach dem hypothetischen Erbstatut zur Zeit der Errichtung der Verfügung.

Zur *Gültigkeit* gehören alle Wirksamkeitsvoraussetzungen eines Rechtsgeschäfts mit Ausnahme der Formgerechtheit und der Gesetzes- oder Sittenwidrigkeit[8], ferner die Zulässigkeit der Stellvertretung sowie die Zulässigkeit bestimmter Verfügungsarten wie gemeinschaftliches Testament und Erbvertrag. Zur *Bindung* i. S. v. Abs. 5 Satz 1 gehören die Zulässigkeit und die Voraussetzungen eines Widerrufs und einer Aufhebung der letztwilligen Verfügung[9].

Im **Fall b**[10] hängt die Lösung des Falles davon ab, ob das zunächst errichtete gemeinschaftliche Testament Bindungswirkung entfaltet und damit zur Unwirksamkeit des späteren Testaments des Ehegatten führt (Rdnr. 195). Nach Art. 26 V 1 EGBGB kommt es für die Gültigkeit und die Bindungswirkung auf das zur Zeit der Errichtung des gemeinschaftlichen Testaments geltende Recht an. Damals galt für die Ehefrau auf Grund ihrer belgischen Staatsangehörigkeit belgisches Erbrecht (Art. 25 I EGBGB). Danach sind gemeinschaftliche Testamente unzulässig[11]. Die Verfügung der Ehefrau war also unwirksam, was zur Unwirksamkeit des gesamten gemeinschaftlichen Testaments führt[12]. Dieses entfaltet mithin keine Bindungswirkung. Daran hat der spätere Wechsel der Staatsangehörigkeit der Ehefrau nichts geändert; der Statutenwechsel führt nicht zu einer Heilung der bei Errichtung unzulässigen Verfügung[13]. Folglich ist das spätere Testament des Ehemannes wirksam. Die Tochter ist Alleinerbin. Der Sohn hat nur einen Pflichtteilsanspruch.

8 MünchKomm/*Birk*, EGBGB Art. 26 Rdnr. 28; *Staudinger/Dörner*, EGBGB Art. 25 Rdnr. 288.

9 *Erman/Hohloch*, EGBGB Art. 26 Rdnr. 28; *Staudinger/Dörner*, EGBGB Art. 26 Rdnr. 77 f.

10 Ähnlicher Fall bei OLG Düsseldorf NJW 1963, 2227.

11 Dabei handelt es sich nicht nur um ein Formverbot, sondern um ein materielles Verbot. Vgl. *Flick/Piltz*, Der Internationale Erbfall, Rdnr. 435.

12 Vgl. *Palandt/Heldrich*, EGBGB Art. 25 Rdnr. 13, wonach gemeinschaftliche Testamente bei verschiedenen Erbstatuten den Gültigkeitsvoraussetzungen beider Erbstatute entsprechen müssen.

13 Deutlich *Erman/Hohloch*, EGBGB Art. 26 Rdnr. 32.

Für die *Testierfähigkeit*, die grundsätzlich dem Errichtungsstatut nach Art. 26 V 1 EGBGB unterliegt, enthält Abs. 5 Satz 2 eine weitere Sonderregel: Die einmal erlangte Testierfähigkeit wird durch den Erwerb oder Verlust der Rechtsstellung als Deutscher nicht beeinträchtigt. Es reicht also aus, wenn der Erblasser irgendwann einmal Deutscher und nach dem zu dieser Zeit geltenden deutschen Recht testierfähig war; er muss es nicht mehr bei Errichtung des Testaments gewesen sein. 830

IV. Anhang: Internationale Zuständigkeit deutscher Nachlassgerichte 831

Für die internationale Zuständigkeit deutscher Nachlassgerichte bei ausländischem Erbstatut enthält lediglich § 2369 eine Regelung. Sie bezieht sich aber nur auf die Erteilung eines Erbscheins. Wenn zur Erteilung des Erbscheins ein deutsches Nachlassgericht nicht zuständig ist, kann bzgl. der inlandsbelegenen Gegenstände die Erteilung eines auf sie beschränkten Erbscheins (sog. Fremdrechtserbschein) bei einem deutschen Gericht verlangt werden.

Für andere Tätigkeiten des Nachlassgerichts etwa im Zusammenhang mit Testamentseröffnung, Testamentsanfechtung, Nachlasspflegschaft und Testamentsvollstreckung fehlt es an einer ausdrücklichen Regelung der internationalen Zuständigkeit. Deren Begründung ist umstritten: Nach der bisher vorherrschenden *Gleichlauftheorie*[14] richtet sie sich nach dem anwendbaren materiellen Recht. Nur wenn die Gerichte unmittelbar oder auf Grund einer Rück- oder Weiterverweisung deutsches materielles Erbrecht anzuwenden haben, sollen die deutschen Nachlassgerichte auch international zuständig sein. Von dieser Regel werden aber zur Vermeidung einer Rechtsverweigerung und unter Fürsorgegesichtspunkten verschiedene Ausnahmen anerkannt[15]. Nach der wohl im Vordringen befindlichen Gegenansicht[16] soll sich die internationale Zuständigkeit unabhängig von dem anwendbaren materiellen Recht nach der *örtlichen Zuständigkeit* (§ 73 FGG) richten.

14 BayObLG NJW 1987, 1148, 1149; NJW-RR 1991, 1098, 1099; KG FamRZ 2001, 794; OLG Brandenburg FamRZ 1998, 986; OLG Zweibrücken FamRZ 1998, 263, 264.

15 BGHZ 49, 1, 2; BayObLG NJW 1967, 447; BayObLGZ 1994, 50; *Erman/Hohloch*, EGBGB Art. 25 Rdnr. 44 f.

16 *Heldrich*, NJW 1967, 417, 419; MünchKomm/*Birk*, EGBGB Art. 25 Rdnr. 315 ff.; *Staudinger/Dörner*, EGBGB Art. 25 Rdnr. 811 f.

Anhang: Mustertexte 832

Beispiel I: Eigenhändiges Testament

Meine Erben sollen meine Ehefrau
Hedwig Meier und meine Tochter
Liesel Fritsche, geb. Meier,
je zur Hälfte sein.

Köln, den 2. Januar 1993

Wilhelm Meier [1][2]

1) Der ganze Text muss vom Erblasser Wilhelm Meier eigenhändig geschrieben und unterschrieben werden (Rdnr. 121 ff.). Eine Überschrift wie: »Mein Testament« oder »Mein letzter Wille« ist üblich, aber nicht erforderlich.

2) Durch die gewillkürte Erbfolge ist die gesetzliche Erbfolge ausgeschlossen (Rdnr. 44). Die Enterbung des Sohnes Helmut Meier ergibt sich daraus, dass der Erblasser Wilhelm Meier seinen ganzen Nachlass durch Erbeinsetzung anderweitig vergibt. Helmut Meier hat, wenn das Testament z. Z. des Todes des Erblassers noch Bestand hat, einen Pflichtteilsanspruch gegen die Erben (§§ 2303 ff.; Rdnr. 542 ff.).

833 Beispiel II: Gemeinschaftliches Testament

Wir, die Eheleute Wilhelm und Hedwig Meier,
setzen uns gegenseitig zu Erben ein.
Erben des Längstlebenden sollen unsere
Kinder Liesel und Helmut
zu gleichen Teilen sein. [3][4][5]

Köln, den 5. Februar 1993
Wilhelm Meier [1]
Hedwig Meier [2]

1) Der ganze Text muss von einem der Ehegatten eigenhändig geschrieben und unterschrieben werden (Rdnr. 183). Eine Überschrift ist nicht erforderlich.
2) Der andere Ehegatte muss eigenhändig unterschreiben (Rdnr. 183).
3) Mit dieser Verfügung widerruft Wilhelm Meier sein früheres Testament (Rdnr. 139).
4) Es handelt sich um ein Berliner Testament (Rdnr. 187).
5) Mangels anderer Anhaltspunkte soll der überlebende Ehegatte Vollerbe des zuerst Versterbenden und sollen die Kinder beim Tode des Längstlebenden dessen Erben werden (Rdnr. 187 ff.).

Beispiel III: Widerruf wechselbezüglicher Verfügungen 834

»Verhandelt zu Köln am 10. Mai 2003

Vor mir, dem unterzeichneten Notar

Dr. Norbert Neber
in Köln

erschien heute der Kaufmann Wilhelm Meier aus Köln, Nordstraße 125, von Person bekannt.

Der Erschienene erklärte:

Ich widerrufe hiermit meine Verfügungen im gemeinschaftlichen Testament vom 5. Februar 2003.

Der Wert meines Vermögens beträgt 150 000,– €.

Das Protokoll ist dem Erschienenen vorgelesen, von ihm genehmigt und wie folgt unterschrieben worden.

Wilhelm Meier

Dr. Norbert Neber, Notar«[1])[2])

1) Der einseitige Widerruf wechselbezüglicher Verfügungen (Rdnr. 192) eines Ehegatten hat durch notariell beurkundete Erklärung gegenüber dem anderen Ehegatten zu erfolgen (Rdnr. 194).
2) Die Urschrift oder eine Ausfertigung ist Frau Meier zuzustellen (§§ 130–132).

835 **Beispiel IV: Erbvertrag**

»Verhandelt zu Köln am 20. Juli 2003

Vor mir, dem unterzeichneten Notar

Dr. Norbert Neber
in Köln

erschienen heute:

1) der Kaufmann Wilhelm Meier aus Köln, Nordstraße 125, von Person bekannt,
2) die Hausfrau Liesel Fritsche, geb. Meier, aus Köln, Nordstraße 125, ausgewiesen durch Personalausweis der Bundesrepublik Deutschland 1234567890.

Der Notar überzeugte sich von der Geschäftsfähigkeit der Erschienenen. Diese baten um Beurkundung eines Erbvertrages. Sie erklärten:

I. Ich, der Erschienene zu 1), setze hiermit meine Tochter, die Erschienene zu 2), sowie deren Kinder, nämlich Heinrich, geb. am 23. 12. 1970, und Berta, geb. am 1. 5. 1973, vertragsweise zu meinen Erben zu gleichen Teilen ein.[3])[4])

II. Weiter bestimme ich, der Erschienene zu 1), als nicht vertragsmäßige Verfügungen:[6])
   a) Mein Freund, Herr Peter Bergmann, soll als Vermächtnis meinen Konzertflügel erhalten;
   b) meine frühere Haushälterin, Frl. Käthe Kanowski, soll ein Vermächtnis von 2500,– € bekommen.

III. Ich, der Erschienene zu 1), setze Herrn Rechtsanwalt Dr. Karl Schneider in Köln als Testamentsvollstrecker ein.[7])

IV. Ich, die Erschienene zu 2), nehme die unter I enthaltenen Erklärungen des Erschienenen zu 1) an. Ich verpflichte mich dafür, den Erschienenen zu 1) bis an sein Lebensende zu pflegen.[5])
   Diese Verpflichtungserklärung nehme ich, der Erschienene zu 1), hiermit an.

V. Wir bitten, diesen Erbvertrag in amtliche Verwahrung zu bringen. Die Kosten dieses Vertrages trägt der Erschienene zu 1).

Der Wert beträgt 150 000,– €.

Das Protokoll ist den Erschienenen vorgelesen, von ihnen genehmigt und wie folgt unterschrieben worden.

Wilhelm Meier

Liesel Fritsche, geborene Meier

Dr. Norbert Neber, Notar«[1])[2])

1) Der Erbvertrag muss vor einem Notar geschlossen werden (Rdnr. 147).
2) Der Notar soll den Erbvertrag in einen Umschlag nehmen, ihn verschließen und ihn in amtliche Verwahrung bringen (Rdnr. 148).
3) Es handelt sich um einen einseitigen Erbvertrag, da nur Wilhelm Meier vertragsmäßige Verfügungen von Todes wegen trifft (Rdnr. 153).
4) Vertragsmäßige Verfügungen sind nur die unter I genannten.
5) Unter IV nimmt Liesel Fritsche die Erklärungen ihres Vaters unter I an; dadurch wird die Bindungswirkung herbeigeführt. Gleichzeitig verpflichtet sie sich zu Leistungen unter Lebenden (Rdnr. 153).
   Es handelt sich um einen entgeltlichen Erbvertrag (Rdnr. 155).
6) Vermächtnisse können vertragsmäßige Verfügungen sein; sie sind es hier nach dem erklärten Willen des Erblassers aber nicht, sodass insoweit keine Bindungswirkung eintritt (Rdnr. 150).
7) Die Einsetzung eines Testamentsvollstreckers (III) kann keine vertragsmäßige Verfügung sein (Rdnr. 149).

Beispiel V: Eröffnung einer Verfügung von Todes wegen 836

»Amtsgericht Köln, den 17. Februar 2003

....
(Geschäfts-Nr.)

Gegenwärtig: Justizoberinspektor Schmitz[1])[2]) als Rechtspfleger

In dem heute zur Eröffnung einer Verfügung von Todes wegen des Kaufmanns Wilhelm Meier

anstehenden Termin erschien niemand.

Der Erblasser ist am 18. Januar 2003 in Köln gestorben, wie sich aus der bei den Akten befindlichen Sterbeurkunde ergibt. Der zur besonderen amtlichen Verwahrung (Verwahrungsbuch-Nr. ....) angenommene Erbvertrag wurde aus der Verwahrung genommen. Der Erbvertrag war mit dem Siegel des Notars verschlossen. Der Verschluss war unversehrt.
Der Erbvertrag wurde geöffnet und eröffnet.
Eine Verkündung unterblieb, da niemand im Termin erschien.

Schmitz«[3])

1) Die Zuständigkeit des Rechtspflegers folgt aus § 3 Nr. 2 c RPflG.
2) Zur Eröffnung siehe §§ 2300, 2260 ff., 2273 (Rdnr. 631 ff.).
3) Das Nachlassgericht hat die nicht erschienenen Beteiligten (gesetzliche, gewillkürte Erben, Vermächtnisnehmer, Testamentsvollstrecker) vom Inhalt des Erbvertrages in Kenntnis zu setzen, soweit er sie betrifft (§§ 2300, 2262).

837 **Beispiel VI: Erbausschlagung**

»AmtsgerichtKöln, den 24. Februar 2003

....
(Geschäfts-Nr.)

Gegenwärtig: Justizoberinspektor Schmitz als Rechtspfleger

Es erscheint der Handelsvertreter Heinrich Fritsche aus Köln, Karlstraße 13, ausgewiesen durch Personalausweis .... und erklärt:

Mein Großvater, der Kaufmann Wilhelm Meier, geb. am 20. Mai 1919 in Köln, zuletzt in Köln, Nordstraße 125, wohnhaft gewesen, ist am 18. Januar 2003 in Köln verstorben. Nach seinem Erbvertrag vom 30. Dezember 1969 sind meine Mutter, meine Schwester Berta und ich zu gleichen Teilen als Erben eingesetzt. Von meiner Berufung zum Erben habe ich seit dem 18. Februar 2003 Kenntnis. Hiermit schlage ich die mir angefallene Erbschaft aus allen Berufungsgründen aus.
Ich bin ledig, habe keine nichtehelichen Kinder und bin nicht adoptiert.
Als erbberechtigt kommen nach dem Erbvertrag nun meine Mutter und meine Schwester Berta in Betracht.

Der Wert meines Erbteils beträgt etwa 50 000,– €.

Vorgelesen, genehmigt und unterschrieben

Heinrich Fritsche

Schmitz, Rechtspfleger«[1])

1) Zur formbedürftigen Ausschlagungserklärung siehe Rdnr. 303.

Beispiel VII: Erbscheinsantrag 838

»Verhandelt zu Köln am 9. März 2003
Vor mir, dem unterzeichneten Notar

Dr. Norbert Neber
in Köln

erschien heute die Hausfrau Liesel Fritsche, geb. Meier, aus Köln, Nordstraße 125, von Person bekannt.
Die Erschienene erklärte:[1])

Mein Vater, der Kaufmann Wilhelm Meier, zuletzt wohnhaft gewesen in Köln, Nordstraße 125, ist am 18. Januar 2003 in Köln gestorben. Der Erblasser war zur Zeit des Todes deutscher Staatsangehöriger. Er war in einziger Ehe mit meiner Mutter, Frau Hedwig Meier, verheiratet. Diese Ehe wurde am 23. Dezember 1950 geschlossen. Es galt der gesetzliche Güterstand. Meine Mutter ist am 24. Juni 2002 gestorben.
Aus der Ehe sind zwei Kinder hervorgegangen, nämlich

1. der Schlosser Helmut Meier, wohnhaft in Köln, Weststraße 3,
2. ich, die Erschienene.

Nichteheliche Kinder des Erblassers sind nicht vorhanden. Er hat auch nicht adoptiert. Gesetzliche Erben des Erblassers wären somit mein Bruder und ich.

Der Erblasser hat einen Erbvertrag vom 20. Juli 2002 hinterlassen. Dieser ist am 17. Februar 2003 vom Nachlassgericht Köln eröffnet worden (AktZ . . .). Meine Tochter Berta und ich haben die Erbschaft angenommen; mein Sohn Heinrich hat sie ausgeschlagen.
Weitere Verfügungen von Todes wegen hat der Erblasser meines Wissens nicht hinterlassen.
Ein Rechtsstreit über das Erbrecht ist nicht anhängig.
Sodann erklärte die Erschienene nach Hinweis auf die Bedeutung einer Versicherung an Eides statt und nach Belehrung über die strafrechtlichen Folgen einer wissentlich oder fahrlässig abgegebenen falschen eidesstattlichen Versicherung:[2])
Ich versichere an Eides statt, daß mir nichts bekannt ist, was der Richtigkeit meiner Angaben entgegensteht. Ich beantrage die Erteilung eines gemeinschaftlichen Erbscheins dahin, daß der Erblasser von mir und meiner Tochter Berta Fritsche zu je $^1/_2$ beerbt worden ist. Ich bitte um Ausfertigung eines Erbscheins. Der Wert des reinen Nachlasses beträgt etwa 150 000,– €. Die Kosten sollen von mir erhoben werden.

Das Protokoll ist der Erschienenen vorgelesen, von ihr genehmigt und wie folgt unterschrieben worden.

Liesel Fritsche, geborene Meier

Dr. Norbert Neber, Notar«[2])

1) Zum Inhalt des Antrags auf Erteilung eines Erbscheines siehe Rdnr. 621.
2) Die eidesstattliche Versicherung ist vor Gericht oder einem Notar abzugeben.

839 Beispiel VIII: Gemeinschaftlicher Erbschein

»Der am 18. Januar 2003 in Köln gestorbene, zuletzt in Köln, Nordstraße 125, wohnhaft gewesene Kaufmann Wilhelm Meier ist von

I. der Hausfrau Liesel Fritsche, geborene Meier, in Köln,
II. der Kontoristin Berta Fritsche in Köln,
je zur Hälfte beerbt worden.

Testamentsvollstreckung ist angeordnet.

Köln, den 28. April 2003

Das Amtsgericht
Schulze
Richter am Amtsgericht«[1])[2])

1) Die Zuständigkeit des Richters ergibt sich aus § 16 I Nr. 6 RPflG.
2) Zum Erbscheinsinhalt siehe Rdnr. 613. Die Vermächtnisse und das Pflichtteilsrecht des Sohnes Helmut werden im Erbschein nicht angegeben, wohl aber die Anordnung der Testamentsvollstreckung als erbrechtliche Beschränkung.

Beispiel IX: Testamentsvollstreckerzeugnis 840

»Der Rechtsanwalt Dr. Karl Schneider in Köln, Friedrichstraße 3, ist zum Testamentsvollstrecker über den Nachlass des am 18. Januar 2003 in Köln verstorbenen, zuletzt in Köln, Nordstraße 125, wohnhaft gewesenen Kaufmanns Wilhelm Meier ernannt worden.[1])

Köln, den 28. April 2003

Das Amtsgericht
Schulze
Richter am Amtsgericht«[2])

1) Hat der Erblasser Abweichungen von den gesetzlich vorgesehenen Befugnissen des Testamentsvollstreckers bestimmt, sind sie im Einzelnen anzugeben (vgl. §§ 2368 I 2, 2207 ff., 2222 ff.). Anordnungen, die nur das Innenverhältnis betreffen (§ 2216 II), werden nicht erwähnt.
2) Die Zuständigkeit des Richters ergibt sich aus § 16 I Nr. 6 RPflG.

Paragraphenregister

Sachregister

Die Zahlen verweisen auf die Randnummern des Buches